匡亚明 主编 中国思想家评传丛书

惠栋评传

附 惠周惕 惠士奇评传

李开 著

南京大学中国思想家研究中心
南京大学出版社

中国思想家评传丛书

名誉顾问　陆定一　谷　牧　李铁映　陈焕友

中共江苏省委关于《中国思想家评传丛书》工作领导小组

组　　长　王霞林
组　　员　韩星臣　王　湛　石启忠　张永桃
　　　　　冯致光
学术顾问　（按姓氏笔画为序）
　　　　　丁光训　丁莹如　王元化　王朝闻
　　　　　冯友兰　曲钦岳　任继愈　刘导生
　　　　　刘海粟　安子介　孙家正
　　　　　杜维明（美国）　杨向奎　苏步青
　　　　　李　侃　吴　泽　何东昌　张岱年
　　　　　陈　沂　罗竹风　赵朴初　施觉怀
　　　　　钱临照　徐福基　袁相碗
　　　　　席文（美国）　唐敖庆　黄辛白
　　　　　蒋迪安　程千帆　谭其骧　滕　藤
　　　　　戴安邦　魏荣爵
主　　编　匡亚明
终审小组　茅家琦　周勋初　林德宏
副 主 编　（按姓氏笔画为序）
　　　　　卞孝萱　巩本栋　时惠荣　张永桃
　　　　　陈　振　茅家琦　林德宏　周勋初
　　　　　洪修平　蒋广学（常务）　潘富恩

惠　栋　(1697~1758)字定宇,号松厓,江苏吴县人,学者、经学家。

惠栋墓，在吴县市光福镇香雪倪巷村土桥头，现为吴县市文物保护单位。

全星原先生摄

惠周惕　(约1646～约1695后)字元龙,江苏吴县人,经学家。

惠士奇　(1671~1741)字仲孺，晚号半农居士。
江苏吴县人，经学家。

半農先生集

紅豆齋藏板

南中集

東吳 惠士奇 天牧

奔牛

寒日落奔牛歸人古渡頭帆從申浦去水入孟河流折鐵餘殘壘藏書有舊樓遙知負薪者五月獨披裘

京口寄家兄

憶昔南徐月同登北固樓孤蓬今夜雨獨卧海陵秋地入三山潤江連九派流應憐季行役白髮倚閭愁南齊志海陵與京口對岸江之壯闊處也南兗州刺史每以秋月出海陵觀濤

舒城旅舍同陸鎬

一道龍舒北千家鵲岕西遠烟生竹市初日映鷗溪雨

採蒓集

東吳 惠士奇 天牧

姑胥臺懷古

五道通諸郡三江繞故都白猿終霸越黑犬竟亾吳人去空芳草春來長綠蕪蕭蕭楊柳岸愁煞夜啼烏

遙憶臺成日山中木客吟只今明月夜空有梧桐陰慘悽專諸劍凄涼夫子琴千秋一憑弔霸業已銷沉吳王[illegible]冢姑胥臺夢前園橫生梧桐召公孫聖占之聖曰梧桐心空不為用器但為甬使與死人俱葬也

好上三臺望還從九曲行可憐文種水猶抱伍胥城風雨松陵暗烟波笠澤清公孫今在否窈窕久無聲公孫聖曰我死當使後世有聲相及吳王三呼三應

紅豆齋時術錄卷一

東吳 惠士奇 天牧

樂

律生數乎曰然聲之高下數之長短生焉律從數乎曰肰數之長短聲之高下從焉律母也數子也母生子子從母太極之數函三為一故十二律上下相生皆損益以三三者三為率也餘分不盡者皆三倍破寸至於百至於千且萬可也曰曷為或言上生或言下生曰一下一上者正法也或言上或言下者倍法也正法至大呂而窮凡律數少者清數多者濁蕤賓清而數反多大呂濁而數反少故窮窮則用倍法大呂正法四寸餘倍之

《中国思想家评传丛书》序

匡亚明

伟大的中华民族在长达五千年连绵不断的曲折发展过程中，像滚滚东流的长江那样，以磅礴之势，冲破了重重险阻，奔腾向前，现在更以崭新面貌，雄姿英发，屹立于世界民族之林。这是人类历史上的一个奇迹。产生这一奇迹有诸多原因，其中十分重要的一点，就是我们勤劳、勇敢、智慧的各族人民，在长期的生产活动、社会活动、思维活动和对外交往以及抗击外来侵略过程中，逐渐创造、积累、发展了具有以生生不息的内在思想活力为核心的优秀传统思想文化。这是一种伟大、坚强的精神支柱，是我们民族凝聚力和生命力之所在，是历史留给我们所有海内外炎黄子孙引以自豪的无价之宝。

当然，和各国各种不同传统思想文化一样，在中华民族的思想文化传统中，也是既有精华，又有糟粕，因而全盘肯定或全盘否定，不对；一知半解、信口开河或裹足不前、漠然置之，也不对。郑重而严肃的态度应该是对它进行实事求是的科学的研究和分析，取其精华，弃其糟粕，继承和弘扬这份瑰宝，振兴中华，造福人类。人类历史发展的连续性，就是在不断去粗取精、继往开来和改革创新过程中实现的。继往是为了开来，开来不能离开继往。民族虚无主义和复古主义，都是违背历史发展的辩证规律的。

现在我们国家正处在一个新的继往开来迈向四化的关键时刻。继往就是继民族优秀传统之往，开来就是开社会主义现代化建设之来。对中国传统思想文化从广度和深度上进行系统研究，实现去粗取精的要求，正是继往开来必须完成的紧迫任务。我认为这是中国各族人民，首先是文化界、学术界、理论界义不容辞的光荣职责。但面对这一时间上长达五千年，内容上涉及人文科学、自然科学等各个领域的传统思想文化，将从何着手呢？毛泽东同志早在 1938 年就说过："从孔夫子到孙中山，我们应当给以总结，承继这一份珍贵的遗产。"[①]这是很有远见而又切合实际的英明建议。从孔子到孙中山这两千余年是中国历史上思想文化最丰富的时期，如果总结了这段历史，也就基本上总结了五千年传统思想文化的主要内容。当然，基本上不等于全部。孔子以前和孙中山以后的情况，可以另行研究。因此，我认为首先最好是在时间上从孔子开始到孙中山为止，方法上采取

① 毛泽东：《中国共产党在民族战争中的地位》，《毛泽东选集》第 2 卷，人民出版社 1952 年版，第 522 页。

《中国思想家评传丛书》的形式作为实现这一任务的开端。这就是从这段历史的各个时期、各个领域和各个学科(包括文、史、哲、经、教、农、工、医、政治等等)有杰出成就的人物中,遴选二百余人作为传主(一般为一人一传,少数为二人或二人以上合传),通过对每个传主的评述,从各个侧面展现那些在不同时期、不同领域中有代表性人物的思想活力和业绩,从而以微见著、由具体到一般地勾勒出这段历史中中国传统思想文化的总体面貌,揭示其积极因素和消极因素的主要内涵,以利于开门见山、引人入胜地批判继承、古为今用,也为进一步全面系统地总结中国传统思想文化打下基础。自从毛泽东同志提出上引建议后,半个世纪以来,不少专家学者已从各个方面做了许多工作,但对全面完成这个任务来说还远远不够,还要在深度和广度上继续努力。作为"抛砖引玉",本《丛书》只是这个继续努力所应完成的工作的一部分。《丛书》凡二百部,约四千万言,自 1990 年开始陆续出版,争取十到十五年全部出齐。

《丛书》所以用"中国思想家评传"命名,主要是考虑到中国传统思想文化中的核心是生生不息的内在思想活力,而历史事实也反复证明,凡是在各个不同时代不同领域和学科中取得成就者,大多是那些在当时历史条件下自觉或不自觉地认识和掌握了该领域事物发展规律的具有敏锐思想的人。他们取得成就的大小,取决于思想上认识和反映这些规律的程度如何。思想并非先验之物,它所以能反映和掌握这些规律,主要是通过社会实践和对前人思想成果的借鉴和继承。思想一旦形成,反过来在一定程度上又对实践起决定性指导作用。

韩愈说的"行成于思,毁于随"[1],列宁说的"没有革命的理论就不会有革命的运动"[2],这些话,虽所处时代和所持立场不同,所要解决的问题的性质也不同,但就认识论中思与行、理论(思想的高度概括)与实践的关系而言,确有相通之处,即都强调思想对实践的指导意义和作用。因此我们以"中国思想家评传"命名,就是力图抓住问题的核心,高屋建瓴地从思想角度去评述历史人物,以便对每个传主在他所处时代的具体情况下,如何在他所从事的领域中,克服困难,施展才华,取得成功,做出贡献,从思想深处洞察其底蕴。历史上各个时代富有思想因而能在有关方面取得成就的人,直接阐述自己思想观点的论著虽亦不少,但大量的则是其思想既来自实践(包括对前人、他人实践经验的吸取)、又渗透在自己创造性实践之中,集中凝聚在他自己的业绩和事功上,而没有留下论著。另一些人却只留下著作而无其他功绩,对这些人来说,他那些有价值的著作就理所当然地是他的伟大业绩和事功。如果论述一个人的思想而不联系他的业绩(包括著作),必将流于空洞的抽象;同样,如果只讲一个人的具体业绩而不结合他的思想活动,又必将成为现象的罗列。评价思想和评价业绩,两者不应偏废。而不断在实践中丰富和深化的思想活力则是经常起主导作用的因素,强调这个因素,引起人们的正视和反思,正是我们的主旨和目的。当然,思想和思想家,思想家和实践家,都是既有区别又有联系的不同概念,忽视这一点是不对

① 韩愈:《进学解》,中华书局《四部备要》东雅堂本《韩昌黎全集》卷十二,第3页。

② 列宁:《怎么办》,《列宁选集》第1卷,人民出版社1976年版,第241页。

的。《丛书》的重点则是放在两者的联系和结合上。至于如何使两者很好联系和结合而又着意于剖析其思想活力，各占多少篇幅或以何种方式表达，则自当由作者根据传主的具体情况创造性地作出妥善安排。

自从人类历史上产生了马克思主义，不仅全人类解放和发展有了划时代的明确方向，学术研究也有了更严密的科学方法，即辩证唯物主义和历史唯物主义的世界观和方法论。根据这一科学方法，在研究和总结中国传统思想文化，特别是联系到《丛书》的撰著时，我认为下列几点应特别引起重视。

一、坚持实事求是的原则。实事求是是贯串在马克思实际活动和理论研究中的主线，离开了它也就离开了马克思主义。只有切实掌握了客观情况，才能得出正确的认识和判断。前者为“实事”，后者为“求是”，二者相结合，就叫实事求是。事不实则非夸即诬。为了弄清情况，就必须对情况的本质与现象、整体与局部、真与伪、精与粗，作出区别、梳理和取舍，这样才能掌握情况的实质，达到“实事”的要求；然后进一步加以分析研究，找出事物本身固有的真相而非主观臆测的假象，并验证其是否符合人民利益和人类历史前进方向，是否反映科学、技术、文化、艺术的发展规律，这样才能得出正确的认识和判断，达到“求是”的要求。实事求是是治学的基本功夫，是对每个传主的功、过、是、非作出公正评价的必要前提。不论古今中外，对历史人物过高或过低的不公正评价，大都由于未能认真坚持实事求是原则的缘故。

二、坚持批判继承的原则。马克思主义学说就是批判的学说，而批判是为了继承、发展和创新。这就需要我们在实事求是的基础上，既要继承发扬传主业绩和思想中的积极因素，又要批判清除其消极因素。凡传主业绩和思想中体现了诸如爱国主义、民主意识、科学见解、艺术创造和艰苦奋斗、克己奉公、追求真理的精神，即在符合历史前进要求的“立德”、“立功”、“立言”诸方面有显著成就等积极因素者，必须满腔热情地加以继承和弘扬，并紧密结合当前社会主义建设实际，使之深入人心，蔚然成风；凡反映有诸如封建迷信、专制独裁、愚昧落后、丧失民族尊严和违背科学进步等消极因素者，必须以历史唯物主义的观点加以批判，清除其一定程度上至今尚起作用的消极影响，而消极因素经过彻底批判后可转化为有益的教训；凡积极因素和消极因素相混者，更当加以认真清理和扬弃，既发扬其积极因素又摒弃其消极因素。我们力求一点一滴、切实认真地探索各个传主思想和业绩中珍贵的积极因素，使之成为全国各族人民正在从事的继往开来伟大历史工程的组成部分。

三、坚持“百花齐放”、“百家争鸣”的原则。“百花齐放”和“百家争鸣”，是发扬学术民主、促进学术繁荣的正确原则和巨大动力。前者强调一个“齐”字，后者强调一个“争”字，是表示学术上平等、民主和自由的两种不同状态；前者突出的是统一与和谐，后者突出的是区别与争论；两种状态又统一于不断地相互促进和相互补充、转化的持续发展提高过程之中。“百花齐放”、“百家争鸣”的原则体现在撰著评传时，应从“齐放”和“争鸣”出发，综合中外各个时期对有关传主的不同评价，吸取符合客观存在的对的东西，摒弃其违反客观存在的不实的东西，然后创造性地提出经过自己独立思考的、赶前人或超前人的一家之言。同时，对整个《丛书》而言，也有个共性、个性又统一又区别的问题。这就是一方面作者应把“实事求是”、

“批判继承”和“百花齐放”、“百家争鸣”这几点作为大家的共性(统一与共识);另一方面,对每部评传的立意、结构和行文(文体、文风和文采等),则主要是作者的创造性思维劳动和雅俗共赏的文字表达艺术的成果,是彼此的个性(区别),不宜也不应强求一律。评传作者都有充分自由去发扬这一个性,力求在对每一传主的评述中探索和展示其积极因素,使之和正在变革中国面貌的伟大社会主义建设实践融为一体,丰富其内容,促进其发展,而不是仅仅停留在对传主思想业绩的一般性诠释上。

我认为,以上三点大体上可以表达《丛书》所遵循的主要指导思想,但也不排除用其他思想和方法得出的有价值的研究成果。

感谢所有关心和支持《丛书》工作的单位和个人,特别感谢《丛书》的名誉顾问和学术顾问。他们的热情关心、支持和指教,使《丛书》工作得以顺利进行。更要感谢所有承担评传撰著任务的老中青学者,他们都以严谨的治学态度,作出了或正在作出对学术,对民族,对历史负责的研究成果。没有他们的积极合作,《丛书》工作的开展是不可能的。《丛书》副主编和中国思想家研究中心、南京大学出版社,在制定《丛书》规划,约请和联系国内外学者,审定书稿以及筹划编辑出版等方面,克服重重困难,做了大量工作,他们的辛勤劳动是《丛书》能按预定计划出版的必要前提。

现在《丛书》开始出版了,我作为年逾八旬的老人,看到自己迫于使命感而酝酿已久的设想终于在大家支持合作下实现,心情怡然感奋,好像回到了青年时代一样,体会到“不知老之将至”的愉悦,并以这种愉悦心情等待着《丛书》最后一部的问世；特别盼望看到它在继承中华民族传统思想文化的珍贵遗产方面，在激励人心、提高民族自尊心和爱国主义思想方面，在促进当前建设有中国特色的继往开来的社会主义现代化物质文明和精神文明的历史性伟大事业中，能起到应有的作用。我以一颗耄耋童心，默默地祝愿这一由一批老中青优秀学者经长年累月紧张思维劳动而作出的集体性学术成果能发出无私的熠熠之光，紧紧伴照着全民族、全人类排除前进道路上的各种障碍，走向和平、发展、繁荣、幸福的明天！

热诚欢迎国内外同仁和各界人士不吝赐教，以匡不逮。是为序。

1990 年 10 月 7 日

内容简介

惠栋和他的祖父惠周惕、父亲惠士奇是清代著名经学家、语言文字学家和哲学家。惠氏三代传经，为创立清代经学的吴学学派作出了重要贡献，惠栋则是相对于皖学的吴学首领。本书探究了一代经学大师成长的人文学术和时代主潮，深入原著，从具体到抽象，又从抽象到具体，缕述惠栋在《尚书》学、《诗经》学、《三礼》学、《春秋》学、《易》汉学、史地学、语言文字学等领域内的重要贡献，剖析其经学思想、语言文字学思想、哲学思想等，一言以蔽之为学术思想和科学逻辑思想，并及寄寓其中的政治思想、人生追求和社会理想。全书力图从门类科学的方法和方法学，从科学的世界观和方法论来研述和评析惠氏的经史小学和考据学。

Abstract

Hui Dong of Qing dynasty was a famous scholar and philosopher who studied Confucian classics and Chinese characters. His grandfather Hui Zhouti and his father Hui Shiqi also studied these subjects. All devoted to Confucian classics, the three generations of Hui contributed greatly to the establishment of the School of Wu, a branch of Confucian classics study existing during the Qing dynasty. Hui Dong was the leading figure of this school.

This book begins with an exploration of the study of humanities and the main current of the time that nurtured this master of Confucian classics; then by delving into his works and alternating between the concrete and the abstract, the book inspects his contributions to the study of Shangshu, Shijin, Sanli, Chunqiu, Yi, to history and geography, and to the study of Chinese characters. After analysing his thoughts and philosophy on Confucian classics and Chinese characters, the book sums up Hui Dong's academic and scientific thoughts while paying attention to his views toward politics, life and society. Detailed abstracts can be found in each chapter, which by themselves can serve as a pocket edition of the book. The whole book attempts to analyse Hui Dong's study of Confucian classics and Chinese characters and his textual research using a scientific methodology illustrated by the methods of various disciplines.

目次

惠栋评传

惠周惕评传

惠士奇评传

A CRITICAL BIOGRAPHY OF HUI DONG

(WITH CRITICAL BIOGRAPHIES OF HUIZHOUTI AND HUI SHIQI)

MAIN CONTENTS

序

郭维森

清代代表性学术是考据之学。清初顾炎武、黄宗羲、王夫之等为纠正明末空谈心性之弊而倡征实之学。当时，以经世致用为目的，学术具有启蒙性质，故于前世经传之研究，往往择善而从，尚无汉、宋界阈。然既欲求真、求信，上溯往古，说经自不免侧重汉儒，实已开汉学先声。至清中叶，缘于文化高压，学者不敢多所发挥，于是偏至发展考据之学，以其宗汉，又称汉学。学者继承清初征实学风，以考证事实为鹄的，以“实事求是”“无征不信”为根本方法。因对经书追根穷底，故研经而旁及古代之天文、地理、典章、制度、文字、音韵、训诂等等。考据之学以其开拓之广、方法之进步，影响一代学风，是不能不予以足够重视的。

汉学全盛时，有吴学、皖学之称，开吴派者惠栋，开皖派者戴震。李开教授既已完成《戴震评传》，今又作《惠栋评传》，汉学代表方成全璧。惠栋、戴震作为一代学人，家境均甚清寒，一生中孜孜矻矻，学问是求，生活既少波澜，交游也难言广阔，为之评传，自然也只能以学术为主，所可言者，无非学术经历、学术成就、学术思想、学术影响等等。钱大昕《潜研堂文集》有惠栋传，列举其著作及学术创获，不足五千字。惠栋再传弟子江藩于《汉学师承记》中，记述惠氏祖孙三人，也只有数千字。今李开教授所作评传，则有四十万字，可知这是第一部全面、系统研究惠栋的专著，其于惠栋学术的方方面面均作出了详尽的阐述与评价。

前人曾指出惠栋与戴震之不同。如梁启超《清代学术概论》云："惠尊闻好博，戴深刻断制，惠仅'述者'而戴则'作者'也。"也就是说戴震较多已见，思想内涵比较丰富，而惠栋则笃信汉儒，考证博洽。章太炎也认为有此不同，而以地域环境解释之。惠栋学术特点，条分缕析，多是一字一句的考证，较少系统性。故前人评议，大都强调其引据确实，不作空言，一字一句，具有渊源，于"汉学"有彰微继绝之功，因许为"汉学"功臣（见《四库全书总目》惠氏著作各条）。《惠栋评传》则大大超越了这种评价。《评传》从大处着眼，将其零星考据之资料条而贯之，并于每节之前冠以提要，从而发明其知识、文化意义，发明其逻辑学方法论的价值，从具体考证中抽绎出某种概括性的结论。如第六章《〈易汉学〉要论》，第一节提要中说到："惠栋易学是解释学和重知科学精神的逻辑发展。"第五节提要说到："惠栋研究《易》学史的方法及其思想方法上的逻辑发展过程。"第九章《惠栋的〈论语〉研究和世界观的特点》，第一节提要说到："孔子'时中'论和惠栋对儒家辩证法的深刻把握。"如此等等，都说明《评传》作者是力图从世界观和方法论的高度来发掘惠栋考据的思想价值的，力图指明其思想内涵，发掘其思想底蕴。《评传》从思想史的角度,阐释了惠氏考据学的时代意义,指出其中包含的价值观念,寄寓的社会理想,从而强调其所具有的启蒙作用。这既符合本丛书的要求,在研究内容、方法上也是突破性的尝试,可以说达到了相当的深度。

清代本有"汉学"、"宋学"之争,清之末世,更有今文经学派对"汉学"、"宋学"的批判,故而惠氏之学也迭遭批评。方东树《汉学商兑》竟讥之为"好学而愚,智不足以识真",梁启超亦斥其"凡古必真,凡汉皆好"而评之为"功罪参半"。这种种批评虽未免过当,但"汉学"之缺陷亦不必为之讳。对清代考据学之成就,固应多所发掘,给以应有评价,但站在今天的立场上对其局限性也应适当指出。这是我对本书的一点希望。

李开教授命序其书,不克获辞,聊缀数语,以为读后之感言,敬献此书之读者。

一九九六年十月

惠栋评传

第一章　哺育一代经学大师成长的人文学术和时代主潮

一、惠栋，"人间天堂"的骄子和寒士

沐浴于"人间天堂"的自然风光，陶溶于吴地的人文景观，出身于太湖之滨的书香门第，知识主义传统下的"四世名山"，终身清贫的一介寒士，对科举考试的批评，"士不遇"的感慨

惠栋（1697—1758）是清代著名经学家、哲学家、语言文字学家，吴派经学的创始人和领袖人物。字定宇，号松崖。康熙三十六年（丁丑年，1697）十月初五日，这位未来的

大学问家、学术思想家出生在清江苏省(1667年设)苏州府吴县东渚(今苏州市吴县东渚乡)。乾隆二十三年(戊寅年,1758)五月二十二日,这位学术巨星陨落,墓葬在县境西光福镇香雪村。东渚就在光福地区。①

吴县,是太湖之滨的一颗璀璨的明珠,久有"人间天堂"之誉。这里以其古老的文明,杰出的人才,秀美的山水,丰富的物产,乃至讲不尽的美丽的传说故事著称于世。吴文化蔚成中国古代文化一大区域文化。东渚、光福西濒太湖,东距苏州市中心二十多公里。东渚镇原名红豆村(也是因惠周惕、士奇、惠栋祖孙三代人称老红豆先生、红豆先生、小红豆先生得名),因位于西渚村以东,称东渚,浒(浒墅关)光(光福)运河贯通南北。光福镇原名野步市,又名志里、邓尉,南朝梁代大同年间(535—546)建光福寺(又名铜观音寺)于龟山西南麓,故名光福,浒光运河和木(木渎)光(光福)运河在此交汇。南宋时,光福市已是"民灶千余,阡陌交通"的集市,明代已成为吴县六大镇之一,清乾隆十一年(1746)设巡检司。东渚、光福地区山毓水秀,风光旖旎,著名的太湖七十二峰,有五十六座分布在吴县西部,东渚、光福地区就有南阳山、青山、龙山、茅山、安山、龟山、虎山(因吴王养虎于此而得名)、铜坑山、邓尉山、穹窿山等。青山绿水,香飘四季,到处是美不胜收的佳景,终年有沁人心脾的花香。梅花是东渚、光福的名花,光福邓尉更是探梅胜

① 民国年间,吴县设光福乡,东渚属光福乡。1931年,吴县行政区划第三区,区署在光福镇,辖光福镇、东渚镇等四镇和三十四乡。参见《吴县志》,上海古籍出版社1994年2月版。

地，向有“十里梅乡”之称。惠栋茔地香雪村附近的香雪海，这一美妙的名字，如今伴以电冰箱名扬世界，那里正是邓尉探梅的绝佳胜处，曾赢得“邓尉梅花甲天下，望中无地不栽梅”的美名。元末明初，邓尉探梅已成为吴地习俗，清康熙皇帝玄烨也曾三次来邓尉探梅，乾隆帝弘历则六次游历香雪海，五次作《邓尉香雪海歌》。梅林香雪海是梅花名品青梅、雪梅、大青梅、红果梅、品字梅、白梅、花梅、黄豆梅、寿桃梅等的海洋；香雪村内还盛产桂花，三秋桂子，什么金桂、早晚银桂、子桂、丹桂、四季桂、月桂、木樨、白洁等名品，映日成彩，夕折蟾宫。此外，还有可用于窨茶的白兰、茉莉、玳玳、珠兰、栀子、玫瑰等香花，至于用于观赏的山茶、月季、杜鹃、兰花、菊花、芙蓉、蔷薇、芍药、石竹、秋海棠、玉兰、瑞香等，遍布全县。由香花说起熏染茶叶，则东渚、光福都是著名茶乡，这里的茉莉花茶、桂花茶、邓尉雪绿茶都是驰名中外的名茶，至于洞庭碧螺春，原名“吓煞人香”，康熙帝赐现名，和杭州龙井齐名，还有西山云雾茶、虎丘白云茶、天池的天池茶，也是饮誉全球，无怪乎远在明代就有“苏州茶叶饮遍天下”之说。山水佳侣，花、茶配对，俨然是人间瑶台，世上仙境。吴县有六大风景区，光福居其一（还有五处是西山景区、东山景区、木渎景区、石湖景区、角直景区），这里除春梅秋桂以外，还多名木古刹，处处是山水与古迹共臻，自然与人文媲美，它仿佛是在告诉人们，吴县的山山水水，古色古香，诗碑题刻，确乎就像惠栋尽毕生精力研究的《周易》原理所说：天地人一以贯之；惠栋家乡光福的美，吴县的景，铺织锦绣，网罗密致，有如鬼斧神工，造化献巧，其美的结构，大的理趣，确乎如惠栋所揭示的汉儒

《易》象数之理：阴阳五行，乾升坤降，中正大美，卦爻奇变，更不必去说太极元和，象数卦气，钟灵吴地，处处是人才辈出，代代有各领风骚。惠栋之才，惠栋之学，莫非是光福之美景，吴中之灵气哺育启迪而成的嘛！请看看光福的人文景观吧！光福镇除墨泉、下崦湖、凤鸣高岗等湖山风光外，还有光福塔、光福寺、光福寺桥、浮庙墩。香雪海除梅花凌寒，馨香袭人，凝若积雪外，还有那“香雪海”三个大字，那是三次陪伴康熙帝前来邓尉探梅的江苏巡抚宋荦，当年触景生情，取名香雪海，并题刻在马驾山的崖壁上。多么壮观！又多么俊美！闻香阁座落在马驾山上，专供凭栏赏梅，登临高处，香气袭人知昼暖，更知人心暖，赏心悦目，快意于前，又岂无美的联想，理的构思？自然梅香人闻香，人建梅阁阁满人，故此景致为人文，或说亦人亦天，有美学情趣“天人合一”、物我交融之致，亦无不可。康熙还曾御书匾额“松风水月”赐圣恩寺，还写有邓尉探梅的诗。《邓尉山》诗云：“邓尉知名久，看梅及早春，岂因耽胜赏，本是重时巡，野霭朝来散，山容雨后新，缤纷开万树，相对惬佳辰。”如由邓尉极目远眺，可望太湖，康熙帝《邓尉小轩望太湖》诗云：“山轩闲坐倚前楹，万顷澄湖夕照明，夜久天心初月上，笙簧谡谡奏松声。”玄墓山在邓尉山东南六里，两地一山相连，形成花的长廊，看梅人一路从邓尉到玄墓，所谓“花外见晴雪，花里闻香风”，倾尽人间美词彩色，也说不尽、写不完那人间仙境的旖旎春锦，清风幽香。清代李福有《玄墓探梅歌》云：“雪花如掌重云障，一丝春向寒中酿，春信微茫何处寻？昨宵吹到梅梢上。太湖之滨小邓林，千株空作横斜状，铜坑寥寂悄无踪，石壁嵯峨冷相向。踏残明月锁香痕，翠羽啾啾共惆怅。报道前村消息真，冲寒那顾攀云嶂。玉貌惊看试半妆，霜华喜见裁新样，酹酒临风各有情，小别经年道无恙。此花与我宿缘多，冰雪满衿抱微尚，相逢差慰一春心，空山不负骑驴访。”诗主人写香雪又一层云，写赏花人赏心悦目，临风惆怅，花我宿缘，互慰春心，当然比老皇帝的诗更富有人情味。

惠栋对邓尉山风光和探梅之事，当然是非常熟悉的，惠栋年少时著《渔洋山人精华录训纂》①，已多处提及邓尉山风光和探梅事，不过仅以注释体裁表述之。清王士禛《自光福里入太湖口住圣恩寺》诗："逶迤邓尉山，苍茫具区薮。”惠栋注“邓尉山”引卢熊《苏州府志》：“邓尉山在吴县西七十四里。”王诗《雨中寻米堆山》：“远眺米堆山，苍苍积烟雾。”惠注“米堆山”引徐崧《百城烟水》：“米堆山即邓尉山左冈，突然高耸如米泻之状。”王诗《晚坐雨花桥看梅》：“绿萼纷竞发，翠羽时一至。”惠注“绿萼”引康宇《群芳谱》：“梅白者有绿萼梅，凡梅花跗蒂者皆绛紫色，惟此纯绿，比之‘九嶷仙人萼绿华’。”又注“雨花桥”引《邓尉圣恩寺志》：“雨花桥在金刚殿左。”②王诗《雨夜宿圣恩寺还元阁》：“梅树初花石涧流，满山香雪送行舟。”惠注“香雪”引李日华《紫桃轩杂缀》：“诗人多目梅为香雪。”③

光福人文景观，香雪海固为绝胜。惠栋最终返归自然的香雪村，座落在马驾山东麓。这里有祭祀东汉司徒邓禹

---

① 钱大昕《潜研堂文集》，卷三九，《惠栋传》称“先生少时已好著述，有《王文简公精华录训纂》二十四卷盛行于世”。

② 《渔洋山人精华录训纂》，四部备要，中华书局版，卷一下，页八、九、一〇。

③ 《渔洋山人精华录训纂》，册四，卷五上，页二五。

(《后汉书》卷一六有传)的祠庙。庙内有相传为邓禹手植的柏树四株,其树苍劲、古朴、奇特,乾隆帝为取“清、奇、古、怪”四名。庙内还藏有石刻《楞严经》、《金刚经》各一部。至于光福的佛教圣地,则有座落于玄墓山,建于南宋宝祐(1253—1258)年间的圣恩寺,至今仍有石坊、天王殿、大雄宝殿、伽兰殿、祖师殿、斋堂等。此外,还有在光福潭山南坡的石嵝山石嵝庵,因山构室,藏而不露。明朝万峰和尚堆筑的万峰台,屹立山崖。石壁又称石壁窝,面积达三亩有余。四围山崖陡壁,上有摩崖刻石二十六方。其西五百米处,有憨山台摩崖刻石八方,行、草、楷、隶齐备。石壁窝内有明朝隆庆三年(1569)僧憨山创建的憨山寺,山门及殿宇依山而筑,给人以超尘绝世之感,殿内供有多尊佛像。石壁山北有清初诗人吴梅村(吴伟业,1609—1672)墓。此外,还有镇湖乡三洋半岛上的元代万佛塔。三洋半岛连同其周围的漫山岛、海洋山、蒋墩山等,构成漫山岛风光。漫山岛犹如镶嵌在太湖中的一颗翠绿宝石,南北皆山,东西为洲,洲中有湖,形成山外有山、湖中有湖的层次美。万佛塔而外,胥口乡渔洋山有明代书法家董其昌(1555—1636)墓,又为清代诗人王士禛(1634—1771)记述山水,流连忘返,因此自号(王士禛自号渔洋山人)之佳处。渔洋山东侧的蒋墩山,相传为孙武操练兵马处,故又名教场山。山南有两妃墓(俗名美女坟),相传为孙武所斩之吴王两宠妃的墓。光福之外的人文景观,如西山、东山、木渎、石湖、甪直等,也无不以天工巧夺和文史著录共称之。光福景观,吴中胜地,当年惠栋岂不涉足,或眇无情趣?出生之地,终身安居之处的吴地、光福,难道竟不能说此一代学术大家不是搜尽奇峰打草稿，阅尽春色做文章？不过，惠栋一生，孜孜于经学、小学，吟诵极少，找不到他的诗作歌唱，仿佛他不为吴景所动，然其雄文总关情景，或偶有直接写之，都能或多或少地追寻到吴地人文美景对他的熏陶浸染，前面说到的惠栋易学天地人一以贯之与此相关，即或可成立之说。当然，考据实证于此用处或者不大，心性的追蹑和灵感的触发，倒是应该敛迹于此的，此外，仍有实例可说惠栋其人、其学与其身临其境的较为直接的关系。惠栋少诗作美文，却不乏诗论、文论，成为“满腹经纶”的一个补充。例如，惠栋著《松崖文钞》收有《刻声调谱序》、《贞孝蒋姑征诗序》、《秋灯夜读图序》、《学福斋集序》、《古香堂集序》、《董太史诗序》、《范湖诗钞序》、《啸村诗序》、《九僧诗序》、《送汪国子序》，等等，均论及诗文，与吴中人文、光福佳胜有这样或那样的关系。其中代人所撰《刻声调谱序》谈及王壬禛、吴梅村等，说：“余少娴吟咏，闻声律之学于同里田香城，香城又受之其兄山姜（按：田雯，1635—1704）。初，渔洋山人官江左，与虞山钱牧斋、娄东吴梅村诗筒往来，梅村最明声律，渔洋经其指授，尽传其学，其后山姜与渔洋同为中朝官，见其较量平仄，斤斤绳尺。”①惠栋虽不善诗作，《范湖诗钞序》谓“余不能诗，侧闻先世（父惠士奇）之论诗矣”，但他对诗人王士禛有特别深厚的感情，曾著《渔洋山人自撰年谱注补》、《渔洋山人精华录训纂》。王士禛对栋父惠士奇也很敬重，曾称赞惠士奇晚年之作《归耕集》等为“咏史乐

① 见《松崖文钞》，卷一，《刻声调谱序（代）》。聚学轩丛书第二集，贵池刘世珩校刊。

府”。[①] 惠栋亦曾拟比自然以品渔洋风格。他说：“唐音（按：指唐诗）古淡一派，前贤隶为逸品，画家逸品在神品之上。诗画本同趣也。予尝读前明……诗，萧然有超世出尘之想。右丞（王维）、襄阳（孟浩然）历千载以来，风流未沫，端赖诸公……本朝亦惟西樵（王士禄）渔洋二王，推尚此种，故其为诗，直入王、孟之室，三十年来清音中绝矣。”[②]光福多佛寺，惠栋也深受佛教文化的影响，例如《松崖笔记》就有不少涉及佛教的条目：《云门三种语》、《课》、《名僧社》、《香火因缘》、《云门》、《死句活句》、《语忌十戒》、《六祖》、《品字柴》、《网山》等皆是。《云门三种语》条云：“李璧曰：禅宗论云门三种语，其一为随波逐浪句，谓随物应机，不主故常；其二为截断众流句，谓超出言外，非情识所料；其三为函盖乾坤句，谓混然皆契，无间可伺其深浅。”[③]此以佛门三种语句说之，其实是写人的三种精神境界的，可谓以佛道说人生三境界，是有别一种或称彼岸世界的人生观意义的。如果说此虚灵境界或由吴地人文的佛图影幢所赋予，亦无不可。经查，惠栋也是提到过明代大书画家董其昌的。王士禛《周文矩庄子说剑图》“云间墨妙更遒绝，钟王腕底纷斗争”惠栋注引董其昌《画禅室随笔》：“吾学书以为唐书不如晋魏，遂放（仿）《黄庭经》及钟元常。比游嘉兴，又见右军《官奴帖》于

① 见《乾隆吴县志》，卷六〇，“人物”。

② 《松崖笔记》，卷一，“古淡”条。

③ 《松崖笔记》，卷一，“云门三种语”条。

金陵，自此渐有小得。"[①]那香雪村里的司徒庙，是祭祀邓禹的。《后汉书·邓禹列传》评论邓禹说："夫变通之世，君臣相择，斯最作事谋始之几也。"唐李贤注引《易·讼卦》象传曰："君臣以作事谋始。"《后汉书》又说："及其（邓禹》威损栒邑，兵散宜阳，褫龙章于终朝，就侯服以卒岁……不亦君子之致为乎！"李贤注云："龙章，衮龙之服也。谓禹为赤眉所败，上司徒印绶也。《易·讼卦》曰：'或锡之鞶带（按：皮制大带，古代官员服饰），终朝三褫之。'"[②]惠栋名著《周易述》对《易·讼卦》象辞"作事谋始"句、卦辞"或锡之"句均有详述。[③] 虽惠栋述未及邓禹，但文化精神一致，惠栋所述以象数学证"作事谋始"之理和说"或锡之"句意，可加深我们对《后汉书》评论邓禹的理解，亦可看作惠栋献给吴地名祠邓禹司徒庙的一瓣心香。清王士禛《邓尉竹枝词六首》之二："邓尉山头片雨晴，司徒庙下晚潮生。"惠栋注"司徒庙"引徐祯起《光福邓司徒庙碑阴》："汉世祖中兴洛阳，司徒杖策以从……山又名邓尉，庙在太湖以东，去城南约五十里。"又引《邓尉圣恩寺志》："庙在青芝山北。"[④]王诗、惠注，相得益彰，都为司徒庙名胜添一彩笔。

惠栋出生在三代书香门第，曾祖父有声，字朴庵，是明代科举考试选送入国子监修习课业的生员，与同里徐斋先生

---

① 《渔洋山人精华录训纂》，四部备要，中华书局版，册一，卷一上，页一二。《黄庭经》，道教经名，有王羲之写本。钟元常即钟繇（151—230），三国魏书法家。

② 《后汉书》，册三，页六〇七，中华书局本。

③ 《周易述》，页一二一下，页一四下，上海古籍出版社四库易学丛刊本。

④ 《渔洋山人精华录训纂》，册四，卷五上，页二六。

徐枋友善,以九经在乡间授课传徒,尤精于诗。祖父惠周惕(约1646—约1695),父惠士奇(1671—1741),均为清代著名经学家。如往上追溯,惠氏先世居陕西扶风,远祖惠元祐迁居洛阳,靖康(1126)末,以文林阁学士的身份随从宋高宗至临安(今杭州市),家居湖州,生惠善。分为四支。按曾祖兄弟的长幼排行次序曰四七、曰二一、曰三八、曰小一。此亦可见惠氏家族的人丁很旺。三八那一支后代七传至惠伦,始迁居吴县东渚村。又五传至惠洪,洪年一百〇五岁,号为百岁翁,惠洪生惠万方,万方生惠有声,有声生周惕。[①]可见东渚惠氏至惠栋,已传十一代。惠栋初聘宋氏,继配张氏,又配陈氏。有子五人,子承学、承德先栋而卒;承跗后栋半年而卒。子承绪、承萼。孙惠廷凤。惠栋身后至今,有其五代孙惠善恩率子树以"清经师惠定宇先生墓"碑。

世代书香,哲嗣继后,惠栋著作中经常提到他的曾祖父惠有声。例如,《易汉学自序》说:"栋曾王父(按:曾祖父)朴庵先生尝闵汉学之不存也,取李氏《易解》(按:当是李鼎祚《周易集解》)所载者参众说而为之传。"又如《春秋左传补注自序》说:"栋曾王父朴庵先生幼通《左氏春秋》。至耄不衰,常因杜氏(按:晋杜预)之未备者作补注一卷,传序相授,于今四世矣。"如此看来,惠有声是晚明陈第(1541—1617)、方以智(1611—1671)等人倡导的知识主义传统[②]的

① 据《汉学师承记》,卷二,页一八。又《九曜斋笔记》,聚学轩丛书第三集,贵池刘世珩刊本,卷一有"抚风"、"惠姓"两则笔记,将惠姓追溯到周惠王(前676—前652)之后代,追溯至惠施(约前370—约前310),可参阅。

② 参见李开著《戴震评传》第11页,南京大学出版社1992年8月版。

惠氏第一继承人，是朴学的先驱。惠栋朴学的知识传统，除沐浴在时代的重知潮流，深受顾炎武等人的影响外，还更直接地受其家学传统的影响。惠栋曾举述陈第、顾炎武的古音研究，并由此而追溯此汉学传统，从而勾勒出中国文化史上的一条汉学传统或称知识主义传统的主线。惠栋说："孔子殁后至东汉末，其间八百年，经师授受，咸有家法，故两汉诸儒，多识古音，传至魏晋，俗师失读，人用其私，六朝周（颙）沈（约）四声之谱出，分别部居，非复大行人（按：《周礼·秋官》有'大行人'，掌大宾客之礼仪）之声音，与夫子之雅言矣。唐宋以来，去古弥远，建安吴才老（按：吴棫为福建武夷人，建安指福建建瓯[①]）惩是失也，创为《韵补》一书，于《集韵》诸书之外又续采书五十种入之，上自六经，下逮欧（阳修）苏（轼），旁引曲证，一复古人之旧。朱子其同里也（按：朱熹，1130—1200，徽州婺源人，侨居建阳，今属福建），作《诗传》、《楚辞注》，多用其说。于后杨升庵《古音转注》、陈季立《古音考》、顾宁人《音学五书》相继而作，至今学者遂知有三代古音而才老实为先河也。初，宁人著书，遍索《韵补》不得，及游山左，于吾乡任唐臣先生家得之，而前书已成，遂撰《韵补正》一卷，叹才老为今古未见之人，其推重至矣。才老之书，止有庐陵（按：今江西吉安）陈静斋刊本单行，世少见者。余故梓以行世，用广其传，并附顾氏《韵补正》于后，后之为古学者由是书而溯两汉，由两汉而溯三代，沿波讨源，家法犹存，以此称说

① 参见邵荣芬《吴棫〈韵补〉和宋代闽北建瓯方音》，载《中国语文》1995年第5期第322页。

《诗》《书》，庶免俗师之诮与！”[①]陈第、顾炎武的知识主义传统，乃至两汉之学的汉学传统，又是通过惠氏家学而不断影响着惠栋的。惠栋说：“栋少承家学，九经注疏，精涉大要。自先曾王父朴庵公以古义训子弟，至栋四世，咸通汉学。以汉犹近古，去圣未远故也。”[②]曾与惠栋一起编《苏州府志》的蒋恭斐（康熙辛丑即1721年进士）曾对惠士奇说：“近日吴中四世名山，推公家耳。”惠栋说：“盖数自先明经朴庵公以下也，不才如栋亦厕四世之列，予深愧迪甫（蒋字）之言。”[③]

惠栋的祖父惠周惕，少传家学，海内学者称之为红豆先生。周惕由东渚迁居苏州府郡城（府治）东南的香溪之北，此地属元和县境。[④] 惠栋为惠士奇次子，初为吴江学生员，后来改归元和籍。惠栋著述中均题“元和惠栋”，即缘此由。惠栋从小酷爱读书，一心向学，家有藏书，日夜诵读，“自经史诸子百家杂说及释、道二藏，靡不穿穴”[⑤]。惠士奇的朋友，江西临川李绂一见奇之，称赞说：“仲孺（按：士奇又字）有子矣！”[⑥]康熙五十九年（1720）冬，惠士奇奉命督学广东，惠栋随父

① 《松崖文钞》，卷一，《韵补序（代）》。

② 《松崖文钞》，卷一，《上制军尹元长先生书》。

③ 《九曜斋笔记》，卷二，“趋庭录”条。

④ 清雍正二年（1724），析长洲县地置元和县，吴县、长洲县、元和县三县同城而治，均隶苏州府。可参见清吴县、长洲、元和图，载《吴县志》。

⑤ 《汉学师承记》，卷二，页二二。上海书店1983年复印本。

⑥ 《汉学师承记》，卷二，页二二。惠栋还有弟惠蓳（jìn）思，字纯臣，虽才不及惠栋，但也很聪明，惠栋《渔洋山人精华录训纂凡例》说：“余弟蓳思纯臣，少惇惠，有至性，十余岁见《渔洋集》，手之弗释。未冠而夭，余深痛惜之，今采其遗语一二入集中。”

赴粤。粤中高才生苏珥、罗天尺、何梦瑶、陈海六，时称惠门四子，常出入署中讲习研讨经史艺文，惠栋与四子结为莫逆之交，同在讲论之中，至于学问的广博精审，"四子"都自认为远不及惠栋。雍正五年(1727)，惠士奇奉命修镇江城，惠栋代父撰《募修鹤林禅院疏》一文，完全是以骈体作对，敷写佛事的。文章说："京口鹤林禅寺者，地绝三山，名同双树。福城东去，独存遗迹于萧梁；祖印西来，始畅玄风于开宝。周茂叔之图名太极，作自空门；索幼安之书号宝华，题从往代。青山翔白鹤，犹传宋祖之名；绿水出双莲，尚忆唐贤之咏。惊心仿佛，瞻颠米之幽宫；著手摩莎，辨髯苏之贞石。从来胜践，多在庵萝……昔年于役，曾攀戴寺之松；今日归田，尚忆秦潭之月。素与公有夙契，愿先导于秕糠。聚米成山，截金输库。城南十万，应成不日之功；海藏五千，全赖重楼之贮。六材备具，风日以之生辉；七宝庄严，云霞为之改色。"①全文对仗工整，气势吞吐，为惠栋文字中不可多得之笔，足证其除治经史小学之才以外，也是才气横溢，文彩卓特的。诵读全文，细味其意趣，甚感作者是在用王勃《滕王阁序》之神韵，倜傥不拘，雄姿英发，借此颇可窥见惠栋其人的全貌。后来，惠士奇修城因钱粮不足而被迫中途停工，且连家产都赔了进去，最后被罢官。惠栋随即迁至苏州城南，居葑门泮环巷，清苦困窘，饥寒交迫，又曾两次丧妻，但他"不以贫

① 本文见《松崖文钞》，卷二。三山：传说中的海上三座神仙之山：方丈、蓬莱、瀛洲。双树：娑罗双树，释迦牟尼入灭之处。祖印：祖师法印。颠米：宋书法家米芾。髯苏：苏东坡别号。庵萝：果名。梵语音译，又称"馀甘"。夙契：旧交。

废礼”，常年以教书的收入维持生计，虽然甑尘常满，但仍处之坦然。贫寒丝毫也没有冲淡他对传统典籍的酷爱之心，得一善本，竟倾囊弗惜，或借阅手抄。“校勘精审，于古书之真伪，了然若辨黑白。”①“承其家学，于经史诸子，稗官野乘，及七经瑟纬（按：佛书、纬书）之学，无不肄业及之。经取注疏，史兼裴（骃）、张（守节）、小司马（司马贞）、颜籀（师古）、章怀（李贤）之注，诸子若庄（子）列（子）荀（子）扬（雄），《吕览》、《淮南》古注亦并及焉。而小学本《尔雅》、六书本《说文》，余及《急就章》、《经典释文》、汉魏碑碣，自《玉篇》、《广韵》而下，勿论也。”②总之，经史典籍，汉唐旧注，无不烂熟于心，以至于得了“惠九经”的雅号。

惠栋一生都没有做官，可谓终身清贫寒士。乾隆十五年（1750），诏举明经修行之士，两江总督文襄公黄廷桂、陕甘总督文端公尹继善，皆极力推荐之，盛赞其“博读经史，学有渊源”。惠栋有《上制军尹元长先生书》说：“栋以不才，词顽学浅，屏场屋者三十余年，中遘疾疢，穷老颠连。”可见惠栋从二十岁左右时起，一直过着清苦的日子，且多疾病，其间虽随父寓广东、镇江，境遇也不外乎此。惠栋对元明以来仅限于词章之学和时文之八股文改成“专及经术”表示极为振奋，认为这是“汉魏六朝唐宋以来未行之旷典”，又因“物色所及，偏注意于南国之穷庐病夫”，故很有知遇之感，其实，尹、黄二人于惠栋“并无方麴（按：竹织方扇，多用以障

① 《汉学师承记》，卷二。

② ［清］钱仪吉纂《碑传集》，册十一，页三九八四，中华书局1993年版。

面)半面之识”。惠栋是希望获得进用的,故而自述家学,概论治经大要,他说:“《诗》《礼》毛、郑,《公羊》何休,传注具存,《尚书》《左传》伪孔氏,全采马(融)、王(肃)、杜元凯,根本贾(逵)服(虔),唯《周易》一经,汉学全非,十五年前(按:当是1735年左右)曾取资州李氏《易解》(按:李鼎祚《周易集解》),反复研求,恍然悟洁静精微之旨,子游《礼运》,子思《中庸》,纯是易理,乃知师法家传,渊源有自,此则栋独知之契用,敢献之左右者也。”[①]可是,正好又碰上大学士九卿索要惠栋所著之书,未及进献而作罢,没有获得成功。[②]惠栋一生,除二十岁考中秀才,和这一次已值晚年遇上的“制科”荐举而未成以外,有“甲子(1744)乡试,以用《汉书》为考官所黜,由是息意进取”[③],此外未见有致力于科举考试的记载。吴门多才士,史载从唐代至清末吴县共出进士一千五百三十八名,清代状元一百一十四名,江苏有四十九名,吴县有十六名,比戴震家乡休宁十三名还多三名。可是,清代两位著名大家,吴派和皖派的创始人均不在其列。这也是颇有讽刺意义的。推究其原因,与科场的黑暗有关,惠栋是看透了这一点的。他在《松崖笔记》卷三“人才命脉系提学官”条中引傅山(1607—1684)后深有感慨地说:“山谓人才命脉系提学官,此至言也。东南之人言人才者从未及此。山意盖谓提学官贤,则人才出,提学官不贤,则人才不出,此至言也。”

---

① 《松崖文钞》,卷二。

② [清]彭启丰:《芝庭先生集》卷一二,《惠定宇传》称:“其后九卿遵旨,核定得四人,定宇不与。”

③ 《碑传集》,册十一,页三九八四。

东南之人从未言之而惠栋继傅山言之，言及科举，言及人才，惠栋与明末清初的著名启蒙思想家傅山的观点是一致的。此外，惠栋还看出考试内容本身的弊端。历来重视以诗赋词章取士，王安石（1021—1086）罢诗赋以经义论策试士，士各专习一经，此经义之始。可是，“凡设科劝禄，每论说至数百万言”，从元代开始用一家言，《论》《孟》为《四书》，专用朱子所注，而结以己意断之，《易》用程氏、朱氏，《诗》用朱氏，《书》用蔡氏（按：蔡沈，1167—1230），《春秋》用三传及胡氏（按：胡安国，1074—1138），《礼记》用注疏加之以试帖，“语词周章杂出，而经学晦矣”。康熙帝虽于甲辰（1664）丁未（1667）两科“敕废八比（按：八股文）”，但又以“古学未复，姑从旧，以待徐定”，故特开“制科”搜罗人才，并“博搜天下经解殊异于章句集注者使陆续呈进”。[①] 可见，科举的腐败，专用宋学，时文八股，经学日晦，与惠栋汉学南辕北辙，惠栋曾斥“八比时文”为“非注非疏”的“俗体”。[②] 惠栋清贫，终身过着半隐居的生活，似是命中注定的了。惠栋写有“士不遇”的条目：“《司马迁集》有《悲不遇赋》（按：《悲士不遇赋》，见《全汉文》卷二六），《董仲舒集》有《士不遇赋》（按：见《全汉文》卷二三）（惠注：李善《文选注》）。”[③]惠栋不免引以自况。

---

① 《松崖笔记》，卷二，“八比取士”条。

② 《九曜斋笔记》，卷二，“时文”条。

③ 《九曜斋笔记》，卷二，“士不遇”条。

二、惠栋与吴文化、西学和儒商

“阖闾大城”合乎《易经》象数之理，吴地自古多慷慨悲壮清廉高洁之士，惠栋参修的乾隆《苏州府志》对吴文化、吴名人的讴歌，及其对惠栋认知的引导，西学东渐和惠栋回向原典、引用西学，资本主义萌芽时期的时代主潮，儒商文化与惠栋若干价值观念

惠栋生活在十八世纪的前五十年，身经康熙、雍正、乾隆三朝。当我们把研究的视角从惠栋的出生地吴中光福转向十八世纪苏州府，转向全国，从十八世纪上半叶转向亘古以远的年代，则我们可以透视出更多的东西，我们或许可以这样说：惠栋汉学是在商业繁荣的腹地，在中西文化大交流的背景下恪守传统文化，对传统文化的独特的总结，对国学研究法的特有的创新，对中华传统文化精神的维系保卫和继往开来的发展。

大约一万年以前，那是旧石器时代的晚期，今吴县东山三山岛就有古人类活动，先民们制造刮削器、尖状器、砍砸器，从事渔猎生产。约公元前十二世纪，古公亶父（周太王）长子泰伯，次子仲雍为让王位而逃奔江南，建立勾吴，为吴之始称。周简王元年，也就是吴王寿梦元年（前 585），在今苏州平门西北二里营建宫室、城郭。公元前 560 年，吴国都城由梅里迁至新址。周敬王六年，吴王阖闾元年（前 514），阖闾责成伍子胥“相土尝水，象天法地”，重建都城，是为阖闾大城，即今苏州城。南朝陈后主祯明元年（587）割扬州之东

南部置吴州，吴郡隶属吴州，州、郡、县同城而治。隋开皇九年(589)，隋灭陈，废吴郡，改吴州为苏州(因吴县姑苏山而命名)，是为"苏州"得名之始。五代后梁龙德二年(922)曾重建苏州城。阖闾当年命子胥"造筑大城"时，就有总揽天意之旨，以《易经》原理推求建城治天下之道。《吴越春秋》载：阖闾谓子胥曰："吾国僻远，顾在东南之地，险阻润湿，又有江海之害，内无守御，民无所依，仓库不设，田畴不垦，为之奈何?"伍子胥答道："臣闻治国之道，安君理民，是其上者。"阖闾问道："其术奈何?"子胥说："凡欲安君治民，兴霸成王，以近制远者，必先立城郭，设守备，完仓廪，治兵库，斯则其术也。"阖闾曰："善夫筑城郭，立仓库，因地制宜，岂有天气之数以威邻国者乎?"子胥曰："有!"伍子胥造的"大城"，周匝四十七里，陆门八，以象天八风，水门八，以象地八卦。城西门叫阊门，其命意，《吴越春秋》说："立阊门者以象天门，通阊阖风也。阖闾欲西破楚，楚在西北，故立阊门以通天气，因复名之破楚门。"东汉左思《吴都赋》也曾盛赞这两个"八"："徒观其郊隧之内奥，都邑之纲纪，霸王之所根柢，开国之所基趾，郛郭周匝，重城结隅，通门'二八'，水通陆衢，所以经始，用累千祀，宪紫宫以营室，廓广庭之漫漫，寒暑隔阂于邃宇，虹霓四带于云馆，所以跨跱(按：zhì，据有，保持)焕炳(按：犹照耀)万里也。"看来，苏州城的"内奥"、"纲纪"为立霸王之业，为包罗天地宇宙，总揽日月星辰，跨制天下，照耀海内，八风、八卦、天门、天气、天数蕴含其中。惠栋，这个吴派经学魁首，终身沐浴、成长、生活在《易》理外化的苏州古城内外，他的经学路数或许与阖闾、子胥建造的大城结构相一致，是由阖闾大城派生的吧！

吴地自古多慷慨悲壮之士。相传吴王阖闾（？—前496）派专诸刺杀王僚后，又派要离谋刺出奔在卫的王子庆忌。要离请吴王断其右手，杀其妻子，诈称得罪出逃。及至卫国，见庆忌，庆忌喜，与之共谋，当同船渡江时，庆忌被他刺中要害。庆忌释令归吴，他行至江陵，也伏剑自杀。事见《吕氏春秋·忠廉》、汉袁晔《吴越春秋·阖闾内传》、《史记·鲁仲连邹阳列传》。此后，要离便成为壮烈、忠廉之士的代称。东汉梁鸿字伯鸾，为扶风平陵人，受业太学，家贫而尚节操，后隐居避患于吴地，依富家皋伯通为之舂米，每次回家，妻为之准备饭菜，举案齐眉而献。梁鸿死，皋伯通为求葬地于吴要离冢旁，都说："要离烈士，而伯鸾清高，可令相近。"唐李贤注《后汉书·梁鸿传》云：要离墓在苏州吴县西，"伯鸾墓在其北"[①]。帮助阖闾即公子光刺杀吴王僚，后"与谋国事"的伍子胥（？—前484），更是妇孺皆知的历史名人。伍子胥名员，字子胥，楚大夫伍奢次子，楚平王七年（前522），楚王听信谗言，杀害伍奢和子胥兄伍尚，并派人追捕子胥。子胥逃至吴国，投阖闾门下，为阖闾大破楚军。惠栋曾以其特有的音义训释方式叙述过此事。《松崖笔记》卷二《鳍门》条云："《史记·伍子胥传》：伍子胥告其舍人曰：抉吾眼悬吴东门之上，以观越寇之入灭吴也。《正义》曰：东门、鳍门，谓鲟门也，今名葑门。鳍，音普姑反。鲟，音覆浮反。越军开示浦，子胥涛荡罗城，开北门，有鳍鲟随涛入，故以名门。顾野王云：鳍鱼一名江豚，欲风则涌之也。（惠栋）按：《广

① 《后汉书》，册十，页二七六八，中华书局本。

韵》鯆：鱼名，又江豚，别名，天欲风则见。鱄，上同，普胡切。又鯆鲟，鱼名，亦作魳，博孤切。见十一模。”[1]以上说明，惠栋本人对吴越之争以及其中的历史名人也是烂熟于心并津津乐道的。无独有偶，《松崖笔记》中的这一段文字也被援引入惠栋参编的乾隆十三年《苏州府志》卷第三《城池（坊巷附）·府城古吴都城》，从而可证“府城古吴都城”条庶几为惠栋手笔，足见其对吴地文化的熟谙和讴歌。另从乾隆《苏州府志》的体例看，也是充分体现惠栋朴学考据，纂集文献的基本思路的，《府志》正文每有一语以大号字刊出，即有小号字刊出所罗致纂集到的分疏文字十数家、数百千万言，就以“府城古吴都城”条为例：“府城古吴都城（下引《越绝书》分疏之），周敬王六年阖闾使伍子胥城之（下引《吴越春秋》、《图经续记》等分疏之）……曰平门（下引《史记正义》、《史记·伍子胥列传》、顾野王、《说文》、魏张揖《埤苍》、唐陆广微《吴地记》、宋范成大《吴郡志》等）。”有理由认为，惠栋是乾隆《苏州府志》的主要纂修人员。[2] 许多重要难解的文字及其疏释文字都出自惠栋手笔，由此稽考成

① 参见《史记》，册七，页二一八〇，中华书局本。《宋本广韵》，页六五、六六，北京中国书店 1982 年影印本。

② 《苏州府志》，乾隆十三年刊本，前列修志姓名：“苏州府知府今升福建按察谏司按察使觉罗雅尔哈善，署理苏州府事今升分守常镇道按察使司副使赵锡礼，苏州知府今升分巡苏松太兵备道按察使司副使傅椿。纂修：日讲官起居注詹事府少詹事兼翰林院侍讲学士习寯，翰林院编修邵泰，翰林院编修蒋恭棐，江西道监察御史王峻。协修：元和县贡生程钟，元和县学生员惠栋，昭文县学生员鲍晋高，吴县布衣李果。”此外还有采访、校勘、监局若干人。除那些官僚以外，纂修习氏是康熙五十七年（1718）进士，工诗文；邵氏工诗文、书法；蒋氏工诗文；李氏工诗文、游记，著有《咏归亭文钞》。

果出发,可从更广袤的范围内看到惠栋的学术思想及其所受时代主潮流的影响。这一点下面还要具体说明。这里仅以要离、梁鸿墓说惠栋他们的讴歌文字,并由此看出惠栋等人,特别是惠栋本人处吴地而受吴中之杰的影响,其所谓吴地、吴人、吴文化之素心。惠栋参修的乾隆《苏州府志》卷三〇《冢墓·要离墓》云:"《吴地记》在泰伯庙南三百五十步,《范志》(按:指范成大《吴郡志》)在阊门外金昌亭旁……元杨维桢《吊要离墓》:金昌亭下路,青草没荒邱。云是要离冢,令人生古愁。侏儿三尺余,不佩双吴钩。中包猛士胆,白日照高秋。恶在屠骨肉,视身若蜉蝣。荆轲不了恨,庆忌成身谋。如何《五噫》声,死与尔同俦。"梁鸿作《五噫歌》,故称。在《梁鸿墓》条下,则引唐梁肃《梁鸿墓碣》、陆龟蒙《祭梁鸿墓文并序》而记述之,讴歌之。慷慨悲壮,狷介清高,正是要离、梁鸿的文化精神,而这种悲壮、介特的精神,似又不时隐现于惠栋究古的朴学传统中。一部吴文化史,或者说惠栋参修的一部《苏州府志》中诸多历史名人于世代系列中培植建树的吴文化精神,都或隐或显,或深或浅,不同程度地渗透到惠栋治经中,滋润他的心田,唤起他的灵感,左右他的思路,引导他的认知,从而作出系统概括和发现、发明的。

惠栋勤密研治的古代经典及其培植的朴学考据精神,与他所处的自古繁华的苏州府乃至彼时已很发达的商品经济多少有点格格不入。现代社会的实践证明,高度发展的商品社会可以容纳儒家传统并促进其互利的发展,但惠栋长于考据而非义理,其治学的选题和钉铆判别的方法与商品社会的色调又往往是难以调和的,这又使惠栋终身而为的学术在彼之时代不断带上悲壮色彩和介然独卓的风貌。

吴地姑苏，似乎从地幔成型的那一天起，这里生来就是名花名木簇拥丛生的瑶台仙境，然而，这里自古以来又因物产过于丰富，瑰宝溢目，红粟流衍，故商业特别发达，交贸相竞，乘时射利，自古而然。以至于康熙帝巡视苏州府时认为这里“士俗惟知斗歌舞，闾阎不能种桑麻”，有点讨厌这里过于发达的商业文化。东汉左思《吴都赋》描写这里的都市交易说：“开市朝而并纳，横阛阓而流溢，混品物而同廛，并都鄙而为一。”人们看到的情景是“士女伫眙（按：伫立而视），商贾骈坒（按：bì，相连接）”，“轻舆按辔以经隧，楼船举帆而过肆（按：晋刘逵注：隧，向市路）”。左思形容那些富商阔佬一个个“捷若庆忌（按：吴王公子僚子），勇若专诸（按：？—前515，为阖闾刺杀吴王僚的刺客），危冠而出，竦剑而趋”。这是封建社会，乃至奴隶社会时期的吴商形象。我国数千年农本经济，重农抑商，但《史记·货殖列传》引汉谚曰：“以贫求富，农不如工，工不如商。”又说：“刺绣文不如依市门。”左思所写吴地商业以其独得天厚条件获得惊人的发展，是毫不奇怪的。

明清之际资本主义的萌芽，有识之士顺应时代潮流，如黄宗羲（1610—1695）提出了“工商皆本”。那位痛骂“自秦以来，凡为帝王者皆为贼也”的反封建专制的启蒙思想家唐甄（1630—1704）在山西长子县当过七个月的知县，弃官后一直在苏州经商，过着“居于市廛，日食不匮”的生活，并自称“吕尚卖贩于孟津，唐甄为牙（按：开牙行，经商）于吴市，其义一也”。为适应商品经济的发展，苏州府注重开发手工业。乾隆年间，“苏州东城比户习织，专其业者，不啻万家”①。明代已具“精、细、雅、洁”的“苏绣”，此时更是盛极一时，形成城市区域的“绣市”和乡村的“绣庄”，有名的苏州锦缎从素缎发展到此时“加织花纹，并发明纱货，同时又织造百子被面、三元绸等”，著名的“吴绫”也“名品不一”，美不胜收。至于西学东渐，从天主教传教士尤其是耶稣会教士的东来开始，同时输入了新的科学技术文化，就在江声从师惠栋的那一年(1750)，江西蒋士铨在南昌见到了西洋油画，作《录西画》诗。也就在这一年，皖程廷祚应经学荐到京，游观天主教堂而作《忧西夷篇》，预言外国侵略者必将利用传教和经商为手段内侵，终必乱华，“外此具淫巧，亦足惊寡识”，“包藏灾祸心，累累见蚕食”。② 在商品经济潮涌的苏州府和西学东渐的大背景下生存着的惠栋，他是如何抉择人生，又受何种影响？他固守传统，虔诚地复古，以他终身辛勤的劳作证明并实践他回到古典主义去的主张。毫无疑问，惠栋处于自发的资本主义萌芽和西学东渐时期，反封建的任务远未提出，故而向旧传统宣战，乃至往往片面地、形而上学地否定传统的时代还远远没有到来。但应看到，回向原典，复归纯古，摈弃宋儒(含三纲五常等类)，本身就包含一定的民主启蒙精神，甚至可以说此中已有反封建的意义。复古不是简单地袭旧，尤其是在提不出面向未来的决策的时代，就只能面向上古而从中借助古代的权威。复古为求其本真，虽然仅仅限于书本知识，限于文献，但求其实方可排斥现实存

① 《乾隆长洲县志》，卷一七，《物产》。

② [清]张应昌编：《清诗铎》，上册，页四〇四，中华书局1960年版，载程廷祚《忧西夷篇》诗。

在着的虚伪。复古,不能不看到它的进步性和革新意义,虽然这种革新意义最终或被闷死在旧传统和故纸堆中。复古求真、求实,或以为惠栋的复古仅限于求汉,唯汉是信,但归根到底,求汉、信汉的目的是求真、求实,这其中一是认识能力问题,一是指导思想问题,何况据我们研究,惠栋还不是那样唯汉是信,倒是有多处着实批评汉儒的。求真、求实之风崛起于宋明七百年凿空(不消说,宋儒以其客观唯心主义的理念论取得了过去鲜为人识知的哲学成就)之后,委实是思想方法上的一场解放和革命,在这场解放中,惠栋是举帅旗的。思想方法上的求真求实,固然与复古之途的本身蕴含的方法内容有关,另一个层面,与西学的实验论、实证论也是密切相关的,不能因为面貌是中国的传统、古学,就否认其中蕴含的方法学与西学求真求实的方法学有相通之处。撇开方法学,从表层看,惠栋也是谙知和崇尚西学的。

惠栋曾直接引用过西学。可论定为出自惠栋手笔的《苏州府志》的与经学密切相关的天文历法部分,足以证明惠栋是了解重视西法的。卷第一《分野》在讲苏州府的分野时说:"九州封城,辨以星土,保章氏掌之,先儒谓其书已亡,今堪舆所载,虽有郡国并入,度非古数也。臆揣相沿,疑信参半。本朝用西法测极度、晷影、恒星,最为精密,兹详列之,苏之分星,可得而辨矣。采经史旧文究其同异者著于篇。"可见作者是想以西法古法相参验。又说:"《尔雅》星纪,斗、牵牛,吴分野(刘逵云:斗者,日月五星所经始。按:意即斗宿之类是恒星座标,描述视运动的轨迹点,故谓之星纪)。"又核实于史书说:"《史记·天官书》:斗,江、湖;牵牛、婺女,扬州。""《汉书·地理志》:吴地,斗分野也。越地,牵牛、婺女之分野也。""《晋书·天文志》自南斗十二度至须女七度为星纪，于辰在丑，吴越分野属扬州[费直说《周易》起斗十度，至女五度。蔡邕《月令》章句起斗六度至女二度，皇甫谧《帝王世纪》(按：惠栋熟于此书，用其考伪古文尚书作者，见本书第二章二)起斗十一度至女七度]。"又说："本朝星纪：宫交度；西法，赤道：自箕三度七分，至斗二十四度二十分。黄道：自箕四度一十七分，至牛一度五分。苏州府九县，分野总属斗六度。"应该说，以上这些文字不算难懂。[①]从俱引《尔雅》、刘逵、史书的天文、地理志、汉易学家费直氏说《周易》、蔡邕等看，更可证出惠栋手笔，因俱引种种与作为经学家，尤其是作为易学家的惠栋的知识结构最相契合。修地方志，当然不必讲什么深奥的古代天文原理，一般的星宿分野知识已足，俱引种种，构不成系统奥衍，但却可看出作者对西学的态度。将此与究古的实证科学精神，知识论的求知精神共思考之，不是很可以看出西学对一代学术领袖所造成的深刻影响吗？其实，惠士奇、惠栋都在岁差问题上受西学影响。惠士奇已读过渗透西学的历书。[②] 他自己也说："幼时读廿一史，于天文、乐律二志，未尽通晓。及官翰林，因新法究推步之原，著《交食举隅》二卷。"[③]新法即西

---

① 有关内容可参见《十三经注疏》，页二六〇九上；《史记》，册四，页一三三〇；《汉书》，册六，页一六六六、页一六六八；《晋书》，册二，页三〇八。唯《汉书》云"粤地，牵牛、婺女之分野也"，《苏州府志》以为"越地"，今谓《淮南子·天文训》以斗、牛为越分野，女为吴分野，故不算大错。须女即婺女，二十八宿名，《淮南子》称"须女"。

② 见本书第十一章第一节内的详述。

③ [清]钱仪吉纂：《碑传集》，册四，页一二九六。

法。

说起来，苏州是古天文学的故乡。苏州今存石刻天文图，是世界上现存较早的大型石刻科学星图。碑石刻于南宋淳祐七年(1247)，为永嘉(今浙江温州)人王致远建。原图作者为普成(今四川剑阁附近)人黄裳。他于绍熙元年(1190)向宋太子赵扩献八图，称为“绍熙八图”，其中之一即天文图。石碑原置苏州文庙戟门口，现存苏州市博物馆。全图共刻恒星一千四百多颗，银河带斜贯星图。图上有二十八条辐射状线条与三圆正向交接，分别通过二十八宿的距星。线端界外注有二十八宿宿度数据。外圈又绘有二同心圆，两圈间交叉密注与二十八宿相配合的十二辰、十二次和州、国分野等各十二个名称。① 有证据表明，该图是根据北宋元丰(1078—1085)年间一次恒星观测的资料绘制的。惠氏三代谙知天文历法，乃至士奇、惠栋在深通古代历法的基础上接受西法，都是与深培阃奥的吴地文化的滋养密切相关的。

惠栋时代大一统的局面，自给自足的自然经济和商品经济并存的经济基础，都要求一种新的时代主潮：崇尚知识和理性。惠栋倡导考据治经，也是彼之时代主潮的反映。惠栋不谋科举，却另谋商界资助的实利以确保传统学术赖以发展的物质化基础。当时有许多文化人这样做，惠栋是其中借商利而润古学的佼佼者。惠栋应聘而参修乾隆十三年(1748)《苏州府志》，这本来也是因时局实务之需而既以营生，又以传学的途径。乾隆十九年(1754)，山东德州人卢见曾(字抱经，号雅雨，康熙辛丑即1721年进士)第二次到扬州出任两

① 参见《中国大百科全书·天文学》第337页，并参见该书彩图插页第50页。

淮盐运使，邀请惠栋为校阅所得旧籍，刻《雅雨堂丛书》。《汉学师承记》卷二说："如《雅雨堂十种》、《山左诗钞》、《感旧集》，皆先生手定焉。"[①]其实，有的书完全是惠栋搜辑的，如《雅雨堂丛书》中的《郑氏周易（增补）》、《周易爻辰图》，有的标明"卢见曾序"的序文恐怕也是惠氏代作的，特别是《易》学论集的那些卢序，完全宗汉儒古文《易》，挞伐王弼、韩康伯、孔颖达《易》学，至少也可把那些标有卢序的序文看作惠栋《易汉学》的同理共见的补充材料。那时，应聘到雅雨堂议事的还有当年与惠栋共修《苏州府志》的蒋恭棐（1689—1754）。蒋氏也于乾隆十九年（1754）到扬州，受卢氏之命主持扬州安定书院。此外，还有顾栋高（1679—1759）、张殿传等也在卢见曾处。乾隆二十一年（1756），甲戌（1754）进士王昶也到卢寓。王昶说："余弱冠游诸公间，因得问业于先生，及丙子（1756）、丁丑（1757），先生与予又同客卢运使见曾所，益得尽读先生所著，尝与华亭沈上舍大成手钞而校正之，故知先生之学之根底，莫余为详。"[②]王昶与卢交契，乾隆三十三年（1768），"以言两淮盐运提引事不密罢职"[③]，丢掉内阁中书、刑部主事这样的大官。也就是

① 见《汉学师承记》，页二八。今考《山左诗钞》乾隆二十三年（1758）刊于扬州，书名《国朝山左诗钞》，共六十卷，为雅雨堂刊刻王士禛诗集。《感旧集》有《渔洋感旧集小传》四卷，补遗一卷，见《古今说部丛书》三集，今有1913年排印本。另有《雅雨堂诗文遗集》共四册，标为"同里后学金世恒立方编次，曾孙枢兰言校梓"，文集中有很多识语明标惠定宇撰，是研究惠栋文论思想的资料。

② 《碑传集》，册十一，页三九八五。

③ 《碑传集》，册三，页一〇六一。

在扬州，经卢见曾介绍，惠栋结识了戴震，促成了戴震学术思想的重大转变。[①] 完全可以推断，惠栋与总管盐商的官吏卢见曾交游于扬州，其时或受商业文化的熏陶和影响，使他本存批宋儒之心的学术思想推到了顶峰，并臻于完善和完成阶段，故能促成戴震批判宋儒；惠氏、卢氏的交游，至少可以说，其时彼之共同的劳作，辑著而成《雅雨堂丛书》等。

其时几乎人人治国学，由惠栋、戴震倡导的考据之风风靡学术界，要从惠栋学术中找出很具体的商业文化，那是很困难的事，但就儒商文化精神的积淀而言，也不是无蛛丝马迹可寻。如果说西学东渐中的外域文化的实证、实验精神裨益于惠栋考证之学，强化了考据学中的求实精神，那么，商业繁荣的大势，儒商文化精神的渗透，除前面所说的惠、卢交游，借商润古以外，还表现为培养务实人才的书院教育观和若干价值观念的变化。《雅雨堂文集》卷一《经义考序》惠栋识语说："汉人传经者有家法，当时备五经师训诂之学，皆师所口授，其后乃著竹帛，故经师之说立于学官，古经出于层壁，多古字古言，非经师不能辨，经之义存乎训，识字审音，乃知其义，是以古训不可改也，经师不可废也，后人拨弃汉学，薄训诂而不为，即《尔雅》亦不尽信，其说行也，往往多凭私臆，经学由兹而晦，篇中义理胜而家法亡，一语道破前人之陋，为之称快，末幅言通经之法，真悬诸日月而不刊之论，士人苟奉此为圭臬，则经学明而人才盛，人人尽通

① 《戴震评传》第155页。

达国体,岂止变学究为秀才耶?”[1]惠栋认为,汉学家法重小学,义理存乎训诂,由小学而经学,可获经书本义,学子循此,能造就成批成批的经国济世的务实可用之才,小学明而经义明,经义明而人才出,人才出而世道治。由儒学知识论以至于实用论的精神很明确,其中不乏儒商文化的光圈。又如卷三《重修天津府儒学碑记》惠栋识语盛赞卢见曾儒学和政绩的一致,盛赞为士之表率的可贵,虽不无谀词,但其精神是鼓吹儒门实用之学。惠栋说:“(卢见曾)先生勤于吏治,所至者皆有殊绩,其在津门,奏课之余,修理学官,创立书院,以身为士子表率,所以扬厉而鼓舞之者……读是文可以窥见先生之文章政绩云。”书院、学校,当然是很难背时势而弃实务的,既重吏治和书院,且重于“士之表率”,则必融贯合于当时大势的儒商文化。以至于发展到作为醇儒的惠栋,考证“帐目”一词的来源引周亮工《书影》出自《北魏书》,并说:“今人出入之籍曰帐始此。”[2]考释“店”字的含义引《唐律义疏》:“居物之处为邸,估卖之所为店。”[3]题刻注意表彰商人:“勒石以纪诸公之功,用告后之人,俾知所效法,并分任诸员及商人捐赀姓名于后,附传不朽云。”[4]以能否考虑商民利益为评判标准,并认为儒学经术当及于实业人士,惠栋说:“(王司李)完钦脏二万余,商民至今犹戴其德……夫儒林不通达国体,经术不润饰吏事,匪特学不足以经世,而其

① 这段文字又与《九经古义述首》九九相同,见《松崖文钞》卷一,《九经古义述首》。

② 《松崖笔记》,卷二,“帐目”条。

③ 《松崖笔记》,卷一,“店”条。

④ 《松崖文钞》,卷二,《修治扬州城沟道碑记》。

治之及于民者亦不能服教畏神而至于久远”，如果能“功业在途歌巷议之人，文章在学士大夫之口”，做到“同时而建树，异世而合符”，这才永远值得后人旌表。[①] 像这类主张通经致用，善于吏事，及于民事、工商之利的议论和评判标准，在《松崖笔记》等书中多处可见。这完全是顾炎武务实精神的继续和发展。[②] 惠栋甚至痛斥理学之士不如商人，他在《士大夫无信》条中说：“今之士大夫不如商贾，商贾逐什一之利，犹以信行于俦类，士大夫趋势利而忘大义，无可信之人矣。”[③]应该说，惠栋是较为清醒地把握到时代的脉搏，呼吸着早期启蒙时代的新鲜空气的，资本主义萌芽时期的新的经济成分的吉光片羽不时会投射、反映到惠栋著作中来，形成惠氏的若干价值观念，从而使读者往往产生新的质感。至于能创立一个新的学派，而引导整个时代学术的前进，也是与把握彼之时代精神的主旋律分不开的。

阖闾、伍子胥、古代天文图，或更早时代即开始奠基的吴文化的哺育，汉儒古文经学及晚明以来尤其高涨的知识主义潮流的拂动，早期启蒙时期的主潮流的裹挟，都会使这位吴中奇才放射出学术上求实、求真和创新的异彩。惠栋学术的全部成就和创造，似乎都是彼之时代新的经济潮流和吴地文化背景、文史学术发展的客观要求所赋予的。忽视以上种种宏观背景，便使我们找不到研究惠栋的方向和途径。

---

① 《松崖文钞》，卷二，《三贤祠记》。

② 参见侯外庐著《中国早期启蒙思想史》第 231 至 234 页，人民出版社 1956 年版。

③ 《九曜斋笔记》，卷三，“士大夫无信”条。

第二章 考论伪古文《尚书》和郑玄述逸篇

一、揭穿梅氏伪作的《古文尚书考》的宏旨大义

以解释学为途辙而解经求真求古的启蒙方法与西学及时代精神嬗变的关系，孔安国古文尚书汉代未亡论，列出四大疑点批评孔颖达视汉孔安国真古文为民间伪书，列出四条驳正批评孔颖达正义，考论郑氏《尚书》逸书为真古文《尚书》，考出梅氏增多古文二十五篇，辨梅氏之伪以及对同时代学者成果的吸收，《古文尚书考》研治方法对后世的影响

十七、十八世纪中国早期启蒙思想的问世，王夫之(1619—1692)、黄宗羲(1610—1695)、顾炎武(1613—1682)导夫先路，他们都经历了“天崩地解”的明清更替时

期。清初立国以后，适应资本主义萌芽和西学东渐大势的启蒙思潮，逐渐采取了特有的专门汉学的方式，阎若璩（1636—1704）、毛奇龄（1623—1716）、胡渭（1633—1714）、惠栋、戴震（1724—1777）是其代表人物。启蒙方式和途径的转变的契机，不唯雍、乾年间的文字狱之祸，与西学的实证、实验科学精神，与反对空疏之学的知识论传统，与新的时代精神的嬗变等等，都有这样那样的联系。汉学方式的启蒙，其基本形态是复归上古，以上古的文献权威，求真求实求古的精神批判现实社会、学界的各种虚伪、粉饰。从思想启蒙到汉学复古启蒙，求真求实，一以贯之，后者不免更为软弱，更为别致，但知识的系统性更强，更为精巧，需要我们作具体的分析和微观的解剖，并非说一说一般的义理或思想性就够了的。以复古为启蒙，当然就有与古谋侣的一些做法，诸如订古、辨伪、稽考等等，一言以蔽之为语言文字学方法、小学方法，或称文献学的方法，总之，是以解释学为途辙而解经求真求古的启蒙方法。

在订古、辨伪中取得出色成绩，并能称得上汉学复古启蒙中第一声号角的，是阎若璩《古文尚书疏证》。阎氏从二十岁即开始著这部书，此后四十年间随时增订，至临终还未完成。该书完全奠定了他在学术界的地位，使阎氏成为三百多年来学术界公认的第一流人物。《尚书》在汉代已有今古文之争，伏生所传二十八篇称“今文尚书”，另有十六篇据传为孔安国所传，称“古文尚书”，但这十六篇久已失传。到东晋梅赜献出一部新的"古文尚书"[①]，比"今文尚书"多二十五篇，且有孔安国做的全部的注释。唐陆德明据以著《经典释文》，孔颖达据以作《正义》，完全确立了梅氏《尚书》的经典地位，此后千百余年著为功令，其间虽有吴棫、朱熹、吴澄、梅鷟等人怀疑过，但从未形成气候，从未动摇梅氏《尚书》的经典地位。阎若璩考证出梅氏《古文尚书》为伪作，振聋发聩，动摇经典，疑古求真，其意义远不止是一部书的问题，而是此种革命精神，求真求实的科学方法显示出的巨大威力，由疑古非经而产生的客观上合乎新兴生产力要求的启蒙作用等等，都在思想史、学术史上留下不可磨灭的一笔。继阎氏之后，反对阎说者有之，毛奇龄《古文尚书冤词》即其一例（毛氏也有功绩，主要是提倡汉儒易学，此优点也为惠栋所继承），拥护阎说而发展深化者有之，惠栋著《古文尚书考》、《尚书古义》，戴震《尚书义考》和《尚书今文古文考》、程廷祚《晚书订疑》、段玉裁《古文尚书撰异》等[②]，可视作阎若璩《疏证》的宏衍之作或系列丛书，阎著加上惠著等书，伪古文尚书案得以成为定谳，然而继毛氏之后到光绪年间还有洪右臣出来续作冤词

---

① 梅氏为古文《尚书》的最后传授者。史载古文《尚书》的梅氏奏上，阎若璩、惠栋都认为伪古文《尚书》为梅赜伪作，《尚书古文疏证》节一一三说："梅赜上伪书，冒以安国之名，则是梅赜始伪。"《古文尚书考》说："今世谓古文者乃梅赜之书，非壁中之古文也。"但惠栋也曾疑为晋孔安国伪作，见本章第三节，魏王肃作，见第二节。

② 惠栋本人对揭梅书之伪的学术史情况也很清楚，他写的"古文疏证"条目说："《经义考》：阎若璩《古文尚书疏证》十卷，姚际恒《古文尚书通论》别伪例十卷，钱煌壁《书辨疑》六卷，朱竹坨（彝尊）曰：三家皆攻古文尚书。"见《松崖笔记》卷三。

为之翻案，自然也是打着维护《书经》的经典地位的旗号。但实证科学的结论战胜宗教说的盲目崇拜，当然再也翻不动梅氏伪作这一铁案了（至于今天仍把伪古文尚书、伪孔传作为《十三经》之一的经、注，那是另一回事，只是以《十三经》为一书名，无所谓“经典”了）。阎、惠著述时间相距较远，惠栋小于阎六十岁，惠栋出生那年（1697），阎曾在汪份处见到归有光（1507—1571）批《史记》手稿，录其例意五十三则归。① 且阎著也有其缺陷，《古文尚书疏证》一书中杂入许多信札、日记，与体例不合。《四库全书总目提要》一方面称赞阎著“有据之言，先立于不可败也”，同时也指出若干不足。② 而惠著则为后出转精之作。现据以深入论析之：

《古文尚书考》分两部分，第一部分是关涉全书若干问题的通考，第二部分是按篇次为序的专题考索。通考部分为证梅氏之伪的考论之作。论题有：孔氏《古文尚书》五十八篇、郑玄述古文逸书二十四篇、辨《正义》四条、证孔氏逸书九条、梅氏增多古文二十五篇、辨梅氏增多古文之谬十五条、辨尚书分篇之谬。共七题，全部是凭事实材料的过硬之作。

惠栋考论云，孔安国《古文尚书》汉代并没有亡佚，五十八篇中有三十四篇与伏生同，余二十四篇篇名俱在，刘歆造《三统历》，班固著《律历志》，郑玄注孔安国撰《尚书序》均引用之。③ 仅仅因当时未立于学官，故贾逵、马融等人虽传孔安国

---

① 张慧剑：《明清江苏文人年表》，上海古籍出版社1986年版，第915页。

② 《四库全书总目》，页一〇一至页一〇二，中华书局1965年版。

③ 参见《汉书》，册四，页一〇一五，《十三经注疏》页一一五下至一一六上。惠栋考论的话见《清经解》，册二，页七〇一下《古文尚书考序》，该序又收入《松崖文钞》卷一，足见惠栋本人对此的重视。

学但不传郑玄所述逸篇，马融作书序（按：今逸，有孙星衍辑本《尚书马郑注》十卷）亦云逸十六篇（按：惠栋指出十六篇内含《九共》九篇，故 16－1＋9＝24 篇逸书）。帝王家天下，治学重家学，帝王颁行而立于学官之书，当然是汉儒家学之本。故汉代习《尚书》皆用今文二十九篇（伏生 28＋后得于民间的《太誓》1＝29），乃至孔壁古文亦仅谓之逸书，但孔安国古文、孔壁古文已入宫廷藏书处"中秘"，刘向校古文时得以著于《别录》五十八篇，后来亡佚《武成》篇，《汉书·艺文志》载五十七篇。惠栋指出，对所逸十六篇，汉儒都能案其篇目举其遗文。如果说，古文出于晋代，那么后来梅氏古文的《太甲》、《说命》诸篇为何早在汉代时就被汉儒视为逸书？于是惠栋列出考定的孔安国《古文尚书》五十八篇，列出郑玄述古文逸篇二十四篇对照梅氏（见下文）。惠栋的结论是："今世所谓古文者，乃梅赜之书，非壁中之文也。赜采摭传记，作为古文，以绐（按：通'诒'，欺骗）后世，后世儒者靡然信从，于是东晋之古文出而西汉之古文亡矣。孔氏之书，不特文与梅氏绝异，而其篇次亦殊。"①

孔颖达尽信梅氏，以孔安国古文，亦即郑玄所述逸书为张霸伪书，这是孔颖达的极大错误。为揭孔氏之误，惠氏指出孔颖达说法有四大疑点。疑一：《汉书·儒林传》云，孔氏有古文尚书（三十四篇），又得逸书十余篇（十六篇）。张霸分合二十九篇"以为数十"，成一百零二篇而献给朝廷，成帝时刘向校之，因文意浅陋，又大不同于天子所藏之书，后黜其书。② 惠栋指出，

① 《清经解》，册二，页七〇一下，上海书店影印本。

② 可参《汉书》，册十一，页三六〇七所述。

据《汉书》“先述逸书，后称《百两》(按：指张霸私自增篇之书)，明(郑玄)逸书非《百两》，其疑一也”。疑二：刘向校张书而非之，识张书非《古文尚书》，刘向《别录》不可能以张霸伪书作为《别录》之五十八篇中的一部分十六篇。疑三：观刘歆《移书让太常博士》，可知当时古文俱在。[①] 故后来郑玄注《禹贡》而引《嗣征》，注《典宝》而引《伊训》。如王充《论衡》所说，张霸之书传在民间，那么刘歆、郑玄决不会将民间伪书当作壁中古文，以孔氏十六篇与张氏伪书等同。疑四：《汉书·律历志》所引《伊训》、《武成》的文字与梅氏所载略同，此可见梅氏造伪之本。既然刘向校张书与中秘图书无一共同，后出的梅氏书又当然也不会与张书同！孔颖达以孔安国十六篇等同张书，又如何能成立？且《律历志》本《三统历》，刘歆亲见之古文，与张书无任何共同之处。孔颖达以孔安国十六篇等同张霸书的目的是说孔安国《古文尚书》伪而梅氏书真。惠栋以四大疑点诘之，信从成帝时刘向校书存真，以明孔安国十六篇与张书完全不是一回事，从而证实孔安国古文为真而推断梅氏古文必然是伪。孔颖达是信从梅氏而传扬梅氏的举足轻重的学术人物，攻破孔颖达犹攻破梅氏。从惠栋的驳证和某些逻辑侧证一看，惠栋在掌握正面、侧面的有关资料后，思考缜密，逻辑周致；除正面径直证之以外，不放过别一层面上的侧证和二次间接推证，虽有不合充足理由之处，但曲尽其意为一旨，将考论与驳诘相结合以揭梅氏之

① 刘歆在《移书让太常博士》中说：“歆亲近欲建立《左氏春秋》及《毛诗》、《逸礼》、《古文尚书》，皆列于学官。”见《全上古三代秦汉三国六朝文》一册，页三四八上。

伪，仍然是有说服力的。

为进一步驳倒孔颖达，惠栋有辨《正义》四条：

《正义》说：伏生本二十八篇，《盘庚》增出二篇，加《舜典》、《益稷》、《康王之诰》共五篇，为三十三篇（28＋3＋2），再加所增二十五篇为五十八篇。惠栋认为，汉代无《尚书》三十三篇之说。伏生二十八；欧阳三十一（《盘庚》出2＋《太誓》1＋28＝31。一说28＋《太誓》析为3＝31）；夏侯二十九（伏生28＋《太誓》1）；马融、郑玄三十四（28＋《盘庚》增2＋《太誓》3＋《顾命》"王若曰"以下出《康王之诰》1＝34）；梅氏三十三（34－《太誓》3＋由《尧典》、《皋陶谟》分出的《舜典》、《益稷》2＝33＝28＋《盘庚》增2＋《舜典》、《益稷》2＋《康王之诰》1。可见《正义》之为梅氏证明）。惠栋据梅氏三十三与伏生、欧阳、夏侯、马郑迥异而判其谬，还说："且五十八篇（按：梅书五十八）既因于《别录》，其中增多二十五篇①，又不与班氏《艺文志》相应（按：惠说班志16＋《九共》增8＝24，为郑玄述古文逸书篇数），进退皆无据也。"②应该说，惠氏考论甚精。

《正义》说：前汉诸儒知孔本有五十八篇，不见孔传，遂有张霸之徒于郑注之外伪造《尚书》凡二十四篇以足郑注三十四篇为五十八篇。惠栋认为，这是常识错误。张霸所撰一百零二篇，无伪造二十四篇（按：郑玄所述古文逸书二十四）之说，二十四篇之文（按：如以《九共》为一篇，仅十六篇，即24－8＝16），刘歆、班固都认为是孔安国所得逸书，非张霸书。自梅氏二十五篇出，于是妄以二十四篇为伪书，以致伪与真不辨，这是"信所疑（梅）而疑

① 见本书第45页。

② 《清经解》，册二，页七〇二中栏。

所信(孔、郑)”。梅氏伪书早有人识别,如吴棫、朱熹等,惠氏认为吴、朱等人的缺失为“不知郑氏二十四篇为孔氏(安国)真古文耳”①,一针见血地总结学术史上的得失,完全合乎史实,决非唯汉是信,其于郑氏二十四或称十六篇之说的考论,为戴震《尚书今文古文考》首肯。② “郑氏二十四篇为真古文”之说,还直接影响到王鸣盛。王鸣盛《尚书后案》也说:“东晋之伪古文固伪,而马郑所注,实孔壁之古文也。东晋所献之《太誓》固伪,而唐人所斥为伪《太誓》者实非伪也。”这完全是惠栋首创的石破天惊之说的进一步推阐。

孔颖达《正义》又说:郑玄述古文逸书二十四(除《九共》增八篇为十六篇)是伪书。对此,惠栋说,郑玄的篇目据刘向,刘向的校定以孔壁古文为底本,“如以十六篇为伪书,则当日秘府所藏亦难深信,而梅氏五十八篇(梅氏三十三+梅氏增多古文二十五。关于梅氏三十三之来历,可见前文,于是知梅氏造伪之五十八离不开马、郑三十四,离不开伏生二十八,亦即孔安国古文二十八)又何所据以传于后耶?”有点“以子之矛攻子之盾”的意味。以今天的眼光看,惠说对我们承认梅书有保存古代文化的价值是有意义的,因尽管作伪,但作伪所据仍离不开真古文尚书。惠说的目的是揭伪,我们可借惠说认识到梅书伪作存古保真的“重新分析”(reanalysis)的认知价值③,因而今天在揭梅的一场大革命之后,不必将梅书抛弃,反而可借梅书看古代文化。

《正义》又说:郑玄崇尚古文,为何郑注《尚书》逸文不

---

① 《清经解》,册二,页七〇二中栏。

② 《戴震评传》第137页。

③ 参见《中国语文》1995年第3期第168页。

注古文，而与孔（安国）异？惠栋指出，郑玄笃信古文，故于《易》传费氏，于《书》传孔氏，于《诗》传毛氏，这是没有疑问的。西汉平帝立古文，而十六篇（即东汉郑玄述古文尚书逸书）不著于录，因此无师说，至光武帝建武年间，逸篇《武成》等篇开始亡佚，学人专讲伏生，亦即源自孔安国古文的二十九篇，而郑玄注《书》时，佚篇《嗣征》、《伊训》仅有所存，"然犹能举其篇章辨其亡逸者，此炎汉四百年古文经师之力也"，"孔（安国）氏既有古文而梅复造之，郑自与梅异非与孔异也"。[1] 从而肯定了郑玄注《尚书》逸篇仍为古文经学派，学术思想与两汉四百年间古文经师一脉相承。[2]

惠栋在驳正孔颖达对郑玄的种种非难之后，即正面立论以"证孔（安国）氏逸书九条"，亦即论证郑玄述古文《尚书》逸书二十四篇即为真古文《尚书》。[3] 此外，惠栋还考出梅氏增多古文二十五篇，现列综表如下页。

惠栋辨梅氏书之谬，很重视吸收同时代学者的成果。其中用顾栋高一条，朱彝尊三条，顾炎武三条，阎若璩一条。例如朱彝尊由历法而疑《武成》。朱说："《武成》丁未视于周庙。之后乃云：越三日庚戌。律以《召诰》《顾命》书法，则当云越四日矣。史臣系日，一代不应互异。若此，吾不能不

① 《清经解》，册二，页七〇二下。

② 有关郑玄注《尚书》仍为古文经思想，参见《戴震评传》第 140 页。

③ 《清经解》，册二，页七〇二下至页七〇三。

<table>
<tr><td rowspan="4">古文尚书</td><td rowspan="2">孔安国得孔壁古文尚书五十八</td><td>汉世未亡三十四</td><td>尧典(梅分出舜典)、皋陶谟(梅分出益稷)、禹贡、甘誓、汤誓、般庚上、般庚中、般庚下、高宗肜日、西伯戡黎、微子、太誓上、太誓中、太誓下、牧誓、洪范、金縢、大诰、康诰、酒诰、梓才、召诰、洛诰、多士、毋逸君奭、多方、立政、顾命、康王之诰、毕誓(梅氏次文侯之命)、吕刑、文侯之命、秦誓</td></tr>
<tr><td>郑玄考逸篇二十四</td><td>舜典、汨作、九共一、九共二、九共三、九共四、九共五、九共六、九共七、九共八、九共九、大禹谟、弃稷、五子之歌、嗣征、汤诰、咸有一德、典宝、伊训、肆命、原名、武成、旅獒、毕命</td></tr>
<tr><td rowspan="2">梅氏献伪古文尚书</td><td>十三经注疏载伪古文五十八亦存部分文字之真</td><td>尧典、舜典、大禹谟、皋陶谟、益稷、禹贡、甘誓、五子之歌、胤征、汤誓、仲虺之诰、汤诰、伊训、太甲上、太甲中、太甲下、咸有一德、盘庚上、盘庚中、盘庚下、说命上、说命中、说命下、高宗肜日、西伯戡黎、微子、太誓上、太誓中、太誓下、牧誓、武成、洪范、旅獒、金縢、大诰、微子之命、康诰、酒诰、梓材、召诰、洛诰、多士、无逸、君奭、蔡仲之命、多方、立政、周官、君陈、顾命、康王之诰、毕命、君牙、冏命、吕刑、文侯之命、费誓、秦誓</td></tr>
<tr><td>梅氏增多伪古文二十五篇</td><td>大禹谟、五子之歌、嗣征、仲虺之诰、汤诰、伊训、太甲上、太甲中、太甲下、咸有一德、说命上、说命中、说命下、泰誓上、泰誓中、泰誓下、武成、旅獒、微子之命、蔡仲之命、周官、君陈、毕命、君牙、冏命</td></tr>
<tr><td colspan="3">伏生传今文尚书二十九(按王充),如去《太誓》,为二十八篇</td><td>尧典、皋陶谟、禹贡、甘誓、汤誓、盘庚、高宗肜日、西伯戡黎、微子、太誓、牧誓、洪范、金縢、大诰、康诰、酒诰、梓才、召诰、洛诰、多士、毋逸、君奭、多方、立政、顾命、吕刑、文侯之命、费誓、秦誓</td></tr>
</table>

疑于《武成》也。"[①]这是据干支纪日的系日方法中是否计当日干支为序，发现前后不一，从而推断梅氏《武成》为伪书的。朱说显然成立。例如顾炎武由字义的时代性而验证梅书伪作。顾炎武谓"相"之名不见于经，而《说命》有"爰立作相"之文（按：梅书《顾命》有"相被冕服，凭玉几"之语，《吕氏春秋·举难》有"相也者，百官之长也"，顾说亦确），顾炎武指出："刘氏勰谓《论语》以前经无'论'字，而（梅书）《周官》有'论道邦经'之语，皆梅氏之漏义也。"顾氏还说，《诗·大雅·灵台》有"虡业维枞"，毛传："业，大版也。"《尔雅·释器》有"大版谓之业"，《左传·昭公九年》有"学人舍业"，《礼记·檀弓上》有"大功废业"，都是讲"业"是指古代乐器架子横木上的大版，刻如锯齿状，用以悬挂钟、鼓、磬等，悬物常防其坠落，故引申为敬谨之"业"，如《书·皋陶》有"兢兢业业"，《诗·大雅·常武》有"赫赫业业"，凡人所执之事亦当为敬谨之业，故又引申为事业之"业"，顾氏说："（事业之业）三代诗书之文并无此义（按：《易·系辞上》有"圣德大业，至矣哉"一语，顾氏以《易传》为后起）。"从而惠栋禀承顾氏，均由汉语史词义义项的时代性来推证书本的真伪，断定"业广惟勤"一语所出梅氏《书·周官篇》当为伪作。

辨梅氏《尚书》有关篇目，如《舜典》、《弃稷》、《泰

① 《清经解》，册二，页七〇四中。可核于《十三经注疏》，页一八四上、二一一、二三八。《武成》由丁未越三日庚戌，不含丁未日当日甚明。《召诰》：丙午越三日戊申，越三日庚戌，越五日甲寅；《顾命》丁卯，越七日癸酉，皆含当日甚明。朱氏认为此系日法前后矛盾。

誓》之伪，多引用并纠补阎说。惠栋见到阎若璩《古文尚书疏证》，是乾隆八年(1743)的事，其时阎已下世四十年。他说："癸亥(1743)春，于友人许得太原阎君《古文疏证》，其论与予先后印合。"并说他对梅氏书从小就有怀疑："予少疑后出《古文》，年大来文理未进，未敢作书指斥。"只是到了雍正十二年(1734)，才考论梅氏之伪："甲寅(1734)夏秋间偶校九经注疏，作疑义四条、辨证四条……藏箧数年矣。"(按：今有惠栋《尚书古义》)惠栋自有主见，故以"阎君之论，可为助我张目者"。惠氏立志后出转精。以辨《泰誓》为例，阎氏既知东晋《太誓》为伪作，但又同时怀疑西汉真《太誓》亦为伪作，这就大错而特错，惠栋以汉世未亡《泰誓》为真古文尚书，从而严肃批评阎氏并以梅书和汉世未亡《太誓》皆伪。

惠氏是对的，显然这里并非唯汉是信所致，倒是经辨认而引汉儒之说得到了更大的真实。惠栋的治学实践是相信汉儒近古为本真，这有助于获得许多正确的认识。至于收入《清经解》卷三五二的《古文尚书考》下篇中分若干条目而考释之，如舜典、大禹谟、五子之歌等二十六条(显然是针对梅氏增多的二十五篇)，大都征引阎氏之说而纠补之。如此看来，惠栋在考论伪古文尚书方面，确实是赞同阎氏的追求真理的功臣。

《古文尚书考》尊崇汉儒，求文献本真之法，对清儒影响极大。钱大昕在乾隆壬子年(1792)为惠氏写的《古文尚书考序》说："今士大夫多尊崇汉学，实出先生绪论……予弱冠时，谒先生于泮环巷宅，与论《易》义，更仆不倦，盖谬以予为可道古者。忽忽四十余年，楹书犹在，典型日远，缀名简末，感慨系之。”[1]这里既是对惠栋的深切怀念，致礼前辈，又讲了惠栋治学方法对后世的深刻影响。至于王鸣盛继惠氏《古文尚书考》之后著《尚书后案》，使《尚书》一案议论渐归统一，而其学术渊源是很清楚的。《尚书后案自序》说："草创于乙丑，予甫二十有四，成于己亥，五十有八矣。寝食此中，将三纪矣。又就正于有道江声，乃克成此编。予于郑氏一家之学，可谓尽心焉耳，若云有功于经，则吾岂敢？”[2]江声为惠栋及门弟子，于《尚书》著有《尚书集注音疏》。王鸣盛与惠栋亦在师友之间，《尚书后案》多处引用惠栋之说，后人把王氏列入吴派经学家，也很恰当。

二、揭穿梅氏伪作的《古文尚书考》的条目奥旨

使梅书"一爪落网，全身被缚"的方法，《舜典》一目开头二十八字伪作考，考梅书《大禹谟》之伪可见惠书体例，从《大禹谟》至《冏命》二十五篇惠栋独立揭梅论要：揭《大禹谟》"十六字心法"之伪的启蒙意义，考论《太誓》的突出成就，《周官》考论由制度大体揭梅，《君陈》考论中强烈复古思想及其启蒙意义，揭梅书之伪成果一览表

《古文尚书考》的下篇是从具体篇目上揭穿梅氏伪作的，

① 《潜研堂文集》，卷二四，《古文尚书考序》。四部丛刊本 301 号。

② [清]王鸣盛：《尚书后案》，载《清经解》，册三，页一，上海书店影印本。

全部以梅氏增多的伪古文篇目立目。《尧典》因“汉世未亡”，梅氏又从中分出《舜典》，故有二十六目(梅氏增多25篇目＋1《舜典》)。惠栋使用的逻辑和方法，是使对手“一爪落网，全身被缚”的方法：从梅氏献出的五十八篇看，有“25＋1”是伪作，从二十六篇伪作看，各篇内有若干句子为伪作，故惠栋《古文尚书考》的组构是：“二十六篇伪作篇目＋各篇内若干伪句＋伪句考论”。反过来看，惠栋立论的逻辑显然是：有若干伪句遂成立伪篇，有若干伪篇遂成立全书皆伪。这真是“一爪落网，全身被缚”。在文献辨伪上，这无疑是切乎实用的好方法，也是合乎常理的普通逻辑证明。

梅书《舜典》一目，开头有“曰若稽古帝舜曰重华协于帝”十二字，至“乃命以位”共二十八字纯为伪作。陈梦家《尚书通论》有详考。① 今梅氏本《舜典》经文用南朝齐姚方兴本，姚本的最大特点是有此二十八字。继阎若璩以后，毛奇龄《古文尚书冤词》的翻案文章曾引汉王延寿《灵光殿赋》和王粲《七释》，谓皆有此等文字，但所引恰恰与姚本二十八字有所不同，惠栋不无讽刺地批评毛奇龄说：“此不为方兴颂冤，乃为立证，佐成其罪也。”明确地表示他对毛氏翻案的不满。二百余年后，梁启超提起这件事说：“被告律师毛西河(奇龄)不服判决，做了一部《古文尚书冤词》提出上诉，再审的裁判官便是惠定宇，著了一部《古文尚书考》，把被告的罪名越发弄确实了。”②对梅书二十八字，惠栋引《经典释文·尚书音义》“曰若稽古……协于帝”注：“此十二字是姚方兴所上孔氏，传本无，

① 陈梦家《尚书通论》第68至74页，中华书局1985年增订本。

② 《中国近三百年学术史》第181页。

阮孝绪《七录》亦云然，方兴本或此下更有'浚哲文明，温恭允塞，玄德升闻，乃命以位'凡二十八字(异)，聊出之于王注无施(按：yì，移，改易)也。"①"王注"指王肃注本。这无疑是很有力的证据。惠栋的这一刊定成为定论，正如不少古、今文《尚书》取消《舜典》篇目一样，这二十八字也被删除，皮锡瑞《今文尚书考证》即无此二十八字。至于梅书《舜典》"二十有八载帝乃殂落"句，惠栋指出："孟子亲见百篇(按：惠栋据《孟子·万章上》言此)，其述《尧典》曰：'二十有八载，放勋乃殂落。'(按：今文经作'放勋乃殂落'。赵岐注《万章上》云：放勋，尧名)与伏生合，乃知梅氏分篇之谬。"意思是说，这句话明明是讲尧的，梅本入《舜典》，显误。

梅书《大禹谟》，惠栋考汉世未亡的古文尚书三十四篇中无此篇，伏生传今文尚书二十九篇也无此篇，但郑玄逸书有之。孔颖达《尚书序正义》说："大禹谟、皋陶谟、益稷又三篇同序共卷。"《大禹谟》是孔颖达正义所举伪孔传和郑玄注的古文篇中共同的篇目，何以此篇为伪？那当然要从考证梅书该篇中的底层字句入手。惠栋广为罗致种种文献，分疏于梅书有关句子之下，让读者自行比证，不仅可见梅书之伪，且明梅书据何处用其意而意引自撰之，或纯属杜撰之。而阎若璩揭梅和毛奇龄冤词也分别列出，惠栋添证则一目了然。例如梅书首句"曰若稽古大禹，曰文命敷于四海"，惠考："《史记·夏本纪》曰：夏禹，名曰文命。阎若璩曰：敷于四海，约《禹贡》'东渐'(按：《禹贡》有'东渐于海，西被于流沙

① 《清经解》，册二，页七〇六中，可核见《经典释文》页三七下栏，中华书局1983年黄焯断句本。

……告厥成功’句）数句而成文。毛甡（奇龄）曰：《禹贡》曰：禹敷土（按：《禹贡》有‘禹敷土，随山刊木，奠高山大川’句），此即敷四海也。”按惠、阎的看法，决非“文命敷于四海”，亦非治水之法“敷土”之类，而是“东渐于海，西被于流沙，朔南暨声教，迄于四海”，是说禹治水之功，威加四海。梅书句意引已错，自撰为妄。以上是惠栋揭梅书《大禹谟》之伪时所用凡例，也是用以揭梅氏尽增二十五篇全书之伪的凡例。

惠栋揭梅书《大禹谟》之伪，共分列七十二个句段或小句考论之。其中十九个句段引阎说而成为惠氏增翼阎氏之论①，占百分之二十六，其余五十三个句段则为惠栋独立考论揭梅②，占百分之七十四，这颇可见惠栋揭梅书之伪立下的功劳，且增翼阎氏部分所增资料均惠独立考得。现择百分之七十四范围内之要论述之，以见惠说之精。例如梅书“2 祗承于帝”，惠栋考得此句本《孟子·万章上》：“启贤，能敬承继禹之道。”“祗承”即“敬承”：“祗”为上古汉语中的表敬副词，《尔雅·释诂》：“祗，敬也。”惠栋以其敏锐的小学眼光识此承继意引关系，考得梅书所本。梅书“五、六帝曰：俞，允若兹，嘉言网攸伏，野无遗贤，万邦咸宁”，惠栋考云：“《荀子·正论》曰：‘尧舜南面而听天下，天下无隐士，无遗善。’《易》（乾象）：‘万国咸宁。’”③可见五句、六句所本，亦知梅本意引或节引所在，及其引用中的错误，无

---

① 增翼阎说的十九个句段或小句的编号是 1、7、9、15、17、18、19、29、31、33、35、38、42、44、46、63、69、70、71（此号为本《评传》作者编，下同）。

② 其中第 65 号一句引梅鷟揭伪古文尚书。

③ 惠说见《清经解》，册二，页七〇六中，可核见《二十二子》，页三三〇下；《十三经注疏》，页十四中。

论是意引、节引，还是引用错误，均说明有所本，但非《尚书》原书，为自伪作而已。梅书"十益曰：都！帝德广运，乃圣乃神，乃武乃文"惠栋考："《吕览》引《夏书》曰：'天子之德广运，乃神乃武乃文。'《左传》（昭公二十六年）：'王甚神圣。'"惠栋以《吕览》所见为真古文尚书，无梅书"乃圣"字，以《左传》说法本真古文尚书，说成"神圣"，无"圣神"一说，从而证梅书之伪。梅书"十一皇天眷命，奄有四海"惠栋考："《后汉书·黄琼传》：'皇乾眷命。'《诗》（大雅·皇矣）：'乃眷西顾'、'奄有四方'、（商颂·玄鸟）：'奄有九有'。"《诗经》与《后汉书》无有与梅书相同者。梅书"十四任贤勿贰，去邪勿疑"惠栋考："《战国策》（赵策二）引《书》云：'去邪勿疑，任贤勿贰。'"梅书"十六无怠无荒"惠栋考："《后汉书·崔骃传》：《书》曰：'矜矜业业，无怠无荒。'"梅书"二十正德利用，厚生惟和"惠栋考："《左传》（襄公二十八年）晏子曰：'夫民生厚而用利，于是乎正德以幅之，使无黜嫚，谓之幅利。是《夏书》义疏。'"惠栋的意思是说，晏子的话是对其所见古《尚书》的义疏，从晏子的解释来推证古《尚书》正文不当如梅书所说，从而证梅书之伪。《左传》引晏子的话的意思是说，人民生活享受欲丰厚，器物则货欲富饶，于是端正道德以限制他们，使他们不恣肆放荡。[1] 并无梅书说的"惟和"之义，且从晏子说《书》之义看，与梅书义正好相反，故可证梅之伪。梅书"二十二、二十三、二十四帝曰：'俞，地平天成，六府三事允治，万事永赖，时乃功'"惠栋考："《左传》（僖公二

① 参见《十三经注疏》页二〇〇一上栏和杨伯峻《春秋左传注》中华书局本册三页一一五〇对这几句话的解释。

十四年):《夏书》曰:地平天成,称也。(按:《左传·文公十八年》有'莫不时序,地平天成'句为节引文字,僖公二十四年为全引逸书原文,故可证梅书之误。)《史记·太史公自序》曰:'厥美帝(按:指帝尧、帝舜)功,万世载之。'"而梅书是舜赞扬禹的功劳,显与《史记》不类。再从史事纪年看,梅书"五十八正月朔旦,受命于神宗",孔颖达正义称:"舜即政三十三年命禹代己,禹辞不获免,乃以明年正月朔旦受终事之命于舜神灵之宗庙。"惠栋考云:"《汲郡古文》曰:帝舜三十三年春正月,夏后(禹)受命于神宗,遂复九州。"梅书显然有误。即使对阎若璩已揭露过的那些词句之伪,惠栋也有不少新发现,乃至对阎本身不足的批评。例如梅书"四十六人心惟危,道心惟微,惟精惟一,允执厥中"。惠栋考论指出,《荀子·解蔽》说:"故《道经》曰:人心之危,道心之微,危微之几,惟明君子而后能知之。"对此,阎氏说:"《荀子》此篇前又有'精于道,壹于道'之语,遂隐括为四字。续以《论语》'允执厥中',以成十六字。伪古文盖如此,初非其能造语精密如此也。"阎氏揭梅,意思是说,这著名的十六字心传,初非造语精密,只是用《荀子》和《论语》后方语言精炼,惠氏连这一点"精炼"也不给梅书作者。惠栋说:"案《荀子》之言危、微与俗解异,'危'犹《中庸》之'慎独'也,'微'犹《中庸》之'至诚'也。荀子言'一',故能'精',非先'精'而后'一'也,且'微'则已造至极,不须更言'精',又言'一'也。荀子所言七十子之大谊,推而上之,即圣人之微言也。梅氏用其说以造经而谊多疏漏,阎氏谓其'造语精密',殊未然。"阎氏仅从文字上考得梅书十六字心传出《荀子》所引《道经》(按:一种古书,今佚)、《论语》,惠栋则进一步将《荀子》与《礼记・中庸》联系起来求其道本："危"犹慎独，"微"犹至诚，有"微"则精，唯专一而后能精。惠栋认为，梅书十六字恰恰于此理未及，甚至有碍。这是一种用推理校勘之法来辨伪的理校辨伪之法，而其结论，则动摇历来认为圣人所传十六字心法，在惠栋看来，心法当综《荀子》和《中庸》，为"慎独至诚，专一求精"。动摇"十六字心法"，其启蒙意义已非寻常，可谓超过破梅书之伪的意义，从唯物主义思想家荀子那里找"心法"，以唯物的"专一求精"的科学认识方法为"心法"，主观世界的问题外求于客观世界求解之，其启蒙意义、科学方法意义亦颇重大，尤重荀子，屡见于惠著考论之中，此处理校辨伪所显示的思想内核，尤为典型，戴震在《孟子字义疏证》中注重推论荀子，思想上深受荀子影响，惠戴共同，有案可稽。

惠栋《尚书义考》上篇考《太誓》为汉世未亡篇目。《史记・周本纪》录有《太誓》。王引之《经义述闻》卷四《伏生尚书二十九篇说》主伏生本中已有《太誓》，并认为《周本纪》中的《太誓》是今文《太誓》。[1] 这实际上也就回答了《太誓》出现于伏生本，不必等到武帝末年民间献《太誓》。段玉裁《古文尚书撰异》卷三二"书序"认为"武帝时得诸民间"，"刘向、歆谓出武帝末者误也"。今人陈梦家曾详考《太誓》后得和充学经过，并得出相应结论。[2] 陈说"郑玄所著十六篇古文，并无《太誓》"，与惠栋完全一致。惠栋考梅书

---

① ［清］王引之著：《经义述闻》，页一一一下，江苏古籍出版社 1985 年版。

② 《尚书通论》第 57 至 68 页。

《太誓上》列二十二条，其中增补阎说二条，考《太誓中》列十七条。增补阎说二条，考《太誓下》列十六条，增补阎说三条。惠栋考论的目的是找出梅书造假所本，但其中也有关于《太誓》由来的通论之说。梅书《太誓》上"十一观政于商"惠栋考："即今文《太誓》'四月观兵事'。"这句今文中的话，亦见于梅书载《书序》"作《泰誓》三篇"条孔颖达正义。陈梦家认为，惠栋承认、故而采用的今文《太誓》是河内后得本。[①]惠栋考定汉末未亡的古文《尚书》有《太誓》，这是考论真古文《尚书》的最重大的成就之一，它足以廓清《尚书》研究中的种种迷雾。但惠栋又是承认《尚书》古文、今文都有《太誓》篇的学者。惠栋既考定汉世未亡的古文《尚书》三十四篇中有《太誓》，又举出有"四月观兵事"的今文内容本。另外，惠栋还曾写有"今文太誓"的条目，说："《抱朴子·用刑篇》曰：盟津之令，后至者斩，毕力赏罚(惠注：外篇卷一一，顾广圻曰，已载《史记》)。"[②]今人陈梦家考定"伏生本并无《太誓》，所以武帝以前引《太誓》文不称书，可证此时未立于官学。据熹平石经《书序》，可知东汉的今文内已有《太誓》。"[③]惠栋的考论与此相近。惠栋在其考论梅书《太誓中》"十五我武惟扬，侵于之疆，取彼凶残，我伐用张，于汤有光"时引《孟子》和赵注："《太誓》曰：我武惟扬，侵于之疆，则取于残，杀伐用张，于汤有光。东汉赵歧曰：《太誓》

① 《尚书通论》第62页。

② 《松崖笔记》卷一"今文太誓"条，顾广圻所说，可核见《史记》，册一，页一二〇。

③ 《尚书通论》第68页。

古尚书百二十篇之时《太誓》也。今之尚书《太誓》篇后得以充学，故不与古《太誓》同，诸传记引《太誓》皆古《太誓》也。”赵歧所说的“百二十篇”大约就是东汉传说的古尚书百篇，至于后出的尚书《太誓》，惠栋由赵注还不能悉知何种本子，但很明显，惠栋由赵注已悉知至迟东汉今文尚书内已有《太誓》，甚至可据《史记》所载推至西汉早期。后来，戴震作《尚书今文古文考》，是惠栋考论今古文的继续，戴震说：“伏生书无《太誓》，而《史记》乃云：‘伏生求其书，亡数十篇，独得二十九篇。’殆因是时已于伏生所传内益以《太誓》，共为博士之业，不复别识言耳。”[①]皮锡瑞《今文尚书疏证》亦无《太誓》。

惠栋考论梅书《武成》共列三十四条，其中两条为增补阎说。惠在开头三条引《汉书·律历志》以考梅书“死魄”、“生魄”确有所本和所异。

惠栋考论梅书《周官》“二十五六年，五服（按：古代指王畿以外的地方）一朝”的曲折缘由。指出《左传·昭公十三年》：“叔向曰：明王之制，使诸侯岁聘以志业，间朝以讲礼，再朝而会，以示威，再会而盟，以显昭明。”正义曰：“《周官》：六年，五服诸侯一时朝王，即此再朝而会是也。”惠栋说：“此传之文与（梅氏）《尚书》正合，而不知梅氏窃《左传》之文耳。”揭梅书之伪，惠栋循其朴学的严密求实，是锱铢必较的，此条从更深层的方面看出梅书缘由，仅抓住“五服一朝”之说。又“二十七考制度于四岳，诸侯各朝于方岳，大明黜陟”惠栋考：“《左传》（昭公十三年）曰：‘再会而盟，以

① 《戴震集》第6页。

显昭明。'杜预曰：'十二年而一盟，所以昭信义也。再会（按：十二年两次会盟，古制六年一会），王一巡守（按：周制十二年一巡守），盟于方岳之下。'正义曰：'杜言巡守盟于方岳，暗与《周官》符同。'"进而指出，此"不知亦梅氏窃《左传》及杜注而为之耳"。此从上古会盟制度而不是个别词句的校验而知梅书造假由来，由制度大体而揭梅，亦颇可见惠栋思想方法上的宏博锐见。"不知梅氏窃《左传》、杜注"云云，当然是指责孔颖达的。

惠栋揭梅书《君陈》"尔有嘉谋嘉猷，则入告尔后于内，尔乃顺之于外。曰：斯谋斯猷，惟我后之德。呜呼！臣人咸若时，惟良显哉"，也是从推测古代文化思想入手的。这是讲君臣关系的，《礼记·坊记》也有这样的说法[①]，意思是说，有谏于国君的话里边说，功德归于君，过失归于己。汉董仲舒《春秋繁露》同，并阐发其意说：忠臣不显谏，欲其由君出也。并说，古之良大夫事君都是如此。有忠直之言却不吐之为快，这几乎会受到朝野儒学的一致谴责的。王应麟《困学纪闻》说："先儒谓成王失言，盖将顺其美善则称君，固事君之法。然君不可以是告其臣，'顺之'一字，其敝为谀，有善归主，李斯所以亡秦也，曾是以为良显乎？暗愎之君诵斯言，则归过求名之疑，不可解矣！"王批评"顺之"的做法，但认为话出有因，起于"成王失言"。阎若璩则认为"嘉谋嘉猷"等语，"出于臣工之相告诫，则为爱君，出于君之告臣，则为导谀。导谀，中主所不为，而为三代令辟（按：辟，音 bì，贤明的君主），如成王为之乎？"阎氏将说话人区分为大臣和君主，意

① 见《十三经注疏》，页一六二〇上。

义不同，倘为君主，则成王不可能有此导谀之辞，从而揭梅书之假。而惠栋对王、阎二人的基本立场都不很满意，特别是对于王说。惠栋说："栋谓《坊记》所引，必别有所指，后儒不疑后出古文，而追咎成王，过矣！且果成王之失言，孔子胡为录之以训后世乎！梅颐此等最为害理！"[1]惠栋批判宋儒，自然会对王的本来有较多可取之处的说法表示极大的不满，对阎氏议及周成王的做法也有微词，惠氏在思想方法上表现出某些形而上学，人非尧舜，孰能无过，周成王也不免有错，认为梅书引人议及周成王，"此等最为害理"，表明惠栋启蒙思想中趋于复古，"返回到古代去"的强烈愿望和坚决态度。"害理"之"理"正是古圣贤们的至高无上的权威，以复古崇圣为启蒙，中外皆然，就十七世纪汉学而言，又是惠、戴一贯的。[2]

现列出《古文尚书考》下篇惠栋揭梅书之伪的统计表，以见惠栋揭梅伪作的一般情况和成果。

由表可见，百分之八十为惠栋揭梅的独立阐论，百分之二十为增翼阎说，而这百分之二十中仍有许多独立阐论在内。

① 《清经解》，册二下。梅赜、梅颐当为一人，见马雍著《尚书史话》第 49 页，中华书局 1982 年版。

② 见《戴震评传》第 410 页。

梅氏增多篇目		惠栋列总条目数	增翼阎若璩揭梅说		惠栋独立阐论	
序号	篇名		条目数	百分比%	条目数	百分比%
0	舜典	6	1	17	5	83
1	大禹谟	72	19	26	53	74
2	五子之歌	19	4	21	15	79
3	胤征	14	6	43	8	57
4	仲虺之诰	21	4	20	17	80
5	汤诰	15	7	47	8	53
6	伊训	24	6	25	18	75
7	太甲上	12	0	0	12	100
8	太甲中	9	2	22	7	78
9	太甲下	6	1	17	5	83
10	咸有一德	18	3	17	15	83
11	说命上	14	0	0	14	100
12	说命中	11	0	0	11	100
13	说命下	16	1	6.3	15	93.7
14	太誓上	22	2	9	20	91
15	太誓中	17	2	12	15	88
16	太誓下	16	3	20	13	80
17	武成	34	2	6	32	94
18	旅獒	12	4	33	8	67
19	微子之命	14	6	43	8	67
20	蔡仲之命	13	2	15.4	11	84.6
21	周官	38	7	18.4	31	81.6
22	君陈	14	2	14.3	12	85.7
23	毕命	20	6	30	14	70
24	君牙	13	2	15.4	11	84.6
25	冏命	7	3	43	4	57
累计		474	95	20.4	379	79.6

三、考论真《古文尚书》的《尚书古义》

以三代和汉儒为据考论《尚书》古义,《尚书》之“尚”、“分北三苗”之“北”等皆可见考论中的小学方法,以何休《公羊传论》注补《舜典》“岁二月”一段等方法直启今文家成就,以《墨子》、《吕览》等引《汤誓》文字揭梅氏《汤诰》之伪而体现的通观稽考综览之法,注释体裁的拓展及其“革命”精神,古音学观点

惠栋著《尚书古义》,今有昭代丛书本《尚书古义》,另《九经古义》(有四库全书本、清经解本、丛书集成初编本)也收录《尚书古义》,内容同昭代丛书本《尚书古义》。从内容特点上看,它与《古文尚书考》的不同之点在于,《尚书古文考》的宗旨在于从主题宏旨和条目奥义两个方面揭穿梅氏伪作,而本书则在于考求所见《尚书》文字在真古文尚书中的音形义。求真和辨伪,是一个问题的两个方面,逻辑上不应有什么先后,但具体到《尚书》这部书,梅书的辨伪工作量相当大,继阎若璩揭梅之后,更因时代启蒙呼声使然,著论《尚书古文考》的操作是一重大工程,而《尚书古义》如同《毛诗古义》等《古义》书那样,是写给子孙后代的勉学之篇,尽管内容很深,分量很重,在操作上,或许《尚书古文考》的著述早于《尚书古义》。

《尚书古义》分上下两篇，上篇收列四十二条，下篇收列四十九条，共九十一条，原书并未编号排序，亦不像《尚书古文考》有专题考论的题名，不过本书也可以各条目的第一句话为条目题名的，如“郑康成《书》赞云”条、“尧典曰若稽古帝尧”条、“钦明文思安安”条等等。其著论的基本方法，不外乎以文献史料和语料证真和辨伪，或统言之为求真之法，以和该书主旨相一致，而所取资料多本之于三代和汉儒。例上篇首条云：“郑康成《书》赞云：‘孔子撰书，乃尊而命之曰《尚书》，尚者，上也。盖言若天书然。’《尚书纬·璇玑钤》云：‘因而谓之《书》，加‘尚’以尊之。’《墨子·明鬼》篇云：‘《尚书》夏书，其次商周之书，则尚字为孔子所加信矣（按：以为有孔子方有六经，是今文经学的观点，古文学家以为孔子之前已有六经，经非始于孔子。惠栋此处禀郑玄而用今文经学观甚明）。’孔颖达为伪孔氏作正义，诎郑氏之说，以为伏生传《书》，始加‘尚’字，其说非也。”①前已说及惠栋以汉语史方法辨伪，将小学与经学密切结合以至于考订真伪，诚为可贵。《九经古义》卷三“分北三苗”条（按：见于《舜典》）：“北读为别。古文北字从二人，别字重八八。兆北，兆别，字相似，因误作北。《说文》于《八部》曰：‘仌，别也。’《孝经》说曰：‘故上下有别。’又《丫部》曰，‘兆，古文别（按：孙星衍校本误作兆，古文别）’，许君学于贾逵，逵传古文尚书，必得其实。虞翻曰：郑注尚书，‘分北三苗’，北，古别字，又训北。言北犹别也。若此之类，诚可怪也。栋谓北字似别，非古别字，又北与别异，不得言北犹别也。虞、郑皆

① 《九经古义》一，丛书集成初编本 0254 号页二五。

失之。"惠栋言八与北、别无关，甚是。林义光《文源》："八、分双声对转，实本同字。"以小学治经学，其经学可信，此处用以考真古文尚书，而对虞翻、郑玄提出了严厉批评。[①] 至于《舜典》"教胄子"为"教育子"即"教国子"为王引之《经义述闻》所采，《大禹谟》"惟影响"当作古字"景"，而"影"并非通常所说的出于葛洪《字苑》，而是出于高诱《淮南子注》："景，古影字。"可见汉末已有"影"字，不当到东晋，等等，皆为的确可观之论。

惠栋并没有停留在个别具体的字义、词义考释上，而是时刻注意到《尚书》本书和其他书籍，乃至文化背景间的联系，从中发现问题，并作比较研究，从而使字句考证与通论综观结合在一起。梅氏书《舜典》"岁二月……归，格于艺祖，用特"条[②]：惠栋引何休注《公羊传》引《尚书》的文字："岁二月，东巡守，至于岱宗，柴。望秩于山川，遂觐东后（惠注《史记》作'遂'），协时月正日，同律度量衡，脩五礼。五玉、三帛、二生、一死、贽如五器，卒乃复。五月南巡守。至于南岳，如岱礼。八月西巡守，至于西岳，如初。十有一月朔，北巡守，至于北岳，如西礼，还至嵩，如初礼，归假于祢祖（惠注：《尚书》作艺祖，马融、王肃云祢也），用特。"梅氏书无"还至嵩，如初礼"六字。姚方兴本云："'至于北岳，如西礼'。马融本作'如初礼'。明上下有脱文。今文

① 《惠氏读说文记》第二"𠆢"字下，惠栋也曾特地记下此字为"别"，并举证《尚书》此例。见丛书集成初编 1081 号页二七至页二八。第四"𣎳"字下也是如此，同上书页一〇七。

② 见《十三经注疏》，页一二七，可用来和何休引用过的文字对勘以详惠栋所说。

《尚书》不可考。然何邵公所引，不为无据也。（惠注：《史记·封禅书》，于'岱宗'之下，又云：中岳嵩高也。）"这段注补文字，是用来申论真古文尚书的，将何休引用文字和梅氏书对勘，可发现若干问题：梅氏书的脱文、异文，从而对推证汉代古文尚书、今文尚书决然有利。皮锡瑞曾进一步分辨说："何氏《公羊解诂》引'如西礼'，盖今文《尚书》。马本作'如初礼'，则古文尚书。姚方兴杂采马（融）、王（肃）之说。而其本作'如西礼'，与马本不同，则必用王肃本。王肃尝习今文《尚书》，故从今文，以示异于马、郑古文也。"至于今文"如西礼"下，一本有"还至嵩，如初礼"句。陈乔枞《今文尚书经说考》曾说："'如西礼'，马融本作'如初礼'。考《史记·封禅书》于'皆如岱宗之礼'下文又云：'中岳，嵩高也。'《汉书·郊祀志》亦同，则'如初礼'之上明有脱文，邵公（按：何休）《解诂》所引《尚书》曰云云，真今文家之本也。"惠栋对此条的注补，在学术思想上直启今文家们的研究成果。看来，标榜汉学是一门户，从古而求真，在深层上又有它不计较门户的一面。又如《禹贡》："二百里男邦。"《史记》作"任国（按：即任邦，国避高祖讳）"，惠栋考索有关文献，得出古代男、南二字通用的结论，又《白虎通》："南之为言任也。"故伪孔传亦云："男，任也（按：可核见《十三经注疏》页一五三上栏）。"而孔颖达《正义》亦称"男声近任，故训为任"。惠栋说："今文《尚书》皆以任为南，太史公训诂易经文，故亦为任。"意思是说，司马迁宗古文而于此句以训诂代校勘，改作"男邦"为"任国（邦）"。释"南"为"男"，有古文字的依据。惠栋从《史记》文字看出司马迁的学脉，这就超出文字考释校勘之外了。后来皮锡瑞从今文经学的立场对此有所纠正。皮说:"今文作'二百里任国'。《史记》曰:'甸服外五百里侯服:百里采,二百里任国,三百里诸侯。'……史公'男邦'作'任国',用今文《尚书》,非故训字。"①皮说显然是针对惠栋而再及司马迁学脉的。应该说此处皮说为确,但惠氏可贵处在由语言文字而反思学路,此点精神再为皮氏于此处光大之。又如梅氏书《汤诰》序:"汤既黜夏命,复归于亳,作《汤诰》。"而《论语·尧曰》:"予小子履敢用玄牡,敢昭告于皇皇后帝。"②孔安国注云:"此伐桀告天之文。《墨子》引《汤誓》,其辞若此。"邢昺疏云:"《尚书·汤誓》无此文,而《汤诰》有之。"③惠栋引《墨子·兼爱》篇文字为一证,引《吕氏春秋·季秋纪》为二证,引《尸子》卷下文字为三证,又引《韩婴诗传》(按:今有四库全书本汉韩婴撰《韩诗外传》十卷)为四证,引汲冢书为五证,都讲到商汤击败夏桀后逢大旱灾而求雨的事。④惠栋连缀各书,反思其成书背景后云:"墨子、吕氏皆见百篇《尚书》(按:指真古文《尚书》。《汉书·艺文志》说:'故《书》之所起远矣,至孔子纂焉,上断自尧,下迄于秦,凡百篇而为之序。'汉成帝时张霸曾伪造百两篇。陈梦家有百篇《尚书》详考)⑤,故所载与《论语》同,今《汤诰》篇(按:

① [清]皮锡瑞:《今文尚书考证》,页一八六。

② 这句话杨伯峻译作:[汤]说:"我履(按:汤名)谨用黑色牡牛作牺牲,明明白白地告于光明而伟大的天帝。"

③ 邢疏见《十三经注疏》,页二五三五中,可将页二五三五上栏文字与页一六二比较可知。

④ 见《二十二子》,页二三八上、页六五四中、页三七六上。

⑤ 陈梦家著《尚书通论》,第81至94页,中华书局1985年版。

指梅氏书中）绝无大旱请祷之事，孔安国亲传古文，其注《论语》，不近考《尚书》，而远引《墨子》，窃所未喻。”①惠栋综合稽考各书后的责疑，意即孔子后裔、西汉武帝时的孔安国以今文所传的孔氏壁古文《尚书》当无《汤诰》篇，梅书《汤诰》为伪书，墨子、吕氏等所见真古文《尚书》皆有大旱求雨之事，梅书《汤诰》无，更证其伪。事实上，惠栋举五证互通并观且与梅书对照之法，有关具体资料均被《墨子》清毕沅校注，《吕览》毕沅校，《尸子》清汪继培辑校，乃至杨伯峻《论语译注》所采。而惠氏于此条的通观稽考综览之法，则为其研经特色，亦为后儒所宗。

惠栋的考据，以注释为体裁，校释语言文字以求文献之真本和本义，包括字句义和文献义，还循此稍稍申发，讲论其文化背景、思想内容等有关意义，以注释体裁为形式和手段，以字句和文献考释为面目形态，还容纳多方面的意义，如将其体式构成“文字考释＋背景意义”倒过来看，恰恰是若干组论文，在貌似不可多言多语的考释体裁中容纳了较大的内容含量。钱穆曾以为吴学较徽学更有大器度，钱穆说：“故以徽学与吴学较，则吴学实为急进，为趋新，先走一步，带有革命之气度，而徽学以地僻风淳，大体仍袭东林遗绪，初志尚在阐宋，尚在述朱，并不如吴学高瞻远瞩，划分汉宋，若翼、越之不同道也，故定宇之评《毛诗注疏》也，曰：‘栋则以为宋儒之祸，甚于秦灰。’其激昂如是。”②从某一局部的方面讲是这样的。惠栋利用上述考据模式，处于突破此模式和

① 《九经古义》一，页三四，丛书集成本。

② 钱穆：《中国近三百年学术史》，上册，第321页，中华书局影印本。

为此模式所限的矛盾运动中，而最终遵循此模式，其突破的意向则表现为“革命之气度”和“高瞻远瞩”的方面。在惠栋的具体考论中，确有“论点＋论据”的体式，为其开创新学的方面提供了途径。当然，最根本的是其思想内容决定体式的，但也无妨从其体式看其内容特质，即由立论的逻辑模式分析而及于内容的质量规定。《益稷》：“予弗子。”释文：“子如字。郑氏音将吏反。”惠栋罗列的考索材料有：《乐记》：“子曰，礼乐不可斯须去身，致乐以治心，则易直子谅之心，油然生矣。”“子谅”即“慈爱诚信”之意，或以为“慈良”。郑玄注：“子读如‘不子’（按：‘不子’意为不合人子之道。见于《谷梁传·僖公五年》：‘王世子，子也，块然受诸侯之尊己，而立于其位，是不子也。’）之‘子’。”陆德明释文：“如字。又引徐邈音子为将吏反，盖从郑读（按：意即读音近如‘字’音。字，养育。《集韵》有两反切：津之初，与‘慈’反切墙之切近。疾置切。另《集韵·去志》：‘子，将吏切，爱也。《礼记》子庶民也，徐邈读。’此音义最切郑读）。”惠栋罗列材料之二：《列子·说符》（按：当为《杨朱》篇，惠氏误）：“禹纂业事雠（按：继承父鲧之业，为杀父之仇人办事）唯荒土功。子产弗字（按：禹生子也不去爱子育子），过门不入。”据以上材料，惠栋说：“《列子》之说，盖本《尚书》，读子（按：‘弗子’之‘子’）为字，此在未焚书之前，必得其实，郑氏之音，非无据矣。”由“予弗子”中的“子”读“字”看出秦以前材料的可靠性，反过来看，以焚书以前的文献资料的可靠性以证汉儒之说，这是以史家的眼光鉴定文献，或说鉴定文献中透露出史家卓识。诚然《列子》为伪书，但这是另一个问题，并不妨碍说明惠栋鉴古中的史家眼光。至于此条在文献纂集上的成就，完全为皮锡瑞《今文尚书考证》所吸收。[①] 从材料纂集本身的意义看，《尚书古义》也是开后世系统注释先河的。又如《洪范》："乃命卜筮……曰驿。"伪孔传云："气落驿不连属。"惠栋指出，"驿"字古文写作"悌"，今文作"圛"。《诗·齐风》郑笺云："古文尚书以悌为圛。"孔颖达《正义》曰："古文尚书，即今郑(玄)注尚书也。"惠栋指出，因为贾逵以今文校之，定为'圛'字，故郑氏依贾氏所奏定为此字。故郑玄为古文尚书派而又以贾逵所定今文字为据，郑玄其实是兼古文和今文的。而《史记》于此句作"涕"字，"涕"即"悌"也。惠栋说："太史公从孔安国问，多得古文之说，故作悌。"至于《说文》："圛读若驿，今《尚书》作驿。"惠栋认为许慎"是又袭今文而失之"。于此一字，惠栋思维触角及于郑玄兼综今古文、司马迁多古文、许慎亦有今文经字而惜此失之等重大问题。后来陈乔枞《今文尚书经说考》称："郑从今文家说，故句读与《史记》同。"则未见惠说，完全搞错了。又如注释体例中对晋、宋、元人的批评和反思。《盘庚》书传："若颠木之有由蘖。"伪孔传训"由"作"用"，惠栋据《说文》"甹"字下引《尚书》文和徐锴和徐铉详注，论定"由"字俗写致误，当训为"生"，不当训"用"，进而反思云："孔氏书传，晋人伪撰，故从俗读。"篇名《无逸》，《尚书大传》作"毋逸"，《论衡》同，而《史记》作"无佚"，《汉石经》作"佚"，《汉书》同。宋王应麟认为当作"毋逸"，王说："毋者禁止之辞，其义尤切。"惠栋批评王说，认为此仅古今文字不同，与意义无关。惠栋说，

① [清]皮锡瑞：《今文尚书考证》，页一二〇。

《仪礼·士昏礼》“夙夜毋违命”，郑玄注云，古文“毋”作“無”，“《史记》从古文，故亦作‘無’。‘毋’与‘無’，古今字，非有两义。”最能体现惠氏经考释而反思创新之例证，还有《无逸》一例：“乃或亮阴，三年不言，其惟不言，言乃雍。”孔颖达正义引郑玄：“其不言之时，时有所言，则群臣皆和谐。”《礼记·坊记》引此文字云：“三年其惟不言，言乃欢。”《史记·鲁世家》载《无逸》篇文字与《坊记》同。而《史记》裴骃集解注释这段话时引郑玄：“欢，喜悦也。言乃喜悦，则臣民望其言久矣。”[①]惠栋认为，《史记》所载，为伏生所传的《今文尚书》，裴骃引用郑玄的话，与孔颖达正义所引不同，是裴引当在《尚书大传》中，而孔颖达所引郑注之说，是贾逵所传《古文尚书》。上述考释已涉及学术源流，已不限于字句考释，但远非止此。惠栋紧接着说：“(元)熊朋来《经说》(按：《五经说》七卷，通志堂本，另有惠氏校本)云：《坊记》‘言乃欢’之注(按：指《礼记》郑注，亦指裴骃所引郑注)，但知有《说命》之书，不知其为《无逸》之文，妄称为‘欢悦’之‘欢’，不知本文当为雍(按：‘雍’为伪古文尚书文)，作释文、正义(按：此处指裴骃集解和孔颖达正义各引郑玄之说)者，从而遂非传说，尤为可恨。熊氏不考《尚书》古今文之异而妄下雌黄，亦可谓无忌惮矣。”[②]惠栋的意思是说，裴引郑玄和孔引郑玄虽文字不同，皆有据，一为今文，一为古文，郑玄恰恰是容纳今古文的学术大家。惠栋谴

---

① 参见《十三经注疏》，页二二一下，页一六二〇；《史记》，页一五二〇中、一五二一。

② 《九经古义》四，页四三，丛书集成初编本。

责熊氏未分学脉而妄言之。其用语确实带有钱穆所说的那种“革命性”。不过，这种“革命性”是经实证考据而引出的，有限，也有据。

如果说，《尚书古义》考据的小段体式中有语文诠释而至于思想宏议者，《尚书古义》文末则完全申论惠氏学术见解和主张，是极宝贵的学术思想史料。这段议论是维护司马迁为古文经学者的立场的。惠栋说：“《汉书·儒林传》云：孔氏有《古文尚书》，孔安国以今文读之，因以起其家。逸书得十余篇。司马迁亦从安国问故。迁书载《尧典》、《禹贡》、《洪范》、《微子》、《金滕》诸篇，多古文说。如《尧典》‘放勋’（古文。勳，见《说文》）[①]、辩于群神（辩，古文，偏，见《仪礼》注）[②]。《禹贡》‘九江入赐大龟’（入，古文，内）[③]，嶓（bō）冢导瀁（古文，漾。见《说文》）[④]。《洪范》‘曰涕’（‘悌’字之误，古文以‘悌’为‘圛’）、《微子》‘我其发出往’（郑本作

---

① 《史记》，页一四，又见张守节正义：作“放勋”。《说文解字》，页二九二上栏明“勋”为古文。

② 辩，通“徧”，周遍。朱骏声《说文遍训定声·坤部》：“辩，假借为徧。”惠栋此处视通假字为古文。《仪礼·乡射酒礼》：“众宾辩有脯醢。”郑玄注：“今文‘辩’皆作‘徧’。”《史记·五帝本纪》：“望于山川，辩於群神。”而《书·舜典》此句话“辩”作“徧”，见《十三经注疏》，页一六〇中。

③ 《史记》，页六一、六二。古书中“入”作“内”用例甚夥。《今本玉篇·入部》：“入，纳也。”《左传·宣公二年》：“谏而不入，则莫之继也。”惠栋于此条下举出南宫中鼎引《尧典》“夙夜出内朕命”句“内”作“入”。

④ 《史记》，页七一。《说文》，页二二五上：“漾”字下明谓古文从“养”，可见《史记》用古文。

'往',今本作'狂',非)①。《金縢》'周公奔楚事'(《论衡》以为古文家说)②。皆卓然古文,无可疑者,第其述事。欲便于览者,往往以训诂之字,窜易经文,后之学者,无可考证,反以《史记》为今文耳。又(史记)《殷本纪》所载《汤征》、《汤诰》,皆逸书十篇中文也。今所传古文《汤诰》(按:指伪古文尚书),与《史记》所载,绝不相类,其中如'敢用玄牡'等语,乃汤时大旱请祷之文(见《墨子》及《吕览》),岂诚孔壁之旧哉!"③在惠栋那里,《史记》含经,经中有史,以史证经,经史结合,不啻是概括出司马迁的古文经学观点。而惠栋于辨伪的简单性逻辑是:司马迁从汉孔安国问故,《史记》引《尚书》、释《尚书》皆用孔安国,晚出的梅书文字和释义都不同于《史记》,故知非孔安国传。这一原理,于考证中见之,于考证后言之。

惠栋事实上还用考据体式说出了古音研究的一条重要原则:时有古今,不可以中古音误作上古音。这一原理为陈第(1541—1617)在《毛诗古音考》中首创,但在研究工作的实践中能坚持此语音历时发展观,实为不易,在遇到具体问题时能识破之并能以发展观为武器批评之,更为不易,尤其是在当时语音历时发展观尚未普及的情形下更是如此。《微子》:"我不顾行遁。"陆德明释文:顾音故,徐仙民(邈)音鼓。后来毛居正(按:宋毛晃子,著有《六经正误》)据《礼部韵

① 《史记》,页一六〇七,可与《十三经注疏》页一七七中栏对照。又司马贞《索隐》已指出此点。

② 《史记》,页一五二〇。《论衡·感类篇》引古文家说。

③ 《九经古义》,页四八,丛书集成本。

略》"顾"字无上声，认为"不顾"之"顾"不当读上声。惠栋据典籍异文求古音，《诗经·商颂·长发》："韦顾既伐。"《古今人表》作"韦鼓"，是"顾"有"鼓"音。又《礼记·缁衣》："君子寡言而行，以成其信。"郑注："寡当为顾声之误。"是"顾"有上声。惠栋的结论是："《礼部韵》宋人所载，焉识古音？毛氏据以驳徐邈，未之得也。"顾，上古见纽鱼部，古无去声，"顾"字中古见纽暮韵去声，《广韵》古暮切。岂可以中古音混同于上古音，时有古今，语音的历时发展变化不容许古今混同，惠栋甚确。

第三章　惠栋的《诗经》研究和诗文评

一、《毛诗古义》考论种种

课子读书的篇章及其汉学家法和师法，《毛诗古义》创新途径种种：引据钟鼎彝器石刻文字，注重古代科技、史地，以《易》解《诗》，重视荀子、《吕览》引《诗》。“类”范畴考原，批评宋儒，有识于《诗序》

惠栋时代，清儒的《诗经》研究还刚刚起步。惠栋著《毛诗古义》，今收在《九经古义》（四库全书、丛书集成初编、清经解）卷五、卷六和《昭代丛书》内。《九经古义》是课子读书用的，《毛诗古义》也不例外。关于《诗经》学，西汉置十四今文博士，仅立鲁诗、齐诗、韩诗三家，毛诗是汉哀帝（前6—前1在位）、汉平帝（1—5在位）年间的晚出古文，郑玄依毛诗作笺，才确立毛诗的地位。此后一直宗毛尊郑，唐初孔颖达作《毛诗正义》，毛郑《诗经》学更巩固了它的统治地位。中唐以后，围绕《诗序》问题议论纷呈，韩愈首先提出子夏不序《诗》，唐成伯玙认为“子夏惟裁初句，以下出于毛公”，王安石则认为作诗人自制，朱熹亦不满于《诗序》而著《诗集传》，元明时还被立于学官。为此，惠栋汉学于《诗经》的研究方向，必然定在光复毛、郑为职志。惠栋的《毛诗古义》，实际上即《诗经》毛、郑义。

《毛诗古义》重在解释名物训诂。早在康熙丁卯(1687)年间有陈启源《毛诗稽古编》、朱鹤龄《毛诗通义》，皆宗毛郑而辨正朱熹，陈、朱又为吴江同乡好友，二书相足以成。[①] 乾隆年间有戴震著《毛郑诗考证》，直至嘉道年间才有新的巨著出现。[②] 从陈、朱到惠、戴是前有所承，从惠、戴再到嘉道年间的胡承珙《毛诗后笺》、马瑞辰《毛诗传笺通释》、陈奂《诗毛氏传疏》，是后有所继。《毛诗古义》的经学史位置，治学方法，宗毛郑的学脉，于此可加论定。

事实上，惠栋对西汉至清初《诗经》学的变迁史，是了如指掌的。这在他写下的一些笔记条目中看得很清楚。《九经古义述首》称“汉人通经有家法”。惠撰“家法”条目云：后汉《质帝纪》本初元年(146)曾令明经之士入太学，其“先能通经者各令随家法，其高第者上名牒当以次赏进(惠注：注云：儒生为诗者谓之诗家，礼者谓之礼家，故言各随家法也)”。又举出《后汉书》卷二五《鲁丕传》，和帝召见诸儒时，鲁丕与贾逵、尚书令黄香在皇帝前争论，和帝善丕说，丕上

---

① 参见《四库全书总目提要》，页一三一下、页一三二上。

② 《戴震评传》第51页。

疏论可据师法进行立据论难。鲁丕说:“臣闻说经者传先师之言,非从己出,不得相让,相让则道不明,若规矩、权衡之不可枉也。难者必明其据(惠注:据师法或经传),说者务立其议(惠注:义,古义),浮华无用之言,不陈于前,故精思不劳而道术愈章,法异者令各自说师法(按:亦即家法),博观其义。”这实在是《九经古义》的写作宗旨和手法,也是在演说惠栋倡导的汉学传统相与论难驳诘以求本真之学风要义。家法,也就是师传之法,实际上是汉儒古文经学训诂学系统,它与宋儒的诠释是不同的。① 惠栋说:“训诂汉儒其词约,其义古,宋人则辞费矣,文亦近鄙。”②惠栋要教给子女的正是传承汉儒和复古。汉宋分疆,他一清二楚,于经学变迁,他认为,北宋刘敞(1019—1068)是关键人物,刘曾撰《七经小传》三卷,谓“七经”含毛诗、尚书、公羊、周礼、仪礼、礼记、论语。北宋元祐(1086—1093)史官说庆历(1041—1048)前学者“尚文词多守章句注疏之学”,至刘敞始变立新说,后王安石修经学本仿刘敞,甚至径取刘说。惠栋说:“史官之言良不诬也。”③后来皮锡瑞(1850—1908)论经学变古时代发轫于刘敞,皮说与惠说完全一致。④ 惠栋还说过:“经学盛于汉,汉乐府皆奏之郊庙……诗学盛而经学衰则始于魏以后也。”而对清初经学,则认为北平孙承泽(1592—1676)其书不足传,顾炎武“博极群书”独不通《易》学,毛

① 惠栋曾写有“师法”、“家法”条目,见《九曜斋笔记》卷二。

② 《九曜斋笔记》,卷二,“训诂”条。

③ 《松崖笔记》,卷一,“刘敞”条。

④ [清]皮锡瑞著:《经学历史》,页二二〇,中华书局 1981 年版。

奇龄(1623—1716)《仲氏易》、屈大均(1630—1696)《易外》(按:另有《诗外》、《四书补注》等)是"非汉非宋,皆思而不学者也",至于宋代经学家朱震(?—1137)《汉上易集传》十一卷"颇嫌辞费,亦不能尽通汉学经师之故也"[①]。十分明显,惠栋对经学变迁的体察,也完全是用来论证确立汉儒经学的家法的,与汉儒稍不合即加排斥。现在来看看惠栋循汉儒家法立说而对毛诗古义的解释。其体例是条目式的,似更适合于课子读书,《九经古义》全书逐条解释,无妨视其一教学体系。明此,有利于对若干条目的把握,有的条目用以教子的印记一望而知。例如:

《诗·魏风·伐檀》:"胡取禾三百亿兮。"毛传:"万万曰亿。"郑笺:"十万曰亿。"而贾逵、唐固(按:三国吴经学家)注《国语》,皆以万万为亿,对此"十万曰亿"违反常识的说法,当然是要明以教子说清楚的。惠栋的讲论引徐岳《数术记遗》(按:旧本题汉徐岳撰,北周甄鸾注)说,黄帝为法则,数有十等,及其用也,乃有三焉。十等为"亿兆京垓秭址沟涧正载"。三等为"上中下",两者的倍数关系,下数"十十变之",如说十万曰亿,十亿曰兆,十兆曰京。中数"万万变之",如说万万曰亿,万亿曰兆,万兆曰京。上数为"数穷则变",如说万万曰亿,亿亿曰兆,兆兆曰京。甄鸾说:毛传说万万曰亿是中数,郑玄笺说十万曰亿,这是下数,郑玄以数为多(按:指三百亿,故降至下级而言之),故合而言之;而上数宏廓,世不可用。这正说明,古代的计数,数量级的换算有不同标准,数字是历史的产物,也随历史发展

① 《九曜斋笔记》,卷二,"经学诗学"、"本朝经学"、"朱震"条。

而进步，由三个标准的数量级最后合为一个标准的数量级，这当然是历史的进步，因计数标准的体系的内部一般是不该有多重级差标准的。[①] 惠栋还引韦昭《国语·楚语注》："十万曰亿，古数也，今人乃以万万为亿，是中数之说，始于秦汉也。"又如"三岁贯女"中的"贯"字，鲁诗"贯"作"宦"，《国语》"入宦于吴"一句韦昭注："宦为臣隶也。"惠栋认为，"贯"当读"宦"，徐邈音"官"是"宦"字之误，而毛传云："贯，事也。"本于《尔雅》，而与"宦"义亦通。如以为"宦"字作"贯"而用"贯"字，则又缺乏依据。"胡取禾三百亿"条分辨毛传、郑笺异说而讲了古代数学知识，"三岁贯女"条讲了"贯"当通"宦"的依据，皆重在传授知识。

一部《诗经》，解释材料汗牛充栋，惠栋以上下卷近两万字的篇幅讲论其古义大要，实为奇迹，故不可能堆砌材料而泛泛言之，而是以毛、郑两大儒为起点而申发深论，抉发奥衍新义，故虽传授知识以教子，都是立足于开掘创新的。其创新途径大致有以下一些：

字义和词义的解释除了引常见的《说文》、《尔雅》以外，多从金鼎彝器、碑传石刻文字觅证以深解之。《诗·小雅·正月》："赫赫宗周，褒姒威之。"毛传："威，灭也。"惠栋案："《灵台云碑》云：兴威继绝。《驺氏竟铭》云：胋虏（按：同'股'，股虏犹言帮匪）殄威。《诅楚文》：伐威我百姓。皆以

① 宋释法云《翻译名义集》还曾把万至亿分为四种：① 以十万为亿。② 以百万为亿。③ 以千万为亿。④ 以万万为亿。惠栋还写有辨古代数量级的条目，见《九曜斋笔记》，卷二，"数"条。

戚为灭。”[①]惠举碑铭三例以广毛传。清陈奂(1786—1863)为惠栋同乡,晚惠氏九十年,著《诗毛氏传疏》,于此条下未及碑铭,未使毛传“戚,灭也”推进一步。[②] 又如《诗·豳风·东山》:“零雨其濛。”其中的“零”字《说文》引作“从雨从三口”字,像雨下落之形。石鼓庚文云:“霝雨奔流。”钟鼎文也以从三口之字为零。可证《说文》引《诗》作从三口之字有文献依据。段玉裁甚至认为今《诗经》作“零雨”是讹字。[③] 但段未据证石鼓文和金文。因毛传未及“零雨”,陈奂《诗毛氏传疏》恪守疏不破注之例,当然也未及“零雨”,更谈不上引用古文字了。又如《召南·采蘩》:“夙夜在公。”毛传仅指出“夙,早也”。惠栋引《尉氏令郑君碑》“𠨚夜在公”,《说文·夕部》:“㚢,早敬也。”徐铉谓作“夙”讹,惠栋引《义云章》及古钟鼎文皆作“㚢”字,证明《说文》、徐说不误,当然也就补正了毛传。《毛传疏》未及考“夙”字之讹。又如《周南·汉广》:“江之永矣,不可方思。”毛传仅指出“永,长”。惠栋引后于毛亨的许书有引《诗》“江之羕矣”,三家诗中的韩诗同,曾著《毛诗拾遗》的郭璞(276—324)云“羕所未详”,显未考韩诗。惠栋又引齐侯镈钟,有“士女考寿万年,羕保其身”,有“子子孙孙羕保用”等说法,惠栋还举出《说文·永部》别载此古“永”字,韩诗用古文,郭皆失考。陈奂引韩诗、《说文》等,并称“治毛不废三

① 《九经古义》,丛书集成本,册一,页六一。参见郭沫若著《诅楚文考释》,第297页,科学出版社1982年版。

② [清]陈奂:《诗毛氏传疏》,北京市中国书店,1984年影印本,中册卷一八《正月》。

③ 《说文段注》,页五七二下,上海古籍出版社1981年版。

家"[1]，但未及钟鼎。陈奂注疏毛传不引钟鼎彝器文字，限制了眼界。陈奂从学于段玉裁，段氏亦疏于金石文字，陈奂依从之，故有此失。由于惠栋很重视古代文物解《诗》，故除了直接引用钟鼎、石刻以外，对古籍中提到的文物资料也很重视，可谓在引用文物古器方面做到尽其所见所知，这一做法，无疑是今天以考古发现解释古代文献典籍的先驱。《大雅·皇矣》："患（今本作'串'）夷载路。"毛传读"患"为"串"，郑笺如本字释之，惠栋除引董仲舒、《说文》、晋姜鼎外，又引《礼记·明堂位》所载诸鼎云："崇鼎、贯鼎、大璜、封父龟。"郑玄注："崇、贯、封父，皆国名，文王伐崇，古者伐国迁其重器以分同姓。"惠栋综诸文献及文献所载鼎彝云："贯之与昆，同物（按：字、名）同音，故《绵》诗谓之混（夷），《皇矣》谓之串（夷）。《尚书大传》云："文王受命，四年伐犬夷，六年伐崇。"该书郑玄注："犬夷，混夷也。"惠栋指出："《皇矣》伐崇之诗，时混夷已平，故云'载路'。崇鼎、贯鼎，皆伐二国时所得之宝，故与'封父'同称，则'串夷'之为'贯'无疑矣。"综惠栋诸考，可知上古串夷、患夷、混夷、犬夷、贯夷、昆夷等为同一古种族名。

在毛传、郑笺的基础上创新的途径之二是，注重古代科技、史地知识的讲述，故多所发明。《小雅·六月》："如轾如轩。"毛传："轾，挚也。"惠栋据《周礼·冬官·辀人》"今夫大车之辕挚，其登之难"郑注"挚，輖也"，又《辀人》"是故大车平地，既节轩挚之任"等话，知"挚"为车类；并据《淮南子·人间训》："道者置之前而不輊（按：此字读 zhǐ，

① 《诗毛氏传疏》，上册，卷一，《汉广》。

从车不从手)，错之后而不轩。”又据《仪礼·既夕礼》“志矢一乘，轩辋中亦短”郑玄注:“辋，蛰也”，可见从车之字又从至。综上所述，惠栋广毛传，认为“轩轾”为“挚”，也可从“车”，偶从“至”。惠说被孙诒让吸收。《周礼·考工记·辀人》“今夫大车之辕挚”句孙诒让正义:“《广雅·释诂》云:‘辀、輊，低也。’惠栋云:‘挚本轩轾字，或作輊。’”《大雅·绵》“周原膴膴”，郑笺谓周原在岐山之南，惠栋继考之谓:“此名国之始也。[①]《汲郡古文》云:‘武丁元年，邠迁于岐周，三年，命周公亶父。’高诱《吕览》注云:‘岐山在右扶风美阳之北，其下有周地，周家因之，以为天下号也。’”显然又比郑笺具体得多。《大雅·皇矣》:“度其鲜原，居岐之阳。”郑笺:“鲜，善也。”鲜原犹言好平地。惠栋讲论云:“《逸周书·和寤》:王乃出图商，至于鲜原。孔晁曰:近岐周之地。《汲郡古文》曰:帝辛十五年秋(按:商纣王，约公元前十一世纪)，周师次于鲜原，则鲜原乃商、周之境，郑训为善，非也，《正义》及苏氏(按:疑惠栋指苏辙《诗经传》)皆误以为程邑，王氏《地理考》(按:指王应麟《诗地理考》)亦未及引，盖博物之难如此!”以史地知识纠正注释的失误多处可见，前例亦然。又《大雅·皇矣》“与尔临冲”毛传:“临，临车也;冲，冲车也。”惠栋据考史地而纠正之:“文当云:隆，隆车也。隆，高也，巢车(按:古代的一种兵车，用以瞭望敌军)之类。”并引《盐铁论》:“冲隆不足为强，高城不足为固。”《韩诗》作“隆冲”。惠栋认为:“后汉殇帝讳隆，改隆为临。如汉有隆虑

---

① 周原为西周文化遗址，在陕西岐山县京当和扶风县法门、黄堆接壤地区。文王晚年迁都丰，此仍作故都。直至平王东迁洛阳，王室日衰，此地荒芜。

县，东京（指东汉）为临虑，避讳也。（惠自注：临虑属河内郡。）”又引《左传·定公八年》：“主人焚冲。”杜预注：“冲，战车。”陆德明释文：“《说文》作幢，云陷阵车也。”惠栋说：“冲车隆高，故可焚。”并指出：“孔颖达以为临者临下之名，失之。”按惠栋的说法，《皇矣》当是“与尔隆冲”，毛传原作“隆车”，史地证据多条，作“临冲”是汉殇帝时为避讳而改经文、传文。惠栋敏锐如此，而敏锐又缘于博览富闻。

惠栋谙《易》，以《易》理解《诗》是《毛诗古义》的重要特点。《小雅·吉日》“吉日庚午”条，惠栋引西汉“律历阴阳之占”的经学家翼奉（按：《汉书》卷七五有传）的话训释之：“翼奉曰：‘南方恶行廉贞，寅午主之，西方喜行宽大，己酉主之（按：此说与郑玄《易》理爻辰之说有相通之处，参见惠栋《易汉学》卷五列《十二月爻辰图》），二阳并行，是以王者吉午酉也。’《诗》曰：‘吉日庚午。’”这实际上是以西汉的象数《易》理说《诗经》文句。惠栋指出，《穆天子传》云，“天子命吉日戊午”；又说，“吉日辛酉。天子升于昆仑之丘，此王者吉午酉之证也”。惠栋评论说：“《穆天子》书出于晋代，而（翼）奉说与之合，当亦传之先达者。”称赞翼奉以“律历阴阳”解《诗》的《齐诗》说。①《小雅·雨无正》：“若此无罪，沦胥以铺。”《韩诗》作“薰胥以痡”。韩诗中的“薰”，帅也；“胥”，相；“痡”，病。毛传释“沦”为“率也”，郑笺：“胥，相；铺，遍也。言王使此无罪者见牵率相引而遍得

① 三家诗多迷信，惠栋善取其长，此处正是以《易》学观点取用翼奉“阴阳”之说。惠曾写过“鲁诗”条目，称其传人言某些问题“颇胜毛郑”，见《九曜斋笔记》卷二。

罪也。”同样的《汉书叙传》有“乌乎史迁，薰胥以刑”句，晋灼注：“齐、韩、鲁诗作薰。薰，帅也。从人得罪，相坐之刑也。”颜师古注：“《韩诗》沦作薰，薰者，相薰蒸。”惠栋竟斗胆认为毛传、郑笺、晋注、颜注都不对，他认为，那个“薰”字是“阍”的通假字。他的证据是：《左传·昭公五年》以韩起为阍[①]，《易·艮卦》九三曰：“厉薰心。”荀爽本薰作勋，虞翻本又作阍[②]，明儒胡广(1370—1418)《汉官解诂》曰：“光禄勋，勋犹阍也。”《易》曰：“为阍寺(按：寺亦官名)。”惠栋认为这是“薰”与“阍”通之证。至于那个“胥”字，惠栋引《汉书·楚元王传》、应劭注、《吕氏春秋》、高诱《吕览》注，释“胥”为“胥靡”：刑罪之名。惠栋认为《小雅·雨无正》“若此”句当依韩诗，“《诗》言王赦有罪之辜，而反坐无罪者，以薰胥(按：依惠栋的考释，此为‘阍＋胥靡’构成该词义，阍为古代守门小官，多以犯罪受刑之人充当，且多为刺过字的罪人，故‘薰胥’为刑罪之人，罪人。另可理解成薰、熏，阍亦通熏，皆烧灼义，‘薰胥’为烧灼刺字之刑罪)之刑也。三家诗得之，毛公误也”。惠栋还注以《易·艮》九三荀爽本“厉勋心”荀注说之，荀注：“互体有震(按：指艮卦☶艮下艮上，三四五爻构成震卦☳震下震上)，震为动，古动勋字每相乱。”如循此说，“薰胥”仍析其义素为“勋(通阍)＋胥靡”，义位仍如前解。王先谦《汉书补注》则释“薰胥”为服腐刑，义与惠氏“刑罪”相足。《汉

① 《十三经注疏》，页二〇四一下栏。

② ［唐］李鼎祚：《周易集解》，页一七一下，易学丛刊本，上海古籍出版社1989年版。

书叙传下》："乌呼史迁，薰胥以刑。"王先谦补注："官本引萧该《音义》曰：'韦昭曰：腐刑必薰之，余残曰胥。'"清周亮工《寿青溪三老序》有云："复惧以薰胥之焰，累及朋俦。"王先谦的解释符合司马迁的实际情形，也从另一侧面证惠栋引《易》等据释《小雅·雨无正》"若此"句有理。王念孙《读书杂志·汉书十五》释《汉书叙传》语云："薰胥以刑，谓相率而入于刑也。"完全是发端于《雨无正》句毛传、郑笺之误释。陈奂《毛传疏》"《雨无正》'舍彼有罪，既伏其辜；若此无罪，沦胥以铺'毛传'舍，陈；沦，率也'"句，亦引三家诗、《汉书叙传》等，但最后说："言有罪者既除伏其辜，并此无罪者亦率相以病也。"完全宗毛传、郑笺。陈奂还引《小雅·正月》："民之无辜，并其臣仆。"并说这两句话"文义与此同"。在我们看来，《正月》的两句话可使惠栋"薰胥"为刑罪（之人）多一内证，《正月》的两句话是说平民中的无辜者，统统反坐连罪，成了徒隶刑罪之人。"薰胥"之释，当是惠栋借《易》说《诗》的一个突出成就。又《小雅·蓼萧》："为龙为光。"毛传郑笺都释"龙"为"宠"。惠栋引《焦氏易林》："蓼萧露瀼，君子宠光。"《易·师卦》九二象曰："在师中吉，承天龙也。"王肃《周易注》释此句中"龙"为"宠"。今本王弼注本《周易》"龙"字作"宠"，知"龙"为"宠"之古文。可证《蓼萧》句毛传郑笺不误。

为追究《诗经》本真本义（当然始终没有涉及《诗》之爱情故事的本义），惠栋在讲论中很重视上古学者对《诗》的理解，与此相联系的是，也很注重后代通人对《诗》的说解。惠栋尤重荀卿和《吕览》对《诗》的说解，从其深层看，这无疑也是受《诗经》研究史的观点所支配。《周南·卷耳》

“采采卷耳，不盈顷筐”。毛传：“顷筐，易盈之器也。”惠栋考论云：“荀卿子引此诗，亦云顷筐易满也，卷耳易得也，然而不可以贰周行（按：见《解蔽》篇）。”《大雅·行苇》云：“敦弓既坚。”毛传：“敦弓，画弓也。天子敦弓。”“敦”与“彫”为古今字，惠栋引《荀子·大略》“天子彫弓，诸侯彤弓”证之，孔颖达《正义》曾以“天子彫弓”为事不经见而以为非，惠栋指出，《经典释文·序录》云：“孟仲子传根牟子，根牟子传赵人荀卿子，荀卿子传鲁人大毛公。”“顷筐”、“敦弓”毛传用其师说。惠栋还引王应麟之说，《小雅·采菽》“平平左右”毛传以“平平”为“辨治”，《鲁颂·泮水》“角弓其觩，束矢其搜”，毛传以“五十矢为束”，皆与荀子同。惠栋据史考云，荀卿授学于鲁国毛亨，毛亨作《故训传》于其家，后被河间献王得而献之。在惠栋看来，毛传可信，源于荀卿；以荀证《诗》，发明毛传，则不为虚妄。《诗经古义》多处引荀卿之说是立足于学术渊源而为之的。又如《周南·汉广》：“南有乔木，不可休息。”陆德明释文：“休、息并如字，古本皆尔，本或作休思，此以意改尔。”惠栋认为一是《韩诗外传》“息”作“思”，二是可据荀卿推证理校之：《礼记·乐记》“使其文足论而不息”句，《荀子·乐论》“息”作“諰”，而《说文·言部》：“諰，思之意，从言从思。”惠栋说：“《礼记》多古文，或思息相通。”从而由《荀子》异文推证《汉广》当为“南有乔木，不可休思”，这一校正是有价值的，王力《诗经韵读》就据韩诗作“休思”。①

---

① 惠栋的考论见《九经古义》一，页五〇，丛书集成本。王力的校正见《诗经韵读》第150页，上海古籍出版社1980年版。

除以《荀子》发明毛传外，还以《吕氏春秋》发明毛传，认为《吕览》与毛传可文互相足。《邶风·简兮》："有力如虎，执辔如组。"毛传云："组，织组也。武力比于虎，可以御乱，御众有文章，言能治众，动于近成于远也。"惠栋考《吕氏春秋·先己》："诗曰：执辔如组。孔子曰：审此言也，可以为天下。子贡曰：何其躁也？孔子曰：非谓其躁也，谓其为之于此，而成文于彼也，圣人组修其身，而成文于天下矣。"毛传、《吕览》何其相似乃尔！惠栋讲论说："大毛公（毛亨）与吕氏同时，盖皆有所受之也。"惠栋的讲述不仅有文献上互相发明的意义，而且将阳翟大贾吕不韦的书与毛传庶几可并，历来为人不齿的吕氏似也可侧立于经书传记之旁，实在于当时是一思想解放之举。又如《桧风·素冠》："棘人栾栾兮。"毛传："棘，急也。"惠栋认为"棘"是古"瘠"字，他的证据除《义云章》"瘠"作"瘷"，《义云切韵》作"膑"。[①] 字相似而误作"棘"以外，最主要的直接证据是《吕览·任地》："肥者欲棘。""棘"字"瘦瘠"义甚明，犹言"肥胖的人要想变瘦"。高诱注："棘，羸瘠也。《诗》云：棘人之栾栾。""栾栾"亦瘦貌。

由于惠栋广引群书，且以史家眼光细味深察，故惠氏讲论较前人多所发明。《小雅·小旻》"如匪行迈谋，是用不得其道"之"匪"字作何解？顾炎武曾考《左传·襄公八年》子驷引此诗[②]，杜预注云："匪，彼也。行迈谋，谋于路人也。不得于道，众无适从。"顾炎武评论说："《诗》（小旻篇）云：谋父孔多，是用不集（按：成），发言盈庭，谁敢执其咎。则

---

① 《集韵·昔韵》对此二字有明确的解释，可参。

② 参见《十三经注疏》，下册，页一九三八下栏。

杜解为长。”惠栋认为，此必三家诗，有“匪行”作“彼行”者，故杜预能据“彼行”为说。另补《小雅·雨无正》“如彼行迈”句，意略与此近。此外，顾炎武指出，古书中以“匪”作“彼”者，还有《左传·襄公二十七年》引《诗·小雅·桑扈》“彼交匪敖”而改作“匪交匪敖”。惠栋为补《汉书》(五行志中之上)引《小雅·桑扈》“彼交匪敖”为“匪交匪敖”。又补《荀子·劝学》引《小雅·采菽》“彼交匪纾，天子所予”作“匪交匪纾”。综上所述，惠栋共补《雨无正》、《汉书》、《劝学》共三例，并发明顾说而认为“匪行”作“彼行”为三家诗。惠栋说：“‘匪’字作‘彼’，或古‘匪’、‘彼’通用，如顾说也。”惠栋的考论深化了顾说，补充了极不易得的例证。又如《诗·桧风》，王符《潜夫论》曾论其诗旨，说郐地在河、伊之间，其君骄贪啬俭，减爵损禄，群臣卑让，上下不临(按：见面)，诗人忧之，故作《桧风·羔裘》，闵其痛悼；而《桧风·匪风》，则“会仲(按：见《国语·郑语》)不悟，重氏伐之，上下不能相使，禁罚不行，遂以见亡”。惠栋考上古史，认为即使如王符所言，也应澄清史实和年代。惠栋据考《逸周书》和《史记》，认为这是高辛氏(按：帝喾)时有郐之君，非外传(按：指《国语》)桧仲。故《汲郡古文》帝高辛十六年：“帝使重帅师灭有郐。左史戎夫所云，重氏伐之，郐君以亡。是也。”[1]又据考《世本》：陆终娶鬼方氏妹，曰女嬇，生子六人，四曰求言，是为郐人，郐人者郑是，陆终在高辛氏之后，或因有郐之墟而封之，后为

① 《竹书纪年》，卷一，《二十二子》，页一〇五〇上栏。

郑武公所灭。据汲冢书和世本，惠栋认为，“王符之说失之”[①]。惠栋的可贵之处，在于以稽考古史辨识《诗经》史实之由，仅就其所言内容，也是极有道理的。《竹书纪年》卷一“十六年帝使重帅师灭有郐”条，清徐文靖汇笺“昔有郐之君啬俭，减爵损禄，群臣卑让，上下不临，后君少弱，禁伐不行，重氏伐之，郐君以亡，是也”云云，与王符语同，但却系之帝喾时代，与惠栋之说相同，这可旁证惠说之确。以史证《诗》，得其反便是以《诗》证史。惠栋曾由《诗·魏风·硕鼠》考论上古百姓迁居，“大比之际民得徙矣”，“三年一换主易居”。[②]

古代名书中往往有名学，字义训释中有逻辑问题。《大雅·既醉》：“永锡尔类。”毛传：“类，善也。”而《楚辞·九章·怀沙》“明告君子，吾将以为类兮”王逸注：“类，法也。”众所周知，“类”是中国古代逻辑中的重要范畴。惠栋考《荀子·礼论》：“礼有三本，天地者，生之本也；先祖者，类之本也。”杨倞注：“类，种。”又考《左传·襄公二十三年》（按：当为二十二年）“子展废良而立太叔……曰，请舍子明之类。”良，子明子。是“类”为“子”。《吕览·权勋》：“齐王欲战，使人赴触子，耻而訾之曰：不战，必铲若类。”“齐王怒曰：若残竖子之类。”皆以“类”为“子”。又考《国语·周语》：“叔向曰：类也者，不忝前哲之谓也。”韦昭注：“言能以孝道施于族类，故不辱前哲之人。”《后汉书·刘平传》：“平抱弟仲女云：仲不可以绝类。”《郅晖传》：“郑敬云：

① 《九经古义》一，页五八，丛书集成初编本。

② 《九曜斋笔记》卷二，“徙居说”条。

今幸得全躯树类。”李贤注:“树类谓有子嗣。”惠栋的结论是:类的本义是指有血缘关系的族类,故《既醉》篇郑笺改毛传以为族类。惠说甚确。中国古代的“类”最早是指有血缘关系的族类,包括《论语·卫灵公》:“子曰:有教无类。”这一体现孔子教育思想的说法,正是讲施行教育不讲血缘相同的族类,而是施行平等教育。惠栋的考论对研究“类”逻辑、逻辑分类、分类科学的起源是有原始文化学意义的。此外,惠栋对《大雅·烝民》“古训是式”的考论,对探究古训、故训、诂训、训故、训诂的本义是有重要意义的。[①] 它既有小学史的意义,也有逻辑史意义。

值得注意的是,惠栋的讲论还贯穿着对朱熹的批评。《小雅·伐木》:“伐木许许。”毛传:“许许,柹(按:柹,音 fèi,斫木削下的木片)貌。”《说文》引作“所所”,云“伐木声也,从斤,户声。”惠认为“许”与“所”为古通字,寻《诗》意,毛传与许书,还是毛传为长。可是朱熹《诗集传》引《淮南子》云:“举大木者呼‘邪许’。”[②]惠栋批评说:“案‘邪许’者,举木之声,非伐木也。”课子读书中批评朱熹,其意义和作用可知。亦可知其时惠栋对朱熹的态度。戴震见过惠栋后开始批判朱熹[③],甚与情理相得。

《毛诗古义》全书重考据,不管是诠释词义,还是史学考论和批评谬说均然。全书文末阐说郑玄为学有先后不同,涉及《诗序》,并大毛公毛亨著《毛传》等三题,最能体现惠栋

---

① 《九经古义》一,页七三,丛书集成初编本。

② [宋]朱熹:《诗集传》,页一〇四,中华书局 1958 年第 1 版。

③ 《戴震评传》第 155 至 157 页。

治学的宏观把握特色。关于郑玄治学，惠栋引王应麟谓郑氏先通韩诗，故注《三礼》与笺《毛诗》不同，“后乃得毛公传记，古书义(按：指《三礼》注)又且然，记注已行，不复改之”。至于《诗序》，今天的学者一般有两种看法，一种认为是卫宏所作，鲁迅也倾向于此；一种认为非一时一人所作，而是毛诗流传中代有增续而成。[①] 胡朴安则曾汇集《诗序》作者问题共十三家之说：孔子、子夏、诗人自作、毛亨、卫宏、子夏毛亨卫宏合作、国史、汉儒续作。[②] 宋儒立异，如朱熹另著《诗集传》，郑樵(1103—1162)则说《诗序》“是村野妄人所作”。惠栋的批评正是从这里开始的。郑樵谓，汉代文学未有引《诗序》的，惟魏黄初四年(223)有“曹共公(《左传·僖公二十三年》)远君子，近小人”之语，盖《诗序》至是而始行。[③] 惠栋考出《左传·襄公二十九年》季札来聘，被请观于周乐，为之歌秦，季札赞曰：“美哉！此之谓夏声！”东汉服虔《左传解》云：“秦仲始有车马礼乐之好，侍御之臣，戎车四牡，田守之事，与诸夏同风，故曰夏声。”(惠注：《诗正义》引之)[④]惠栋意即服虔解释季札对秦风的赞美，已是《诗序》始行。又考出汉蔡邕(132—192)《独断》载《周颂》三十一章，尽录《诗序》：自《清庙》至《般》诗诗序，一字

---

① 夏传才：《诗经研究史概要》第79页，中州书画社1982年版。

② 夏传才：《诗经研究史概要》第78页。

③ 郑樵有《诗传辨妄》，攻毛公、郑玄，极诋《小序》，对宋代经学影响极大，顾颉刚曾有辑佚本。惠栋的考论见《九经古义》，丛书集成初编本，册一，页七七。“曹共公远君子”说见《十三经注疏》页三八四下。

④ 惠栋写有“服虔左传注”条目：“(太平)御览一百四十六、四十七两卷引服子慎注数十条可采。”见《松崖笔记》，卷三。

不异。故不得云黄初《诗序》始行于世。惠栋也不同意卫宏作《诗序》之说，他说："渔仲（郑樵字）又谓《诗序》作于卫敬仲，亦臆说。"[①]看来，惠栋对治《诗》者所共同关心的《诗序》问题一直在思考中，惠栋似认为由来已久。重视《诗序》，是惠栋家学传统，以记载父训为主的"趋庭录"条说："舍《诗小序》无以言诗也。"[②]至于重申毛传为大毛公毛亨所著而非毛苌所著，今天看来是一常识问题，可不必再多此一举的，实际上其背景仍是针对宋儒而发，郑樵就说过："《毛诗故训》二十卷，汉河间太守毛苌撰，郑玄笺。"[③]这也是惠栋的自我纠正。在《渔洋山人精华录训纂》中，惠栋还以为《诗毛传》为毛苌所撰。例《训纂》卷一上《蚕租行》诗："朝出南陌头，猗猗望桑柔，桑柔亦不见，椹子醉鸣鸠。"[④]惠栋训纂："椹：《毛苌诗传》：鸠，鹘鸠也，食桑葚过则醉而伤其性。"

---

① 《九经古义》一，丛书集成本，页六三。惠栋笔记"趋庭录"条说："说经而武断者二人：郑樵、胡安国，余无讥焉。"见《九曜斋笔记》卷二。

② 《九曜斋笔记》，卷二，"趋庭录"条。

③ [宋]郑樵：《通志略》，页五六四下，上海古籍出版社 1990 年版。

④ 《渔洋山人精华录训纂》，册一，卷一上，页一五，四部备要本，中华书局聚珍仿宋版。

二、考据学派的诗文评

从经学到诗学的过渡，视经书为诗作之源，推源溯流说，学术根柢和诗歌形象可兼，学术根柢体现于诗人兴会风格而不仅仅驻足学术，诗歌纪事的功利目的，巨著《渔洋山人精华录训纂》对诗歌两客体和两主体的处置，《训纂》写小人物史，考据家的鉴赏风格，诗文体格和据引陈亮

惠栋是一名经学家，《诗经古义》通篇从经学命意，语言文字，钟鼎史地，《易》理制数，无不围绕一个“经”字，又何尝涉及“文学”二字！课子读《诗》，处处打上“经”的烙印，又何尝有丝毫“美文”与“情爱”的意趣！可是，当你读过惠栋的大部分著作后，你会发现，这位老先生“书海笔墨寓志趣，生活交游情意浓”，是非常热爱生活的人。他的笔记文中有许多诗文评说的条目，有许多洋溢着生活气息的亲属关系的解释条目，他为许多朋友的诗文作序，为他们的人生作寿序，为诗人王士禛《渔洋山人精华录》撰写数十万字的训纂，没有对生活的热爱，没有诗人般的激情，这一切是无法想象的。因此，我们在探讨这位清初学者的《诗》的经学思想以外，我们以同样的兴趣去寻找和发现他的诗学、美学、文学意蕴和思想，以全其貌，以完其人。

惠栋的《诗经》学与诗歌之间，似乎是无法架起桥梁的，但他说过：“《诗》无达诂，《易》无达言，《春秋》无达辞，

从变从义。”[①]这里的“诗”字，固然指《诗经》，《诗经》无达诂，难道不是对《诗》为道德教谕说的否定？“诗”字用说一般的诗作，“诗无达诂”，不必死抠字句，只有感情才是诗中之真。以形式逻辑求之，惠栋似乎泯灭了《诗经》和诗歌的界限。惠栋还探讨过经学和诗学不同学科间的某种对待排斥关系，但他决不否认诗学蔚成辉煌大观的历史，他写的“经学诗学”的条目，名称已颇耐人寻味，把两门学问并提，视为两显之学，已是何等不易，惠栋于此条指出，西汉经学盛行时，汉乐府这样的诗歌只能祭祀时奏之于郊庙，“东汉始有拟作，汉末建安七子及魏以后黄初正始之间五言始兴，六朝尤盛，唐以后则有专攻诗者，诗学盛而经学衰则始于魏以后也”。他还说：“唐人诗学最盛，孔颖达、颜师古二人通经史，独无诗名。”[②]从两门学科间的对待讲论其关系，也是寻找其中介的一种途径，从另一方面看，探求经学与诗学的关系，是惠栋诗文评一个富有特色的内容。

经学与诗文，始终是把经学放在首位的。当对两者作比较时，惠栋是轻视后者的。例如他批评那些轻诋王士禛的人说：“及观其自作诗，于渔洋之秘，则概乎未之有闻也。诗小伎耳，犹如此，以此知学问之难。”[③]他在表彰一名官员时说：“然诗文乃末艺，而语录多空言，不如公以五听（按：审案的五种方法，见《周礼·秋官·小司寇》）求民情者用心较实。”[④]

① 《九曜斋笔记》，卷三，“繁露”条。
② “经学诗学”条，“孔颜”条，均见《九曜斋笔记》卷二。
③ 《九曜斋笔记》，卷二，“渔洋诗”条。
④ 《松崖文钞》，卷二，“徐大中丞谳语序（代）”条。

但分清轻重主次，不等于说不能互相沟通。惠栋的巨著《渔洋山人精华录训纂》以传记史子语言文字学注释王士禛诗，也引用经书说诗作，其中引《诗经》解释王渔洋诗，等于把《诗经》世俗化、诗歌化，也是可以借此窥见惠栋从经书之心到诗文之心的过渡的。不过，《训纂》煌煌巨著，引经书极少，从其少，可看出惠栋将经与诗文是判然分开的，就其有，又可看出惠栋有贯通《诗经》与诗文的尝试，贯通的依据，则是视经书为诗作之渊源。惠栋注钱谦益《渔洋山人精华录原序》"其谈艺四言，曰典曰远曰谐曰则，沿波讨源"句，引《渔洋丙申诗自序》，其实也是惠本人的"《诗经》—诗歌"观："六经二十一史，其言有近于诗者，然皆诗之渊海也，节而取之，十之四五……次曰远，《诗》三百篇，吾夫子尝弦而歌之，故古无《乐经》，而《由庚》、《华黍》有声无词，土鼓、鞞铎非所以被管弦、叶丝肉也。"[①]贯通的依据，还在于惠氏父子都看到了上古典籍中的某些奴隶制民主自由的思想，颇可用来比况后代诗作中的某些抒发不平、铺写性灵的文字。王士禛《得同年胡少宰汝南书》诗："风节犹东汉，江山古蔡州。""风节"惠栋引惠士奇《礼说》："汉武（帝）始举贤良方正，天下计书，先上太史，美恶之事，靡不毕集，后汉光武始诏南阳撰作风俗……郡国之书，由此而作……以为处士横议，然犹有古纠德禁邪之遗意。"[②]《训纂》全书引《诗经》极少，检全书难得之例：王士禛诗《洪昉思送湖州茶笋二绝句》之一："爱道前溪似若耶，行膝（téng）归去便移家，匆匆未讯溪山

① 《渔洋山人精华录训纂》，册一，原序页二。

② 《渔洋山人精华录训纂》，册七，卷一〇上，页二八。

好，第一先分顾渚茶。”惠栋训纂：“行縢：《毛诗》（按：《见小雅·采菽》‘赤芾（按：芾，通‘韨’，古代礼服上的蔽膝）在股，邪幅在下’。笺云：如今行縢也。正义云：名行縢者，言行而缄束之，”此条还主要是用郑笺和孔疏。《训纂》引书达数百种，似可结合渔洋诗而由惠注而知天下群书目录，然引经书极少，照惠栋的说法，诗是“小技”，既是“小技”，又何必费功夫？《训纂》是把王士禛诗作为一门大学问来注释的，难道这样不会使王诗诗味索然吗？这完全是由惠栋诗学思想所决定的，学问的大小，是品评诗的高下的标准。当然，综观全书，学问考据之外，还引用了许多诗话和笔记文，《训纂》是力图既讲学问，又寻“诗眼”技艺的。如结合惠栋本人的笔记文、为他人写的诗序、文集序等，颇可看出他的诗文评思想系统。前述《诗经》和诗文的关系，是其内容之一，这是经学家讲诗文评之必然。

当惠栋直接论诗评文时，常从两个方面入手，一是重在学问的推源溯流，一是重在对象客体的美的形象和构思是否得体。例如，他在评论他的友人汪息园诗时反复强调“成家”，“成家”即诗中有没有学问根柢。他称赞汪息园以“有道之容”撰《范湖诗钞》云：“余挹（按：yì，汲取，评估）其人，晬（按：zuì，温润敦厚）然有道之容，余倾注（按：犹言敬佩）者久之。又五年，息园介余友朱君文游，以所撰《范湖诗钞》属余为序。”于是惠栋以其先人和他本人所共同的观点序之，认为写诗当“成家”。他说：“余不能诗，侧闻先世之论诗矣。曰：诗以成家为贵。非独为之华藻也，又从而绣其鞶帨（按：pán shuì，腰带佩巾），其失也靡；濯锦江，波其中，宁无一片是卫文之服，其失也杂。二者皆不能成家。”也就是说，声色浓重，花团锦簇，但言之无物，内容空洞，虽极尽雕琢之能事，但没有学问根柢，就说不上是好诗，更不是“成家”之作。他认为他友人的诗“朴而不靡，醇而不杂，盖钟记室（钟嵘，471—518）品诗必溯其源”，其学问根柢“原本三唐而独自成家”，故“读其诗如见其人”，“言之有物而能使镂金错采，沦汉入沱者变色而失步”。① 汪息园的诗是否如此，当作别论，但惠栋的诗学观点却是的确无疑的。友人的“有道之容”的“道”，已不完全是儒家道统，惠栋盛赞儒道释诗作就是明证，诗作的“朴”和“醇”正合钟嵘《诗品》的推寻源流的思想。张伯伟先生说：“钟嵘运用推源溯流法评论诗人时，其评语至少由两部分组成，即渊源论——推溯诗人风格的渊源所自；本文论——考察诗人及作品的特色，以确定其地位。”②惠栋评诗，首重学问根柢，二重作品特色，也正是由渊源论和本文论构成。作为经学家的诗学，他更重视前者，巨著《渔洋山人精华录训纂》，无一不在为王士禛推源溯流，寻觅其根柢出处，《训纂》是把王诗放到文化史长河中博览之，展现之。或说《训纂》是文献目录大全，或说《训纂》是诗话文论研臻，或说《训纂》是博物图志，或说《训纂》是史地志书，或说《训纂》是学术源流考订，均无不可。惠栋时代评诗讲究学术源流，无疑是彼之时代将知识论传统重新发扬蹈厉的大事业。③ 从某种意义上说，《训纂》及诸多诗评之作，犹如顾炎武“藏经学于理学”那样，乃是

① 《松崖文钞》，卷二，《范湖诗钞序》。

② 张伯伟：《钟嵘诗品研究》，第80页，南京大学出版社。

③ 《戴震评传》第11至15页。

“藏经学于诗学”。

惠栋认为，学问根柢和诗歌形象是可以统一在一起的，两者是不矛盾的。惠栋以其经学家特有的深邃思索和古文家特有的明澈表述概说两者的统一和兼得，他说：“昔人言诗之道，有根柢焉，有兴会焉。”此诗学二题，惠栋认为是前有所继。于兴会，前人说：“镜中之象，水中之月，相中之色，羚羊挂角，无迹可寻。”于根柢，惠栋认为，“本之风雅，以道其源，溯之楚骚汉魏，以达其流，博之九经三史诸子，以穷其变，此根柢也。”这两者说到底还是可以兼得。“根柢原于学问，兴会发于性情，二者率不可得兼，然则有兼之者，岂不褎（按：yòu，华美貌）然一大家乎！”这就是说，大家是应当根柢与兴会齐备的。学问，当然是具体可言的。诗歌形象和兴会，似难以捉摸，惠栋把它归结为对实际生活和周围环境的体察，归之为诗人风格，这就真实可感了。惠栋的朋友吴竹屿藏书满家，不下数十万卷，于学问则以早悟之资，流观深窥，却偏偏爱好诗歌，故“又以其性灵发为诗歌”。他的兴会来自何处？他“别墅在灵岩东，水石清华”，后来“入国子谒选”而得官，官舍正好在万山之中，“君登临吟眺，益抒写其胸中之蕴”，后来又回到吴中，“既归而卷帙愈富，造诣愈深”。可见吴诗人的兴会来自吴中山水、京华万壑。继而论其风格的变迁：“余读之诗，凡三变，其始清真古淡，纯似王、孟（王维、孟浩然），继而票姚跌宕，又似（李）太白，久之而纡徐容与，神韵天然，遂有三唐之胜。”为诗者当如吴诗人那样，“君子性情高旷而又学问以培之，以故每变益上，卓然自成一家。”①从惠栋的诗序之作看，虽重九经诸子根柢渊源，但具体论诗时倒是重在兴会言情风格形象的。又如惠栋在卢见曾《雅雨堂诗文遗集》中写的评诗识语也可看出他重在诗文形象。卷二《李啸村三体诗序》惠栋识语：“通篇以‘穷’字贯，文情往复，掩抑多姿。”卷二《马相如遗稿序》识语：“叙死生离合处笔墨不多，令读者无限感慨，先生笃于气谊，故字字从真情发露，文章简贵，妙在能留。”文以气为主，各有不同，抒发真情真感，方能绚丽多姿。惠栋诗文评总是企图深入把握诗文各各的个性，那清一色的经学功利的帽子往往成了虚体，或简直被移去。

在评诗论文时，具体谈及根柢学术源流时，也是重在根柢与兴会、风格的关系，不是驻足学术而深论之。这样，渊源与风格关系论又成为惠栋诗学的一部分。如仅仅驻足学术，则会“谫劣如余，吟事久废”②。《董太史诗序》评述董石帆诗风与王士禛的关系，与先世之学的渊源关系。惠栋说，董石帆“论诗专尚神静，而其微旨原本渔洋”，故石帆诗风格似渔洋，“所谓见超乎色相之先，而味在于酸咸之外”③。很是有些超自然境界的。对石帆诗风的具体表述，可谓“其词丽以则也，其音抗以坠也，其命意古淡而夷远也”。这一风格与家学、乡学有关：“承两世之学渊源有自，而又沐浴于乡先达之旷逸如渔洋者为其指归，宜其诗之工欤！”这显然是学术根柢知识的应用，而不是知识的本身。又如《范石湖诗序》，归纳

① 《松崖文钞》，卷二，《古香堂集序》。

② 《松崖文钞》，卷二，《古香堂集序》。

③ 《松崖文钞》，卷二，《董太史诗序》。

其风格云:“余读其诗冲夷容与,雅有先贤风制。”作者认为此风根源于学术之源,也是诗之源,“因作(序)而叹曰:君制行卓荦如此,此诗之源也,以是发诸歌咏,宜其言之有物乎!”并不讲论范氏知识之源是什么。代人作的《啸村诗序》评价某君诗,追溯其艺术风格的源流:“余读其诗,款曲似乐天,圆美似放翁,而一种真情烂漫浑然无补缀之痕,则君所独造者。”既有源,又有流,而其风格的形成又与某君特殊的胸臆有关,其君“既已少达多穷,而三体之中,和音恬节,绝无幽忧侘傺不平之感,乃知余向以君不遇而赋诗叹息者,君所淡焉,不以介意者也”。这就是说,某君处世旷达,不以窘境为念,排遣不平,内心得以平衡,彼源而此流,反倒形成了真情烂漫、恬淡自然的风格,根柢源流与胸臆兴会完全一致,某君对乐天、放翁的继承与本人的情性爱好相谐合拍。

惠栋的诗文评,多诗歌记事,借以表彰诗才,弘扬传统美德,导吟咏涉于世务,引弦歌利于民生。例如《秋灯夜读图序》记述友人沈冠云诗作事:“甲戌(乾隆十九年,1754年)之岁,余馆德水卢使君(按:卢雅雨)衙斋,讲授之暇,篝灯撰著,每涉疑义,思索未通,恨无素心,晨夕一日,使君以诗文数册示余,余读文惊然,未及询作者何人也。久之,典谒引客入相见,则余故人云间沈君学子,向所视数册,皆出君乎。”这无疑是惠栋寄居卢雅雨处的第一手资料。三年后戴震曾来此处结识惠栋。[①]《夜读图序》记述沈冠云“不辍于征行,秋风入衣,矻矻忘倦”,“挟策吟诵,落叶满天,残月在户,一灯青荧,声达户外”,引来广陵诗社诸君,争相与之

① 《戴震评传》,第155页。

结交,杯酒唱和,而沈君往往语出惊座,答客问疑,甲乙点窜,无不语中肯綮。在《学福斋集序》中,惠栋则具体记述沈冠云的学术成就,并认为沈是"温故知新,可以为师"的古贤人物,至于"沈君古诗文,咸可传世行远,世多知之"①。又如《董太史诗序》,除述"兵部尚书济南董公默庵"诗作有《柳村集》外,重点讲了康熙年间任两江总督时,兴修水利,屯田利民等政绩。② 又如《送汪国子(对琴)序》,述其"天才拔亮,通经史,工吟咏",被"维扬旧有吟坛诸诗老",推为"与共讨论"者,时汪对琴获选入京事博士之业,惠栋序文勉其能"摄衣殿廷","以张吾军",多做利国利民的好事。"春风扶摇,努力自爱,毋徒以同人录别为怅惘",则又赠以理智之言。③ 又"富农"条盛赞某君作富农诗"以刺为富不仁"④。又例代人所作的《九僧诗序》,记述了宋代九僧人诗的来历及宋本流传经过,叙其诗风"清真瘦刻",有大历十才子之遗风。考引《后山诗话》述黄山谷语:"气蒸云梦泽,波撼岳阳城,不如云中下,蔡邑林际春。"被人认为是极妙的论诗绝句,"云中"两句十字,宋人曾认为是九僧诗,但此集未见,这或者是宋代景德初年直昭文馆陈充编集和序诗意时删去的,或本来就有遗漏。惠栋云"聊记以俟识者"⑤。凡此种种,有史学价值,有的则可窥见惠栋的诗文评观点:诗文功利目的。

---

① 《松崖文钞》,卷二,《秋灯夜读图序》、《学福斋集序》。

② 《松崖文钞》,卷二,《董太史诗序》。

③ 《松崖文钞》,卷二,《送汪国子序》。

④ 《九曜斋笔记》,下册,卷三,"富农"条。

⑤ 《松崖文钞》,卷二,《九僧诗序》。

诗论诗品，实际上有两主体和两客体：诗歌的社会文化背景客体，诗歌本文客体，作诗者主体，品诗者主体。惠栋著王士禛诗《训纂》，似严格限制品诗者的主体。第一个客体正是学术根柢之类。区分两客体和两主体并限制第二主体，是惠栋《训纂》体现的最重要的诗学思想。惠栋认为："诗人之义，其旨微，其趣逸，其寄托遥深，苟能明其事之本来（按：含两个客体），令读者讽咏涵濡，而义自见（按：诗客体和作者主体），若其事未明（按：客体），猥欲凿空笺释，反复数十言（按：评诗者主体之极端），按之本文（按：诗客体），未必皆诗人之意也（按：作者主体）。"惠栋为贯彻这一思想，临文如何处置，他是在研究古代的注释体例之后再作定夺的。诂训之义，由来已久，例如《尔雅》有释诂、释训，《诗毛传》称之"诂训传"，周秦以前的注释皆称传，与经别行，例如《左传》、《公羊传》、《谷梁传》、《尚书大传》等。汉以后始称注，且合于经。郑玄注释五经，皆称注，独注毛诗称"笺"，因郑笺附毛传后，极避"注"字。惠栋对古代读书流别的分析基本正确。[①] 但当时另有一种对注释的看法，认为注诗者释事为注，释义为笺，"附事见义乃谓之注，别为之笺"[②]，完全是以叙事和阐说意义来区分注文和笺文的。惠栋认为这是极不妥当的。在体裁问题上复古近真和批评当时误解之后，惠栋提出自己的诗学解释思想，这当然是他的诗学思想的重要组成部分。他认为，作为诗歌本身，事和义都是包含其中的。"诗人之义，其旨微，其趣逸，其寄托遥深，苟能明其事之本

① 参见张舜徽著：《广校雠略》，第 54 页，中华书局 1963 年版。

② 《渔洋山人精华录训纂凡例》，册一，"凡例"，页一。

来，令读者讽咏涵濡，而义自见。”这就是说，诗本文客体、诗作者主体都是明确的，读者能明其义，但注释者可帮助读者明诗之背景客体、诗本文客体等，唯注释者不当以己之主体强加于诗作。“若其事未明，猥（按：wěi，随随便便）欲凿空笺释，反复数十言，按之本文，未必皆诗人之意也。”在具体说诗时，惠栋认为：“序诗而不专主于诗，若即若离，作者实得诗人妙悟之旨。”①注释思想既明，注释体裁用哪一种？惠栋选择了“训纂”体裁，他说：“余于山人诗初亦欲用笺注之说，第二字既分两义（按：指‘注’字周秦以前注称传与经别行，汉以后称注合于经），离之则未尽，合之则不辞，无已，则取姚察《汉书》之名，谓之‘训纂’（按：南朝陈吏部尚书姚察撰《汉书训纂》三十卷），雅不欲以己文（按：评论者主体）横隔前人诗句（按：诗作客体、诗人主体）。略用古时与经别行之遗意，总附于全诗之后。”至于诗之相关的文化背景客体，在“训纂”这一体裁中理应得到很好的体现。惠栋说：“夫注家之学，皆纂辑古今之书而成之者，故《论语》有集注（卫瓘），《汉书》有集解（应劭），纂犹集也，训者复古也。”惠栋认为，他是找到了诗学研究的特殊体裁的。这一体裁，实际上是用于体现和处置两客体、两主体的框架。为诗歌提供文化背景客体，当然是要有基础的，“余家四代藏书，撰训纂时每见异书，珍其僻秘，往往避习见之本而津逮焉，集中所采书目，共数百余种，悉从本书中出，不敢一字拾人牙后慧

① 《雅雨堂诗文遗集》，卷二，《张榆村平山诗草序》惠栋识语，清雅雨堂藏版。

也。"[①]前述《训纂》也是个结合讲诗的目录学书,更确切地说,《训纂》是家藏本除经书其外的可用于目录学的书。

惠栋评诗,很注重王诗所及的芸芸众生的诗篇,这是富有启蒙思想的诗学观点。王诗写有小人物,惠氏表而出之,惠、王相得益彰,同奏富有时代气息的曲调。"名臣学士,勋伐在钟鼎,著述在蓬莱,固不待表彰而自显者,若夫布衣,槁项黄馘,厉清操,吟槁简,老死牖下,人莫有过而问者。"这类可怜的小人物,如偶有机遇,"得文章巨公与之唱酬,吟咏其人,与诗并垂不朽,阐扬幽隐之功,斯为最矣"。诗歌史上,杜甫"善陈时事,也号诗史"。山人留心人物,不乏写小人物的诗,故早有人评之为"史"。惠栋主张:"诗可为史,注诗者所不能略也。"为还诗作的史的本来面目,"余故于当代事实悉意搜辑,十得八九。"惠栋是执意要摄制"诗中之史"的实际景象的。王士禛《惠山下邹流绮过访》诗:"雨后明月来,照见下山路,人语隔溪烟,借问停舟处。"惠栋训纂:"邹流绮:邹漪字流绮,无锡人,辛丑(1661)冬先生有怀流绮诗云:'花时会过九龙山,第二泉边挹妙颜。'正谓是年三月流绮过访时也。"[②]记载和讴歌小人物,并为之"训纂"而集锦素描之,当然更合生活真实,由此可窥见王、惠完全一致的贴近生活真实的现实主义诗学思想。

关于诗歌鉴赏,批评者的主体意图在"训纂"的框架中都客体化了。"我意"常常经他辞而达,他辞有时为"我意"而设。考据家的鉴赏,己见亦须言之有据,由所据之言跃出

① 《渔洋山人精华录训纂》,凡例,页二。

② 《渔洋山人精华录训纂》,册四,卷五上,页二八。

己见,己见是让人看出而不是直接说出的。诗学中的训诂派与评点派不同,前者处处讲究追溯源流,后者随缘性灵而吟,两者各有其历史价值。王士禛《冷泉关道中》诗:"南径雀鼠谷,崎岖殊未休,路随千嶂转,峡半一川流,滩急长疑雨,蝉嘶畏及秋,云峰将落日,立马迥含愁。"惠注"冷泉关"、"雀鼠谷"、"崎岖"。注"崎岖"引《蜀道驿程记》:"入谷数十里,间道隘水,左右悉结,偏梁阁道,汾流湍悍,登高临深,令人思垂堂之戒。"[1]从注释文字和诗本文的结合中,可看出评品者的鉴赏心态。又如王士禛《华阴道中》诗:"平田漠漠稻花香,百道清泉间绿杨,二十八潭天上落,无人知是帝台浆。"惠注"华阴",注"平田"云"泉流交错,田宜秔稻,最称沃壤";注"二十八潭"为"二十八宿",是"大帝之别宫,神仙之窟宅";注"帝台浆"引徐夔引《东山经》"高前之山,其上有水焉,甚寒而清,帝台之浆也,饮之者心不痛"[2]云云。注文对文献溯源的选择密配诗意,已体现注家主观意图,由诗本文和注文,评品者的想象力的驰骋和主体评价的浪漫意图悄然可见。考据家并非无情意心性的冷血动物,他们挚诚热烈,深沉含蓄,以他文达己情,如戴震借疏证《孟子》而呼喊着"以理杀人"的控诉。惠栋的"训纂"和戴震的"疏证",虽对象和内容完全不同,但思想方法,具体做法上却有某些一致。

惠栋言诗论文,还十分讲究体格,这当然是大家识见。《刻声调谱序》说:"前辈大家,无不留心声律者,往见时髦,

① 《渔洋山人精华录训纂》,册五,卷六下,页一四。

② 《渔洋山人精华录训纂》,册五,卷六下,页一八。

自号诗人，率坠于声病，未睹此秘（按：指声律），为有识者所讥。”[①]在谈到吴棫《韵补》研究古音的价值时，认为懂得古音，后学者可由吴棫书而溯两汉，由两汉而溯三代，沿波讨源，家法犹存，“以此称说诗书，庶免俗师之诮欤！”[②]为文之格，当然不拘一格，但也应有大体可寻，宏观可依。惠栋写有“陈同甫（陈亮，1143—1194）议论作文之法”条目引元俞成《映雪丛说》记述亲见南宋陈亮在太学论作文法：经书上的句子不全引两句以上，史书上的句子不全引三句以上，不用古人句，只用古人意，如引用古人的话，不要照抄原句，“能造古人不到之处”，“至于使事（按：犹言驾驭外物，借助他人）而不为事使，或似使事而不使事，或似不使事而使事，皆是使他事来影，带出题意，非直使本事也。若夫布置开阖，首尾该贯，曲折关键，意见常新，若方若圆，若长若短，断自有成规，不可随他规矩尺寸走也”。以上还仅是表面的一般规则，“苟自得作法三昧，又非常法所能尽也”[③]。以上堪称文格，至于文格所由之人格，惠栋对陈亮是十分钦敬的。若论治学处己，陈亮“研穷义理之精微，辨析古今之同异，原心于秒忽，较体于方寸，以积累为工，以涵养为正，睟面盎背（按：《孟子·尽心上》有‘睟然见于面，盎于背’之句），则于诸儒诚有愧焉”。若论其器识风范，“至于堂堂之阵，正正之旗，风雨云雷，交发而并，至龙蛇虎豹，变现出没，推倒一时之智勇，开拓万古之心胸，自谓差（按：稍微，略微）有

---

① 《松崖文钞》，卷一，《刻声调谱序（代）》。

② 《松崖文钞》，卷一，《韵补序（代）》。

③ 《九曜斋笔记》，卷三，下册，“陈同甫议论作文之法”条。

一日之长”。[①] 文格而至于人格，诗格以至于名节品端，仍是立德立言的古训，以“推倒”、“开拓”这样的吞吐江海的语言用说人格和文心，或是早期启蒙思想家的推源溯流吧！此外，惠栋还写有具体论诗格的条目，如“拗句格”、“押高字”等。[②] 诗格在句子层次上，则使形式进一步转化成内容而强调得句，笔记文条目“得句”引郑谷云台编《静吟诗》云：“骚雅荒凉我自安，月和余雪夜吟寒，相门相客应相笑，得句胜于得好官！”[③] 这一美学情怀，竟是那样的恬静雅洁、幽远趣深，“得句”之要，莫过于此！

① 《九曜斋笔记》，卷二，上册，“陈同甫”条。

② 《九曜斋笔记》，卷三，下册。

③ 《九曜斋笔记》，卷三，“得句”条。

第四章　惠栋的《三礼》学研究

一、《周礼》考论及其在知识理性形态转化中的应用

从许慎到惠栋对《周礼》古义的阐发，以经史小学共证原典以求《周礼》古义确诂，识字辨义中的敏锐目光，超越形体以音识字，真先二韵古音合为一部，重视音义字和字形史，《周礼》词语在为人注书纂疏中的应用，诸经共证而求上古音乐文化例，《春官·典瑞》考论古代玉器花纹美，继承家学和学术思想的启蒙曙光

惠栋对《周礼》的研究，集中体现在《周礼古义》和有关笔记文条目中。此外，还有《渔洋山人精华录训纂》为王士禛诗作注时对《周礼》的引录和应用。

《周礼》共六篇，原名《周官》，刘歆改名《周礼》，后世

沿袭之。《周礼》为古文，无今文。历代学者认为周公所著，有的学者认为是战国时人的作品，也有的学者说是刘歆伪作。汉武帝建元五年（前 136）初置五经博士时，仅欧阳《尚书》、后仓《礼》、杨何《易》、《公羊传》以及文帝时已立的三家《诗》。武帝时《周礼 · 冬官》已佚，相传为河间献王刘德（？—前 130）补以《考工记》，到刘歆（？—23）才增列《周礼》为学官。对该书经义的阐发，最古者有许慎《五经异义》引古文《周礼》说，当在杜林、郑玄之前，还有贾逵、马融、干宝三家佚诂，多存古训，郑玄《周礼注》极为详博。惠栋《周礼古义》是申论汉儒，特别是在郑注的基础上加以阐发的。“古义”二字，正是上承许慎至郑玄对《周礼》古义的阐发而加以多方引据补证，使古人的阐述更加具体明白和带上条理性，更加精深入微和具有新的学术水平。惠栋的这一做法，又为后来者树立榜样，惠栋之后阐说《周礼》古义最有成就的，当然要数孙诒让《周礼正义》八十六卷共二百余万字的巨著。

《周礼古义》的最重要的，也是最基本的方法，是以经史小学共证原典，以求《周礼》古义的确诂。《天官 · 太宰》：“六典：‘二曰教典，以安邦国，以教官府，以扰万民。’”郑注：“扰，犹驯也。”惠栋提出四条证据以证郑说。《左传 · 昭公二十九年》：“乃扰畜龙。”杜预注：“扰，顺也。”《史记》（夏本纪）“学扰龙”应劭注：“扰音柔，扰，驯也。”《史记 · 夏本纪》引《尚书》“皋陶曰：治而敬，扰而毅。”徐广曰：“扰一作柔。”惠栋据《玉篇 · 牛部》引《尚书》作“犪而毅”云：“字本作犪，见《玉篇》。犪有柔音，故《史记》或作柔，又有驯音，故李轨、徐邈皆音寻伦反。或音而小反（扰），失之。”这样，对郑玄训“以扰万民”之“扰”为“驯”就有充分依据了。惠栋举证《左传》、应劭、徐广、《玉篇》皆为据证郑说。以数例证汉儒一说，是惠栋朴学的基本方法，意在叫你不得不信，其资料罗列的本身就是学问功夫。后来，孙诒让于此条称惠说为是，并进一步提出，扰即㹛之借字，且㹛与柔字也是声近义通之字，进一步丰富了惠栋的说法。①

识字辩义为解经之要务，惠栋以彼之时代学问家独有的敏锐目光识字，自然，依其识字的内在逻辑的发展，以其形体识字，越出形体识字，以音而不以形识字，到王念孙、王引之则完成破假借字的理论和操作实践，不过，凡此识字方法种种，清儒之鼻祖，还当推至惠栋。我们往往为其敏锐的目光所惊叹，而其敏锐的目光又来源于广博深厚的学问，惠栋兼综其二。《周礼·地官·乡大夫》："以乡射之礼，五物询众庶……五曰兴舞。"郑注："故书舞为无，杜子春无读为舞。谓能为六舞。"鉴于"兴舞"作"兴无"，惠栋考论说："古'无'与'武'同音，'武'又与'舞'通。《礼器》(《礼记》篇目)云：周坐尸，诏侑武方。郑玄注：武当为无声之误也。《论语》(八佾)：射不主皮。何晏集解引马融曰：射有五善焉，一曰和志，体和。二曰和容，有容仪。三曰主皮，能中质。四曰和颂，合雅颂。五曰兴武，与舞同。汉武梁祠堂画像云：秦武阳，今《史记》作秦舞阳，知古字通。"惠栋的结论是说，上古舞、无、武三字通用。"兴舞"，即"兴武"，也写作"兴无"的。惠栋超越于形体而依音识字知义，与他重视古音是分不开的。《春官·乐师》："诏来瞽皋舞。"注引

① [清]孙诒让：《周礼正义》，第一册，页六一，中华书局 1987 年 12 月版。

郑司农云：皋当为告。郑玄谓皋之言号，告国子当舞者舞。《说文》“皋”字：“礼祝曰皋，登歌四奏（按：段注称登歌为堂上歌），故皋奏皆从夲（按：指小篆形体）。《周礼》曰：诏来鼓皋舞。皋，告之也。”可以说，先郑破字解皋，许慎不破字解皋，两者是有区别的。郑玄则认为皋与号字通，义亦为告，也没有破皋为告。郑玄与郑司农也有一定的区别。惠栋认为，不管是说皋通告，还是说皋通号，皋有告义，都是可以的，惠栋考引《战国策》“商君告归”，而《东观汉记·田邑传》有“邑年三十，历卿大夫，号归”。认为“号归，即告归也”。皋读为告，告读为号，皋告同音。故《周礼·春官·大祝》“令皋舞”郑玄注：“皋读为卒嗥（háo）呼之嗥。”《汉书·高帝纪》：“高祖尝告归之田。”服虔云：“告音如嗥呼之嗥。”是告又读为嗥。惠栋说：“皋、告、嗥三字同物同音，故二郑所读亦无两义。”颜师古注《汉书》，认为告借为嗥，并无别义，而元代熊朋来《经说》以郑氏前后异读。① 这些都是“不识古音，而妄下雌黄”。从古音看，告：见纽觉部。皋：见纽幽部。嗥：匣纽幽部。号：匣纽宵部。见纽和匣纽，觉、幽、宵三部，都是音理上相近相关的音。如此看来，惠栋在广引文献以说明一些异形字的音通义近的关系时，是有其深层的古音知识，同时又把握对象的实质的。惠栋的时代，古音学尚缺乏深入的研究，但已有顾炎武导夫先路，像惠栋这样的大学者，当然也不乏古音知识。王士禛《咏史小乐府二十四首》之十二：“赤壁战堂堂，纶巾绣裲裆，元戎在何许，顾曲有周郎。”明古音学家杨慎《艺林伐山》称：“纶本经纶之纶，

---

① 《周礼古义》，页八七，丛书集成初编本 0254 号。

而诗人纶巾多音关，案《说文》有绷字，注云：青丝绶也，后人误用纶，乃假借而述其音耳。”惠栋以其古音说纠正杨说：“古音十七真以下皆与一先通，故纶读为关，杨氏之说殊未然也。”[①]惠栋的意思是，读 lún 中古韵十七真（实际为十八谆），读 guān 中古韵为下平一先（实际为上平二十八山），而古音真先为一部，顾炎武（第四部）、段玉裁（第十二部）、戴震（第十六部）皆然。尤其是顾炎武合“真谆……删山先仙”为一部。惠说或受顾的影响，但真先为一显然正确，唯中古分别为谆、山未辨，如辨之，仍合于顾氏第四部。今谓“经纶”字上古为见纽文部，“纶巾”字上古为来纽文部。惠说不误。惠栋据古音考论“诏来鼓皋舞”一语，同样受到孙诒让的重视。[②]

识字辨义，于“识字”这一点，以其深厚的功力与系统的考察为本务。在系统的考察上，惠栋注重音义史和字形史，从而涉及古音、古文字、字书沿革等，形成了积淀于经书解释中的深邃的小学系统，许多小学释例是可形成语言文字学上的名例的。《春官·肆师》：“凡国之大事，治其礼仪。”惠栋引郑注云：“故书（按：当理解为古本《周礼》）仪为义。郑司农云：义读为仪。古者书仪但为义，今时所为义为谊。”这里显然是古今字关系。段玉裁认为：“此为全经发凡起例也。《尚书》多用‘谊’为‘义’字。”孙诒让循此则云：“依先郑、许说（按：《说文》释‘义，己之威仪也。从我羊’），古凡威仪字，正作义；仁义字，正作谊……此经故书‘礼义’，义谓

① 《渔洋山人精华录训纂》，册二，卷二上，页一四。

② 《周礼正义》，册七，页一八〇九。

威义，正与古合。"《夏官·司爟》和《秋官·司烜》郑注分别读如"观"和"毁"（按：今分别读 guàn 和 xuǎn，郑注音读分别在《十三经注疏》页八三一上，页八六九下，不在本题本文），而《说文·火部》引《周礼》并称此二字音同。惠栋古义："郑（玄）氏两读，许君合而一之，盖本贾侍中之说，高诱曰：爟读如权字（按：指《吕氏春秋·本味》'爝以爟火'高注）。《汉书·郊祀志》云：通权火（按：《郊祀志》上有'权火举而祠'句）。"惠栋在此揭示了音训源流。《夏官·职方氏》，惠栋引汉樊毅修《华岳碑》云《周礼·识方氏》。欧阳修也说过，"识"字字画分明非讹，并认为当时《周礼》之字自如此。惠栋说："《周礼》多古字，如樴（zhí）字作职，职字作识，识字作志，汉时已不能尽考，况后世乎！"汉以前文字的漫长发展阶段及其复杂性，似的然可见，或隐约可测。在字义诠释上，我们不难看出，惠栋尽量举大体同时之字义证实之，同时兼及后代有关字义，无论是先者还是后者，这都是词义发展观。即使从现代语言学说看，义项也是贵在同时共证的，当然这与重在在经书范围内觅证也是有关系的。《秋官·小司寇》："以八辟丽邦法，附刑罚。"惠栋引郑玄以《易》"日月丽乎天"以证郑自注："杜子春读丽为罗，玄谓丽附也。"惠栋说："丽者离也。离犹罹也，罗当作罹。"继而引《尚书·洪范》"不罹于咎"，《史记》引作离，《尚书大传》引作丽，古字并通，更丰富了大体相近的共时据证问题。《考工记·弓人》："居（锯）干之道菑（zī）栗不迆。"郑司农："栗读为'榛栗'之栗。谓以锯副（按：剖）析干。"迆，斜行不依木理。而郑玄注："栗读为裂繻（按：繻，音 xū，彩色丝织品）之裂。"意即"栗"非树，而通"分裂"之"裂"。惠栋引《毛诗·东山》以证后郑:“烝在栗薪。”笺云:“栗,析也。古者声栗,裂同也。”后来,戴震也是取后郑和惠栋说法,戴《考工记补注》:“菑、斯声相迩,析也,今方俗语犹然。栗、裂假借字。”意即“菑栗”二字为近义连用。段玉裁在《周礼汉读考》中也是赞同惠说的:“郑(玄)谓七干中无栗树,易栗为裂。菑者,锯入之。裂者,分之。”孙诒让正义也是赞同惠说的。[①] 像上文举出的一些语言文字例证,都是些典型例证,从小学看,惠栋小学考据和小学史的功夫令人叹服,从小学与经学的结合看,惠栋《周礼古义》完全立足于语言文字实证而求其经书古义和本义的。语言文字学是求解经书的工具,犹逻辑证明一样,是一种学术研探和理性思维的工具。

《周礼》中的语词,在惠栋的眼中,仍然是有生气,且应当尽量赋予生气的一些说法,在为王士禛诗作注时,尽量引用它们以使活泼起来。王氏《南园》诗:“庭户寂无人,慨然念终古。”“终古”惠训纂:“《周礼·考工记》:‘轮已庳(按:bēi,低下),则于马终古登阤也。’”郑注:“齐人之言,终古犹言常也。”诗意是说怀念昔日平常的生活,决非念久远之古。王氏《题徐电发检讨画蟹》诗:“仄行与外骨,并入《考工记》,何如纨扇上,善写招潮势……”惠训纂:“《考工记·梓人》:外骨、内骨、郤行、仄行……谓之小虫之属。郑玄注:外骨龟属,内骨鳖属,郤行蚓衍之属,仄行蟹属。仄行,犹言侧行。招潮,指蟛蜞。”[②]以语文解经,以经之语词应用于解诗。这也是一种应用,不过此应用的特点是将基础学科中

① 《周礼正义》,册十四,页三五三五。
② 《渔洋山人精华录训纂》,册三,卷四上,页一七。

的语文知识转化成另一种理性形态或知识形态，在此转化中，惠栋无疑感受到他终身从事的治经的实际意义及其人生价值的体现，治经除那高远宏大的济世之用以外，还时时有转化成新的知识形态的应用，此间固有乐趣，也有价值的体现。

《周礼古义》并非专治一经而得古义，而是诸经合同共证。这在文献语言意义的解释和古本的考订辨伪上，都体现合同共证之法。《春官·鞮鞻氏》："掌四夷之乐。"惠栋引郑注："四夷之乐，东方曰韎，南方曰任，西方曰株离，北方曰禁。《诗》云：'以雅以南是也（按：见《小雅·鼓钟》）。'"惠栋引《后汉书·陈禅传》云："尚书陈忠劾禅曰：古者合欢之乐舞于堂，四夷之乐陈于门，故《诗》云：'以雅以南，韎任朱离。'"并引李贤注云："毛诗无'韎任朱离'之文，盖见齐鲁之诗也，今亡。"惠栋是以毛诗、三家诗解释和考订《周礼》和郑注。由以上考订共证，可见古代音乐文化的意义，在于以"四夷之乐"一统天下。合同共证，不仅见文献之本，且可找回散落各处的文化记载而综观之。以此条而论，孙诒让据此详考上古四夷音乐文化，俞正燮（1775—1840）则进一步考证出上述音乐名即四夷本名。① 又如《春官·大祝》完全是讲上古祈祝之事的，有云："辨六号，一曰神号，二曰鬼号……五曰齍号……。"郑玄注："齍号为黍稷（按：贾疏中已载）。皆有名号也。《曲礼》曰：'黍曰香合，粱曰香萁，稻曰嘉疏。'"《礼记·曲礼下》："黍曰香合……稷曰明粢。"孔颖达正义："隋秘书监王劭，勘晋宋古本，皆无'稷曰明粢'一句，立八疑十

---

① 《周礼正义》，册七，页一九一九至一九二〇。俞说见《癸巳类稿》，页二五五，商务印书馆 1957 年版。

二证，以为无此一句为是。”[①]惠栋由郑注《周礼》引《曲礼》无“稷曰明粢”一句，证《礼记·曲礼》原本亦无此句，并认为《周礼》郑注当为十二证之一。这是以《周礼》郑注证《礼记》，且使两者互补。惠栋还以考据家的心态，饶有兴趣地求索隋代王劭校勘这十二证据之一。此外，惠栋又提供二证，一是《献帝宗庙祝嘏词》：所荐一元大武、柔毛、刚鬣、商祭、明视、香合、嘉疏、醎鹾、丰本（按：皆祭品名，可参见《曲礼上》），而不及明粢。二证是蔡邕《独断》载祭宗庙礼牲之别名，及祭号等，大都与《曲礼》同，但无“稷曰明粢”一句。王劭十二证，惠又二证附骥，以《礼记》与《周礼》互补，大体弄清了上古祭祀的祭品名及对祭品的尊号。这是有关宗教仪规的大事，今人可赖此知其大体，这当然又是与惠栋的考索分不开的。

在《周礼》研究中经子小学合同共证，综合并观，并实行知识形态转化应用的一个范例是笔记条目：“圻（yín）鄂”条。《周礼·春官·典瑞》：“瑑（zhuàn）圭……以覜（tiào）聘。”“瑑”是什么？是玉器上雕饰的凸文，郑玄引郑司农说：“瑑圭有圻鄂（按：雕琢的纹理），瑑起。”（惠注：圻亦作沂）为考释“圻鄂”为何物及该词的使用，惠栋笔记文举出《考工记·辀人》“良辀（zhōu）环灂（按：jiào，用漆粘涂）”郑注引郑司农云：“灂读为灂酒之灂，环灂谓漆沂鄂如环。”贾公彦疏：“沂鄂如环者谓漆之文理也。”[②]又举出《礼记·郊特牲》“丹漆雕几（按：qí，即沂鄂，凹凸线纹）之美，素车之乘，尊

① 《十三经注疏》，上册，页一二九六中栏。

② 《十三经注疏》，上册，页九一四中栏。

其朴也。"郑注:"几谓漆饰沂鄂也。"[①]又举出《礼记·少仪》:"国家靡敝,则车不雕几。"[②]郑注:"几,附缠为沂鄂也。"孔颖达正义:"几,谓沂鄂,不雕画漆饰以为沂鄂(惠注:垳与沂皆音鱼巾反,又作垠)。"又举出《太平御览》卷五五引《淮南子·原道》:"上游于霄雿(按:diào,虚无寂寞)之野,下出于无垠(鄂)之门(惠注:今本《淮南》无鄂字)。"注云:"无垠鄂,无形之视也(惠注:今本注云:无垠,无形状,霄读绡绡之绡,雿读翟氏之翟)。"[③]又举出《淮南子·俶真训》:"未有形埒垠(寅)堮(壥)。"又举出《俶真训》:"四达无境,通于无圻。"高诱注:"圻,垠字也。"[④](惠注:俗本云:圻,音寅,垠也。"又指出此字可作"鄞"。)《参同契》云:"混沌相交接,权舆树根基,经营养鄞鄂,凝神以成躯。"综以上十二证据,惠栋认为,"垳鄂"谓形状之微起者,故谓之几(按:此字读 jī 音时,也有"微起"之意。《易·系辞下》:"几者,动之微");郑司农所说的"缘圭有垳鄂",说的是瑑圭起垳鄂;《考工记·辀人》说的"良辀环灂",说的是"漆起形状如环者也";《礼记·少仪》和郑玄说的"车雕几垳鄂",说的当是"附缠车之四旁为垳鄂也"。惠栋指出,孔颖达正义和贾疏都不详"沂鄂"二字之义,故详为举证而考订之。另《参同契》"经营养鄞鄂",是朕兆、胚胎之义,垳、圻、鄞皆从斤声,皆鱼巾反。惠栋于此处从谐声偏旁识其音义。惠栋

① 《十三经注疏》,下册,页一四五五上栏。
② 《十三经注疏》,下册,页一五一六中栏。
③ 《二十二子》,页一二〇六中栏。
④ 《二十二子》,页一二一一上,页一二一二下。

指出,《俶真训》高诱注的依据是《说文》,许慎是把“圻”看作“垠”的异体字的。[①] 如果要以《说文》求解这一玉器文化的释义问题,惠栋引《说文·玉部》“瑑”字下云:“圭璧上起兆瑑也,从玉,篆省声。《周礼》曰:‘瑑圭璧(按:段注疑此有脱误)。’”由许书同样可证瑑为玉器上雕饰的凸起的花纹,亦即圻鄂。笔记条目“圻鄂”的考释是对上古玉器花纹的研究,无疑是一美学课题。尽管惠栋的考释仅限于回答“瑑、圻鄂是凸起的玉器花纹”,并未回答更多的“是什么”、“怎么样”这类问题,但它以《周礼·典瑞》的考释为起点,意义并不一般,反之,如明“圻鄂”为花纹,由花纹的设置、变化而窥上古制度文化乃至国家兴衰,则更深入一步了。显然如孔颖达、贾公彦不识“圻鄂”花纹为何物,当然也就无从与论了。继惠栋之后,《说文段注》“瑑”、“垠”字下,孙诒让《周礼正义》都有对“瑑”、“圻鄂”更详细的说法,但大体不出惠栋矩矱。

古称议礼如聚讼,但《仪礼》难读,儒者罕通,不能聚讼,《礼记》辑自汉儒,增减分明,亦不必聚讼,辩论求胜者,唯《周礼》一书而已。[②] 惠栋《周礼古义》实为家学。惠士奇《礼说》十四卷是专论《周礼》的。《四库全书总目》概述《礼说》体制时说:“士奇此书,于古音古字,皆为之分别疏

① 《九曜斋笔记》,下册,“圻鄂”条引《说文·土部》云:“垠,地垠咢也。一曰岸也,从土艮声,或作圻,从斤。”今孙星衍本无“咢”字,段注本有“咢”(上海古籍出版社页六九〇下)。惠栋所见《说文》可证段氏正确。又“垠”字段注下具引《典瑞》、《辀人》、《郊特牲》、《少仪》、《淮南子》等。惠可补段,而段注更重视语源学的探求了。

② 参见《四库全书总目》,上册,页一四九上,中华书局版。

通，使无疑似，复援引诸史百家之文，或以证明周制，或以参考郑氏所引之汉制，以递求周制，而各阐其制作之深意，在近时《说礼》之家，持论最有根柢。”①如用此说概述《周礼古义》，也是很恰当的，足见惠栋治《周礼》在其学术思想、训诂方法上对家学的继承。《四库全书总目》曾批评《周礼古义》体例不纯。《地官·牛人》：“共其兵车（按：今十三经注疏本作‘军’）之牛……以载公任器。”郑注：“任，犹用也。”惠栋古义引《二老堂杂志》云：“宋景文公（宋祁，998—1061），博极群书，其笔记云：余见今人为学，不及古人之有根柢，每亦自愧，常读式目中，有‘任器’字，注云：未详。其任器，乃荷担之具，杂见子史中，何言未详？”惠栋责难说：“予谓《（周）礼·牛人》‘以载公任器’乃六经语，而景文但引子史，何邪？”为此，《四库全书总目》批评惠栋说：“据《周礼·牛人》谓任器字出于经文，不出子史，驳宋祁笔记之误，则体同说部，与经训无关……亦皆牵引旁文，无关训诂，未免为例不纯。”②实际上惠栋还是批评宋祁不引经书而引子史的。在我们看来，兼引史子集部以证经，淡化经学的地位，于考据中有驳论以立新说，正是学术思想的启蒙曙光。

① 《四库全书总目》，上册，页一五七上。
② 《四库全书总目》，上册，页二七七下。

二、上古文化渊薮《仪礼》的古义解释及其在《仪礼》学中的地位

"儒者罕通"的《仪礼》,《仪礼古义》的散和聚,汉代社会文化和学术系脉对《仪礼》和《仪礼注》的影响,金石文字解《仪礼》结束了"殷礼无征",《仪礼古义》承前启后、卓然精粹之论十一例,《仪礼》作为古代文化渊薮的"是什么"和后代文化发展中的"怎么样"

《仪礼》,又称《士礼》,十七篇,相传为孔子所定。段玉裁《礼十七篇标题汉无仪礼说》详论汉代直称《仪礼》为《礼》而无《仪礼》之名,因其首篇为《士冠礼》,所以又称《士礼》。汉初立为五经博士的《礼》即《仪礼》,所谓"礼经"即《仪礼》。汉郑玄著《仪礼注》,晋荀崧请置《仪礼》博士,唐石刻九经,正式标以《仪礼》之名。《仪礼》难读,"儒者罕通"。戴震在校补《仪礼》和郑注上下过许多功夫,而戴震校补《仪礼注疏》,也是借鉴惠栋研究成果的。① 研究《仪礼》的著述,《四库全书总目》已著录二十四种,但最著名者,还得数郑玄《仪礼注》、贾公彦《仪礼义疏》。此外,又有胡培翚(1782—1849)《仪礼正义》。胡氏认为唐贾公彦疏解《仪礼》

① 《戴震评传》,第104页。

多有失误，积四十余年之力纂述《仪礼正义》，书未成而卒，由其弟子杨大堉续补而成。评述惠栋《仪礼古义》，当可以郑、贾、胡等家为参照标准。《仪礼古义》分上下篇，上篇共三十一条，下篇共三十条，总数不过六十一条。求古义之法，正如《四库全书总目》说："古义者，汉儒专门训诂之学，得以考见于今者也……至于读古人之书，则当先通古人之字，庶明其文句而义理可以渐求。栋作是书，皆搜采旧文，互相参证。"①以下试分类详述评介之。

以分散个别形态存在的六十一条，同样表明惠栋是以不一而散的种种不同方法来解读"儒者罕通"的《仪礼》的。要将明显散居的原子状态的个别加以系统化和分类，从理论上说，当然是困难的，但散而有聚，聚在调动各种手段，广开各种文路申论订补汉儒，揭开《仪礼》真缔。这些手段、方法、文路，当然体现了惠栋时代及其本人的学术水平和研究状况的。

有关汉代社会文化和学术系脉对《仪礼》流布于汉代及汉注《仪礼》的影响问题。《士昏礼》："勖帅以敬先妣之嗣，若则有常。"惠栋引《荀子·大略》云："隆帅以敬先妣之嗣。"隆，盛。惠栋指出，郑注本作"勖"（按：即"勖"字，当读 mào，《说文段注·力部》与"懋"音义同。懋，盛），那是避汉殇帝（刘隆）讳，改"隆"为"勖"。毛诗（《大雅·文皇》）改"隆冲"为"临冲"，《汉书·郡国志》改"隆虑"为"临虑"，乃至后人改《荀子》亦以"隆虑"为"临虑"，皆为此类。鉴此，惠栋说："汉时经学，皆受之师。时君之讳，既经改易，随文释之，非复故书之义。许叔重《说文解字》，每

① 《四库全书总目》，上册，页二七七中、下。

载'上讳',不更笺释,亦此例也。"惠栋还认为,这种避讳,也是因经师相传,以致误会本真的。《士昏礼》还有"赞启会却于敦南"一句,郑注:"今文启为开。"《既夕礼》有"请启期,告于宾"一句,郑注同前:"今文启为开。"贾公彦说:"高堂生所传者,为今文。"《仪礼》有今文古文之分(今十三经注疏本为今文,古文早亡佚)。《汉书·艺文志》说:"《礼》古经五十六卷,经七十篇。"据宋代刘敞(1019—1068)校,七十为十七之误。《礼》十七篇为今文经,五十六篇相传出鲁淹中,为古文经,早亡,故又称《逸礼》。针对"高堂生传《仪礼》今文"和今文"启"为"开"字之说,惠栋说:"生为汉初人,不应为景帝(刘启)讳。明经师相传,遂为故实,非尽高堂之旧也。"这就是说,那是后来景帝时期经师避讳,相传而成故实,乃至连郑玄和贾公彦都误会今文本文如此了。显然还含批评郑玄和贾疏。又如《乡饮酒礼》:"众宾辩有脯醢。"郑注:"今文辩皆作徧。"惠栋指出,古"辩"、"徧"通用。《史记》(五帝本纪)有"望于山川,辩于群神"。《尚书·舜典》有"徧于群神"。《左传》(定公八年):"子言辨,含爵于季氏之庙而出。"杜预注:"辨,犹周徧也。"《荀子·修身》:"扁善之度。"杨倞注:"扁读为辨。"《韩诗外传》:"君子有辨善之度。"凡此种种,均可证古"徧"字皆作"辩"。惠栋指出,司马迁从汉孔安国问故,迁书多古文。《左传》多古字古言,故皆以"辩"为"徧"。至于《仪礼·乡射礼》"司射乃比众耦辨",郑玄说:"众宾射者,降比之耦乃徧。"可见郑本人读为今文。豹斑而窥之,《仪礼》本经、司马迁、《左传》、杨倞、《韩诗外传》用古字,郑玄、荀况、今文《尚书》用今字。学脉流裔,昭昭而明。后来胡培翚在惠栋的基础上进而辨郑玄

“盖以二字通用已久，故不改从今文”①。但很清楚，惠栋是更重视学脉而言其用字的。《大射礼》：“乐正命太师曰：‘奏《狸首》，间若一。’”郑玄注：“《狸首》，逸诗《曾孙》也，狸之言‘不来’也。”当然，这几句话仍是很费解的。惠栋引《汉书·郊祀志》云，周灵王即位时，诸侯莫朝周，苌弘乃明鬼神事，设射不来朝周者。引《史记·封禅书》云，设射狸者。徐广曰，狸一名“不来”。惠栋引惠士奇《礼说》试图以古已有之的合音字解之，但误合音字为反切。《礼说》云，不来反为狸（按：犹言“狸”为“来丕”合音），犹并夹为筞（按：niè，夹取之器，镊子，该字上古为泥母，与并母不类），终葵为椎，邾娄为邹，勃鞮为披（惠注：元周伯琦云：邹古邾娄国。外传勃鞮，内传作披），寿梦为乘，不可为叵。（惠注：羊舌职，《说苑》作羊殖舌，职为殖也。颛孙师之子为申祥，颛孙为申也。）后世反切之学，出之此（按：惠氏有误②）。为说明“奏《狸首》”郑注、《汉书》、《史记》有关古代祭仪的说法，惠栋考论先秦文化以说之。引《礼说》云：“《狸首》之诗，与祭侯之辞③，皆言诸侯来朝之礼，不来者不宁侯（按：宁，安。不宁侯，射侯名，象征有罪者），故抗而射之。然则苌弘行古礼。说者谓依物怪以致诸侯，妄矣。”为进一步说清郑注中“逸诗”、“不来”等说法，惠栋引郑玄《诗经周南、召南

① ［清］胡培翚：《仪礼正义》，上册，页三六三，江苏古籍出版社1993年版。

② 何为盈：《中国古代语言学史》，第78至80页，河南人民出版社1985年版。

③ 祭侯，古代将举行大射礼时，先祭射的，谓之祭侯。《周礼·夏官·射人》：“祭侯则为位。”贾公彦疏：“按大射礼，使服不氏负侯。将祭侯之时，先设位于侯西北。”见《十三经注疏》，页八四六中，又见页九二六中有“祭侯之辞”。

谱》：上古射礼，天子以《驺虞》、诸侯以《狸首》、大夫以《采苹》，士以《采蘩》为音乐节奏，“今无《狸首》，周衰，诸侯并僭而去，孔子录诗不得。”[①]此外，惠栋还引元熊朋来《经说》。《狸首》之诗，古人以为投射之礼的音乐节奏，《礼记·射仪》所记：“《诗》曰：曾孙侯氏，四正具举。大夫君子，凡以庶士。小大莫处，御于君所。以燕以射，则燕则誉。”熊氏认为这是《狸首》诗。[②] 而《大戴礼记·投壶》所记，上章本同，而前一句，“曾孙侯氏”，为数句隔断，恐“泰射”、“张、侯”等语，本以解说“侯氏”，而乱入正文。下文又换韵曰：“弓既平张，四侯且良。决拾有常，既顺乃让。乃揖乃让，乃隮其堂。乃节其行，既志乃张。”[③]熊氏认为这也是《狸首》诗。可见，《汉书》、《史记》、徐广(352—452)、士奇《礼说》、郑玄《诗谱》、熊氏《经说》、《礼论·射仪》、大戴《投壶》等，均可证郑玄“逸诗”、“不来”之说，惠栋从广阔的上古祭祀文化背景上考论了《仪礼》和《仪礼注》。而宋儒刘敞《七经小传》云，《狸首》即《鹊巢》之诗，篆文“狸”似“鹊”，“首”似“巢”，惠栋批评为“此亦附会之

---

① 《九经古义》二，页一〇九，丛书集成初编本，郑氏的说法可核见《十三经注疏》，页二六五。

② 《九经古义》二，页一〇九。《射仪》的说法可核见《十三经注疏》，页一六八七中。

③ 《大戴礼记·投壶》：“曾孙侯氏，今日泰射，干一张，侯参之。曰：‘今日泰射，四正具举。大夫君子，凡以庶士。小大莫处，御于君所。以燕以射，则燕则誉。质参既设……。’‘弓既平张，四侯且良。决拾有常，既顺乃让。乃揖乃让，乃隮其堂。乃节其行，既志乃张。’”见王聘珍撰《大戴礼记解诂》，页二四三、二四四，中华书局 1983 年版。

过”。如果我们换一角度看，惠栋的评论不仅是证翼郑注，而是从古代祭祀文化详论《仪礼·大射礼》“奏《狸首》”一语。后来胡培翚作《正义》，大体上还是与惠栋的说法一致的。所引资料不及于《史记》、《汉书》，仅关及《诗经》、《礼记》，无疑是为纯洁体例，由此而见惠说解经的开明态度，形成文化构架以说经，更是很有创造性的做法了。

以语言文字解经，乃至以金石文字解经，是惠栋经学的普遍手段，如与《仪礼》有关内容结合，则仍然可显出《仪礼古义》以金石文字说解的学术个性的。在惠栋的心目中，两汉和先秦的文献，不论是今文还是古文，用以互证经典仍然是不够的，当继续上推至金石文字时代，从汉语史的角度看，它们理应归属同时同列，善用金石文字治经，使惠栋经学棋高一着。从惠栋立足的经典文献看，以古文字解经无疑更能透明本经，这对“儒者罕通”的《仪礼》来说尤有必要；从古文字研究看，上古典籍与金石文字的贯通又使金石文字的研究走向了新的时代。《仪礼》本来就有古文礼经，今文中杂有古文，郑注中又多古文说，尽管《仪礼》古文与金石文字之古文是有区别的，但后者是前者的基础和应用，以金石文字说解多古文的《仪礼》和郑玄注，就显得更为必要。《士冠礼》“眉寿万年”郑注：“古文眉作麋。”惠栋除引《大戴礼》、《荀子》、《汉书》以“麋”为“眉”的用例外，还引欧阳修《集古录》载《汉故北海相景君碑》有“不永麋寿”，引《全家集录》载《三代古器铭》皆以“麋寿”为“眉寿”，并指出：“古字简少通用，至汉犹然。”[1]惠栋从古文字看出古文

---

① 《九经古义》二，页一〇四，丛书集成初编本。

《仪礼》、《尚书》用字的一般规律。《大射》:“顺羽且左还。”郑注:“古文且为阻。”惠栋指出,古钟鼎文“祖”字皆作“且”,如祖乙卣、盄(zhāo)和钟、文王命疠鼎。师毁敨(敦),都是如此。[①]《尚书·舜典》:“黎民阻饥。”今文作“祖饥”。《史记·五帝本纪》“黎民始饥”裴骃集解引徐广曰:“祖,始也。”上古文献的古文本必用“且”字,那是因为今文“祖”字古文又作“且”,今文“祖饥”又作今文“阻饥”。又因且、阻并为古文和今文,故古文《仪礼》作“且”,而《尚书》作“阻”,今文作“祖”,郑注以今文释古文。惠栋指出“祖”字古文作“且”,意义甚大。郭沫若曾说:“且字在金文中器之较古者无变,器之较晚者……子仲姜镈始从示作祖。”[②]但尚未涉及到且、阻也能并为古文今文,典籍古文本中用“且”,而今文本用“祖”,用“阻”。胡培翚也是在惠栋引用金文的基础上推论出以下结论的:“此《仪礼》古文与《尚书》古文同,郑以当文易晓,故从今文。”[③]《聘礼》:“及庙门,公揖入,立于中庭。”惠栋认为“立”字为“位”字,并举出同类例证两条。《周礼·小宗伯》“掌建国之神位”郑注:“故书位作立。”郑司农也说:“立读为位,古者立、位同字。古文《春秋经》‘公即位’为‘公即立’。”又例《史记·周本纪》:“武王既入,立于社南。”而《逸周书·克殷解》:“王入即位于社。”除以上证据以外,惠栋又举出钟鼎文,如周毛父敦铭、盄和钟:立字。释者皆训位。又如周郝(biàn)

① 惠栋的说法见《九经古义》二,页一〇九。

② 郭沫若:《甲骨文字研究》,第 47 页,科学出版社 1962 年版。

③ [清]胡培翚:《仪礼正义》,页八七三。

敦铭云:“毛伯内门立中庭。”周戠(zhī)敦铭云:“苏公入右戠,立中庭北乡。”并说:“韦弘嗣(韦昭,204—273)、许慎皆云:列中庭之左右曰位,明立字亦当作位。释者仍训为本字,非也。”[①]应该说,所举钟鼎文字较文献更直接地说明“立”字为“位”字。文字学的本证与上下文的训释是有区别的。胡氏于此条仅及当时情景,未及金文证据。胡氏说:“庙中襄事,有宰及宰夫等官,是君未入庙时,卿大夫已先入即位而俟矣,故郑明之。李氏(李如圭)云:卿大夫先即位者,于外无事。”[②]显然不是直接解释“立”为“位”字的,精审尚不及栋。《仪礼》一般认为是周公遗著,但《史记·孔子世家》和《汉书》都认为出于孔子之手。此书形诸文字,当在东周末期,但书中所讲的许多种礼仪,则在成书之前早就有了。[③] 孔子曾经说过,殷代继承夏代的礼仪制度,周代继承殷商的礼仪制度,所废除的,所增加的,都是可以知道的,后代继承周代的礼仪制度,就是以后一百代,也是可以知道的,但他另一方面又曾为殷礼无征而慨叹:“文献不足故也。足,吾能征之矣。”[④]今天,我们依靠地下发现,能看到大批商代后期的古文字文献资料,除甲骨文外,还有商代金文,就金文而言,还有西周和春秋时期的金文,“殷礼无征”的时代早已成为过去。惠栋以金文解释《仪礼》,正是结束“殷礼无征”的一大创举,把对《仪礼》的解释从孔子的时代,确切地说还是从郑玄的

---

① 《九经古义》二,页一一一,丛书集成初编本。

② [清]胡培翚:《仪礼正义》,册二,页一〇〇八。

③ 参见何耿镛:《经学概说》,第 17 页,湖北人民出版社 1984 年版。

④ 见《论语·为政》和《论语·八佾》。

时代上推至商代后期，显然为礼学研究，为先秦典籍文献研究开辟了新的天地。

《仪礼古义》是一承前启后之作。在清代学术史领域内看，惠栋以前有清初张尔歧(1612—1678)《仪礼郑注句读》十七卷，章分经注，考辨详博，曾被顾炎武称为“独精三礼卓然经师”。惠栋之后则有凌廷堪(1755—1809)《礼经释例》十三卷，发现《仪礼》若干通则体例。再后又有张惠言(1761—1802)《仪礼图》，以图表方式说经。道咸年间有邵懿辰(1810—1861)《礼经通论》，明传授源流，并斥古文《逸礼》五十九篇为西汉刘歆伪作，道光年间胡培翚《仪礼正义》堪称集大成之作。① 除上文已钩沉出若干惠氏识见以外，如作比较研究，还有卓然精粹之处如下：

《士冠礼》：“兄弟毕袗(zhěn)玄。”郑注：“袗，同也。玄者，玄衣玄裳也。古文袗为均。”惠栋认为“袗玄”即汉之“袀袨”(jūn xuàn，纯一黑色衣服)，篆书“袗”与“袀”相似，古文作“均”。《左传·僖公五年》有“均服振振”。祭服上下皆玄，故谓“袀玄”；戎事上下同服，故谓“均服”。《士冠礼》这句话是说：主人的姻戚内兄弟全都穿上了纯黑色的祭服。照段玉裁的看法，经文和注文的“袗”字都是“袀”字之误，“㐱”与“匀”篆文易混。继惠栋之后，凌廷堪《礼经释例》亦以“袗”为“袀”。而与惠栋为友的经学名师沈彤尚未识此。②

《士冠礼》：“再醮(按：jiào，祭祀)，摄酒。”郑注：“摄，

---

① 梁启超：《中国近三百年学术史》第187页。

② 《仪礼正义》册一，页五五、五六。

犹整也。整酒，谓挠之。”意思是说，整酒就是搅拌酒。惠栋举出《汉书·匈奴传》：“单于以径路刀金留犁挠酒。”应劭曰：“挠，和也。郑以摄酒有搅挠之事，故举汉法以明之。”后来胡氏《正义》完全肯定惠说，并推广说：“再醮，三醮，皆摄酒也。”①

《士冠礼》：“以官爵人，德之杀(shài)也。”郑注：“杀，犹衰也。”张尔岐说：“凡以官位爵人，皆以德为等杀……”惠栋进一步将“等杀”解释成“等差”：衰，犹差也，并举出《荀子·王制》“相地而衰政”杨倞注：“衰，差也”。《九章算术》谓差分为衰分，等等。② 毫无疑问，惠栋是读过张尔岐的书的，见下条。

《士昏礼》：“敢奠嘉菜于皇舅某子。”后四字郑注无具体说法。惠栋引顾炎武《日知录》以“皇舅某子”为谥号或字之称，并认为荒谬不确。又说，张稷若(尔歧)《仪礼节解》云：“(贾)疏之意，或以妇新入门，称姓以告，故亦以姓称其舅(按：公婆)。”③又《古义》在《乡射礼》“箭筹八十，长尺有握，握素”条下也引张尔岐。④

《燕礼》：“更爵洗。”郑注：“古文更为受。”惠栋古义：“《周礼·巾车》云：‘岁时受读。’杜子春云：‘受当为更。’《春秋》昭二十九年传云：‘以更豕韦之后。’《史记》更作受，知古文更字皆为受。”胡培翚引胡承珙云：“更与受声义皆不相

① 《仪礼正义》，册一，页一〇七。

② 《仪礼正义》，册一，页一四二。

③ 《仪礼正义》，册一，页二〇〇、二〇一。

④ 《九经古义》，页一〇七，丛书集成初编本；《仪礼正义》，册一，页六五六、六五七。

近,古文作受者,字之误,郑所不从。"其实,惠栋据文献说此处"更"为"受"是对的。即从胡氏所云声义看,也是对的。今谓"更"上古见母阳部,"受"上古禅母幽部字。上古禅母的来源是很复杂的,周祖谟先生曾在《禅母古音考》中考定禅母有从端母类舌头音得声和从舌根音匣母得声①,见母上古为舌根音,与端母甚近。此外,上古阳部字和幽部字实际上是可以通转的,王力曾举出幽部和东部旁对转例:冒—蒙。东部和阳部甚近②,事实上幽部和阳部也是可以构成旁对转的。例:惆(上古幽部)—怅(上古阳部)。如此看来,"更"字和"受"字上古在音理上是可以相通的。惠栋从文献举证上古"受"字作"更"是正确的。诸家均未及此,胡氏亦误。

《大射》:"西阶之西,颂磬东面。"郑注:"言成功曰颂,西为阴中,万物之所成……古文颂为庸。"张尔歧对前三句有详注,最后一句未涉及。惠栋引郑玄《尚书逸书》(惠栋视此为真《古文尚书》③)云:"笙庸以间。"郑注:"西方之乐谓之庸。庸,功也。西方物熟有成功。亦谓之颂,颂亦是颂其成也。"④今或谓"庸"通"镛",大钟,古代乐器。惠栋以郑氏《尚书逸书》证郑注《仪礼》,是很高明的办法。后来《仪礼正义》为解决郑注中提及的"古文颂为庸"一句,引胡承珙

① 周祖谟:《问学集》,上册,第139页,中华书局1966年版。

② 王力:《同源字典》,第16页、第13页,商务印书馆1982年版。

③ 见本书第二章第一节。

④ 《九经古义》二,页一〇八,丛书集成初编本。郑玄《尚书逸书》及郑玄注,今可核见《周礼·春官·大司乐》贾疏引,见《十三经注疏》页七八八中栏左。

说解释之，承珙之说全源于惠栋。[1] 足见惠栋的解释前无所见，后启来者。

《聘礼》："管人布幕于寝门外。"郑注："管，犹馆也。馆人，谓掌次舍帷幕者也。布幕以承幣（按：礼品）。古文管作官，今文布作敷。"张尔岐释"布幕"一句云："此幕非在上之幕，乃布之地以为藉者。"针对郑注《仪礼》"管"字用今文，"布"字用古文，《仪礼正义》有所讨论，针对"管"字用今文而不用"官"古文，胡氏引惠栋云："《易·随》初九云：'官有渝。'蜀才（按：晋易学家）本官作馆。又说《穆天子传》云：'官人陈柱'，义作馆。"胡氏认为惠栋的解释是对的。[2] 管，今文，官，古文，管人即官人，亦即馆人。古代官名。

《觐礼》："侯氏降阶东北面再拜稽首，摈者延之，曰升。"郑注："从后诏礼曰延，延，进也。"此条诸治礼经名家皆有注释，如吴廷华《仪礼疑义》、凌廷堪《仪礼释例》、张惠言《仪礼图》等，如凌氏云："凡臣与君行礼，皆堂下再拜稽首。此侯氏降阶东北面再拜稽首，臣礼也，所谓北面而见天子也，所谓拜下礼也。"张惠言则推证侯氏参加觐礼的出入走向。[3] 平心而论，惠栋好古而求索之，以汉旧仪和上古三代之礼证之，最有说服力。惠栋案："《汉旧仪》云：丞相、御史大夫初拜，皇帝延登亲诏。登，犹升也。《书》逸《嘉禾篇》曰：周公奉鬯立于阼阶，延登赞曰：假王莅政，勤和天下，此关

① 《仪礼正义》，册二，页八〇三。
② 《仪礼正义》，册二，页九五一、九五二。
③ 《仪礼正义》，册二，页一二八九、一二九〇。

中古文(按:指次于上古的时期,如商周时期),与《觐礼》'傧者延升'合,假读为格,正也。"①文献考古归纳与《仪礼》规范说法相一致。惠栋《古义》更有说服力,此条也可使我们在与他说相比较中更清楚地看出"古义"的确切含义。

《觐礼》:"四享,皆束帛加璧。"郑注:"四当为三,古书作三四或皆积画。"意思是说,文中"四享"是"三享"之误。惠栋补例证之:"《春秋传》子革云:是四国者,专足畏也(按:见《左传·昭公十二年》)。刘光伯(刘炫,约546—约613)《规过》云:《楚语》云:今吾城三国。无四国也。炫谓古四字积画(按:意谓两个重迭的'二'字共四画为古文'四'字)。四当为三。"②惠栋是紧扣古文字形体而言之的,一承郑注精神。而此条贾疏等多从训诂、校勘言之,显然不如惠氏直接、有力。③

《觐礼》:"太史是右。"郑注:"古文是为氏。"惠栋举出《礼记·曲礼》和郑注,《汉书》和颜注,韩敕《修孔庙后碑》,陈寿《三国志·魏志》皆是、氏相通。惠栋说:"当时以是、氏两字本通,故或称氏,或称是,非有异义。"并因举证所感,慨叹说:"古字古音,皆亡于晋,惜哉!"④

《有司》:"二手执挑匕枋以挹湆(按:qì,羹汁)。"郑注:"挑谓之歃(按:shà,饮、喝),读如'或舂或抗'(按:yǎo,同舀)之抗字。或作挑者,秦人语也。今文挑作抗。"惠栋考

---

① 《九经古义》二,页一一二、一一三,丛书集成初编本。
② 《九经古义》,页一一三。
③ 《仪礼正义》,册二,页一二九一至一二九四。
④ 《九经古义》二,页一一三。

《毛诗·大雅·生民》"或舂或揄"，从而认为郑注从《韩诗》作"抗"。而《说文·臼部》"舀"字下引《诗》曰："或簸或舀。舀，或从手从冘。"陆德明《诗》释文云："揄，《说文》作舀，又与揄同。"明陆氏见到的《说文》"簸"字仍作"舂"字。何时所改？有人考出"则是宋时《说文》，已误'舂'为'簸'矣"[①]。《说文段注》"舀"字下指出"簸"字系一时笔误，亦据郑注引作"或舂或抗"称："郑君注礼，多用《韩诗》。"[②]此条惠栋看出郑君注礼学脉，考出《说文》"舀"字条误用"簸"字。且以《仪礼》郑注和毛诗校《说文》引书之误。可看出惠栋于《仪礼》和郑注的应用。胡氏《正义》完全赞同惠说。[③]

《仪礼》的应用，在《渔洋山人精华录训纂》一书中也可见到。例如王士禛《颜修来吏部寄孔庙碑十二种》诗："论世慨桓灵，末造纷党锢，尤爱梁鹄书，笔势飒轩翥。"惠栋训纂："末造，二字见《仪礼·士冠礼》(按：指'公侯之有冠礼也，夏之末造也'句。犹末世，朝代末期)。"后来，乾隆年间的赵翼(1727—1814)也在《过文信国祠》诗中说："三百余年养士恩，故应末造泽犹存。"在惠栋的理性观念中，《仪礼》是古代文化渊薮，不仅要解释这渊薮本身"是什么"，而且要寻找这渊薮在后代源远流长的发展中种种星光亮点。

① 《九经古义》二，页一一六。

② [清]段玉裁：《说文解字注》，页三三四下，上海古籍出版社1981年版。

③ 《仪礼正义》，册三，页二三四九至二三五二。

三、"万世之书"《礼记》和郑注的学术思想成就和校勘成就

有关《礼记》的研究及探索惠栋《礼记古义》内涵的学术坐标，纠正郑玄例，褒扬宋儒例，以汉《易》理释《礼记》和郑注例，《礼记》祭祀文化仪规，由语言文字突入经义之艰难，围绕语言文字而涉及的一般读经规律，以《尚书》考论的成果释《礼记》和郑注，校勘《礼记》及其应用意义种种

《礼记》四十九篇，为西汉人戴圣编定，采自先秦旧籍，是为小戴礼记，今本《十三经注疏》载之，有汉郑玄注和唐孔颖达疏。另有先于戴圣之戴德，别有记八十五篇，称大戴礼记。据《隋书·经籍志》载，汉初，河间献王得仲尼弟子及后学者所记一百三十一篇献之，当时尚无传之者。后来刘向考校经籍，检得一百三十篇，第而序之，又得《乐记》等其他篇目，合得二百一十四篇。戴德删其烦重，合得八十五篇，戴圣又删大戴得四十六篇，汉末马融传小戴，增《月令》、《明堂位》、《乐记》各一，而成四十九篇。《四库全书总目》则认为"今四十九篇实戴圣之原书"，无待马融增益。[①] 且刘向的时代远在二戴之后，二戴书同异不一，故清代学者多证《隋志》之误。《汉书·艺文志》的六艺略礼类有《记》一百三十一篇，班固自注："七十子后所记也。"这是大、小戴

① 《四库全书总目》，页一六九上栏，中华书局影印本。

《礼记》的直接来源之一,但并非"大戴85＋小戴46",钱大昕《汉书考异》曾认为"百三十一篇者,合小、大戴所传也"。这是误解。其实,一百三十一篇只能说明大小戴礼之一源,不能说明篇数问题,重组重构,删并拼合成今所见之篇,当为不在少数。①何况二戴《礼记》采辑范围本不限于《记》一百三十一篇。②

有关《礼记》的研究,《四库全书总目·经部》著录二十部,以惠栋之博学,大凡乾隆以前的著作,他应该都读过。二十部著作中最有影响的是:《礼记正义》,郑玄注,孔颖达疏;《礼记集说》,宋卫湜撰;《礼记纂言》三十六卷,元吴澄撰;《云庄礼记集说》③,元陈澔撰,云庄为陈氏号;《礼记大全》三十卷,明胡广撰;《礼记述注》二十八卷,李光坡撰,成书于康熙四十七年(1708);《礼记析疑》四十六卷,方苞(1668—1749)撰;《礼记训义择言》八卷,江永(1681—1762)撰。在惠栋之后,最有名的著作,当推孙希旦(1736—?)《礼记集解》六十一卷,该书不守汉学、宋学的门户之见,首取郑玄注、孔颖达正义,次采宋以来各家之说,务求其通。全书持论公允,对名物制度的考证也很精详。但总的说,清儒对《礼记》的研究,不如对《周礼》、《仪礼》的研究成绩大,以对《礼记》作局部解释的单篇多,宏篇巨制的笺注少。④ 以上种种,无不成为研读惠栋《礼记古义》的学术文化坐标。

---

① 蒋伯潜:《十三经概论》,页三三四,上海古籍出版社1983年版。

② 蒋伯潜:《十三经概论》,页三三四。

③ 这本书曾被惠氏父子称为"注家之最陋者,经传中无如陈澔之《礼记》"。见《九曜斋笔记》,上册,卷二"趋庭录"条。

④ 梁启超:《中国近三百年学术史》,第188页。又见《周予同经学史论著选集》,第252页,上海人民出版社1983年版。

三礼之中,《周礼》为古文学,《仪礼》为今文学,《礼记》就学派而言为今文,但就其内容而言则又今古文俱在。清代学者廖平(1852—1932)分辨了各篇的今古文性质,可资参考。为综观《礼记古义》,并参考原书的今古文区分以了解惠说的意义,列表如下页。

廖平《今古学考》是其一生中最重要的贡献。虽然《礼记》各篇的廖氏定性分析尚有争议,但无疑有重要参考价值。①《礼记》虽今文,但其难读甚于《仪礼》。② 惠栋以古义解之,当然是有重要意义的。值得注意的是,惠栋纠正郑玄甚多,而这恰恰表明惠栋汉学有不株守汉儒的一面。

《曲礼上》:“大夫七十而致事,若不得谢,则必赐之几杖……”郑注:“谢,犹听也。”惠栋认为这是“辞谢”、“去位”之意。犹言大夫七十岁不退休,就“赐之几杖”,请他走路。从上下文看,惠说甚确。

《曲礼上》:“左右攘辟。”郑注:“攘,却也,或者攘古让字。”这就是说,或者以今文解之,理解成“左右退(却)避(辟)”,或者以古文解之,理解成“左右揖让而避”。惠栋是主古文说的,他说:“《汉书·礼乐志》云:隆雅颂之声,盛揖攘之容。师古曰:攘,古让字。”又引《广韵·去漾》:“攘:《文字指归》云揖让。”惠栋认为“左右攘辟”之“攘”用古字,而郑玄认为或可今古二文。惠栋此处古文说,与廖平定性说前后悬契。

---

① 廖平《今古学考》载廖著《六译馆丛书》。参见《周予同经学史论著选集》第247、248页。

② 参见任铭善《礼记目录后集》,第1页,齐鲁书社1982年版。

篇　名	惠栋条目数	廖平说	篇　名	惠栋条目数	廖平说	篇　名	惠栋条目数	廖平说
曲礼(上下)	14	古文	乐记	4	今古文混	服问		古文
檀弓(上下)	13	古文	杂记(上下)	3	古文	间传		古文
王制	4	今文	丧大记	1	古文	三年问	1	古文
月令	18	今古文混	祭法		古文	深衣		古文
曾子问		古文	祭仪		古文	投壶	1	古文
文王世子	6	今古文混	祭统		今文	儒行	1	今古文同
礼运	3	古文	经解		今古文同	大学	2	今古文同
礼器	4	古文	哀公问		今古文同	冠仪		今文
郊特牲	2	古文	仲尼燕居		今古文同	婚仪		今文
内则	4	古文	孔子闲居		今古文同	乡饮酒义		今文
玉藻	3	古文	坊记	1	今古文同	射义	1	今文
明堂位		古文	中庸	4	今古文混	燕义		今文
丧服小记		古文	丧记	2	今古文同	聘义		今文
大传		古文	缁衣	3	今古文同	丧服四制		今文
少仪		古文	奔丧		古文			
学记	1	今古文同	问丧		古文			
						小计:46+3	96	

《曲礼下》:“畛于鬼神。”郑注:“畛,致也。畛或为祗(按:当为祇,读 zhěn,通畛,祝告)。”惠栋古义引魏张揖《埤苍》:“聄,告也。《礼记》曰,聄于鬼神(惠自注引于宋本《玉篇·耳部》)。”惠纠正郑玄云:“是祗当作聄。”其实《玉篇》还有“亦作聄”一句,更可证惠氏从“耳”之字说法的正确。张揖见到的《曲礼》,当然是可信的。

《檀弓上》:“子夏丧其子而丧其明。”郑注:“明,目精。”惠栋考论称:《冀州从事郭君碑》云:“卜商唬咷(háo táo),丧子失名。”或疑借名为明。而《尔雅·释训》:“猗嗟名兮(按:见《诗·齐风·猗嗟》),目上为名。”名,或作眳,目上眉睫之间。惠栋说:“名在眉目之间,失名者,失其珠子也。”惠栋的意思是说,郑注不误,但应提出“明”的本字当是“名”(或眳)字,可见郑注不全当补。

《檀弓下》:“我丧也斯沾。”郑注:“斯,尽也,沾读曰觇(chān)。觇,视也。国昭子自谓齐之大家,有事人尽视之。”惠栋古义:“此解非是。斯,此也。沾,薄也。国子盖言我母之丧,而使妇人从宾位,斯为薄矣(按:原文云:国昭子之母死……男子西乡,妇人东乡)。沾训薄,见张揖《广雅》(按:见《释诂下》)。俗作添,非是。曹宪云:沾,他缣反。世人水傍著忝(按:居住附著)。失之。又以此古字为霑,亦失之。郑氏改沾为觇,恐非安。”以“沾”为《檀弓》用古文,与廖平说合。惠栋批评诸家,尤其是批评郑玄不识此古字。

《檀弓下》:“陶斯咏,咏斯犹。”郑注:“犹当为摇,声之误也。摇谓身动摇也。秦人犹摇声相近。”惠栋引《尔雅·释诂》:“繇,喜也。”郭璞注:“咏斯犹,犹,繇也。古今字耳。”惠栋引《尔雅》和郭注以证《檀弓》于此处用古字,显然批评了郑玄不识古字。

《乐记》："武坐致右宪左。"郑玄注："宪读为轩，声之误。"惠栋古义称："古宪、轩二字音相通。[①]《诗》（大雅·生民）云：'天之方难，无然宪宪。'毛传：'宪宪，犹欣欣也。欣读为轩，与难合韵。'郑注《内则》（礼记）云：'轩读为宪。'扬雄《河东赋》云：'麾城掀邑。'李奇曰：'掀，音车幰之幰。幰从巾宪声。'反复相训，盖古音通也。《内则》亦读宪为轩。""宪"和"轩"上古同属晓母元部。惠栋时代尚缺乏古音分部知识，反复举例，无非说古音宪、轩同，从而批评郑玄讹误。

《缁衣》："叶公之顾命曰……"郑注："楚县公叶公子高也，临死遗书曰顾命。"惠栋考云："其辞有'庄后、大夫、卿士'，非叶公之言也。"这是《缁衣》本身提供的证据。惠氏以确凿的文献证据指出，这是《逸周书·祭公解》祭公谋父的话。穆王时，疑祭公病不能愈，穆王要求"告予懿德"，祭公曰："天子！女无以嬖御固庄后，女无以小谋败大作，女无以嬖御士疾大夫卿士。"因为是祭公临死前作此篇，故谓之《顾命》。此事与梅氏伪古文《尚书》为二事。惠栋明谓"其事亦见《汲郡古文》"。惠栋批评了郑玄的说法。

在批评郑玄的同时，也有褒扬宋儒的，但无论褒贬扬抑，皆出于求实之学，亦即一种纯客观的态度（在其认识所及的范围内）。这对于古奥难读、颇多待解之枢要的《礼记》来说，不立门户之见而尚客观态度，是尤其必要的。《檀弓下》："人喜则斯陶，陶斯咏，咏斯犹，犹斯舞，舞斯愠，愠斯戚，戚

① 宪：上古晓母元部。轩：上古晓母元部。下文欣：上古晓母文部。难：上古泥母元部。

斯叹，叹斯辟，辟斯踊。”这九句话，宋代刘敞《七经小传》认为：“人舞宜乐，不宜更愠，又不当渐至辟（按：pì，捶胸）踊（按：跳，指极度悲痛而跳），此中间有遗文矣。”从而推校原文本当为“人喜则斯陶，陶斯咏，咏斯犹，犹斯舞，舞斯蹈矣”。至于另一路，当为“人悲则斯愠，愠斯戚，戚斯叹，叹斯辟，辟斯踊矣”。开王安石《三经新义》风气的刘敞认为，自“喜”而下，五变而至“蹈”，自“悲”而下，亦五变而至“踊”。惠栋说：“刘氏之说是也。”但需加以修正：刘氏认为有遗文脱漏，惠栋认为恰恰是衍文：“古本《礼记》无‘舞斯愠’及（郑玄）注‘愠犹怒也’七字，故陆（德明）氏云：此喜怒哀乐相对，本或于此句（按：指‘愠斯戚’句）有‘舞斯愠’一句并注皆衍文。”①惠栋还结合此处衍文作古书行文状况的一般推导，说：“古文文简而意备，非若后世之繁重也。《释文》具在，何不以取正之，而为是臆说邪？”惠栋还据何嗣考证出“乐终则愠起”，其误已始于六朝，而陆德明删节衍文之说，所据当是晋代、刘宋朝的古本《礼记》。惠栋的这一考论是很有见地的，后来乾隆年间的孙希旦《礼记集解》虽未明引惠栋，但实际上重申了惠栋的见解。孙说：“此节言哀、乐，各四句，一一相对，喜与愠对，哀、乐之初感也，陶与戚对，哀、乐之盛于中也，咏与叹对，哀、乐之发于声音也，摇（按：原文犹）与辟对，舞与踊对，哀、乐之动于四体也。独‘舞斯愠’一句在其中间言哀、乐循环相生之意，详文义似不当著此，孔疏谓郑他本或无此句，或本系衍文，如陆

---

① 《九经古义》二，页一二〇，丛书集成初编本。陆德明说见《经典释文》，页一七一上栏，中华书局 1983 年版，黄焯断句本。

(德明)之说欤!"[①]惠、孙都不约而同地肯定刘敞哀、乐相对二分之说,也肯定了"舞斯愠"为衍文之说。

《月令》"孟春之月":"天子乃以元日祈谷于上帝,乃择元辰,躬耕帝藉(按:jí,古代天子亲耕劝农)。"郑注:"元辰,盖郊后吉亥也(惠注:俗本作吉辰)。"元辰,即吉利的时日。《吕氏春秋》孟春纪:"是月也,天子……乃择元辰。"高诱注:"元,善也;辰,十二辰,从子至亥也。"惠栋详考"元辰"之义,引孔颖达正义,卢植、蔡邕之说,皇侃说、《南齐志》、五行说、月建说等,把郑注中以"吉亥"释"元辰"解释清楚。惠栋考论引汉儒云:"阳生于子(按:孟喜卦气说有建子之月,阳气始生之说),元起于亥(按:《易纬》有一年之始冬至在坎卦,而据六日七分图坎卦在子,即夏历的十一月,亥为夏历十月,子起于亥)。取阳之元,以为生物;亥又为水(按:虞仲翔《易》云:坎者水也,正北方之卦也),十月所建(按:夏历十月月建为亥,十二辰亦为亥),百谷赖兹,沾润毕熟也。"[②]惠栋据考皆与《易》理有关,解释颇精当,甚合郑注,而孙希旦《集解》远不及惠氏详审。[③] 孙著体大思精,重于阐释义理,于宋儒多所继承,就单个条目而言,比较研核之,孙往往远不及惠。

《月令》"仲春之月":"是月也,祀不用牺牲,用圭璧,更皮币。"蔡邕章句云:"此祀不用牺牲者,祈不用牺牲。"惠栋考

① [清]孙希旦:《礼记集解》,卷九,咸丰庚申瑞安孙氏盘谷草堂刻本。

② 惠栋的有关引据考论见《九经古义》二,页一二二至一二三。解释的易理可见《易汉学》,页五至七、页二八,四库易学丛刊本。

③ 《礼记集解》,册五,卷一五,页一七至一八。

《左传》(襄公九年)“祈以幣更”,故蔡据以为说。又考引《月令问答》:“仲春令不用牺牲,以圭璧更皮幣,不用牺牲何也?”答曰:“是月献羔,以太牢祀高禖(按:高,通‘郊’,媒神,婚姻之神,此为大祭)。宗庙之祭以中月,安得用牺牲?”一是祭神,一是祭祖,两者不同。且“祈”是祈祷、祈求之祭。这涉及古代祭祀的仪规。仲春之月祭媒神在前,用太牢牺牲,祭祖祈求平安在月中,更换以缯帛为祭品。有人对“幣更”一说,即“以幣代牲”不理解,也不分祭神和祭祖,又因文中言及祭高禖神之事,便误认为“更者,刻木代牲,如庙有祧更(按:犹祧续、祧绪,子孙传种接代)”。惠栋严厉批评此类不知古代祭祀仪规的说法,指出:“此说自欺极矣。经典传记,无刻木代牲之说。盖书有转误,三豕渡河之类也。”①认为此涉及祭祀仪规的说法是书籍中的鲁鱼豕亥造成的。即此也可窥见惠栋尤重文献考订,是与他力主弄清古代社会文化和古贤心志有关的。后来孙希旦于此句的解释与惠栋是一致的。孙氏集解云:“预说水旱疾疫诸事,必用圭璧,但以皮幣更牺牲,《左传》所谓‘祈以幣更也’。”又引乾隆钦定的七十七卷本《礼记义疏》“不用牺牲用圭璧”为句,“更皮幣”三字申上“不用牺牲”,这一理解与惠栋同。② 实际上,惠栋之说,与元代陈澔《礼记集说》一致。陈澔说:“如太牢祀高禖,乃大典礼,不在此限,稍重者用圭璧,稍轻者则以皮幣更易之也。”③一个正确的认识,往往前有所承,后有所继,

① 《九经古义》二,页一二三。

② [清]孙希旦:《礼记集解》,卷一五,页三〇至三一。

③ [元]陈澔:《礼记》,页八六,上海古籍出版社 1987 年版。

方有所阐释发明。

《文王世子》:"遂设三老五更群老之席位焉。"郑注:"三老五更各一人,皆年老更事致仕者也。名以三五者,取象三辰五星,天所因以照明天下者。"《乐记》:"食三老五更于太学。"郑注:"三老五更,互言之耳,皆老人更知三德五事者也。"郑注是从有关文化背景意义来解释词义的。历代对"三老五更"的解释甚多。惠栋举出宋均、应劭、卢植、蔡邕各异,惠氏引蔡邕认为"更"是"叟"字之误,汉代曾把"嫂"、"瘦"误作从"更"之字可证,惠栋举出另一有力证据:《列子·黄帝》:"乐生、子伯……宿于田更商丘开之舍。"张湛注:"更当作叟。"今人杨伯峻《列子集释》引任大椿、王重民皆作"叟"①,亦可证惠说。惠栋认为"蔡说不为无据",遂释"三老五更"为"三老"与"五叟"之同义并列,颇为通达,并引蔡说称:"立字法者,不以形声,何得以为字?"②惠栋由语言文字突出经义,经义可信,而由语言文字突入,又甚艰难而费巨大功夫,此诚惠氏朴学途辙,舍此而无学。孙希旦《礼记集解》释为"先老,先世之老,更也",不破"更"字为"叟"字。孙氏未睹惠栋、任大椿诸说。③

《礼运》:"故圣人耐以天下为一家。"郑注:"耐,古能字。"《乐记》:"故人不耐无乐,乐不耐无形,形而不为道,不耐无乱。"郑注:"古书能字也,后世变之,此独存焉,古以能为三台字。"惠栋作了以下分辨:古"三台"(按:星名)之

---

① 杨伯峻:《列子集释》,第54页,中华书局1979年版。

② 《九经古义》二,页一二六。

③ 《礼记集解》,册七,卷二二,页三至四。

“台”字作“能”(按:tái,通“台”,见《史记·天官书》:“魁下六星,两两相比者,名曰三能。”裴骃集解引苏林曰:“能音台”);古“能”字作“耐”,又作“而”;古“耐”字作“耏”,或从“寸”作“耐”(按:“耐”字意为剃去颊须,是古代的一种轻刑)。惠栋还考出“秦汉之书,皆以‘而’为‘能’”①。惠栋也指出,先秦也有以“而”为“能”的,这无疑也是正确的。《论语·宪问》:“子路问事君,子曰‘勿欺也,而犯之。’”何晏注引孔安国曰:“事君之道,义不可欺,当能犯颜谏争。”后来,俞樾《群经评议》说:“能与而,古通用。”俞说的概括与惠栋是一致的,惠栋甚至还指出先秦可通,秦汉皆如此。孙希旦《礼记集解》于此句下注以“《释文》耐音能”,其余阐说义理,未及读经的一般规律。②

《礼器》:“晋人将有事于河,必先有事于恶池;齐人将有事于泰山,必先有事于配林。”郑注:“恶当为呼,声之误也。呼池,呕夷,并州川。配林,林名。”惠栋考“恶池”即为《诅楚文》“告于不显大神亚驰”③,即恶池,亚与恶相通。又考“配林”,泰山丛林名,并引卢植、《风俗通》、《公羊传》何休注④,而孙希旦《礼记集解》均未及而着眼于阐说义理。⑤

《坊记》:“高宗云:三年其惟不言,言乃讙。”郑注:“讙当为欢,声之误也。”元熊朋来《经说》曾批评郑注仅知《尚

① 《九经古义》二,页一二七。

② 《礼记集解》,册七,卷二二,页三至四。

③ 郭沫若:《诅楚文考释》为“告于不显大神厥湫”,见该书296页,科学出版社1982年版。

④ 《九经古义》二,页一二九。

⑤ 《礼记集解》,册八,卷二四,页一一。

书·说命》(按:今见梅氏《尚书·说命上》有"既免丧,其惟弗言"句)之书,不知其为《无逸》之文(按:今见梅氏《尚书·无逸》有"三年不言,其惟不言,言乃雍",而郑注说"言乃讙"当为"欢",不知是"雍"字),妄指欢悦之欢,不知本文当为"雍"字,陆德明《释文》和孔颖达《正义》也都张扬郑注作"欢"字而不作"雍"字。熊甚至因此批评陆、孔"尤为可恨"。在惠栋看来,孔颖达《正义》的张扬固然是错的,熊氏之说也是错的。惠栋认为,郑玄没有以上说为《说命》篇(按:这就与熊唱了反调),而只是《正义》之误(按:继而批了孔氏),考郑玄《尚书·无佚》(按:如前反复说过的,惠栋考《尚书》的一个重要特色是以郑氏《尚书》逸书为真正的古文尚书)说:"郑氏《尚书·无佚》篇云:'乃或梁阁,三年不言,其维不言,言乃雍。'郑自注云:'楣谓之梁,阁读如鹌,鹌谓庐也,其不言之时,时有所言,则群臣皆和谐(按:"雍"字之义在此)。'"可见郑玄并不如熊氏和孔氏所说的仅知《说命》而不知《无逸》。《说命》在《商书》,《无逸》在《周书》。惠栋除申论郑玄知道《尚书·无佚》以外,针对熊朋来说郑玄只知《说命》一事,惠栋也提出了批评,认为《坊记》郑注所据为《尚书》另外的亡佚篇目,惠栋说:"讙作雍,以《记》(坊记)称高宗书序,又有高宗之训(按:指《礼记·坊记》中有殷高宗训词,上文'三年'句即是),此篇已亡,何知不在《商书》,而猥(按:wěi,谬)举《无佚》之篇,改'讙'为'雍'也。"并认为真正的古文《尚书·无佚》篇倒是作"讙"字的,《坊记》和郑注均不错。惠栋说:"且马迁从孔安国问,多得古文之说,其所作《鲁世家》,称《无逸》云:'乃有亮阁,三年不言,言乃讙。'

正与《坊记》所载同。”[①]惠栋很有感慨地说：“古今异文，师徒异读，必欲执一说以绳之，此井蛙夏虫之见也。”这当然是批评熊氏的。在惠栋看来，只有详细地全面地占有材料，才能区别文献真伪，分清是非。孙希旦《礼记集解》于此条作了简要的文义串讲，未作任何探索性的考论和研究。而惠氏于此条的内容很丰富，且完全发挥了他对《尚书》深有研究之长，故多所发明，有如秀山几重，鳞岩迭出，一山过后又一重，一岩过后又一层，几重几层，无不有奇峰陡壁，一一被惠栋攀登翻越而过。

惠栋对《礼记》古义的发明，虽难度很大，但取得了很大的成就，这又是与他对《礼记》下的校勘功夫分不开的。惠栋是清儒中最早校《礼记》的学者。据黄丕烈(1763—1825)的研究，惠栋《礼记郑注》二十卷本校自宋岳珂刻本，岳本自何处，未详。后来黄丕烈曾以两种残宋本校惠校本，而成《礼记郑注》二十卷(校宋本)，黄自跋云：“此惠校本《礼记郑注》，余得诸滋兰堂，复以两残宋本复校，虽未全璧，亦可宝也。”[②]惠校本前有惠氏识语云：“此本(按：指岳珂本)颇善，未识自蜀石经本出否。癸酉(乾隆十八年，1753)六月，用此宋本《正义》校一过，南宋本间亦参焉，称完善矣。松崖。”后来阮元(1764—1849)刻《十三经注疏》本时，也是以惠校本为底本汇校而得的。阮元《礼记注疏校勘记序》云：

① 《九经古义》二，页一三三，丛书集成初编本，《史记》文字可核对页一五二〇。

② [清]黄丕烈：《礼记郑注二十卷(校宋本)跋》，《士礼居藏书题跋记》卷一。

"《礼记》七十卷之本，出于吴中吴泰来家。乾隆间惠栋用以校汲古阁本。"惠栋识语曾概括其校勘成就云："讹字四千七百有四，脱字一千一百四十有五，阙文二千二百一十有七，文字异者二千六百二十有五，羡文九百七十有一。点勘是正。四百年来阙误之书，犁然备具，为之称快。"阮元校勘记称之为"惠栋校本"，因其珍贵，"其真本今藏曲阜孔氏"；因其名声，曾被假冒，"近年有巧伪之书，贾取六十卷旧刻，添注涂改，缀以惠栋跋语，鬻于人，镂板京师者，乃赝本耳"。今天常用的《十三经注疏》本《礼记》是阮元的学生洪震煊(1770—1815)"以惠栋本为主"，并汇合阮氏旧校本及其他所得各本，考其异同，成为"后之为'小戴学'者，庶几有取于是"[①]的定本，而此定本之基业则是惠栋校本。既有此经史校勘的硬功夫，《礼记古义》各条，言之凿凿，实为游刃之举。

惠栋与戴震，一校《礼记》，一校《仪礼》，前后里表。照焦循的说法，"三《礼》之名，自汉有之。或以《仪礼》为经，《礼记》为传；或斥《周官》而疑《仪礼》，以为非圣人作。以余论之，《周官》、《仪礼》一代之书也，《礼记》万世之书也。必先明乎《礼记》而后可学《周官》、《仪礼》。"[②]这或许就是惠栋先校《礼记》的原因及《礼记》在三《礼》中的应用价值吧！《礼记》的应用，又如据《射义》考出上古诸侯每年向天子贡献人才一、二、三人不等。[③] 惠栋还研究了礼和法的关系，引卓茂(按：《后汉书》卷二五有传)曰："律设大法，礼

① 《十三经注疏》，上册，页一二二七。

② [清]焦循：《雕菰楼集》，卷一六《礼记郑氏注序》，道光四年刊本。

③ 《九曜斋笔记》，上册，卷二"上计"条。

顺人情，二者相左，唯圣人能兼而行之，苟非然者，必有偏废之忧。"①这是合乎辩证法的认识的。

① 《九曜斋笔记》，下册，卷三"律礼相左"条。

第五章　惠栋的《春秋》学研究

一、属于《九经古义》但另列单行的《左传古义》

四代家学的结晶，概括《左传》行文深层的一般规则，实为解读古代文化的秘密，从语言文字看惠栋发明《左传》古文的成就及其批判意义，古代祭祀文化考论，古代经济生活中的外交礼制，上古刑法典籍《九刑》考论及其法制史价值，《左传》与真假古文《尚书》

《四库全书总目》列"春秋类"，并说："说经家之有门户，自春秋三传始，然迄能并列于世。"并在《左传》条下称："传与注疏，均谓有大功于春秋可也。"以"春秋"名学，并经、传而言之，因“三传”亦经，综成经学一体。“治《春秋》者不能舍传而言经。”①

惠栋著《春秋左传补注》，也是其家学世代成果的结晶，《补注》序称，惠栋的曾祖父幼通《左传》，至耄不衰，常因杜预注未备，作补注一卷，相授至惠栋已四代。惠栋承习家学，认为春秋三传以《左传》为先，名为古学而古文为多。晋宋后郑玄贾逵之学渐衰，而服虔、杜预之学盛行，唐孔颖达《正义》专宗杜氏，五代之乱，服氏之学亡。惠栋认为，郑玄《周礼注》、韦昭《国语注》纯采先儒之说而未下以已意，读者可循此而考得失而审异同，杜预注虽根本于前修，但持论间与诸儒相违，可纠补之处甚多，以至北周时的经学家乐逊（？—581）著《左氏春秋序论》、《春秋序义》，隋经学家刘炫（约546—约613）著《春秋述义》、《春秋攻昧》，多商杜氏。惠栋在康熙五十七年（戊戌年，1718）冬撰成《左传补注》，自谓“少习是书，长闻庭训，每谓杜氏解经，颇多违误，因刺取经传附以先世遗问，广为《补注》六卷”。写作的原委，当然也是对《补注》的一种自我评估，那是要“用以博异说，祛俗议，宗韦、郑之遗，前修不掩，效乐、刘之意，有失必规”；“其中于古今文之同异者，尤悉焉”。这样做的目的，与《九经古义》（按：《春秋左传补注》，犹《左传古义》，不过未收入《九经古义》，或称另列而单行之）相同：“传之子孙，俾知四世之业，勿替引之。”②

---

① 梁启超：《中国近三百年学术史》，第191页。

② 《清经解》，册二，页七一二中栏。又《四库全书总目》“左传古义”条对该书与《九经古义》的关系也有说明。

清儒着意于复古，有关《春秋》的研究，惠栋的时代，从史入手者，魁夺《春秋》之学的已有顾栋高《春秋大事表》。惠栋与顾氏曾交游于两淮盐运使雅雨堂，是很熟悉的朋友。① 而从经入手研究的，惠氏父子恐怕是清初最早的《春秋》学专家之一。此外，其时有万斯大《学春秋随笔》、王夫之《〈春秋〉家说》、惠栋友人沈彤《春秋左传小疏》，有惠栋同乡人朱鹤龄著《左氏春秋集说》和《读左日钞》。朱氏曾在后者的序文中谈及以经治《春秋》云："若欲从事圣《经》，成一家之学，必如黄楚望（按：元代黄泽，以明经学道为志，著有《春秋指要》等）所云：先以《经》证《经》，次引他《经》证，又次以《经》证《传》，又次以《传》证《经》，展转相证，更复出入群书。"②朱氏所说的这一方法，不仅朱本人如此，他的同乡惠氏父子也正是这一方法的实践者。明末清初，研究《春秋》义例义法成一风气，这又与撰《明史》有关。惠氏父子是这一风气的推助者，士奇《春秋说》是义例义法的代表作。

综观惠栋《左传补注》全书，一个很重要的特色是，惠栋善于从《左传》变动不居的行文中概括出积淀于行文深层的一般规则和体例。例如《左传》舍故讳新的避讳规则。《经·隐公元年》："三月，公及邾仪父盟于蔑。"蔑为地名，即《定公十二年》"费人北。国人追之，败诸姑蔑"，在今山东泗水县东四十五里。称"蔑"而不称"姑蔑"，惠栋补注："隐公名息

① 见本书第一章第二节。

② ［清］朱鹤龄：《愚庵小集》，卷七，《读左日钞序》，上海古籍出版社影印本。

姑，而当时史官为之讳。”这好比定公名宋，《左传·哀公二十四年》宗人衅夏曰：“孝惠取于商。”不说“宋”。惠栋总结说：“古人舍故讳新，故哀（公）为定（公）讳，定（公）不为隐（公）讳（按：春秋十二公隐公为首，定公、哀公为第十一、十二公）。”今人杨伯峻说，《春秋经传集解》后序引《竹书纪年》云“鲁隐公及邾庄公盟于姑蔑”，正作“姑蔑”；《竹书纪年》乃魏国史书，不必为鲁讳，因不省“姑”字，亦足以证成惠说。[①] 又如古人称名字“先字而后名”。《桓公二年》“宋督弑其君与夷，及其大夫孔父”。杜注：“孔父，称名者，内不能治其闺门，外取怨于民，身死而祸及其君。”惠补注：“孔父，孔子之先也。传云，孔父嘉为司马，是嘉名，孔父字，古人称名字皆先字而后名。”这不仅纠正杜预，且概括出称字名的一般规则。惠栋还引《说文》“孔”字的解释，认为那是说宋国和郑国的两大夫，从而进一步推断“嘉”多作名，而“孔父”为字，“故先儒皆谓善孔父而书字”[②]。又如《左传》数目字用古文的规则。《桓公二年》：“惠之二十四年，晋始乱。”惠栋补注：“唐石经廿四年。下（文有）惠之三十年字，皆作卅，此古文《春秋左氏传》本文也。”惠栋还举证蔡邕石经《论语》三十作卅，钟鼎文如秦权、微栾鼎二十字作廿，石鼓文、周阳侯钟三十作卅，惠栋称《左传》全书“今九经二十、三十字皆当从石经改正”。这一说法和校对措

① 杨伯峻：《春秋左传注》，第一册，第 7 页，中华书局 1981 年版。惠说可见《清经解》，册二，页七一二中栏。

② 《清经解》，册二，页七一三上栏。《说文》，页二四六下，“孔”字下的解释，见中华书局 1963 年影印本。

施完全为今人杨伯峻所接受。[①] 有关《左传》古文问题，惠栋已有“所载古文为多”之语，钱大昕更明确地说：“汉儒传《春秋》者，《公》、《谷》为今文，《左氏》为古文。班孟坚读《左氏传》，多古字古言，而今所行杜元凯本，文多浅俗，转不如《公》、《谷》二家。”[②]惠栋补注是把古文作为一条规则加以钩沉和阐发的。《僖公十五年》：“晋于是乎作爰田。”爰田，古今异解纷纭。《国语·晋传三》：“且赏以悦众，众皆哭，焉作辕田？”辕田即爰田。惠补注：“《春秋左传》多古字古言，如以爰为辕。”又如“古人多反语”（即后来所说的反训）。《僖公二十八年》：“以君之灵，不有宁也！”刘炫《规过》谓“宁”为“伤”。“不有宁”谓“不有伤”。惠补注：“半农（士奇）先生曰：‘古人多反语，如甘为苦，治为乱皆是，以伤为宁，亦有理。’”[③]又如许慎《说文》据古文得文献本真，也是细绎出来的一般认识，带有法则性的。《文公四年》：“诸侯敌王所忾。”杜注：“忾，恨怒也。”惠补注：“《说文》引作鎎，从金，气声，云怒战也。许氏所据多古文，必得真实。”[④]又如古分一日为十时。《昭公五年》：“故有十时，亦当十位。”惠补注：“古言时皆谓四时，此十时谓分一日为十时，以当‘王’至‘台’（按：奴隶）十位（按：十种等级的人）。杜注

① 杨伯峻：《春秋左传注》，第一册，第93页。惠栋说见《清经解》，册二，页七一三中栏。

② 《潜研堂文集》，卷二四，《左氏传古注辑存序》。

③ 《清经解》，册二，页七一八中栏。

④ 《清经解》，册二，页七一九下栏。《说文》可核见中华书局影印本，页二九八下栏。

用十二时,与传不合。十时据日,十二时据辰。”[①]惠说完全正确,杨伯峻也曾指出杜注为“想当然之辞”[②]。以上所列,实际上是古代文化中的一些基本点,惠补注予以澄清和解释,不仅是解读《左传》,而是解读古代文化之秘了。

惠栋立意于求解《左传》经义,那就离不开语言文字学,从某种意义上说,经学即小学,唯其如此,方能成为不刊之说。最值得注意的,仍然是《左传》古文说,上文已讲了惠栋视古文为《左传》用字常规,这里进一步考论惠栋发明《左传》用古文的成就。

《成公三年》:“齐侯朝于晋,将授玉。”古代诸侯相朝见,有授玉、受玉之礼。《史记·晋世家》说成齐景公欲上尊晋为王,以“玉”为“王”之故。惠栋引曾祖朴庵先生“子惠子”(按:《左传补注》全书引朴庵处一律称此,引士奇一律称家君)曰:“授玉,古文《左传》作授王。”并引司马迁说证之。还说:“古文不可见,存之以备异说。”惠栋进一步搜证古“玉”字作“王”。《左传·定公五年》“改步改玉”,《晋语》作“改王改行”,《荀子·王霸》作“改王改行”,《周礼·天官·九嫔》“凡祭祀赞玉盍”郑注:“故书玉为王,杜子春读为玉。”惠栋说,以上三条,皆说明古文以王字为玉字。惠栋还考出《左传》“授玉”作今文字,起自刘向:“西汉刘子骏治左氏,始改王为玉。”又如《襄公九年》:“以出内火。”惠栋考《汉书》(五行志)引为“以出入火”,《周毛伯郑敦》

---

① 《清经解》,册二,页七三三中栏。杜预注以为十二时,见《十三经注疏》,页二〇四〇下。

② 《春秋左传注》,第四册,第1264页。

云："毛伯内门立中庭。"内读为入，立读为位。《尚书·禹贡》："九江内锡大龟。"《史记》"内"作"入"。可见古"入"字作"内"。"以出内火"之"内"并非如徐邈音"内"为"纳"。惠栋总结说，《春秋经》"公即位"作"公即立"，"出入火"为"出内火"，立、内皆用古文。《周礼·夏官·司爟》有"季春出火，民咸从之；季秋内火，民亦如之"，出、内对文，孙诒让《周礼正义》亦引《汉书·五行志》而说之。[①] 惠栋引彝器而说"内"为"入"，甚是。后来林义光《文源》以为"内"字"从宀、入"，象入屋中之形。但具体到《左传》上下文，仍可商榷。

惠栋发明《左传》古文，往往落实在一个"求"字上，即能透过目治所见之文而思求其古文。前述识某为古文是一事，求某之古文为何字，进而解其义又是一事。《宣公十一年》："因县陈。"惠栋考云：《广韵》释县为郡县（按：见《广韵·去霰》"县"字）。《释名·释州国》："县，悬也。悬系于郡也。"认为此字古文作"寰"（按：xiàn，同"县"，见《广韵·去霰》），楚庄王灭陈为县，县名自此始也。但惠士奇有不同看法："家君曰：县不见《周官》，似非自楚庄王始（按：今一般认为周制县大于郡，《逸周书·作雒》：'县有四郡。'秦汉县系于郡）。""县"古文作"寰"，并非无本。《说文》无"寰"字，似今文字"县"古文作"寰"，并举《集韵·霰韵》"寰"通作"县"。从而求出"因县陈"一句古文为"寰"字。《僖公二十八年》"纠逖王慝"是一著名的难懂之句。惠栋补注引《卫弹碑》云"纠剔王忒（按：tè，同'忒'，

① 《周礼正义》，册九，页二三九七。

差错)。”引《诗·鲁颂·泮水》:“桓桓于征,狄彼东南。”郑笺:“狄,当为剔,剔,治也。”诗句中“桓桓”为威武貌。惠栋认为,《左传》文“逖”与“狄”同,古文作“逷”,又与“剔”通,故或训“远”,或训为“治”,按上下文,“此传当从古文作‘逷’,训为‘治’”。还举出《淮南子》、《白虎通》狄牙即易牙,狄与易通。据惠栋的说法,纠与逖近义连用,即纠治,全句为“纠治王的邪恶(慝 tè)”。如果要从思想意义看,这句话是很有人民性、民主性的话,是经求“逖”之古文为逷、剔而完成此句的解释的。而杜预注则完全把这句话搞反了。杜注:“逖,远也。有慝于王者,纠而远之。”经惠栋求解古文为某,并为某义,全句正确的解释立即显示出来,其深刻的思想内容及其批判的光辉也随之立即显示出来。

求《左传》古文,与校勘今本结合在一起。《襄公三十一年》:“令尹似君也。”惠补注引孔颖达正义引服虔云:“言令尹动作以君仪,故云以君矣。”所引《正义》还说:“俗本作似君,若云似君,不须言矣,今定本亦作似君,恐非。”惠栋肯定《正义》的说法,并由古字“以”作进一步校勘说:“古以字作目,与似通,故误作似(按:这就是说,今本《左传》‘令尹似君’当校作‘令尹以君’,这样才有注释的必要和价值)。此条《正义》见宋刊本,故备录之。”惠栋据求古文“以”校勘今本“似”当作“以”,甚确,《十三经注疏》本阮元校勘记亦校作“以”。①

惠栋识古文而明今文,及求今文之古文,还具有一定的批判意义。启蒙时代的复古,不会无由而陷于盲目之举,一

---

① 《十三经注疏》,下册,页二〇一六中栏,阮校见页二〇一八下栏。

般说都是有一定批判意义的。《宣公二年》:“大史书曰:‘赵盾弑其君’,以视于朝。”惠栋识“视”为“示”的古文,补注引《诗·小雅·鹿鸣》:“视民不恌(按:tiāo,轻薄),君子是则是效。”郑笺:“视,古示字。”《仪礼·士昏礼》:“视诸衿鞶。”郑注:“视乃正字,今文作示,俗误行之。”宋郭忠恕认为“郑君此说大与《说文》、石经相乖”,惠栋批评说:“郭氏不识古文,其说非也。”①《成公元年》:“晋侯使瑕嘉平戎于王。”惠栋考《周礼·典瑞》“谷圭以和难,以聘女”郑注引上句作叚嘉(按:今十三经注疏本仍作瑕嘉,阮元校勘为叚嘉),而陆德明《经典释文》明为“叚嘉”,并释云:“音遐,本又作瑕,亦作假,皆同。”惠栋批评今见郑注本并表彰陆氏称:“今本亦作瑕,唯陆氏《周礼释文》犹存古字。”此例为求今文“瑕”之古文作“叚”而表彰陆氏,实际上批评魏晋以来多疏失。又如《成公二年》:“陨子,辱也。”《说文·手部》“抎”字下引作“抎子,辱也”,并释为“有所失也”。而《史记·东越列传》曰:“不战而耘。”此抎字之误,《汉书》作“殒”字,惠栋考论称:“知抎与陨通,抎,古字也,陨,今字也。徐广曰:‘耘义当取耘除。’失之。”此例也是求今字“陨”之古字为某字而有所批评的。

惠栋补注还涉及古代祭祀文化。《僖公五年》:“虞不腊矣。”朱熹认为:“秦时始有腊祭,而左氏谓虞不腊矣,是秦时文字分明。”惠栋考引《史记·秦本纪》:“秦惠文王十二年初腊。”《秦始皇本纪》:“三十一年十二月,更名腊曰嘉平。”正义引《风俗通》:“《礼传》云:夏曰嘉平,殷曰清祀,周曰

---

① 《清经解》,册二,页七二一上。

蜡，汉改曰腊。”又蔡邕《月令章句》与《风俗通》说同。惠栋指出，如应劭和蔡邕之说，三代本有嘉平、清祀、蜡腊之祭，仅仅是历代祭祀的改革，秦惠文王十二年改蜡为腊，始皇三十一年又改腊曰嘉平，惠栋的结论是：“腊与嘉平皆三代祭名，朱子以秦始有腊祭，考之不审耳。”考上古祭祀的发展，纠正朱熹，皆非凡之笔。此外《隐公五年》“则公不射”条引《周礼》、《国语》，旁证朱熹“是以弓矢射鱼，如汉亲射蛟江中之类”的谬误，也是涉及上古祭祀并批评朱熹的。①

惠栋补注还考论涉及古代经济生活的向外求援救的外交礼制。《庄公二十八年》：“臧孙辰告籴于齐，礼也。”补注引朴庵先生曰，《逸周书·籴筐篇》：“年俭谷不足，君亲巡方，卿参告籴。”故外传（按：指《国语》，此处为《鲁语上》）臧文仲（孙辰）曰：“国有饥馑，卿出告籴，古之制也。辰也备卿，辰请如齐，公使往。”结果，齐人“归其玉而予之籴”。② 惠栋还说：“凡称礼，皆周制也。”这就是说，国有难，向外求援购进粮食是合乎周代礼仪的。这一考论使我们认识到，周代礼仪制度是个务求实用，经济世务的礼制规范系统。

补注还有对上古刑法典籍的考论。《文公十八年》：“在九刑不忘。”“九刑”历来有争论。贾逵、服虔认为九刑为“正刑一，议刑八”，孔颖达正义已驳之，孙诒让《周礼·秋官·小司寇》“以五刑听万民之狱讼”，正义亦以贾服之说未允。③

---

① 《清经解》，册二，页七一二下栏、页七一六上栏。

② 《国语》，页五三，国学基本丛书本，商务印书馆 1958 年重印版。惠栋说见《清经解》，册二，页七一五上。

③ 孔疏见《十三经注疏》，下册，页一八六一下。孙说见《周礼正义》，册十一，页二七六六至页二七六八。

惠栋补注引《逸周书·尝麦解》所述“周作九刑之事”，认为“九刑谓刑书九篇”，并说：“其文云：‘毁则为贼，掩贼为藏，窃贿（按：财产）为盗，盗器为奸。’其后李悝著《法经》六篇，始盗贼，次网捕，其亦师《九刑》之意乎！”那“毁则”等四句十六字，据《左传·文公十六年》引史克的话，是周公制《周礼》的同时又作《誓命》中的话。惠栋考论《九刑》为刑书，意义甚大。它表明，武王建周之初，既制礼，又立法，以与奴隶制鼎盛时期的政治经济制度相适应。《九刑》是西周立法高潮时期的第一部成文法刑书，先于《吕刑》，惠栋把它看成李悝《法经》的先声，而《法经》改变了《九刑》、《吕刑》等简陋的法典编撰形式，为整个封建社会各朝代的法律所沿用和继承。毫无疑问，惠栋考定《九刑》为刑书对研究西周早期的法制史有极重大的意义。①

补注还有一个重要特点，就是引惠栋熟谙的古文《尚书》与《左传》互证，引前者补注后者，引后者证成前者，当然包括证伪与证真两方面。这无疑是个学术起点极高的问题。《僖公二十七年》：“《夏书》曰：赋纳以言……”杜注：“尚书虞夏书也。”孔颖达正义：“此古文《虞书·益稷》之篇，汉魏诸儒不见古文，因伏生之谬，从《尧典》至《胤征》，凡二十篇，总名曰《虞夏书》。”补注说：“《尚书》二典（按：尧典、舜典）皆夏史官所作，故总谓之《夏书》，此孔子删书之本，故《墨子·明鬼篇》曰：‘《尚书·夏书》，其次《商》、《周》之《书》。’伏生增为《虞夏书》，梅赜又改为《虞书》，

① 参见胡留元、冯卓慧：《西周法制史》，第31至35页，陕西人民出版社1988年版。

皆非孔氏之旧（按：指汉孔安国真古文《尚书》）。孔颖达又以曲说扶之，雅所不取。”[1]惠栋还指出：“二典皆称《夏书》，惟《文（公）十八年》云‘《虞书》数舜之功’，此必有误。”[2]惠栋的考论说明，真古文《尚书》有称《夏书》，《僖公二十七年》文不误，除伏生为今文本外，杜预注、孔颖达误，梅赜本伪，《文公十八年》文亦误。真古文《尚书》与《左传》之比较研究，十分清晰。《宣公六年》：“使疾其民，以盈其贯。”杜注：“贯，犹习也。”补注称刘炫引梅氏伪古文《泰誓》“商罪贯盈”，以为纣之为恶，如物在绳索之贯，意即成串而数不清，不得为“习”（按：重迭，累积），其说甚是。但惠栋认为引伪古文批评杜注则又不足为训，当引《韩非子·说林下》：“有与悍者邻，欲卖宅而避之。人曰：‘是其贯将满矣，子姑待之。’答曰：‘吾恐其以我满贯也，遂去之。’”刘炫引伪古文证杜注所作的词语释义，亦无不可，今编《汉语大词典》仍以伪古文《尚书》伪孔传为书证，当可以《韩非子》和梅书并为书证。惠栋对刘炫引梅书的批评，与当时揭梅的做法一致，是为揭梅服务的，是当时的文化潮流使然，一定程度上不可避免地有形而上学的倾向，也是十分明显的。《襄公二十五年》引《书》曰：“慎始而敬终，终以不困。”杜注：“逸书。”惠栋引《逸周书·常训解》：“慎微以始而敬终，乃不困。”但孔颖达正义引梅书《蔡仲之命》“慎厥初，惟厥终，终以不

① 伏生《虞夏书》二十篇之说，可参见江灏、钱宗武译《今古文尚书全译》“目录”页，贵州人民出版社 1992 年版。

② 《清经解》，册二，页七一八中栏。《文公十八年》所云，见杨伯峻撰《春秋左传注》，第二册，第 642 页。

困”而证之，混淆真伪，惠栋批评说：“此晋时伪古文袭《左传》而为之者也。”并引徐干《中论·法象篇》引《书》“慎始而敬，终以不困”以证《左传》、《逸周书》确有所据，从而进一步申论梅书剽窃《左传》作伪。惠栋的补注，划清了真假古文《尚书》的界限，是很有意义的。今人杨伯峻注于此句下全部采用惠栋之说，可见惠氏的论。①

《左传补注》还有一争论名例。《僖公二十二年》：“楚人伐宋以救郑。宋公将战，大司马固谏曰……”该年冬十一月，宋与楚战于泓，这就是著名的泓之战。对“大司马固谏”一语，《补注》谓顾炎武以“大司马”为司马子鱼，“固”为坚辞之意。顾炎武的朋友朱鹤龄赞同顾说，朱的依据是《史记·宋世家》：“宋伐郑。子鱼曰：‘祸在此矣。’秋，楚伐宋以救郑。襄公将战，子鱼谏曰：‘天之弃商久矣，不可。’冬，十一月，襄公与楚成王战于泓。”前后均子鱼之言，故同顾说而断言大司马为子鱼。杜预注以“固”为人名，是宋庄公孙子公孙固。惠栋据《国语·晋语四》：“公子过宋，与司马公孙固相善，公孙固言于襄公曰：‘晋公子亡，长幼矣，而好善不厌。’”韦昭注：“固，宋庄公之孙，大司马固也。”惠栋据韦昭和杜预，且认为韦、杜据《世本》，从而否定顾炎武说，且说“《史记》疏略不足证”。惠栋又从古代职官证之，大司马与太宰均不在六卿之列，意即大司马与六卿的司马是两回事，《左传·文公七年》穆襄之族杀公孙固时，乐豫为司马，泓之战时子鱼为司马，大司马是宋国孤卿，在六卿之上，犹如晋

① 《春秋左传注》，第三册，第1109页。惠栋说见《清经解》，册二，页七二八下栏。

有太师、太傅僭为之。按惠说,既然大司马与司马不同,司马子鱼就不会是大司马了。故惠氏认为是宋大司马官名固的谏宋襄公。著名训诂学家洪诚教授《〈左传〉泓之战‘大司马固谏’注解述评》[①]详论始末原委,认为惠栋之说有可纠补之处,但惠栋等人已正确地辨顾炎武之误,洪先生认为“义犹未尽”而“补论一义”:司马迁记泓之战也是依《左传》改写而成,改“大司马固谏”为“子鱼谏”,并说:“马迁改《传》,亦以固为人名而改之,意不仅改一官名为人名也。”较惠栋批评“《史记》疏略不足证”更清晰地反证《左传》“大司马”官名,“固”人名,客观上更可证惠栋说法之确了。杨伯峻《左传注》也大体采用洪先生的说法,并据以惠栋之说。[②] 沈玉成、刘宁先生亦曾就“大司马固谏”的注释问题作出评介。[③]

二、今文经《公羊传》古义考论

《公羊》今文之由和惠栋古义的扞格,《古义》通论,《古义》条目分配,上古世袭制度、宗法制度考论,汉代刑法制及其历史渊源考论,《古义》对解读古代文化知识要点,例如对研究“百金”、天子“三台”、诸侯“二台”、明堂“世室”为“太室”、上古人类思维形态的意义

---

① 见载《南京大学学报》,1979 年第 4 期,第 103 至 106 页。

② 杨伯峻:《春秋左传注》,第一册,第 396 页。

③ 沈玉成、刘宁:《春秋左传学史稿》,第 406 页,江苏古籍出版社 1992 年版。

《公羊传》本经是今文经，十一卷。旧题战国公羊高撰。说《公羊传》是今文经，原因有三。一是该书传今文的《春秋经》，《汉书·艺文类》著录《春秋》古经十二篇，经十一卷。班氏在“经十一卷”下自注：“公羊、谷梁二家。”可见前者为古文，后者为今文。今古文内容无大区别，只是今文经终止于“哀公十四年，西狩获麟”，古文经至“哀公十六年夏四月己丑孔丘卒”。《公羊传》恰恰是十一卷，起自隐公元年，终于哀公十四年。原因二是，《公羊传》本身用今文写成。《春秋公羊传》起初只是在口头流传授受，汉初由公羊寿与胡毋生用当时的汉隶写成著作，署题其老师的姓名。三是从其内容看，《公羊传》、《谷梁传》与《左传》很不一样。前者重在《春秋》经义的义例，而《左传》则重在史实的补缀，前二者是经学，后者是史学和史传文学。从其后世的作用看，武帝时《公羊传》经董仲舒阐释，成了武帝决策的主要理论依据。它以抉发所谓微言大义为主要形式，建立起《公羊》学的一套独特的理论。在政治斗争中，往往借《公羊传》的极为灵活的微言大义阐说新的政治主张，清末以《公羊》学为中心的今文经学运动是最典型的事例。

正因为《公羊传》本身的今文经学性质与惠栋重在古文经的古义的求证有扞格之处，《公羊》古义开头就有五个条目对《公羊传》的学脉传承和经书性质作较详细的说明。

今见《公羊传》是东汉今文经学家何休解诂本。西汉初的《公羊传》是何情形，这当然是惠栋所关心的。《汉书·艺文志》和《儒林传》都讲到西汉传《公羊》的有颜安乐和严彭祖二家，何氏用颜本，晋人孔琳（字舒元）《春秋公羊传集解》(见《隋书·经籍志》)可能用严本。惠栋考何休注本用颜本,王国维说何休兼用严、颜。① 惠栋考蔡邕书熹平石经(175年刻)隶书本《公羊春秋》是严本。惠栋考何休本为颜本,证据有三。一是石经载《公羊》云,桓公二年,“颜氏有‘所见异辞,所闻异辞’”,这是严氏《春秋》指说颜氏。今何休本《隐公元年》有“所见、所闻、所传闻(异辞)”三句。二是石经载,三十年颜氏言,“君出则己入”,今何休本《僖公三十年》有此句。三是石经云,颜氏《公羊》无以下句子:“伐而不言围者,非取邑。”今何休本亦无此句。以上据熹平石经载严氏《公羊》指说颜氏的有无来核证何休注本,得出何休本为颜氏本的结论,逻辑上是同一律的应用。惠栋还考得郑玄注三礼引用严本《公羊》,可见当年石经所载之严本的价值。惠栋还从正统观点出发,认为颜本芜杂而违《春秋》本经,实际上可能颜本更客观。《汉书·艺文志》称《公羊》颜氏记十一篇,惠栋认为后汉张伯饶(张霸)又减为二十万言。且颜氏说经至襄公二十一年(前552年)之后,至孔子(前551—前479)生年止,而今何注本《公羊》至哀公十四年(前481年),“又以为十四日日食,周王为天囚之类,倍(背)经违戾,皆何邵公(何休)所不取”②。陈立(1809—1869)《公羊义疏》在《僖公三十年》“君出则己入”下亦讲

---

① 《观堂集林》,卷第四,艺林四:《书〈春秋公羊传解诂〉后》。载《王国维遗书》,第一册,上海古籍书店1983年版。

② 《九经古义》二,页一三九,丛书集成初编本。有关材料可核对《十三经注疏》,页二二〇〇上栏,页二二六二下栏;《汉书》,册六,页一七一二;《后汉书》,册五,页一二四二。惠栋有误,张霸删减的是严氏《公羊春秋》。

到“熹平石经不与何本同”[1]，亦可及何本用颜氏本，但陈疏未及以上宏观认识。

有关《公羊传》的传授，惠栋考引郑玄《六艺论》：治《公羊》的人有西汉胡毋生、董仲舒，仲舒弟子嬴公，嬴公弟子眭孟，眭孟弟子严彭祖及颜安乐，安乐弟子阴丰（惠自注：《儒林传》作泠丰）、刘向（惠自注：本传不载）、王彦（惠自注：无考）。惠栋说：“刘子政（刘向），从颜公孙受《公羊春秋》，本传不载，然封事（按：密封奏章，刘向曾任谏议大夫，元帝、成帝年间，曾针对王氏等外戚擅权，多次上书）多用《公羊》说。”[2]这里惠栋明谓是刘向政事用《公羊传》。应该说，刘向政事用《公羊》是汉武帝用董仲舒“罢黜百家，独尊儒术”的继续。是否存在“罢黜”和“独尊”，如果存在，其作用是积极的还是消极的，学术界都曾有过不同的看法。[3] 我们认为，治事用《公羊》和“独尊儒术”是一致的，“儒以六艺教民”，“独尊”意味着经学文化地位的大大提高，这对改变知识分子的政治地位是有益的。治事用《公羊》，注经、穷经也有积极的一面，即对于推进学术文化向高层次发展有导向作用，其负面影响是不免导致学术的繁琐僵化。惠栋的考论对研究“独尊”的存在和积极作用是有意义的。

《春秋》历来认为系孔丘所撰。孔颖达《左传正义》引贾、服、颍容之说，认为孔子修《春秋》在前，后来招来了麒麟。

---

① ［清］王先谦：《清经解续编》，册五，页三三二中栏，上海书店影印本。

② 《九经古义》二，页一三九。

③ 南京政治学院历史系编：《中国古代史争鸣录》，第 354 页，江苏教育出版社 1992 年版。

杜预《左传注》又重申孔子修《春秋》在后，有感于麟至而作。何休的《公羊传疏》说：“《公羊》以为哀公十四年获麟之后，得端门之命，乃作《春秋》，至九月而止笔，《春秋说》具有其文。”这里一是说孔子作《春秋》，二是说起作在前，后获麟绝笔。孔子与《春秋》的关系，实在是个复杂问题。杨伯峻说：“《春秋》和孔丘究竟有什么关系呢？我认为，孔子教学生，不能不教他们近代和现代史，《春秋》一书，孔子不过曾用它作过教本罢了。《春秋》本是鲁国官书，由此传到民间，由孔门弟子传述下来……”[①]惠栋关于《春秋》的作者和性质的考论，是其宏观考论的一部分，他除了秉承传统，认为孔子修《春秋》外，更着重于《春秋》性质的考述。惠栋引闵因叙云：“昔孔子受端门之命，制《春秋》之义，使子夏等十四人，求周《史记》，得百二十国宝书，九月经立，感精符……”[②]这就是说，孔子先修《春秋》，后获麟绝笔，此为通达之说。[③] 而修《春秋》的文献依据是各诸侯国的史书“百二十国宝书”。为说明史书之富，惠栋举证唐虞万国，殷有三千，周有一千七百七十三，“春秋以下，兼国（按：别国，诸侯国）多矣”。虽然到战国时代“存者无数十”，“然当时外史之所掌，尚得百二十国”，故墨子亦云：“吾见百国《春秋》是也。”惠栋还进一步指出“左史所记为《春秋》，右史所记为《尚书》”，详论《春秋》史书性质。[④]《春秋》为鲁国

① 《文史知识》编辑部编：《经书浅淡》，第 74 页，中华书局 1984 年版。
② 《九经古义》二，页一三九。
③ 蒋伯潜：《十三经概论》，第 424 页，上海古籍出版社 1983 年版。
④ 《九经古义》二，页一四〇。

史书专名，其余晋史书有《乘》，楚史书有《梼杌》等等。惠栋《春秋》史书说，无疑是正确的，对认识《春秋》经的本来意义，于视经为史在惠栋时代的启蒙意义，都有很重要的作用。

总论以外，具体条目的考论有八十三条（88—5），列表以见大体如下。

条目所属	试列序号	条目数	条目所属	试列序号	条目数
总论	1—5	5	隐公	6—18	13
桓公	19—23	5	庄公	24—35	12
闵公	36	1	僖公	37—42	6
文公	43—54	12	宣公	55—59	5
成公	60—65	6	襄公	66—75	10
昭公	76—80	5	定公	81—84	4
哀公	85—88	4			

就具体内容而言，有以下主要类别：

关于上古世袭制度，这当然是与宗法制度分不开的。《隐公三年》："尹氏者何？天子之大夫也。其称尹氏何？贬！何为贬？讥世卿。世卿，非礼也。"世卿，就是无贤才而世袭做官。惠栋指出，《宣公十年》"其称崔氏何……"同。①惠栋引古文经学者许慎《五经异义》"卿得世"条云：卿大夫世袭做官会"权并一姓，妨塞贤路，事政犯君"。《左传》则说卿大夫得世禄，不是得世位，有贤才方可"复升父故位"。古文

① 《九经古义》二，页一四二。参见《十三经注疏》，页二二〇四上，页二二八三下。

《尚书》则说"世选尔劳,予不绝尔善",等等。惠栋的结论是上古"世禄",非"世袭"官位,官位是讲论贤才的。这对于我们研究西周分封制和"父死子继"的宗法制的内在含义是有意义的。至少"世禄"制是"世袭"制的补充,要不然宗法世袭制本身也是难乎为继的。古代的宗法制度,本身有许多矛盾,所谓"王者据土,与诸侯分职,俱南面而治,有不纯臣之义",意即蕃王会与诸侯王分庭抗礼的。异姓王、同姓王称呼也各不同。许慎《五经异义》论《公羊》说诸侯"不纯臣",即不作纯厚笃正之臣,而《左传》则称"天子蕃卫纯臣",但许慎认为"王所亲建纯臣也"。郑玄驳之,认为"不纯臣诸侯"有明文可据,且郑说与何休之说同。惠栋还引《白虎通》以证"不纯臣"之说为确。惠栋全书多引《五经异义》,该书申论古文经立场,多斥今文经为异说。惠栋多引证之是属必然。郑玄有《驳经异义》,调和今古文。此条惠栋取郑玄说而弃许说,以揭示上古分封制内在"不纯臣"的矛盾,态度是很客观的,不能说喜郑弃许,喜今文说而弃古文说。陈立《公羊义疏》对"世卿,非礼"的解释甚详,基本观点同惠栋,称"世卿"会"权并一姓",并在注释体例上申论惠栋。① 可见惠说对陈立于此条的解释是有很大影响的,也可旁证惠说之确。

关于汉代刑法制度及其历史的考论也颇值得注意。《庄公十年》"书其重者也"何休注:"律一人有数罪,以重者论之。"惠栋古义指出《昭公三十一年》"何故死吾天子"下注文同,

① [清]陈立:《公羊义疏》,详《清经解续编》,册五,页一八九下,页一九〇上。

都是讲的汉代刑律，汉承秦制，汉律源于秦律。《史记·李斯传》："二世二年七月，具斯五刑，论腰斩咸阳市……而夷三族。"据《汉书·刑法志》，汉初尚有"夷三族"之令，凡"三族"者受黥劓、斩左右趾等五刑，彭越、韩信均受此刑，秦汉用刑一脉相承，惠栋深叹"秦之为祸也烈矣"。史载"至高后元年(前187)，乃除三族罪、袄言令"。惠栋将秦汉五刑之法和"以重者论之"的起因，一直追溯到周穆王国相吕侯制订的《吕刑》(亦即《甫刑》)。《尚书大传·甫刑》："子张曰：尧舜之王，一人不刑而天下治，何则？教诚而爱深也。今一夫而被此五刑，子龙子曰：未可谓能为书。"郑玄注："二人俱罪，甫侯之说刑也。被此五刑，喻犯数罪也。"《甫刑》："孔子曰：不然也。五刑有此教。"郑玄注："教然耳。犯数罪，犹以上一罪刑之。"惠栋认为"此与汉律一人数罪，以重者论之同义"。[1]《公羊传》大抵成书于西汉景帝年间，引汉律注之，不为无据。惠栋古义追溯至今存最早的成文法刑法《吕刑》，实在是一法制史篇章。事实上，不仅汉刑，而且唐律，量刑之法皆循"有数罪，以重者论之"之法。后来陈立义疏在此条下作注，完全是循惠栋古义的思路写成的。[2] 又如《昭公二十三年》："尹氏立王子朝。"何注："尹氏贬，王子朝不贬，年未满十岁，未知欲富贵，不当坐，明罪在尹氏。"惠栋古义："汉律，年未满八岁，非手杀人，他皆不坐罪。"由惠栋的说

---

① 《九经古义》二，页一四六至页一四七。有关材料可核见《史记》，册八，页二五六；《汉书》，册四，页一〇九九、页一一〇四。《尚书大传》文字和郑玄注核见丛书集成本 3569 号，页一〇八。

② 《清经解续编》，册五，页二五六上栏、中栏。

法可知,《公羊》注用汉律义,可知汉人手笔,又可知汉律并非从天而降,它上承先秦,由来已久,汉律条文的说法与先秦传承之说有许多一致。惠栋的考论,对研究先秦至西汉的法制思想的传承及其系统是极有价值的。陈立义疏于此条全文引据惠栋古义①,足见惠说对后世公羊学的巨大影响。

《公羊古义》对解读古代文化中有代表性意义的知识点很有参考价值。例如"百金"。《隐公五年》:"百金之鱼,公张之。"何注云:"百金犹百万也。古者以金重一斤,若今万钱矣。"惠栋考《史记·食货志》如淳注、薛瓒注皆与何注合,而司马贞索引有失所考,从而释"百金"为"百万钱"。②《庄子·逍遥游》:"今一朝而鬻技百金,请与之。"王力主编《古代汉语》注为"金百斤"③,也是沿用如淳注而得,但尚未深入一步。又如"如齐观社"。《庄公二十三年》:"夏,公如齐观社。"惠栋考郑玄《六经奥论》云,左氏以为非礼,《公羊》以观齐女,《谷梁》谓非常曰观。并据《墨子》燕之祖、齐之社稷、宋之桑林,"男女之所聚而观之也",故郑氏以《公羊》的解释为长。惠栋则引《左传·襄公二十四年》和《国语·齐语》"夫齐弃大公之法观民于社,然则观社非古也",以古礼论左氏"以为非礼"。"如齐观社"为何事及其评价,均在其中。由评价颇可窥见惠栋恪守古礼的方严立场。又如天子三台,诸侯二台。《庄公三十一年》:"筑台于郎。"何

① 《清经解续编》,册五,页四四九中栏。惠栋的说法见《九经古义》二,页一五九。

② 《九经古义》二,页一四三。

③ 王力主编《古代汉语》(修订本),第二册,第 383 页,中华书局 1981 年二版。

注："礼天子有灵台，以候天地，诸侯有时台，以候四时。"惠栋引《五经异义》称："《公羊》说天子有三台，诸侯二，天子有灵台，所以观天文，有时台以观四时施化，有囿台，所以观鸟兽鱼鳖；诸侯当有时台、囿台，诸侯卑，不得观天文，无灵台。"许慎还称三台、二台皆在国都之东南二十五里处，"东南小阳（按：小阳春。疑少阳，《易》四象之一，《易·系辞上》四象生八卦）用事，万物著见，用二十五里，吉（按：行走义）行五十里，朝行暮反也"①。许慎《五经异义》用古义释《公羊》与何注不尽合，惠栋引许慎，合《公羊古义》之题。又如释"世室"即为明堂大（太）室。《文公十三年》："世室屋坏。世室者何，鲁公之庙也。"古义引惠士奇《礼说》："清庙之制如明堂，明堂五室，故清庙五寝，中央曰大室。"惠栋考《礼记·明堂位》"鲁公之庙，文世室也，武公之庙，武世室也"，故"世室"非一君，不宜专属鲁公伯禽，《公羊》之说有误。惠栋还考论《公羊》以"世"为"太"，如卫太叔仪为世叔，以至天子之子"世子"称太子等。② 这是对不同典籍中关于明堂文化的不同称说的考索。又如对古代典籍中时间和空间名词混用的考索，对研究上古人类的思维形态有积极意义。《文公十三年》："往党，卫侯会公于沓，至得与晋侯盟。反党，郑伯会公于斐。"何注云："党，所也。所犹时，齐人语也。""党"解释"所"，这是齐人语，或为方言记音字，"所"犹"时"，表地点之"所"犹表时间之"时"，则非"齐人语"，而是一般意义上的古人时间和空间观念上的

① 《九经古义》二，页一四八。

② 《九经古义》二，页一五二。

混用。惠栋举《荀子·天论》:"怪星之党见。"惠释"党见犹所见也",没有把"党"看成"倘"的通假字,惠栋批评杨倞训"党"为表时间的"频"为失考,既然时空合同共观而互用之,"所见"与"频繁出现"没有矛盾。惠栋确认何休"往党"、"反党"注的正确:"何氏说是。"这对研究古人时空观念无疑是有意义的。

三、《谷梁古义》对《谷梁传》在经学文化系统中的定位作用

谷梁赤在学术文化上与子夏的联系,谷梁赤传荀卿证据数例,《谷梁》多引《论语》,《谷梁》善引群经,《古义》与清儒,《古义》二十六条除宏议之外的精粹之见

《春秋》三传次第,隋唐陆德明《经典释文·序录》以《左传》、《公羊》、《谷梁》为序,后代多从之。唐杨士勋《谷梁传序·疏》:"谷梁子名淑(俶),字元始,鲁人。一名赤,受经于子夏,为经作传,故曰《谷梁传》。"谷梁赤从学于子夏,那就应当是战国初年人,《公羊传》成书于汉景帝,这就与陆德明的排序矛盾了。据今人杨伯峻先生的研究,《公》、《谷》同出子夏不可信。[1] 惠栋《公羊古义》没有提到子夏传授《公羊》之事。《谷梁古义》开宗明义就针对杨士勋说加以

① 《经书浅谈》,第 87 页,中华书局 1984 年版。

论辩，这当然是涉及《谷梁》学脉传承、成书年代等重大问题。汉应劭《风俗通》已提及谷梁为子夏门人，唐杨士勋又论谷梁受经于子夏。惠栋据桓谭《新论》，考谷梁赤为战国时人，"《左氏传》，世遭战国寝藏，后百余年，鲁谷梁赤，为《春秋》残略，多所违失"。但谷梁赤没有亲受经于子夏（前507—?），不能算"亲受业"的弟子，也不能算是"转相授"的门人，认为"谷梁子于子夏，犹孟子之于子思"。不过，汉赵岐《孟子题辞》说孔子的孙子子思（前483—前402）是孟轲（约前385—前304，一说约前372—前289）老师，惠栋不从赵岐说是对的。今学术界据《荀子·非十二子》把子思、孟轲列为一派，认为孟子学说出于子思，且认为《史记·孟荀列传》说孟轲"受业子思之门人"为合理。[①] 惠栋选择的"孟子之于子思"的准绳，实际上是学术和思想传承关系的准绳。即此孟子和子思关系之一端，惠栋不轻信赵岐说而取一富有学术水平的理解，是可贵的。为进一步说明谷梁赤不受业于子夏，惠栋引汉魏糜信注《谷梁》，认为谷梁赤与秦孝公（前361—前338在位）同时，晚于子夏一百四十多年。故应劭、杨士勋说谷梁赤从师子夏完全是臆断之词。惠栋继续考杨士勋言"谷梁为经作传，传孙卿（约前313—前238），卿传鲁人申公，申公传博士江翁"。认为此说可取，理由是：时间上妥当，荀况为齐缗王（前300—前284在位）、齐襄王（前283—前265在位）时人，则在秦惠王之后秦昭王（前306—前251在位）时，故谷梁赤传荀卿之说从时间看是可信的。惠栋笔记文"孙卿"条引《风俗通》说："孙卿有秀才，善为《诗》、

---

① 杨伯峻译注：《孟子译注》，上册，《导言》，第2页，中华书局1981年版。

《礼》、《易》、《春秋》之学，齐襄王时孙卿最是老师，三为祭酒。”[①]另一重要的理由是，《荀子》书有来自《谷梁传》之说。《荀子·礼论》言天子庙数，并云“贵始得（德）之本也”与《谷梁传·僖公十五年》“天子七庙，……是以贵始德之本也”同。[②] 又《荀子·大略》关于赙（按：赙，音 fù，送给丧家的布帛）、赗（按：赗，音 fèng，送给丧家助葬的车马等物）、襚（按：襚，音 suì，向死者赠衣被），含（按：含，音 hàn，后作“琀”，古代放在死者口中的珠、玉等物）等意义的解释，与《隐公元年》“乘马曰赗，衣衾曰襚，贝玉曰含，钱财曰赙”的说法同。[③]《大略》“春秋善胥命（按：诸侯相见，约言不誓）”、“盟诅不及三王”等说法，见于《谷梁传·桓公三年》：“夏，齐侯、卫侯，胥命于蒲，胥之为言，犹相也。相命而信谕，谨言而退，以是为近古也。”见于《谷梁传·隐公八年》：“诰誓不及五帝，盟诅不及三王。”[④]又《大略》“诸侯相见……使仁居守”，而《谷梁传·隐公二年》：“知者虑，义者行，仁者守。”[⑤]又《荀子·正论》以“大上为天子”，而

---

① 《松崖笔记》，卷二，“孙卿”条。

② 惠栋说见《九经古义》二，页一六三，丛书集成初编本。荀子说见《二十二子》，页三三三下栏至页三三四上栏；谷梁赤说见《十三经注疏》，页二三九七下栏。

③ 《二十二子》，页三五三中栏；《十三经注疏》，页二三六六上栏。

④ 《二十二子》，页三五五下栏，页三五七中栏；《十三经注疏》，页二三七三下栏，页二三七〇下栏至页二三七一上栏。

⑤ 《二十二子》，页三五二下栏；《十三经注疏》，页二三六六下栏。

《谷梁传·隐公三年》:"其不名,何也? 大上,故不名也。"[1]惠栋的结论是,谷梁赤之言"传孙卿信矣"。惠栋虽考定《公羊传》为汉初公羊寿和胡毋生写定,且后来有严彭祖、颜安乐两家传《公羊》学,但未及前此口头流传时或为主要传授者公羊高为何时人[2],故《古义》仍将《公羊古义》置于《谷梁古义》之前,为循历来通行办法。此外,惠栋还指出,《谷梁传》引用《论语》处很多,《隐公元年》"成人之美,不成人之恶"见于《颜渊》,《僖公二十二年》"过而不改,是谓之过"见于《卫灵公》,《僖公二十三年》"以其不教民战,则是弃其师"见于《子路》等等。惠栋作这一举证,目的是想说明谷梁赤在学脉上上承子夏,同时还想说明多引经书。惠栋说:"(谷梁)传中所载,与《仪礼》、《礼记》诸经合者,不可悉举,故郑康成《六艺论》云:谷梁善于经。"[3]

以上惠栋考论《谷梁传》学脉传承,得出三个结论,一是谷梁赤在学术上与子夏有联系,但决非受业子夏;二是谷梁赤传荀况;三是谷梁善于经。当然,惠说仍可商榷,杨伯峻先生说:"无论《公羊》、《谷梁》,既不出于子夏所作,《谷梁》更不作于战国。《公羊传》若说作于汉景帝时,大致可信。至于《谷梁传》肯定又晚于《公羊传》。"[4]但是惠说对清代考求《谷梁》在经学文化系统中的位置起到定位作用。清钟文

① 《二十二子》,页三三二下栏;《十三经注疏》,页二三六七下栏。《荀子·正礼》原文为:"上为天子诸侯,下为卿相士大夫。"此外《荣辱》、《王霸》还有"贵为天子"之说。

② 《九经古义》二,页一三九。

③ 《九经古义》二,页一六三。

④ 《经书浅谈》,第 90 页。

烝《谷梁补注序》称："惠士奇父子倡古学于东南，亦云：'论莫正于《谷梁》。'"[①]阮元《校勘记序》说："《六艺论》云：'谷梁善于经。'岂以其亲炙于子夏，所传为得其实？与公羊同师子夏，而郑氏《起废疾》，则以谷梁为近孔子，公羊为六国时人。又云：'传有前后。'然则谷梁实先于公羊矣。"[②]阮说与惠说庶几可近。

至于后人注《谷梁传》，那是另一回事了。《经典释文·序录》称《谷梁》有"叚肃注十二卷，不详何人"，惠栋解陆德明不解之谜，考出此人为《后汉书·班固传》所及东汉"弘农功曹史殷肃"[③]。

《谷梁古义》共有条目二十六条，较之《公羊古义》八十八条为略，然不乏精粹之论。除前述传、注宏议外，尚有：

《宣公八年》："葬我小君顷熊。"鲁宣公为鲁文公庶子。唐杨士勋疏云："案文公十八年（范宁）注云：宣母敬嬴，此云顷熊者，一人有两号故也。"惠栋古义认为顷声近敬（按：上古顷：溪纽耕韵；敬：见纽耕韵），熊声同嬴（按：上古熊：匣纽蒸韵；嬴：喻纽耕韵。蒸耕近，匣喻近），"二传（按：指《公》、《谷》）由口授，故字异而音同，而云一人有两号，非也"。此由古音近同与"二传口授"互证。《谷梁传》亦为口授，《古义》开头的宏观议论中未及，可作为惠栋关于"谷梁赤上承子夏，下启荀卿，而著《谷梁传》"的认识的一种补充，

① 《清经解续编》，册五，页八三一中栏。

② 《十三经注疏》，下册，页二三六二。

③ 《九经古义》二，页一六四；《后汉书》，册五，页一三三二，中华书局本。

这对研究《谷梁传》的成书经过和年代同样是有意义的。此条钟文蒸补注：顷、敬古通用，并举出《说苑》以南宫敬叔为顷叔，尚未及古声韵近同，仅止于文字通假。[①]

《成公元年》："古者有四民，有工民，有商民，有农民，有士民。"《古义》称：古者四民为商、农、工、贾，士民始于齐之管子。管仲治国，始有士乡，故《汉书·地理志》云："齐地临菑，其中具五民。"服虔注："士、农、工、商、贾。"此说惠士奇《礼说》论之甚详。[②] 上古四民、五民之说，对研究古代社会状况，了解重本抑末和重商同时存在的两个方面，乃至管仲治国重士而有士乡（古代的士主要是知识阶层[③]），都是有意义的。此条钟文烝补注引范注："士民，学习道艺者。"并引《汉书注》引乐元语曰："四民常均，凡四民皆有官焉。士民者处士，若公士以上，则官也。"[④]钟氏补注并同惠栋古义，都有助于我们对古代社会的了解，且能窥知管仲辅齐桓公称霸之一端是与重士分不开的。

《襄公十一年》："古者天子六师。""六师"称军队，或有所疑。《诗·大雅·棫朴》："周王于迈，六师及之。"毛传："天子六军。"称"六师"不称"六军"，或以为不达其意，惠栋考论引郑玄谓："军者兵之大名，军礼重，言军为其大悉（按：大略，大数），故春秋之兵，虽有累万之众皆称师，

---

① 《九经古义》二，页一六八。钟文烝说见《清经解续编》，册五，页九〇一上栏。

② 《礼说》卷一"九职任民"条。见《清经解》，册二，页二八上栏、中栏。

③ 《管子·小匡》："士农工商四民者，国之石民也。"石民，柱石之民。《唐六典》三《户部尚书》："凡习学文武者为士，肆力耕桑者为农……"

④ 《清经解续编》，册五，页九〇五中栏。

《诗》云六师，即六军也。”在“六师”即“六军”的考释中，还涉及古代军队建制等问题，有一定的军事文化价值。[①] 后来钟文烝补注对古代军队建制作了更详细的解释，针对惠栋释“六师”即“六军”，钟说：“惠引郑君之言以解此，最得其旨也。”[②]

① 《九经古义》二，页一六八。

② 《清经解续编》，册五，页九一六下栏。

第六章　惠栋《易汉学》要论

一、《易》学系脉和惠栋《易》学的必然性逻辑

《周易》其书和汉代易学，象数易学，义理派易学，宋儒易学和朱熹、王应麟易学对清儒的影响，惠栋易学是解释学和重知科学精神的逻辑发展

《周易》是我国古代一部用来占筮的书，它大约成书在西周前期。《左传·昭公七年》："孔成子（卫国卿）以《周易》筮之曰：'元（卫襄公次子）尚享卫国，主其社稷。'"说明《周易》最晚在春秋时代已经出现了。《周易》的"周"是何意思，有两种代表性的说法，一种认为是"易道周普无所不备"的意思，一种认为就是指周朝。"易"的说法就更多，主要的有

三种，一种认为“易”由日、月二字构成，主阴阳变化；一种认为“易”是个飞鸟的形象；一种认为“易”字即“蜴”的古字，传说蜥蜴一天十二变，“易”取变化之意。后来，清代陈则震《周易浅述》将“易”字归结为两个意思，一是说“交易”，讲阴阳寒暑，上下四方之对待；二是讲“变易”，讲春夏秋冬，循环往来。无论何种说法，均可明《周易》之大要，是讲阴阳两种势力的交互作用而产生万事万物，阴阳变化，“刚柔相推”，促进万事万物的发展变化，故《周易》是讲宇宙间万事万物的生成及其发展变化的书，因而是一部充满朴素辩证法的书。

《周易》、《易》、《易经》都是同指一部经文加传文的书。西汉武帝独尊儒术，将《周易》与《诗》、《书》、《礼》、《乐》、《春秋》奉为经典，称为“六经”，《周易》遂被称为《易经》，且为“六经”之首，《汉书·艺文志》称《易》为“六艺之原”。但“六经”名称不始自汉，《庄子·天运》：“丘治《诗》、《书》、《礼》、《乐》、《易》、《春秋》六经，自以为久矣。”《周易》在古代文化典籍中的经典地位，由来已久，至两汉则更加制度化、法定化了。《周易》屡经历代演变，成为今天见到的经文部分和传文部分结合在一起的本子。传文部分又被称为《易传》，但《易经》一书是包括经文上下经和《易传》两部分的，传说孔子著《易传》（十翼），《易传》怎么能不在后世渐渐被看作《易经》的一部分呢？《周易》经文包括六十四卦、三百八十四爻。六十四卦每卦形后面附有卦辞，据说是周文王被商纣王囚禁在羑里，推演六十四卦时做出的解释，《史记·自序》称“西伯囚羑里，演《周易》”。卦辞后面又有爻辞，六十四卦每卦六爻。爻辞是用以解释六爻的，爻辞一说为文王的儿子周公所著，所谓“卦辞文王，爻辞周公”。《传》是解释卦辞、爻辞的文字，共十篇，统称“十翼”，“翼”是羽翼辅助经文的意思，“十翼”有《彖传》上下、《象传》上下、《系辞传》上下、《文言传》、《说卦传》、《序卦传》、《杂卦传》共十篇。《史记·孔子世家》说：“孔子晚喜《易》，序彖、象、说卦、文言，读《易》韦三绝。”“十翼”到底是不是孔子所作，学术界一直是有争议的，较通行的看法是非孔子一人所作，但会有孔子及其弟子的文字或说法在内；既非一义，也非一时之作，成书年代各异，《彖传》可能成书在战国初甚至更早，《象传》可能成书在战国中期或晚期，《系辞》、《文言》可能成书在战国晚期，《说卦》、《序卦》、《杂卦》可能成书在汉代初年。

对《周易》的研究，可形成完整的《易》学哲学史或《易》学思想史。大略而言之，《周易》学史出现过象数和义理两派。西汉通行今文经，武帝建元五年兴太学，将五经列于学官（六经中去了有争议的《乐经》为五经），并置五经博士，开创了中国经学史上的昌明时代，正如皮锡瑞所说：“经学至汉武始昌明，而汉武时之经学为最纯正。”[①]学术昌盛，就会学派纷呈。仅就治《易》而言，汉五经博士为田何《易》，后来《易》博士又分而为三：施氏《易》（施雠）、孟氏《易》（孟喜）、梁丘氏《易》（梁丘贺）。除官方的今文《易》博士以外，还有民间的古文《易》即费氏《易》（费直）；还有自言得孟氏《易》真传的焦氏《易》（焦延寿），曾授与京房，专言灾异。西汉费氏《易》则为东汉古文《易》的先声，

① ［清］皮锡瑞：《经学历史》，页七〇，中华书局1981年版。

焦氏《易》则孕育了西汉今文《易》京氏《易》(京房),京氏《易》到元帝时被列为博士。汉儒传经,讲究师法和家法,三家博士《易》师承田何(田王孙),是为师法,但施氏《易》又有张禹、彭宣之学,孟氏《易》又有翟牧、白光之学,梁氏《易》又有士张孙、邓彭祖、衡咸之学,是为家法。到了东汉,尽管光武帝刘秀极力提倡今文经,后来又有章帝召集一批今文经学家在白虎观考论五经异同,著成今文经学的集大成著作《白虎通义》,但由于今文经本身的腐败和古文经的不断壮大,到东汉中期终于转变成古文经学占统治地位的局面,成为古文经学的全盛时期,就《周易》而言,除马太后(汉明帝皇后)的侄子马融注《易》以外,还有郑玄注《周易》专宗费氏古文《易》,以六爻与十二辰相配合以说《易》,称为爻辰,皮锡瑞认为这种说《易》之法源出费氏分野:"爻辰出费氏分野。"[①]今费说与郑说皆亡。清马国翰玉函山房辑佚书辑有《费氏易林》及《费氏分野》二书,颇可见费氏以八卦与星宿、干支等相配说之,郑玄的"爻辰"说《易》之法,偶见于唐李鼎祚《周易集解》、孔颖达《周易正义》。在这一问题上,惠栋也是有大功劳的,他辑存的郑氏《周易注》(今有丛书集成初编本),书末附有十二月爻辰图及爻辰所值的二十八宿图;又著《易汉学》,其六为《郑氏周易爻辰图》及《郑氏易》,极为详审,均成为研究郑氏《易》的古文经性质及源于费氏《易》的极重要的文献依据。此外,东汉古文《易》还有荀爽(128—190)《周易注》十一卷,也是治古文费氏《易》的,久佚,马国翰辑有《周易荀氏注》三卷,

---

① [清]皮锡瑞:《经学历史》,页一四二。

孙堂《汉魏二十一家易注》辑有荀爽《周易注》一卷，惠栋著《易汉学》阐发荀注大要，后来又有张惠言（1761—1802）著《周易荀氏九家义》阐释之。至三国吴还有经学家虞翻（164—233）传孟氏《易》，将八卦与天干、五行、方位相配合，演绎象数，曾著《易注》九卷，早已亡佚。唐李鼎祚《周易集解》曾采录，清黄奭《汉学堂丛书》、孙堂《汉魏二十一家易注》亦有辑录。清代对虞氏《易》阐释最详的当属张惠言，惠言著有《周易虞氏易》、《周易虞氏消息》、《虞氏易礼》，均收入《清经解》。惠栋著《周易述》发挥汉儒之学，除以荀爽为主外，虞翻《易》学也是重要的依据。惠著《易汉学》则有《虞仲翔易》专章。汉儒治《易》，不论是今文经还是古文经，都有一共同特点，就是言《易》之象数，即注重卦的形象和数字，故又称象数《易》。他们的著述大都已散佚，唐代李鼎祚曾加以搜集，收录在《周易集解》中。

象数《易》推衍不止，越演越繁，加之郑玄博学宏通，融合今古文使之道通为一，注《易》虽采古文，亦附益今文，无所不包，不舍此趋彼，为当时许多学者所接受，客观上泯灭了汉《易》由来已久的师法和家法，使享有盛誉的三家今文《易》渐渐销声匿迹，故“经学至郑君一变”①。繁富复杂的象数《易》变得难以让人接受。学术发展的辩证法告诉人们，将要有新的《易》学学说取代它，那就是《易》学中的义理学派。

三国魏王弼是《易》学义理派的创始人，他首先要人们忘记那个“象”，认为“意”和“象”、“象”和“言”是互相

① ［清］皮锡瑞：《经学历史》，页一四九。

排斥的，也就是说《易》“象”和《易》“理”是对立的，从而提出了著名的“得象忘言”、“得意忘象”的观点，核心是忘掉那个“象”，专讲义理，黜除象数，成了义理《易》学。由于魏晋时玄学之风盛行，注中不免有老庄思想，空谈名理，与汉儒朴实之学大不同，皮锡瑞评为“辅嗣《易》行无汉学”①。南北朝是经学分立时代，北学宗郑玄，南学主王弼。晋元帝南渡以后，经学盛于北方，北学渐渐折入于南学。隋统一天下北学完全并入南学。唐初兴注疏之学，与汉儒重在明经遥相辉映。唐太宗诏定国子祭酒孔颖达与诸儒所撰《五经正义》，为科举取士的官定读本，被朱熹视为《五经疏》中最差的《周易正义》用王弼注，《易·系辞》以下诸篇王氏未注而用魏人韩康伯注，王注取得了定于一尊的统治地位。汉学和郑学趋于衰微。

宋代理学兴起，程颐著《易传》，成为可与王弼《周易注》并称的义理派《易》学著作。程氏主张得其义理则象数在其中，提出“有理而后有象，有象而后有数”②，以及“有理则有气，有气则有数”③。大哲学家朱熹著《周易本义》，主张经与传分开讨论，经是占筮的书籍，传是后起的讲义理或哲理的著述，不能脱离筮法讲《周易》。朱熹把《周易本义》看作与王弼、程颐义理派同属一学派的著作，他说：“如王氏，程氏与吾本义之云者，其亦可矣，固不必深求其象之所自来，

① ［清］皮锡瑞：《经学历史》，页一六三。

② 《二程全集·遗书》二十一上。

③ 《易说·系辞》。

然亦不可直谓假象而遽欲忘之也。”[1]这里，朱熹还主张对取象说不必深究，不要像王弼那样走向极端而忘象求义，朱熹尤为推崇程氏《易传》，是义理和象数相结合的学派，但他既然把《易》客观地看成卜筮之书，就不会不更重视象数，朱氏认为“先见象数，方得说理，不然，事无实证，则虚理易差”。宋代还有从象数中衍化出来陈抟、邵雍河图洛书派，后代也有他们的信徒。

程朱理学在宋以后是封建社会的正统思想，《易》学也不例外。元明说《易》，多从宋儒，如元代熊朋来著《五经说》，论《易》言先天、后天、《河图》、《洛书》。惠栋在《九经古义》中曾专门批评熊氏“于古义古音亦多所出入”，于注疏缺少研究，但在阐说《周易》义理上，还有可取之处的。如熊氏《五经说》：“其书发明义理，论颇醇正。”[2]有的学者解《易》参证史事，如宋杨万里《诚斋易传》对各卦各爻义理的解释，都引历史事件和历史人物加以论证。

清代《易》学研究出现兴盛局面。清初为消弥夷夏之防，提倡理学。清初顺治帝敕令纂修《易经通注》，后来康熙帝又御纂《周易折中》，以朱熹《周易本义》为次序。两本御纂《周易》都贬斥明《永乐大典》中的《易经》大全“华而寡要”、“庞杂割裂”、“无所取裁”。至乾隆御纂《周易述义》，推阐《周易折中》之说，“于宋《易》、汉《易》酌取其平，探义文之奥蕴，以决王(弼)郑(玄)之是非”[3]。

---

① [宋]朱熹:《文集·杂著·易象说》。

② 见《四库全书总目·经部·五经总义类》，页二七三中栏。

③ 《四库全书总目》，页三五中栏。

《易》学，实际上是整个经学，西汉昌明，魏晋衰微，唐代注疏，宋代理学，元明丕变，清代复兴，语言文字解释学始终贯串其中，且以解释学的运用广度和深度作为经学兴衰的重要标记。汉儒古文经与语言文字学关系尤密，唐孔颖达《周易正义》在王弼、韩康伯注的基础上下功夫，解释途径对而底气不足(用王、韩注)，故虽有功于《易》却未能挽回中衰的颓势，宋代理学兴而喜顿悟，但朱熹是牢牢把握语言文字知识解的学者，朱云："汉魏诸儒，正音读，通训诂，考制度，辨名物，其功博矣。"[①]反复强调治经要"本之注疏，以通其训诂"[②]。故皮锡瑞说："朱子在宋儒中，学最笃实。""朱子常教人看注疏，不可轻议汉儒。"并认为"元、明崇尚朱学，未尽得朱子之旨"。[③] 这个"未尽得"，指的就是没有像朱熹那样重视语言文字的解释学途径，没有重视文献训释的原典知识解，从而"师心自用"，任意说经。不过，能较全面继承朱熹学风的也确有人在，例如宋代王应麟(伯厚)、黄震(东发)，元代许谦(益之)、金履祥(吉甫)等。王应麟著《困学纪闻》二十卷，均札记考证之文，《四库总目提要》称之为"博洽多闻，在宋代罕其伦比"，"虽渊源亦出朱子，然书中辨证朱子语误数条"，是清初阎若璩等人考据学的渊源。[④] 又王应麟辑有《三家诗》与《周易》郑玄注。特别是后一种书，能做到"经文异字，亦皆并存"，"能于散佚之余，搜罗放失，以

① 《晦庵文集·语孟集义序》。见《文渊阁四库全书》544—721页。

② 《论语训蒙口义序》。见《文渊阁四库全书》543—721页。

③ [清]皮锡瑞：《经学历史》，页二九九。

④ 《四库全书总目》，页一〇二四中栏。

存汉《易》之一线”，但王氏搜辑不著录所出之书，次序先后，又有与经文不合之处，还有于郑氏遗漏未载者。王氏直启惠栋。在王氏《周易郑康成注》一卷的基础上，别撰《新本郑氏周易》三卷，凡王氏已载者，一一考求原本，注明出自何书，次序先后，完全按经文加以正定，又搜采群籍，上经补二十八条，下经补二十二条，序卦传补七条，杂卦传补五条，移王氏所附《易赞》一篇于卷端，删去所引诸经正义论互卦者八条，而又别据郑玄《周礼·太师》注作“十二月爻辰图”，据郑玄《月令》注作“爻辰所值二十八宿图”，附于卷末。惠栋书考核精密，超过郑氏、王氏原书。《四库全书总目》称：“应麟固郑氏之功臣，栋之是编，亦可谓王氏之功臣矣。”[①]从学术精神上看，从朱熹到王应麟，从王应麟到惠栋，学脉相承，皮锡瑞认为王应麟搜辑三家诗和郑《易注》，开清代辑佚古书的风气。[②] 一种由汉儒，乃至上溯至先秦《尔雅》或更早时代开启的以语言文字诠释文献原典的解释学精神，一种由此种追求文献原典的求实精神所哺育的重视知识解的重知科学精神，经魏晋经学衰微，而至朱熹重新得到广泛运用，始蕴含于朱学之中，因朱熹的崇高的学术地位和无可争辩的至确的学术精神，即使在朱学衰微的后朱熹时代元明，都不乏其信徒，不失其化育后学的效用，明末清初，或许是出于时代精神的感应，使这一学术精神更显异彩，惠栋无疑是这一重知学术精神哺育的学人，先于惠栋的王夫之、顾炎武、黄宗羲诸哲，生活在“天崩地解”的明末清初，那特殊的时代赋予

① 《四库全书总目》，上册，页二中栏。

② ［清］皮锡瑞：《经学历史》，页三〇〇。

学人"务求实学以救世"的学术感受,促成他们潜心朱学,善加扩充,在学术上开清初汉宋兼采之风,学术风尚的习染,学术环境的砥砺,学术精神的沐浴,成为惠栋《易》学研究乃至整个惠栋学术的必然性逻辑,与惠栋前后相距不远的王夫之诸哲,凡彼造成此种学术环境的先哲们,无一不是惠栋学术发生学的先导,又无一不是惠栋学术的同侣和盟军,学术史、文化史告诉我们,彼时学侣云臻,盟军庞大,惠栋其人其学是非产生不可的。[①] 更不必说惠氏三世传经,耳濡目染,切入心田。祖父惠周惕为吴派经学的导源人,著《诗说》(见《四库全书》、《清经解》),仅就《易》学而论,父惠士奇有《易说》(见《四库全书》、《清经解》)。惠栋本人的《易》学著作,最主要的是《周易述》、《易汉学》、《易例》三种。诚然,惠氏家学也是当时学术背景的产物。彼之时代精神、学术精神、文化背景、学术环境、家学传统,从不同的方面,不同的层次呼唤惠栋《易》学的降生。

二、惠栋《易》学的两个主层面和《易汉学》对西汉孟喜《易》经卦历象的考索

《易汉学》和《周易述》不同,《易汉学》在易学史上的地位,考西汉孟喜《易》主春夏秋冬四季,余六十卦每卦六

① 参见清章学诚《文史通义·朱陆》,载叶瑛《文史通义校注》,上册,第262至266页,中华书局1985年版。

日七分总数合一周天，由消息卦说闰月，论《易》本质为日躔黄道视运动的表征，引郑玄、《易纬》、唐宋人说《易》为古代历法，七十二候表及其科学意义

惠栋的《易》学著论，《易汉学》重在追考汉儒易学，掇拾要旨，以见大略。全书八卷。一、二卷孟喜《易》，三卷虞翻《易》，四、五卷京房《易》附干宝《易》，六卷郑玄《易》，七卷荀爽《易》。八卷为著者发明汉《易》之理，辩证河图洛书、先天太极之学。《易例》一书为考究汉儒之传以归纳《周易》本例即要点共九十类，如太极生次、太易、易、伏羲作易大义，伏羲作八卦之法，等等。其中有十三类为有目而无具体内容，如易气从下生、纬书所论多周秦旧法不可尽废（按：此条成为惠栋阐《易》引《易纬》的理论依据）、中、《左传》之卦说，等等。九十类归纳不尽合理，《四库总目提要》已提出九十类本例标准不划一、一类数例等弊端。[1] 又《提要》称，《易例》为《周易述》后列目录《易微言》等七种书中的第三种。[2]《周易述》为阐发汉儒之学的著作，全书以荀爽、虞翻为主，而参以郑玄、宋咸、干宝之说，融会各家，综合其义，自为注又自疏证之。文渊阁四库全书本《周易述》列目录二十三卷。其中卷一至卷二一为考论《周易》全书，其中卷一至卷八为发明上经和下经的，唯卷八全卷缺下经"鼎"卦至"未济"十五

① 见《四库总目提要》，页四四。

② 见《四库总目提要》，页四四。这七种书是《易微言》、《易大义》、《易例》、《易法》、《易正讹》、《明堂大道录》、《禘说》。文渊阁四库全书本《周易述》目录仅卷二二、二三《易微言》上下。

卦，卷二〇全卷缺序卦和杂卦。《四库总目提要》认为《周易述》为未完成之书。从逻辑先后上看，《易汉学》重在稽考汉儒，《周易述》重在考论诸家，当《易汉学》在前，《周易述》在后。从时间先后上看，凌廷堪《江藩著〈周易述补〉叙》曾说："元和惠君定宇著《周易述》二十卷未竟而卒，阙自'鼎'至'未济'十五卦、序卦、杂卦二传。"[①]可证《周易述》在后而《易汉学》在前，至于《易例》，性质由考证而归纳成本例大要，实与《周易述》考论相契，抑或早有成书而在晚年之作《周易注》中列作书后纲目以类掇之，又《周易述》后列目录七种书中的《易大义》、《明堂大道录》、《禘说》也都另有专著他本。《四库总目提要》以《周易述》、《易汉学》、《易例》为次序，抑或未详审之。

如此看来，惠栋"三《易》"是可以合并成"二《易》"的：《易汉学》和《周易述》（含《易例》）等。前者考索（含考论）汉儒易学，后者考论（含考证）《周易》本经本论，二者之先后构成惠栋易学不同层次的主要层面。我们的研究正可以从这里入手。

《易汉学》旨在追考和恢复汉儒易学的本来面目，其性质当是汉儒易学文献考古，意义十分重大。汉儒去古未远，最为迫近原典文献，具有权威性。惠栋认为："六经定于孔子，毁于秦，传于汉，汉学之亡久矣。独《诗》、《礼》二经犹存毛、郑两家。《春秋》为杜氏（杜预）所乱，《尚书》为伪孔氏所乱，《易经》为王氏（王弼）所乱。杜氏虽有更定，大较同于贾（逵）服（虔），伪孔氏则杂集马（融）王（肃）之说，

① 见四部备要本《周易述补》，江藩著，凌廷堪叙。

汉学虽亡而未尽亡也。惟王辅嗣以假象说《易》，根本黄老，而汉经师之义荡然无复有存者矣。”①《易汉学》在易学史上的地位，最起码是尽可能地恢复了汉易学，使易学史赓续无间断，有案可稽，有话可说，不再使学人面对汉儒易学咋舌兴叹而止。清初诸儒如黄宗炎、毛奇龄、胡渭都曾提出过王弼、韩康伯《易》说的某些穿凿和宋儒太极《河图》、《洛书》之说的荒诞，但从来没有尽祛魏晋以来儒说之异而独宗汉儒易学。汉儒易说仅散见在唐李鼎祚《周易集解》等书中，后人不以为然，轻蔑视之，尤不以为《周易》本经本论之准绳，《易经》遂成幽渺玄奥的不可知的“天书”。惠栋易学居清儒之冠，前无俦匹，此其功劳之一；立汉儒易学为考论《易经》本经本论的准绳，显扬《易经》于千古幽渺之中，引脱《易》理于从来玄奥之外，此其功劳之二；立准则金绳后著于铜墨，基本廓清汉儒易学的原委的真相，此其功劳之三；在考索和考论汉儒易学的过程中，梳理、缕述汉以后诸儒有用之说，如孔颖达、二程、朱熹等等，初步形成了一条易学学术史的线索，此其功劳之四。此处第四条，颇可见惠栋在清代早期业已具备的历史哲学思想。《十三经》之定鼎，从来都以王弼、韩康伯注和孔颖达疏为经注经疏，惠栋罢斥王韩，颇有以复兴汉学为旗帜的革命意义，汉儒多重以语言文字通经，惠栋易学独宗汉儒，具有以语言文字为学术求真途辙的实证科学精神，这正是惠栋对晚明以来我国第一次西学东渐的科学精神的继承和发扬，此其功劳之五。此处第五条，颇可见惠栋在中华古代学术迈向近代学术中的中介桥梁作用。

---

① [清]惠栋：《易汉学原序》，见文渊阁四库全书本《易汉学》。

《易汉学》对西汉孟喜《易》的考索，共分十个专题：卦气图说、消息、四正、十二消息、辟卦杂卦、推卦用事日、六十卦用事之月、唐一行开元大衍历经、七十二候、汉儒传六日七分学。孟喜学《易》于田何，传于白光（字少子）、翟牧（字子兄）。《汉书·艺文志》说："《易经》十二篇，施、孟、梁丘三家。"十二篇是指上经、下经两篇加"十翼"。又说："《孟氏京房》十一篇，《灾异孟氏京房》六十六篇。"这些书唐以后佚，仅有唐陆德明《经典释文》、唐李鼎祚《周易集解》、唐孔颖达《周易正义》间有引用。清马国翰《玉函山房辑佚书》辑有《周易孟氏章句》二卷，这已是道光年间的事了。考索孟《易》的十个专题，说明《易经》的性质是占卜书，以及六十四卦所反映的自然界的变化。孟氏的卦气图以坎卦（䷜下坎上坎。坎为险陷之地，如水流。据传文当熟习水性，刚毅不变，可化险为夷）、离卦（䷝下离上离。离为依附之义，按传文日月附天而明，谷物草木附地而生，有德之人附于正气而亨通）、震卦（䷲下震上震。震为雷，君子以此象知恐惧而修身）、兑卦（䷹下兑上兑。兑为喜悦，一说为泽，两泽互滋互利）为四个正卦，余六十卦，每卦的卦时（每卦都代表一定的时间）为六日七分，合周天之数。① 六十卦内辟卦十二（指泰、大壮、夬配春，乾、姤、遁配夏，否、观、剥配秋，坤、复、临配冬，等于说以十二卦配十二个月）称为消息卦。乾益（损益）为"息"，坤虚（盈虚）为"消"，乾坤二卦损益盈虚的变化引起时令的变化，其实是乾坤十二画

① 古人把日循黄道视运动轨迹叫周天，一周天相当于一年。东汉刘歆《三统历》以三百六十五又一千五百三十九分之三百八十五日为一周岁。此处的含义见本书第 192 页的阐述。

（每卦六爻，乾坤二卦，共十二，计为十二画）。[①]《易·系辞》说："乾之策二百一十有六，坤之策一百四十有九，凡三百有六十，当期（jī，一周年）之日。"[②]由乾、坤二卦的策数合乎三百六十天，可知二卦六爻合乎一周岁之用。孟喜《易》以那四个正卦坎离震兑主春夏秋冬四时，它们的爻（4 卦×6 爻/卦＝24 爻）主二十四节气，那余下六十卦中的十二卦代表十二辰。[③] 它们的爻代表七十二候（12 卦×6 爻/卦＝72 爻。古人

---

① "消息卦"中的"消息"，是说一卦之中，阳爻（—）去而阴爻（--）来称为"消"，而阴爻去阳爻来则称为"息"。惠栋考索孟喜《易》消息卦为十二卦，为乾卦和坤卦损益盈虚变化引起，从而归结为乾坤十二画的不同组合，说的也是这个意思。"消息卦"的十二卦分主一年十二月：复卦䷗，一阳息阴，建子，十一月；临卦䷒，二阳息阴，建丑，十二月；泰卦䷊，三阳息阴，建寅，一月；大壮卦䷡，四阳息阴，建卯，二月；夬卦䷪五阳息阴，建辰，三月；乾卦䷀，六阳息阴，建巳，四月；姤卦䷫一阴消阳，建午，五月；遁卦䷠二阴消阳，建未，六月；否卦䷋三阴消阳，建申，七月；观卦䷓四阴消阳，建酉，八月；剥卦䷖五阴消阳，建戌，九月；坤卦䷁六阴消阳，建亥，十月。由月建建寅为一月，可见孟喜卦气图说《周易》"消息卦"代表的历法是夏历，与《楚辞》和《吕氏春秋》用夏历同。

② 这段话见《周易·系辞上》，载《十三经注疏》页八〇。"策"为推算时蓍草的根数。卜筮时，每四根一数的结果得到乾爻（—）或坤爻（--）。乾（—）以九代表，每次数四根，9×4＝36，全部六爻都是乾，36×6＝216。坤（--）以六为代表，每次数四根，6×4＝24，全部六爻都是坤，24×6＝144。合计为 360（216＋144），相当于一年的日数。又《易经》上下篇共六十四卦，阴爻：64×3＝192。阳爻：64×3＝192。192×36＋192×24＝192×（36＋24）＝11520。相当于万物之数。故《系辞上》谓："二篇之策，万有一千五百二十，当物之数也。"

③ 古人把黄道附近一周天的十二等分配以十二地支称为十二辰，因一周天犹一年，故十二辰犹十二个月。辰指日月交会点，即夏历月朔时太阳所在的位置，十二辰即十二个月。

以五天为一候，每月六候，一年七十二候)，六十卦每卦代表六日七分，它们的爻代表三百六十五日四分日之一。[1]

既然六十四卦是自然现象，特别是日循黄道作视运动的象数化，那么历法诸问题就可用卦气图作解释，或者说孟氏《易》中的卦气图就是言历法种种的。闰余就是一例。所谓闰余，实际上就是农历十二个朔望月与一个回归年(三百六十五日或三百六十六日)相比差十一天，农历是用设置闰月来调整季节的，以与太阳视运动的不同位置决定的节气相一致。惠栋考孟《易》的解释是："闰余者，剥卦阳气尽于九月之终(见"消息卦"注文可明其义)，至十月末纯坤(坤用阴爻，纯坤即纯阴，阴阳家以农历十月的一天为纯阴)用事(犹言起作用)，坤卦将尽则复(卦名)阳来，隔坤之一卦(见"消息卦"注文)六爻为六日，复来成震一阳爻(按：复卦为震下坤上之卦，震卦由二阴爻一阳爻构成。复䷗震下坤上)，生为七日，故言'反复其道，七日来复'，是其义也。"[2]这段话的意思无非是说，以坤卦(月建在亥)代表农历的十月，以复卦(月建在子)代表农历的十一月，十二地支由亥而子，"消息卦"由坤而复，完成农历的旧年至新年的更新，由坤卦六爻为六日，至复卦

① 此处用四分历。四分历为汉章帝元和二年编讫，李梵所著，一年为三百六十五又四分之一日。

② 见《易汉学》上孟喜《易》"卦气图说"，文渊阁四库全书本。"反复其道，七日来复"这句话见于《十三经注疏》页三八下，这句话王弼未注，孔颖达疏云："反复其道，七日来复者，欲速反之与？复而得其道，不可过远，唯七日则来复，乃合于道也。"仅仅串讲文义，未作任何《易》理分析，较惠氏考得的孟《易》从《易》理出发分析之确为逊色。尽管孟氏亦未明其所以然，但毕竟重《易》内在之理。

（坤上震下）生成一阳爻成为七日（但复卦仍然为六爻），其间旧庚转新岁，坤复交替，生成卦气之时间差为闰余。惠栋考定孟《易》的这一说法，其实仍是语焉不详的。无论是坤卦和复卦代表的月建、月分，还是由坤而复的转移，都是仅就农历而言。不与黄道视运动周期回归年作比较，仅就朔望月而言，是很难说明闰余的。闰月实际上是公历的概念，归根到底取决于回归年。不过，惠栋考定孟《易》注重从《易》消息卦的内在之理说明闰余，蹈其道本，其思路和学风比起后来的一些言不及义的援入黄老，则又不可同日而语。

为进一步具体说明经卦和自然变化的关系，惠栋考孟《易》引《系辞》上"旁行而不流"的九家易注："旁行周合六十四卦，月主五卦，爻主一日，岁既周而复始。"这等于是说，《易》卦象数是日躔黄道的宇宙图景。而"旁行而不流"这句话王弼注："应变旁通而不流淫也。"孔疏："言圣人之德应变旁行，无不被及，而不有流移淫过。若不应变化，非理而动，则为流淫也。"[①]可以说完全没有涉及《易》象的自然之理，惠栋考索是追究其宇宙自然解的，在惠栋看来，汉儒《易》理之道本来就是如此的。为证九家易之说，对孟《易》卦气图提供有力的旁证，惠栋列出了唐李溉所传《卦气七十二候图》和未名谁氏所著的六日七分图。[②] 惠栋引《易

① 《十三经注疏》，上册，页七七下栏。

② 见文渊阁四库全书《易汉学》。又见四库易学丛刊《易汉学》，页四、页五，上海古籍出版社 1990 年版。李图亦见载宋代朱震《汉上易传》。

纬》,明李氏之说源于《易纬》。[①]《素问》篇说:“五日谓之候(5天=1候),三候谓之气(1气=3候=15天),六气谓之时(季节,1时=6气=90天),四时谓之岁(1年=4时=360天)。”《乾凿度》说:“天气三微而成一著,三著而成一体。”郑玄注:“五日为一微(1微=5天),十五日为一著(1著=15天),故五日有一候,十五日成一气。”郑注又说,“每一卦生三气(当为二气,1消息卦=2气=6候=30天),则各得十五日(1气=15日),十二卦卦各六爻,爻主一候,而一岁之运周焉”(12卦=12×6爻=72爻=72候=72×5天=360天)。惠栋考孟《易》将宋代《太平御览》载《易纬通卦验》与李溉图对照之。御览本云:“惊蛰,大壮(卦名),初九(大壮卦的象数名)候,桃始华(花),不华,仓库多火。”而李溉《卦气七十二候图》有“大壮,初九,桃始华”,“大壮,六五,雷乃发声,上六,始电”。故惠栋说李图与御览本相合,御览本又说:“姤,上九候,蝉始鸣,不鸣,国多妖言。”对照李溉图,李图“姤,九五,蜩(即蝉儿)始鸣,上九,半夏生”,迟了一候(姤卦上九至九五差1候,上九在前)这又是什么原因?是否孟《易》卦气说,李氏卦气图错了呢?不是。惠栋引朱震(?—1137)云,《易纬通卦验》是《易》家传先师之言,所记气候比之时训会或迟或早,李图后起,记当时节候,故不与《易纬》完全相合。惠栋还引王应麟《困学纪闻》将《礼记·月令》和《通卦验》作对比的资料,进一步说明,节

① 至唐代尚存《易纬》,有《乾坤凿度》、《周易乾凿度》、《易纬稽览图》、《易纬辨终备》、《易纬通卦验》、《易纬乾元序制记》、《易纬是类谋》、《易纬坤灵图》等,原书均郑玄注,今多残佚,有辑佚本。

气有早晚，皆依当时历法，不能完全与汉《易纬》所记相合。如果排除惠栋考索中所引的卦气灾变之说，正说明孟《易》卦气说和李氏卦图是古代历法的《易》象图景，汉儒论《易》的本质无非是日躔黄道的视运动过程的象数字码符号的记录。

惠栋考孟《易》所引佚名《六日七分图》，是由“四正卦坎离正兑＋四正卦象数＋二十四节气＋十二地支名＋系之人事的公、辟、侯、大夫、卿五爵＋六十余卦名”构成的环形图。其本质是《易》象历法图，与孟氏卦气图“以坎离震兑为正卦，余六十卦，卦主六日七分，合周天之数”云云完全一致，故惠栋引作稽考孟《易》卦气图说。惠栋指出，北魏李业兴在公元521年创制的正光历（载于《魏书·律历志》）有“推四卦术”。术云，农历十一月未济、蹇、颐、中孚、复（对照六日七分图，时为月建在亥在子，从大雪到冬至）。十二月屯、谦、睽、升、临（图示月建在子在丑，从冬至大寒）。正月小过、蒙、益、渐、泰（图示月建在丑在寅，从立春到惊蛰）。二月需、随、晋、解、大壮（图示月建在寅在卯，从惊蛰到春分）。三月豫、讼、蛊、革、夬（图示月建在卯在辰，从清明到谷雨）。四月旅、师、比、小畜、乾（图示月建在辰在巳，从谷雨到小满）。五月大有、家人、井、咸、姤（图示月建在巳在午，从芒种到夏至）。六月鼎、丰、涣、履、遁（图示月建在午在未，从夏至到大暑）。七月恒、节、同人、损、否（图示月建在未在申，从立秋到处暑）。八月巽、萃、大畜、贲、观（图示月建在申在酉，从白露到秋分）。九月归妹、无妄、明夷、困、剥（图示月建在酉在戌，从寒露到霜降）。十月艮、既济、噬嗑、大过、坤（图示月建在戌在亥，从立冬到小雪）。北魏正光历还系之人事，说四正卦为方伯，中孚为三公，复卦为天子，屯卦为诸侯，谦卦为大夫，睽卦为九卿，升卦起则还从三公周而复始。惠栋引用的正广历的经卦月历，对照佚名《六日七分图》可谓九九相近。[①] 正广历的“方伯”至“九卿”之说，又完全与《六日七分图》一致。惠栋的考索试图告诉人们，《易》卦从某种意义上说是一部历象，是一部历法。惠栋考孟《易》引《易纬稽览图》曰：“甲子卦气起中孚，六日八十分日之七。”郑玄注云：“六以候也，八十分为一日之七者，一卦六日七分也。”至此可谓考得了孟氏《易》卦气图说中的“余六十卦，卦主六日七分，合周天之数”的确切含义：60 卦$\times 6\frac{7}{80}$日/卦$=60\times 6.0875$日$=365.25$日$=365\frac{1}{4}$日，正合东汉章帝时的四分历（载于《后汉书·律历志》）。纬书本来是汉代以神学迷信附会儒家经义的书，但其中也包括部分天文历法知识，惠栋考索汉学，大量引用纬书，主要是引用其中的自然科学知识。前面所说的惠栋考孟《易》中的经卦、历法种种，惠栋引用《易纬是类谋》说得更为简明：“冬至日在坎，春分日在震，夏至日在离，秋分日在兑。四正之卦，卦有六爻，爻主一气（惠栋补注：共主二十四气），余六十卦，卦主六日七分（八十分之七），岁有十二月，三百六十五日四分日之一，六十而一周。”惠栋考孟《易》说其历法，与此《易纬》之说一致，且大要是备。惠栋引唐代天文学家僧一行《六卦议》云：“十二月卦出于孟氏章句，其说《易》本于气，而后以人事明之。”这就是说，经卦历象之说导源于

① 《易汉学》页五至页六的六日七分图，黄寿祺、张善文两先生认为为惠栋本人所作。见《周易译注》，页六〇，上海古籍出版社 1989 年版。

孟氏，而孟氏的理据又在于气。对僧一行的话，惠栋补注云："《易乾凿度》曰：'太易者未见气也。太初者气之始也。'康成注云：'太易之始，漠然无气。可见者，太初之气，寒温始生也。'《乾凿度》又云：'易变而为一。'注云：'一主北方气渐生之始，此则太初之气所生也。'"惠栋的补注告诉我们，在考索孟《易》象数的背后，深深地蕴涵着宇宙生成之初的"太初之气"的唯物见解。这一见解保持着与孟喜、郑玄、《易纬》、僧一行等的连贯与一致，惠栋汉学的文献考索，并非无识，其最高之识，乃是他立足于有限宇宙之初始（无限宇宙是无始无终的无限系列）及后来的天体视运动的自然观唯物主义，至于系之人事，都不可避免地存在一定的神学迷信。但还应看到，阴阳家迷信之说中往往说成"人事不修，阴阳不和，上苍降灾，天下始乱"，把人事和自然阴阳本为非同一性，两者的变化仅有偶然性，分别说成同一性和必然性，从此错误的前提却可有以下推论：人事修而天下宁。惠栋考索孟喜《易》卦气图说除开它的以视运动为背景的历法价值、自然观唯物主义以外，还有劝善惩恶的人文价值。

惠栋《易汉学》考索孟喜《易》十题，上述以"卦气图说"考为主的内容乃至于术语含义，是理解其余九题的基础。余九题或言历法，或言推卦在历法中的应用。最典型的一例，是惠栋考孟《易》引"唐一行开元大衍历经"，现将惠栋考引"大衍历经"涉及六十四卦、七十二候归纳列表如下：

恒气	月分	中节	四正卦	象数	初候	始卦	次候	中卦	末候	终卦
冬至	十一	中	坎	初六	蚯蚓结	公中孚	麋角解	辟复	水泉动	侯屯(内卦)
小寒	十二	节	坎	九二	雁北乡	侯屯(外卦)	鹊始巢	大夫谦	野鸡始雊	卿睽
大寒	十二	中	坎	六三	鸡始乳	公升	鸷鸟厉疾	辟临	水泽腹坚	侯小过(内卦)
立春	正月	节	坎	六四	东风解冻	侯小过(外卦)	蛰虫始振	大夫蒙	鱼上冰	卿益
雨水	正月	中	坎	九五	獭祭鱼	公渐	候雁北	辟泰	草木萌动	侯需(内卦)
惊蛰	二	节	坎	上六	桃始华	侯需(外卦)	仓庚鸣	大夫随	鹰化为鸠	卿晋
春分	二	中	震	初九	玄鸟至	公解	雷乃发声	辟大壮	始电	侯豫(内卦)
清明	三	节	震	六二	桐始华	侯豫(外卦)	鼠化为鴽	大夫讼	虹始见	卿蛊
谷雨	三	中	震	六三	萍始生	公革	鸣鸠拂羽	辟夬	戴胜降桑	侯旅(内卦)
立夏	四	节	震	九四	蝼蝈鸣	侯旅(外卦)	蚯蚓出	大夫师	王瓜生	卿比
小满	四	中	震	六五	苦菜秀	公小畜	靡草死	辟乾	麦秋至	侯大有(内卦)
芒种	五	节	震	上六	螳螂生	侯大有(外卦)	鵙始鸣	大夫家人	反舌无声	卿井
夏至	五	中	离	初九	鹿角解	公咸	蜩始鸣	辟姤	半夏生	侯鼎(内卦)

续表

恒气	月分	中节	四正卦	象数	初候	始卦	次候	中卦	末候	终卦
小暑	六	节	离	六二	温风至	侯鼎（外卦）	蟋蟀居壁	大夫丰	鹰乃学习	卿涣
大暑	六	中	离	九三	腐草为萤	公履	土润溽暑	辟遁	大雨时行	侯恒（内卦）
立秋	七	节	离	九四	凉风至	侯恒（外卦）	白露降	大夫节	寒蝉鸣	卿同人
处暑	七	中	离	六五	鹰祭鸟	公损	天地始肃	辟否	禾乃登	侯巽（内卦）
白露	八	节	离	上九	鸿雁来	侯巽（外卦）	玄鸟归	大夫萃	群鸟养羞	卿大畜
秋分	八	中	兑	初九	雷乃收声	公贲	蛰虫坏户	辟观	水始涸	侯归妹（内卦）
寒露	九	节	兑	九二	鸿雁来宾	侯归妹（外卦）	雀入大水为蛤	大夫无妄	菊有黄花	卿明夷
霜降	九	中	兑	六三	豺乃祭兽	公困	草木黄落	辟剥	蛰虫咸俯	侯艮（内卦）
立冬	十	节	兑	九四	水始冰	侯艮（外卦）	地始冻	大夫既济	雀入大水为蜃	卿噬嗑
小雪	十	中	兑	九五	虹藏不见	公大过	天气上腾地气下降	辟坤	闭塞成冬	侯未济（内卦）
大雪	十一	节	兑	上六	鹖鴠不鸣	侯未济（外卦）	虎始交	大夫蹇	荔挺出	卿颐

如将上表对照前述佚名氏《六日七分图》和李溉《卦气七十二候图》并而观之，则无难解之处。如前图冬至：坎初六，建子，含公中孚、辟复、侯屯三卦。再查后图，查前应

知道:月建子在夏历十一月,合消息卦复卦,冬至为中气,中孚、复、屯三卦当在消息十二卦中的复卦的后三卦(这些均为以《易》卦推历法的基本常识,一般了解此理的人都具备此常识),对照李溉图,中孚、复、屯三卦的象数应为六四—蚯蚓结、六五—麋角解、上六—水泉动。应该说,惠栋考引的《大衍历》中的卦候表并不难读懂。上表一是以《易》卦推算历法,与孟《易》卦气说、李溉卦气图,佚名《六日七分图》恒相一致。二是七十二物候历的实用意义。上表是我国古代黄河流域的节候农事的反映。如前所说,由孟《易》古代以五日为一候,三候为一气,一年二十四气(又分节气和中气各十二气),共七十二候,每候以一个物候现象相应,叫“候应”,表示一年中的物候和气候的一般变化。由上表可知,七十二候应有两类,一类是生物的变化,其中有动物的,如雁北乡(通“向”)、玄鸟至,也有植物的,如桃始华(花)、草木黄落。另一类非生物的变化,如东风解冻、雷乃收声。内容非常广泛。但也有观察错误,如鹰化为鸠、雀入大水为蛤,不过在这些错误的说法中,多少还包含着生物的进化和变异的合理之处。七十二候起源很早,《逸周书》中已有完整的记载,但与《易》卦结合在一起是汉以后的事,完整的说法首见于僧一行的《大衍历》。七十二候对古代的农事活动是有指导作用的。

三、《易汉学》考索虞翻《易》说汉儒《易》学言《易》卦为月相和《易》数为历法

虞翻其人其学，八卦纳甲图与月相，惠栋考索虞翻《易》详注八卦纳甲与月相的关系，说卦变为月相，论虞翻《易》说视《易》为朔望月为主的太阴历，系之人事的错误，神秘数字的历法解，批判宋代《易》学大家朱震

惠栋《易汉学》卷三是考索三国·吴虞翻《易》的专章。虞翻字仲翔，会稽余姚人。曾任富春长，后得罪孙权。《三国志·虞翻传》说："翻性疏直，数有酒失。权与张昭论及神仙，翻指昭曰：'彼皆死人，而语神仙，世岂有仙人[邪]!'"由于孙权"积怒非一"，就流放虞翻。虞"虽处罪放，而讲学不倦，门徒常数百人。又为《老子》、《论语》、《国语》训注。"至于为《易》立注，裴松之注引《翻别传》说，虞氏五世传《易》，高祖父零陵太守虞光，少治孟喜《易》，曾祖父平舆令虞成，继承父业，祖父虞凤"为之最密"，父日南太守虞歆，"受本于凤，最有旧书"，到虞翻已是第五代。虞翻不满意"前人通讲，多玩章句"的做法，认为那样做"虽有秘说，于经疏润"，于是"习经于枪鼓之间，讲论于戎马之上，蒙先师之说，依经立注"。又传说曾梦见道士，道士布施《易》六爻，以其三爻使他吞下，并说"《易》道在天，三爻足矣"，故认为虞翻应当通《易》。虞翻视《易》为群经之首，"经之大者，

莫过于《易》”。但从汉以来，真正读懂《易》的，“解之率少”。汉桓帝、灵帝之际，荀爽号为知《易》，然“有愈俗儒”。马融“名有俊才”，其所解释，本不及荀爽。至于郑玄，虞翻评为“甚违不知盖阙之义”，“违义尤甚者百六七十事，不可不正”。虞翻被放逐到南方后，便“以典籍自慰，依《易》设象，以占吉凶”，将八卦与天干、五行、方位相配合，推论象数，撰《易注》九卷，但早已亡佚。虞翻信从西汉孟喜《易》，惠栋考索虞翻，是考索孟喜《易》的继续。

惠栋考虞翻说《易》首先列出了八卦纳甲之图，如下图：

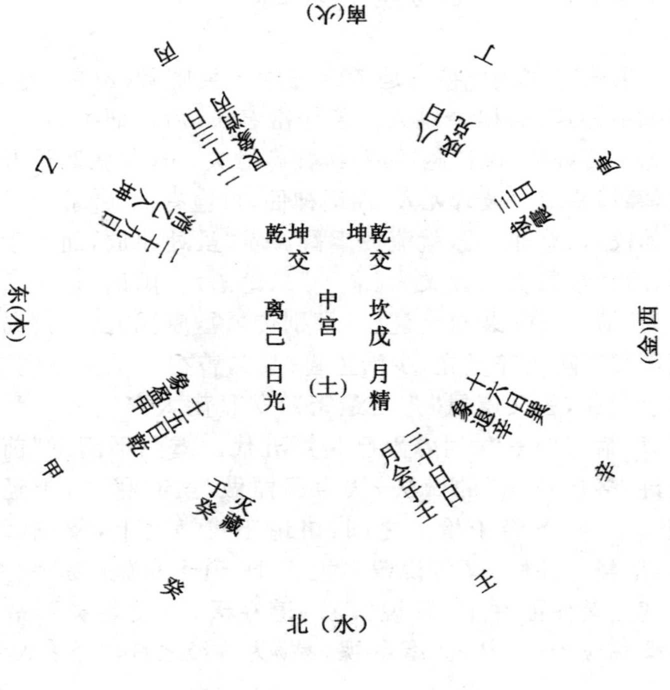

纳甲原为汉代易学术语，它将八卦与天干、五行、方位相配合，构成推论象数的基础。例如以甲乾乙坤，相得合于木，故甲乙在东。丙艮丁兑，相得合于火，故丙丁在南。戊坎己离，相得合于土，故戊己居中。庚震辛巽，相得合于金，故庚辛在西。天壬地癸，相得合于水，故壬癸在北。西汉京房、三国虞翻据以说《易》，为卜筮家以卦爻分配干支五行所本。惠栋考虞翻《易》除考其八卦纳甲之说外，还有五位相得而各有合、三二五四一、周流六鉴、乾为积善、虞氏逸象。

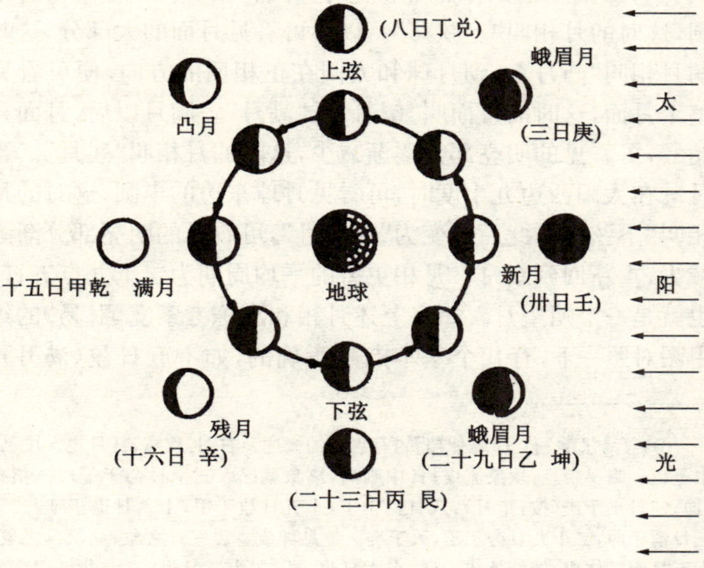

对虞翻《易》八卦纳甲之图，惠栋有一完整的解释。① 如果说惠栋考孟喜《易》之结论重在经卦为日循黄道视运动的反映，那么考虞翻《易》恰恰在于以月相说经卦的变化，由于月亮、地球和太阳三者相对位置的改变，从地球上看来，月亮便有盈亏变化(见前页图)。当月球恰好在地球和太阳之间的时候，月球以黑暗半球对着我们，因而看不到月亮，这时的月相叫“新月”。新月过后可看见月球被照亮半球的一小部分，形如蛾眉，这时的月相常叫“蛾眉月”，以后逐渐增大，当月球在太阳东面九十度时，可看见月球西边明亮的半圆，这时的月相叫“上弦月”。以后可看见月面的大部分，这时的月相叫“凸月”。到月球和太阳在正相反的方向，便可看见整个月面，这时的月面叫“望月”或“满月”。满月以后，月面开始亏，可看见的明亮部分逐渐减少，这时的月相叫“残月”。当月球在太阳西边九十度时，可看见月球东边的半圆，这时的月相叫“下弦月”，此后又变为“蛾眉月”，可看见的明亮部分渐渐减少，重新回到新月。月相更替的平均周期为二十九点五日，也就是一个朔望月。如将上述月相和惠栋考索虞翻《易》的纳甲图对照一下，有几个基本点是正确的，如十五日盈(满月)，

① 《易汉学》卷三《虞仲翔易》有惠栋的概述。右图：坎离，日月也。戊己，中土也。晦夕朔旦，坎象流戊；日中则离，离象就己。三十日会于壬(按：指日月)，三日出于庚(按：指月)，八日见于丁，十五日盈于甲，十六日退于辛，二十三日消于丙，二十九日穷于乙，灭于癸。乾息坤成。震三日之象，兑八日之象。十五日而乾体成，坤消乾成。巽，十六日也，艮，二十三日也，二十九日而乾就出庚见丁者，指月之盈虚而言，非八卦之定体也。甲乾乙坤相得合木，故甲乙在东；丙艮丁兑相得合火，故丙丁在南；戊坎己离相得合土，故戊己居中；庚震辛巽相得合金，故庚辛在西；天壬地癸相得合水，故壬癸在北。此天地自然之理。

"三十日会于壬"，是说月球处于地球和太阳之间而月相无光（新月）等等。至于虞翻《易》纳甲天干和卦象相配，可视作符号，可不必拘泥，或者说，是月相变化被纳入了《易》卦象和天干、方向相配的系统而在说法上有往往令人不解的奇怪之处，总之，至少天干所示不必拘泥于现代天文学所阐述的月相与虞翻八卦纳甲的一一对应。图上的标示对照（用括号给出）也只能说是近似对应，如以月相"八日见于丁"为上弦月，"二十九日穷于乙，灭于癸"，灭于癸则无法对照，等等。

惠栋考虞翻纳甲图，除作出概述外，还对自己的概述作详注。例如惠栋说"三十日会于壬，三日出于庚"自注引纬书："孔子《三朝记》曰，日归于西，起明于东，月归于东，起明于西，故月三日成震，时在庚西。仲翔曰：戊己土位，象见于中，故坎离在中央。"惠注可明月相生成的原因及月相进入纳甲图的基本起点和做法。又如惠栋概说"震三日之象，兑八日之象"自注："震本属东方，兑本属西方，然月之生明必于庚，上弦必于丁，故震在西，兑在南，诸卦可以类推。"此处讲月生明，上弦月和天干、八卦的搭配。应该指出，惠栋似乎看出月绕地球的运动的必然法则与八卦天干搭配的任意性。惠栋概说云："二十九日而乾体就出庚见丁者，指月之盈虚而言，非八卦之定体也。"惠自注："乾盈于甲，行至辛而始退，震为始生，巽为始退，而皆在西，兑上弦，艮下弦，而皆在南，乾满于甲，坤穷于乙，而皆在东，此以日所行之道言之，而纳坤由是生焉。"此处"以日所行"当改成"以月所行"，据此处惠注，可证我们将月相与八卦、天干的对应是有理的，同时也证明纳甲中天干八卦相合而得的方向不足为凭，误"月"为"日",并非偶然笔误,可说明惠栋对月相的本质是"月绕地运动的不同轨迹点的月面情况"尚缺乏真正的把握,正如彼时信从地心说,却主日循黄道运动那样,把月球绕地球的公转也说成了太阳运动,这在哥白尼(1473—1543)日心说尚未传入中国以前,把太阳视运动当作实际运动的科技水准和条件下,错解月相本质为太阳运动也是不奇怪的。倒还是京房《易》的说法较为合乎情理,惠栋考索纳甲图引京房《易》说:"月初光见西方,以后生光见东方,皆日所照。"又引扬雄《法言》曰:"月未望则载魄于东,既望则终魄于东,其溯于日乎。"不管怎样,惠栋考索虞翻《易》八卦天干构成的纳甲图与月相的关系,还是合乎《易》理,也合乎事实的。惠栋还指出,他的这一唯物主义的考索是针对宋儒的。他说:"宋人作是图(指纳甲图)者依邵氏(邵雍)伪造伏羲先天图之位,错乱不可明,今正之。"惠栋考索虞氏《易》理,批判宋儒的谬说,还《易》理于月相,所持治经学而求真的科学态度十分明显。

汉儒对八卦纳甲又是如何表述的呢?坤彖曰:"西南得朋乃与类行。"这句话王弼注几未及义,孔颖达正义:"西南得朋乃与类行者,以阴而造坤位,是乃与类俱行。"[①]惠栋注:"谓阳得其类,月朔至望,从震至乾,与时偕行,故乃与类行。"坤彖曰:"东北丧朋乃终有庆。"王弼注几未及。孔疏:"东北丧朋乃终有庆者,以阴而诸阳,初虽离群,乃终久有庆善也。"[②]惠栋注:"阳丧灭坤,坤终复生,谓月三日震象出庚,

① 《十三经注疏》,页一八上栏。

② 《十三经注疏》,页一八上栏。

故乃终有庆。”可谓王注未及，孔疏皮毛，惠说其月相本质。坤象两句话，在惠栋看来，各为环月之半，第一句从新月至望月，第二句又从望月至新月为近是。虞翻认为坤象的这两句话是“说《易》道阴阳消息之大要也，谓阳月三日变而成震出庚，至月八日成兑见丁，庚西丁南，故西南得朋，谓二阳为朋，二十九日消乙入坤，灭藏于癸，乙东癸北，故东北丧朋，谓之以坤，灭乾坤为丧也。”[①]上面所说的“朋”，仍为“朋比”之义，指事物性质品类相同者。“丧”仍为“丧失”之义。虞翻所说的“大要”，无非就是指“月相”。惠栋指出，不仅虞翻说《易》、汉儒说《易》亦可泛泛而言主八卦纳甲，甚至可确指孟喜也是注重月相说《易》用纳甲之说的。《易·小畜》：“上九，月既望。”[②]惠栋引惠士奇《易说》云：“月十五盈乾甲，十六日见巽辛，内乾外巽（指以乾卦为内卦，巽卦为外卦），故月几望。”《易·中孚》：“六四，月几望。”惠栋引宋人晁说之云：“孟、荀、一行‘几’作‘既’。孟喜云：十六日也。”惠栋补注：“案，此则孟长卿亦用纳甲。”[③]晁说之案云：“古文读‘近’为‘既’（近：上古群纽文韵，几：上古见纽微韵，既：上古见纽物韵。见群旁纽，文、微、物为同类对转韵），《诗》‘往近王舅’是也[④]，此字当作‘既’。”惠栋案：“六四体巽（意思是说象数六四在中孚卦的时间和地

① 《易汉学》，页二六下栏，上海古籍出版社影印文渊阁四库全书本。

② 《十三经注疏》，页二七上。

③ 《易汉学》，页二六下。

④ “往近王舅”见《诗·大雅·崧高》，《十三经注疏》，页五六七。原文为“往近王舅，南土是保”。毛传：近，已也。陆德明《经典释文》：“近，音记。”可见晁说之说有据。

点，处于和巽卦相呼应的地步，中孚卦䷼兑下巽上)，故云既望(参见前纳甲图自明)，晁说是。"①以上告诉我们，惠栋《易汉学》不仅考出汉儒易说，且考出《易经》原典都是言卦为月相变化的；不仅考出汉儒，而且具体落实到孟喜《易》也是主月相变化说的。惠栋持卦变为月相之说，自有其家传，其父惠士奇《易说》明确指出过这一点，故惠栋考虞翻《易》八卦纳甲为月相，可谓由来已久，继承父业。此外，这段引文还告诉我们，惠栋考古文献原典，考汉儒易说，并不排斥宋人说，尤其是语言文字解释学的应用成果。

惠栋考虞翻《易》八卦纳甲图以月相释八卦，言之成理，但最主要的涉及乾、坤、坎、离、巽、震、兑、艮卦，《易经》中还有一些卦又如何说明之呢？例如蹇卦(䷦下艮上坎)，被称为"蹇之时用，大矣哉"。《易·蹇》彖词说："蹇，利西南，往得中也。不利东北，其道穷也。"说得很神秘，王弼注和孔疏完全系之于"大人、小人"的人事。纳入月相变化，似未易事。惠栋考引虞翻云："坤西南卦，坎为月，月生西南(参见前纳甲图、月相图)，故利西南。'往得中'，谓西南得朋也。"显然，这与虞翻言《易》阴阳消息大要，"西南得朋"云云是一致的。虞翻又说："艮东北之卦，月消于艮，丧乙灭癸(可参前图)，故不利东北，其通穷也，则东北丧朋矣。"在虞翻看来，《易·蹇》的"有利"、"不利"，他本人的术语"得朋"、"丧朋"，都是月相变化。至于《易·蹇》所说的"蹇之时用"为最大，惠栋考虞氏云："谓坎月生西南(庚丁)，而终东北(甲癸)，震象出庚，兑象见丁，乾象盈甲，巽

① 《易汉学》，页二六下。

象退辛，艮象消丙，坤象穷乙，丧灭于癸，终则复始，以生万物，故用大矣。”①虞翻《易》的内在逻辑显然是：太阴月相变化用《易》卦体系说明，月相被归纳在《易》卦体系内——《易》卦可与一定的方向相联系——太阴之变生万物，万物生长经《易》卦体系说明。中国古代把月亮看得很重要，《淮南子·天文训》说：“日者阳之主也……月者阴之宗也。”中国古代历法的要素节气和朔分别由太阳和月亮决定，而历法的制订，推算每年的历谱，都要先确定历元，大都是某年十一月甲子日的夜半，它正好是冬至和朔，又是月过近地点（即月行速度最快点）的时刻。汉代以前的历法，从黄帝历到鲁历，都是以 $365\frac{1}{4}$ 为一回归年，故又称“四分历”，又都以 $29\frac{499}{940}$ 日为一朔望月，在十九年中设七个闰月，故实际上又都含太阴历。特别是夏历，即通常的农历，历月的平均值大致为一个朔望月，大月三十日，小月二十九日，历年的长短只是历月的整倍数，和回归年无关。惠栋考汉《易》实际上是说《易经》是历法的曲折反映，是说《易经》是历法。如果说惠栋考孟喜《易》是说《易》是太阳历，是“四分历”，考虞翻《易》则是说《易》是以朔望月为主的太阴历。

又如《易·归妹》是系之人事的，彖曰：“归妹，人之终始。”可见是很重要的。归妹卦（䷵下兑上震）之“归”，虞翻释为“嫁也”。“妹”，王弼注云：“妹者，少女之称。”惠栋考虞氏云：“仲翔曰，人始生乾而终于坤，故人之终始，《杂卦》曰归妹女之终，谓阴终坤癸则乾始震庚也。”这里，惠栋

① 《易汉学》，页二七上栏。

考得虞氏，实际上也是惠栋本人的逻辑：把人的生老病死全部说成犹“归妹”（嫁女）；女性之生老病死谓“阴终”，今查对八卦纳甲图，“阴终”句的含义正是月相变化的几个关节点；人之生老病死与月相变化同。这显然是不伦不类的，因人的生老病死与月相间毫无同一性可言。从另一方面看，前举蹇卦和此归妹卦可知，惠栋考虞翻《易》除将八个卦纳入纳甲图，说以月相以外，其余的卦也无不从属于月相这一总原则，甚至人生历程也与月绕地球旋转运动等同起来。这也告诉我们，朴素的自然观唯物主义在人生、社会、历史发展这类重大问题面前，总是无能为力的。至于惠栋考虞氏《易》对《易·系辞》上下所说的成象，例如“在天成象”、“八卦成列，象在其中”等说法的解释，也无一不纳入那八卦纳甲图说以月相，可谓一图在手，惠栋考虞氏《易》的许多说法都可以找到合乎其内在逻辑的较为明白的答案。[①]

至于《易经》中的那些神秘的数字又如何解释呢？象与数是分不开的，象理出而数理亦易明。例如《易·系辞》上说：“天数五，地数五，五位相得而各有合。”惠栋考得虞氏《易》的说法是，“五位”就是金木水火土五行之位[②]，以八卦配天干、五行、方位，一如前述的纳甲图说。其中虞说“戊坎己离，相得合土，水火相逮”一句，惠栋补注云：“水火相逮合土，《参同契》所谓二物一家，都归戊己也。”“天壬地癸，

① 《易汉学》，页二七上至三〇下。

② 儒家的“五行”之说，马王堆帛书《老子甲本卷后古佚书》的第一篇专讲儒家五行之说，五行是指“仁、义、礼、知、圣”。参见裘锡圭《古代文史研究新探》一书第57页，江苏古籍出版社1992年版。惠栋考虞翻《易》取通常的五行说，或一为人文，一为自然之异。

相得合水"一句，惠注云："荀爽言建亥月，乾坤合居。""水火相逮合土"的说法，前面纳甲图未及，惠栋引旧题汉魏伯阳《周易参同契》补注"二物一家，都归戊己"，这与前述纳甲图说完全一致起来。《参同契》以《周易》、黄老、炉火三家相参同，借《周易》爻象附合道家炼丹修养之说，为丹经之祖，惠氏引用此书以解取刺构虞氏《易》的真髓，不为个别异说所左，使虞说与其纳甲图相一致，足见惠栋文献引证与学理并重互补的做法。荀爽宗费氏古文《易》，以乾坤合居（仅泰卦：下乾上坤☷☰，否卦：下坤上乾☰☷）为月建之亥，与虞翻以月相说《易》殊异，与孟喜《易》以否卦作为消息卦用夏历七月月建在申也大不同。如综虞翻纳甲图观之，天壬地癸在正北，如说以月建，由大地北寒南热比合之，周历建亥之月为十二月（殷历为十一月，夏历为十月，皆在冬季），惠栋所引荀爽说补注，疑荀氏《易》用周历，惠栋当时或未虑此，但其本意当综观月相、月建于《周易》，融通各家，参证比合，以求《易》之自然之理，这是肯定的。惠栋考虞氏关于五数、五位的结论是："言阴阳相薄而战（交，交合）于乾（天），故五位相得而各有合。"形成"三　二　五　四　一　五位相得，而各有合"之象数图。惠栋考索说，此图"见宋本《参同契》，当是仲翔所作"，为解出此图的含义，将它与纳甲图中的五位之说，《礼记·月令》之说，晋皇侃《礼记义疏》、《参同契》说作了比较，现用图表概述惠栋的比较。

由下表可见，惠栋考虞翻《易》象数图是贯串纳甲、五行、《礼记·月令》、皇侃《礼记义疏》，乃至《参同契》说的，可谓考虞《易》象数的逻辑线索，实际上把古代文献《易经》八卦之理与《礼记·月令》贯串起来作出了前后一贯的

八卦纳甲图		象数	礼记·月令					参同契	
五位	五行		季节	其日	其数	惠栋说	皇侃义疏	四季	四方
甲乾 乙坤	木	三	孟春	甲乙	八	土数＋木数＝5＋3＝8	木数 3＋土数 5＝8	春	青
丙艮 丁兑	火	二	孟夏	丙丁	七	土数＋火数＝5＋2＝7	火数 2＋土数 5＝7	夏	赤
戊坎 己离	土	五						冬	
庚震 辛巽	金	四	孟秋	庚辛	九	土数＋金数＝5＋4＝9	金数 4＋土数 5＝9	秋	黑
天壬 地癸	水	一	孟冬	壬癸	六	土数＋水数＝5＋1＝6	水数 1＋土数 5＝6	冬	白

解释。如此看来，虞《易》象数既言月相变化的八卦纳甲，又言夏历的季节变化，从而告诉人们，《易》理的象数也是一部历法，那神秘的历法并不神秘，不过是一部最简单不过，也深邃奥衍不过的一组数字。惠栋考得“以土数乘（指相加）木火金水”得到的八、七、九、六，即刘歆大衍之数。《易·系辞》上：“大衍之数五十，其用四十有九。”韩康伯注引王弼曰：“演天地之数，所赖者五十也。”孔颖达疏引京房云：“五十者谓十日（指十天干计日）、十二辰（指黄道附近一周天由东向西分成十二等分并计十二地支说之称十二辰）、二十八宿也。”惠栋为什么会以大衍之数归刘歆？从根本上说，这是惠栋考虞翻《易》以历法说《易》象数的指导思想决定的。刘歆（？—23）曾继承父刘向总管六历绪业，作《三统历》和《三统历谱》以说《春秋》，推法密要，《汉书·律历志》有详细叙述。刘歆认为“天以一生水，地以二生火，天以三生木，地以四生金，天以五生土。五胜相乘（此

处指相加)，以生小周(8+7+9+6=30，为一月的天数)，以乘乾坤之策(乾策216+坤策144=360，为一年的天数)，而成大周。”又按《易·系辞》上所云“天一地二，天三地四，天五地六，天七地八，天九地十。天数五，地数五，五位相得而各有合”来制定历法。[①] 把《汉书·律历志》概述的刘歆的定历依据与前图表对照，一些说法基本符合。故惠栋以八、七、九、六为“刘歆大衍之数”，正为刘歆定历的一些基本数字。

循上表内的一些基本认识，惠栋批评朱震《易图》及《丛说》(按：北宋朱震有《卦图》三卷，《丛说》一卷，《汉上易集传》十一卷，是宋代有名的经学家)对《易》象数的错误理解。朱震以甲一、乙二、丙三、丁四、戊五、己六、庚七、辛八、壬九、癸十为数。乾卦纳甲壬，配成一—九，坤卦纳乙癸，配成二—十，由前表可知，惠栋考得的纳甲之法，甲与乙合当是甲乾乙坤相合，为木数三与土数五相合，合于《礼记·月令》的历法意义。象数其表，月相和历法其实。朱震以天干的序数说虞翻《易》的甲乾乙坤，惠栋批评朱震错误的象数说云：“两说判然，朱氏合而一之，汉学由是日晦矣。”[②]从惠栋考虞翻《易》把象数归结为历法看，惠栋说《易》有许多唯物主义成分。惠栋批评宋代《易》学大家朱震，是他批判宋儒的一个大项。

---

① 《汉书》，册四，页九八三、九八五。

② 《易汉学》，页三一上。

四、《易汉学》考索京房《易》并制八卦六位图、八卦纳甲图和六十四卦次序图

八卦六位图的特点，八卦纳甲图脱胎于八卦六位图，八卦纳甲图与律历、月建，八宫卦次图的内在逻辑，世应说及其错误，飞伏说及其对易理的解释作用，京房视《易》为历法及其与孟喜易消息卦的对照

西汉有二京房，一是田何弟子，一是京君明，焦延寿的弟子，“以明灾异得幸，为石显所谮诛”①，死于汉元帝建昭二年(前37)。惠栋讲京房(前77—前37)是指后者，并说“京氏之说，本之焦氏，焦氏又得之周秦以来先师所传，不始于汉也”②。

惠栋考索京房易，第一件事是制八卦六位图，并据唐李淳风(602—670，《旧唐书》卷七九、《新唐书》卷二〇四有传)所述概述其要点。现将惠栋述八卦六位图改制如下，并附述其要。

---

① 《汉书》，册十一，页三六〇二。
② 《易汉学》，页三六下。

八卦 六位	乾金	坤土	震木	巽木	坎水	离火	艮土	兑金
上爻	壬戌土	癸酉金	庚戌土	辛卯木	戊子水	己巳火	丙寅木	丁未土
五爻	壬申金	癸亥水	庚申金	辛巳火	戊戌土	己未土	丙子水	丁酉金
四爻	壬午火	癸丑土	庚午火	辛未土	戊申金	己酉金	丙戌土	丁亥水
三爻	甲辰土	乙卯木	庚辰土	辛酉金	戊午火	己亥水	丙申金	丁丑土
二爻	甲寅木	乙巳火	庚寅木	辛亥水	戊辰土	己丑土	丙午火	丁卯木
初爻	甲子水	乙未土	庚子水	辛丑土	戊寅木	己卯木	丙辰土	丁巳火
惠栋考引述大李淳风容其内要	主甲子、壬午，甲为阳日之始，壬为阳日之终。子为阳辰始，午为阳辰终。初爻在子，四爻在午	主乙未癸丑，乙为阴日始，癸为阴日终，丑为阴辰始，未为阴辰终。内主未，外主丑	主庚子庚午	主辛丑辛未	主戊寅戊申	主己卯己酉	主丙辰丙戌	主丁巳丁亥

上表的特点是，以五行配八卦及卦中各爻，这恰恰是反映京房易的特点的。京房《易传》说："八卦分阴阳，六位配五行。"运用上表，可明京房对卦象的解释。例如，京氏《易传》说，震卦"属于木德"，查表震卦为木。又说震卦"角宿从位降庚戌土，内外木土二象俱震，易曰震惊百里"。京房以二十八宿配各卦六爻之位，查表可知"庚戌土"为震卦上六爻。"内外木土二象"是指震卦下卦二爻位为木为内卦，上卦上六爻位为土为外卦（均可由表查知），土木上下外内为震，故用以解释卦辞"震惊百里"。又如解释屯卦："土木应象见吉凶，与震为飞伏。"屯卦为下震☳上坎☵的合卦。查表，震

坎二卦为土木者，当为土指坎卦二爻戊辰土，木为震卦二爻庚寅木。以上都是以五行六位解释卦象的，惠栋得八卦六位图，犹如持取京房易之总纲，做到说《易》理和说卦象都能理旨不乱。

惠栋考索引唐代数学家、占星家李淳风的解释，既可用以证上表，也可由上表索解李说。例"震卦"惠栋引李曰："震主庚子、庚午（按：指震木之初爻、四爻，见表）。震为长男（按：《周易·说卦传》云，乾坤犹天地、父母，震一索而得男，故谓之长男），即乾之初九（按：乾之象数为九），甲对于庚（按：查表可知指乾之初爻甲和震之初爻庚），故震主庚（按：查表震木为庚）。以爻授子（按：指乾卦和震卦的关系），故主子午与父同也（按：指震木之初爻四爻为子午与乾金之初爻四爻为子午相同）。"同上理，"巽卦"下惠栋考引李淳风也是可以理解的："巽主辛丑、辛未，巽为长女（按：这句话可参见《十三经注疏》页九四下栏），即坤之初六，乙与辛对，故巽主辛，以母授女，故主丑未同于母也（按：查表内坤之初爻四爻与巽之四爻初爻近同）。"总之，惠栋关于京房易的八卦六位图，揭示了京房易的象数占星术的内在逻辑本质，远不啻是个别词句上的考索。

惠栋引元代易学家胡一桂说，京氏易云：降五行，领六位，即纳甲之法也。胡氏说是正确的。"降五行"是说除去五行之配，"领六位"是说以天干地支说六位。以十天干配八卦，甲为十干之首，故称"纳甲"，以十二地支配六爻，故称"纳支"。如果我们依惠栋引胡氏说的办法，去掉五行，恰恰就能得到八卦纳甲图：

六位＼八卦	乾	坤	震	巽	坎	离	艮	兑
上爻	壬戌	癸酉	庚戌	辛卯	戊子	己巳	丙寅	丁未
五爻	壬申	癸亥	庚申	辛巳	戊戌	己未	丙子	丁酉
四爻	壬午	癸丑	庚午	辛未	戊申	己酉	丙戌	丁亥
三爻	甲辰	乙卯	庚辰	辛酉	戊午	己亥	丙申	丁丑
二爻	甲寅	乙巳	庚寅	辛亥	戊辰	己丑	丙午	丁卯
初爻	甲子	乙未	庚子	辛丑	戊寅	己卯	丙辰	丁巳

京房纳甲图的作用和前面八卦六位图的作用是一样的。它可以用天干地支的不同来说明卦的转变。纳甲配以十干,来源于《周易·说卦传》,《说卦传》以乾坤为父母卦,表示阴阳之始终,并配以甲乙壬癸,进一步分配之,形成十天干和八卦的搭配的关系:

十天干	甲	乙	丙	丁	戊	己	庚	辛	壬	癸
阴阳	阳	阴	阳	阴	阳	阴	阳	阴	阳	阴
八卦	乾始	坤始	艮	兑	坎	离	震	巽	乾终	坤终
父母子女卦	父	母	少男	少女	中男	中女	长男	长女	父	母

由此表可知八卦纳甲图中八卦的十天干名。至于十二支配八卦,则与律历有关。《后汉书·律历志》引京房的话说:“夫十二律之变至于六十,犹八卦之变至于六十四也。宓羲作《易》,纪阳气之初,以为律法。”又说:“以六十律分期之日,

黄钟自冬至始，及冬至而复，阴阳寒燠风雨之占生焉。”①六十调是由十二律推衍而来的。《礼记·月令》已将十二律配十二月，如辅以夏历的月建，则得下表：

月份	十一	十二	正	二	三	四	五	八	七	八	九	十
月建十二支	子	丑	寅	卯	辰	巳	午	未	申	酉	戌	亥
十二律	黄钟	大吕	太簇	夹钟	姑洗	中吕	蕤宾	林钟	夷则	南吕	无射	应钟
阳阴律	阳	阴	阳	阴	阳	阴	阳	阴	阳	阴	阳	阴

此表同样可对应于八卦纳甲图。由此表，十一月、五月为子午，十二月、六月为丑未。配以乾坤父母卦，乾卦初爻为子（十一月），四爻为午；坤卦初爻为未（六月），四爻为丑。以上可表阴阳二气之终始。继以此表，以十一月、五月子午配阳卦震，各爻按阳支顺行则得子、寅、辰、午、申、戌，与纳甲表合。以十二月、六月为丑未配阴卦巽，各爻按阴支逆行得丑、亥、酉、未、巳、卯，与纳甲表合。余可类推。

由此可见，京房纳甲表是《说卦传》乾坤父母配以十天干说和律历月建之说相结合的产物，纳甲表深深包含着十一月月建在子的夏历历法。同理，惠栋考得的京房易八卦六位即五行六位图说也深深地包含着夏历历法。可以说，惠栋《易汉学》考京易八卦六位和纳甲说，无不围绕揭示上述要旨进行。京房易理、五行六位之说和纳甲图说是其最重要之点。

惠栋的考索还力图以京房易理解释《易》卦中的一些话。

---

① 《后汉书》，册十一，页三〇〇〇。

例如《易·坤》"上六，龙战于野，其血玄黄"是古来难解之句。惠栋引晋干宝云："阴，在上六，十月之时也（按：坤卦为阴卦，象数在上六，按孟喜消息卦，坤居十月中气）。爻终于酉（惠栋注：坤上六癸酉金；按：查表可知坤卦爻位上爻合于此），而卦成于乾（惠栋注：卦本乾也，阳消成坤），乾体纯刚，不堪阴盛，故曰龙战。戌亥，乾之都也，故称龙也（按：查表可知乾上爻壬戌，坤五爻癸亥，此处以戌、亥皆为乾之聚藏之处。都：聚，藏。又以乾为龙。干宝以孟喜易和京房易说解全句。全句可译为：上六，龙在原野上交合，流出青黄相杂的鲜血）"。又如《易·井》："初六，井泥不食。"惠栋引干宝云："在井之下，体本土爻（惠栋注："巽初六辛丑土"），故曰泥也。井而为泥，则不可食，故曰不食。"（按：井卦下巽上坎，巽之初爻为辛丑土。）

惠栋考索京房易的第二件大事，是依京房易制八宫卦次图，并引宋儒张行成解释其要义。京房易曾循前述八卦六位父母六子女卦之说，将八个经卦的重卦称为"八宫"，又称"八纯"，并排列其次序为：乾、震、坎、艮；坤、巽、离、兑。以乾、坤为父母卦，各带三男三女。进而排列六十四卦的次序，八宫各带七个卦，形成六十四卦次序[$8\times(7+1)=64$]，例如乾宫统姤、遁、否、观、剥、晋、大有，坤宫统复、临、泰、大壮、夬、需、比。等等。起于乾卦，终于归妹。除八纯卦本身叫上世以外，所统七卦前五卦叫一世、二世、三世、四世、五世，第六卦叫游魂，第七卦叫归魂。惠栋《易汉学》制《八宫卦次图》，可改造而制成下图。[①]

① 参见朱伯崑《易学哲学史》，上册，第121页，北京大学出版社1986年版。

世、游、归	六十四卦顺序							
八宫 上世	乾 ䷀	震 ䷲	坎 ䷜	艮 ䷳	坤 ䷁	巽 ䷸	离 ䷝	兑 ䷹
一世	姤 ䷫	豫 ䷏	节 ䷻	贲 ䷕	复 ䷗	小畜 ䷈	旅 ䷷	困 ䷮
二世	遁 ䷠	解 ䷧	屯 ䷂	大畜 ䷙	临 ䷒	家人 ䷤	鼎 ䷱	萃 ䷬
三世	否 ䷋	恒 ䷟	既济 ䷾	损 ䷨	泰 ䷊	益 ䷩	未济 ䷿	咸 ䷞
四世	观 ䷓	升 ䷭	革 ䷰	睽 ䷥	大壮 ䷡	无妄 ䷘	蒙 ䷃	蹇 ䷦
五世	剥 ䷖	井 ䷯	丰 ䷶	履 ䷉	夬 ䷪	噬嗑 ䷔	涣 ䷺	谦 ䷎
游魂	晋 ䷢	大过 ䷛	明夷 ䷣	中孚 ䷼	需 ䷄	颐 ䷚	讼 ䷅	小过 ䷽
归魂	大有 ䷍	随 ䷐	师 ䷆	渐 ䷴	比 ䷇	蛊 ䷑	同人 ䷌	归妹 ䷵

上表实际上反映了惠栋对六十四卦次序的看法。六十四卦内部有规律可寻，除八宫卦各卦间循前述爻位、纳甲规律外，各宫卦所携各卦间的转化是渐变有序的。如乾卦为纯阳，一世姤为一阴爻，二世遁为二阴爻，三世否为三阴爻，四世观为四阴爻，五世剥为五阴爻，游魂卦（如晋卦）只是将五世卦（如剥卦）中的由下往上数的第四划往复本宫卦（如乾卦）的由下往上数的第四划爻象，或者说，游魂卦是将五世卦中第四划阳爻改阴爻，阴爻改阳爻。归魂卦即是将游魂卦中的下卦（下三爻）恢复到本宫卦中的下卦。惠栋论述此有序的渐变说："乾用离为晋（按：意思是说乾宫卦渐变以至于

包含离宫之卦而成晋卦，下类推)，离用乾为讼，坤用坎为需，坎用坤为明夷，故云乾坤用坎离，坎离用乾坤也。震用兑为大过，兑用震为小过，艮用巽为中孚，巽用艮为颐，故云震艮用巽兑，巽兑用震艮也。”以上既是说八宫卦间的联系，又是说各宫卦如何渐变成本宫所属的游魂卦。对这种联系和转化，惠栋说：“若以世变言之，则乾与坤，坎与离，震与巽，艮与兑两卦阴阳互相为用也。”①

惠栋还考索了京房易八宫卦说中的世应说，那是说八宫卦及各属卦间的关系，当可从各爻间的感应得到说明，先说六爻间存在的两两交感对应关系。惠栋引《易乾凿度》曰：“三画成乾，六画成卦，三画以下为地，四画以上为天，《易》气从下生，动于地之下，则应于天之下，动于地之中，则应于天之中，动于地之上，则应于天之上。(郑玄注云：天气下降以感地，故地气动升以应天也。)初以四，二以五，三以上，此之谓应。”这实际上是说天地间气流的交互运动，反映在爻位对应上；或者说爻位的对应象征万事万物的对立面间的和谐统一的运动，或者更具体地将各爻位系之于人的社会地位。每卦又以一爻位为主。试概括列表如下：

① 《易汉学》，页四〇。

爻位	应	六爻象征性大义	京房易说	三才	世卦	世卦主爻又称
上位	三上	事物发展终尽，主穷极必反	太上皇、宗庙	天	八纯卦	治世
五位	二五	事物圆满成功，处盛戒盈	天子		五世卦	
四位	一四	事物新进高层，惊惧审时	诸侯	人	四世卦	临世
三位	三上	事物功业小成，主慎行防凶	三公		三世卦	
二位	二五	事物崭露头角，主适当进取	卿大夫	地	二世卦	居世
初位	一四	事物发端萌芽，主潜藏勿用	士民、元士		一世卦	

以爻位说吉凶，以主爻位说世卦，感应于人事万物，此即世应之说。例如说初爻元士居世，则与四爻诸侯相应，二爻大夫居世则与五爻天子相应，三爻三公临世则与上爻宗庙相应，用来解释六十四卦，例如京房《易传》解说否卦说："三公居世，上九宗庙为应，君子以俟时，小人为灾。"查前表否卦为三世卦，当为"三公临世"，与上爻位宗庙相应，表示君子可等待顺利时机到来，小人则遭灾。那么游魂卦和归魂卦又如何办呢？例如乾宫游魂卦晋卦，京房曰："诸侯居世，反应元士。"因晋卦九四爻为乾卦阳爻之恢复，故以四爻为主，查表可知爻四位为"诸侯临世"，与初位元士相应，故有此说解。又如归魂卦大有，京房解曰："三公临世，应上九为宗庙。"因大有卦九三爻表示乾阳复于内卦之位，故以三爻为主，故云"三公临世"，与上位宗庙相应，京说可通。惠栋考索世应还

引用干宝，题为"干宝易蒙卦位，曰蒙者离宫阴也，世在四"条[1]，今查《八宫卦次图》，可知干宝注合世应之说。其实，在解释其他《易》理时，也往往贯串世应之说。例如惠栋考"贵贱"条时引《乾凿度》云："初为元士（惠栋注：在位卑下），二为大夫，三为三公，四为诸侯，五为天子，上为宗庙（惠注：宗庙人道之终也）。凡此六者，阴阳所以进退，君臣所以升降，万民所以为象则也。"[2]由前表可知，这完全是世应之说。我们不妨说，惠栋已接受这样一种观点：人间贵贱等级，是世应之一函项。它给我们的启发是，贵贱也是万事万物制约的一项结果或答案，当分析其原委。当然，靠《易》理是未必能或完全不能揭示贵贱之别的真正原因的，无论是京房还是惠栋，都不可能认识这一原因，他们都不过是把贵贱之别的现实原因加以逻辑化而成为爻位世卦的逻辑系统而解释之。

惠栋还考索了"飞伏"之说。惠栋引宋儒朱震《汉上易传》对飞伏的解释："凡卦见者为飞，不见者为伏，飞方来也，伏既往也。说卦巽其究为躁，卦例飞伏也。太史公律书曰：冬至一阴下藏，一阳上舒。此论复卦初爻之伏巽也。（惠栋注：六十卦飞伏详京房《易传》）"[3]按惠栋的考释，京房飞伏之说，来源于《说卦》对巽的解释。"震为雷，为龙……为决躁"，而"巽为木，为风……其究为躁卦"。[4] 巽有顺义，归结于躁卦，

① 《易汉学》，页四〇。
② 《易汉学》，页四三。
③ 《易汉学》，页四二下栏。
④ 《易·说卦传》，《十三经注疏》，页八三上。

震与巽有相反为义之隐含。按《说卦传》,按京房八卦六位图和八卦纳甲图,震为巽的对立面,震与巽互为飞伏。惠栋考引《史记·律书》"冬至则一阴下藏,一阳上舒"①,一阳上舒,是说冬至所值的复卦(䷗下震上坤)初爻为阳②,一阴下藏,是说含阳爻的震卦潜伏其对面巽卦(☴)为阴,此处"一阳上舒"为飞,"一阴下藏"为伏。惠栋又引京房易说:"夏至起纯阳,阳爻位伏藏。冬至阳爻动,阴阳凝地。"这也是飞伏之义。至于八宫卦的飞伏,乾、坤、震、巽、坎、离、艮、兑,均为阴阳对立,互为飞伏。

惠栋还注意到飞伏之说对解释易理的作用,注意到诸家易说对飞伏的运用。飞伏之说,不过是阴阳对待在卜知未然中的作用,故诸家易都有。例惠栋考云:"坤,上六,龙战于野。荀爽曰:消息之位,坤在于亥,下有伏乾,为其兼(惠注:王弼改作嫌)于阳,故称龙也。"龙比喻阳刚之气,坤卦何来阳呢?惠栋认为非用飞伏之说不可了,考引荀爽用消息卦,坤卦为六阴消阳,建亥,十月,可它本身为"伏乾"而"兼于阳",决非排斥阳、"嫌于阳"的。由消息卦坤卦而复卦:一阳息阴,建子,十一月。③ 可见坤卦是飞阴而伏阳,故有"龙战"之说。又如,惠栋考引:"《系辞下》曰:龙蛇之蛰,以全身也(按:十三经注疏本作存身,页八七下)。仲翔曰:蛰,潜藏也,龙潜而蛇藏,阴息初巽为蛇,阳息初震为龙(按:巽☴为阴,震☳为阳。息,生)。十月坤成,十一月复

① 《史记》,册四,页一二四四。
② 见本书第六章第二节七十二候图。
③ 参见本书第六章第二节。

生（按：消息卦以坤为十月，复为十一月）。姤，巽在下，龙蛇俱蛰，初坤为身，故以全身也（按：依六十四卦序，姤在乾下，巽在坤后，依消息卦，乾为四月，姤为五月。坤为地，为阴，坤成女）。又云：利用安身，以崇德也。九家易曰：利用，阴道用也，谓姤时也。阴升上究（按：天子，爻位的五位六位），则乾伏坤中（按：参见前六十四卦卦次图，例恒卦、升卦等）。屈以求信（按：通伸），阳当复升，安身默处也。"[①]在惠栋看来，坤成复生、乾伏坤中、阳当复升等卦爻的表现和运动，都可以飞伏之说解之。惠栋已把飞伏之说看作汉儒解易理的一个普遍性契机，这是对易理中辩证思想的深刻把握。

惠栋考京房易，也得出了京房视《易》为历法的结论。惠栋引元胡一桂《周易启蒙翼传》外篇所载京房易起月例云："一世卦阴主五月，一阴在午也，阳主十一月，一阳在子也。二世卦阴主六月，二阴在未也，阳主十二月，二阳在丑也。三世卦阴主七月，三阴在申也，阳主正月，三阳在寅也。四世卦阴主八月，四阴在酉也，阳主二月，四阳在卯也。五世卦阴主九月，五阴在戌也，阳主三月，五阳在辰也。八纯上世阴主十月，六阴在亥也，阳主四月，六阳在巳也。游魂四世所主，与四世卦同。归魂三世，与三世同。"这等于说，京房视《易》亦为一部历法。现列表并与消息卦对照之。

---

① 《易汉学》，页四三上。

月份		十一	十二	正	二	三	四	五	六	七	八	九	十
京房易	世卦	一世卦	二世卦	三世卦归魂卦	四世卦游魂卦	五世卦	上世卦	一世卦	二世卦	三世卦归魂卦	四世卦游魂卦	五世卦	上世卦
	阴阳	阳	阳	阳	阳	阳	阳	阴	阴	阴	阴	阴	阴
	十二地支	子	丑	寅	卯	辰	巳	午	未	申	酉	戌	亥
	对应卦名	姤	遁	否	观	剥	乾	复	临	泰	大壮	夬	坤
孟喜易	消息卦	复	临	泰	大壮	夬	乾	姤	遁	否	观	剥	坤
	月建	子	丑	寅	卯	辰	巳	午	未	申	酉	戌	亥

由上表可知，惠栋考京房易和孟喜易有许多共同处，月建都是十一月建子，说明都反映夏历历法。对应卦名四月为乾十月为坤亦同。余卦名正相反，然卦次序相同。惠栋考京房易再次揭示了《易》的历法本质，与惠栋考孟喜易、虞翻易同。

五、《易汉学》考索郑玄《易》乾坤爻辰图并所值二十八宿说为《易纬》、京房《易》、孟喜《易》之集大成

惠栋考得郑玄十二月爻辰图，乾坤至泰否爻辰表，惠栋考郑玄乾坤爻辰所值二十八宿并月律表，惠栋考郑玄综合孟、京二家《易》，惠栋研究《易》学史的方法及其思想方法上的

逻辑发展过程

东汉的易学有许多新发展，马融、郑玄、荀爽都传费氏易，并吸收了京房易的成就，融进了《易纬》的许多观点，重在追求卦象和卦爻辞之间的联系，形成了东汉独树一帜的象数学派易学。郑玄易最显著的特点是以爻辰说解释《周易》经传文字，而爻辰说原本出于《周易乾凿度》（《易纬》八种之一，郑玄注，原文和注文皆佚，今有辑佚本），惠栋考索郑玄易学正是从这里开始。首先，惠栋考得“十二月爻辰图”，实际上是“十二月乾坤爻辰图”。如次：

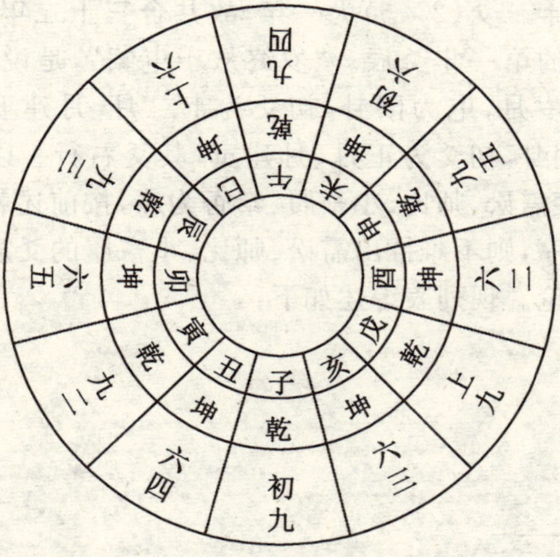

惠栋考郑玄易引《乾凿度》云：“乾，阳也。坤，阴也。并如而交错行，乾贞于十一月子，左行，阳时六（康成注曰：贞，正也。初爻以此为正位，爻左右者，各从次数之）。坤贞于六月未（郑注：乾坤，阴阳之主。阴退一辰，故贞于未），右行，阴时六，以顺成其岁，岁终从于屯蒙（郑注：岁终则从其次屯蒙，需讼也）。”又说：“阴卦与阳卦同位者，退一辰，一未为贞，其爻右行，间辰而始六辰（郑注：阴阳同位，阴退一辰，谓左右交错相避）。”[①]文中说“乾贞于十一月子”，是说乾卦初爻正合夏历十一月月建建子。左行，按图是指乾卦顺时针旋转。阳时六，是说阳卦配六个月时间。阴卦坤卦的初爻合夏历六月月建为未。所谓“退一辰”，是说由乾卦左旋至戌，而坤卦初六相对于乾右行作左行而退，共十二个月至坤卦合未（合一地支）。坤卦右行是说逆时针旋转，也是配六个月时间，阳阴合成十二个月即一年时间。[②] 六十四卦因阳阴二卦十二爻（2×6）为一年，故共合三十二年。乾坤是三十二年的第一年爻辰。“岁终从于屯蒙”，是说第二爻辰为屯蒙主岁月，屯为阳卦，初爻为十二月，月建丑，其爻左行；蒙为阴卦，初爻为正月，月建寅，其爻右行。以下以《易经》原卦序需讼、师比、小畜履、泰否为序，按前述乾坤、屯蒙爻辰的程序，则不难推出需讼、师比、小畜履的爻辰，泰否爻辰应另别论。现列表综述如下：

---

① 《易汉学》，页五五下。

② 乾爻左行，按以下次序对照爻辰图可知：十一月子、正月寅、三月辰、五月午、七月申、九月戌。坤爻右行：十二月丑、十月亥、八月酉、六月未、四月巳、二月卯。乾爻以十一月子为初爻，坤爻以六月未为初爻，从乾卦初爻十一月建子，到坤卦初爻六月建未，共十二个月。

卦序	卦名	阳				阴				爻			辰		
		卦	月份	月建	旋	卦	月份	月建	旋	初爻	二爻	三爻	四爻	五爻	上爻
第一	乾	乾	十一	子	左	坤	六	未	右	十一月子	正月寅	三月辰	五月午	七月申	九月戌
第二	坤									六月未	八月酉	十月亥	十二月丑	二月卯	四月巳
第三	屯	屯	十二	丑	左	蒙	正	寅	右	十二月丑	二月卯	四月巳	六月未	八月酉	十月亥
第四	蒙									正月寅	三月辰	五月午	七月申	九月戌	十一月子
第五	需	需	二	卯	左	讼	三	辰	右	二月卯	四月巳	六月未	八月酉	十月亥	十二月丑
第六	讼									三月辰	五月午	七月申	九月戌	十一月子	正月寅
第七	师	师	四	巳	左	比	五	午	右	四月巳	六月未	八月酉	十月亥	十二月丑	二月卯
第八	比									五月午	七月申	九月戌	十一月子	正月寅	三月辰
第九	小畜	小畜	七	申	左	履	八	酉	右	七月申	九月戌	十一月子	正月寅	三月辰	五月午
第十	履									八月酉	十月亥	十二月丑	二月卯	四月巳	六月未
第十一	泰	泰	正	寅	左	否	七	申	右	正月寅	二月卯	三月辰	四月巳	五月午	六月未
第十二	否									七月申	八月酉	九月戌	十月亥	十一月子	十二月丑

从上表乾坤卦到小畜履卦都是很好理解的，其程序也可由表一目了然，唯坤卦为未，郑注中云坤卦“退一辰，故贞于未”、“左右交错相避”，说的都是同一个意思，其含义已如前述。由上表乾坤卦到小畜履卦的爻辰的月建始终未变，都是夏历的十一月建子，这再一次由爻辰说明《易》理的历法本质。

惠栋为全面考验郑玄易理，针对郑易的乾坤爻辰图，引《易纬》之说与郑注《周礼》互证。《易汉学》说：“栋案：《易纬》之说与十二律相生图合。郑于《周礼·太师》注云[①]：黄钟初九也（按：由前图可知，初九为乾卦建子，十一月，可见郑玄以十二律黄钟配夏历十一月），下生林钟之初六（按：坤卦建未，六月），林钟又生太簇之九二（按：乾卦建寅，正月），太簇又下生南吕之六二（按：坤卦建酉，八月，前图为酉坤六二爻），南吕又生姑洗之九三（按：乾卦建辰，三月），姑洗又下生应钟之六三（按：坤卦建亥，十月），应钟又上生蕤宾之九四（按：乾卦建午，五月），蕤宾又上生大吕之六四（按：坤卦建丑，十二月），大吕又下生夷则之九五（按：乾卦建申，七月），夷则又上生夹钟之六五（按：坤卦建卯，二月），夹钟又下生无射之上九（按：乾卦建戌，九月），无射又上生中吕之上六（按：坤卦建巳，四月）。韦昭注《周语》云：十一月黄钟乾初九也，十二月大吕坤六四也，正月太簇乾九二也，二月夹钟坤六五也，三月姑洗乾九三也，四月中吕坤上六也，五月蕤宾乾九四也，六月林钟坤初六也，七月夷则乾九五也，八月南吕坤六二也，九月无射乾上九也，十

① 参见《十三经注疏》，页七五九下栏。

月应钟坤六三也。”如把韦昭注和郑玄注《周礼》言《易》对照(可参见各条括号内的注文),可知两者完全一致,均言夏历月建,与本章第四节中讲论惠栋考得的京房易言十二月律和十二月各月建的关系同,惠栋的考索已明确地告诉我们,郑玄易和京房易是有共同的历法基础的,他们所言十二月律完全一致。惠栋指出:“郑氏注《易》,陆绩(187—219,三国吴人)注《太玄》,皆同前说(按:指韦昭的说法),是以隋代经学家何妥《文言注》以初九当十一月,九二当正月,九三当三月,九四当五月,九五当七月,上九当九月。”惠栋以上述郑玄易爻辰、月建、律吕相配说检核宋儒朱震,发现其言象数配月建的错误,这一错误,归根到底又是朱氏言《周易》历法的错误。朱氏作十二律图,以六二在巳(按:仍可对照前述郑氏乾坤爻辰图,坤卦初六贞于未,六二在巳误,六二当在酉),六三在卯(按:六三当在亥),六五在亥(按:六五当在卯),上六在酉(按:上六当在巳)。为此,惠栋据郑玄易乾坤爻辰图中坤卦初六贞于未而右行之理,批评宋儒朱震说:“坤贞于未而左行,其误甚矣,今作图以正之,并附郑氏易说于后。”乾为天,坤为地,《易纬》言“天道左转,地道右迁”,惠栋以天地左右旋说、坤卦贞于六月未说来批评宋儒,是合乎《易》理的,因而是正确的。朱震说:“子寅辰午申戌,阳也,乾之六位。”对照前述郑氏易乾坤爻辰图,此说是合《易》理的,朱又说:“未巳卯丑亥酉,阴也。”惠栋是坚定的坤卦右旋说者,他批评朱震说:“此亦误,当云未酉亥丑卯巳,所谓右行阴时也。”惠栋还指出,郑玄注《礼记·月令》时说过,正月宿直尾箕(按:这是仅仅就乾坤爻辰图所说,下同。是说乾卦二九贞于寅,直二十八宿尾宿和箕宿),

八月宿直昴毕(按:坤卦六二贞于酉,直昴宿和毕宿),六月宿直鬼(按:坤卦初六贞于未,直鬼宿和井宿,故此句下惠栋补注云:又云六月宿直东井。惠补甚确),九月宿直奎(按:乾卦上九贞于戌,直胃宿、娄宿、奎宿),十月宿直营室(按:坤卦三六贞于亥,直壁宿、室宿)。惠栋考郑玄注云:“又云卯宿直房心(按:坤卦六五贞于卯,夏历二月,直氐宿、房宿、心宿。惠栋在此句下补注云:二月。甚确),申宿直参伐(按:乾卦九五贞于申,七月,直参宿、觜宿。参伐,参宿。伐为参宿中的三颗小星。惠栋补注云:七月。甚确),又注季冬云,此月之中日历虚危(按:季冬之月为十二月,坤卦六四贞于丑,直牛宿、斗宿。此处讲日历虚危,是说太阳视运动经虚宿危宿,概而言之。夏历十一月、十二月为月建子丑,直危虚女牛斗四宿,皆属北方玄武七宿之中)。”在惠栋看来,郑玄易不仅和京房易有共同之处(前已述两易学有共同的月建、月律),而且和孟喜易也有共同之处。惠栋考孟喜易卦气图说以震、离、兑、坎四卦为四正卦,分别合东、南、西、北,如与郑玄爻辰图结合并观,可发现其有共同之处,惠栋引《参同契》曰:“青龙处房六兮,春分震东卯(按:二十八宿东方苍龙七宿中有氐房二宿,郑玄爻辰为坤卦六五贞于二月卯,合孟喜易震卦二月中气春分)。白虎在昴七兮,秋分兑西酉(按:西方白虎有昴宿等七宿:奎娄胃昴毕觜参,郑玄爻辰为坤卦六二贞于八月酉,合孟喜易兑卦八月中气秋分)。朱雀在张二兮,离南午(按:南方朱雀有张宿等七宿:井鬼柳星张翼轸,郑玄爻辰近似为乾卦九四贞于五月午,合孟喜易离卦五月中气夏至)。又云:含元虚危,播精于子(按:二十八宿虚宿危宿,正值郑玄爻辰乾卦初九贞于十一月子,故云)，皆与图合(按：指与惠栋制《爻辰所值二十八宿图》合)。若以日所历言之，则右行西周二十八舍(按：《参同契》主张日循黄道的视运动为右旋二十八宿，通常的看法则取《易纬》天左旋说)。《明堂·月令》所谓孟春之月，日在营室是也，与此不同(按：依郑玄爻辰正月为乾卦九二贞于寅，直二十八宿心尾宿，故云不同)。"[①]十分明显，惠栋考郑玄易，是在考求郑玄易与京房易、孟喜易、易纬等诸家易的共同本质及其自身的特殊叙述形态爻辰说。

据上述郑玄乾坤爻辰易理、郑玄注《礼记·月令》爻辰所值二十八宿，所合孟喜易月份、中节气之说，惠栋在《易汉学》中绘制了引人注目的"(乾坤)爻辰所值二十八宿图"，如再融进郑玄注《周礼》的月律之说(亦正合京房易月律之说)，则可制成《惠栋考郑玄乾坤爻辰所值二十八宿并月律表》如下：

卦名	爻位	象数	夏历月	月建	月律	二十四节气	二十八宿
乾	初爻	初九	十一月	子	黄钟	大雪冬至	虚危
坤	四爻	六四	十二月	丑	大吕	小寒大寒	斗牛女
乾	二爻	九二	正月	寅	太簇	立春雨水	尾箕
坤	五爻	六五	二月	卯	夹钟	惊蛰春分	氐房心
乾	三爻	九三	三月	辰	姑洗	清明谷雨	角亢
坤	六爻	上六	四月	巳	中吕	立夏小满	翼轸
乾	四爻	九四	五月	午	蕤宾	芒种夏至	星张
坤	初爻	初六	六月	未	林钟	小暑大暑	鬼柳

① 《易汉学》，页五六下。《礼记·月令》的说法可参《十三经注疏》，页一三五二下。

续 表

卦名	爻位	象数	夏历月	月建	月律	二十四节气	二十八宿
乾	五爻	九五	七月	申	夷则	立秋处暑	觜参井
坤	二爻	六二	八月	酉	南吕	白露秋分	昴毕
乾	六爻	上九	九月	戌	无射	寒露霜降	娄胃
坤	三爻	六三	十月	亥	应钟	立冬小雪	室壁奎

惠栋考郑玄易,首先抓住郑玄的乾坤爻辰图不断阐发之。郑玄是吸收今文经和古文经,综合各家之长以成己见的大家。惠栋考郑易爻辰图,已体现这一思想。为进一步提供研究材料,惠栋搜集到有关材料十二则,并以“郑氏易”专名之,还叙述说:“康成以爻辰说《易》,其书已亡,间见于唐人《正义》者,采以备考。”从这些材料看,总的说,郑玄作为东汉易学大家,却没有概括出什么哲学思想,多半是深入《易》的象数之理,即使不是及于象数,也往往是从个别表达文字入手,作饾饤的解释功夫,这正是汉学的特点。积象数的深入和个别的解释,聚个别而成一般系统,惠栋对备考材料的搜集,是可以借此窥见郑《易》一般的,这一般就是郑玄借《易纬》象数之理分别阐《易》而积成系统。

例如第一则材料:《坤·文言》曰:“阴疑于阳必战,为其慊于阳(惠注:王弼俗本阳上有无字)也。汪云慊读如群公溓之溓,古书篆作立心(按:即所谓竖心旁),与‘水’相近,读者失之,故作慊。溓,杂也(惠注:字书无训溓为杂者,古训之亡,其来久矣),阴谓此上六也,阳谓今消息用事,乾也。上六为蛇(惠注:上六在巳),得乾气杂似龙(惠注:《诗正义》:《系辞》曰:观鸟兽之文。陆绩曰:朱鸟白虎苍龙玄武四方,二十八宿,经纬之文)。”这一段话,《坤·文言》

"阴疑"一句，今通常理解成"阴气凝情于阳气必然相互交合。作《易》者是怕读者疑惑于坤卦没有阳爻，所以在爻辞中称'龙'代表阳"①。按郑玄、惠栋的说法，慊不过是溓的鲁鱼豕亥，溓训杂，连今天的《汉语大字典》"溓"字下也没有，这么说，这段话应理解成：阴卦中杂有阳卦"必战"不吉利。这实际上是孟喜消息卦和京房阳阴二气消长之说说《易》和卦辞。《周易集解》引京房八卦卦气说云："消息之位，坤在于亥，下有伏乾，为其兼于阳，故称龙也。"坤卦"得乾气杂似龙"，亦正此义。郑玄的这段话合于他综合孟、京二易的立足点，是《易》理象数的一种反映。

第二则材料：比卦初六，"有孚盈缶"注："爻辰在未，上值东井，井之水人所汲用。缶，汲器。（惠栋注：《诗正义》引《春秋元命苞》曰：东井八星主水衡。）"比卦初六的这一段话，今一般理解成：初六，心怀诚信，亲密比辅于君主，免遭咎害；君主的诚信如美酒充盈酒缸，终于使远者来归，亲抚远方，吉祥之事呵！② 惠栋考郑玄对这段话的理解，完全从《易纬》象数说出发，用爻辰说，对照郑玄的爻辰图，初六在未，二十八宿直井星、鬼星、柳星。惠栋所引纬书，东井即井星，二十八宿中有南方朱雀七宿第一宿，共有八颗星。水衡，也是井星的别名。郑说与今一般之说迥异。

第三则材料：泰卦六五"帝乙归妹，以祉元吉"注：

---

① 这段话，《十三经注疏》本页一九中栏作："阴疑于阳必战，为其嫌于无阳也，故称龙焉。"

② 这段话，《十三经注疏》本页二六上栏作："初六，有孚比之，无咎。有孚盈缶，终来有它，吉。"

“六五爻辰在卯，春为阳中，万物以生，生育者嫁娶之实，仲春之月，嫁娶男女之礼，福禄大吉。”(《周礼郑注》)泰卦六五的话，今天一般理解成：六五，商帝王帝乙嫁出少女，以此获福泽，至为吉祥。可是，为什么要在六五嫁娶，嫁娶于此时为什么会吉祥？郑玄按爻辰说说之，六五爻辰在卯，节气为春分，故有“泰卦六五”之说。郑玄注是以爻辰之说去解释《易》卦说的内在逻辑之理的，这有助于我们深入理解《易》理。

又如第八则材料：离卦九三“不鼓缶而歌”注云：“艮爻也。位近丑，丑上值弁星，弁星似缶。《诗》云：坎其击缶。则乐器亦有缶(《诗正义》)。”[①]离卦九三的那段话，通常理解成：九三，太阳将下山，犹人生将尽，如不鼓缶而歌，则必嗟叹衰老，惹起凶险。[②] 郑注中把离卦说成艮爻，这正是在《易》理上用郑玄五行说。《易纬·乾凿度》主张以五行说解释易理，郑玄吸取之，在注释《礼记·月令》，疏证《春秋》时大量运用五行说。以八卦配五行，离卦为火，艮卦为土，郑玄在解释“天地之数”时说：“天地之数各有五。五行之数，一曰水，天数也；二曰火，地数也；三曰木，天数也；四曰金，地数也；五曰土，天数也。……二五阴阳各有合，然后气相得，施化行也。”[③]如此看来，郑玄以火土相合，离卦、艮

① “坎其击缶”一语，见《诗·陈风·宛丘》，并郑注文字，可参见《十三经注疏》，页三七六中栏。

② 这段话，《十三经注疏》本页四三中栏作：“九三，日昃之离，不鼓缶而歌，则大耋之嗟，凶。”

③ 《春秋疏》引郑玄之说。又参见《汉书·五行志上》，见《汉书》，册五，页一三二八。

卦可近合。惠栋注郑注那段话说："案：离九四午也。艮六四丑也。故曰位近丑。"九四爻艮在午，节气为夏至，赤日炎炎似火，而六四爻辰在丑，节气为大寒，大地封冻，黄土冻裂。"位近丑"之说，用五行才解释得通。惠栋提供的材料及本条惠注，明显启示我们，郑玄易五行和爻辰说相通，只有以此二理解郑氏易，才能中郑氏肯綮。在惠栋看来，郑玄五行说和爻辰说有密切联系，实际情况也正是如此。至于郑注中所说的"丑上直弁星"，既然六四爻辰在丑，所直二十八宿为斗宿。弁星为古星座名，属斗宿。

惠栋还指出，郑玄易学既已继承《易纬》、孟喜、京房，与后世的王弼易当然就大不同。惠栋说这种不同时不作一般的叙述，而是通过文献资料的具体解释来比较异同的。《易汉学》中的《易正义》一节正是作这种比较的。惠栋考曰："乾九二见龙在田，正义曰：先儒（按：此处为孔颖达论郑玄）以为九二当太簇之月（按：见前表可明此是），阳气见地，则九三为建辰之月，九四为建午之月，九五为建申之月，为阴气始杀（按：shài，酷烈），不宜称飞龙在天。上九为建戌之月，群阴既盛，上九不得吉与时偕，极于此时，阳气仅存，何极之有？先儒此说于理稍乖。此乾之阳气渐生，似圣人渐出，宜据十一月之至建巳之月（按：四月）以来，此九二当据建丑、建寅（按：十二月、正月）之间，于时地之萌芽，初有出者，即是阳气发见之义，乾卦之象其应然也。"孔颖达据王弼解《易·乾》"九二，见龙在田，利见大人"为"龙出现在地上，象征阳气上升，开始普遍施予温暖"，根据是农历十一月至四月间有阳气初出。今天一般是照王弼、孔疏来理解"乾九二"的。郑玄则按他的爻辰说来解释这段话，又按他的象数五行说把九二、九三、九四、九五、上九联系起来看,“不宜称飞龙在天”,故称“见龙在田”。惠栋考释后评论说:“所云先儒者谓康成、何妥诸人也。王辅嗣解《易》不用爻辰,孔氏《正义》黜郑存王,故有是说。”由此我们也可看出惠栋研究易学史的方法,从文献资料的搜集考订中看出异同,然后尽可能作出扼要的一般概括。但从惠栋汉学的全体看,后者显得分量太少了。从具体到抽象,又从抽象到更高一级的具体,这是思想方法上的一个逻辑发展过程,早期汉学重资料搜辑,从搜辑中略见一般抽象,这或许是早期汉学发生和发展的必由之路。重要的是,我们在注重其资料搜辑的同时,不要轻视其一般抽象的地位和价值。

六、《易汉学》考荀爽《易》乾升坤降及其推广之说《易》尚时中说

惠栋考荀氏《易》三题,乾升坤降与京房易八卦宫次有关,惠栋考乾升坤降之理的应用,惠栋考“易尚时中说”的二十一卦和二十八卦,“易尚时中”是儒家道统之本,惠栋考《易九家集注》非荀爽作而为魏晋后人所撰,惠栋考荀爽易并非全面研究

惠栋考荀爽易学,在《易汉学》中列出“乾升坤降、易尚时中说、九家逸象”三个专题,最后作出简明概括“荀氏学”,道出荀爽易学的主旨。

荀爽(128—190)是东汉经学家。荀爽解易同样受京房

学派的影响。和郑玄不同的是，郑玄主象数说，荀爽则主卦气说解易，但又与京房和《易纬》中的卦气说不一样，他并不利用卦气说大讲灾变，而是利用卦气架起五行和现实世界的桥梁，这又是与他治费直古文易，注古文《周易》，深受古文易影响密切相关的。

惠栋考荀爽易"乾升坤降"，是荀氏解易的一个最重要的发明之点，如同象数那样，是汉儒说易的逻辑机制，对易理的发明有极重要的作用，但一般说仍较难概括出哲学思想。所谓"乾升坤降"，是说乾坤两基本卦的爻位互易而转化成他卦的种种情形。

惠栋《易汉学》考论云："荀慈明论易以阳在二者当上升坤五为君，阴在五者当降居乾二为臣，盖乾升为坎，坤降为离，成既济定，则六爻得位，乾象所谓各正性命，保合太和，利贞之道也。"在荀爽看来，乾坤二卦是基本卦，乾卦阳九二上升至坤卦六五取代之，则形成坎卦，坤卦阴六五下降至乾九二取代之，则形成离卦。坎卦和离卦为上经之终。坎离二卦相配，下离上坎，形成既济卦，下坎上离，形成未济卦。既济卦和未济卦为下经之终。乾坤两卦爻位的升降成了八卦和六十四卦的基础，唯其"乾升坤降"，方能做到如《乾·彖》所说的那样："乾道变化，各正性命，保合太和，乃'利贞'。首出庶物，万国咸宁。"惠栋在解释荀爽"乾升坤降"的要点说明时指出："坎为性，离为命，二者乾坤之游魂也。""游魂"一词，本为京房八宫卦卦次图中的一个卦次名称①，但八卦宫次中的游魂不含坎卦和离卦，此处"游魂"显为"变

① 见本章第四节。

化”、“精神转化”之义。惠栋还说:“乾坤变化,坎离不动,各能还其本体,是各正之义也。此说得之京房。”惠栋对荀爽的评述是正确的,乾坤升降变化与京房八卦宫次的形成过程有许多共同之处,京房还说过:“乾坤者阴阳之根本,坎离者阴阳之性命。”惠栋视荀爽脱胎于京房,是看准了两者的学理逻辑的共性的。惠栋举出了荀爽作出的若干解释:

《左传》史墨论鲁昭公之失民,季氏之得民云[1]:“在易卦,雷来乾,曰大壮,天之道,言九二之大夫当升五为君也。”意思是说,失民得民之故,在易卦的大壮䷡(下乾上震),这一卦的《象传》说:“震(☳)为雷,乾(☰)为天,雷在天上震动,是阳气强壮,称大壮。”史墨当时把这一卦的原理说成是“天之道”,荀爽则经“乾升坤降”说系之人事,并加以推广到大壮卦来说,因阴阳爻位升降,“九二之大夫当升五为君也”。其实,史墨当时论述历史的变迁,犹如自然界的变化,“君臣无常位,故《诗》曰:高岸为谷,深谷为陵”,史墨引《易》,犹如引《诗》一样,是为了说明客观的辩证变化。如此看来,荀爽的“乾升坤降”说,不过是《周易》所反映的自然界的辩证变化的进一步形而上学化和逻辑化,或者说是辩证变化的歪曲反映。惠栋当然不可能认识荀爽易“升降”说的这一特征的。针对荀爽的“升降”说解释史墨论“失民、得民”,惠栋说:“慈明之说有合于古之占法,故仲翔(虞翻)注易亦与之同。王弼泰六四注云:‘乾乐上复,坤乐下复。’此

① 见《左传·昭公三十二年》。参见《十三经注疏》本页二一二七中栏至页二一二八中栏。

亦升降之义，而弼不言升降。"①

惠栋考荀爽解释《文言》解乾九五"飞龙在天，利见大人"这句话，《文言》曰："水流湿，火就燥。"荀爽解释说："阳动之坤而为坎，坤者纯阴，故曰湿。阴动之乾而成离，乾者纯阳，故曰燥。"很简单的自然现象"水流湿，火就燥"，被纳入"乾阳升，坤阴降"的复杂逻辑系统解释之。

惠栋考荀爽解释《文言》解乾九五云"本于天者亲上，本乎地者亲下"这句话。荀说："谓乾九二本出于乾，故曰本乎天，而居坤五，故曰亲上。坤六五本出于坤，故曰本乎地，降居乾二，故曰亲下也。""本乎"这句话，今天一般理解成"以天为本原而生的则与天相亲，以地为本原而生的则与地相亲"，不过是证明"凡同类之物才能互相随从"之理。这一寻常之理，被荀爽说成合乎以下爻变法则的不寻常之理：乾卦九二上升至坤五之位，坤卦六五下降至乾九二之位。

惠栋考荀爽解释乾卦上九的彖文"云行雨施，天下平也"说："乾升于坤曰云行，坤降于乾曰雨施。乾坤二卦成雨既济，阴阳和均而得其正，故曰天下平。""云行"一句，本或是"风调雨顺，天下太平"之意。被纳入荀爽"乾升坤降"的逻辑系统，被说成乾九二升至坤六五曰"云行"，坤六五降至乾九二曰"雨施"。乾卦下体和坤卦上体各成为离、坎二卦象，成为既济卦之两体，六爻均各得其位，名卦"既济"，阴阳和均，天下太平。乾坤二卦的交互，或说卦气的变化，形成自然和社会的平和变化而非灾变。荀爽易理，不是

---

① 《易汉学》，页六〇下栏。王弼的话，可参核《十三经注疏》，页二八下栏。复，指复卦，䷗，震下坤上。可合于升降之义。

事变决定逻辑变化，而是逻辑变化决定事理，荀爽易是倒过来的易理甚明，但他从特定的角度阐释易学，对深入易理是有作用的。对上面荀爽的话，惠栋旁注说："慈明注：时乘六龙以御，天云御者，行也。阳升阴降，天道行也。"重申了荀爽的观点，乾升坤降反映自然天地之道。惠栋颇能道出荀爽易的实质所在。

惠栋还举出荀爽解释"与日月合其明"之说："谓坤五至乾二成离，离为日，乾二之坤五成坎，坎为月。"按乾升坤降说，离为日，坎为月，坎离意味着乾坤之终始，日月的运行意味着阴阳二气的消长终始。在解释乾卦彖文"大明终始"时说："乾起于坎而终于离，坤起于离而终于坎。离坎者，乾坤之家而阴阳之府，故曰大明终始也。"从而把坎卦和离卦说成"乾坤之家而阴阳之府"。

正如郑玄的乾坤爻辰不仅用于解释乾坤两卦，而且推广到所有的卦一样，荀爽的"乾升坤降"也推广到所有的卦象。惠栋考荀爽释师卦彖文"能以众正，可以王矣"一句云："慈明曰：谓二有中和之德，而据群阴，上居五位，可以王也。"是"以阳数九二上升居阴声六五"的阴阳升降来解释明白易懂的"能以"一句。又如惠栋考荀爽释泰卦九二彖文"朋亡，得尚于中行"："慈明曰：朋谓坤，朋亡而下，则二得上居五而行中和矣。""朋亡"一句，通常理解成"不结党营私，就能佑助持中行事的君主"，荀爽以阳升阴降之理说之。总之，大凡辩证对待之处，荀爽均以升降说之。对荀爽推广而言"乾升坤降"的易理，惠栋是有明确认识的。坤彖曰："含弘光大，品物咸亨。"惠栋考荀爽的解释为：乾二居坤五为含（按：坎卦），坤五居乾二为弘（按：离卦），坤初居乾四为光

(按:巽卦),乾四居坤初为大(按:震卦)。荀氏已把乾升坤降从生成坎离推广至巽震。惠栋旁注继续推广说:"乾上居坤三亦为含(按:艮卦),故六三含章可贞(按:这是坤六三的卦辞,意思是才德之美含藏正守不外露),坤三居乾上(按:兑卦),亦成而既济也。"惠栋又推广到了艮卦和兑卦,并进而引述荀爽说:"天地家,万物生,故咸亨。"从而把乾阳升、坤阴降看作"天地交"的另一种表述。惠栋在考述荀爽释《系辞上》"天下之理得,而成位乎其中矣"时说:"慈明曰:阳位成于五,阴位成于二,五为上中,二为下中,故曰成位乎其中也。"儒家历来认为,"得其中"是天下普遍之理,阳升于五,阴降于二,五和二各为上中和下中,阳升阴降合天下普遍之理,或者说,"得其中"的深层原理却是阳升阴降。惠栋的考索明白地看到了荀爽升降论的普遍意义。

惠栋考荀爽易理的另一要点是"易尚时中说"。这是讲易理的应用要点。惠栋考引荀爽说:"易道深矣,一言以蔽之曰:时中(按:浅言之是合于时宜,取中位)。"什么是时?时即时间、地点、条件。《系辞传》说:"六爻相杂,唯其时物也。"解卦需重卦时。荀爽说,孔子作《彖传》,言时者二十卦。惠注出有二十一卦:乾、蒙、大有、豫、随、观、贲、颐、大过、坎、恒、遁、睽、蹇、解、损、益、姤、革、艮、旅。例如观卦彖云:"观天之神道,而四时不忒。"睽卦彖云:"睽之时用,大矣哉!"如此等等。荀爽指出,言中者三十三卦。惠栋注出二十八卦:坤、需、讼、师、比、小畜、履、同人、大有、谦、随、蛊、临、复、大畜、坎、离、恒、遁、晋、蹇、解、损、夬、姤、萃、困、井。例如需卦彖传:"位乎天位,以正中也。"蛊卦彖传:"干母之蛊,得中道也。"井卦彖传:

“改邑不改井，乃以刚中也。”如此等等。惠栋还考出荀爽曾把时、中分类：“其言时也，有所谓时者，时行者、时成者、时变者、时用者、时义者。其言中也，有所谓中者，正中者、中正者、大中者、中道者、中行者、行中者、刚中者、柔中者。”关于中和时的关系，时的分析，包括特定卦时条件下去认识和分析每一爻位所处何种地位的“位”，最后都落实到得“中”，“中”为中和，即阴阳对立面双方均衡、和谐、统一，处于发展中的最佳状态。惠栋考荀爽易言时和中的关系说：“象之彖则又合时、中而命之，盖时者举一卦所取之义而言之也，中者举一爻所适之位而言之也，时无定而位有定，故象言中不言时，然六位又谓之六虚，唯爻适变，则爻之中亦无定也。”时就整个卦而言，中就一爻位而言。时无定而位有定，位有定而又随爻而变以致中无定，中无定却又惟二与五为之中和之定。无定与定处于矛盾运动之中，在此运动中，追求的目标应是中和。惠、荀共识云：“位之中者，唯二与五，汉儒谓之中和，扬子《法言》曰：立政鼓众，莫尚于中和。又云，甄陶天下，其在和平。龙之潜亢，不获其中矣，是以过则惕，不及，中则跃，其近于中乎！”[①]追求中和，如前面所说，乾阳九二升居坤阴六五才体现中和。荀易给我们的有益启示是中和、中庸和平，有赖于“阳升阴降”的辩证运动才能形成，中庸和平从惠、荀易理上看也是一种运动状态。惠栋考荀易说：“(《法言》)注云：二五得中，故有利，见之占。《太玄》曰：中和莫尚于五，故彖传凡言中皆指二五，二尚柔中，五尚刚中。五柔二刚，亦得无咎，二与四同功，而

① 《易汉学》，页六二下。

二多誉，三与五同功，而五多功，以其中也（按：意即二与五分别处于下位和上位之中，故二多誉，五多功）。”按以上象数升降，均可得中。

惠栋考荀爽认为，易尚时中是儒家道统的根源，识此于儒学之理一切皆通。惠栋考荀氏曰：“愚谓孔子晚而好易，读之韦编三绝而为之传（按：今谓易传非孔子作），盖深有味于六十四卦、三百八十四爻时中之义，故于彖、象二传言之，重词之复。子思作中庸，述孔子之意，而曰：君子而时中。孟子亦曰：孔子圣之时。夫执中之训，肇于中天，时中之义，明于孔子，乃尧舜以来相传之心法也。其中《丰·彖》曰：天地盈虚，与时消息。在《剥》曰：君子尚消息盈虚，天行也。《文言》曰：知进退存亡而不失其正者，其惟圣人乎？皆时中之义也。知时中之义，其于易也思过半矣。”①这一段话，同样可看作惠栋对上古学术史的追溯，今天读来，仍有清新质朴，直接本质之感。

作为汉学的文献考订，考索荀爽易不免涉及九家易问题。陆德明《经典释文·序》有“荀爽九家集注十卷”，注文云：“不知何人所集，称荀爽者，以为主故也。”至宋儒朱震认为：秦汉之际，《易》亡《说卦》，汉宣帝时，河内女子发老屋，得《说卦》，古文《老子》，至后汉荀爽集解，又得八卦逸象三十一（例如乾卦后易有龙、直、衣、言四卦，等等）。这样，就把《易九家集注》看作荀爽所撰了。惠栋考荀爽易时以“九家逸象”为题释之。惠栋澄清了宋儒的误解，说：“九家易魏晋后人所撰，其说以荀爽为宗，朱氏遂谓爽所集，失之。”

① 《易汉学》，页六三上。

总的来说，惠栋对荀爽的考索集中在阳升阴降的卦气说上，对乾升坤降及其推广之说有若干精到的考释。但对荀爽以八宫、飞伏解易，继承京房易理，并没有涉及。因此《易汉学》对荀易的考索突出了重点，但说不上全面研究。在考索文字的最后，惠栋以"荀氏学"为题引述《汉纪》综其大略及其当时的影响，可视为惠栋考荀爽易的一般概括和结论："荀悦《汉纪》曰：臣悦叔父，故司空爽，著《易传》，据爻象承应、阴阳变化之义，以十篇之文解说经意，由是兖豫之言易者咸传荀氏学。"①

七、《易汉学》关于汉宋分疆、立汉学门户的"四辨两说"

言《易》为历法的中介形态，惠栋反对宋儒的河图洛书之说，惠栋考郑玄注《易纬》图示的九宫图与宋儒河图洛书无联系，汉《易》后天卦与宋儒先天卦的区别，对宋儒纳甲图的强烈批评，辨两仪四象、辨太极图中的唯物学说，重卦说、卦变说的《易》理逻辑和辩证思想

前面讲了《易汉学》考索孟喜、京房、虞翻、郑玄、荀爽诸家，详录资料，体现观点，简为旁注，点睛明理，成为研究汉《易》的重要文献资料。概言之，惠栋考得孟喜言卦气、京房言通变、荀爽言升降、郑玄言爻辰、虞翻言纳甲，众

① 《易汉学》，页六四上。

说纷纭，但汉《易》诸家皆指归于一，都是上古历法的各种曲折反映，也就是说汉《易》诸家统言《周易》为历法，不过各自的表现形态不同，曲折反映的方式不同，应用方法不同，如此而已，正如汪中所说，为“千余年不传之绝学”，从此豁然大明。我们认为，惠栋考索汉《易》是有大功劳的。远绍旁搜，辑存系统资料，索取其深层本真为言历法，探究诸《易》理的逻辑线索，虽不免语言玄秘，多信从汉儒，然信而方可求其真。对考索汉易，梁启超曾有一评述：“栋以善易名，其治易也，于郑玄之所谓‘爻辰’，虞翻之所谓‘纳甲’，荀谞之所谓‘升降’，京房之所谓‘世应’、‘飞伏’与夫‘六日七分’‘世轨’诸说，一一为之疏通证明……以吾观之，此其矫诬，与陈抟之‘河图洛书’有何差别？然彼则因其宋人所诵习也而排之，此则因其为汉人所倡道也而信之，可谓大惑不解，然而当时之人蔽焉，辄以此相尚。”①其实，爻辰、纳甲、升降、世应、六日七分等，都不过是汉儒言易理为历法的一些不同的中介形态，惠栋一一加以考释辨明，是功而非过。惠栋也有偏袒汉儒之失，但总的看是寻找文献资料，凭证据说话，不能不说是实事求是的研究方法。梁启超对吴学的评述是有片面性的。

惠氏考索汉易，既有信从汉儒，也有努力求其本真，这两个方面，都决定他不能不与宋儒划清界限，筑起汉学的壁垒门墙。《易汉学》在考索诸汉易要点以后，卷八即以“四辨两说”（辨河图洛书，辨先天后天，辨两仪四象，辨太极图、卦气说、卦变说）区分汉宋，在惠栋看来，汉学的天然合理

① 梁启超《清代学术概论》，第24页，中华书局1954年版。

性是与宋学的谬误作对比而体现的。

惠栋和清代学者黄宗羲(1610—1695)、胡渭(1633—1714)一样,是反对河图洛书之说的。惠栋说:"虽先儒皆信其说,吾不敢附和也。"①关于河图洛书,应该说它是古代儒家关于《周易》和《洪范》两书来源的传说。《易·系辞上》说:"河出图,洛出书,圣人则之。"传说伏羲氏时,有龙马从黄河出现,背负河图,有神龟从洛水出现,背负"洛书",伏羲就根据这种"图"、"书"画成八卦,就是后来的《周易》的来源。一说禹治洪水时,天帝赐给他《洪范九畴》,就是《尚书·洪范》,刘歆认为《洪范》即洛书。这一神话传说传到宋代又起了变化。惠栋考辨正是从这里说起的。惠说,宋姚小彭氏曰,今所传载"九履一之图"(按:当与太乙下行九宫之法极似)乃易乾凿度九宫之法,自有易以来诸易师未有以此为河图者。惠栋极赞成此说,古来河图洛书之说已全部化成《周易》本书和《尚书·洪范》,没有另外的什么河图洛书。《易纬》九宫之说,曾为郑玄接受,但从未说成河图洛书之类。惠栋还说,东汉"刘瑜上书曰河图授嗣,正在九房,九房疑即太一所行九宫,盖谶纬家以为河图,桓谭张衡所痛斥为非者也"②。在不该视九宫之法为河图洛书这一问题上,惠栋与古代唯物主义思想家桓谭、张衡完全一致。至于《易乾凿度》的九宫图,郑玄注以图示:

① 《易汉学》,页六五上栏。
② 《易汉学》,页六四下栏注文。

九宫图

巽四	离九	坤二
震三	中五	兑七
艮八	坎一	乾六

按郑玄的说法，太一即太乙，郑注谓："太一者，北辰神名也。"也就是说太一即北极星神。这九宫图，纵横相加均得十五。震离、兑坎分别居于东南西北四个正位，即四正，乾坤巽艮及分别居于西北、西南、东南、东北四角，叫作四维。郑玄解释《乾凿度》说，太一在九宫中运行，始于坎宫一，次入坤宫二，次入震宫三，次入巽宫四，这时，"所行者半矣"，就还息于中央之宫。然后又进入乾宫六，次入兑宫七，次入艮宫八，次入离宫九。这仍然是天文历法的反映。当时的天文学，以北极星主管一年四季的节气，奉北极星为天神，按二十八宿距北极星的位置来测定二十四节气的变化。《史记·天官书》说："中宫天极星，其一明者，太一常居也。"汉武帝时代奉北极星为至上神，《史记·封禅书》说那时的情形是"天神贵者太一"，因为"太一"即北极星与农业生产的关系太密切了。《纬书》中推崇太一神的说法也很多，如《春秋纬·文耀钩》说："中宫大帝，其精北极星，含元出气，流精生物也。"又说："中宫大帝，其北极星下一明者，为太一之光，含元气以斗布常。"认为此北极星神，驾御北斗七星，决定四个季节的变化，《乾凿度》说的"太一行于九宫"的运行过程，实际上就是季节变化，《乾凿度》的说法是京房卦气说的发展，无非以阴阳之数说明季节变化，郑玄继承京房卦气说注《易纬》，图示九宫图，无非也是要说明以北极星的视运动位置定

季节。惠栋考出宋儒言新的河图洛书说起于刘牧，其实起于早于刘牧的道士陈抟。朱熹《周易本义》曾首列河图洛书。抽去九宫中的历法含义，被改造成宋儒河洛图，《周易本义·图说》云："洛书盖取龟象，故其数载九履一，左三右七，二四为肩，六八为足。"洛书图如次：

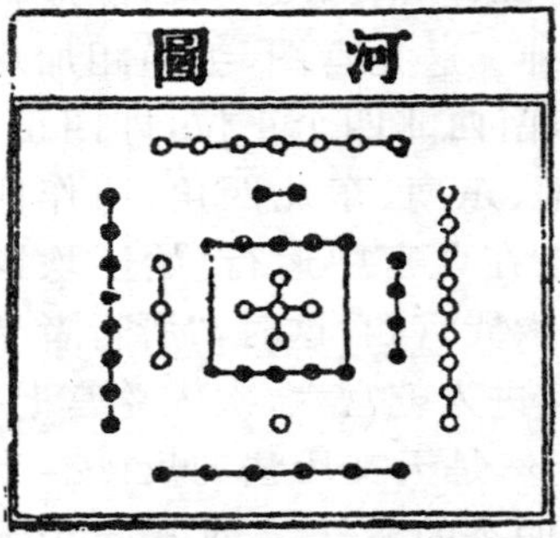

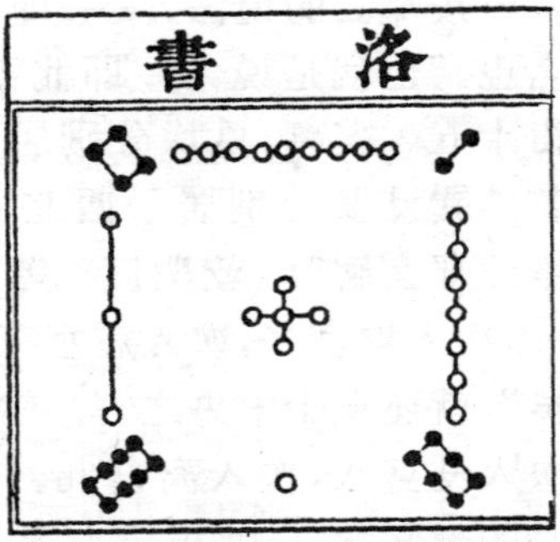

此图与九宫图相似，郑玄言太一神运行，可知历法的图成了洛书图。

由于惠栋掌握了确切的文献依据，他坚持郑玄九宫图与宋儒河图洛书本无联系的观点。"栋案：九宫之法，一二三四五六七八九，一北、九南、三东、七西、四东南、六西北、二西南、八东北、五居中，方位与《说卦》同。《乾凿度》所谓四正四维，皆合于十五是也。以五乘十即大衍之数（按：郑玄以五十又五为天地之总数，因五行之气相并减少五个数成五十为大衍之数），故刘牧谓之河图。"这段话是说，九宫之法合郑玄大衍之数说，刘牧改之为河图，又因阮逸撰《洞极经》以此为洛书，刘牧又改成以九宫图为洛书，所谓以九为洛。惠栋指出，由郑玄九宫之法引出他的大衍之数五十，而

“郑康成注大衍之数云：天一生水于北，地二生火于南，天三生木于东，地四生金于西，天五生土于中。阳无偶，阴无妃，未得相成。地六成水于北，与天一并，天七成火于南，与地二并，地八成木于东，与天三并，天九成金于西，与地四并，地十成土于中，与天五并”。如以白圈点表示天，实黑点表示地，是可以画出上图的。惠栋还说，虞翻也注云：“一六合水，二七合火，三八合木，四九合金，五十合土。”其说与郑玄注大衍之数同。又因扬雄于《太玄·玄图》中说：“一与六共宗，二与七为朋，三与八成友，四与九同道，五与五相守。”《玄数》中又说：“三八为木，为东方为春”；“四九为金，为西方为秋”；“二七为火，为南方为夏”；“一六为水，为北方为冬”；“五五为土，为中央为四维”。扬雄的《太玄》，模仿卦气图而成，以上种种，无非都是以五行说季节的变化。《洞极经》以为河图，刘牧也改变而称之为河图，所谓以十为图。惠栋谴责说：“康成、仲翔未尝指此为河图，则造此图以为伏羲时所出者，妄也。”“汉以来并未有图书之象，夫子曰：河不出图。”完全是一付早期启蒙思想家的神气。

汉宋分疆，惠栋辨先天后天。他说，他的父亲惠士奇半农先生《易说》认为道家创先天后天图，朱熹《朱子语类》则认为先天图次第是方士辈所相传授。惠栋则明确指出：“伏羲四图皆出于邵氏（邵雍），邵氏之学本之庐山老浮图（按：指在庐山讲过学的周敦颐和华山道士陈抟）。”邵雍根据《周易》和道教思想制定成世界构造的图式（“先天八卦图”），主要是关于八卦方位和二十四卦次序的排列，用以推测自然和人事的变化。并称这种图式所根据的“象数”原理，在没有天地以前就已存在，故其图称“先天图”，学称“先天学”。而且还把这种“图”和“学”归结为主观“心法”。邵著《皇极经世·观物外篇》说：“先天之学，心法也，故图皆自中起，万化万事生乎心也。”这个“心”，又是太极，又是道。惠栋和他的先人是彻底摈弃先天图说的。他说：“以先天为伏羲卦，后天为文王卦，妄也。”

对宋儒所造纳甲图，惠栋也作强烈的批评：“栋案，宋人所造纳甲图，与先天相似，蔡季通（按：蔡元定，1135—1198，南宋理学家，朱熹弟子）遂谓先天图与《参同契》合，殊不知纳甲之法：乾坤列东，艮兑列南，震巽列西，坎离在中（按：可参本章第三节‘八卦纳甲图’），别无所谓乾南坤北，离东坎西者，道家所载乾坤方位，亦与先天同，而以合之参同契，是不知易，并不知有《参同》者也。[①] 盖后世道家亦非汉时之旧，汉学之亡，不独经术矣。”[②]这里，惠栋告诫人们，即就道家而言，宋代的道家与汉代的道家已大不同，其他则又何说。汉宋分疆，壁垒分明。惠栋说：“后世道家之说，托为伏羲而加之文王周公孔子之上，学者不鸣鼓而攻，必非圣人之徒也。”[③]宋儒不研究后天而热衷于先天，当然是与汉学求实的本旨水火不相容的。惠栋从思想方法和学术修养上共评述之：“然则卦无先天乎？曰：有一卦各有一太极，圣人以此先（惠注：古文作先，俗作洗）心退藏于密，所谓先天，而天弗违也。学者不知来观诸往，不知先观诸后，知后天则知

① 此处惠栋批评宋儒既不懂《周易》，连东汉魏伯阳撰《周易参同契》也不真正知道。

② 《易汉学》，页六六上。

③ 《易汉学》，页六五下。

先天矣。舍后天而别造先天之位，以周孔为不足学，而更问庖牺，甚矣！异端之为害也，不可以不辟。”在惠栋看来，认识后天就认识了一切，而汉易是认识后天的。心性修养，退藏于密，关键是认识后天，“知后天足矣！”这就是惠栋汉学的宣言。

辨两仪四象。惠栋引其父半农先生《易说》曰：“《易》有太极，是生两仪，两仪生四象，四象生八卦。两仪，天地也。四象，四时也。四时有四正，有四维，震春、离夏、兑秋、坎冬为四正，巽东南、坤西南、乾西北、艮东北为四维。此四正四维，以时言之为四时，以象言之为四象，而八卦出于其中，不曰时而曰象者，八卦以象告也。阴阳太少可谓之仪，不可谓之象。”[①]两仪四象之说，见于《易·系辞上》，那是讲朴素唯物主义的法象论时，讲到“易有太极，是生两仪，两仪生四象，四象生八卦”[②]，应该说，两仪四象之说，是有一定的自然唯物主义成分的，从惠氏父子的解释看，那四象离不开大自然的时空方向，太极生两仪，当可指混沌元气（太极）既分，即有天地之分（两仪）。阴阳在上古也是朴素唯物主义的，阴阳二气之谓，天地之谓。至于“太少”，有太阳（旺盛的阳气）、少阳（将生成八卦的阳气）、太阴（纯阴之气）、少阴（将生成八卦的阴气），也是自然阴阳之气，所谓“太少在阴阳之中，有阴阳即有太少，非先有阴阳，后有太少

---

① 《易汉学》，页六六下。

② 《十三经注疏》，页八二。

也”①。惠栋考汉易既以大自然的时空构成为“四时”、“四象”，大自然的天地、阴阳之气、太少阴阳之气只能为“两仪”，惠栋批评说：“宋儒遂以四象当之，误矣。”重要的是，惠氏父子由汉易理而主张太极之气生天地自然，天地自然生时空，这是表明惠氏汉学的朴素唯物主义立场的。

辨太极图。太极图是周敦颐（1016—1073）融合佛道，把陈抟的《无极图》加以改变而成的世界本体及其形成发展的图式。它是一种客观唯心主义的本体论。惠栋引朱彝尊（1629—1709）考太极图的由来：汉儒言易，从未有人涉及太极图，只有道家的《上方大洞真元妙经》著录有“太极”三五之说，唐玄宗为制序。而元代至大年间卫琪注《玉清无极洞仙经》衍有无极太极诸图。② 陈抟在华山修道时曾以无极图刊于石。惠栋引朱彝尊所见到的无极图如下：共分五部分（但为圜者四位，故三四部分相连），自下而上，初一曰“玄牝之门”，次二曰“炼精化气，炼气化神”，次三五行定位，曰“五气朝元”，次四阴阳配合，曰“取坎填离”，最上第五部分曰“炼神还虚，复归无极”，故谓之无极图。③ 明末黄宗炎（1616—1686）曾著有《图学辨惑》，黄氏见到的图式与惠栋引述的区别，仅第三部分五行定位，黄图有“金木土水火”，无“五气朝元”四字，余皆同。④ 惠栋据史考出的无极图传授次序是：河上公——魏伯阳——钟离权——吕岩——方士。后来，方士

---

① 《易汉学》，页六六下。《汉语大词典》“少阳”、“少阴”条已据王弼和孔颖达的观点视之为“四象”。此与本文据惠栋作汉学的解释不同。

② 《道藏》，册二，第 597 页，文物出版社等。

③ 《易汉学》，页六七下至页六八上。

④ 见朱伯昆《易学哲学史》，中册，第 24 页。

又传给陈抟，抟以刻石，传于穆修，修以无极图授周敦颐。无极图的实质是什么？黄宗炎《图学辨惑》说："太极图者始于河上公，传自陈图南（陈抟），名为无极图，乃方士修炼之术，与老庄之长生久视又其旁门歧路也。"惠栋则一言以蔽之曰：无极说在汉代，"在道家未尝诩为千圣不传之秘也"，都是宋儒故作神秘制造出来的玄虚之说。至于周敦颐的太极图说，惠栋在概述其图式结构以后评述说①："更名之太极图，仍不没无极之旨。"

至于后来研究《易经》多为世人推崇的二程（如程颐著《易传》，为研《易》者所重，连戴震也说"《周易》当读程子《易传》"），朱彝尊则认为"未曾受业于元公（周敦颐），亦无手授太极图之事"，意即二程与明末清初诸启蒙学者共同攻击的宋儒太极图无关。这是个十分敏感的涉及对宋儒的态度问题，惠栋和朱彝尊、戴震等早期启蒙学者一样，采取求实的态度，并结合二程学理评述之，而对于二程有没有受业于周敦颐，有没有受道家的影响，则当另作别论，惠栋将体事与学理探究分开的做法，对后人研究二程，力求科学地、实事求是地评价二程，是很有启发作用的。惠栋说："愚谓道教莫盛于宋，故希夷（陈抟）之图、康节（邵雍）之易、元公（周敦颐）之太极，皆出自道家，世之言易者率以是三者为先河，而不自知其陷于虚无而流于他道也。王伯厚（王应麟）言程子教人《大学》、《中庸》，而无极一语未尝及。夫程子言易，

① 惠栋对太极图式构成的概述，可参见《易汉学》，页六八上。其概述内容与今常见到的周敦颐太极图（参见任继愈《中国哲学史》第三册，第 180 页，人民出版社 1966 年版）完全相同。

初（按：全，始终）不知有先天，言道，初不知有无极，此所以不为异端所惑，卓然在邵周之上也。”并认为，二程“言”与“不言”正反映二程所宗的儒家学理，惠栋说：“伯厚谓程子不言无极太极，是性道不可得而闻之义。此说却涉禅学矣。顾宁人（炎武）先生曰：夫子之教人文行忠信，而性与天道在其中，故曰：不可得而闻，忠恕之与一贯，岂有二耶？《黄氏日钞》曰：夫子述六经，后来者溺于训诂，未害也。濂洛言道学，后来者借以谈禅，则害深矣。”这一段话，惠栋接过王应麟评二程的话，王氏将无极太极等同于性与天道，惠氏认为此说涉及禅学，近乎以释解儒了。顾炎武言儒学忠恕一贯之说，性命天道等本体问题即存在于文行忠信的道德学问的修养之中，没有另外的“无极太极”之类。惠栋是恪守顾炎武而深刻把握儒学本质的，旨在筑起一道防线，防止宋学侵蚀儒学，汉学壁垒，为捍卫儒学而筑，不是很清楚吗？宋代黄震将治经溺于训诂之学与宋儒濂（周敦颐）洛（邵雍）之学谈禅比较，前者为“未害”，后者为“害深”。惠栋引述黄震，等于又在语言文字领域为汉学筑起一道防线，训诂（尤其是汉儒做得最多）为治经，而谈禅则离经叛道。由此也可看出，明末清初诸启蒙学者于宋儒中褒扬二程，是从维护儒家道统出发的，而那时的启蒙，又必然是以复古为旗帜的。事实上，二程同受业于周敦颐，也都受过相当长时期的佛教思想的影响。二程的“理”、“天理”是对“太极”的继承和发展，且二程是河南人，后世也称他们的学问为“洛学”。从某种意义上说，黄震批评的“濂洛”之学也是应该包括二程的。

关于重卦说。所谓重卦，就是重易之八卦为六十四卦，如乾坤相重为否卦(䷋),坤乾相重为泰卦(䷊)。一般认为文王作重卦,皮锡瑞说:“易自伏羲画卦,文王重卦,止有画而无辞。”[①]其实,重卦之说还多着呢!虞翻、王弼认为伏羲重卦,郑玄认为神农重卦。惠栋赞成郑说。实际上除郑玄外,京房也是神农重卦说,惠栋称扬的是汉儒易学神农重卦说。体现惠氏汉学特色的是,重卦的论证,发掘《易传》内证而证之。惠栋说:“愚以《系辞》考之郑氏之说是也。”《系辞》下说:“八卦成列,象在其中矣。因而重之,爻在其中矣。”这当然是说,先八卦成象,后重卦成爻六。惠栋认为,据那自然唯物主义的“法象论”可知八卦的制作:“古者庖牺氏之王天下也,仰则观象于天,俯则观法于地,观鸟兽之文与地之宜,近取诸身,远取诸物,于是始作八卦。”可见是伏羲作八卦(按:惠栋曾批评宋儒谓伏羲作先天八卦河洛之图,与此处是两回事)。据前有八卦方有重卦之理,可由下面一段话推证郑玄重卦说的正确性。伏羲氏继而“作结绳而为网罟,以佃以渔,盖取诸离”,因离卦为八纯卦(八纯卦有本章反复提及的坎离乾兑坤艮震巽),可见伏羲氏未作重卦。《系辞》下又说:“庖牺氏没,神农氏作,斫木为耜,揉木为耒,耒耨之利,以教天下,盖取诸益(按:益当然是重卦)。日中为市,致天下之民,聚天下之货,交易而退,各得其所,盖取诸噬嗑(按:亦为一重卦)。”[②]这显然是惠栋由经推史的做法,继而惠氏又证之以《论语》、《左传》,并补之以京房《易积算法》引孔子曰:“八卦因伏羲,暨乎神农,重乎八纯(按:八

① [清]皮锡瑞:《经学历史》,页一九。

② 见《十三经注疏》,页八六。

纯卦）。”并说：“此说与《系辞》合，魏博士淳于俊亦云庖牺制八卦，神农演之为六十四，演犹衍也。益自重卦之后，于是有揲蓍之法，《洪范》谓之衍忒，《系辞》谓之大衍，皆是物矣。”[①]惠栋明重卦而展示的，是一易卦简史：八纯卦—重卦—揲蓍之法（《衍忒·大衍》）。不应否认，惠栋《易汉学》的考索包含着丰富的哲理和历史内容，它远不是无联系的资料堆砌。

关于卦变说，惠栋正确地指出：“仲翔之说尤备。”虞翻是汉易中以象数解易的代表，他评论过马融、郑玄、荀爽的易学，但唯独推崇荀爽易。虞翻发挥荀氏的刚柔升降说，将卦气说引向卦变说，更具体地讲论卦与卦之间的转换生成关系。一是八卦以乾坤为父母卦，其余六子卦由父母卦生成。惠栋的概述基本合乎虞氏情况，惠栋引述虞氏说：“乾卦者诸卦之祖也，坎离者乾坤之用也。”惠栋注说：“乾二五之坤成坎，坤二五之乾成离。”意思是说，坤卦中二爻五爻换成乾即成坎，☷→☵（坤→坎）；乾卦中二爻五爻换成坤即成离，☰→☲（乾→离）。其实，前图的转换生成中还有震卦（☳）、艮卦（☶），后图的转换生成中还有兑卦（☱）、巽卦（☴）。[②] 惠时未及此。如此看来，乾坤父母卦转换生成坎离震艮兑巽六子卦。

二是十二消息卦变为杂卦。有关这方面的内容，虞翻的

① 《易汉学》，页六九上。

② 细察坎卦中的二三四爻成震卦，坎卦中的三四五爻成艮卦。离卦中的三四五爻成兑卦，离卦中的二三四爻成巽卦。否则不易弄懂。可参见本书第六章第四节。

论述非常多，中心意思无非是论证卦与卦之间有联系，这种联系表现为转换生成关系。惠栋引虞氏概述之，首先是说十二消息卦皆由坤卦和乾卦生成。惠栋引虞氏概述云："复、临、泰、大壮、夬，阳息之卦，皆自坤来。姤、遁、否、观、剥，阴消之卦，皆自乾来。"[1]十二消息卦本来就是乾坤盈虚损益而成[2]，将十二消息卦（前列十卦再加乾坤二卦）说成"阳息阴消"，自坤乾二卦转换生成而来，是很合宜的。按虞翻消息卦的内在逻辑，试将阳息卦和阴消卦对应组合，即成复姤（分别为一阳爻一阴爻）[3]、临遁（分别为二阳爻二阴爻）、泰否（分别为三阳爻三阴爻）、大壮观（分别为四阳爻四阴爻）、夬剥（分别为五阳爻五阴爻）五组。惠栋考虞翻易卦变说将十二消息卦以外的杂卦分别纳入以上五组，认为都是以上五组转换生成而形成诸杂卦的。惠栋考虞氏并概述说："故以例诸卦，自临来者四卦：明夷、震、解、升也。自遁来者五卦：讼、巽、革、家人、无妄也。自泰来者八卦：归妹、节、损、贲、既济、蛊、井、恒也。自否来者八卦：渐、咸、困、未济、涣、随、噬嗑、益也。自大壮来者五卦：需、大畜、睽、兑、鼎也。自观来者四卦：晋、萃、蹇、艮也。豫自复来，谦自剥来。蜀才（范长生）谓师与同人皆自剥来，大有不言所自，当自夬来。"[4]这段话，似难以读懂，其实不难懂。仍然是说诸杂卦由五组消息卦转换生成而来，如说讼卦（䷅下坎上乾）是

---

① 《易汉学》，页六九下。

② 见本章第三节。

③ 见本章第三节。

④ 《易汉学》，页六九下。

由遁卦(䷠下艮上乾)的二爻和三爻互换而生成的。又如蛊卦(䷑下巽上艮)是由泰卦(䷊下乾上坤)的初爻和上爻互换而生成。如此等等。惠栋又说:“不从卦例者十:丰从噬嗑来也,旅从贲也。颐晋四之初也、小过晋上之三也、大过讼上之三也、中孚讼四之初也、比师二之五也、屯坎二之初也、蒙艮三之二也;一爻变者二卦;小畜、需上变也,履、讼初变也。”①这段话说“不从卦例”,是说不合前述可归之为五组消息卦而转换之。依前例互换法说之,这些话仍然是很好懂的。如说旅卦(䷷下艮上离)是从贲卦(䷕下离上艮)初爻和四爻互换而生成的,又如说颐卦(䷚下震上艮)是晋卦(䷢下坤上离)四爻和初爻互换而生成。又如说小畜卦(䷈下乾上巽)是需卦(䷄下乾上坎)上爻由阴爻变成阳爻一变而生成之。如此等等。

卦变说的内在逻辑十分明显。它是由乾坤“阳息阴消”而生成其余十个消息卦,又将十个消息卦按阴阳对待分成五组,以五组消息卦转换生成诸杂卦而成正例,其余少数不循此例而转换生成的卦为变例。这样,可以说六十四卦均由乾坤二卦转换生成,六十四卦浑然一体,其间存在着以转换生成为特征的辩证对待和转换关系。不消说,虞翻卦变说是烦琐的象数学,然而惠栋考论卦变说却为我们揭示了卦变说的转换生成特征,对我们理解易卦的辩证对待和辩证转换关系极有帮助。值得注意的是,惠栋考索以虞翻易为代表的卦变说,同时批评了朱熹在此问题上有违卦变说的内在逻辑,惠栋说:“朱子又推广为卦变图……其作《本义》(按:《周易本义》)则

① 《易汉学》,页六九下。

又拘于二爻，相比者而相易，并不与卦例相符，故论者犹欲折中于汉儒焉。”[①]显然，在思想方法上，惠栋告诉人们：忠实于对象本质的内在逻辑才是研究对象的科学态度，舍此则因不能“折中”而濒于歪曲原本对象，而这是他的汉学即朴学所不能容许的。

① 《易汉学》，页七〇上。

第七章　惠栋《周易述》系列著作考论(上)

一、《周易述》系列著作和《周易述》上经考论

“乾元”惠栋注疏中的易理和方法，惠栋以易理历法意义解坤卦“得朋”、“丧朋”之说，大有卦元亨与乾卦元亨的一致，惠栋注离卦用兵象数解

《周易述》是我们今天所能看到的惠栋论《易》的一部专著，它大约撰著在《易汉学》之前。应该说，《周易述》既是一部专著，又是惠栋论易的一部系列著作的名称。它的主题，正如《四库总目提要》所说：“其书主发挥汉儒之学，以荀爽、虞翻为主，而参以郑康成、宋咸、干宝诸家之说，皆融会其

义,自为注而疏之。”作为一部系列著作,它的内容共四十卷,据《四库总目提要》所说的目录:“自一卷至二十一卷皆训释经文,二十二卷、二十三卷为《易微言》,皆杂集经典论《易》之语。”这两部分,构成我们所说的专著《周易述》。“二十四卷至四十卷,凡载《易大义》、《易例》、《易法》、《易正讹》、《明堂大道录》、《禘说》六名,皆有录无书。”[1]这十七卷,与专著《周易述》构成我们所说的系列著作《周易述》。《四库总目提要》说这十七卷“皆有录无书”,今考惠栋著有《易大谊》(丛书集成初编本)、《易大义》(海山仙馆丛书本)、《易例》(四库全书本、贷园丛书本、续清经解本、丛书集成初编本)、《明堂大道录》(经训堂丛书本、续清经解本、丛书集成初编本)、《禘说》(经训堂丛书本、续清经解本)。今考惠栋著《易大谊》等五种,或许可抵用《周易述》“有录无书”“六名”中的四“名”,《周易述》专著加此五种,再加本书专论的惠栋著《易汉学》,或许可代表惠栋研治易学的全貌。此外,《丛书综录》还列有惠栋著易学著作《郑氏周易增补》(雅雨堂丛书本)、《郑氏周易注增补》(丛书集成本)、《周易古义》(昭代丛书本)、《周易本义辨证》(省吾堂丛书本)、《周易爻辰图》(雅雨堂丛书本)、《九经古义》(四库全书本、丛书集成本、清经解本)等七八种[2],这些书的主要内容,大都已包括在系列丛书《周易述》及另本名著《易汉学》中。为叙述的方便,本评传就惠栋研治《易经》这个大课题围绕系

---

① 这六本书加《易微言》,构成通常所说的《周易述》后七书。见《四库全书总目》上册,页四四上栏。

② 《中国丛书综录》索引本,页六七六。

列丛书《周易述》和《易汉学》而深考论之，这样做，或可管窥全豹了。

《周易述》卷一至卷四为上经考论，含乾卦至离卦共三十卦。

卷一为乾卦至讼卦，含乾、坤、屯、蒙、需、讼六卦。《周易》包括经和传两部分。经文包括六十四卦卦名，卦辞和爻辞，共分上下两篇。惠栋《周易述》上下经考论，正是以自注自疏的方式考论经文的，而传文（"十翼"）的考论另有专章。惠栋这一大构架，可谓从古之例，因为《易传》七种原皆单行，经传分开，汉代学者为便于诵习，连传于经，编成经传参合本。《周易述》上下经的注疏，以"（卦名＋卦名惠注）＋（卦辞＋卦辞惠注＋卦辞惠疏）＋（爻辞＋爻辞惠注＋爻辞惠疏）"为基本构架，在这一构架中，三个层次中的惠注惠疏均自折中汉儒易学的。细味之，三个层次的惠注包含丰富的易学理论。以乾卦为例，卦名下惠注："八纯卦，象天，消息四月。"八纯卦即八卦（坎离乾兑坤艮震巽），八纯卦与重卦相对待，源京房易、虞翻易，虞翻易八卦纳甲图以八纯卦为基本卦。[①] 以乾象天，由来已久，汉儒宗之，吸收《易纬》以后的象数易论尤然。[②] "消息四月"一语，是说乾卦作为消息卦，月建在巳，是农历四月，此合孟喜易、虞翻易、郑玄易。[③] 由乾卦卦名惠注，已可知《周易述》是在熟谙汉易，宗师汉儒的基础上睥睨王弼注《易》和孔颖达《周易正义》，

① 参见《易汉学》，页六八、二五、七。

② 参见《易汉学》，页六八、二五、七。

③ 《易汉学》，页九、五五。

而另建一座汉儒易学殿堂。《周易述》是以汉儒述《周易》，是复兴古学、汉学大纛下的《易经》注疏，亦即彼之时代以注疏为体裁的易学、易理研究。

乾卦卦辞“元亨利贞”惠注：“元：始。亨：通。利：和。贞：正也。”这当然是在下小学功夫。又云：“乾初为道本，故曰元。息至二，升坤五(按：荀爽易以阳在二，当上升坤五，取乾升坤降之义，见《易汉学》页六〇。息，因乾息坤消之义，息于此处取乾阳爻之义)，乾坤交，故亨。乾六爻，二四上匪正，坤六爻，初三五匪正(按：此虞翻易义，见下惠疏文)，乾道变化，各正性命，保合大(太)和，乃利贞。传曰(指《易·既济》彖传)：利贞，刚柔正，而位当也。”《易》“乾元亨利贞”这句话，通常理解为：“乾阳之气，万物取之而为开端；它畅通无滞，祥和有益，无所不正。”惠栋注文，从汉易象数学回答了为什么乾卦得以元亨利贞，固然与通常按王弼注所作的理解是两个套路，但较通常理解更为深刻和逻辑化了，不难看出，按如此逻辑化了的理解，当更贴近《易经》本旨。汉儒去古未远，较之后人有更贴近古真的条件，惠栋全用汉易解之，其科学的求真求实的苦心和匠心可知。

但惠栋认识到，光有惠注还不够具体入微，还不能畅发《易》旨，为实现汉易和经文的更具体的联结，抉发本旨和阐扬汉易，惠栋的疏文则更为详备，应有尽有。试看“乾元亨利贞”的惠疏较之惠注更深入一步的情形：“疏：《系上》曰：大衍之数五十，其用四十有九，分而为二以象两，挂一以象三，揲(按：shé，按定数更迭点查)之以四以象四时，归奇于扐(按：lè，筮法将每次数剩余的蓍草夹在手指间)以象闰。[1] 又《系下》曰：易有太极，是生两仪，两仪生四象，四象生八卦。”惠栋认为这两段话是有联系的，弄懂后一段才能正确解释前一段的筮法，惠疏云：“虞翻注云：两仪，乾坤也，庖牺幽赞于神明而生，蓍演三才(按：天地人)五行，而为大衍之数五十，其一太极，故用四十有九，即蓍之数也，太极生两仪，故分而为二以象两，又分天象为三才，故挂一以象三，播五行于四时，故揲之以四，以象四时，乾坤之策，当期之日(按：一年)以闰月，定四时成岁，故归奇于扐以象闰，所谓两仪生四象也。四营而成易，十有八变而成卦，是生八卦而小成，所谓四象生八卦也。引信三才，至万有(又)一千五百二十，而六十四卦备矣，此圣人作八卦之事也。[2] 乾坤，阴阳之本，故首乾坤。元，始。亨，通。利，和。贞，正。子夏义也。元，始。《释诂》文。亨者，乾坤交也。

---

① 惠栋引用的这段话见《十三经注疏》本页八〇。“大衍之数五十……归奇于扐以象闰；五岁而再闰，故再扐而后挂。”今天一般理解成：广为演绎的占筮之数(大衍之数)用五十根蓍策表示，其中虚空一根不用而实用四十九根。把四十九策任意分为左右两分以象征天地两仪，从中取一策悬挂于左手小指间以象征天地人三才，每束四策地揲算蓍策以象征四季，把右分揲算剩余的蓍策归附夹勒在左手无名指间以象征闰月，五年再出现闰月，于是再把左分揲算剩余的蓍策夹勒在左手中指间而后别起一卦反复揲算。这一通常的理解按王弼注和孔颖达疏，可参见黄寿祺、张善文《周易译注》第 549 页，上海古籍出版社 1989 年版。惠栋按汉易学另作理解，见全部疏文所云。

② 虞翻这一段注释的话，“当期之日”、“万有一千五百二十”，原出于《易·系辞上》，见《十三经注疏》，页八〇。虞氏以卜筮之法说此，其数字的含义可参见拙著《戴震评传》，南京大学出版社 1992 年版第 27 至 28 页所述戴震的计算法。

乾天坤地,天地交为泰。《序卦》曰:泰者,通也。故知亨为通也。《说文》曰:利从刀。和,然后利,从和省。《文言》曰:利者,义之和也。又曰:利,物足以和义。极知利为和也。贞,正也者,《师》彖传文。[1] 乾初谓初九也。初,始也。元亦始也。何休注《公羊》曰:元者,气也,天地之始。故传曰:大哉,乾元!万物资始!《说文》曰:元从一。故《春秋》一年称元年。《说文》又曰:唯初太始,道立于一,造分天地,化生万物。董子(董仲舒)对策曰:谓一为元者,视太始而欲正本,是乾初为道本,故曰元也。"以上惠疏除主要引用虞翻以外,还引《易传》而以《易》解《易》,引《尔雅》、《说文》、何休注等证释四个关键字"元亨利贞"的自注文。惠栋在证释"一、元、始、太极"这类同一性概念完毕以后,即疏证与乾、坤密切相关的消息卦。我们注意到,惠栋及汉儒讲到占筮"虚一",释"元"释"始",似乎都在"太极"上做文章,但应该说,汉《易》及惠栋的真正逻辑起点在乾坤天地,《周易》的起点为乾为坤。乾坤而消息卦,一脉相承,也有逻辑上的转换生成关系。惠栋疏云:"消息之卦,乾息坤消,息至二,当升坤五为天子,乾坤交通,故亨。经凡言亨者,皆谓乾坤交也。乾六爻:二、四、上匪正;坤六爻:初、三、五匪正,虞翻义也。二、四、上以阳居阴,初、三、五以阴居阳,故皆不正。乾变坤化,六爻皆正,故各正性命。乾为性,巽为命也。乾坤合德,六爻和会,故保合太和,正即贞,和即利,故乃利贞。《传》曰:利贞,刚柔正而位当也者,

① 惠栋的这一解释,可参见《十三经注疏》页二五中栏。

既济《彖传》文：六爻皆正，故刚柔正而位当。① 经凡言利贞者，皆爻当位，或变之正，或刚柔相易。《经》惟既济一卦六爻正而得位，故云刚柔正而位当。乾用九，坤用六，成既济，定中庸，所谓致中和，天地位焉，万物育焉，是也。此圣人作《易》之事也。"②这一段紧接证释"元始"而后"乾坤消息"的惠疏，明用虞翻，实际上用了荀爽的乾坤升降之说。消息卦导自孟喜。京房的卦气说，荀爽也用卦气说言消息，例如，他在解释《说卦传》中"雷以动之"等八句话中的第五句"艮以止之"时说③："谓建丑之月，消息毕止。"建丑之月按消息卦是临卦（䷒），二阳息阴，农历的十二月。荀爽又将卦气说发展成乾升坤降说，升降说尤重二五两爻，因为二为任何一卦的下位之中，五为任何一卦的上位之中，设惠疏中的消息之卦为下乾上坤的泰卦（䷊，消息卦为三阳息阴，月建寅，农历一月），如来一个乾"息至二，升坤五"，即乾二爻升至坤五爻，坤五爻降至乾二爻，成为既济卦（䷾下离上坎），这是个"六爻皆正，刚柔正而位当"的卦，荀爽曾赞美此卦说："乾坤二体，成两既济，阴阳和均而得其正，故曰天下平。"（据《周易集解》）荀爽曾说："谓二有中和之德而据群阴，上居五位，可以王矣。"这些话，与惠疏所说乾"息至二，当升坤五为天子"，既济卦"六爻皆正"、既济"定中庸"等完全一致。至于惠疏引虞翻易云乾坤六爻中各有三爻

① 《十三经注疏》页七二有这一段话的大意，文字上有出入，可参。

② 《周易述》，页二至三，四库易学丛刊本，上海古籍出版社。

③ 《十三经注疏》，页九四上栏。这八句话孔疏："总明八卦养物之功。"《说卦传》以艮卦为东北之卦，为万物定则成终之所。

不正，是以阴爻和阳爻错居五、二位之故。惠疏谓乾二升坤五成天子、乾坤相交为亨通，中庸、中和为天地万物所赖，等等，是圣人作《易》的本意。至于用《尔雅》、《说文》等字书的字义解释，方与《易》理奄然相和合，这本非偶然，先秦两汉字书当与《周易》、汉易之理相通，当由彼之时代的文化精神统一熔铸而成所致。

如此看来，“乾元亨利贞”的惠疏又比惠注更深入一步回答此条易理之所以然。如果说乾卦注文、卦辞注文是惠栋用汉易理说其原委的深层，惠疏则是深层之深层，从上文看，惠疏体例甚明，可说成“以《易传》证《易》经文＋汉易说解＋字义考索以傅易义”是其简明大例，在此骨架上有血肉丰满的长篇大言的惠疏，用以阐扬经文和惠自注文。更为重要的是，我们由此《周易述》中的惠栋自注、自疏、自述中看到了惠栋本人的《易》学观和治《易》方法学，如果说《易汉学》考索汉易毕竟还是汉儒观点，而于惠栋本人仍有外在隔膜之感，则《周易述》的自注疏、自述说，就已形成他本人的见解，属于他本人的观点。旁征博引，表现为“鲜下己意”之外在形态，而旁征博引的实质，则完全是阐述对《易经》文字的自注、自疏、己见、己说。惠栋的易学观和方法学是什么呢？大体有：实际上是以天地判分、乾坤始元为《易》理的逻辑起点；象数方是易理逻辑，以象数解易是深入易理的途径路数；卜筮之法是易理的反映，易理的深层本质是言历法的；字书字义有助于说易，字义与易理不无相通之处；乾坤相交为亨通，从而化育万物；中庸、中和为易理精髓。关于惠疏中着重说到的“乾坤相交”之说，例如“乾坤交通，故亨，经凡言亨者，皆谓乾坤交也”。“乾坤合德，六爻和会”等等，当可看出惠栋对易理的另一种认识。曹聚仁说过：“《易》，钱氏（钱玄同）以为原始的易卦是生殖器崇拜时代的东西；乾、坤二卦，即是两性生殖器的记号。”“请卫道先生们不要急得跳起来。《易·系辞》：‘乾阳物也，坤阴物也，阴阳合德，而刚柔有体，以体天地之撰。’‘夫乾，其静也专，其动也直，是以大生焉。夫坤，其静以翕，其动也辟，是以广生焉。’‘阖户谓之坤，辟户谓之乾。’说是‘天理絪缊，万物化醇’的原理，初民对于男女性器官并不隐讳，把性生活描画出来，便是易理。”[①]以惠疏中的话与曹氏举出的那些言性的话相比较，惠疏并不逊色。由此可见，惠疏言易理的另一面，惠疏说的“乾坤合德”与曹氏举出的“阴阳合德”，当然是一个意思，“德”在古书中本来就有“性”、“性质”的意思。《庄子·马蹄》：“彼民有常性，织而衣，耕而食，是谓同德。”郭象注：“夫民之德，小异而大同。”合性而物始生亦谓之德。《庄子·天地》：“物得以生谓之德。”《淮南子·天文训》：“日冬至，则北斗中绳，阴气极，阳气萌，故曰冬至为德。”高诱注：“德，始生也。”惠疏中“合德”即两性相合甚明。惠栋言易理的另一层面为性，这对批判宋学末流，当时的假道学有积极意义。明末清初的假道学不乏其人，且多居高官。[②] 惠栋所治汉学，锋钝刃厚，或许没有什么批判力量，但最早以汉学与宋学对垒，于《周易》却又言易理的别一层

---

① 曹聚仁：《中国学术思想史随笔》，第 40、41、42 页，三联书店 1986 年版。

② 参见梁启超《中国近三百年学术史》，第 103、104 页，北京中国书店 1985 年版。

面为两性关系说，不能不说是对大大小小的李光地(康熙帝宰相)、假道学们当头一棒。

现在来看看上经注疏中的一些重要成果。

坤卦卦辞“西南得朋，东北丧朋，安贞吉”一语，历史上有不同解释。王肃谓“西南阴类，故得朋；东北阳类，故丧朋”[①]，这是主张同性为朋。王弼注：“西南致养之地，与坤同道者也，故曰得朋，东北反西南者也，故曰丧朋。”这也是说同性为朋。但又说：“阴之为物，必离其党，之于反类而后获安贞吉。”[②]同性为朋也好，异性为朋也好，都是一般抽象，没有说出个道理。惠栋注云：“爻辰：初(按：指坤卦初爻)在未，未西南，阴位，故得朋(按：郑玄十二月爻辰图：坤初六未，在西南，阴位。可参见本书第六章五)。四在丑，丑东北，阳位，故丧朋(按：坤六四在丑，在东北，阳位。参见同上)。”惠疏则详细介绍郑玄爻辰的内容，并指明其历法意义。惠疏：“爻辰……此刘歆义，歆说详三统历也……郑氏说易专用爻辰，十二律取法于此。”[③](按：有关爻辰的历法意义，可参见本书第六章五)惠注除引郑玄爻辰解释“西南得朋，东北丧朋”外，还引虞翻纳甲之说。惠注：“虞氏说此经以纳甲云：此易道阴阳消息大要也。谓阳月三日变而成震出庚，至月八日成兑见丁(按：参见本书第六章二，纳甲的实质是以八卦配天干来说月相变化，纳甲说视“阴阳消息”实为月相盈虚圆缺之变化)，庚西丁南，故西南得朋，谓二阳为

① [清]孙堂辑《汉魏二十一家易注》，清嘉庆四年平湖孙氏映雪草堂刊本。
② 《十三经注疏》，页一七下栏。
③ 《周易述》，页六上。

朋，故兑(按：这些话见《易汉学》页二五载纳甲图自明)，君子以朋友讲习，彖曰，乃与类行。二十九日消乙入坤，灭藏于癸，乙东癸北(按：这些实质都是说二十九日的月相变化。参见同上)，故东北丧朋，谓之以坤灭乾，坤为丧也。”惠疏则更具体地说明了这一“阴阳消息大要”为月相变化。惠疏云：“虞氏说经，独见其大，故兼采之以广其义。虞以易道在天，八卦三爻，已括大要，故以得朋丧朋为阴阳消息之义，谓月三日之暮，震象出于庚方，至月八日，二阳成兑，见于丁方，生明于庚，上弦于丁，庚西丁南，故西南得朋，谓兑二阳同类为朋。”“十五日乾体盈甲，十六日旦消，乾成巽在辛，二十三日成艮在丙，二十九日消乙入坤，灭藏于癸，乙东癸北，故东北丧朋，坤消乾丧于乙，故坤为丧也。”①得朋、丧朋之说，是八卦成象变化中的两个极重要的关节点，借助于郑玄爻辰说，得朋、丧朋被说成历法中两类不同的连续性月建、月律、月分，爻辰中的方位实际上是太阳视运动的位置的八卦加地支的坐标说明；惠栋又借助于虞翻纳甲图说，得朋、丧朋被说成月相变化中的两类不同的连续性月相，纳甲中的方位实际上是月球绕地运动的视位置的八卦加天干的坐标说明。如此看来，得朋、丧朋涉及重要的易理，远非“同性为朋”和“异性为朋”这类简单说法所能概括得了的。

《周易述》从“屯”卦开始，卦名下惠注似与乾、坤二卦不同。屯卦卦名下惠注：“坎宫二世卦，消息内卦十一月，外卦十二月。”惠注第一句话按京房易理，京房易“八宫卦次图”以“乾震坎艮坤巽离兑”为八纯卦，该图表中以屯卦为

① 《周易述》，页六。

“坎宫二世卦”,为惠注所据。但屯卦不属于十二消息卦,“消息内卦十一月,外卦十二月”是按孟喜卦气图。消息卦与卦气说密切相关,前者由后者衍生而出。按卦气图,农历十一月末候之终卦为屯卦内卦,农历十二月初候之始卦为屯卦外卦。卦气图也是以辟卦(消息卦)复卦为十一月,临卦为十二月,卦气图包括消息卦,故屯卦惠注与乾卦惠注“八纯卦,象天,消息四月”,坤卦惠注“八纯卦,象地,消息十月”无大区别,标准都是京房易说、孟喜易说。同样,蒙卦惠注:“离宫四世卦,消息正月”;需卦惠注:“坤宫游魂卦,消息内卦正月,外卦二月”;讼卦惠注:“离宫游魂卦,消息三月”;师卦惠注:“坎宫归魂卦,消息四月”;比卦惠注:“坤宫归魂卦,消息四月”;小畜卦惠注:“巽宫一世卦,消息四月”;履卦惠注:“艮宫五世卦,消息六月”;泰卦惠注:“坤宫三世卦,消息正月”;否卦惠注:“乾宫三世卦,消息七月”;同人卦惠注:“离宫归魂卦,消息七月”;大有卦惠注:“乾宫归魂卦,消息内卦四月,外卦五月”;谦卦惠注:“兑宫五世卦,消息十二月”;豫卦惠注:“震宫一世卦,消息内卦二月,外卦三月”;随卦惠注:“震宫归魂卦,消息二月”;蛊卦惠注:“巽宫归魂卦,消息三月”。如此等等,乃至于《周易述》全书所列最后一卦革卦惠注“坎宫四世卦,消息三月”,都是京房易、孟喜易作标准。而在卦辞注疏文中,引郑玄爻辰、虞翻纳甲说更多。莫非这两者更富有易理逻辑性之故?

大有卦卦辞:元亨。王弼注:“大有,则必元亨矣。”意思是说:物获大有,必然至为亨通,故称“元亨”。要是问一个为什么呢,则不知其所以然。惠注:“乾五变之坤,成大有

(䷍),与比(按:比卦䷇试比较大有卦与比卦阴阳相对)旁通(按:阳爻遇阴爻则通),柔得尊位,大中应天而时行,故元亨。”从易理上说,惠注说大有卦亨通,是从二五得中,下二与上五比应,且与比卦各爻相对而通来说的。惠疏云:“此虞(翻)义也。虞例无一阴五阳之例,故云:乾五变之坤,成大有(按:大有卦是乾阳之卦变来的,变得下乾二上坤五居中相应,按易理那就必然大吉大利大富有了)。文王书经(按:犹言文王写《易经》)系庖牺,于乾五,五动之离(按:意思是说,文王禀承庖牺之意,相对于乾卦䷀五爻,由乾五变之坤卦䷁,形成大有卦䷍——下乾上离——中的上离卦䷍),有天地日月之象,乾坤坎离(按:此为虞氏纳甲图的四正卦),反复不衰,天道助顺,人道助信,故自天右之,吉无不利,其义备于上九爻也(按:象数为九的卦中的上爻,即乾卦上爻,亦即大有卦的上爻、离卦的上爻,此处整指象征天的乾卦)。”这一条,惠注惠疏从大有卦的“乾五变坤”之生成、大有卦的内部构造和各爻间的乘承比应作用、阴爻居五和二阳五阴之相应,二阳五阴均居尊位,文王撰《易》言大有卦生成之本意取决于乾卦乾阳爻等方面证释大有卦“元亨”之因,特别是从大有卦的生成和大有卦的内部构造言其“元亨”之理,颇合易理的象数逻辑,亦能言之成理。这一条的解释,历来重在“富有”、“亨通”上,唐李鼎祚《周易集解》引虞翻注,释为“大富有”,唐孔颖达(574—648)《正义》云:“柔处尊位,群阳并应,大能所有,故曰‘大有’。”王弼注则认为大富有“则必元亨”,王、李、孔三氏,“大有:元亨”中的一个“元”字始终未落实,惠栋注疏既承认阴爻居尊(五),更重视阳爻居中(二)的比应作用,还引虞氏

《易》以纵论乾卦对大有卦的生成和构造作用，突出了大有卦能“元亨”的乾卦的作用，即天的作用，大自然的作用。“乾元亨利贞”，这样大有卦“元亨”与乾卦“元亨”可一以贯之，也落实了大有卦“元亨”的那个“元”字的含义(乾元、大天、大自然、元气之始等)。如此看来，惠栋是个力求全面理解汉易的人(较李氏)，也是个力求全面地、准确地理解易理的人(较王、孔二氏)。

上经中还有两个卦是八纯卦，一是坎卦，一是离卦。坎卦下惠注有“象水，消息冬至”，离卦下惠注有“象火，消息夏至”。前有乾卦下“象天”，坤卦下有“象地”，这是以郑玄易五行说解卦，虞翻对郑玄五行说，源自京房的纳甲说有更具体的说明。他在解释“五位相得而各有合”时说：“五位谓五行之位。甲乾乙坤相得合木，谓天地定位也。丙艮丁兑相得合火，山泽通气也，戊坎己离相得合土，水火相逮也。庚震辛巽相得合金，雷风相薄也。”①以八纯卦乾坤艮兑坎离震巽分别象天地山泽水火雷风八种自然物。因《周易述》仅述至革卦，革卦后的震艮巽兑皆无说。至于坎、离下注有消息“二至”，仍是以孟喜易卦气图说的。卦气图以十一月中节冬至为坎卦初六爻䷜，故惠注于坎卦下云“消息冬至”。又卦气图以五月中节夏至为离卦初九爻䷝，故惠注于离卦下云“消息夏至”。故坎、离两纯卦下惠注与前述乾坤两纯卦、屯蒙需讼诸杂卦下惠注无别，标准庶几划一。

离卦卦辞中有一名句：“上九，王用出征，有嘉，折首，获匪其丑，无咎。”是说用离卦打仗必胜的情形。《象传》说

① 《周易集解》，页二二三上栏，见四库易学丛刊本，上海古籍出版社。

这句话是上九打仗为端正邦国治天下(《象》曰：王用出征，以正邦也)，但没有说明合离卦能取胜、无咎害等。此名句惠注云："五已(按：见以下疏文和说明)，正乾为王，坤众为师，震为出，故王用出征，乾上为首，兑为折上，变体兑折，乾应在三，故有嘉，折首。丑，类也。获，获四也，故匪其丑。爻皆得正，故无咎。"这一段惠注极难懂。再看惠疏："五已，出离坎，五本乾，故云五已(按：这是惠注、疏用荀爽、虞翻卦变说，谓乾坤诸卦之祖，坎离乾坤之用，可参《易汉学》页六九上栏，荀虞视离卦从坤卦变来，坤☷二五之乾☰成离☲，又视坎卦从乾卦变来，乾☰二五之坤☷成坎☵，离卦与坎卦各爻阳阴相对而成旁互通即旁通，五已，出离坎，意即乾、坤二卦的第五爻变动完毕而生出离坎二卦)。正乾为王，坤为众，《说卦》文(按：乾为君、坤为众这类话出《说卦传》可稽)。师，众也，故坤众为师；震为出，故王用出征。(按：师者，众也。语出《序卦传》可稽。'震为出'用《说卦传》，震卦为马足，为万物出生这类话的含义。问题是，为什么讲离卦又扯出个震卦来，那是因为离卦既与坎卦旁通，坎卦☵二三四爻相连互而成震卦☳，而震卦为出，故王用与含震之坎旁通的离卦出征。)爻例上为首，五，正上体乾，故云乾上为首(按：这都是说离卦☲构成的，离卦上爻为阳爻，为首)。兑为毁折，故为折上(按：兑为毁折，见《说卦传》可稽。惠注、疏忽然又扯出兑卦，与离卦有何关系？原来离卦☲三四五爻相连互而成兑卦☱，兑卦毁折其母体离卦之首)。变体兑，正应在三为嘉，以兑折乾，故有嘉，折首(按：意即互连体兑卦含原离卦中的起"正上，体乾"作用的五爻阴爻(--)，与离卦三爻阳爻(—)互应，是阴阳相遇而通的

‘嘉’事,离卦中以兑折首也就不用犯愁了)。《学纪》曰:‘比物丑类。’《周语》曰:‘况尔小丑。’韦昭云:‘丑,类也。’四不顺,故云获,获四也。爻相应者四类,上非四应,故获非其丑(按:离卦上爻不与四爻顺通,都是阳爻,又因上爻与四爻不应,故获非其类)。出离为坎,爻皆得正,故无咎也(按:离卦与坎卦旁通,各爻阴阳相应。‘出离’也可理解为结束战事,转火——离之象——为水——坎之象——又无所不正,故无灾害)。”从以上惠栋注疏离卦用以打仗为什么能获胜无害的文字看,惠用易汉学释《周易》,深邃无比。今论其要:离卦所以生成之来源,与有关的卦乾、坤、坎、震、兑的关系,乾卦的内构与重构所起的作用,将帅、军队、出征开战、砍头杀敌、制胜无碍、俘虏敌军、战后无灾等的离卦易理依据,等等,都从荀虞易汉学体系中一一得到推衍。惠栋综观各卦,细察各爻,似非博大精深而不能为。从以上惠注惠疏的内容看,惠栋是那样重视各卦卦象的象数,他是象数派;从其解释用离卦获胜的原因看,他是那样重视卦象的意义,他是取义派。惠栋易学是以汉儒象数为主,兼有象数和取义的。在取义的方面,惠栋似乎在把古代政治军事斗争纳入某卦的象数而说明其某些个别具体的或带普遍性的特征。惠栋的易汉学固然是象牙之塔,但也很难说它是与世隔绝的书呆子搞的委琐细事。

二、《周易述》下经考论

咸卦卦象注例,咸卦注中的象数逻辑分析、名书解卦,惠栋考明夷卦和“原心反本”之学的意义,惠栋说益卦中的古

代史意义、历法意义，惠栋考井卦对实际生活的观照，以卦考史、史实解卦和以古代科技知识解卦的方法

《周易》下经共三十四卦，《周易述》仅注疏咸卦至革卦共十九卦，尚缺鼎卦至未济卦共十五卦(其中鼎卦已有卦名及注文，无卦辞注疏)。《周易述》卷五至卷七为下经卦的注疏内容。

咸卦下注："兑宫三世卦，消息五月，咸至遘，六日七分。"前两句按京房八宫卦次图和孟喜卦气图，与上一节中讲述的上经卦象注文的含义同。唯最后一句"咸至遘，六日七分"是说"咸卦至姤卦，每卦六日七分"。按孟喜的说法，六十四卦除四正卦外有六十卦，每月五卦，每卦六日七分。[①]《易经》从咸卦至姤卦有十四个卦，每卦都有六日七分。另外，此处主要是从孟喜卦气图说的。农历五月建午，初候始卦为咸，次候中卦为姤，故云"咸至姤"。与孟喜《卦气图》一致的《易纬·稽览图》说："大有、家人、井、咸、姤：午(按：意思是说这五个卦都在地支午，月建在午为农历五月)。"接着又说："每岁十二月，每月五卦，卦六日七分。每期三百六十六(五)日每四分$\left(\text{按：即每年 }365\dfrac{1}{4}\text{日}\right)$。"可见惠注"咸至姤，六日七分"是说咸卦这个卦象有一特征，它与姤都依次处于农历五月的初候和次候，每卦卦时都是六日七分。可是，如前所说，六十卦每卦都是六日七分，为什么其他卦象下不注出呢？是否惠注体例欠缺不一？可以说此处体例不严，但也可看作一特殊情况的处理。因卦辞中有一句："九四，贞吉，

① 参见本书第六章第二节。

悔亡;憧憧往来,朋从尔思。"①惠注:"失位,悔也。应初动得正(按:这句话是说咸卦䷞第四爻阳爻'九四'与初爻阴爻相应),故贞吉,而悔亡矣。憧憧,往来貌。四之初为来,初之四为往,故憧憧往来矣。"惠疏:"之内(按:内卦,居下的下卦)曰来,故四之初为来;之外(按:外卦,居上的上卦)曰往,故初之四为往。憧憧,往来之象也。咸䷞至姤䷫,六日七分,阴消之卦(按:观象自明),与时消息(按:此处指随卦时而阴消阳息,息,生息之义),故取义于往来耳。"②可见,卦象下注出"六日七分"是因卦辞中有"憧憧往来"之说,用"咸至姤"按每卦六日七分的卦时阴消阳息来应对卦辞、卦辞惠注之说。以上,可算是对《周易述》全书卦象下惠注特例的一个说明。

咸卦是讲婚姻大事的。"咸:亨,利贞;取女吉。"《彖》传还由婚姻推论其中的一般哲学道理:"天地感而万物化生,圣人感人心而天下和平。观其所感,而天下万物之情可见矣。"③大体上成书于秦时期的《易传》的这种推理④,标志着人类抽象思维能力的进一步提高。现在来看看惠栋对咸卦婚姻问题的说法。惠栋对上述卦辞的注:"咸,感也。坤三之上成女;乾上之三成男。乾坤气交以相与,止而说。男下女,故

① 今天,这句话一般理解成:九四,守持正固可获吉祥,悔恨必将消亡;心意不定地频频往来,友朋终究顺从你的思念。憧憧(chōng chōng):心神不定,频频往来之状。

② 《周易述》,页五七上。

③ 《周易》,十三经注疏本,页四六下。

④ 参见郭沫若《周易之制作时代》,载《郭沫若全集》历史编,第一卷,第377页,人民出版社1982年版。

通。利贞，取女吉。”这显然是在讲男女交合可致亨通，其利在于守正。惠疏：“此虞义也。咸，感也。象传文（按：指咸卦象传中有这个说法）。卦自否来，否三之上，三本坤也，故云坤三之上成女，成兑，女也（按：这段话说咸卦䷞由否卦䷋变来，否三爻至上爻成咸卦，而咸卦的上卦是兑卦，‘兑为女’这样的话出《说卦传》）。上本乾也，故云乾上之三成男。成艮，男也（按：这段话说否卦上爻本乾，至三位，形成艮☶，艮为男这类话，出《说卦传》）。否三之上，乾坤气交以相与止。艮说兑，艮，男，下；兑，女，故通利贞。（按：试观察否卦䷋——下坤上乾、咸卦䷞——下艮上兑，这几句话就不难懂。）取女吉：谓五取上，三取二，初四易位，初取四也（按：试观察咸卦，这几句话也不难懂，取阴阳交通为吉之义）。”如果说，象传重在由婚姻推知社会人事，惠注、疏则在八卦体系内部从联系、转化的方面阐说吉利之由，而于象传的阐说，惠注、疏则同样从易理象数之义说其婚姻与社会人事联系之由而首肯之，深化之。① 惠注、疏亦不否认象传的推理，相反为此推理找象数学的证据，象数成了惠栋解卦、解易的认知工具和思想武器，唯其象数，似更精细入微，更能令人深信不疑，在惠栋易学中，不论经文还是传文中的任何宏观推理都必须在象数这一微观的框架上得到说明。象数精细，微观入微，是惠栋易学的特点，且不是于个别处体现，而是整个儿地全面体现。但是，精细并不等于正确，惠栋以象数解易是带有相当的任意性的。例如这一条惠疏“取女吉”的最后几句，如说成“四取一、五取二、三取上”，不也

---

① 《周易述》，页一〇六至一〇七。

是阴阳遇合大吉吗？以象数解卦，处处言象言数，容易把偶然性说成必然性，唯汉易是信，唯汉易理用以自推，加之以用象数，这不能不加深易理中的宿命论糟粕。

其实，在惠栋易学中，不仅象数是解易必然性的武器，上古的文献、经史子集都能成为说明易理必然性的证据，且按易汉学的象数说，那些文献，特别是语言文字著作，都和象数保持着千丝万缕的联系。在惠栋易学中，似乎可以说，以象数解易，也可以象数易理解一切文献，以一切文献偕象数来解易，用象数可解的易理与古代其他文献处于统一和谐的互补状态，易理于古代文献无处不在。现在来看看下经中以文献与象数结合解易的例子：

咸卦“上六，咸其辅颊舌”：今一般说成“上六，交感相应在口头上，感应转微，吉凶难测”。惠注体系不同。惠注：“辅、颊、舌，谓上也。兑为辅、颊，为口舌，五与上比，不之三，故咸，其辅、颊、舌。象曰：滕(按：滕，通腾)口说也。”惠注视兑卦䷹——下兑上兑——为辅、颊，因兑卦的爻五与上相连互比，不与三爻互比，故咸卦䷞上兑部分成了辅、颊、舌似的。惠疏：“虞(翻)云：耳目之间称辅、颊。又《说文》曰：辅，颊也。寻辅近口，在颊前。故《淮南子》曰：靥辅在颊前，则好是也。耳目之间为权(按：通颧)，权在辅上，故曹植《洛神赋》云：‘靥辅承权。’夬九三：壮于頄(按：意为强盛在脸部颧骨上，发怒)。頄即权也。颊所以含物，辅所以持口。辅、颊、舌三者并言，明各为一物。是辅近颊而非颊，虞以权为辅，《说文》以辅为颊，皆非也。”上文中惠栋辨明权(颧骨)、颊(面颊骨)、辅(酒窝处，近颊)、口为四物不同，虞翻、《说文》皆浑言而误，只有《淮南子》、《洛神赋》才是确指的。惠栋既已就咸卦的构成上卦兑卦之各爻间的关系解“咸其辅、颊、舌”，又考证辅、颊、舌为三物不同，由《淮南子》、《洛神赋》所言辅、颊、舌三物不同解“咸其辅颊舌”句，至于两者间的关系，惠疏紧接前文云：“上（按：指咸卦上爻）为首，故辅、颊、舌谓上也。兑（按：指咸卦上部兑）为辅颊，‘九象’说卦文，五与上比，上不之三，故咸其辅、颊、舌，徒以言语相感而已。《传》曰：媵，口说也。言徒送口说。”惠栋认为咸卦卦辞“上六，咸其辅、颊、舌”这句话，尽管辅、颊、舌为三物不同，但在这里统指咸卦上爻（阴爻），《九家易》以辅、颊、舌统指咸卦上卦兑卦，因其内部爻位间的关系，主要也是用来说上爻的。辅、颊、舌三物统说为咸卦上爻，犹云：“上六，咸卦的交感相应表现在女人口头言语上。”这一句卦辞，当代易学专家黄寿祺、张善文据王弼注解释说：“此句说明上六以阴居《咸》卦之终，‘感极而反，其应徒在口头言语而已’。”《王注》：“咸道转末，故在口舌言语而已。”[①]惠栋注疏之意与黄、张引王弼注说是庶几一致的。这句卦辞，惠栋以象数深论求其必然之意，文献字义佐助之，卦象爻位，字义佐证，统一互补，共求的解。文献资料被惠栋用于解易时，除有一般书证能说明语词、言语表达意义外，还被赋予某种必然性证据的意义。我们注意到，本条目中惠栋对虞翻的解释是否定的。

“大壮，利贞”惠注：“阳息，泰也（按：这句话是说，大壮卦䷡——下乾上震——四阳爻生息于泰卦䷊——下乾上坤——而成）。壮，伤也，大。谓四失位为阴所乘，兑为折毁，

① 黄寿祺、张善文：《周易译注》，页二六三。

故伤(按:这句话是说大壮卦四爻为阳是失位,为五爻阴爻所凌乘,乘为读易专门术语。大壮卦三四五爻是兑卦☱,兑为毁伤,见《说卦传》)。与五易位,乃得正,故利贞也(按:这句话是说大壮卦四爻与五爻换个位置而成需卦䷄——下乾上坎,方能得正,五阳乘四阴,一阳四阴通,五阳承六阴,再说需卦为'光亨、贞吉,利涉大川'之卦)。"惠疏:"此虞(翻)义也。阳息,泰成大壮。马氏(马融)亦云:壮,伤也。《方言》曰:凡草木刺人,北燕朝鲜之间谓之策,或谓之壮。郭璞注云:今淮南亦呼壮为伤是也。阳大阴小,故大,谓四以九(按:九数为阳爻)居,四为失位,五阴乘之,阴气贼害,又体(按:指每卦六爻间二至五爻可相连互而成体,包涵别卦其间)兑,兑为毁折,故名大壮。《太玄》准之以夷,夷亦伤也,四当升五,与五易位,则各得其正,故利贞也。"[①]这一条,惠注、惠疏的逻辑很清楚,从象数证大壮卦之壮为伤,"壮"由阳爻失位,为阴所乘的"大"引起,由内部涵卦"兑为毁伤"引起;从汉扬雄著语言文字著作《方言》同样可解"壮"字为"伤"义。语言是社会交际的工具,语词内容是社会和自然的积累,莫非易理逻辑、象数学意义上的"大壮"之"大"与"壮"均毁伤义是社会和自然的"壮"即"伤"的逻辑化和易理系统化,是进入易理逻辑系统之现实的积淀。其实,古代字书本来就是解经的逻辑工具书名书,以字书、名书证易理是题中应有之义。这样,可作以下归结:"大壮"含伤:象数易理逻辑证明、语言文字的名书逻辑证明——"大壮"利贞:象数易理逻辑系统的内部转换和新的生

① 《周易述》,页六〇上栏。

成。如果说，一个汉字因声形义的统一、形构部件的复杂性及其历史发展，一个汉字被说成一个集成电路，那么一个卦是一个大规模集成电路，是一台计算机，汉字系统的某一个体之集成电路，可能是后者的一个部件。

明夷卦“初九，明夷于飞，垂其翼；君子于行，三日不食”。这几句一般理解为以鸟在明夷昏暗中垂翼低飞，喻君子自晦其明，远遁匿形时饥不遑食的情景。这几句话惠注：“离为飞鸟，故曰于飞。为坤所抑，故垂其翼。阳为君子，三者阳德成也（按：这几句义见下文疏）。震为行，离为日（按：这类话见《说卦传》）。晋初动，体噬嗑食。明夷反晋（按：明夷䷣——下离上坤，晋䷢——下坤上离，故谓之反），故曰：君子于行，三日不食（按：这句话，因为晋卦初动，方能咬食物，而明夷与晋上下相反，不能吃东西。又见惠疏）。”以上这段话，是由明夷卦的构成及其与相关的卦离、坤、晋的关系，推导其易理，此方法为易汉学和惠栋易学用求易理的一般方法，普遍运用于各卦。惠疏：“此荀虞义也。《说卦》曰：离为雉。郭璞《洞林》曰：‘离为朱雀，故为飞鸟，明入地中，为坤所抑，故垂其翼。’昭五年《春秋传》曰：‘日之谦当鸟’，‘飞不翔，垂不峻，翼不广’。[1] 初体离而在坤下，故有是象也。《泰·彖传》曰：‘君子道长。’君子谓三阳。《春秋传》曰：‘象日之动，故曰君子于行。’（按：指明夷卦象日之动，这句话仍见于《昭公五年》。）是知阳为君子，阳成于三，故云：三省，阳德成也。晋初动，体噬嗑，《杂卦》曰：噬嗑，食也。明夷反晋，故不食。荀（爽）谓不食者，不得食君禄

① 这几句话可参见十三经注疏本《左传·昭公五年》，页二〇四一上栏。

也。阳未居五，阴暗在上，初有明德(按：指明夷卦五爻、上爻、初爻的情形)，耻食其禄，故曰：君子于行，三日不食，是其义也。”[①]上文中除继续用象数推论卦辞中的说法外，还引用《左传·昭公五年》和郭璞文章以疏卦辞和惠注，《左传·昭公五年》有很多用明夷卦占卜的话，没有理由怀疑它是历史事实的记录，可借以旁证如明夷卦等易经卦是古代社会政治生活和历史事实的逻辑化的积淀，引据文献，以证象数言易的正确，使文献与象数一致起来，或者说使文献记载(特别是那些占知历史发展因果序列的文字)成为象数证易的一个组成部分。郭璞文章，恐本来就是据明夷卦辞大意写成的，惠栋引据以证易，是使郭璞文章得以回向原典。引他经以旁证之，以原典之衍流而得以回向原典，这都是惠栋时代的知识体系的内部运动，是彼之时代的知识论的活动和起作用的情形，以经典文献、语言文字配合象数逻辑解易，是彼之时代的学术精神的反映。惠栋是在把握彼之时代的学术精神脉搏的基础上著论《周易》的。明夷一卦，以其韬光养晦、临难守正之意几乎成为明末士子的座右铭。最典型的，莫过于黄宗羲(1610—1695)著《明夷待访录》，黄氏肯定“天下之治乱不在一姓之兴亡，而在万民之忧乐”[②]，主张改革土地赋税制度，反对传统的农本工商末的观点，强调工商皆本。惠栋(1697—1758)较黄宗羲迟七八十年，江山易主，鼎祚星移，跨越康雍，已是乾隆盛世，不可能与黄宗羲同日而语。《周易述》明夷卦的注疏，丝毫没有涉及他的前人广泛涉及的

① 《周易述》，页六三。

② 《明夷待访录·原臣》

民族、政治问题，只是遨游于知识海洋，斤斤于先秦两汉，以复兴古学为旗帜，以考释经典为职事，这无疑又是新的时代精神的折光。《淮南子·览冥训》有一句话，叫做“衰世凑学，不知原心反本”。高诱注：“凑：趋也。趋其末不修稽古之典，苟徽名号耳，故曰不知原心反本也。”[①]乾隆盛世，惠栋修稽古之典，不是很好理解吗？寻汉易之象数，引先秦之宝典，建构体系，别制框架，追索本真，务求实学，大修“原心反本”之学，其文心匠心、科研之心不是可得而窥吗？

对于《周易》中隐藏很深的历史问题，惠注、疏很注意研究。益卦“六二，或益之十朋之龟，弗克违，永贞吉；王用亨于帝，吉”。最后一句是说在有人赐价值十朋的大宝龟，无法推诿不受时，“君王正在献祭天帝祈求降福，吉祥”，于是提出哪个君王的问题，即祈于史有征。对最后一句话，惠注：“震称帝王，谓五，否、乾为王，体观，象癸祀（按：《说卦传》有‘帝出乎震’一说、‘乾为君’一说，《尚书·尧典》有‘否德忝帝位’一说。又见惠疏）。益，正月卦，王用以郊天，故亨，于帝得位，故吉（按：指孟喜卦气图，益卦为正月末候终卦）。”惠疏：“帝出乎震，故震称帝，否、乾为王，故王谓五（按：否䷋——上乾下坤——乾☰为王，只能以上五爻为中为王），乾以君之故为王也。观：禘祭天神之卦，二至上有观象，故体观象祭祀，此上虞义也（按：指益卦䷩的二至上爻有观卦䷓的二至上爻，两卦仅初爻不同，故益卦也能体现观象祭祀）。”这样，益卦初九“王用亨于帝，吉”这句话大义基本明白，按惠注、疏的说法，其意义是，从益

① 《二十二子》，页一二三七上栏，上海古籍出版社1986年版。

卦的构成上下卦及各爻的含义看,益卦可说明君王在祭祀天帝求福,吉祥。人们要问,这是逻辑的答案,有无历史事实的依据,惠栋或许是不自觉地在寻求两者的一致性的。惠栋疏云:“孟喜卦气图:益,正月之卦……王用亨于帝者,言祭天也。三王之郊,一用夏正,天气三微而成一著,三著而成一体(按:郊:古代帝王祭祀,冬至祭天于南郊,夏至瘗地——在地下埋牲、丝织品祭地神——于北郊。夏正,夏历。微、著是古代气象、节令变化的时间单位,五日为一微,十五日为一著)。方此之时,天地交,万物通,故泰、益之卦,皆夏之正也。此四时之正,不易之道也。若然,王用亨于帝,乃郊天之祭(按:惠栋据夏历推证上古‘王用亨于帝’是正月祭天,正月适益卦或泰卦。因益卦为卦气图正月末候终卦,泰卦为正月次候中卦辟卦,亦即消息卦正月建寅为泰卦,这显然是据易卦的历法含义:益为正月,正月祭天,从而作出合乎上古习俗的唯物的推证)。”故蔡邕《明堂月令》论曰:“易正月之卦曰泰。其经曰:王用亨于帝,吉。《孟春令》曰:乃择元日(按:正月初一,此处泛指吉日)祈谷于上帝,是郊天享(按:进献祭品,祭祀)帝之事也。爻辞文王所作,所云王者,乃夏商之王。三王(按:夏商周三王指禹、汤、文武)郊用夏正故也。后王据此谓文王郊天事,此误以周公作爻辞而附会其说也。”按惠栋的看法,益卦“初九,王用亨于帝”是有历史依据的。据历法、祭仪,文王演为六十四卦等推证这句话中的“王”是夏商之王,特别是夏禹和商汤王,不包括“三王”之说的周文王和周武王。惠栋为进一步证实他的这一历史考论的正确性,继续于惠疏中说:“案:虞溥《江表传》曰:嘉禾元年冬,群臣奏议,宜修郊祀。(孙)权曰:

‘郊祀当于土中(按:谓天下之中),今非其所,于何施此?’重奏曰:‘王者以天下为家,昔周文王郊于酆镐,非必土中。’权曰:‘武王伐纣,即阼于镐京,而郊其所也。文王未为天子,立郊于酆,见何经典?’复奏曰:‘伏见《汉书·郊祀志》匡衡奏从甘泉河东郊于酆。’权曰:‘文王性谦,处诸侯之位,明未郊也。经传无明文,匡衡俗儒意说,非典籍正义,不可用也。’是言无文王郊天之事,而此经‘王用亨于帝为夏商之王明矣。得位,故吉。亦虞义也’。享帝而称吉者,不敢以其私亵事上帝之义也。”惠栋又引孙权的话以证明周文王未有郊祀之事,从而认为更加证明仅夏王和商王郊祀的。这一研究是惠栋对《周易》中的历史问题的研究,与借助汉易象数作逻辑推证还不尽相同,可以说是惠栋于此处借历法、祭仪、易卦象、史书记载等共融为一,对《周易》作完全独立的,几乎与汉易易理无关的历史研究。当然,惠栋时代的历史研究方法主要是汉学考证的方法。

惠栋注疏还很好地处理了《周易》中的科学知识问题,不用说,言易为古代历法,是将《周易》还原为天象运动及其历象记录,是惠栋汉学象数易中最主要的科学知识解,或者反过来说,是以天文历法科学知识解配合象数学以解易理。益卦“初九,利用为大作,元吉,无咎”是说益卦的初九爻表明利于大有作为,至为吉祥,必无咎害。“大有作为”指什么?什么时候干?惠栋注:“大作谓耕播耒耨之利,盖取诸此也。坤为用,乾为大,震为作(按:《说卦传》已有坤为顺、乾为大赤、震为动这类话。又见惠疏),故利用为大作,体(按:取法,效法)复(按:复卦䷗——下震上坤,益卦䷩——下震上巽,益卦与复卦有相似处)初得正(按:这句话本《易纬》,见惠疏),故元吉无咎。震,三月卦(按:《卦气图》谓四正卦震为三月)。日中星鸟,敬授民时,故以耕播也。”这就是说,益卦之所以有“大作”,且可推知“大作”之时,与该卦内有震卦,涵坤卦,似复卦都有关系,耕播在三月,更与此卦的下震部分有关,且与史书所载天象一致。惠疏:“此虞(翻)义也。《尚书·尧典》曰:平秩东作(按:这句话大意是:岁起东始就耕作)。《周语》虢文公曰:民之大事在农,故云大作谓耕播。《系·下》曰:斫木为耜,揉木为耒,耒耨之利,以教天下,盖取诸益。故云耒耨之利取诸此也。《九家易》曰:阴者起姤终坤(按:姤卦䷫坤卦䷁,观察可知),万物成熟,成熟则给用,故坤为用,震作足,故为作乾为利,故利用为大作。《乾凿度》曰:坤变初六复曰正(按:坤卦䷁复卦䷗,观察可知此话之意),阳在下为圣人,故体复初得正。复:崩(朋)来无咎;初九,无祇悔,元吉(按:这句话为《周易》复卦的卦辞,意思是说:刚健友朋前来无所危害。初九,无灾患、悔恨,大吉祥)。故元吉无咎。震,四正,方伯卦(按:震䷲四爻为阳,正。殷周时代一方诸侯之长为方伯,此处为卦的象征)。郑(玄)注《易通卦验》云:春分于震直初九,清明于震直六二,谷雨于震直六三,故震三月卦(按:卦气图春分二月中气震初六,清明三月节气震六二,谷雨三月中气震六三,可资参考)。日中星鸟,敬授民时,皆《尚书·尧典》文,所以证大作耕播之时也。”①惠栋的疏文进一步表明,益卦初爻阳爻“大作”为言农耕大事。因益卦构成为下震上巽,农耕的季节又与震卦的卦气有关。惠

① 《周易述》,页七三下至页七四上。

疏先训"大作"为耕种之事，次由复卦的卦象证与之有关的言农事的益卦为初爻"元吉无咎"之由；再次由震卦卦气所直言益卦农耕之事在农历三月大吉，与《尚书·尧典》"四仲中星"的天文记录一致。今谓"日中星鸟，以殷仲春"这句话，意谓：昼夜平分的春分，南方朱雀七宿中的第四星中星"星"宿黄昏出现在南天正中，正是夏历二月。[①] 惠栋注疏以"日中星鸟"与益卦下震互补，以求上古"大作"农耕在三月，这是完全正确的。惠栋引郑玄注《易通卦验》"春分于震直初九"，与清明、谷雨震卦所直统言夏历三月，是为概说。卦气图以震卦初六爻为春分二月中气，可谓与《尧典》"日中星鸟，以殷仲春"最为密合，更可证明惠栋以《尧典》仲星视《易》益卦初九爻农耕大吉的季节是高明之见，以古代天文历法记录与《易经》互补相参，是惠栋易学的重要思想。惠栋注疏告诉我们，当从《周易》中去发现古代科学成就。

井卦䷯——下巽上坎，惠注："泰初之五（按：泰卦䷊的初爻升至五爻就成井卦），与噬嗑旁通（按：试比较井卦象与噬嗑卦象䷔各爻阴阳相对，故谓旁通）。坎为水，巽木为桔槔。离为瓶，兑为井口（按：井卦三四五爻成离☲，二三四爻成兑☱）。桔槔引瓶下入泉口汲水而出井之象。"惠注明井卦与泰、噬嗑、坎、巽的关系，并由其内部构成说离、兑之象，从而综相邻卦、互体卦说井卦的实物和实际生活意义，卦象逻辑归结为客观存在之事物。惠疏："此虞郑义也，卦自泰来，初九升五，六五降初（按：此说井卦由泰卦生成，只要初阳爻升至五位，五阴爻降至初位即成井卦。又可谓泰卦象地，所

---

① 参见《戴震评传》，第 227 页。

谓否泰如天地,井由地生可明)。所以取象于井者,以坎为水,巽木为桔槔(按:惠栋述京房易八卦五行六位图以坎为水,以巽为木,见本书第六章第四节)。桔槔者,《庄子》所谓'凿木为机,后重前轻,挈水若抽,数如泆汤,其名为槔'是也(按:《庄子》这段话见《天地篇》。泆汤,音 yì shāng,水翻腾漫溢)。互体离、兑,离外坚中虚,瓶也。兑为暗泽,泉口也,云桔槔引瓶下入泉口汲水而出者,是言取象于井之义,故云井之象也。"惠疏进一步明井卦的生成,以《庄子》所言机事象征汲取井泉,故为井卦象之由。惠栋的意思很清楚,井卦象的生成、旁通,内部构成,与桔槔的运动相为表里,桔槔象井,井有卦象,井象、桔槔,互表相足。用桔槔的杠杆运动说明井象的逻辑构成,井象的逻辑构成又似能启发我们更深入地研究其运动过程。很显然,此条惠疏引《庄子》,不仅仅是个文献书证的引用,而是证发井象逻辑构成,并可启发我们去深入研究《庄子》机事本质的。

三、《周易述》彖传考论

乾彖本体论构造说和彖传"时中说"的人文精神,顺天应人的革命精神,尚贤养贤的人才观要论

《周易述》卷九为"彖上传",注疏上经全部卦象下的彖传,无有遗缺。卷十为"彖下传",注疏下经咸卦至革卦卦象下的彖传,缺鼎卦至未济卦共十五卦,这种情形与下经卦象卦辞的注疏情形相同,故《周易述》彖传上下惠注、惠疏共含乾卦至革卦的四十九卦的彖传注疏。"彖"和"彖传"的含义

是不一样的。"彖"字之义,唐李鼎祚《周易集解》引南朝齐刘瓛说:"彖者,断也。"[①]孔颖达正义引褚氏、庄氏曰:"彖,断也,断定一卦之义,所以名为'彖'也。"[②]彖的含义,它首先是指卦辞(彖传不包括卦辞)。唐陆德明《经典释文》引马融称"彖辞,卦辞也",又引郑玄云"爻辞也"。[③]《左传·襄公九年》孔颖达正义从之,称"《周易》卦下之辞谓之为《彖》"[④];彖又包括《易传》中的《彖传》,即王弼《周易略例》所谓"统论一卦之体,明其所由之旨也",孔颖达《正义》亦曰:"夫子所作《彖辞》,统论一卦之义。"[⑤]《彖传》阐释卦名、卦辞、卦义的体例,往往取卦象、爻象为说,多能指明每卦中的为主之爻,而以简约明白的文字论断该卦主旨。[⑥]正因为彖与彖传有区别,或者说前者是后者的上位概念,故《周易述》"卷九彖上传、卷十彖下传"之类的说法是不够确切的,卦象、卦辞均为《易经》经文而在上下经中注疏,故确切的提法应改成"彖传上、彖传下"。《彖传》既是论断一卦的卦象、卦理、卦义的,唯因经文卦辞对卦象已有说明,《彖传》就不能不较经文卦辞的说明更宽广、自由、活泼些,表达也更清晰些,惠栋仍以易汉学象数易理注疏、考论这些稍为具体活泼的文字,惠栋考释文字也就随着内容对

① [唐]李鼎祚撰:《周易集解》,页八上栏,上海古籍出版社1989年版。

② 《十三经注疏》,页一四上栏。

③ 《经典释文》,页三三上栏,中华书局1983年版。

④ 《十三经注疏》,页一九四二中栏。

⑤ 《十三经注疏》,页一四上栏。王弼的话也引在此页。又见《周易注疏》,页三〇四上栏《周易略例》,上海古籍出版社1989年版。

⑥ 《周易译注》,第6页。

象的演变而随之活泼、自由些，卷一至卷七的上下经经文注疏与此《彖传》文注疏相比较，后者要灵活些、具体多变些。正因为《彖传》是阐说卦辞卦义的，故一卦一彖，这与《象传》不同。六十四卦有六十四则《彖传》，《周易述》去其遗缺后有四十九则《彖传》。

著名的《乾彖》是讲本体论的。彖曰："大哉乾'元'，万物资始，乃统天。"这是说：浩大的乾"元"啊！万物都取决于它而创始，它是天的本原。这个乾"元"，既是本原，是被说成"太极"的。"太极"一词，最早见于《易·系辞上》："是故易有太极，是生两仪，两仪生四象，四象生八卦。"但在《乾彖》中，王弼注："能永保无亏，为物之首统之者，岂非至健哉！大明乎终始之道……"似乎说成"道"。孔颖达正义："此三句总释乾与元也。乾是卦名，元是乾德之首，故以元德配乾"，"乾元者，阳气昊大，乾体广远"，似乎又说成"德"。在上古文化中，道、德都曾被说成宇宙之始，王弼、孔颖达释乾"元"本体为道德本体，这是毫不奇怪的。王氏、孔氏都不可能对道德本体作具体的结构分析。惠栋是怎样认识和把握宇宙本体的。在中国，本体论只属于道家，儒家的本体论是道德仁论，严格讲不是本体论。乾彖三句话，惠注："阳称大。资，取。统，始也。大衍之数，五十其用四十有九，其一，元也，故六十四卦万一千五百二十策，皆取始于乾元。乾为天，天地之始，故乃统天。一说统，本也。策受始于乾，犹万物之生本乎天。"惠栋把大衍之数中那个不用的大数一、元、乾元、天都叫作天地之始，"万物之生本乎天"，更重要的是，"天地之始，故乃统天"，"天"是万物之初，天地之始。惠栋的宇宙本体论观念非常明确，或数"一"，或乾"元"，或大“天”，但从性质上看，是唯心和唯物混杂的。现在看看用象数学对宇宙本体作的结构分析，可以说是宇宙本体结构问题。惠疏：“阳大阴小，故泰否二卦称大小、往来（按：易泰卦有‘小往大来’一说，易否卦有‘大往小来’一说，卦中各爻可上下往来）。资，取。郑义也。《小尔雅》曰：‘资，取也。’《孝经》曰：‘资于事父以事君。’孟子曰：‘居之安则责之深，资皆训为取。’隐公元年《公羊传》曰：‘何言乎王正月，大一统也。’何休注云：统者，始也。元，亦始也。王者所以通三统，故云：统，始也。”这里惠疏释资、统、元的字义，无非以辞通道，说明天地之始，万物之本，为大数“一”，或说为“一”表征的某物（太极），字义解与象数逻辑哲理解一致。惠栋紧接上文疏云：“大衍之数五十，谓日十，辰十二，星二十八，三辰之数凡五十也（按：这句话源于京房。京房云，五十者谓十日、十二辰、二十八宿也。10＋12＋28＝50）。三辰合于三统，三统会于一元。故三统历曰：太极元气，函三为一，一即天地人之始，所谓元也。《乾凿度》曰：易始于一，谓太极也，分于二，谓两仪也，通于三，谓三才也，故三才之道兼之为六画，衍之为大衍，合之为太极，太极函三为一，故一不用，其用四十有九也。六十四卦万一千五百二十策，皆取始于乾元，荀（爽）义也。……《郊特牲》曰：万物本乎天，故策受始于乾，犹万物之生本乎天也。”一，或谓之太极的结构是什么？“太极元气，函三为一”，即太极由元气构成，含三辰（按：日月星）、三统（按：天地人），可分可衍，分为两仪而通三才（按：天地人），衍为大衍之数表征万物。惠栋汉学综借前人，考论宇宙本体太极的结构，使我们明白汉易学中确有本体论问题，本体结构可证发推知。惠栋的研究大大加深了我们对本体问题的认识。惠栋易学也像汉易学一样,言数为本体,似说宇宙的起源为数。论者大都以古希腊唯心主义哲学家毕达哥拉斯把数作为宇宙本源,把《易纬》言数为太极说成唯心论。这是对的,但惠栋注疏不完全相同,惠栋总是言太极为元气,为天地人之本,为三统历历法所本等等,他批判宋儒濂洛学派的“无极而太极”的象数学唯心论。有理由认为,惠栋易学努力致力于唯物地、科学地解释宇宙本体问题,象数体系似乎作为易理的天象运动、历法本质的一个投射映现,借象数有利于易理研究的深入。列宁曾说过:“人的概念就其抽象性、隔离性来说是主观的,可是就整体、过程、总和、趋势、泉源来说却是客观的。”①惠栋对宇宙本体问题的思考,就其整体、总和等特征而言,还是客观的,唯物的。由于世界的统一性在于它的物质的多样性,要在新的层次上论述本体论问题的价值,则又另当别论。

四十九则彖传中,着重阐述“时中说”的有蒙、需、讼、师、比、小畜、履、泰、否、同人、大有、豫、临、噬嗑、大过、坎、离、睽、蹇、解、益、姤、萃、升、困、井卦的彖传。时中说是彖传解释筮法的一条重要原则,是说一卦六爻,二五爻处于下卦和上卦之中位,中爻为吉。阳爻居中位,象征“刚中”之德,阴爻居中位,象征“柔中”之德。若阴爻居二位,阳爻居五位,则是既中且正,称为“中正”,在易爻中尤具美善。惠栋注疏对时中的分析当然是更为具体而深邃的。蒙彖“蒙,山下有险,险而止,蒙。蒙,亨,以亨行时中也”。大意是说,蒙昧幼稚状态,犹如山下有险阻,遇险而止。蒙

---

① 《哲学笔记》,第223页,人民出版社1963年版。

昧幼稚与亨通是同义的，说明能以亨通之道，把握适中时机而施教化。惠注抉发其内在结构而深入之："险坎，止艮（按：这是《说卦传》上的话）。卦自艮来，三之二为刚中，变之正为柔中（按：这句话是说蒙卦䷃——下坎上艮——的上卦三位至上卦的二位，形成上下卦阳居中而成刚中，如下二位为阴爻得柔中），故以亨行时中。《中庸》曰：君子而时中。"惠疏："《说卦》曰：坎，险也。艮，止也。注云'险坎，止艮'，先言险而后言止者，易气从下生也。彖传例皆然，下放（按：通仿）此。时者，变动不居之义，二有师道，刚中谓九居二也（按：指蒙卦下坎九阳爻居二位），又有妇道变之正，故曰柔中也。二刚则五柔，二柔则五刚，二五应刚柔接，故以亨行时中也。引《中庸》者，言执中有权也。"惠注先言"险坎"，后言"止艮"，先下卦而后上卦。惠栋指出这些彖传的大体例，惠注不过遵从这一体例罢了。此大例又为易气从下生决定的。着眼全《易》而言彖例，例从气生，先下后上。从此彖例的发明可见，惠栋实在是从全面的、运动的观点在考察诸卦，这一为惠栋发明的彖例可概括为："《彖传》言卦自下而上（即自内而外，下卦为内卦之故），循《易》气由下生。"还应值得注意的是，惠栋论及"时中"引《中庸》，当然是将一卦之理和整个儒家文化精神联系起来了。但"执中有权"一语，《礼记·中庸》无此语，《孟子·尽心下》说的是"执中无权"，当然孟轲是批判此说的，但十三经中绝无"执中有权"之说。"权"即权变，有朴素辩证法的意义。[①] 惠疏文字中又有"有妇通变之正"一语，"有权"之权变、辩证，

① 《戴震评传》，第 403 页。

即"变正",这正是惠栋易学的重要精神。从惠注惠疏中处处可看出,惠栋是深知易理的。《周易》六十四卦,无一纯好卦,也无一纯坏卦,可以说,从《周易》的人文精神看,人性善,命皆好,大团圆,须"变正"。易哲学是不断进取的哲学,自强不息的哲学,惠栋易学要阐明的也正是这种哲学精神,达则为孔明,退则为渊明,遇世务经济,隐退求自洁,济世立功和内心的修养,始终统一在一起。惠栋易理也是充满着这种人文精神的。

又如履彖"刚中正履帝位而不疚,光明也"。大意是:阳刚居中守正者,小心践行天子之位而行为检点无疵,显出道德光明。履彖的这句话,并不难懂。现在来看这句话被置于象数逻辑体系后的理解,惠注:"刚中正谓五,五帝位,离为光明,以乾履兑(按:这句话是说履卦䷉——下兑上乾——的构成,而履卦的二三四爻相连而成离卦☲,《说卦传》中有离为目、为火、为日、为电之说)。五刚中正,故履帝位而不疚(按:困惑),光明也。"惠疏:"此一节释利贞之义,二五皆刚中,而称刚中正,故知谓五:以阳居五,故履帝位。以上虞义也。三体离,离为日,故云光明,以乾履兑,兑为虎(按:此话出虞翻,可参《周易集解》页五一引),五在乾体,履危之象,故云疚。以其刚中得正,故履帝位而不疚,光明也。"惠注疏的要点是:履卦五位刚中为帝位,函体离卦光明、以乾履兑犹脚踩老虎、刚中得正显光明。俗语道,伴君如伴虎,正可用履卦"以乾履兑"说之,但可并说为:伴君如伴虎,刚中显光明。或许是后一句太难做到,既要刚正不阿,又要中庸之道,似水火不容,实难做到,故只剩下前一句了,成为一个颇有些吓人的大逗号,而人们通常取作"只此一句"而点上惊叹号。

惠注四十九则象传中，革象提到汤武革命是顺天应人，惠栋是怎样把它植入象数逻辑体系的？革象："汤武革命，顺乎天而应乎人，革之时大矣哉。"惠注："汤武谓乾，乾谓圣人，天谓五，人谓三，四动顺五应三，故顺天应人，巽为命也（按：革䷰——下离上兑，三四五爻成乾卦，形成天地人之构，二三四爻成巽卦☴，故云）。革天地，成四时（按：革象上文有'天地革而四时成'一句），诛二叔（按：管叔、蔡叔），除民害，天下定，武功成，故大矣哉！"惠疏："此虞（翻）义也，乾为君，故汤武谓乾，圣人谓乾，五阳得位谓圣人，故乾为圣人。二已日乃革之①，二正应五，故无谓五。三，革言三，就，故人谓三。四动，六爻皆正，故顺五应三，谓四顺五，上应三也。或谓皆指上革道成于上，象传顺以从君，是顺五之事，义亦得通。"如此看来，历史上一场伟大的汤武革命，竟被惠栋消融于卦爻象数之中，完全失去了"革命"的光辉。但从惠注、疏看，惠栋歌颂汤武革命有如天地划分那样伟大，汤武革命使除民害，天下定，所以伟大至极，这是基本点，至

① 《周易述》十三经注疏本："革，巳日乃孚。"宋朱震《汉上易传》、顾炎武《日知录》均谓"巳日乃孚"，王弼注读作"已然"之"已"，新版《辞源》据王弼注释"巳日"为"日后、将来"，《汉语大词典》谨慎地删去了此条目。黄寿祺、张善文《周易译注》据《周易集解》引虞翻注校改为"己日乃孚"，甚确。《周易述》"二巳日乃革之"，二为革卦二爻，但革卦无五行可对照，可在离卦中对照，按京房易五行爻位说，可知离卦二爻的五行为土，《礼记·月令》："（季夏之月）中央土，其日戊己。"据此，可证"二巳日"当为"二己日"。又季夏之月为农历六月建未，五行土，此亦据京房易五行爻位说可知。参见本书第六章第四节。惠注"二己日乃革之"，意为革卦二爻所表征的夏历六月戊己日就汤武革命。

于轰轰烈烈的汤武革命被植入象数逻辑，似磨灭其革命锋芒，其实，惠栋从革卦结构各爻，连互体巽、乾，内外卦离、兑等多方面阐说逻辑必然性，惠栋是在力图以象数逻辑的必然性证明汤武革命的历史必然性。但前者不免有许多随意性，因而这种证明仍然是说服力不强的，不过，从思想方法上看，惠栋易学言汤武革命是有逻辑和历史的必然性和一致性的，并认为它是顺天应人之壮举，这种认识，在新的历史条件下重新被提出，深深打上了早期启蒙思想家的烙印。兑彖也是讲到汤武革命的："是以顺乎天而应乎人。说以先民，民忘其劳；说以犯难，民忘其死；说之大，民劝矣哉！"因《周易述》遗缺，未及此兑彖文。

四十九则彖传中，大离彖和颐彖讲到尚贤和养贤。大畜彖说："其德刚上而尚贤，能止健，大正也。不家食吉，养贤也。"大意是，阳刚居上而崇尚贤人，能规正健强者，这是极大的正道，不以在家吃饭为吉祥，那就要畜养贤人。"其德"一句惠注："乾为德，初之上，故其德刚上，贤谓三，上变合三，故尚贤。"惠疏："乾为龙，德，故为德。初之上，故其德刚上，虞义也。初刚居上，故其德刚上也。乾为贤人，上应三，故贤谓三，三上敌应，故上变合三而尚贤（按：文中言大畜卦䷙——下乾上艮——初爻、上爻、三爻的转换情况）。传曰：上合志也（按：这句话见大畜卦象传）。"上面这段话，是从大畜卦的构成及各爻位的关系来推论"上而尚贤"的理由和必然性的。如前所说，这种解释性推论是有随意性的，但《周易述》全书，是在对经、传每一句话筑起一个完美无缺的象数逻辑体系，对每个针对《周易》所言筑起的小圆圈系统的评判，都离不开对整个象数逻辑大圆圈系统的总评价。"能健止，大正也”惠注：“健，乾，止，艮也。二五易位，故大正（按：乾健艮止见《说卦传》，这里说大畜䷙二五爻易位成家人卦䷤——下离上巽，家人卦彖传有‘女正乎内，男正乎外’之说）。旧读，言‘能止健’，误也（按：《十三经注疏》作‘能止健’，王弼、孔疏读为‘能止健’，此处惠栋据易篆先下后上例：大畜先乾健，后艮止，推理校勘成‘能健止’。又：唯乾健艮止，先‘健’后‘止’，方能借下文‘二五易位’成家人卦‘大正’。此又据可推理校勘成‘能健止’。两据，惠栋甚确）。”这一段话，是说大畜卦“能健止”，又能“大正”的原因，那是借“二五易位”可转换生成家人卦而成立的。从大畜彖上下文看，这一句“能健止，大正”是从“尚贤”到“养贤”的中介，从深层逻辑看，转变家人卦以后，方能有下句“不家食吉，养贤也”之说。惠栋对“能健止，大正”的逻辑推论，正是想寻找“养贤”的先导性逻辑机制。“不家食吉，养贤也”惠注：“贤谓二，三至上有颐象，二升五，故养贤。”惠疏：“乾为贤，人二称家，故知贤谓二。二不正而称贤者，中和为圣贤，二不正升五为圣贤（按：这几句话，均是说大畜䷙二爻和五爻中和相应，二不正，指阳爻居下二爻不正，当居上五爻，故二升五为圣贤，二升五，五降二，成家人卦䷤）。又三至上，体颐（按：是说大畜卦的三爻至上爻，三四五爻成震卦，四五六爻成艮卦，而颐卦䷚——下震上艮，故谓大畜三至上爻效法体现颐卦）。颐者，养也。二升五，故养贤。《孟子》所谓王公之尊贤是也。”惠栋的象数推证告诉我们，大畜卦有贤居下，没有到位，如到五位，则成圣贤，可见尊重贤才何等重要；大畜卦含颐，故大畜卦表明当“养贤”，但家人卦无颐养之象，不当以家食为吉，而应当由公家蓄养以治国,可以说大畜(按:通蓄)卦的主题就是蓄养人才。总的说,惠栋对大畜卦的"养贤"推阐颇审,有大畜尚贤之必然性,"能健止"语序校勘合易象传大例,从尚贤到养贤之象数依据,大畜卦有贤,可转换而成圣贤,大畜体颐养,大畜卦养贤与《孟子》说"王公之尊贤"一致。孟子之说,见于《万章下》:"悦贤不能举,又不能养也,可谓悦贤乎?"这是讲尊贤和养贤。关于养贤,《万章下》又说:"尧之舜也,使其子九男事之,二女女焉,百官牛羊仓廪备之以养舜于畎亩之中,后举而加诸上位,故曰王公之尊贤者也。"试将易象之尚贤养贤与《孟子》之悦相比较,前者是后者的易理化,后者是事情的具体表述,而惠栋注疏又是将这两者进一步完全逻辑化。

又颐象说:"圣人养贤以及万民。"惠注:"乾为圣人,坤阴为民,养成贤能,使长治万民,是养贤以及万民也。"惠疏:"乾为圣人:谓大过,乾也(按:大过卦䷛——下巽上兑——二三四爻或三四五爻含乾,而颐卦䷚——下震上艮——不含乾卦,只含坤卦)。坤阴为民。此上虞义。[1]《周礼·乡大夫》:'使民兴贤,出使长之,使民兴能,入使治之。'[2]是养成贤能,使长治万民,所谓养贤以及万民也。"为说明"圣人养贤",惠栋借用了与颐卦旁通的大过卦说之,此二卦不仅旁通,阴阳相对互谐,且卦序一前一后,故借大过卦说颐卦。惠栋认为,颐象与《周礼·乡大夫》所说一致,故互证之,文献为用,以补象数推阐之不足。惠栋的注疏,使颐象和《周礼》之说进

① 参见《周易集解》,页九八,四库易学丛刊本,上海古籍出版社。
② 《十三经注疏》,页七一七上。

一步逻辑化了。无疑，在惠栋注疏大畜卦、颐卦中的尚贤、养贤问题时，他是不遗余力以象数推阐其由，可证他是高声赞美尚贤并养贤的，这就是说，惠栋易理循汉易理继承孟轲等，人才不仅应得到尊重，而且应得到供养。这无疑也是借说古道而深深打上早期启蒙思想的烙印的。不过，惠栋信奉这样一种说法：养贤是为了统治万民。这当然有很大的片面性，但当时持此说，也是不可避免的，无疑是一种时代的局限。

四、《周易述》象传考论

大小象传由自然法则推论人生修养项目内容、修养法则、统治法术、思想方法等的象数逻辑系统论衡

《周易》的象传分大象和小象。大象排印在彖传之后，小象分排在各爻辞后。《周易》以“卦名卦形（并含卦形结构简说下卦名上卦名）＋卦辞＋爻辞＋彖传＋大象＋小象”为主体构成。为研究之便，研究工作者往往以“卦形＋卦辞＋彖传＋大象”为一构成，以“爻辞＋小象”为另一构成。据前一构成，彖传“统论一卦之义”，解释卦形、卦辞，且主要是解释卦辞，大象继彖传之后，因卦辞已被彖传解释过，故大象主要解释卦名卦形卦义，解释的方法是发挥彖传。至于小象，因彖传，大象都不涉及各爻象，小象主要是解释爻位爻辞的。《周易》一卦一象，必有一大象，一卦六爻，各爻有小象，必有六小象，从而可算出象传总数：大象为 64 卦×1 大象，小象为 64 卦×6 爻×1 小象＝384 小象，外加乾、坤二卦用九、用六的小象二则，共三百八十六小象（384＋2），《周易》大小象传共四百五十则(64＋386)。《周易述》注疏考论象传也是至革卦为止,革大象、革小象均全,这样,《周易述》有大象传四十九则,小象传二百九十六则(49×6＋2＝296),共注疏考论象传三百四十五则。《周易述》卷十一、十二为象上传,注疏乾卦至离卦,与卷九彖上传相当;卷十三、卷十四为象下传,注疏咸卦至革卦,与卷十彖下传相当。由于象传文字较短,旨在用很简短的语言说明卦、爻的象征性意义,故惠栋注疏象传一般都以一则象传为单位,不以句子为单位,即一则象传后附一注,另疏。一般说,经文、彖传、象传的重点问题是一致的,前面《周易述》上下经、彖传考论有关问题时较多涉及的有乾、坤、屯、大有、坎、离、咸、大壮、明夷、益、井、履、革、巽、大畜、颐等卦,上下经、彖传中涉及的问题,也应当是象传考论的问题,但为更多地了解惠栋注疏,考论其成果,本节的布点力避与前面重复,讨论的问题也不沿袭,但应指出,前面涉及的课题倒本是考论象传时首先应该涉及并深入的问题,为求评述惠栋有相当的广袤性,这一沿流而下的衍作课题可留给读者去比合思考,本节则重在寻找新的视点。惠栋不将象传附于经文、彖传后注疏之,而作独立成篇,以四卷篇幅专论之,不仅是注疏体例而使独立、清晰、明白可稽,实际上惠栋独立象传,别出疏释,有利于读者对象传的思想作独立的自成系统的研究,而惠栋本人抑或也把象传看作可予独立研究的别出篇章。

象传认为,谨奉职守,要能做到将智慧光大恢弘。坤卦:"六三,含章可贞;或从王事,无成有终。"意思是说,六三爻,表明蕴含阳刚的章美,可持守正固,或辅助国君办事,功成不居,谨奉职守至终。象传针对此爻辞的解释:《象》曰:

"含章可贞,以时发也;或从王事,知光大也。"意思是,含章可贞,恰恰要据时机发挥作用,辅佐王业不居功,智慧光大恢弘。象传惠栋注:"发得正,故以时发。三终乾事,故知光大也(按:惠栋这句话是从坤乾二卦的互谐去讲的,意即乾三爻终止,三爻以上全由阳爻转变成阴爻,变成坤卦的上部,犹言去阳刚而守阴居晦,利于智慧光大)。"惠疏:"京房曰,静为悔,发为贞(按:《左传》以上三爻外卦为悔,下三爻内卦为贞)。发者,变动之义,故《文言》曰:六爻发挥。《说卦》曰:发挥于刚柔而生爻。发为动,挥为变。《象辞》言发者皆谓发得正也。变动有时,故以时发。知谓坤光大,谓乾三之上终乾事,故知光大也。"惠注、疏旨在揭发坤六二象传"知光大"的内在机制,一是坤卦内卦的发动变化,且必须合乎时机,二是坤卦外卦居静,守阴居晦。谨奉职守并非等因奉之,唯命是从,而是要练内功,居静功,待机而动,光大智慧。惠栋是从坤卦与乾卦的关系、乾卦爻变对坤卦的映现、坤卦内外卦的易理机制来推阐"以时发"和"智光大"的实施之必然性和实施之途径的。

象传以自然界的运动比喻人生修养,要求品行完美。小畜彖传仅讲了小畜卦象卦义为阳气上升,但不下雨。[①] 大象传曰:"风行天上,小畜,君子以懿文德。"语义为:风行于天上在积蓄力量,称小蓄,君子由此领悟到,当积蓄文明美德。惠注:"风者,天之命令也,今行天上,则是令未下行,畜而未下,小畜之象。懿,美也。豫坤为文,乾为德卦(按:坤为文,乾为德,见《说卦传》)。以柔蓄刚,君子法之,故修

① 见《周易注疏》,页七三上栏。

美文德,积久而施自行(按:小畜䷈——下乾上巽——一阴爻五阳爻,被看作'以柔蓄刚')。"惠疏:"此九家义也,巽为风,巽象传曰:重巽以申命,故云:风者,天之命令也。今风行天上,则是令未行于下,畜道本成,故畜而未下,以小畜大,谓之小畜也。《说文》曰:懿,专久而美也。豫坤为文,据旁通也(按:豫卦䷏——下坤上震,据与小畜卦旁通)。乾有四德,故为德。此上虞义也。四为柔(按:小畜卦四位为阴爻),故云:以柔蓄刚。君子欲怀柔天下,不以武功而以文德,故云:修美文德。象传曰:施未行也。巽柔善入,积之久而德施于物,物无不化,故云施行。"惠注、疏讲了风为天之命令的卦理依据;讲了风行天上而不下是量的积累:小积蓄,故为小畜;讲了由风的小积蓄作比,联想到人的道德修养的积累;讲了以柔蓄刚的卦理和小畜言君子修文德的依据;讲了修文德越久越能实施的道理。惠注、疏可以包含一般的语义文句解释,但比语义解大大深入一步。他提供的答案是易理逻辑解,这一段惠注、疏,提供了从自然运动风行在上到道德修养须日积月累的逻辑联结。这类联结往往是非参半,包含着某些合理的因素,且合理成分往往是主要的。

象传中有许多涉及人生修养的项目内容。修养既和自然运动相比拟,修养内容和做法也就更带必然性。例如说:君子须以俭德避难,不可营求利禄。否卦大象传:"天地不交,否。君子以俭德辟(按:避的古字)难,不可营以禄。"意思是说否卦䷋——下坤上乾——坤下乾上不交和,君子以此象须知处已之道当如此。惠栋注:"天气上升,地气沉下,二气特隔,故云否。君子谓伏乾(按:伏,易有飞伏之说;伏为隐藏、既往;伏乾,是说乾卦已隐去,此指否卦初爻下有隐去的乾卦。虞翻有'君子谓三,伏阳也'之说可参),坤吝啬(按:保守,见《说卦》)为俭,乾为德,阴消至否(按:依消息卦,否卦为三阴消阳,此说从乾卦到否卦的情形),坤臣弑君(按:此处以阴爻消阳爻由乾卦变成否卦作比喻,说成坤臣弑君。坤臣弑君这样的话,不见于经籍,出虞翻易,见《周易集解》页五八),故以俭德辟难。坤为营,乾为禄,坤消乾,故不可营以禄也。"惠疏大意加详,尤于"君子谓伏乾"一说疏云:"否下体坤,乾伏坤下,乾三为君子,故君子为伏乾。"可证"伏乾"确为"否卦初爻下有隐去的乾卦"之说。应该说,惠注中"阴消(阳)至否,坤臣弑君,故以俭德辟难",即使在象数逻辑本身而论,也是说不通的,既然坤卦"吝啬"为俭,坤臣弑君,犹坤阴灭乾阳,又何以以俭德避难?惠疏云:"乾伏坤下,隐伏之象,故以俭德辟难。《文言》曰:天地闭,贤人隐,是其义也。"惠疏也没有说明其逻辑因果关系,倒是《文言》不从象数逻辑的答复,较合否大象传义。不过,惠栋用易飞伏之说、消息之说寻求逻辑中介,解释否卦何以含"以俭德辟难"之义,虽有破绽,但旨在寻求否卦"以俭德辟难"的逻辑解,以对君子修养项目大要作严格论证,应该说是很可贵的。

又如家人卦大象传:"君子以言有物而行有恒。"以言之有物,持之有恒为美德。惠注:"君子谓乾三(按:见上文否大象,又见下文惠疏),三动,震为言,为行(按:家人卦䷤——下离上巽——三爻动,能成下震上乾的无妄卦䷘,《说卦》有震性为动之说)。乾为物。恒,常也。三动,上反身(按:指上乾卦反身),故以言有物而行有恒(按:将乾卦与为言为行的震卦相比共观,而乾为君子,为物,为恒)。"惠疏则从另一个与家人卦相关的被转换的卦遁卦解释大象传，疏云："遁三本乾，故君子谓乾三（按：遁卦䷠——下艮上乾——初爻四爻易位即成家人卦，故以遁卦说家人卦），三动体震（按：遁卦效法震卦而变动三爻，成下震上乾的无妄卦䷘，与惠注由家人卦生成一致），震为言，为行，乾纯粹精，故为物。恒，常也。《释诂》文。三动，上反身，身修而后家齐，故言有物而行有恒也。"这段惠注、疏很难读懂，从家人卦生成无妄卦和被转换成家人卦的遁卦来丰富象数逻辑内容以说家人大象传的一句名言，使君子（乾）、言（震）、有物（乾）、行（震）、恒（乾）六个主题词一一找到象数逻辑依据，而家人卦本身不包含上述卦象，就不能不按易理通融，借相关的卦说之，这增加了我们理解上的困难，但表明惠栋对易理的深刻挖掘。研读惠栋，我们经历了以下过程：易传的一般言语表达 A——惠栋象数逻辑语言，尤重言语主题词和逻辑语言卦象对当——联系，将象数逻辑语言译成一般言语表达 B。力求 B 全等于 A，或 B 近似等于 A。惠栋注疏，正是在那中介段做文章，因这牵涉到 B 与 A 的接近程度。

又如益卦大象传言君子迁善如流，闻过则喜："君子以见善则迁，有过则改。"惠注："君子谓乾也。上之三，离，为见（按：益卦䷩——下震上巽——上爻至三爻而成䷕，贲卦，下离上艮，故云离卦，《说卦》有离为目之说）。乾为善，坤为过，三进之乾四，故见善则迁（按：这里就被转换之卦否卦而言，否䷋——下坤上乾——三爻进之乾四而成渐卦䷴——下艮上巽，渐卦有'君子以居贤德善俗'之说，可参）。乾上之坤初（按：指否卦乾上爻至坤初爻而成益卦），改坤之过。体复（按：复卦䷗——下震上坤——与益卦䷩——下震上巽——相近，坤卦与巽卦相近，乾坤震巽为前四卦，坤为母，巽为长女，‘体复’为效法复卦之意），象复以自知，故有过则改也。”惠疏：“此虞义也。乾为否乾（按：否卦中的上乾，见上文），阳为君子，故君子乾也。相见乎离，上失位，之三，得正（按：上爻为偶，属阴位，益卦阳爻居之失位。三爻为奇，阳位，贲卦阳爻居之，当位，得正），体离，故离为见。乾元善之长，故乾为善，坤积不善，故为过（按：这些话见乾文言、坤文言）。四本坤三，上之初（按：这是说益卦䷩四爻本来是否坤的三爻䷋——否卦下坤，是否卦上爻至初爻，使否坤的三爻成了益卦的四爻），则三进之乾四（按：否卦坤三爻进入到否卦四位，而此四位原为否乾），故见善则迁（按：这里说否坤三爻进入否乾四位，因坤不善，乾善，故说此卦爻的变易是见善则迁，上文光从‘三进之乾四’说变成渐卦，合‘见善则迁’之意，亦可通）。初本坤也，乾上之初（按：指益卦），坤体坏（按：益卦下卦一二三爻不再是否坤而成益震了），故改坤之过。初至四（按：这句话实际上是说否乾上至初，否坤三至四，成益卦，否坤初至否四（乾），初四易位，也得益卦），体复（按：分析见前）。复初有不善，未尝不知，知之未尝复行，故有过则改也。”（按：复卦䷗——下震上坤——和益卦䷩——下震上巽——都含坤卦，坤为不善。这四句话与上面所说“（益）初本坤也，乾上之初，坤体坏，故改坤之过”是一个意思，都是说益卦有“知过、改过”的自调功能。）本来是一句“见善则迁，有过则改”的很明白的话，惠栋给了它以非常复杂的逻辑语言解释。大体上说，为了说明益卦为什么能“见善则迁，有过则改”，涉及被转换成益卦的否卦，相关的渐卦、复卦、贲卦、离卦、乾卦、坤卦,惠注、疏启迪我们:益卦有“迁善改过”的结构自调功能,来自于它本身的结构,及此结构发生的原被转换生成之卦,乃至相关之卦的作用。惠栋将一句明白的话译成逻辑语言,如此之复杂,我们不能说它们具有近现代科学的逻辑上的严密性,但我们可以说,它们细密周致,无以复加,至少在思维的周密有序方面,与皖学相通。

此外,大象传中涉及人生修养项目内容的还有:谦卦初六象传要求自觉修养谦逊美德(“谦谦君子,卑以自牧”);六二象传要求成名之后仍要谦虚,且要发自内心深处(“鸣谦;贞吉,中心得也”);蛊卦大象传要求以蛊象振奋民心,培育新的道德(“君子以振民育德”);大壮卦大象传要求谦卑就下,非礼不行(“君子以非礼弗履”);晋卦大象传要求君子光明磊落(“君子以自昭明德”);蹇卦大象传要求君子以蹇象反省修德性(“君子以反身修德”),等等。惠栋一一将它们译成象数逻辑语言。惠栋宗易汉学,成为以象数逻辑语言破译易经易传的能手,可是他万万没有想到,今天我们——惠栋二百五十年后的学人,竟要来破译他的象数逻辑语言,破译之难远远超过用语言文字解释哲学直接解读《周易》。

易象传还主张正名分,定尊卑,以安定民心,维持秩序。这实际上是有利于发展社会生产力的很客观的态度,不应随便否定。对这一熟悉的课题,我们倒要看惠栋有何别致的高见还是迂见。履大象传:“上天下泽,履;君子以辨上下,定民志。”语义是:上天下泽,犹尊卑有序,故举步要小心;君子按上天下泽之公理辨上贵下贱之名分,端正百姓遵守礼法的心志。惠注云:“君子谓乾:天高地下,万物散殊,而礼制行,故以辨上下,定民志(按:《说卦传》有‘乾天坤地定位于上下'之说，可参)。"惠疏："此《乐记》文①，乾为天，兑为泽(按：履☰☱——下兑上乾。这类话又见于《说卦传》，此处针对履卦的构成引用之)。礼以地制(按：此句出《礼记·乐记》)，泽又卑于地，故君子法之以制礼。天高地下，礼者，天地之别也，故以辨上下，万物散殊而未定，礼，节民心，故以定民志。《汉书叙传》曰：'上天下泽，春雷奋作，先王观象，爰制礼乐。'是说君子法履以制礼之事。"惠注、疏认为，礼是效法天高地卑等自然界的运动和存在法则制定的，礼的契约性犹自然法则的必然性，从人类的认识秩序看，总是先看到各种自然现象，不断地映现和巩固在人类的思维中，联想、模仿、类比、创造，观察上天下泽而制礼是完全可能的。礼的制定的依据，是原始思维长期发展的结果。礼的作用既是来自上下天地之区分，它的作用当然也就用以区分人间高下尊卑。至于礼和履卦的关系，因履卦也是来源于天地高下，它的构成是下兑(泽)上乾(天)，制礼以履卦为逻辑起点，是理所当然的事，履卦中有礼，剖析履卦的逻辑构成以明礼，这是惠栋注疏的原委。如前所说，在惠栋那里，象数易理逻辑剖析与文献引据是互补共证的，关于履卦和礼的关系，惠栋除上述逻辑剖析外，又曾作文献据证，惠栋说："《荀子·大略》曰：'礼者，人所履也。'失所履，则颠蹶陷溺。所失微而其为乱大者，礼是以取义于虎尾也。"②如此看来，今人不易读懂的履大象传惠栋注疏，包含着涉及原始思维的深刻

① 《十三经注疏》页一五三一上栏有"天高地下，万物散殊，而礼制行"之说。

② 《周易述》，页二一。

的认识论道理，以及履卦逻辑构成和制礼的必然性连结，是另辟象数逻辑蹊径的探索，是科学的尝试，而并非迂阔之见和腐谈。

既然礼仿天地法则，依履制礼，那么礼的实施，乃至最高统治者的全部统治术，都被说成天道的派生，需要符合自然法则，这无疑有助于加强权威性，从积极方面看，它有助于统治术的客观性取向，从消极方面看，它是天人合一。噬嗑大象传："雷电，噬嗑。先王以明罚饬法。"是说雷电声威并用，称作噬嗑，先王以此象修明刑罚而形成法律条文。惠注："雷电噬嗑，威而明也。先王谓乾上，离为明，坎为罚，为法(按：噬嗑䷔——下震上离，指上阳爻，三四五爻连成坎卦。《说卦传》有坎为劳、为陷、为万物之归说，可参)。饬，正也(按：整顿、整治义)。上之三，折狱(按：判决讼案，见惠疏)，故以明罚饬法。"惠疏："雷为威，电为明，雷电合而章，是威而明也。上本乾也，乾为先，为王，故先王谓乾上。体离互坎(按：是说噬嗑卦上离，三四五爻连成坎卦)，故离为明，坎为罚，为法。(按：这两句难以构成因果假言判断，可按前述离、坎卦各自的特性理解之)。……上之三得正，而折四狱(按：指噬嗑四位居阳不正，易理偶数位当居阴爻，犹言成诉讼对象。该卦的卦辞云：噬嗑：亨，利用狱。是说该卦柔阴上居五得中位，虽不正，因奇数位应居阳爻，但柔中有利于治狱断案。上之三得正，是说噬嗑䷔上爻至三位而成既济卦䷾下离上坎，从而阳居奇位，阴居偶位，皆得正，原噬嗑卦中的四位阳爻不正升至五位阳爻正位，故云'上之三得正，而折四狱')，故以明罚饬法也(按：明罚犹言指离卦加坎卦，饬法犹正法，犹言指三位阳爻得正，四位原阳爻变阴爻获治得正，五位居阳爻得正）。”为什么那噬嗑卦象征雷电（按：下震卦象雷，上离卦象电）就能使先王明罚正法，两者似乎没有多少同一性。惠栋不仅言雷电合而威明取义，重要的是深入本卦髓理，言象数，尤其重在阐明噬嗑卦可“上之三得正，而折四狱”之理，推出先王循此可“明罚正法”的言论。惠栋阐说噬嗑大象传先王循自然法则之一二明罚正法，立足点赞同大象传之说。进而取义一般言之，进而由本卦象数变易证先王举措与自然法则的同一性，言之凿凿，如不从根本上否认象数说为荒谬，则尚难以责之为天人合一论而完全否定它的客观趋向。惠栋其人，任何一个简明的道理都被他嵌入象数论而变得高深莫测，很像二诸葛、二孔明一类的算命先生“抬脚动手都要论一论阴阳八卦”，是可笑，孰不可笑？是有可取，孰不可取？我们认为，不全可笑，尚有可取，关键能否用学术的眼光，用易理逻辑本身审视他的成果。否则，一代宗师以半生精力研治易象数学，著《周易述》，为每句话作象数逻辑注疏，或者说统统译成象数逻辑语言，岂不成了笨伯傻瓜！

易象传还有多处涉及思想方法的。例如讼卦大象传：“天与水违行，讼。君子以作事谋始。”水东流而天体西行，《周易》以左为东，右为西，上南下北，水东流为顺时针左旋，而天体是逆时针方向右旋，运行方向相违，就会发生争讼，君子效此象，作事初始就要慎重谋划。惠栋注云：“水违天，犹子违父，臣违君，故讼。君子谓乾三来变（按：指讼卦䷅——下坎上乾——是由遁卦䷠——下艮上乾——三位阳爻至二位生成的。来，指某爻至于下卦，见《周易集解》页二八七。变，指改变原卦，生成新卦），坤为作事，坎为谋（按：这些话出虞翻对此卦象传的解释，见《周易集解》页四〇）。初为始，二据初（按：指讼卦二阳爻可能占初爻的位置），刚柔易，故以作事谋始。”光看惠注，此段在逻辑上仍难贯通，惠疏有助于逻辑上的贯通。惠疏：“坎者，乾再索而得（按：是说坎卦☵由乾卦☰两取阴爻而成。再，两。索，取），有子道，坤有臣道。下三爻皆失位（按：指讼卦一二三爻为阴爻居阳位，阳爻居阴位），故云犹子违父，臣违君而成讼也。”又疏云：“此虞义也。坤谓遁坤，坤为事，三来变坤（按：与上文‘乾三来变’义同），故为作事。《洪范》谋属水，坎为水，为心，故为谋（按：《说卦传》有坎为水、为心病之说，《洪范》有‘谋及乃心’之说，又《尔雅·释言》‘谋，心也’）。卦自下生（按：按卦气说，卦气从下而生，渐上），故初为始。三来之二（按：见前，由遁卦生成讼卦），据初刚柔易（据：讼卦䷅二阳居初阴之上为‘据’，但二爻占初爻位置阳刚和阴爻要互换，以求奇位阳，偶位阴之正位），谓二与初易位，初不永所事，‘谋始’之义也。”左右旋相逆，形成争讼，这倒是确实的。[1]《易经》主右旋说，这在科学史上有重大意义，无怪乎我国科学家刘子华在1930年至1933年利用《易经》推算出太阳系内还有第十颗行星木王星，这是在九大行星（水星、金星、地球、火星、木星、土星、天王星、海王星、冥王星）以外的一颗行星，它由木星生出，与天王星相对待，刘子华推算出它的平均轨道速度为每秒一点六九公里，其密度为零点四二四（水＝1），对日平均距离为七十四亿公里。国外是八十年代后才由美国海军天文台的两位科学家经过长期观测，推论

① 参见《戴震评传》，第234页。

出太阳系的第十颗行星的。[①] 这是《易经》及其象数易理若干科学性的最有力的证明。惠栋于古老的右旋说并无说明[②],于此处惠注惠疏是一缺憾。不过,他用于推知人事,从易卦是自然界万物运动的逻辑表征这一原理出发,从卦内逻辑运动来阐说人们应以讼卦察知作事,慎重谋划于初始之理,这是很可贵的。从惠注、疏可看出,惠栋易学的逻辑是,万物皆动,卦象为此表征,卦与卦可转换生成,卦爻因卦气而推动,故讼卦由遁卦变来,讼卦二阳爻"据"一阴爻会因求正位而与初爻互换,坎为事,为心,为谋;二阳占据初位得正为动,为作,故成"作事谋于初始"之卦理、之象数易结论。"作事谋始",俗语道,万事开头难,要办成事情,首先要走好第一步。在惠栋看来,万物皆动,八卦转换,卦气上行,六爻推摩,君子们要会发挥人的主观能动性,适应此理,慎重谋划于初始,以求遇事计日程功。

有关思想方法问题,同人卦大象传说:"天与火,同人。君子以类族辨物。"大意是说天、火互相亲和,象征和同于人,君子因此懂得分析人类群体,辨别各种事物以审异求同。又睽卦象大传说:"上火下泽,睽。君子以同而异。"意思是说,水火不相容时,还得要见异求同。同人卦与睽卦两卦大象传都是立足于同,求同存异,或者说爱其所同,敬其所异,总而言之是要求同,最大限度地去体现和为贵。类族辨物,完全是古代推类逻辑之说。族,本是说有血缘关系的亲属。类,

---

① 周山:《易经新论》,第121页,辽宁教育出版社1991年版。

② 惠栋是赞成左旋说的,见《系辞上传》"刚柔相摩"注疏,《周易述》页一五六下。

最初也是指族类。《国语·周语下》:"其类维何?"韦昭注:"类,族也。言孝子之行,先于室家族类以相致,乃及于天下也。"由血缘同宗同族同类逐步发展到认识事物同类,是人类认识阶梯的进步,"类"概念的出现是人类认识的巨大飞跃。这一成果至《墨经》已完全巩固下来,《墨子·经上》:"名:达、类,私。"《经说上》作了解释,象"事物"是达名,即大共名;"马"是类名,即别名;白马,某一匹马是私名,即散名。《孟子》到处用比喻,以增加文章的气势和文学的生动性,无类比附,也是熟谙类逻辑以后的负应用。作于秦汉之间的象传要求"以类族辨物"、"以同而异",则是以事物的类别区分事物,同类归并,区分异类的意思。现在来看看惠栋的认识,"以类族辨物"惠注:"族,姓,辨别物性之同异也。君子谓乾(按:同人卦䷌——下离上乾),乾为族,天火同性,二五相应,男女辨姓,故以类族辨物。"这里是说,辨物的"类族"是由辨姓的血缘关系的"类族"发展而来,这是对的,但没有从理论上严格区分物类和宗族之类有质的区别。惠疏从同人卦卦理上解释"族类"辨姓在上古之必要,几乎没有涉及辨物性的类别的内涵,这是缺憾。

至于睽卦大象传"上火下泽,睽。君子以同而异",惠注:"君子谓初,巽为同(按:转换生成睽卦䷥——下兑上离——的无妄卦䷘——下震上乾——中三四五爻构成巽卦䷸。按《说卦》,巽为齐同,故云)。二五易位(按:指无妄卦二五爻互换而成睽卦),故以同而异。"惠疏:"初得位(按:指无妄卦初位奇位为阳爻),故君子谓初。巽为同,谓无妄巽也。二五易位，无妄为睽，故以同而异也。”[1]惠栋是怎样从上下睽隔，水火不相容中发现求同存异的？他是分析睽卦的始源卦、被转换卦无妄卦初爻得正，三四五爻成巽为齐同，二五易位方转换成睽等三个基本点后得出上述结论的，这样，句中的君子、同、由同而异三个主题词语与象数逻辑庶几一一对当，从而使睽卦“君子以同而异”在象数逻辑易理上顺理成章。

惠栋注疏考论易象传论思想方法的还有：乾大象传：君子以乾为天，运行刚健，而认识到要自强不息；坤大象传：君子以坤象大地，地势由低而高，认识到要勇于担当重任；坤上六象传：纯阴至盛而阳来，坤尽而转阴阳交合，阴阳推变，变易无穷；泰卦大象传：从泰卦卦象中裁制天地法则而顺应之，用以左右民生；等等。注疏体裁发挥了象数逻辑系统论衡的作用。

五、《周易述》系辞上传考论

系辞上传章节，乾坤大义，“易简”之理，易理中的民本思想的开发和人类逻辑位置的设定，朴素唯物论认识论的象数化，对形而上和形而下的元气解说

惠栋《周易述》卷十五、十六为《系辞上传》注疏，卷十七、十八为《系辞下传》注疏。《系辞》上下传的划分完全按照孔颖达《周易正义》本，即今本十三经注疏本，起自

① 《周易述》，页一四五。

“天尊地卑”，终于“存乎德行”为上传；起自“八卦成列”，终于“失其守者其辞诎”为下传。朱熹《周易本义》依程颐意，系辞上下传的划分大例同孔氏正义，有若干章节归并不同①，惠栋注疏没有采纳程朱，而依照孔氏。

从思想内容上看，系辞上下传的区分，孔颖达《正义》引何氏云：“上篇明‘无’，故曰‘《易》有太极’，太极即‘无’也。又云‘圣人以此洗心，退藏于密’，是其‘无’也。下篇明‘几’，从无入有，故云‘知几其神乎’。”②

《周易述》将系辞上分成十二章，行文上四库全书本以顶格为标志，一目了然。惠栋分系辞上第一章自“天尊地卑”至“而成位乎其中矣”。这一章总述乾坤大义。乾坤定位、阴位变化、“易简”之哲理，是系辞上阐说乾坤大定的三个要点。关于乾坤定位，系辞上提出天尊地卑、贵贱别位、方以类聚、物以群分等要点。惠注疏：“天地既分，乾升坤降，故乾坤定矣。”乾坤定与别贵贱又有何种必然性的联系呢？系辞的说法是“卑高以陈，贵贱位矣；动静有常，刚柔断矣”。惠栋象数易视天地生成、运动与其表征八卦的象数构成和逻辑转换是一致的。惠注说：“卑坤高乾也，乾二升五，坤五降二，列贵贱者存乎位，故贵贱位矣。”仿佛是说天高地低为人间贵贱提供了框架，这仍然没有回答自然界天高地低与人世间尊卑贵贱的必然联系，这是无法回答的，因两者无同一性，只能说

① 《周易本义》将“天数五，地数五……成变化而行鬼也”一段编在“大衍之数五十”之前，将“天一，地二……天九，地十”一段又置于“天数五，行鬼神也”之前。见《周易本义》页五九下，四库易学丛刊本，上海古籍出版社。

② 《周易注疏》，页二三九下栏，四库易学丛刊本，上海古籍出版社。

朴素唯物主义的元气论基本出发点在于此，即天地高下与人间贵贱并行一致。惠疏详论此题，但得出了“卑高陈，贵贱位，仍是天地之别”的明白说法，在易理上最终把二者等同起来，是在近乎本体问题上堵塞唯心主义的高明说法，而在象数逻辑系统的说明方面，惠栋对这一大课题的回答是特别认真的。他说，太初元气“清者上为天，故乾升也，浊重者下为地，故坤降也。《乾凿度》曰：乾坤相并，俱生天地。既分，乾升坤降，故乾坤定矣。卑坤高乾者，下传云：‘崇效天，卑法地。’（按：‘下传’犹言下文。这几句话在系辞上传。）故知卑谓坤，高谓乾，坤自上降，乾自下升，故先言卑而后言高也。（按：这句话合易理气自下生而上行。）虞注云：乾高贵五，故乾二升五，坤卑贱二，故坤五降二。下传云：‘列贵贱者存乎位。’故贵贱位矣。必知乾二升五，坤五降二者，案《乾凿度》曰：阳爻者制于天也，阴爻者系于地也。天动而施曰仁，地静而理曰义，仁成而上，义成而下，上者专制，下者顺从，故荀虞说易，乾二例升五，坤五例降二也。若然，乾升坤降为天地之合，而云别者，卑高陈，贵贱位，仍是天地之别也”。这一段话是说，清浊升降，天地分定，人间尊卑，效法天地（按：应该说，这里没有必然性，只是早期人类法象论的认识观引起的，它只是早期人类的一种社会契约），乾二升五，坤五降二的运动同样象征尊卑贵贱的序次化。惠栋最后告诫人们，系辞讲的天高地下，尊卑贵贱相系联，归根到底是说那最简明的事实：天高地下，并无神秘之处。既然乾坤定位，“方以类聚”被纳入坤卦“西南得朋”说之，“物以群分"则被纳入乾卦与坤卦的区别而说之。[1] 至于本章中的阴阳变化所说"刚柔相摩,八卦相荡","摩"被说成旋转。惠栋说:"刚柔谓乾坤十二爻,乾左旋,坤右转,故云旋转称摩。"至于"荡",惠注:"动也。"在用摩、荡之说分析坤卦会生成震坎艮卦,乾卦会生成巽离兑卦以后(按:以乾坤为父母卦,震、坎、艮分别为长、中、少男,巽、离、兑分别为长、中、少女。此言八卦的生成),即由象数逻辑的卦理相摩、相荡转向现实的说明:"兑为雨也,离为日,坎为月,乾为寒,坤为暑,鼓之润之,日月往来,寒暑相推,皆八卦相荡之义。"在惠栋看来,易理八卦,象数逻辑,与自然界万物的生成和运动,好比是一块钱币的正面和背面,说的是同一物,是(实体的)表征象符与实体运动间的区分,归根到底还是说同一物。有理由认为,惠栋以一生主要精力研究汉儒易学,并形成本人的象数易学,他是在研究自然界的运动,他的成果是古代自然科学的一部分,其特色是更多地打上了科学哲学烙印的自然科学成果。不过,这样大规模的研究发生在明末清初第一次西学东渐的高潮之后,其选题和成果的价值都是需要科学史来慎重评价的。关于本章中的"易简"之说,系辞说:"易简而天下之理得。"惠注:"易简所以立中和之本,故天下之理得矣。"惠疏:"易简,一也,亦中也,以一持万,故立中和之本,天下之理。"科学总是要强调简单性逻辑法则,系辞提出"易简"问题是合乎"简单逻辑"这一科学要求的。惠栋把中和作为易理简单性逻辑,是意味深长的事,说惠栋从象数本身"二五"正中之说得之,说惠栋植入儒家中庸之

① 《周易述》,页一五六上栏。

说，说惠栋抓着了《周易》的辩证法痛痒，说惠栋以“简单逻辑”为易之大本，等等，等等，均无不可。耐人寻味的是，针对第一章，惠注云：“传首陈三义，而终之以既济，易之大义举矣。”惠疏：“三义谓天地之别、天地之合、天地之德也（按：指前面概括的天地判分、天地交合而生万物及其运动、中和“易简”之理）。首陈三义而终之以既济（按：指系辞下终于既济卦），既济即天地之中和（按：既济䷾——下离上坎——卦各爻居正，奇阳偶阴，二、五位为阴爻居中和阳爻居中相应，故谓天地之中和）。此皆易之大义，故云易之大义举矣。”在惠栋看来，系辞上传第一章为言易理之总纲，也是系辞传总纲，系辞上下传浑然一体，尤其是统贯易之大理：“易简”即简单性逻辑中和之理。这一看法，和前面说的孔颖达引何氏的看法形成对照。

第二章由“圣人设卦”至“吉无不利”，是说圣人制易，君子学易。讲圣人制易时讲了易的各种表征象形，说到“刚柔者昼夜之象也，六爻之动，三极之道也”。惠注：“极，中也，三极谓天地人，民受天地之中以生，故称三极。六爻兼三才而两之，故六爻之动，三极之道。”这是惠栋用象数逻辑开发隐藏在易理中的上古民本思想，有趣的是，人居天地之中，以人为本，以民为本的思想是通过一些神秘的数字表达的。惠疏云：“《洪范》曰：建用王极。《周礼》设官分职，以为民极。① 郑氏皆训为中。三极，郑陆谓三才。② 故云天地人也。”为说明人是三极、三才之一，惠栋又引《周书》：“三极：

---

① 参见《十三经注疏》，页一八八上、页六三九下。

② 《周易注疏》，页二四二下。

一维天九星，二维地九州，三维人四(按：士农工商)。”惠栋还说，以五行言则五六(按：天地，因大衍之数天数五、地数六，此处或指天时地利的条件都适中适宜)为天地之中，以遘(姤)复言则二至为天地之中(按：消息卦姤卦为农历五月次候中卦，常气为夏至，复卦为农历十一月次候中卦，常气为冬至，按孟喜卦气图说)，以四时言则春秋为天地之中，以爻位言则二五为天地之中，民受之以生，故称三极。如果要问人类在自然界，在天地时空中的位置，惠栋可是交了完整的答卷，人处天地人三极之中，人是三才之一，人居第三维，人居“五六”天地之中，人居天地时空二至之中，人居四时春秋之中，人居二爻五爻天地之中。英国博物学家赫胥黎(1825—1895)为宣传达尔文(1809—1882)的进化论著有《人类在自然界的位置》一书，阐述从猿到人的艰难历程，比赫胥黎早一百三十多年的惠栋(1697—1758)给了人类在自然界的逻辑位置，这一位置的坐标又与一些神秘的数字三、四、二、五等有关，惠栋是把人类在自然界的位置彻底逻辑化的人。系辞和惠栋的说法，或许是人类不断反思自己和认识自己的一个阶梯。

第八章由“圣人有以见天下之赜”至“盗之招也”。这一章涉及《周易》创作原则和认识方法，可以戴震所说的“法象论”概括之。[①] 然后举七则爻辞，援孔子言论以证其象喻特征。系辞说：“圣人有以见天下之赜而拟诸其形容，象其物宜，是故谓之象；圣人有以见天下之动，而观其会通等礼(按：注疏本作典礼)，系辞焉以断其吉凶，是故谓之爻。言天下之至

① 《戴震集》，第154页。

赜而不可恶也，言天下之至赜（按：注疏本作动）而不可乱也。拟之而后言，仪（按：注疏本作议）之而后动，拟仪以成其变化。”①第一句通常理解成：圣人发现天下幽深难见的道理，就把它譬拟成具体的形象容貌，用来象征特定事物的适宜的意义，所以称作象。赜，被训作幽深玄妙。惠栋是以易理解释系辞的。惠栋据虞翻、京房、《太玄》等改训“赜”为情、初。惠注：“赜谓初，自上拟下称拟形容，谓阴在地，成形者也。”惠疏：“赜训为情，乃情之未动者，故知赜谓初，乾上坤下，以乾拟坤，故云自上拟下称拟。易之大义，上经终坎离，下经终既济、未济。上系（按：系辞上）终乾坤，下系终六子（按：指六子卦：震巽坎离艮兑），则上下经与上下系相表里，上经象阳，下经法阴，复（䷗）为阳初，姤（䷫）为阴初，六日七分之法（按：孟喜卦气说与太初历一致，每卦主六日七分），阳起中孚，阴起咸（按：孟喜卦气图说以中孚为十一月初候始卦，常气为冬至。以咸卦为五月初候始卦，常气为夏至）。乾元坤元，天地之心，为易之本，故上系七爻起于中孚，鸣鹤在阴（按：系上传第八章讲论七卦以证法象论，‘鸣鹤’句见中孚卦），下系十一爻，起于咸，憧憧往来（按：系下传第五章起于咸，‘憧憧’句见咸卦）。此传发端言圣人见天下之赜，谓中孚、咸也。易彰往而察来，而微显阐幽，故拟诸其形容也。”“象其物宜”句，惠注：“物宜谓阳，远取诸物，在天成象，故象其物宜。谓三才八卦在天也。”如果说，系辞重在讲圣人在认识世界方面做什么，惠注疏重在回答哪些项目是圣人认识世界的成果；如果说，系辞

---

① 《周易述》，页一六六。

重在讲圣人突进“天下之赜”，惠注疏重在讲圣人从“天下之赜”走出来以后公之于世的成果。惠栋把圣人说成从物之情，物之始原大端那里走出来，一般奥秘之“赜”还不足以言圣人之功，圣人走出大端公之于世的成果就是《周易》卦象系统，而这一系统又是天地万物生成运动的逻辑化，从而认为说圣人认识了外物和认识了八卦系统是一回事。总的看，由于惠栋体系务必从汉易象数注释之，故言圣人拟诸形容，所得成果过于具体，甚至落实到某卦某卦，而忽视法象论的朴素唯物主义的认识论意义。这一点也是不如戴震的，戴震对系辞法象论的认识立足于求道而不是具体表现为某卦，戴震说：“天所以成象，地所以成形，圣人所以立极，一也，道之至也。”[①]相形之下，戴识宏观大体，更能把握其认识论意义。不过，惠栋对圣人“见天下之赜而拟诸其形容”的具体而微的说明，有助于我们加深对法象论的认识，疏文中关于系辞上下传相应于上经和下经的说明，是对前面所说“易简”之理的补充，是说惠栋视系辞上下既统贯一体，又有各自参照系视点的不同，有助于我们加深对系辞上下传的认识。本章“圣人有以见天下之动”四小句，通常理解成：圣人发现天下万物运动不息，就观察其中的会合变通，以利于施行典法礼仪，并在六十四卦三百八十四爻下撰系文辞来判断事物变动的吉凶，因此称作“爻”。这是法象论中的一项，即先静观、拟象，后动观，取义立法则合乎礼。惠栋是从易理本身对此作出解释的，与以上通行理解没有太大的区别，只是动观外物与行礼有何中介联系？惠疏曰：“动谓六爻之动则会通，乃

---

① 《戴震集》，第156页。

六爻发动。挥，变也。乾坤交而亨，天地交而万物通也。亨者，通。子夏义也。阴阳相应为嘉，故亨者嘉之会也。嘉属五礼，嘉会礼通，故以行其等礼。”是外物运动的逻辑投射六爻之动，动——通、交——亨；通、亨——嘉——五礼。本章中“拟之而后言”三句，通常理解成：先譬拟物象然后言说道理，先审议物情然后揭示变动，通过譬拟和审议形成关于变化的哲学。对此，惠注疏没有从具体的卦象说之。惠注：“初辞拟之，问焉（按：指问于易）而以言，故拟之而后言。仪，度也。将举事必先于此仪之，故仪之而后动，拟、仪者变化之所由出也，故以成其变化。”惠疏则进一步明确“以易为度，先于此（例如射发一事）仪之，而后举事，则动无不中”。按惠栋的说法，只要初拟问易，以易度事，那么就会完成“拟之——仪之——变化、行动而成之”，并认为这是“通志成务之谓也”，无疑，“志”就是易理、规律，“务”是实务。有理由认为，惠栋对法象论的解释，既是彻底的逻辑化，又有使之济世求实而实用化。应该说及的是，除本章外，十二章也讲到“是故夫象，圣人有以见天下之赜……是故谓之爻”，文字几乎全同。又《系辞下》说：“仰则观象于天，俯则观法于地，观鸟兽之文，与地之宜，近取诸身，远取诸物……”（第二章）也是同样的意思，惠栋注疏均从象数易理透析之，大体同前。

系辞传上第十二章，惠栋分段起于“子曰，书不尽言，言不尽意”至于结束。全章讲书本有限，语言表达有限，无处不可应用的是《周易》认识论原理法象论。本章还重复出现了第八章的文字，“是故夫象……是故谓之爻”，可见确实继续在讲法象论之无限有用，其中有一名句：“是故形而上者谓之道，形而下者谓之器。”历史上有过两种不同分野，唯物与唯心的解释，争论不休。① 对这两句话，惠栋注：“《易说》(按：郑玄著)易无形畔，易变而为一，一变而为七(按：依郑玄的说法，七为太始，七主南方阳气壮盛)，七变而为九(按：九为太素，又为西方阳气终究)，九者气变之究也，乃复变而为一，一者形变之始，清轻者上为天，故形而上者谓之道，浊重者下为地，故形而下者谓之器也。”这里引用了著名的太易说。惠疏：“此上乾坤近乎息而言(按：系辞上文有‘易不可见，则乾坤或几乎息矣’句。几，近；息，生)。《易说》易无形畔，易变而为一，一变而为七，七变而为九，九者气变之究也，乃复变而为一，一者形变之始者。皆乾凿度文。易无形畔者谓太易也，易变而为一者谓太初也，一变而为七者，七主南方，谓太始也，七变而为九者，九主西方，谓太素也，九者，气变之究也者，郑氏谓西方阳气所终究之始也。乃复变而为一者，郑氏谓此一则元气形见而未分者，一者形变之始者，即乾之初也。清轻者上为天，浊重者下为地，亦乾凿度文。乾息至二，则升坤五，故清轻者上为天，乾为道，故形而上者谓之道；坤消至五，则降乾二，故浊重者下为地，坤为器，故形而下者谓之器也。”②如果把惠栋引用的郑玄说、乾凿度说加以系统归纳，可得：太易·未见气或云虚生气——太极元气·浑沦·气形质具而未生——太初·气之始——太始·形之始——太素·质之始；太易——一·太初——七·太始——九·太素；太易——二·形变之始·阳

① 《戴震评传》，第349至350页。
② 《周易述》，页一八九上。

气升为天阴气沉为地——六——八。惠栋注疏把形而上和形而下定位在太始、七、二,这时都已存在元气,清轻之气上升为形而上道,浊重之气下降为形而下器。元气即阴阳之气,寒温之气,是物质,形而上、下正是发生在元气上升为天,下降为地。天地剖分,形成乾坤时的道和器之说,与太易虚生气无关。惠栋对以上两句名言的解释是完全立足于唯物主义的元气说的。

此外,惠栋划分系辞上传第三章“彖者,言乎象者也”至“各指其所之”,考论该章卦爻辞象征义例;划分第四章“易与天地准”至“故神无方而易无体”,考论该章《周易》法则的广泛运用及其意义;划分第五章“一阴一阳之谓道”至“阴阳不测之谓神”,考论该章道的蕴义和阴阳变化之体现;划分第六章“夫易广矣大矣”至“易简之善配至德”,考论该章乾坤所象征的阴阳性质;划分第七章“子曰:易其至矣乎”至“存道义之门”,考论该章言易理与修身的关系;划分第九章“大衍之数五十”至“其知神之所为乎”,考论该章言占筮方法“揲蓍求卦”;划分第十章“易有圣人之道四焉”至“易有圣人之道四焉者,此之谓也”,考论该章言《周易》应用;划分第十一章“天一地二”至“是以自天右之吉无不利也”,考论该章言《周易》占筮,等等,都以象数易学注述梳析之,但也时为取义。取义的标准则恪守汉儒易学的言易历法的客观态度。应指出的是,惠栋易学及其所宗汉儒易学的象数之说,与易经言天文、时空,特别是历法很有关系。

六、《周易述》系辞下传考论

系辞下传章节，“穷则变，变则通，通则久”的朴素辩证法思想，作为先民智慧源泉的利用卦象的认知，经验主义迭合的原始思维图景，被推广为古代文论的“旨远、辞文、言中、事隐”的易理要旨等的梳释

系辞下传第二章惠栋划定自“古者包牺氏之王天下也”至“盖取诸夬”，全章讲易象对制造生产工具，促进文明发展的作用。特别是在讲述朴素唯物主义的认识方法观象于天、观法于地以后，讲了一句涉及辩证法精髓的话：“《易》穷则变，变则通，通则久。是以‘自天佑之，吉无不利’。”最后一句犹言从自然界那里得到佑助，意即按自然规律办事，吉无不利。穷则思变，变则通，通则久，关键在于变革，而变革必须是遵循一定的科学法则的变革，做到“自天佑之”。对上面几句话，惠注云：“化而裁之存乎变，故穷则变，推而行之存乎通，故变则通，与天终始则可久，故通则久。王者通三统（按：夏商周三代正朔，又称三正），立三正，若循连环，周则复始，穷则反本，是其义也。”从惠注看，古代的变、通、久，与制历法、行历法极其有关。惠疏：“与天终始则可久……王者通三统，立三正，若循连环，周则复始，穷则反本者，《书传略说》文。黄帝尧舜，继伏羲神农有天下者，故亦位乾五，五动之坤，成大有（按：乾卦䷀五爻阳爻动成阴爻即成大有卦䷍——下乾上离，《说卦》乾为天，离为日），有天地日月之象。古之聪明睿知，神武（按：以吉凶祸福威服

天下而不用刑杀）反复而不衰者，故自天佑之，吉无不利也。”从惠注、疏看，变、通、久就其一般意义而言，变则通，与天终始；就比较确定的意义而言，制定历法，实行历法，实际上也就是按易理法则来变方能“通则久”；就古史与卦象的必然联系而言，伏羲神农，黄帝尧舜，皆居位乾五得中正，五阳变五阴，成大有卦而无所不有，有无地日月之象；通观古今，聪明睿知，善治天下者，皆得自天助（实际上是遵循规律办事的意义已十分明显），吉无不利，无往不胜。惠栋对易系辞具有深刻辩证法意义的表述和所持的态度是具体的，也是比较明确的，与所处的雍乾时代也极有关系，黄帝尧舜皆循天而变之而成“大有”，与后代历史风云变幻时期对这句话的解释是不可同日而语的。惠栋的态度主要还是平允的学术态度。该章还讲了社会生产力的进步与卦的关系，一般说没有关系，或许某些劳动工具的发明受某卦卦理的逻辑和文化的启示。系辞说：“作结绳而为网罟，以佃以渔，盖取诸离。”惠注：“离为目，巽为绳。目之重者唯古（罟），故结绳为网古。坤二五之乾成离（按：坤卦䷁二爻五爻至乾卦䷀二爻五爻，即成离卦䷝），巽为鱼（渔），坤二（亦）称田（畋），以古（罟）取兽曰田，取鱼曰鱼（渔），故取诸离。”惠注中“巽为绳，巽为渔，坤亦称渔，称畋”，出虞翻说。结网捕兽打鱼和离卦有何联系，惠栋继承虞翻，分析离卦之源卦坤卦，内含卦巽卦（按：离二三四爻成巽䷸——下巽上巽），而巽、坤二卦古说反映渔猎，或如其说，可信其有，是象数结构之联系，文化史传之联系。惠栋的解释于汉易有据，不失可参之用。又如《系辞下》说：“黄帝尧舜，垂衣裳而天下治，盖取诸乾、坤。”上句一般说成黄帝以后，制衣裳服饰而天下大治。

惠注云:“乾为衣,坤为裳,取乾、坤用九用六之义以治天下,而君臣上下各得其正,故天下治。《世本》作曰:黄帝臣伯余作衣裳,盖法始于伏戏而成于尧舜。舜曰:‘予欲观古人之象,日月星辰,山龙华虫,作会(按:通绘)宗彝,藻火粉米,黼黻絺绣,以五采章,施于五色,作服,汝明。’[1]衣用会,裳用绣,凡十二章,是取象乾坤之事。易者,象也,古人之象,谓易象也。”[2]《尚书·益稷》载舜的那段话(惠疏误作《尚书·皋陶谟》),郑玄在注《周礼》时曾详说其要。[3] 惠栋疏则更明确地指出:“此十二章为五服,天子备有焉,以饰祭服,乾为衣,坤为裳,乾坤各六画,绣与绘亦各六,乾坤十二爻,衣裳亦十二章,是取象乾坤之事。”[4]这就解释了制衣裳取乾卦、坤卦之义的原委。无疑,这是古代文化史中的一个重要问题[5],惠注、疏是着眼于文化史作出解释的。又如该章讲到“刳木为舟,剡木为楫,舟楫之利以济不通,致远以利天下,盖取诸涣”。惠注:“否四之二也,木在水上乘风,舟楫之象(按:涣䷺——下坎上巽——是否卦䷋——下坤上乾——四爻至二爻生成的,依汉易五行说,坎为水,巽为木。惠栋曾有八卦六位图考汉易五行之说。见《易汉学》卷四)。巽为长木,艮为手,乾为金(按:均见《说卦》和惠栋八卦六位图),艮手持金,故刳木为舟,剡木为楫也。否时(按:否卦的卦时)天地不通,四之二,坎为通,故以济不通。乾(按:

① 《十三经注疏》,页一四一下。
② 《周易述》,页一九六上。
③ 《十三经注疏》,页七八一。
④ 《周易述》,页一九六下。
⑤ 《戴震评传》,第110页。

指否卦上乾）为远，为利，故致远以利天下，盖取诸涣也。”惠疏则明确指出以上是虞氏义、九家义，当然实际上也是惠氏义，并说：“神农黄帝尧舜之时，民多否闭，故圣人有作，取乾之坤，以坤之乾，备物致用，立成器，以为天下利也。”[①]惠注、疏说上古造独本舟依涣卦之由，只能说是象数逻辑上的联系和启示，至于远古时代圣人有作，取乾坤二卦转换生成而启示造民用什器，是一耐人寻味的传说。似乎可说从远古洪荒时代起，华夏土地上的先民的一切创造发明，以至于后世的科技发展和成就，无一不系于易经。惠栋注疏中的文化史价值是不言而喻的。在惠栋那里，一部文化史简直就是一部易经成书、研究和应用的历史。又如“服牛乘马，引重致远，以利天下，盖取诸随”。惠注：“否上之初也（按：否卦䷋——下坤上乾——上爻与初爻互换生成随卦䷐——下震上兑），否乾为马，马为远，坤为牛，为重（按：见《说卦》）。坤初之上为引重，乾上之初为致远。巽为绳（按：《说卦》可参。随卦的三四五爻成巽卦☴），绳束缚物在牛背上，故服牛。艮为背，巽为股（按：随卦的二三四爻形成艮卦☶。这些话可参《说卦》），在马上，故乘马（按：指巽艮都在否乾转成的初爻之上）。出否之随，引重致远，以利天下，故取诸随。”惠注说随，从其被转换的否卦及随卦的内部构成互体卦入手，紧扣卦理以说系辞之意，亦能言之成理，虽古代驾牛乘马未必受随卦启示，但反映古代的一种文化心理。另一方面，也应指出的是，从现代认知心理学看，以现成的、积淀成熟的知识作指导，来确定下一步的行为过程和注意事项，

① 《周易述》，页一九七。

调用先前的知识贮存进行推理,是完全可能的,我国古代易经卦理是这样的“积淀成熟的知识”和“先前的知识贮存”,先民们为战胜自然而调用它们来谋划推理,确定行动纲领和行为过程,也完全是可能的。从认知心理学来审察惠栋在劳动工具、战胜自然与易卦间架起的各种中介桥梁,不能说惠栋虚妄,不能说没有半点道理。甚至说先民们曾以易经的卦象或更原始的朴鄙的卦作为认识自然、战胜自然的武器,也不是没有依据的。又如造弓箭,系辞说:“弦木为弧,剡木为矢,弧矢之利,以威天下,盖取诸睽。”惠注:“无妄五之二也(按:睽卦䷥——下兑上离——是无妄卦䷘——下震上乾——五爻与二爻互换生成的)。巽为绳,为木,坎为弧,离为矢(按:巽卦☴是无妄卦三四五爻互体而成的,坎卦☵由睽卦三四五爻组成,离卦除睽卦上离外,二三四爻也成离卦。各种说法可见《说卦》),故弦木为弧。乾为金,艮为小木,五之二以金掞艮(按:掞,音 yǎn,通剡,削。指无妄卦上乾。指无妄卦二三四爻互体成艮卦。《说卦》有艮‘于木也,为坚多节’之说可参),故掞木为矢(按:离卦象矢)。乾为威,五之二,故以威天下(按:由无妄卦说之)。弓发矢应,而坎雨集(按:由睽卦说之,坎弧离矢。《说卦》谓坎为弓轮,为水),故取诸睽也。”弓箭为战争、狩猪所必需,取之睽卦而造之,或如其说,可博见闻。又如造房子,系辞说:“上古穴居而野处,后世圣人易之以宫室,上栋下宇,以待风雨,盖取诸大壮。”惠注:“无妄两象易也(按:无妄卦䷘——下震上乾——上下互易成大壮䷡——下乾上震)。无妄乾在上,故称上古。艮为穴居,乾为野,巽为处,无妄乾人在路,故穴居野处(按:无妄卦的二三四爻成艮卦,三四五爻成巽卦。《说卦》有艮为土，为山，为门阙；乾为战，为马；巽为入之说，可参。无妄卦六三卦辞虞翻解曰：乾为行人，见《周易集解》页九四）。震为后世（按：《说卦》有震为长子，可参），乾为圣人，后世圣人谓黄帝也。艮为宫室，变成大壮，乾人入宫，故易以宫室。艮为待（按：《说卦》艮为止，可参），巽为风，兑为雨（按：大壮卦的三四五爻成兑卦，《说卦》有巽为风、兑为泽之说），乾为高（按：《说卦》乾为天，故高），巽为长木，反，在上为栋（按：这句话惠疏说：大壮外象震——上卦为外卦即外象，震，震反，巽也，故反，在上。意思是说，从无妄到大壮转化之中，巽卦☴反过来成了震卦☳，实际上是巽卦反过来成了大壮卦三四五爻互体兑卦☱，但兑卦是大壮震的四五爻和大壮乾的三爻构成的，故云巽反成震）。震雷动，起为上栋（按：指无妄卦震在下，至大壮卦起而为上成栋）。宇谓屋边也。兑，泽，动下，为下宇（按：指大壮卦中有兑卦）。无妄之大壮，巽风不见，兑雨隔震，与乾绝体（按：参两卦卦象及以上注文和说明，可知这几句话可解），故上栋下宇，以待风雨，盖取诸大壮者也。”惠注为说明先民造房取诸大壮卦，详说大壮卦原卦无妄卦的互体卦，大壮卦卦象及互体卦等等，以诠证系辞的说法。想方设法，罗织成辞，似有类谶语之嫌，即便按象数逻辑本身看，是否当如此说，有些地方也值得深思，但我们看到，从易之天文历法之象数出发的象数易学，成为架起先民劳作和某卦象的桥梁，不乏合理之处。惠栋是一位致力于对传统文化作出深层解释的先哲，他努力在易传的基础上从易理象数逻辑和语言文字去发现先民的创造智慧的源泉，他的努力是很有意义的，从现代思维科学的角度看，他的不嫌其烦的阐释闪烁着认知学说的理论亮点。现在来看看惠栋对系辞于文字产生的解释。系辞说:“上古结绳而治,后世圣人易之以书契,百官以治,万民以察,盖取诸夬。”惠注;“履上下象易也(按:夬卦䷪——下乾上兑——由履卦䷉。下兑上乾——上下互换而生成)。乾象在上,故复言上古。上古无文字,结绳为约,事大大其绳,事小小其绳,各执以相考,亦足以治。巽为绳(按:指履卦三四五爻成巽卦䷸,此句《说卦》可参),乾为治,故结绳而治。后世圣人谓黄帝尧舜也。契,刻也。书之于木,刻其侧为契,各持一以相考合。夬本坤世(按:惠栋《易汉学》依京房易制八宫卦次图,夬为坤卦的五世卦。见《易汉学》页三八),坤为书,乾金为契,故易之以书契(按:《说卦》有坤为文,乾为金之说)。乾为百,剥艮为官(按:见下疏),坤为众臣,为万民,为迷暗,乾为治,反剥以乾照坤,故百官以治,万民以察。乾金决竹木为书契,故取诸夬也。”惠疏:“夬旁通剥(按:夬卦(䷪——下乾上兑——与剥卦䷖——下坤上艮——各爻相反而旁通),故云剥艮为官,坤为地,地为民,民生于地上,故为万民,坤先迷,又为冥,为晦,故为迷暗。夬剥亦为反其类,故反剥以乾照坤。”就惠注中的最后两句,惠疏云:“大壮震为竹木,乾为金,进而成夬(按:这里从夬卦䷪的相似卦大壮卦䷡——下乾上震——而言夬卦,震为竹。见《说卦》)。夬,决也。故乾金决竹木为书契也。”[①]惠栋为说明书契文字取诸夬卦,详说了履卦、巽卦、坤卦、乾卦、剥卦、大壮卦、震卦等,这是从易卦转换、相似、相近系统中开掘本卦信息资源以说解之,为研究系辞所说的

① 《周易述》,页二〇〇上。

从“结绳”到文字拓宽了思路，亦为追寻先民创造文字的思维结构、思路提供了有益的启示。惠栋关于《周易》的丰富注疏，为研究原始思维提供了大量旁证。不言而喻，惠栋注疏中不免有若干随意比附、牵强附会的经验主义的东西，但或许易经和易经以远的先民时代，原始思维形态的本真如此。“原始人的经验应当比我们的经验更复杂，内容更丰富。”[①]今天的审视者认为是经验主义的，牵强附会的，而在先民那里或许就是如此想和如此做的，那是先民主观世界的想和做，惠栋对此作了追溯和再现。

《系辞传》下第六章，惠栋划分自“子曰，乾坤其易之门邪”至“以明失得之报”。本章叙述爻辞的特点是辞理远大。文中有“称名”、“取类”、“旨远”、“辞文”等说法，都是讲《周易》爻辞以象喻意的构思和语言特色的，如稍加推广至爻辞之外，便是古代文论一般，且尤与文论中的“比兴”说契合。系辞说：“其称名也小，其取类也大，其旨远，其辞文，其言曲而中，其事肆而隐。”刘勰《文心雕龙·比兴》说：“观夫兴之托喻，婉而成章，称名也小，取类也大。”比兴只是个手法，“比者，附也；兴者，起也。附理者切类以指事，起情者依微以拟议。起情故兴体以立，附理故比例以生”[②]。比兴总是要说明一定的事理或涵泳一定的感情，于前者刘勰也用系辞传说明之，《宗经》篇说：“《系》称旨远、辞文、言中、事隐，韦编三绝，固哲人之骊渊也。”[③]针对系辞中的话，

① [法]列维—布留尔：《原始思维》，第375页，商务印书馆1986年版。
② 《文心雕龙》，第601页，人民文学出版社1958年范文澜注本。
③ 《文心雕龙》，第21页，人民文学出版社1958年范文澜注本。

惠栋从易理透识之。“其称名也小”惠注：“谓乾坤与六子(按：八卦中六个子卦)俱名八卦而小成，故小。”惠栋是从三爻演成八卦，易为历法，三微(按：夏历一月始有阳气，万物在天下动，微而未著。又称三正，周历建子为正月，殷历建丑为正月，夏历建寅为正月，皆春天第一个月)成著来说的。惠疏：“八卦‘乾坤各三爻，共有六爻，阳变成震坎艮，阴变成巽离兑，六爻三变，三六十八，十有八变而成卦，名成于三，故名八卦而小成，三微成著，三著成体之时，故小也’。”惠栋是从八卦演自三爻，其表征之实源自三微(即三正)来说八卦的称名为小的(除易理含义外，三小于八也是原因之一)。“其取类也大”惠注：“谓乾阳也，为天，为父，触类而长之，故大。”惠疏云：“谓六划以成六十四卦，故触类而长之，阳称大为天，为父，故大也。”也是从易理，从卦的演成来说八卦“其取类也大”的道理的。“其旨远，其辞文”惠注：“远谓乾，文谓坤。”惠疏：“此虞(翻)义也。”(按：这句话大概是取乾为天，天高远之意。坤为文已见《说卦》。)“其言曲而中，其事肆而隐”惠注：“曲，诎。肆，直。中，得也。阳曲初，震为言，故其言曲而中。坤为事隐未见，故肆而隐也。”惠疏：“阳曲初，亦谓阳伏巽下也。”对这一句话的注疏，惠栋引用京房易的飞伏之说①，因巽卦☴和震卦☳相反为卦，按《说卦》巽有顺义，震为决躁，互为对立面，震巽互为飞(可见)伏(不可见，隐匿)。对巽卦来说，阳爻伏于巽下而飞到了震卦，故“其言曲而中”。虞翻曾说：“巽，人之辞也。巽，诘诎，阳在初守，巽初阳入，伏阴下，故其辞

① 见本书第六章第四节。

诎。”[1]可见惠栋对“言中”、“事隐”的注疏也是按象数易理的。旨远、辞文、言中、事隐,“固哲人之骊渊(按:藏骊珠的深渊,喻指才思文辞的源泉)”,本来就是属于道术者们的,惠栋以象数易理注疏之,一循其本真,刘勰则推广之而成古代文论,然《宗经》所言为其根本,惠栋注疏对深培根本是有意义的。

此外,惠栋还划分《系辞下传》第一章自“八卦成列”至“理财正辞,禁民为非曰义”,考论该章卦爻变动,吉凶要义。划分第三章自“是故易者,象也”至“是故吉凶生而悔吝著也”考论易象、象的特点。划分第四章自“阳卦多阴”至“小人之道也”,考论八卦中阳卦、阴卦的不同特征。划分第五章自“易曰憧憧往来”至“立心勿恒,凶”,考论本章象内至象外的爻义解释。划分第七章自“易之兴也,其于中古乎”至“巽以行权”,考论本章言易防忧虑患和重视道德修养。划分第八章自“易之为书也不可远”至“道不虚行”,考论本章言《周易》变化之道。划分第九章自“易之为书也,原始要终以为质也”至“其刚胜邪”,考论本章言六爻位次。划分第十章自“易之为书也,广大悉备”至“故吉凶生焉”,考论本章言易广备天地人之道。划分第十一章自“易之兴也,其当殷之末世也”至“此之谓易之道也”,考论本章言《周易》“其辞危”。划分第十二章自“夫乾,天下之至健也”至“失其守者其辞屈”,考论本章言卦和辞的主要特点。惠栋注疏体裁的考论,不免有它的局限性,但以象数易理探索其研究对象逻辑本旨,一般是合乎对象本身的实际情况的。筮法语言

① 《周易集解》,页二六四上。

的表达也不能一概以神鬼迷信斥之,它包含对先民认知过程的许多追溯和探求,包含着若干原始思维特征的再现。

七、《周易述》文言传考论

注释文言传是卦象的二次、卦爻辞的三次解释,乾文言注疏以居易中位和中庸之道释"修辞立其诚",坤文言注疏以朴素辩证法和古代历法说坤卦"静—动—开—广"的转化

《文言》即《文言传》,当是经师讲解乾坤两卦卦爻辞的记录。《周易述》卷十九为《文言传》作注疏。题名"文言传"下惠注:"文言,乾坤卦爻辞也,文王所制,故谓之文言,孔子为之传。"这就是说,乾坤二卦的卦辞爻辞因传为文王所著,故也可称"文言"。但乾、坤二卦下署"《文言》曰"的《文言》是《文言传》,为十翼之一,传为孔子所作,当然,文言传中有"子曰"二字,非孔子语,为经师之言或假托孔子之言。文言传第一节,惠栋说:"'元者,善之长也'一节,鲁穆姜引之,在孔子前,故以为文王所制。"惠栋既辨《文言传》即《文言》非文王所作,对乾卦卦辞"元亨利贞"的解释又抄录自《左传》襄公九年穆姜对随卦卦辞的解释①,惠栋注疏也就恰恰说明《文言传》成书年代较早,或稍晚于孔子,若干章节的文字可能至迟不晚于战国中后期。

惠栋对《文言传》的注疏也是分章节进行的。乾文言第

① 《十三经注疏》,页一九四二中。

一章始自“元者善之长”，本章解释乾卦辞：“元者，善之长也；亨者，嘉之会也；利者，义之和也；贞者，事之干也。君子体仁足以长人，嘉会足以合礼，利物足以和义，贞固足以干事。君子行此四德者，故曰‘乾：元亨利贞。’”权作十小句，从语言表达上看，也没有什么难懂之处。卦象因历法之故是象数化逻辑化了的世界图景，卦爻辞解释卦象亦即解释世界，文言传解释卦爻辞（含卦象）亦即解释世界，惠注、疏解释文言传。一般说，注、疏体裁是用以解释语言文字的，但惠注、疏解释文言传完全突破小学框架而进入经学。应该说，惠注、疏文言传亦即解释、透析卦爻辞（含卦象），亦即企图揭示世界的秘密。惠栋注疏文言传是卦象卦爻辞主体化了的世界的解释的再解释，注疏是不会不直指卦象之易理及象数逻辑的。现代西方的逻辑实证主义主张通过语言解释来认识世界本身，现代结构主义语言学也把语言看作覆盖于世界之上的网络，前者重在语言的逻辑分析，后者重在语言的结构描写，但似乎都没有从语言中找到现实世界，哪怕是主体化了的逻辑世界，而他们的主观愿望，则是企图运用逻辑分析方法用基本命题构造出关于整个世界的知识体系，而这同时也就意味着认为可以用原子命题所陈述的原子事实，构造出整个世界，整个世界的结构是一逻辑结构。惠栋恰恰是从语言表达中去发现世界的人，他的方法是首先用象数逻辑对语言表达加以改造，一部《周易述》就是用象数逻辑语言对易经、易传语言表达作象数逻辑语言改造的改造术，经改造，使其更清晰地显示出世界的本真。文言传的注释作为对卦象解释的三次解释，作为对卦辞爻辞的二次解释，更是体现这种象数逻辑语言改造术。由于对取义的吸收，这种改造术又和古代文献的引用结合在一起，惠栋注疏文言传，对文献引用的比重有加大的倾向。该章节第五小句惠注：“易有三才，故举君子。初九，仁也。长，君也。元为体之长，君子体仁，故为人之长，故书作体信。”惠疏：“太极者，三才之合也（按：视太极为天地人之合，是唯物的看法）；大衍者，三才之数也；六画者，三才之兼也。是易有三才，故举君子以备三才之道也。初九，震也（按：这句话是说，八宫卦乾卦☰与震卦☳同为阳卦，乾初爻为阳，阳气始生，震初爻亦为阳，震，起始。见《杂卦》）。《乾凿度》曰：震东方之卦，阳气始生，故东方为仁。复六二以下仁，谓下于初（按：复卦䷗——下震上坤——六二‘休复，吉’，小象传云：‘休复之吉，以下仁也。’意谓六二退休使阳刚复吉，以退下为仁。从复卦本身看二阴爻以下为初阳爻，与乾初爻、震初爻同），故知初九仁也（按：从‘复六二’以下三句，可看出惠栋从不同的卦的联系说明某爻的象征意义）。《周语》太子晋曰：‘古之长民者。’韦昭注：‘长，犹君也。’《襄九年春秋传》曰：‘元者，体之长也。’元，首也。故为体之长，震为诸侯（按：这句话出郑玄，见《周易集解》页一六八），为人之长，君子体仁，故足以长人也。”这里，惠栋用象数、用文献语言来揭示文言传“君子体仁足以长人”的。如果说，惠注还是从概括、表层方面解释文言传语象后的世界，惠疏则从具体、深层方面解释和把握卦象卦辞象征的世界。如果都在语言表达和语言解释的同一层面上看待文言传和惠栋注疏，那就失去了意义，因文言传的语言表达本已是一种解释，且是较易读懂的，惠栋注疏的是，那易读懂的语言表达后面的不易读懂的现实世界或主体逻辑世界。

乾文言第二至第七章假托孔子对乾卦六爻的卦辞再作解释，等于回答"六则卦辞+为什么如是说"这样的问题。例如，九二(卦辞)曰"见龙在田，利见大人"，为什么这样说？孔子答道……从而使对卦辞、卦象的认识深入一步。惠栋注疏则使假托孔子的话更进一步具体化、象数化、筮法化。其中第四章"九三曰"有"孔子"一句名言，为学林广为传诵："忠信所以进德也，修辞立其诚，所以居业也。"这句话作一般语言上的理解没有什么困难，但它到底反映什么样的象数逻辑世界或客观世界，那就要另作别说了，惠栋注疏正是这样的"别说"。惠注："忠信谓五(按：乾卦五位以阳爻居中，为中正之位)，乾为言三，不中，故修辞，诚谓二(按：乾卦下二爻为中位)，三，艮爻，艮为居，故居业。"惠疏："五以阳居中，故曰忠信。凡言进、言修者，皆谓不中以求中，三不中，故修辞。二存诚，故诚谓二，立诚所以求中也。三，艮爻，郑义也。艮为居，虞义也。五阳二阴(按：易理阳爻居五位，阴爻居二位为正中)，故法五以进德，法二以居业也。"按惠栋的解释，"修辞立其诚"这句话，在易理上是要归于中正，居二阴爻和五阳爻，二、五爻位居中，且六爻位逢奇数当阳爻，偶数当阴爻。在儒学之理，这句话就是要守中庸之道。

实际上文言传讲到第七章"上九曰亢龙有悔"已经完毕。从第八章起是对一至七章的同一对象的重复。八九章都讲"潜龙勿用"实际上是初九爻，十章讲"乾元亨利贞"，实际上是乾象总卦辞，相当于第一章，十一章不标"初九"实际上从内容看是讲乾初九爻，十二章不标"九二"实际上讲九二爻，十三章标出"九三"爻，十四章标出"九四"爻，十五章不标“九五”爻实际上讲九五爻，十六章不标“九六”爻实际上讲九六爻。故乾文言传一至七章为一篇，八九两章为插入解初九爻两则，亦为一篇，十至十六章亦为完整的一篇。按上结构篇章可辨，各自独立而无联系，非一人所作，为记录稿甚明。惠栋注释分章甚确，但未识此三独立篇章，否定文王著《文言传》而又一归于孔子。欧阳修勇于疑古，认为系辞传上下、说卦、杂卦、序卦、文言共五种非孔子所作，但仍认为彖传、象传两种为孔子所作。惠栋恪守儒道，对显为记录稿的《文言》尚未辨明，不能不说是一憾事。其实，惠栋时代疑古之风渐启，与惠栋大体同时的戴震同乡姚际恒著《易传通论》，认为《易传》均非孔子所作，戴震对此也有明确的考辩[①]，相形之下，惠栋的观点是守旧的。与此有联系的是，乾文言第六章解释九五爻说：“同声相应，同气相求，水流湿，火就燥，云从龙，风从虎，圣人作而万物睹。本乎天者亲上，本乎地者亲下，则各从其类也。”最能反映阴阳家思想的《吕氏春秋·应同》说：“类固相召，气同则合，声比则应，鼓宫而宫动，鼓角而角动，平地注水，水流湿，均薪施火，火就燥。山云草莽，水云鱼鳞，旱云烟火，雨云水波，无不皆类其所生以示人。”文字与文言传相同处甚多，《应同》篇甚详，文言传可能受其影响。《吕氏春秋》为战国后期作品，文言传的下限当在此时，与孔子无关甚明。惠栋对文言传第六章的注释未涉及《吕氏春秋·应同》，这也是一缺陷，不利于他订正《文言》孔子所作的观点。

坤文言共七章，第一章总述卦辞大义，余六章相对于六

① 《戴震评传》，第133页。

爻，分释六爻喻旨。第一章从“坤至柔”至“而时行”。第一章总述坤卦的“至柔”、“至静”、“顺承”而达于刚强，道德遍于四方，顺承于自然规律而按四时运行等特点。总之，是由此之柔、静、顺而达于彼之刚、德、服从规律，充满着朴素辩证思想。“坤至柔而动也刚”惠注：“纯阴至顺，故柔；阴动生阳，故动也刚。”惠栋按原句并列述谓关系而分释成并列复句。说明“柔”和“动也刚”的原因。惠疏前一分句：“此荀（爽）义也。《杂卦》曰：乾刚坤柔。虞彼注（按：谓虞翻在别处条目注释）云：坤阴和顺，故柔，与荀同义。”此处借汉易学说明了坤卦和顺、柔的特点，近乎取义而注疏之。惠疏后一分句：“引九家义也，阴动生阳，谓初三五也（按：指坤卦䷁初三五爻转为阳爻而成三刚三柔、利于守正的既济卦䷾——下离上坎）。《说卦》曰：‘立地之道曰柔与刚。’义同于此。”此处已由坤卦内部构成六爻生变而转换成其他卦象，以及借其他《易传》来证释“阴动生阳，故动也刚”的辩证转化。“至静而德方”惠注：“其静也翕（按：xī，收敛），故至静其动也辟，故德方。虞氏谓阴开为方也。”惠疏：“《系》上曰：其静也翕。翕则静之至者，故云至静其动也辟。辟，开也。阴动辟而广生（按：这句话仍见《系辞》上：坤，其动也辟，是以广生焉）。方，犹广也。坤六二‘直方大’虞注云：‘方谓辟，阴开为方。’故云德方。坤承乾，故云德也（按：这句话可参见坤卦彖辞的说法）。”惠栋注疏力图释出“静—动—开—广”的转化关系，又力图找出贯穿其中的“坤—德”的脉络。坤文言“坤道其顺乎，承天而时行”惠注：“顺者，顺于乾。坤承乾，故称道。贞（按：正当）于六月未，间时而治六辰，故承天而时行也。”惠疏力图进一步释出语词、客体间的意义和逻辑关系,说明其历法意义。疏云:"《说卦》曰:坤,顺也。虞注云:纯柔,承天时行,故顺。是顺者顺于乾也。乾称道,坤承乾,故亦称道。《系》上:坤道成女。亦谓承乾而称道也。贞于六月未,间时而治六辰者,《乾凿度》文,彼文云:乾贞于十一月子,左行,阳时六;坤贞于六月未,右行,阴时六,以奉顺成其岁,即承天时行之义也。"最后几句话,实际上是用乾坤爻辰说。天道左旋,地道右旋,反映成乾爻左行,坤爻右行。乾卦初九爻正当夏历十一月,月建为子,九二爻正当夏历正月,月建为寅,直至上九爻正当夏历九月,月建为戌。共六爻,代表六个月,故谓"阳时六"。坤爻右行,坤卦初六爻正当夏历六月,月建在未,六二爻正当夏历八月,月建在酉,直至上六爻正当夏历四月,月建为巳。共六爻,代表六个月,故谓"阴时六"。乾卦左行十一月后接正月,坤卦右行六月后接八月,皆"间时而治"。这是以天旋地动说为基础的古代历法。① 惠栋注疏对"坤道其顺乎,承天而时行"阐释的底层在于古代历法,语言表达上多用阴阳家的语言。但总的说,惠栋对坤文言首章三句最重要的话的解释是朴素辩证法的,合乎古代历法的,因而是科学的。

八、《周易述》说卦传考论

对基本卦象、近取诸身卦象、远取诸物卦象、补充卦象的象数学解释及其认知意义

① 参见本书第六章第五节。

《说卦传》的章节划分，古来不一，朱熹《周易本义》分十一章。[①]《周易述》分四章。《说卦传》全篇追溯了《周易》的创作者以蓍草推衍八卦的历史，又讲了八卦的两种方位，然后集中说明八卦取象的特点，特别强调八种基本物象及其象征意义，并广引象例加以说明，是我们今天研究卦象的产生及其推展应用的重要资料。在象数逻辑系统的说明中常常起中介作用，是以象数演说卦象的重要依据，也是联系经、传中种种说法以形成易理体系的纽带和桥梁。我们今天研究《说卦传》，可从两个方面入手，一是"先天"、"后天"八卦方位的本来面目及其在历史上产生的各方面的影响，二是早期易象的建构，后来的推演法则及易象在解易和用易中的作用。这两方面的剖析，如不泛泛，立志深入，是无法脱离以象数逻辑分析为基点的辨析的。[②] 惠栋《周易述》对说卦传的注释，是作这两方面研究的最好的参考材料之一，惠栋紧扣象数易理注疏说卦传，很是可贵。

关于基本卦象，惠疏首先考论何以此基本卦象为后人所述。那是从说卦传前三章内容、提法、体例等方面看出的，又从基本卦说法的其他文献佐证发现的。惠疏云："《说卦》先说蓍数卦、爻重卦之义，二篇之次（按：可参《十三经注疏》页九五，惠栋此说实际上是按孔颖达正义的篇次，连惠作的内容概述也与孔正义大体相同）及消息六子（按：除乾坤二卦以外的六子卦震巽坎离艮兑，消息谓变化，《说卦传》

---

① [宋]朱熹：《原本周易本义》，页七一至七三，四库易学丛刊，上海古籍出版社。

② 参见黄寿祺、张善文著《周易译注》，第645页。

有'雷以动之,风以散之……坤以藏之'等运动、变化之说),以明易之为逆数(按:说卦有'是故易逆数也'之说居惠栋划分的第二章),然后叙明堂之法,而终之以既济(按:指惠栋分出的第三章'帝出乎震,齐乎巽……然后能变化,既成万物也',这一段惠栋注疏曾考述为含明堂之法的规范①)。圣人作易,以赞化育(按:这是说卦传开头的话),其义已尽,故自'乾,健也'已下,皆后师所益。后师者,七十子之徒是也。必知非孔子所作者(按:惠栋信为易传孔子所作,唯此说卦传'乾,健也'以下为孔丘门徒所作),'乾,健也'已下,或训彖传,或训系辞,或训上下篇卦爻之象,皆为训诂之体,且上陈大道,下厕义训,其文不次(按:意为无次序,文例不严)。又如《归藏易》(按:古易名,相传为黄帝作,汉初已亡,今见《古三坟书》中的《归藏易》为后人伪作)亦云乾为天、为君、为父、为火赤、为辟、为卿、为马、为禾、为血卦之类,亦是训卦爻之象,与此略同,故知非孔子作也。云训彖传八卦之德者,泰彖传曰:内健而外顺。健、顺是乾、坤也。屯传:动乎险中。动是震也。需传:刚健而不陷,陷是坎也。离传:重明以丽乎正,柔丽乎中正;晋传:顺而丽乎大,明丽是离也。蒙传:险而止,止是艮也。……"从以上惠注、疏可看出惠栋对基本卦的认识。《说卦传》前三章先已言蓍数卦、爻重卦等《周易》本旨,继而言推为孔子门人所作之基本卦,发明体例,求其本训,除《归藏易》伪书不足训以外,以易彖传证基本卦,是为重内证之作,虽"后师"著基本卦,但循易理本旨之一贯,从而确立基本卦在易

① 《周易述》,页二三八上栏。

理和易卦,应用中的无可动摇的地位。

关于近取诸身卦,惠疏主要言其理性依据和文献依据,以及近取诸身之卦所据。惠疏:“《系》下云:庖牺氏近取诸身,远取诸物,于是始作八卦。乾为首,已下皆近取诸身也。故《乾凿度》孔子曰:八卦之序成立,则五气变形,故人生而应八卦之体,得五气以为五常(按:合乎金木水火土之性)是也。”以上可算是易卦近取诸身的文化依据。至于“乾为首、坤为腹”等的证据,惠疏则征引文献而证之,如说“坤为腹”,惠疏:“坤为富(按:说卦有‘坤以藏之’这类话可参),《释名》曰:腹,富也,其中多品似富者也。”惠疏于此处以《释名》粗鄙的词源学来说易卦象。又如说“震为足”,惠疏:“足谓初也(按:‘足’有‘始基’之义,如‘山足’之说为山脚下,故‘足’有初义),震在下,能动,故为足。”也是字义训释与卦义结合而完成诠释的。又如说“坎为耳”,惠疏:“耳谓五也(《尚书·洪范》以听、视为五事,见《十三经注疏》页一八八下栏,故云)。《洪范》坎:北方,属听,故为耳(按:《洪范》孔颖达正义亦云:北方坎为耳,耳听声也。见《十三经注疏》页一八九上栏,惠疏所引可能是纬书《书纬》中的说法)。”又如说“离为目”,惠疏:“目亦谓五也。《洪范》:南方属视,故为目(按:《洪范》孔颖达正义亦云:南方离为目。目,视物也)。《淮南·精神》(按:《淮南子·精神训》)曰:耳目者,日月也。离日,坎月;离目,坎耳。故云:耳目者,日月也。”又如说“艮为拘”,惠疏:“手谓三也(按:《素问·阴阳别论》有‘三阴在手’之说可参,王冰注云:‘手谓气口’),艮为拘(按:从上古音看,艮:上古为见纽文部;拘:上古为见纽侯部。上古声纽同),以手拘物,故为手。"[①]从以上例释看,惠栋释近取诸身卦有文献可稽,应该说,易卦象本身是高度抽象的概括,而卦之所象却是头、腹、足、耳、目、手、口之类,这完全是古代具象思维的反映,这一点,易卦的设定与《尔雅》、《说文》等古代名书中对某些名物词的处理是相通的,都是发端于具体,演进于抽象。人身器官人人自知,被移入传之久远的易经卦象,完全是先民认知过程的反映,人身天赋,与生俱来,可感可触,最有可能先于外物在自我反思中悟出它的某些道理,移置于卦象的具体说明,是很自然的事。惠栋注疏未识取身之卦的具象思维意义,但他决不会不省悟到人类最先虑及自身的认知方式,引种种文献而说之,可为我们进一步研究卦象的抽象意义及它的具象特征提供若干文献佐证和启示。惠栋的文献工作成为学术研究可赖以步步深入的物质化基础。

关于远取诸物卦,八纯卦象征马、牛、龙、鸡、豕、雉、狗、羊,虽较人身的手脚耳目远了些,但主要仍是与人类生活密切相关的六畜,由此亦可证八卦卦象确实是人类生活的凝聚和积淀。那么为什么乾卦的象征是马?惠栋寻找文化史上的依据,惠疏:"《洪范五行传》曰:王之不极时(按:按时登帝位),则有马祸。郑彼注云:天行健,马,畜之疾行者也,属王极。乾为王,马属王极,故为马。"《洪范五行传》的话,郑玄在别处注文的话,当有或然性,或是针对某一具体事件讲的,但都成了"乾为马"的必然性论证。又如"坤为牛",惠疏:"思之不容时,则有牛祸。郑注云,牛,畜之仕重者也,属皇极,坤为土,思,心。曰:土,牛,属皇极,故

① 《周易述》,页二四五下栏。

坤为牛。”又如“震为龙”，惠疏：“震为龙者，震，初九也（按：乾卦有‘初九，潜龙’之说，又震卦☳由初九爻、二六爻、三六爻构成。又震卦初九云：初九：震来虩虩）。《洪范五行传》曰：王之不极时，则有龙蛇之孽。郑注云：龙，虫之生于渊，行于无形，游于天者，属天。乾为龙，乾息自初，初九，潜龙勿用。乾初即震初，故震为龙。一曰：震，东方岁星，木，木为青龙，故为龙也。”这其中有卦理，有阴阳家文化，有传说故事，也有天象历法，可一言以蔽之，惠栋以古代文化、传说故事说“震为龙”。其他如巽为鸡、坎为豕、离为雉、艮为狗、兑为羊诸卦象象征，都说得煞有介事，再三必然。由于以古代文化传说为证据，今天读来仍饶有趣味，可视为艺术作品，而彼时特别较真的惠栋无不以为确有其事，成为八纯卦之六畜象征的必然性论证。例如“兑为羊”，惠疏：“兑为羊者，兑正秋也。《易是类谋》曰：太山失金鸣，西岳亡玉羊。羊是西方之畜，故兑为羊。又兑为刚卤（按：土质坚硬有盐卤。兑为刚卤见说卦传），郑氏谓其畜好刚卤也。”惠栋治易的文献引据功夫，或可再现先民著易的思索过程和若干文化依据，汉儒，特别是纬书对易的解释包含许多传说故事，当然其中也有一定科学价值，绝大部分还是从不同的或明或暗，或显或隐的视角借助于想象力来征服自然。先秦乃至更为久远的上古，是科学包含于驰骋想象的时代，两汉，特别是该时代的汉学，是科学开始解释的时代，惠栋对《周易》的注疏，是囊括想象和解释两大部分的。

关于补充卦象，同样是围绕基本卦的，这本是说卦传内四种类型的卦象的逻辑隶属关系，惠栋对此十分明确。惠疏云：“训二篇六十四卦三百八十四爻之象，卦爻皆取象于八卦，故分属之八卦也。"这就是说，补充卦象征意义种种，但为什么只讲八个卦，那是万象"皆取象于八卦"之故，"万象不离八"。惠栋始终是注意探索卦与卦之间、象与象之间的相互依存、对待区别的逻辑关系。关于"乾为天，为圜"等十四种象征，惠疏云："乾为天者，乾，健也。天行健，故乾为天。为圜者，《大戴礼·天圆》曰：夫子曰：天道曰圆，地道曰方。《考工记》曰：盖之圜也，以象天也。《吕氏春秋》曰：何以说天道之圜也，积气一上一下。圜，周，复匝无所稽留，故曰天道圜。"天圆之说，当然是极其复杂的命题，古人凭直感作出的揣测和判断是远远不够的，需要近现代科学重新加以证明，如惠栋仅引古代文献作疏证而非科学实证，那主要还是时代的局限。[1] 关于乾卦的补充卦象，惠疏云："（乾）为君者，虞氏云，贵而严也。为父者，虞氏云，成三男，其取类大，故为父也。[2] 为玉为金者，玉取其刚，金取其明。鼎上九，鼎玉铉；六五，金铉，皆为乾也（按：鼎卦䷱——巽下离上——此处可参见《周易集解》鼎卦所云）。为寒为冰者，乾位西北（按：按八卦纳甲图的说法，乾位在东北），西北寒冰之地也。为大赤者，虞氏云：天阳为赤。《释名》曰：赤者赫也，太阳之色。《白虎通》谓赤者盛阳之气，故周为天正色尚赤也。为良马者，乾为马。虞氏云：乾善，故良也。为老马者，四月，乾，巳，老也（按：消息卦乾卦在夏历四月，月建在巳，汉魏通儒皆以巳午之巳取终已为义，故云'巳，老也'。巳，音 yǐ）。为瘠马者，郑氏云：凡骨为阳，肉为阴，乾阳皆骨，故为瘠马也。为驳（按：驳，音 bó，通驳，色杂）马者，宋衷云：天有五行之色，故为

---

① 参见《戴震评传》，第 31 页。

② 《周易集解》，页二七二，四库易学丛刊本。

较马。案《考工记》画绘之事，杂五色，东方谓之青，南方谓之赤，西方谓之白，北方谓之黑，天谓之玄，地谓之黄，凡五而目有六者，玄与黑同而异也，五方之色单而天之玄乃全乎五方之色，故云天有五行之色也。为木果者，宋衷云，群星著天，似果实著木，故为木果。”[①]《说卦传》补充卦象“某卦为某”，如上述“乾为天，为圜，为君，为父……”是用准判断句式表达的比喻意义，在“A 为 B”这种二元构成的准判断句式(“为”不是判断词，为一般动词，故相当于‘A，B 也’，视作二元判断)中，惠疏千方百计地寻找从 A 到 B 的中介形态，只要有一线可用之处，都被用作中介形态即证据。列宁说，“一切都是互为中介”，并以此作为科学的“开始”。[②] 惠栋的做法是彼之朴学研究方法之一种，但中介形态本身的可靠程度如何，抑或可以说大多适合于易卦补充卦象从 A 到 B 而成为“A 为 B”的觅得之缘由，后起的补充卦象虽然比基本卦、取身卦、取物卦复杂得多，但其形成同样受制于“直感认知——一般抽象出某一亮点——成为补充卦象‘A 为 B’之说”。诚然，以今天的科学眼光看，惠栋所觅得的中介形态多半还处于以或然性代替必然性，缺乏充足理由，颇富想象和艺术创造价值的素材，亦即难以成为科学必然性的依据和证明。从思想方法上看，惠栋广引文献，海纳诸说，是处理二元准判断句，寻找从 A 到 B 的过渡性中介形态内容的能手。

---

① 《周易述》，页二四六。有两处引宋衷的话，可参核《周易集解》页二七三上栏。

② 列宁：《哲学笔记》，第 103 页。

第八章　惠栋《周易述》系列著作考论（下）

一、《周易述》系列著作《易微言》考论

惠栋为证释四十三条易理名目而广泛辑存本证和旁证资料，对理解惠栋象数易学有重要意义。乾元象数为“一”是关于自然逻辑构造的命题和惠栋易学的逻辑起点，六经不以“无”为道本，文学和美学中的“无”是“妙有”而非“无”，与宋儒言“无极”、先天之“理”有根本区别

《周易述》至《说卦传》，已全书完毕，无《序卦传》和《杂卦传》。江藩曾小结全书说：“《周易述》一编，专宗虞仲翔，参以荀、郑诸家之义，约其旨为主，演其说为疏，汉学之绝者千有五百余年，至是而粲然复章矣，书垂成而疾革，遂

阙鼎至未济十五卦，及《序卦》、《杂卦传》二篇。”[1]“粲然复章”之功，《周易》经至革卦共述四十九卦，《易传》彖传上下、象上下、系辞上下、文言、说卦共述八传，至此已基本告成。要不是“疾革（按：jí，危急，病危）”，定会成一完帙的。《易微言》按《四库全书总目提要》的说法，是后人附于《周易述》之后的狗尾续貂之作。“他时蒇事（按：chǎn，办完事），则此为当弃之糟粕。”[2]尽管如此，《易微言》为四十三条易理名目写下专题笔记，内容丰富，是惠栋易学观点得以形成的一些原始材料，就惠栋庞大的著述体系而观之，业已“蒇事”，但不当视《易微言》为事后之“糟粕”而弃之，相反，这些惠栋易学的背景材料，皆大有可观之处。

以“元”题为例，惠栋筹集资料二十六则，内容涉及经史子集各方面。“述曰”后的文字，是惠栋对有关材料的评述，它们无疑是惠栋易学体系的构成要素和出发点。“元”题围绕这个“元”字，《易上经》曰：“乾，元亨利贞。”惠栋重在说“元”本义及“元”与亨、利贞的关系，由一个“元”字而通观六十四卦。《述》曰（按：“述”指《周易述》）：“元，始也。乾初为道本，故曰元。六爻发挥，旁通于坤，故亨、利。贞者，六爻皆正，成既济（按：第六十三卦名）定也。”彖传曰：“大哉乾元，万物资始，乃统天。”惠栋重在说“乾元”的象数为一，使“元＝一＝天”，从而使象数体系与物质世界体系建立起对应关系。这一做法，如同我们在前面已反复指出过的，是关于语言与客观存在的形式关系，关于世界的逻辑构

---

① 江藩：《汉学师承记》，页二三。

② 《四库全书总目》，页四四上。

造的命题,象数逻辑实际上是把易卦卦象语言表达与“客观存在的关系形式化,从而把象数逻辑作为语言与世界的共同构架。这无疑是惠栋易学的起点。《述》云:“资,取。统,本也。大衍之数五十,其用四十有九,其一,元也。故六十四卦万一千五百二十策,皆取始于乾元(按:任何数、策皆起始和包含着自然数一),策取始于乾,犹万物之生本乎天。”彖传又曰:“至哉坤元,万物资生,乃顺承天。”惠栋在此处必须回答,既然“万物资始乃统天”,为什么又与坤卦相连,而说“万物资生乃顺天”?《述》云:“乾坤相并俱生合于一元,故万一千五百二十策皆受始于乾,由坤而生也。天地既分,阳升阴降,坤为顺,故顺承天。”这就是说,乾坤于象数一元,万物“资生本乎天”,与万物生于坤元,“万物资生乃顺天”是一回事,乾为一的象数,导致乾坤合一,天地合一,并最终由“一”(按:在惠栋的视野中其实是元气自然的代称)生出万物。《文言》曰:“元者善之长也。”对这类命题判断的解释,在经传的注疏中,惠栋是坚持用复杂的卦象象数来解释的,作为初读札记,《述》云:“始息于子(按:惠栋这句话是从消息卦讲的,复卦䷗——下震上坤,乾爻始生于坤卦,所谓一阳息阴,建子,夏历十一月,为十二地支纪年之始),故曰善之长。外传曰:震,雷,长也(按:《春秋》三传《谷梁传》有‘震,雷也’,《易传》的《说卦传》有‘震为雷,为长子’。可参),故曰元。”这实际上是以《易》说《易》。上面纂集的材料皆可谓从发掘《易》之内证以说《易》理,且都是或明或暗地立足于象数易理的。

又如“无”题说“无”,惠栋在引证一些儒家典籍后认为,儒家不会以“无”为本,惠栋说:“六经无有以无言道者,唯

《中庸》引《诗》：上天之载，无声无臭，及《孔子闲居》论三无[①]，此以'无'言道也。《说文》'无'字下引王育说，曰'天阙西北为无'。[②] 乾，西北之卦，西北乾元也（按：见本书第六章第七节），天不足西北，故言无。又引《古文奇字》曰：无通于元者。[③] 若然，则无与元同义也。《系》上曰：易有太极。《北史》梁武帝问李业兴云：易有太极，极是有无？业兴对曰：所传太极是有。愚谓太极即乾之初九，又谓之元，故不可言无，无通于元，故元为道之本。《三统历》曰：道据其一，一即元也。知元之为道本，则后世先天无极之说皆可不用也。"十分清楚，惠栋说六经不以无为道本，旨在批评宋儒"无极而太极"的荒谬。可是，文学作品中往往有、无相提并论，这又应作何解释？惠栋本人是文学爱好者。作为文学和美学思想，是必须回答文学作品中的"无"的。例如孙绰《游天台山赋》曰："太虚辽廓而无阂，运自然之妙有。"李善注云："妙有谓一也，言大道运彼自然之妙，一而生万物也。谓之为妙有者，欲言有不见其形，则非有，故谓之妙；欲言其无，物由之而生，则非无，故谓之有也，斯乃无中之有，谓之妙有也。""自然之妙有"，归根到底是大自然有其存在，"妙有"谓"一"，是"有"而不是"无"，仅仅因难以捉摸到自然的形态（"不见其形"）才说它"非有"，且谓之"妙"不谓之"无"。总之，道、一、元，皆在形而上之元气，文学创作写其无（确切地说写其妙），实际上是写其有，追光蹑影，

① 《十三经注疏》，页一六三六上、页一六一七上。

② 参见《说文解字》，页二六七下，中华书局影印本。

③ 参见《说文解字》，页二六七下，中华书局影印本。

涉足彼岸,抒写空灵,蓦然回头,却无不在此岸之有的灯火阑珊处。这是惠栋要告诉人们的文学创作的真谛,也是易理太极的本旨所在。惠栋又举出《世说新语·文学》篇的说法,认为老子论有而并非论无:"王辅嗣(弼)弱冠,诣裴徽,徽问曰:夫无者诚万物之所资,圣人莫肯致言,而老子申之无已,何耶?弼曰:圣人体无,无又不可以训,故言必及有,老庄未免于有,恒训其所不足。(惠注曰:何劭,西晋人,为弼传曰:老子是有者也,故恒言'无'所不足。《文章叙录》曰:自儒者论以老子非圣人,绝礼弃学,何晏说与圣人同,著论行于世。)"看来,在老子到底言"有"还是言"无"的问题上,王弼是支支吾吾的骑墙派,何晏是旗帜鲜明的"有"论派,惠栋旨在考论老子其人持"有"论,以论后儒说太极为"无"之荒谬,从而在本体论问题上立足于元气论,用心不坏,但在"有、无"问题,并非朴素唯物主义所能解决的。列宁曾说:"在自然界和生活中,是有着'发展到无'的运动。不过'从无开始'的运动,倒是没有的。运动总得是从某个东西开始的。"①

二、《周易述》系列著作《易例》考论

《易例》条目及其体例纲目意义,广引群书增加阐释易理的趣味性,如说"音乐来源于太一"可证"太一"为天地自

① 《哲学笔记》,第138页。

然，以庄子言广漠太空的“逍遥游”植入八卦六爻可知八卦的天地自然表征。在以《易》说《易》时也注意到和其他史籍的贯通，这实际上是惠栋综合治经之法

《易例》是《周易述》后七书的第三种，是惠栋易汉学的基本原理所在和总纲。值得注意的是，《易例》在讲述有关基本原理时，除了引《周易》、《易传》以外，还广引群书，不仅增广见识，拓宽思路，而且使有关易理的说明变得丰富生动，一定程度上增加了趣味性，这有利于易理的传播，当然也有利于《易经》和其他古文献的融会贯通。例如“一太极生次”条，除辑存《易·系辞上》以外，还引《三统历》、《礼记·礼运》、《吕氏春秋·大乐》。《吕览》云：“音乐之所由来者远矣，生于度量，本于太一，太一出两仪（高诱注：两仪，天地也；出，生也）。两仪出阴阳（惠栋自注：栋谓春夏为阳，秋冬为阴，则阴阳即四时也）。”这里所说的太一，实际上是指太极，这是取虞翻易的看法：“太极，太一也。”按惠栋引《吕览》的看法，音乐来源于太一，而太一又产生了天地，又产生了春夏秋冬，那太一或称太极只能是自然元气或自然界。这等于是说，宋儒“无极而太极”是没有根据的，太极、太一就是自然元气，这是气一元论的唯物主义，引文中惠栋谓“阴阳即四时”的说法，实际上是说阴阳就是大自然，就是一年四季的变化。又如“三易”条，除引《系辞》、《参同契》、虞注、荀注外，还引《礼记·祭义》以广“易”义：“昔者圣人建阴阳天地之情，立以为易，易抱龟南面，天子卷冕（按：gǔn miǎn，衮服和冕旒，天子服装和礼冠。卷，通‘衮’）北面。虽有明知之心，必进断其志焉，元不敢专以尊天也（郑玄注：立

以为易，谓作易。易抱龟：易，官名。《周礼》曰太卜）。”[①]这就是说，上古主卜筮的太卜官叫“易”，他的地位比天子还高，上古天子在卜筮官面前也会示卑“北面”，“不敢专以尊天”。这里包含着丰富的古代文化信息，太卜至上，天子谦卑，且由圣人明察天地之情而至于此，可知先民的认知与世务治事的某些联系，如此等等。惠栋又引《淮南子·泰族训》：“易之失，鬼。”高诱注云：“以气定吉凶，故鬼。”惠栋这一基于《淮南》、高注的认识，是把天地间一种精气的聚散变化叫作鬼神，这与古代唯物主义思想家对鬼神的认识是一致的。王充《论衡·论死》说：“鬼神，阴阳之名也。阴气逆物而归，故谓之鬼；阳气导物而生，故谓之神。”宋代唯物主义思想家张载也曾说过：“鬼神者，二气（按：阴阳二气）之良能也。”又引《庄子》：“易以道阴阳。”又引班固曰：“《诗》、《书》、《礼》、《乐》、《春秋》五者，五常之道，《易》为之原。”以明《易》为古代经书之本。又引阮籍云：“文王系其辞，于是《归藏》逝而《周与》（按：即《周易》）兴，上下无常，刚柔相易，不可为典要，惟变所适，故谓之易。”这是说《周易》的发生、确立及其变动不居之本质。又引南朝宋诗人颜延之的话说：“淳象始于三画，兼卦终于六爻。”这是说初始之象与卦的关系。文学家首先是思想家，班固、阮籍、颜光禄的话，均在易之大课题上一语道破，精锐无比。又如“二十一中和”条，引《庄子·逍遥游》曰：“若夫乘天地之正，而御六气之辩。”惠栋补注云：“天地之正，犹天地之中，易之九五、六二，即天地之正也。六气，阴阳风雨晦明也。”惠栋将浩瀚

① 可核见《十三经注疏》，下册，页一六〇一上栏。

宇宙的"天地之中"一下子拉回到易卦的阴二爻和阳五爻，犹言易卦象宇宙，真可谓奇崛大智，出人意表，广漠浩瀚处的"逍遥游"被妙不可言地移置于深邃无比的卦象六爻之中。又如"三十卦无先天"条引《荀子·成相》曰："文武之道同伏羲。"意即传为伏羲所造之"先天卦"与文武之道无异，可见"卦无先天"。又引《庄子》："六合之外圣人存而不论。"引《谷梁传》："不求知所不可知者，智也，而令后世浮华之学强支离道义之门，求入虚诞之域，以伤政害民，岂非谗说殄行，大舜之所疾者乎？"这就是说，易理的基本精神在于务求实学。从表面上看，这与象数解易似无共同之处，但它恰恰从另一个侧面告诉我们，象数易学当是儒家务实之学的另一种表现形态。实学象数化，颇可见《周易》本旨，也可见《周易》和汉儒易学家们的匠心和不同一般的大智慧。循此可窥测到远古《周易》及有关的易理哲学、汉儒易学与数、数字、数学的关系。有理由认为，计数，不管计数的产生和进步经历多么漫长的过程，它曾孕育先民的深沉智慧。远古文化的萌芽及其缓慢的发展离不开计数，数字与文化有最紧密的联系。人类学家曾认为："计数只不过是表现了我们在原始人的语言的一般结构中发现的那种极端专门化和'绘声绘影'的描写的同一种性质。"①形象思维、逻辑思维，一切创造性的思维，无不孕育于计数（其更深的渊源是生产劳动及其实际需要）。惠栋易学中对象数易理所作的种种具体说明，与儒家务实之学相通，客观上又是在不断窥测先民心智。

又如"三十一古有圣人之德，然后居天子之位"，此条惠注云：

---

① [法]列维-布留尔：《原始思维》，第196页。

"即二升坤五义。"意即泰卦䷊——下乾上坤——"乾二升坤五"而成既济卦䷾——下离上坎。这样,阴爻居下体之中,阳爻居上体之中,既中且正,尤且美善。惠栋是引乾卦九二"见龙在田,利见大人"以释之,认为"临坤为田,大人谓天子,阳始触阴,当升坤五为天子"。依此,则临卦䷒——下兑上坤"二升坤五"成屯卦䷂——下震上坎。临卦大象传云:"君子以教思无穷,容保民无疆(按:君子以此象关心教化民众无穷尽,容纳民众保养民众无有限量)。"屯卦初九卦辞云:"盘桓,利居贞,利建侯(按:徘徊不进,利于居静守正,利于建立诸侯)。"象传又说:"虽盘桓,志行正也;以贵下贱(按:指屯卦阳爻初爻居下),大得民也。"认为屯卦初九可以大得民心。显然,条目的成立以乾九二为据,如惠栋所证发的那样,也是说得通的。由于易卦的建构和包含其中的易理是古代社会生活的反映,易理与其他典籍时有沟通就事在必然。以群籍证易理,往往别具情趣。惠栋引《汉书·盖宽饶传》,宽饶奏封事引《韩氏易传》言:"五帝官天下,三王家天下,家以传子,官以传贤,若四时之运,功成者去,不得其人则不居其位。"①用以证古代有圣人之德,方可居天子之位。又引《礼记·礼运·大同》,"大道之行"的时代"天下为公","外户而不闭",后来"大道既隐,天下为家",一正一反,均可证发"圣人之德"与"天子之位"两者间的前提和结果的必然性关系。惠栋又引《文选》四十七引墨子的话:"古者同天之义,是故选择贤者立为天子,天子以其智力为未足独治天下,是以选择其次立为三公。"这些内容与象数说易

① 这段话可见《汉书》页三二四七。

理的解释相比，则明白易懂得多。

又如说明易理重要原则的条目“三十三中正”，惠栋引《荀子·宥坐》的故事说：“孔子观于鲁桓公之庙，有欹器焉。孔子问于守庙者曰：‘此为何器？’守庙者曰：‘此盖为宥坐（按：右座）之器。’孔子曰：‘吾闻宥坐之器，虚则欹，中则正，满则覆。’孔子顾谓弟子曰：‘注水焉！’弟子挹水而注之。中而正，满而覆，虚而欹。孔子喟然而叹曰：‘吁！恶有满而不覆者哉！’”这个故事，本来是说持中守正、持谦守志的重要性，借以说中正之理，这比纯粹用象数说“中正”为易要旨则要具体得多。从思想方法上看，上述各种较为生动浅近的表述易理的方法，都是以相通于易理的儒家之道，且着重于“怎么样”、“如何使用”、“应用结果如何”这些实习应用视角来间接说明易理，儒家学说本来就是重在“怎么样”、“如何用”、“用的结果如何”这些方面的非本体论实用道德哲学或道德学说，以应用、实用阐说儒家经典《易经》之理，不仅原理相通，而且也是惠栋本人广泛深厚的儒学基础的必然做法。而呈现在读者面前的，则是儒学系统的诸要点的特殊内容和诸要点内容间的普遍联系。惠栋《易例》仅就资料引用的方法所体现的学路，就是一个个别和一般，特殊和普遍相和谐统一的辩证图景，它给本学科和相邻学科提供很多启示和教益。

三、《周易述》系列著作《易大谊》考论

《易大谊》即惠栋《中庸注》，它是惠栋经学《易》理与群经融会贯通的一个典范之作。以易理时位之"中"说《中庸》，对《中庸》言"中"和不言"中"文句的解释为儒学提供了另一番易象数学图景，惠栋的语言逻辑解释法是中国文化传统孕育起来的十八世纪的中国语言逻辑哲学

《四库全书总目》讲到的《周易述》系列著作《易大义》即《易大谊》。段玉裁《说文解字注》"谊"字注云："周时作谊，汉时作义，皆仁义字也。"《丛书综录》列有《易大谊》丛书集成初编本、《易大义》海山仙馆丛书本，仅书名不同，内容皆为以《易》理注《礼记·中庸》。且丛书集成初编本选自清钱熙祚《指海丛书》和清潘仕成《海山仙馆丛书》。丛书集成本《易大谊》后附有海山本钱熙祚跋和惠栋门弟子江藩跋。钱跋云："惠半农(惠士奇)《易说》，杂取京、郑、荀、虞之义，征君(按：古代对不接受朝廷征聘的隐士的尊称，这里尊称惠栋)因之撰《周易述》、《易例》、《易汉学》、《易微言》、《易大谊》诸书，意在专主汉人……《大谊》未见刊本，此本题云：庚辰(1760)二月，从家心庵假得江铁君(江声，1721—1799)本抄录，列《中庸》全文，而从《易》解之。"①

① 见丛书集成初编本 0480 号《易大谊》跋文。

江藩海山本跋文说得更为具体明确:“惠松崖征君《周易述》三十八卷,内阙十五卦及序卦、杂卦二传。其《易大义》三卷目录云:《中庸》二卷、《礼运》一卷,阙。乾隆中叶以后,惠氏之学大行,未刻之《易例》、《明堂大道录》、《禘说》、《易汉学》,好事者皆刊板流传矣。唯《易大义》世无传本,嘉庆二十三年(1818)春,客游南昌,阳城(按:今安徽宿县)张孝廉子洁出此见示,为艮庭(江声)先师手写本,云系徐述卿学士所赠,藩手录一帙,知非《易大义》,乃《中庸注》也,盖征君先作此注,其后欲著《易大义》以推广其说,当时著于目而实无其书,嗣君汉光先生即以此为《大义》。”①如此看来,《易大谊》即《易大义》,即惠栋《中庸注》。

惠栋认为《中庸》有易之大义,易大义存在于《中庸》之中,故以易理解《中庸》。《中庸》题名下惠栋注云:“此仲尼微言也,子思传其家学,著为此书,非明《易》不能通此书也。”

全书最为突出的是,以时位分析的“中”即阴阳对立面力量的均衡、相和、稳定这一著名的易道中正之理来分析《中庸》的若干说法,惠栋曾从理论上作过概括说:“天地位,育万物,中和之效也。《三统历》曰:‘阴阳虽交,不得中不生。’故《易》尚中和。”还说:“执中之训,肇于中天,时中之义,明于孔子,乃尧舜以来相传之心法也。”②在惠栋看来,《易》理时中与儒家中庸之道是一回事。当然,这从抽象的一

① 丛书集成初编本0480号《易大谊》附载海山仙馆本《易大义》江藩跋文。

② 《易汉学》,页六二上。

般概括来认识它比较容易，要落实到《中庸》全书的每一句话就不那么容易，有的是免不了会牵强附会的，故清钱熙祚说："固不免支离傅会之失。"但更应当说，在具体落实时许多是言之有理的，从而以易理精髓更深刻地阐发了《中庸》本旨。另一方面，也以儒家经典、四书之一的《中庸》丰富了易理，成为惠栋经学中易理与群经融会贯通的一个典范之作。以易时中说《中庸》，"天命之谓性"惠注："民受天地之中，以生天地之中，命也，民受之以生性也。"这里的性命之说，有"本性"与"必然性规律"之义，"民"即"人"义，人当然只能生于大自然中，人的许多自然属性是自然赋予的，惠注中的性命之说是朴素唯物主义的元气论的。"率性（按：犹言循本性）之谓道，修道之谓教"惠注："天命之谓性，中也。率性之谓道，和也。修道之谓教，致中和也。人有三等，故曰教，即自诚明者也。"这实际上是分成三个层次，天命之谓性，即天地自然的本来的规律可归结为"中"（有折中、辨证、中庸等义），按"中"办事为"和"，设法使达到中和为"致中和"，即："中"、循"中"、使"中"，有客观必然、主体自觉和被动使成之区分。"人有三等"之说当是泛指的，一般可说成上、中、下，实际上是任何人都需要接受"教"，"修道"可统称之为"教"，"教"即"自诚明者也"，当作"自明诚"，按《中庸》本文云："自诚明，谓之性，自明诚，谓之教。"惠栋注文恐有误。至于对《中庸》主张的"君子戒慎乎其所不睹"、"君子慎其独"，惠栋以乾爻释之云："隐微，乾初爻也。初乾为积善慎独之谊，不诚则不能独，故终以至诚。"

这显然已是汉儒象数说，初乾积善之说，见于虞翻易。[①] 慎其初始为乾初爻，看似牵强，但以汉易象数之说观之，尚有所据。可是，《中庸》又以“喜怒哀乐之未发谓之中”，这又作何解释？惠注云：“隐微，始也，于道为极，故未发为中。”这是循“某事极而言之则当如何”的一般逻辑而言的，隐微既为乾初爻，为万物之始，为积善之始，于道为极，“道”为易理本旨，为中庸之道，故道“极”亦未发为中。有了这一前提，《中庸》“发而皆中节谓之和”之说也就迎刃而解了，这句话惠注云：“发而皆中节，行之和也，故谓之和。未发为中，已发为和，合之则一和也，故曰中庸。中和，即灭地之中，在人则为情性，故《文言》曰：利贞者，性情也。”“发而皆中节”，当然是以“未发”、“隐微”、“乾初爻”为起点的，是知行论中的实行过程中的中和，未发、已发皆为中和，在思想方法上，视零的起点及起动后的继续实行过程皆中和，是为中庸。惠栋以易理剖析《中庸》，使人们对“中庸”的认识趋于精密化了。至于天地间的自然中和转化为人的情性的中和，其文献依据是《文言》的说法，将“利贞”看作“性情”。惠栋把它仅看作人的性情，正是《易大谊》为“征君少作”（语见江藩跋）之明证和遗印。《周易集解》虽把“性情”解释得更物质化和普遍化，也较合乎《乾文言》的原意。《集解》引干宝曰：“以施化利万物之性，以纯一正万物之情。”干宝的解释更有哲学意义，而惠栋少作之注文的解释又更富于人性。《中庸》所要求臻于“达道”的完美的中和境界，惠栋认为这就是六十四卦中的既济卦，《中庸》“中也者，天下之大本也。

① 参见《易汉学》卷三“乾为积善”条，页三二上栏。

和也者，天下之达道也，致中和，天地位焉，万物育焉”，惠注：“天地位中也，万物育和也，既济定也。”既济卦借“涉水已竟”喻“事已成”，既济卦彖辞有云：“刚柔正而位当也。”与《中庸》之说有吻合之处，既济卦本旨是阐发守成艰难的道理的，与《中庸》此处所论有一定距离，惠栋此处以既济卦说《中庸》文句，有欠啮合和牵强之处。

对于《中庸》全文明显言“中”的文句，惠栋的解释实际上给我们提供了儒学和儒学之一部分易学的比较资料。例如“君子中庸，小人反中庸”，惠栋注：“庸，用也，常也，用中为常道，故曰中庸。并举君子小人者，阴阳之谊也。”“用中为常道”之说，凡儒学即如是说，以君子、小人为阴阳之说，是将《周易》阴阳对待之理推广于普遍，孕育着矛盾普遍性思想，易汉学本来就有“乾为积善，君子中庸，坤为积恶，小人反中庸”这类说法，当常用习见之语“君子”、“小人”这类对待被置于阴阳辩证对待的框架上以后，对问题的把握显然会更有某种辩证意义上的思维定势，这是被人类的认识发展史反复证明了的。“君子之中庸也，君子而时中”，惠注：“用中以时，故曰时中。”儒学有“时中”，易学有八卦之时位得中，《彖》、《象》解卦中已有“中正”、“正中”、“时中”之说，儒学与易学连术语也相同，“用其中于民”惠栋注：“用其中于民，即舜之中庸也。用其中于民，以天地万物为坎离也。尧舜比户可封，成康刑措四十年，其皆既济之世乎！”惠注中有一般的历史文化的解释，“成康”是周成王和周康王的合称，史称其治世，天下太平，刑罚不用四十年。惠栋易学将这些一般历史文化转植于易理模式之中，成为“以天下万物为坎䷜、离䷝”，坎卦彖辞谓“维心亨（按：上下两坎中陷于险中的两个刚爻象征两颗刚毅之心紧紧维系在一起，致力于出险而亨通)，乃以刚中也。”离卦彖辞有“重明以丽乎正，乃化成天下(按：上离下离象征明而又明之德的人依附于正道，能成就天下之教化)。”其实，以坎离二卦说“舜之中庸”，也较牵强，在易经自足的圆圈内以象数易学说易卦象，与越出这一哲学大圆周来说儒家经典或儒学文化，当是两种效果，前者是切近的应用，后者是间接的移用。从“以天下万物为坎离”到“其皆既济之世”，本是一象数逻辑构成，既济䷾——下离上坎——卦正好由坎、离构成，但它却包含从尧舜到成康的漫长历史，惠栋的注释至少在客观上给了我们这样的启示，易卦象是深深地蕴含着丰富的历史内容的，《周易》是对远古和上古的历史发展的逻辑总结。“用其中”条告诉我们，儒学和易学有其深层所在的互补性。惠栋始终在说，既济卦离《中庸》不远。又如“择乎中庸得一善”惠栋注：“一善，谓乾初，即复初也，复初为中行，六四，中行独复，谓四独应初，初为太极，极，中也，《周易述》备言之矣。”一句平常的话，被置于如此复杂的易理解释(亦即训释)的框架上，然而，惠栋的解释是最切于儒家本旨，也最能将儒学在别一图景，即易理象数学背景上另作一番显示的。上面的注释文字，因“乾为积善”，故云“一善，谓乾初”。乾初为阳爻初九爻，亦即“九一”爻，而复卦䷗——下震上坤——初爻亦为阳爻初九(亦即九一)爻，故谓。至于注文中“复初为中行”,又为太极之“中”,则解释较复杂。[1] 应当指出的是,惠栋用“复初极中”之说注《中庸》“子曰,回之为人也,择乎中庸,得一善”,也是有文献依据的。《周易述》说:“圣人以复之初九喻颜子,颜子择乎中庸得一善,则拳拳服膺,一善即复初也。初不远复,择乎中庸之谓也,故谓中为初。”[2] 复卦六二爻比初爻。有“下仁”的美称,而六四爻(即“六四中行独复”条)应初爻,有“从道”的佳誉,而初九爻为全卦回复的根本,是仁和善的喻象。《中庸》“择乎中庸得一善”条,与本条惠注内容相比,可看出儒道的一般说法与易理同样内容的另一说法的区别,后者是易象数学的筮法体系的说法,对一般读者来说是难以掌握的。它让我们看到了儒学诸说的另一种图景:易学象数体系的解释。应该说,对《中庸》言“中”文句的注释,还是比较灵活的,往往是以“易理时中+其他易理+一般儒学之理”来综合说之,这显然也是惠栋避免仅以“时中”说《中庸》之“中”而挤入瓶颈狭窄之路,避免过于牵强的一种开拓思路的方法。《中庸》:

---

① 《周易述·复卦》“六四中行独复”条下有详细说明,见该书页四五。此条惠注:“中谓初,震为行,初一阳爻,故称独,四得位应初(按:指复卦䷗四阴爻与初阳爻相应),故曰中行(按:这实际上解释了‘复初为中行’一句)独复(按:连起来看又解释了‘六四中行独复’)。”惠疏中又说:“中行独复皆指初也。”至于“初为太极,极,中也”,惠栋《周易述》疏文中有解释:“二五(指二爻、五爻)一卦之中也。姤(䷫下巽上乾)、复(䷗下震上坤)天地之中也,故象传曰:复,其见天地之心。董子(按:董仲舒)以二至(夏至、冬至)为天地之中,云中者,天地之太极。《三统历》曰:太极元气,函三为一(按:三指天地人)。一,元也。极,中也。即复之初也。”可见于复卦为初,于太极为中,中、初为同义。

② 《周易述》,页四五下。

“故君子和而不流,强哉矫;中立而不倚,强哉矫;国有道,不变塞焉,强哉矫;国无道,至死不变,强哉矫!”如何注释“和”、“中”、“强哉矫”以及用此感叹贯穿于“不变塞”、“至死不变”的“和”、“中”推衍之说,惠注云:“此自强合于中和,谓既济也。不变,贞也。贞固足以干事,故不变塞焉。独立不惧,遁世无闷,故至死不变。”此处除用易理中和、易卦既济注释外,还用“贞”,甚至“干事”之理(见《易·蛊》)说之,又用《易·大过》“君子以独立不惧,遁世无闷”,也合于《荀子·儒效》“而师法者,所得乎情,非所受乎性;不足以独立而治”(按:这句话梁启雄释:“不足独立而治,谓师法不能离开‘专一’而治”)。也暗合《老子》:“独立而不改,周行而不殆。”这也不奇怪,儒道本来就是互补的。这对拓宽以易理说儒学的思路是大有作用的。

《易大谊》是惠栋以易汉学解释儒家重在思想方法的经典《中庸》的典范之作,解释的重点又在以易理时中、中正之说释含“中”字文句,在以象数易理释不含“中”字文句以使环绕中庸之理。此外,还有以一般儒学之理,当然也包含其深层的学理易学原理来解释《中庸》的其他文句,以最终求得儒学和易学的贯通,如此等等。对《中庸》乃至任何一种儒家文献的解释,除语言文字的训释外,一般均应以社会效果、历史的检验裁定之。惠栋以易汉学为标准疏释于文句之下,形式取语文学的训释,而其内容则以易汉学与儒学道统形成解释和被解释的两大系统对垒,是逻辑的解释,也是语言的解释,其中也包含许多真理性的认识和解释。惠栋以易释儒的做法从来幽远,自汉儒至清儒,代有承继,至惠栋将此语言逻辑解释的文化传统发扬光大而成一集大成者。惠栋解释法的内在逻辑之理留给我们很多启发,其一堪称惠栋的语言逻辑解释法是十七、十八世纪中国文化传统孕育发展起来,一般说未受西方解释学科影响的中国语言逻辑哲学。

四、《周易述》系列著作《明堂大道录》考论

全书言明堂文化学要义。明堂等级制度在祭祀、定历法、施教化三方面的等级状况,"辨明堂即路寝不在郊"而一反汉儒之说,论明堂建制皆与《易经》相关,从而归纳出惠栋考论的明堂九室(九宫)图

明堂是古代帝王宣明政教的地方。明堂问题是中国古代文化中的最重要课题之一,围绕明堂建制、构成,展示陈列着一系列的文化史课题,明堂是陈列上古文化史的展览馆,《明堂大道录》是对这一文化史馆的总结性研究,虽不可能全部纳入易汉学,但重视明堂的易理说明,是本书的显著特点。本节拟较全面地说明惠栋对明堂文化学的考索。

《明堂大道录》的一个"录"字,就意味着搜辑过录群籍,这是以文献学方法研究上古文化史热点课题:明堂。

《明堂大道录》全书共分八卷,各卷自有要旨,卷内以若干小标题记述内容中心,可从若干中心抽绎出各卷要旨。卷一实际上是讲明堂建制的历史沿革和明堂的作用。其中有十一题:明堂总论,明堂天子诸侯等礼,明堂四代之礼,明堂大教之宫,庙、学(按:太庙、太学)同处异处皆统于明堂,

明堂四门先儒不详，明堂、灵台同处，月令明堂位两篇属明堂阴阳，诸儒论明堂，辩明堂即路寝不在郊，明堂兴替。《明堂总论》首先回答什么是明堂。惠栋说："明堂为天子太庙（按：祖庙），禘祭（按：祭天，祭祖宗，分大祭、时祭）、宗祀、朝觐、耕籍（按：帝王亲耕之礼，以示重农）、养老、尊贤、飨射（按：古代礼仪名，宴飨宾客，并行射礼）、献俘治（按：献俘虏之所）、望气（按：占卜法，望云气预卜吉凶）、告朔（按：告，gù，天子于每年季冬之月便将来年十二个月的政事赐予诸侯，诸侯受藏于祖庙）、行政皆行其中，故为大教之宫。"明堂的初创与易经极有关系：明堂"权舆（按：初始）于伏羲之《易》，创始于神农之制，自黄帝尧舜夏商周皆遵而行之"。明堂的功用及其内涵也与易经有关，惠栋指出，实行明堂之制，"以天下至诚贯三才之道，施之春秋冬夏，是为七始（按：黄钟、林钟、太簇，天地人三才之始；姑洗、蕤宾、南宫、应钟，春夏秋冬之始）。始于尽性，终于尽人性，尽物性，赞化育而成既济定者也"。明堂的作用是使人归向到那理想完美的既济卦。全书的主旨也是以易理说明堂，书名即为"明堂出于易经大道"之义，全书"盖其道本乎《易》而制寓于明堂，故以署其篇云"。而对这一文化史上的传世珍宝，由详知到越发糊涂，原因仍在于文献。惠栋概述说："三代以前，其法大备，详于《周礼》之《冬官》，《冬官》亡（按：今存《周礼·冬官·考工记》，为西汉刘德补入①）而明堂之法遂不可考，略见于六经而不得闻其详。"后来，说经者"异同间出"，只有西汉的戴德、戴圣、刘歆，东汉的贾逵、许慎、

① 参见《戴震评传》，第 73 页。

服虔、卢植、颍容、蔡邕、高诱等人，还能懂得明堂制度，但又为孔安国、郑玄、王肃、袁准所乱。孔安国以禘（按：祭名。祭天、五年一大祭的祭祖宗、四时一祭的祭祖宗）仅仅为审禘昭穆（按：宗庙排列的位次），故认为汉四百年无禘礼。郑玄则以文王庙如明堂制度，谓国都之外另有别堂，王肃则以禘喾（按：喾，音 kù，帝喾，高辛氏，殷人祭祀之）是从后稷开始的，非配天之禘祭。晋袁准作《正论》，说明堂太庙、太学各有所为，否定汉儒及六经中有关明堂的说法。于是明堂大道制度遂湮灭不闻。惠栋的著述，正是拂除历史上的尘封，"以表明列圣治天下之大端"，书名中"大道"一词，出《礼记·礼运·大同》"大道之行也，天下为公，选贤举能，讲信修睦"一语，可见"大道"之义为先民的理想社会制度，惠栋认为"盖其道本乎易而制寓于明堂，故以署其篇"。如此看来，该书是要揭示明堂与《周易》的直接或间接的联系，目的是要推证和寻求先民理想社会的状况。最重要的，莫过于明堂等级制度。

明堂等级制度主要还是集中在祭祀、定历法、教化三个方面，此等级制度当然是不严格的，惠栋的考论表述确实反映了先民大同"大道之行"的时代的某些状况。至于禘祫之礼，惠栋合称为"禘祫"，区分以天子、诸侯等级，是比较合乎史实的。古来或禘祫分称而别义，或禘祫合称而义同，历代经传，说法不一。章炳麟在《国故论衡·明解故下》曾说："禘祫之言，汹汹争论既二千年。若以禘祫同为殷祭，祫名大事，禘名有事，是为禘小于祫，何大祭之云（按：一般称禘祭为大祭，五年一祭）？故知周之庙祭有大尝、大烝，有秋尝、冬烝。禘祫者，大尝、大烝之异语。"按章氏的说法，"禘祫”合称，决不限于殷代祭祀，也不仅仅限于祭祀已故的天子，诸侯亦可。钱大昕说得最为明确，他在《廿二史考异·魏书三·礼志二》中说：“而天子诸侯享庙之祭、禘祫之礼尽亡。”钱大昕、章炳麟的说法暗合于惠栋之说。[①]

惠栋经搜辑文献以“辩明堂即路寝不在郊”。所谓路寝，即天子所居的明堂正厅，以正厅说明堂，故为“明堂即路寝”。《诗经·鲁颂·閟宫》：“松桷有舄，路寝孔硕。”毛传：“路寝，正寝也。”《文选·张衡〈西京赋〉》：“正殿路寝，用朝群辟。”薛综注：“周曰路寝，汉曰正殿。”朝，使朝拜。宋陆游《老学庵笔记》卷十：“古所谓路寝，犹今言正厅也。”今言寿终正寝，谓寿终于正厅，犹言安然地死于家中。“正寝”当由“路寝”即明堂正厅演化而来。惠栋辨白的问题，实际上就是“明堂在何处”的问题。郑玄说，明堂在“国（按：国都）之阳（按：南面）三里之外”；淳于登（按：东汉经学家）又云：“三里之外，七里之内，丙巳（按：南方）之地。”惠栋围绕所辨命题辑存的证据是：《周书》之叙明堂，纪其四面，则有应、库、雉、门（门当作皋），据此一途，固是王者之常居。[②] 故认为明堂不会在国都之郊。又从明堂的组成有青阳、总章、明堂太庙在左，而其“个（按：箱房，侧厢）又与今四时之次相同[③]，则路寝之义足为明证（按：意即当可推

① 参见本章下节。

② 惠栋辑存《唐会典》“明堂”下颜师古归纳的说法，颜说不确。明堂及四方之说见于《周书·康诰》、《周礼·冬官·考工记·匠人》、《礼记·明堂位》。有关应门、库门等说，见《戴震评传》第107页。

③ 有关明堂左右个的较确切的考证，可见戴震《明堂考》，载《戴震集》，页二九，上海古籍出版社1980年版。

证路寝为正厅)”。又《唐会典》载《文王居明堂》之篇云:“带以弓韣(按:dú,弓袋),祀于禖下(按:méi,禖宫,姜嫄庙,求子祭祀处),九门磔禳(按:zhé ráng,分裂牲体祭神以除不祥)①,御止疾疫。置梁(按:桥)除道(按:《国语·周语中》有‘九月除道,十月成梁’之说,可参。除,扫),以利农夫。令国为酒,以合三族。凡此等事,皆合《月令》之文。② 观其所班(按:列),皆在路寝者也。”意思是说,以上“礼于禖下”等事都是在明堂办的。惠栋据《唐会典》辑存的又一文献依据是,《礼记》云:“昔者周公朝诸侯于明堂之位,天子负扆(按:yǐ,画有斧形的屏风)南乡(按:乡通‘向’,面朝南)而立。”“明堂也者,明诸侯之尊卑也。”③《周官》(按:《周礼·冬官·考工记》)又云:“周人明堂,度九尺之筵(按:yān,垫底的竹席,九尺,度堂以筵,度室以案几),东西九筵(按:东西长有9筵×9尺/筵=81尺),堂一筵。”④据此,惠栋认为:“据其制度,即大寝也。”惠栋又据《尸子》卷下所云“黄帝合宫,有虞总章,殷曰阳馆,周曰明堂”⑤,认为“斯皆路寝之征,知非别处”。而《大戴礼记》于明堂初有

① 《礼记·月令》“季春之月”有“九门磔攘”一语,孙希旦集解:“磔,磔裂牲体也……磔牲以祭国门之神,欲其攘除凶灾,御止疫鬼,勿使复入也。”

② 可参阅《十三经注疏》,页一三六一下、页一三六四中。

③ 见《十三经注疏》,页一四八七下、页一四八八中。

④ 见《考工记·匠人》,《十三经注疏》,页九二八上。原文是:“周人明堂,度九尺之筵,东西九筵,南北七筵,堂崇(按:高)一筵。五室,凡室二筵。”惠栋判定此为明堂正厅的大小,是有道理的。

⑤ 参见《二十二子》,页三七六中,上海古籍出版社 1986 年版。文字略有出入。

"近郊"之言,后又称文王之庙,进退失据,自相矛盾。又因据《礼记·明堂位》,天子"负扆"受相,堂居出令,既在皋门、库门(按:当为应门,见《十三经注疏》页一四九〇上。戴震亦有详考,见《戴震集》页三一)之内,亦何云据郊野哉?纬书《孝经纬》之《援神契》说,明堂在"国之阳",但无里数。汉武帝时因明堂之制久失,虽广集缙绅,但言论纷纷,最终无法确定在何处祭祀,"乃于汶水之上立庙祀焉,明其不拘远近,无择方面"。到汉成帝,表行城南,与"国之阳"说一致,不过,"虽有其文,其功靡定"。直到汉平帝元始四年(公元4年),议及明堂,孔牢等人以明堂、辟雍、太学一实三名,金褒等人则称经传无文,不能分别同异。直至东汉蔡邕著论,复云明堂、太庙为一物。东汉经学家颍容著《春秋左氏条例》,谓明堂、太庙共有八种名称,而实际上是一回事。惠栋考论这一重要专题的方法,是搜辑文献以实证论题的方法,是一求实的态度,而其思想方法,则从发展的观点看问题,古今不同,不能以后代之变取代古代之本体,也不能泥古不化,"功成作乐,理定制礼,草创从宜,质文递变,旌旗冠冕,今古不同,律度权衡,前后莫一,随时之义,断可知矣"。而像郑玄这样的大儒持明堂"在国之阳,三里之外",惠栋认为,当以求真为本务,不可盲从。论者常以惠栋"唯汉是信"责难之,这里却是有另一方面的学术精神和器识。他引颜师古称:"假使周公旧章,犹当辨其可否,宣尼彝制,尚或补其阙漏,况乎郑氏臆说,淳于谀闻?"要是一味盲从,那就"非异守株,何殊胶柱!"从而得出与郑玄、淳于登相反的结论:"愚谓不出墉雉(按:犹墉垣,城墙),迩接宫闱,实允事宜,谅无所惑。"那么,研究上古明堂之制的目的又是什么呢？那是为“具遵天旨，衹(按：敬)奉德音，作皇代之明堂，永贻范于来叶”①。

卷二实际上是以《周易》解明堂建制。共有六个专题：明堂权舆、神农明堂、黄帝明堂、唐明堂、虞明堂、周明堂。明堂权舆完全是讲明堂的易学意义的。惠栋认为：“明堂以听朔为先，本大衍归奇再扐之法。”这就是说，明堂的作用既然是与观察天象、颁行历法有关，就必然与《易经》言大衍之数的占筮之法：归奇再扐有关。②

惠栋把明堂看作从天象历法、时序之变等自然运动向治理人事的一个中介转化形态。现归纳惠栋的论述，并将明堂所取法的九宫也一并兼容，画出明堂九室(九宫)图，并与通行名称对照。(图见下一页)

惠栋考论明堂，取九宫之说，所谓“明堂取法于九宫，故云九房”。九宫之说源于《乾凿度》，九宫说又来源于《大戴礼记·明堂》九室说，改九室为九宫，是因天子轮流居于九室，如同天上的北天极星行于九宫，即“太一取其数以行九宫”，用来说明一年四季的变化。可见，归根到底，明堂还是天象运动和历法的象征。不过，汉初的明堂九室说，还没有配八卦，配八卦是孟喜、京房的卦气说和明堂九室相结合的产物。结合的契机仍然是大衍之数。在揲蓍求卦这一筮法中，九、六为可变之“老阳”、“老阴”，七、八为不变之“少阳”、“少阴”。筮法三十六策为老阳，三十二策为少阴，二十八策为少阳，二十四策为老阴，将诸数分别除以四(筮例四策一

① 《明堂大道录》，卷一，页三一，丛书集成初编本(一)1035号。

② 参见第七章第一节所述的“归奇再扐”之法。

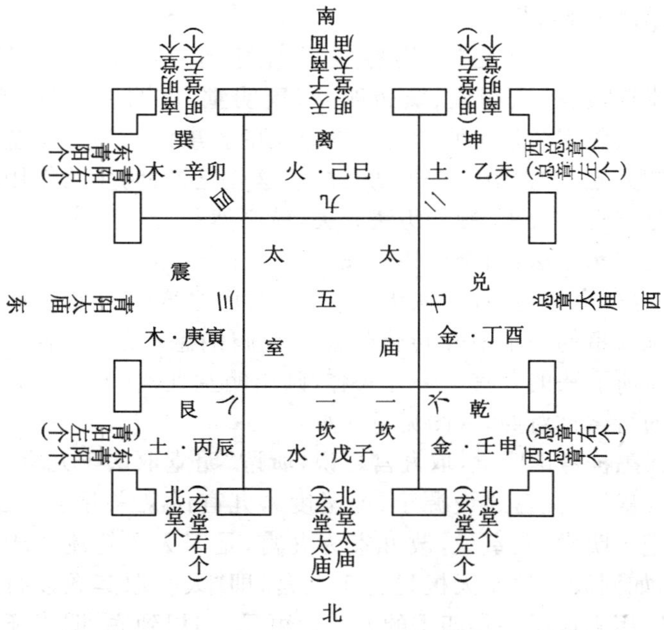

归纳惠栋考论明堂九室(九宫)图

揲),适得九、八、七、六,可见四数为筮法之必然结果。四数奇偶相加各为十五,恰好符合九宫纵横之数。反言之亦然,九宫十五之数,合乎大衍之数。故八卦卦气和九宫图,和明堂九室就能"天衣无缝"地结合在一起。继孟喜、京房之后,郑玄提出《乾凿度》"四正四维皆合于十五",四正四维指八卦,犹言八卦合其筮法大衍之数。四正卦之说始于孟喜,孟氏章句以坎离震兑为四正,仍然分析成历法,惠栋《易汉学》有《孟长卿易上》"四正"条考论。四维之卦则孟、京未有详言,《易纬》称乾坤艮巽为四维。《乾凿度》说:"庖牺氏画四象,立四隅以定群物发生门,而后立四正。"郑玄用"九宫与卦气相结合"的观点注释易纬,是循易纬之理的。张衡也曾说:"臣闻圣人明审律历,以定吉凶,重之以卜筮,杂之以九宫。"又说:"且律历卦气,九宫风角,数有微效,世莫肯学。"①可见卦气与九宫相结合,始于孟、京,完成于郑玄注易纬,完成于张衡。惠栋以八卦、九宫卦气解释明堂,完全是易汉学思想的反映。又因九宫在地上的表现是"天子轮流居九室"的明堂,故惠栋以九宫卦气、八卦易理探究明堂组成的深层含义,以易理说明堂大道,是合乎周秦文化的历史事实的,也是合乎汉儒的有关探究的。

五、《周易述》系列著作《禘说》考论

《周易》、明堂、《禘说》一脉相承,《禘说》为研究上古祭祀文化名著,上古禘祭三种说,禘祭皆配天,禘说陷于暗昧为汉儒罪过,吉禘亦为明堂之祭,吉禘四时三名说,禘郊大义,禘祭四庙、七庙考,禘、祫异同及周、鲁禘祭异同论

《禘说》有经训堂丛书本和清经解续编本。此书列为《周易述》系列著作,除四库全书总目提要有过交代外,惠栋本

① 《后汉书・张衡传》,又"九宫"之说已见本书第六章第七节。

人也说过此书与《周易》的关系:“愚因学《易》而得明堂之法,因明堂而知禘之说,于是刺六经为禘说,使后之学者知所考焉。”《周易》— 明堂—《禘说》一脉相承。《禘说》为考论上古祭祀制度及其文化渊源之作,是清儒研究祭祀文化,亦即上古宗教文化的重要典籍。“禘”是祭名。《说文·示部》:“禘,禘祭也。从示,帝声。《周礼》曰:五岁一禘。”禘实际上是祭天帝,亦即中国式的上帝,如从上古自然神论看,它实际上也就是祭大自然,显然是包含自然崇拜的成分的。吴楚《说文染指》:“禘为祭帝,即从示帝,为会意。”罗振玉《增订殷虚书契考释》:“卜辞中帝字亦用为禘祭之禘。”从文字意义看,也是禘、帝为一,它们显然是同源字。《禘说》全书二十一个条目性专题,其基本构成是一组或几组文献史料的搜辑后便以“说”为题议论之。“说”为体裁。张舜徽《广校雠略·注书流别论二篇》曾列“注述十科”,其四为“说”,并说:“继传记而兴者,莫如说。《汉书·河间献王传》曰:‘献王所得皆经传说记,七十子之徒所论。’是传、说、记三者固与经相辅而行甚早,其为书盖主于称说大义,与夫专详名器者不同。”①惠栋《禘说》之“说”循古而有所发展,殆谓针对某一个或几个专题据史综述议论之。试看全书条目性专题可知大要:一叙首,二四大祭祀皆配天,三说,四终王吉禘,五说,六吉禘四时有三名,七吉禘禘重初灌,烝、尝重备物。八说,九禘郊大谊,十说,十一古制四庙,十二说,十三王者天太祖,十四说,十五禘用盛乐,十六禘及毁庙,十七禘及功臣,

① 张舜徽:《广校雠略》,第55页,中华书局1963年版。

十八禘祫等礼，十九说，二十周禘鲁禘异同，二十一说。[①] 大体一组专题史料后一“说”。

当然，惠栋考论远不限于上述文字意义、文献体裁和体例意义，而是文化史考论或谓文史哲综合论要。全书《叙首》已明禘祭的类别、各自的具体意义、共同的配天之典及同涉于明堂的典仪。惠栋认为，上古禘祭有三种：大禘、吉禘、时禘。大禘为圜丘之禘[②]，吉禘为终王(按：已故帝王)之禘，时禘为春夏之禘。后两种祭祀都在明堂，只有大禘在圜丘，与天子在南郊就阳位(按：参见上节明堂九室图)同，“而亦谓之禘者，以圜丘为明堂六天(按：纬书所说的六天帝：苍帝、赤帝、黄帝、白帝、黑帝，再加天皇大帝耀魄宝)之祭故也”。以上三禘内容各有不同，不过，三禘中对人类自身及对大自然的崇拜十分明显，是一种自然神论。惠栋论述三禘的共同点说：“禘者，禘其祖之所自出(按：犹言人出于先祖，先祖逐推之出于上苍大自然)，皆天子配天之典，故《尔雅·释天》、郑氏《大司乐》注谓之大祭(按：大之义即谓广大无边的天穹自然)。”[③]三禘均为上古天子主祭的最高祭仪，后世不明明堂之法，降在诸侯之祫、太庙之祭、审谛昭穆、非配天之祭，以致明堂之法越发不明，惠栋把三禘大祭看作可

① 《清经解续编》，册一，卷一五五至一五六。

② 圜丘为上古帝王祭天的地方，后代亦用以祭天地，今北京仍有天坛圜丘。《周礼·春官·大司乐》：“冬日至，于地上之圜丘奏之。”贾公彦疏：“土之高者曰丘，取自然之丘。圜者，象天圜也。”

③ 《清经解续编》，册一，页八三三下栏，上海古籍出版社影印本。有关惠栋所据《尔雅·释天》及郑玄注《大司乐》言“大祭”的资料，可参见《十三经注疏》，页七八七中、页二六〇九下。

借以弄清明堂之法、《周易》具体应用的一个重要中介，故详为列专题条目而深论三禘。

《四大祭皆配天》：惠栋首先据《礼记·祭法》列述四个大祭的内容，现列表如下：

主祭人	禘	郊	祖	宗
有虞氏	黄帝	喾	颛顼	尧
夏后氏	黄帝	鲧	颛顼	禹
殷人	喾	冥	契	汤
周人	喾	稷	文王	武王

但是，此表项中的内容，郑玄、孔颖达、注《国语》的韦昭、《尚书大传》等都有或是或非的辨证。

《说》：惠栋综考种种说法，得出湮灭于古史中的禘祭亦为配天之祭的结论。郑玄、韦昭皆以四大祭为配天之祭，后人为何反以最上等的禘为宗庙之祭（非配天之祭）？惠栋说："盖成王赐鲁重祭而有禘祭，止用禘礼、禘乐，鲁无明堂，无圜丘之禘（惠自注：说本贾逵），但有吉禘、时禘（惠自注：时禘之中又有犆禘。按：犆，特），皆于宗庙无配天之典，虽行禘祭，其实祫（按：xiá，祭名，集合远近祖先神主于宗庙合而祭之，三年一次）也。学者不考，遂谓天子之禘亦然，不亦诬乎！"这一文化史上的重大课题，在惠栋看来，汉儒是功过参半的：西汉刘歆（？—23）知禘祭在明堂，在汉平帝元始五年（公元 5 年）行禘祭，近于恢复古制，但仅止于毁庙合食,审谛昭穆而已,[①]并不知道以祖考配天。东汉张纯继而行之。[②] 故魏明帝曹睿斥责汉四百余年间废禘祭。郑玄曾据《礼记·祭法》、《国语·鲁语》的叙述谓圜丘之禘祭以帝喾配天,卓然为一家之言,但是又受两汉诸儒的说法影响,另称圜丘以外别有宗庙之禘祭,仅审谛昭穆,这样,上古禘祭之说又陷暗昧。那末,祭人类的祖先以崇拜人类自身和祭天又有何关系呢?这一点恰恰是汉儒没有搞清楚的。惠栋有厚非汉儒的论断:"天子祭天。禘者,禘其祖之所自出,祖之所自出天也,故天子曰禘,诸侯曰祫(惠栋自注:胡氏寅曰:天子禘,诸侯禘,上下之杀。按:杀,音 shài,等差也)。天子禘于明堂,诸侯祫于太庙,天子禘其祖之所自出,诸侯及其太祖典礼截然莫敢逾越,自明堂之法不明,而禘祫之等杀莫辨,遂夷天子于诸侯,而七代(按:历代)更立之。祭法后人无有述而明之者,盖两汉诸儒不能无过焉。"[③]

《终王吉禘》举述经史,认为此祭仪为祭祀终世丧毕之天子。例如《竹书纪年》曰:周康王三年定乐歌,吉禘于先王。惠栋引父惠士奇《礼说》,认为"此王者,丧终之禘也。定乐歌即所谓禘乐"[④]。

《说》:考论吉禘亦为明堂禘祭。就一般祭祀意义上而言,

---

① 合食即合祭。古代以始祖之庙为祧,凡祖先的世代次序超过定制,即远祖,则毁庙迁主于祧,此后即合于祧庙而祭,称为合祭,也叫合食。昭穆即宗庙位次。始祖庙中,左为昭,右为穆。《说文·人部》:"佋,庙佋穆。父为佋,南面;子为穆,北面。"佋,同昭。

② 张汤的后代。见《汉书》,页二六五七。

③ 《清经解续编》,卷一五五,页八三四中栏。上海古籍出版社影印本。

④ 《礼说》,见《清经解》,册二,上海古籍出版社影印本。

“祭莫大于丧毕之吉禘”。此祭仪的含义是:“一王终,嗣天子即,吉奉(按:祭祀)新陟(按:帝王薨曰陟)之王,升(按:放祭品)合食于明堂之上,自郊宗石室(按:周代宗庙藏远祖神主的地方),旁及毁庙,下逮功臣,无不与食。而天者又祖之所自出,合数十世之主行配天之礼,故谓之大禘……配天之礼,九夷、八蛮、五戎、六狄,各以其职来助祭,所谓合成万国之欢心,以事其先王,通神明而光四海者之祭,莫大于此。”① 惠栋还举出《诗经·商颂》小序“《长发》,大禘也”,认为《长发》是吉禘商汤王的;《诗·商颂·玄鸟》是吉禘殷高宗武丁的。并说《长发》诗“百禄是遒”、“百禄是总”(按:这两句话通常理解为多种福禄聚集总汇在一起)是“明堂之符(按:瑞征)”;《玄鸟》“正域彼四方”是说明堂四门,“肇域彼四海”是说明堂四极。这些说法有些牵强,但也不能说一点没有道理。惠栋举《商颂》祭祀诗后说:“举此一诗而明堂大禘终王之谊备矣。”惠栋从《诗经》中发现上古明堂、祭祀文化制度,文献考索中有考论。

《吉禘四时有三名》:据《左传·僖公三十三年》“烝、尝、禘于庙”,认为吉禘四时三名:大禘、大尝、大烝。今人杨伯峻先生曾综合《左传》中有关说法,认为烝为冬祭,尝为秋祭,禘无定月,或春或夏或秋或冬。② 杨说综文献为证,是可取的。以杨说检核惠栋的断语,颇可见惠栋深邃敏锐的目光。

---

① 《清经解续编》,册一,页八三五中。

② 参见杨伯峻《春秋左传注》第一册,第506、107、321页。《礼记·王制》有“夫子诸侯宗庙之祭,春曰礿,夏曰禘,秋曰尝,冬曰烝”。但《礼记》为汉人之作,不足以据证春秋礼制。

章炳麟《国故论衡·明解故下》:“周之庙祭有大尝、大烝,有秋尝、冬烝。禘祫者,大尝、大烝之异语。”章说芜杂含混,不如惠栋高明。《吉禘禘重初灌,烝尝重备物》:惠栋认为,上古祭祀之盛莫过于初盥(按:祭名,灌祭,见于《易经·观卦》)降神,故孔子曰:“禘自既灌而往者,吾不欲观之矣。”

《说》:因烝、尝、禘之名同用于四时之祭和吉禘,惠栋的考论还是区分得很清楚的。他说:“王者明堂吉禘之礼(按:此说已明吉禘在明堂举行),行于春夏谓之大禘,行于秋谓之大尝,行于冬谓之大烝(惠栋自注:烝、尝、禘本四时之祭,吉禘因之),《左传》所谓‘烝、尝、禘于庙’是也(按:僖公三十三年的说法)。”惠栋区分前一种吉禘和另一种丧毕吉禘,他说:“《祭统》之大尝、禘,《司勋》之大烝,皆丧毕吉禘。”[①]但同为吉禘。在名称上它与另一种“四时之祭”相通:惠自注称“四时之祭则称祫禘、祫尝、祫烝”。王夫之《张子正蒙注·王禘》:“祫禘云者,据夏商而言,祫禘、祫尝、祫烝,谓随之时可并行祫祭。”祫禘为诸侯王祭祖先之大礼,与前述明堂之禘大别。

《禘郊大谊》:郊为天子祭天地之大典。《荀子·礼论》曰:“郊者并百王于上天而祭祀之也。”惠栋说:“郊配一帝,百神从祀,禘配六天(按:六天帝,此处已指郊祀法仪),百王与食。”

---

① 《清经解续编》,册一,页八三六上。所引《祭统》、《司勋》文字,可参见《十三经注疏》,页一六〇六中、页八四一下。杨伯峻认为不应以《礼记·王制》等言丧毕之祭而把《左传·僖公三十三年》的说法也看成丧毕之祭。惠栋则区分二者,与杨见同。杨说见《春秋左传注》第一册,第 506 页。

《说》：惠栋认为祭仪之变是周室始衰的标志。他说："大禘终王之礼，废于穆王，故祭公（按：人名，祭公谋父）因谏观兵而及祭祀之典，盖周家（按：周室）盛衰之所系也。"[①]还应注意的是，惠栋这里是借史实说礼制。

《禘说》二有"古制四庙"条：《礼记·丧服小记》："王者禘其祖之所自出，以其祖配之而立四庙。"郑玄注："高祖以下与始祖而五。"惠栋纠正郑注云："此误解《礼记》尔，夏以前止有四庙，商、周始有五庙也。"又纠正"庶子王亦如之"郑注。[②] 又《王制》有"天子七庙"，并说成"昭 3＋穆 3＋太祖之庙 1"。[③] 一为四庙，一为七庙。

《说》：惠栋认为，《丧服小记》四庙之说为周公之制，《王制》、《祭法》七庙之说为晚周之制。"七庙"也并不如《王制》所说的那七庙，而是"太庙 1＋亲庙 4"为五庙，此合于"天叙五行，人亲五属"等道理，而"5 庙＋文王、武王 2 祧＝7 庙"，亦即"后稷 1＋文王 1＋武王 1＋亲庙 4＝7 庙"，并认为"二祧（按：帝王远祖、始祖之庙）之建当在穆王、共王之世"。至于周公建制的四庙，即亲庙四（按：亲庙即去世不很久的帝王之庙，含父、祖、曾祖、高祖），当时周文王、周武王尚在亲庙之中。惠栋区分周公礼制与晚周礼制，是极重要的文化史上的发现。"七庙"为重要的文化史条目，诠释

① 可参见《史记·周本纪》，页一三五。

② 《清经解续编》，册一，页八三六下。可与《十三经注疏》页一四九五中对照。

③ 《王制》之说，见《十三经注疏》页一三三五中。另《祭法》也有"王立七庙"之说，见页一五八九上。

多舛驳,可按惠栋的说法加以改进。①

《王者天,太祖》:惠栋注荀子《礼论》"王者天,太祖"云:"以天为太祖,犹诸侯之始祖。"即说"天是帝王的始祖"。

《说》:惠栋认为,"明堂者,天子之太庙也,天者,天子之太祖也",两者是一致的。万物本乎天,人亦然。惠说与"天人合一"之说是有大的区别的,它是"人出于自然而归于自然"的自然神论。配天享帝,立庙而祭,"天甚神,故不曰太庙而曰明堂,明堂,天法也"。惠栋还把祭祀说成尊人崇天的活动,反言之,知尊人崇天,方可知祭祀的秘密。惠栋说:"严父配天,天人祖宗聚于一堂,联为一气,此禘说之所以难知也,故曰:唯圣人为能飨帝,唯孝子为能飨亲。"惠栋考论大祭之禘,上接苍天,下言三代。从其内在逻辑看,借苍天而宏观论要,据文献而具体而微。因文献不足,又多年代交错造成的误解,故天理《易》道始终成为持正考论的思想武器而一以贯之。

《禘用盛乐》、《禘及毁庙》(按:指禘取毁庙之主而升合食于太祖)、《禘及功臣》、《禘祫等礼》(按:天子之禘、诸侯之祫有不同等级的礼制规范)四个纲目均据文献而考证其说。

《说》:围绕《禘用盛乐》等四个纲目,对文化史上长期混淆不清的禘和祫作了详细的比较,是带有总结性的。惠栋说:"天子曰禘,诸侯曰祫;天子禘于明堂,诸侯祫于太庙;天子禘及郊宗石室,诸侯祫及毁庙。天子之禘,禘及祖之所自出;诸侯之祫,及其太祖;大夫、士有大事,省于其君,干

① 见《辞源》"七庙"条。《汉语大词典》"七庙"条释义正确,但与《王制》书证不配。两词典均可按惠栋之说加以改进。

祫(按:犹空祫,无庙而祭)及其高祖。天子以天为太祖,诸侯以始封之君为太祖,大夫以诸侯之别子(按:古代宗法制度称嫡长子以外的旁庶之子为别子)为祖,士以大夫之别子为祖。故云尊者尊统上,卑者尊统下也。天子之天,诸侯之太祖,大夫之祖,皆始也,而有等礼,故云所以别贵始也。"禘、祫之所属,地址、对象、等级、含义,皆一一明之。对明堂和禘祭的研究,无疑是文化史的重要课题,明堂和禘祭是人类结束蒙昧时代走向文明时代,从图腾崇拜转向祖先崇拜以后最重要的文化支柱和精神力量,惠栋当然不可能从人文科学入手去研述它的文化史意义和人文意义,他的贡献在于弄清史实真相,考证其脉络沿革,正所谓基础研究的基础,而这一点,或许比什么都更重要,因为它是研究的起点。明堂之法不明,禘说讹误,向以汉儒为师法的惠栋责难汉儒,以进一步澄清原委,辨明是非,还文化史之本真。惠栋说:"自明堂之法不明,后世郑氏之徒遂有祫大、禘小之说,禘者配天之祭也,祫者宗庙之祭也。《楚语》称'禘郊',《大传》称'禘郊祖宗',禘且大于郊,谓之小于祫,可乎?此郑氏之谬也!"①

《周禘、鲁禘异同》及其《说》为全书附论。据《礼记》、《国语》等文献考述周、鲁禘祭不同,并于《说》中归纳之,成为周天子和鲁国诸侯禘祭异同研究的权威之说:"周禘于明堂,鲁禘于太庙;周禘其祖之所自出(按:指天),鲁禘及其太祖;周禘用六代(按:黄帝、唐、虞、夏、殷、周)之乐,鲁禘用四代(按:虞、夏、商、周)之乐;周之大尝、大烝

① 《清经解续编》,册一,页八三九上。

皆配天，鲁之大尝、大烝无配天之事；周明堂之法有圜丘之禘，鲁所无也。其鲁禘与周禘同者：祼礼（按：祼，音 guàn，祭名，以酒灌地而奠，借以求神）也，庙饰也，四代之服器官（按：服饰、乐器、爵位，惠栋谓：凡四代之服器官，鲁兼用之）也，升歌清庙，下管象也，朱干王戚，以舞《大武》也，《八佾》以舞《大夏》也，纳夷蛮之乐也。”①周室和鲁国诸侯禘祭异同，反映当时社会政治、经济、文化传统的状况。由此继进，当然是可以申发宏论的，但重要的是惠栋阐明的这一论之所起的基点的状况。周、鲁异同是上古史的重要课题，惠栋从明堂、禘祭两个方面率先交出了一份答卷。

---

① 《清经解续编》，册一，卷一五五，页八三九上。“升歌清庙”等句，见《十三经注疏》页一四八九上栏。意为升乐工于庙堂之上而歌《清庙》之诗，堂下吹管以奏《象武》之诗，执赤盾和玉饰斧而舞武王乐《大武》曲，用天子舞《八佾》舞夏禹之舞曲《大夏》……而《论语·八佾》曰：“孔子谓季氏，八佾舞于庭，是可忍也，孰不可忍也！”《诗经·周颂》有《清庙》、《武》等篇。

第九章　惠栋的《论语》研究和世界观特点

一、论孔子和《论语古义》考论种种

《论语古义》是求取新生的启蒙号角，孔子“时中”论和惠栋对儒家辩证法的深刻把握，惠栋古文经观点合乎其汉学逻辑，从版本、古碑古注、广求文献书证求古义，惠栋关于《论语》、孔子学路“述而不作”的总评价及其学术思想和启蒙思想意义

《论语》其书，实际上也可以叫作《孔子》，犹《孟子》、《荀子》、《韩非子》等以人名命书。古来研述《论语》的书，可谓汗牛充栋。《论语》和《孝经》是汉初学者的入门书，先读这两部书，然后再习“五经”（诗经、尚书、易经、仪礼、

春秋）。相传宋代赵普（922—992）有“半部《论语》治天下”之说，南宋朱熹（1130—1200）定《论语》为“四书”之一，并作《四书集注》，更成为士子必读，为科举考试的教科书。一部汉、宋宝爱之书，为之讲论说解者必不数少，近人程树德《论语集解》征引典籍六百八十种，可称繁富，但仍不免遗漏疏失。至惠栋时代有关《论语》的著述，朱彝尊（1629—1709）《经义考》也已著录三百六十二种。[①] 如此繁多，惠栋作何选择？作为家庭教科书，求索《论语》古义，似与时尚的科举教科书区分划界，筑一对垒，既称别致，亦堪深思；作为从特定视角以求《论语》古义，显然是体现清初汉学家求古返古的朴学思想的；《论语古义》与宋儒《四书》对立，它的启蒙作用便不难看出。虽然惠栋《古义》总是斤斤于字句为解，但纯学术的字句解释背面并不等于没有求取新生的启蒙号角。

对孔子的研究和认识，惠栋在别处多次把这位历史名人放到除《论语》文句叙述以外的更广阔的文化背景中考察。因研究孔子和研究《论语》的一致性，可将惠栋笔记文中论及孔子的部分与《论语古义》联系起来考察，以增广对惠栋的了解。

惠栋精于《易》学。《论语·述而》：“子曰：加我数年，五十以学《易》，可以无大过矣。”这是夫子自道与《易》的关系。古代儒学派一直认为孔子作《十翼》，但近人据《十翼》的内容认为《十翼》非成于一人之手，是战国早期至秦之际的著作，不排除有些内容出于孔子手笔。惠栋研《易》，

① 见《经义考》，载《文渊阁四库全书》第679—747页、679—840页。

自然要尽力去发现孔子与《易》学的关系。在传统认为的孔子著《十翼》这一问题上，惠栋不免遵循言之，而惠氏去努力发现的，是孔子为一“通于时变，守于正中”的朴素辩证法大师。在惠栋看来，《周易》的精髓在于“时中”，而孔子是深观其窍并进而加以具体阐发和把握的人，透过惠栋考论孔子于《易》理的阐发，恰恰使我们看到惠栋对孔子科学思想的认识及惠栋本人对古代朴素辩证法思想的某种理解，不过这种理解是借助于考论孔子其人其学而实施的。惠栋著《松崖文钞》卷一《易论》说：“《易》道深矣，一言以蔽之曰：时中。孔子作《彖传》，言时者二十四卦。”惠栋从《易传》中具体钩稽出孔子言“时”的二十四卦，那就是《彖传》乾、蒙、大有、豫、随、观、贲、颐、大过、坎、恒、遁、睽、蹇、解、损、益、姤、革、艮、丰、旅、节、小过。惠栋钩稽出孔子言“中”的三十六卦，那是《彖传》的蒙、需、讼、师、比、小畜、履、同人、大有、临、观、噬嗑、无妄、大过、坎、离、睽、蹇、解、益、姤、萃、升、困、井、鼎、渐、旅、巽、兑、涣、节、中孚、小过、既济、未济。钩稽出孔子作《象传》言“时”者六卦：坤、蹇初六小象传、井、革大象传、节、既济。钩稽出孔子作《象传》言“中”者三十九卦：坤、需九二、九五小象传、讼、师、比、小畜、履、泰、同人、大有、谦、豫六二、六五小象传、随、蛊、临、复、大畜、坎九二、九五小象传、离、恒、大壮、晋、蹇、解、损、夬九二、九五小象传、姤、萃、困九二、九五小象传、升、鼎、震、艮、归妹、巽九二、九五小象传、节、中孚、既济、未济。以上种种，可以说是惠栋列出的孔子著论时、中两个重要哲学范畴的名目索引，各名目下的内容，可继续具体而深邃言之，如将那些名目下的内容抽象其共同性，惠栋认为孔子言“时”之论的类别有以下八类：时者、时行者、时成者、时变者、时用者、时义者、时极者、待时者。言“中”之类也可分八类：中者、中正者、正中者、大中者、中道者、中行者、行中者、刚中柔中者。而蒙卦之彖，则又合时中而命之（按：蒙卦《彖传》：蒙，亨，以亨行时中也。意思是说，按亨通之道“治蒙”而能把握适中的时机，以释卦辞“蒙，亨”之义。王弼注称：时之所愿，惟愿亨也；以亨行之，得时中也）。各类应作何训释，可在所列之卦的彖辞和大象传或小象传中寻找。如将“时”八类、“中”八类再进一步抽象其意义，可知“时”与“中”有别，“时”者举一卦所取之义而言之，“中”者举一爻所适之位而言之。因学“时”无定而位有定，故象传多言中而少言时。具体到卦六爻，则位之中者惟二爻与五爻，汉儒称之中和。惠栋认为，中和之义，为孔子阐明得最深邃，孔子的最大贡献在阐明中和之哲理，惠栋说：“愚谓孔子晚而好《易》，读之韦编三绝而为之传。盖深有味于六十四卦、三百八十四爻时、中之义，故于《彖》《象》二传言之。”①惠栋认为，“时中”是由“执中”发展而来的。并据《论语·尧曰》章考出“执中之训，肇于放勋”，因《论语·尧曰》有告诫舜的一句话：“天之历数在尔躬，允执其中。”而“时中之义，明于孔子，乃尧舜以来相传之道也”。惠栋认为，孔子身后，“时中”之义继续得到阐发，子思作《中庸》，述孔子之意说：“君子而时中。”后来，孟子也说：“孔子圣之时。”惠栋将《十翼》归于孔子，将《易传》

① 《松崖文钞》，卷一，《易论》。另可参见惠栋考论荀爽，见本书第239页。

“时中”之说归于孔子，是否归错对象，张冠李戴，这对研究惠栋来说并不重要，重要的是惠栋本人借助研究孔子而对《易传》“时中”哲学作了深入阐发，这无疑是惠栋对儒家辩证法的深刻把握，何况不排除《十翼》中确有孔子手笔，且《论语》出现“时”共十次。《宪问》说：“夫子时然后言。”《学而》则主张“使民以时”，由于他本人“好从事而亟失时”（《阳货》），故见到山梁雉鸡而感慨其“时哉时哉”（《乡党》）；《论语》“中”出现二十三次，孔子主张“言必有中”，强调“过犹不及”（《先进》）。“时”与“中”与孔子确有一定关系。惠栋借助研述孔子，透过《易》卦《彖传》、《象传》的棱镜，把古代哲学范畴“时”、“中”透视得分外清晰明澈。可作如是观：与其说惠栋在研究孔子，不如看作“（惠）夫子自道”，是惠栋在向世人诉说他对古代传统中重要文化网结和哲学范畴“时”、“中”的理解。清王士禛《凌云杂咏五首》之三《治易洞》诗：“古洞何方广，垂萝覆岩石，想见昔年人，研朱点《周易》。”惠栋《渔洋山人精华录训纂》追寻诗人的足迹，引《蜀中名胜记》称，“治易洞”在凌云南山下，上有苏东坡摩崖大字，可知宋郡守吴秘在此得《易》理于刘牧，惠栋还引《高骈步虚词》称：“滴露研朱点《周易》。”[①]惠栋毕生为“滴露研朱”之辈，他心目中的儒家圣人孔夫子，岂止是点读，而是深入《易》理肌髓的人。唯其深入肌髓，方有开创经学新时期之功。在惠栋的视野中，孔子的贡献远远越出《论语》之外，恰恰在于那今人不会相信的赞《易》、著《春秋》上。惠栋笔记文“四经”条说：“春

① 《渔洋山人精华录训纂》，册五，卷七上，页二一。

秋以前，止有‘四经’，《管子》曰，泽其四经，谓《诗》、《书》、《礼》、《乐》也，及孔子赞《易》，作《春秋》，始著六经之目。”[①]孔子对于《易》和《春秋》的学术画出了一个新的时代，惠栋如是说。从古有《乐经》看，惠栋持古文经观点，从孔子始著六经之目看，惠栋似乎又持今文经观点。[②] 不过，从惠栋的全部著述看，他当然是持古文经观点的。不能以此条为断来说惠栋今古文立场，但有一点可以肯定，他非常重视孔子在经学史上的地位和作用。汉武帝独尊儒术后，“以孔子为代表的儒家书籍，才正式成为封建政府法定的经典”[③]。惠栋十二万分地尊崇孔子，是合乎其汉学逻辑一贯的。

研究孔子，最可靠的材料应该是《论语》；研究《论语》，因《论语》掺杂有孔门弟子及再传弟子的不同传说，加之我们今天所用的基本上属于西汉末的《张侯论》，历来有所訾议，故研究《论语》的最好途辙，当为考求其古义了。“《论语》古义”，对研究《论语》，对研究孔子，有着宏观定位意义。《论语古义》共有五十六条，均以求古义和本义为宗旨。

考求《论语》古义，往往是从版本入手的，由版本发现问题，经版本、古注解决问题。《为政》：“子曰：‘《书》云：孝乎惟孝，友于兄弟。’”陆德明《释文》作“孝于”，并说：“一本作孝乎。”唐石经作“孝乎”。惠栋说，蔡邕石经作“孝于”，故包咸注：“孝于惟孝，美大孝之辞。”可是伪《古文尚书·君陈》致“于”为“乎”（按：未在文字上表现出来），以

① 《九曜斋笔记》，卷一，“四经”条。

② [清]皮锡瑞：《经学历史》，页一九、二一。

③ 汤志钧：《近代经学与政治》，第 3 页，中华书局 1989 年版。

"惟孝"属下句，而成"惟孝友于兄弟"。惠栋感慨地说："若非汉石经及包氏注，亦安从而是正邪！"此条不仅纠正今本《论语》当作"孝于惟孝"，且揭梅氏伪作由此采入《君陈》篇。惠说完全正确。后来刘宝楠《论语正义》称："惠氏栋《九经古义》谓：后儒据《君陈篇》改'于'为'乎'。其说良然。"[①]《八佾》："郁郁乎文哉！"惠栋引《汗简》称，古《论语》"郁"作"彧"。但《汉石经》仍作"郁"。后来刘宝楠《正义》进一步考出《汗简》所说的字即《说文·有部》"𩰪，有文章也"字。惠说是刘说的前阶。惠栋说及的古文《论语》是指西汉景帝时由鲁恭王刘馀在孔子旧宅壁中发现的，当时并没有传授。郑玄《论语注》是以《张侯论语》为底本，参照《齐论语》、《古文论语》著成的。从残存的郑注中可窥见三种本子的异同，宋郭忠恕《汗简》或出自郑注，或另有所见。但不管怎样，古文《论语》对求古义是有很大价值的。《里仁》："子曰：君子之于天下也，无适也，无莫也，义之与比。""适"与"莫"过去有种种不同解法。惠栋说："郑本（按：显然是指郑玄注本残本，清嘉庆十六年醉经堂刊《古文论语郑注》二卷可参）适作敌，莫音慕，无所贪慕也。"惠栋的依据是，古书"敌"字皆作"适"，证据很多。例《礼记·杂记》"赴（讣）于适者"郑注"适读为匹敌之敌"；《史记·范雎列传》"攻适伐国"、《田单列传》"适人开户"、《李斯列传》"群臣百官皆畔，不适"，徐广皆音"征敌"之"敌"；《荀子·君子》"天子四海之内无客礼，告无适也"杨注读为敌。如此等

① 惠说见《九经古义》二，页一七一，丛书集成初编本。刘说见《论语正义》，上册，页六六，中华书局1990年版。

等。朱熹《论语集注》释"适，专主也"、"莫，不肎（按：肯，可以）"，都是照原字注解的。[①] 认为"于无可无不可之间，有义存在作为标准"。如不考虑版本问题，朱说也很通达。惠氏从古版本出发，不能不予重视。刘宝楠《正义》说："由惠氏所引观之，是适、敌通用。郑所见本作'敌'，不知其义云何？……窃谓'敌'，当即仇敌之义。'无敌无慕，义之与比'，是言好恶得其正也。"[②]刘氏是赞同惠说并进而丰富、阐发惠说的人。《泰伯》："君子笃于亲，则民兴于仁。"惠引《汗简》云："古《论语》笃作竺。"又引《尚书·微子之命》"曰笃不忘"陆德明称"笃"本又作"竺"，且《说文·竹部》："竺，厚也。"也就是说，古《论语》当是作"君子竺于亲"的。刘宝楠《正义》曾进一步指出，《说文》"笃"为"马行迟钝"之义，与"竺"字不同，刘说："今经传皆假'笃'为'竺'。"这就是说，今本《论语》及有关注释都改用假借字不用本字了。惠栋此条对古本《论语》本字的考索，对理解《论语》古义、本义无疑是有意义的。《微子之命》为惠栋考定的梅赜增多篇目的伪古文[③]，此处引用梅书《释文》以旁证古本《论语》用"竺"字，尚表明惠栋视伪古文《尚书》仍为有用之文献的客观态度，虽于此重在引证陆德明，但总是牵涉到了梅书。

考求《论语》古义的另一方法是充分利用古碑古注，乃至用金石文字，并注重以文献本身的历史发展脉络求解《论

---

① [宋]朱熹：《四书集注》，页七一，中华书局 1983 年版。杨伯峻《论语译注》译成："君子对于天下的事情，没规定要怎样干，也没规定不要怎样干，只要怎样干合理恰当，便怎样干。"

② [清]刘宝楠：《论语正义》上册，页一四七。

③ 见本书第二章第一节。

语》古义。《泰伯》:“武王曰:予有乱臣十人。”惠氏考《释文》和唐石经无“臣”字,陆氏说:“本或作乱臣十人,非。”惠氏据陆氏和石经推定古《论语》当无“臣”字,这是对的。且又认为“臣”字“非后世因晋时所出(伪古文尚书)《太誓》以益之邪”,这不能说完全没有道理。刘宝楠以石经《太誓》亦无“臣”字而责惠栋①,可商榷,说可详十三经注疏本《泰誓中》“予有乱臣十人”及其阮元校勘条。②“十人”郑玄注以文母(文王妃太姒)、周公、召公等为十大臣,马融注亦然,此为《论语》古文古义之说,惠栋循此说而批评宋代刘敞(字原父)辟马、郑之说,以邑姜(武王妃)易文母,“真臆说也!”刘敞又认为古文若无“臣”字,则不成文,惠评为“此说尤谬”。惠栋还考彝器,发现古“乱”字皆当“治”义,《戠敦》(戠,音 zhī)云:“𤔔土官。”明为治义。稍加理顺,可发现惠栋循金文、马融郑玄注、陆德明之说,而与伪古文《尚书》、宋儒对立起来。历史发展脉络,文献相引线索,均十分清晰,与晋儒宋儒的对待对垒,亦因一具体条目而展示其两相分疆。《子张》:“贤者识其大者。”汉蔡邕石经“识”作“志”,《述而》“多见而识之”被《白虎通》引作“志”,郑玄注《周礼·春官·保章氏》“保章氏掌天星,以志星辰日月之变动”:“志,古文识。识,记也。”按例意思是说“志”是“识”的古文。惠栋举出《左传·僖二十四年》“以志吾过”,《昭公四年》“且曰志之”,《昭公十三年》“岁聘以志业”,都是“识”的古文。惠栋说:“《论语》、《左传》(按:惠栋把

① [清]刘宝楠:《论语正义》,上册,页三一〇。

② 《十三经注疏》,上册,页一八一下栏、页一八六上栏。

《左传》列于《论语》后，甚确，《左传》当晚于《论语》）皆出孔壁中，故多古文。”惠栋引贾公彦的说法，古代文字少，志有二义：志意，通“识（诘）”有“记住”义，后代文字孳生，不再同用一个“志”字，惠栋断言，《子张》“贤者识其大者”是晋人何晏改“志”为“识”，这么一改，“古文遂不可考，后人因循，莫能是正，可慨也！”[①]刘宝楠则进一步考出《汉书·楚元王传》刘歆引《子张》等作“志”，或出《古论语》。[②] 古碑古注、文献异文，都是惠栋探究古文古义的崎岖山径。

对《论语》的总体评价，或言其道德说，或言其忠恕一贯，或言其孔子政治观和人生观，等等，真可谓“仁者见仁，智者见智”。惠栋则评价其内在学理逻辑、表述方法、学问途辙，作为提挈《论语》全书的大纲，也作为教子进入《论语》内在学路的契机，那就是“夫子言述而不作，信哉！”惠栋引了许多有关《论语》“述而不作”的例证。《乡党》一半引用《仪礼》。（按：《乡党》：“宾退，必复命曰：宾不顾矣。”《仪礼·公食大夫礼》：“礼宾毕，公送于大门内，再拜，宾不顾。”）《尧曰》章全书训典（按：如开头尧即教训舜要“允执其中”）。论君臣虽人言不废（按：《卫灵公》有“不以言举人，不以人废言”）。言恒德则南国有人（按：《子路》有“南人有言曰……不恒其德”云云）。对善人为邦，则曰“诚哉是言”（按：《子路》有“善人为邦百年……诚哉是言也”）。涉及隐居行义，则曰“吾闻其语”（按：《季氏》有“隐居求其志，行

① 《九经古义》二，页一八〇。

② ［清］刘宝楠：《论语正义》，下册，页七五〇。

义以达其道。吾闻其语矣，未见其人也”之说）。素绚（按：《八佾》有“素以为绚”句）、唐棣（按：《子罕》有“唐棣之华，偏其反而”句），逸诗可颂（按：今人杨伯峻《论语译注》也都指出这些诗句是逸诗）。百官（按：《子张》有“百官之富”句）、冢宰（按：《宪问》有“君薨，百官总己以听于冢宰三年”句），逸典可稽（按：可参刘宝楠《论语正义》之详考）。“出门如见大宾，使民如承大祭”（按：见《颜渊》篇），惠栋认为这是“胥臣（按：小官吏）多闻之所述也”（按：刘宝楠考得“出门”句为古有此语）。“视其所以，观其所由，察其所安”（按：《为政》有此语），此《文王官人》之所记也（按：惠自注《文王官人》，本载《（逸）周书》，《大戴》采之以为记。今《大戴礼记·文王官人》篇有此语[①]）。“克己复礼为仁”（按：见《颜渊》篇），左氏以为古志（按：《左传·昭公十二年》有此句）。“己所不欲，勿施于人”（按：见《颜渊》篇），《管子》以为古语（惠自注：见《小问篇》）。“三分天下而有其二”（按：见《泰伯》篇），《周志》（《逸周书》）之遗文（惠自注：在《程典篇》）。“陈力就列，不能者止”（按：见《季氏》篇），周任之遗言也。以上十四例，既表明惠栋对《论语》全书烂熟于心，信手拈来，皆成典例，又表明惠栋对《论语》与其他种种典籍系联网络的熟悉，《论语》古义，实在是《论语》字字句句在古代文献典籍系联网络上的位置。据以上十四例，惠栋说：“推此言之，圣人岂空作邪？但经传散佚，不能一一举之耳。”[②]意思是说，《论语》

① 王聘珍：《大戴礼记解诂》，第191页，中华书局1983年版。
② 《九经古义》二，页一八〇，丛书集成初编本。

孔子之言,皆言出有据,直引或暗引、翻用前贤,“述而不作”,从古引古,借前人之口言己之意,《论语》孔子之意,亦皆先哲古圣之意,即古人之意,《论语》古义从其本书“述而不作”出发,实在是求孔子所据前贤之意,《论语》孔子言语的古圣渊源之意。“古义”之意,实在名副其实。惠栋举出十四例并指明其原委出处,也是为继续研究《论语》指明门径的,既为教其家人子弟,也为贻赠来学的。后人研究《论语》,例如刘宝楠《论语正义》基本遵循惠栋十四例引导的路子。《论语古义》,特别是该书十四例导出的学路门径和方法,起到“导夫先路”的作用。清初研究《论语》者甚少,碍于《四书集注》的统治思想,重新阐释《论语》决非小事、易事,而是要有相当胆识和勇气的。与惠栋大体同时之作,尚有江永(1681—1762)著《论语乡党图考》十卷,李塨(1659—1733)著《论语传注》二卷,多用古义,毛奇龄(1623—1716)著《论语稽求篇》四卷,亦旁采古义,多与朱熹相攻难。惠栋(1697—1758)《论语古义》虽非一枝独秀,却是争妍群芳之作。它是逆《四书》而行,以复古为本,在早期启蒙思潮中举起的一面旗帜,又因处处求古义,广引文献典籍,用《论语》“述而不作”之法解《论语》,以致使本务实用的《论语》大大学术化、经院化了。孔子“述而不作”,处处引据先哲古贤,对无据“不知而作”者,孔子绳之以“述而不作”之学理而批判之:“子曰:盖有不知而作者。不知,谓不从见闻中所得而凿空妄造者。”否认转引转述他人,实际上就是凿空妄造,转引转述,无非知识,而朱熹认为“不知”为“不知其理”,强调那个“理”字,惠栋为批评朱熹而非常幽默地说:"郢书燕说,何尝无'理'?"①

二、惠栋儒学世界观对道释的兼采和吸收

儒学吸收道家是历史文化的必然,也是惠栋学术涵养之必然,惠栋《易》象数学"造化生成"论的儒道兼采,以道家求儒家文献的确诂,惠栋眼光中的禅宗境界,惠栋学术参禅种种

在惠栋的文化视野中,以儒学为主,兼采和吸收道释。

惠栋兼蓄儒道,是由其学术的广博和深邃所决定的。博而深,在学问逻辑事理上必然涉及儒学渊源兼容道家的本来情势。《汉书·艺文志》讲儒家出于管教化的司徒之官,这一派"助人君顺阴阳","游文于六经之中,留意于仁义之际,祖述尧舜,宪章文武,宗师仲尼";讲道家出于史官,"历记成败、存亡、祸福、古今之道,然后知秉要执本",这一派的表现形态是"清虚以自守,卑弱以自持","合于尧之克攘(让),《易》之嗛嗛(谦),一谦而四益",其妙用可作为"君人南面之术"。《汉志》指出,无论是儒家、道家,还是别的什么家,皆"同归而殊途,一致而百虑","合其要归,亦六经之支与流裔",无论哪一家,如遇明君圣主,"得其折中,皆股肱之材已"。根本问题是能否抓住六经之典,如能深通六经,

① 《九曜斋笔记》,卷二,"不知而作"条。

儒道九家皆可为用，“若能修六艺之术，而观此九家之言，舍短取长，则可以通万方之略矣”[①]。如此看来，无论在其本体意义上（司徒和史官，助人君顺阴阳和君人南面之治术，皆六经流裔），还是在其实际作用上（皆可以通万方之略），儒家总是会兼采和吸收道家的。惠栋为经师，一生治经，两手抓住儒家和道家或兼及别的什么家，如神仙家、释家等等，修六艺之术而观九家之言，所奉行的仍然是汉道古训！如果我们撇开学术渊源和文化传统不谈，平心而论，儒道兼采互补也是不难认识清楚的。人类的生活，不外乎人与人之间发生关系的社会生活，和人与自然之间发生关系的物质生活，人类的文化要为人类的生活服务，又不外乎要揭开社会生活的秘密和揭开自然、揭开人与自然界关系的秘密，任务如此艰巨，一个学术流派显然难以适应全部任务，也势难担当此任。如果说，儒家能较好地担当起揭示社会生活，制定道德行为规范等重任，道家恰恰是着眼于揭示自然本身和人与自然界关系的秘密，从某种意义上说，儒道兼采是人类精神生活和物质生活的必然性要求。人类生活的复杂性，决定学术流派的多样性，人类生活的统一性，决定不同学派的互补性和一致性。如此看来，学术渊源，人类生活，都要求学术流派互补，精于经学的惠栋，不兼采互补是不可思议的，以儒学为主，兼采和吸收道释，是惠栋学术涵养之必然。

从知识的摄取看，惠栋从小笃志向学，“自经史诸子百家杂说及释道二藏，靡不穿穴”[②]。清彭启丰（1701—1784）说，

---

① 《汉书》，页一七二八、页一七三二、页一七四六。

② ［清］钱仪吉：《碑传集》，册四，页一二八九，中华书局1993年版。

惠栋"少承家学，稽古不怠，自经传训诂、诸子、诸史、道藏、星官、医药之书，下逮稗官杂记，靡不窥究，精力绝人，强识暗诵，至老弥笃"①。这就为儒学吸收道家打下了基础。但这种吸收，又是有一定的逻辑层次的。在浅层次上的吸收，是较为粗鄙的，未必说得上是精解的学术上的结合。惠栋笔记文"六物"条把道家(教)作品《抱朴子》与毛诗郑笺结合起来："《抱朴子·辨问篇》:《玉钤经》主命原。曰：人之吉凶，制在结胎受气之日，皆上得列宿之精，其值圣则圣……有忠孝之宿，有凶恶之宿。"而《诗·小雅·小弁》"天之生我，我辰安在"郑笺："辰谓六物之吉凶。"惠栋将两者结合在一起②，是在宿命论的层次上扯到一起去的，"六物"当指岁时日月星辰，无所谓吉凶。惠栋信纬书，有时会以自然现象说人世间事，是迷信而不是学术，应当受到严肃的批评。惠栋的吸收，较多的则是朴素唯物主义世界观，求实的思想方法，以及别一美学情趣，乃至作为刻板经训之后的谈助调侃而加以吸收的。更多的条目是作为惠栋思想认识上的儒学兼采道释，并行不悖，而作为单独的散居形态出现的。

在世界观、本体论的层次上，以孔子学说为代表的儒学一般是不提出也不回答世界起源问题的。惠栋站在"后之视前"的角度，其知识领域内的天地起源问题是由道家帮助回答的。惠栋熟谙精研的易汉学象数论曾试图回答"造化生成"问题，我们曾反复讨论过，以象数数字说宇宙生成，其形态是唯心的，但卦爻象数的背后却是物质世界运动法则的

① 《芝庭先生集》，册四，卷一二，《惠定宇传》，乾隆五十年刊本。

② 《九曜斋笔记》，卷二，"六物"条。

逻辑投影。[1] 笔记文条目“九宫”条引称：“地生坎卦，天生一宫；地生坤卦，天生二宫……地生离卦，天生九宫。九宫配地，八卦画地。天九为奇数，乃阳也；地八为偶数，乃阴也。即天奇阳生也，地偶阴生也。即名造化也。”所谓造化，依《易》象数学的解释，就是“造生化源”之意，亦即阴阳相生，如深究其本宗，就是阴阳并生于太初。[2] 如果倒过来看，显然又是太初生阴阳，阴阳生八卦天地九宫，天地生万物，与《老子》“道生一，一生二，二生三，三生万物”的宇宙生成论并无太大的区别。“九宫”条实际上是以道家宇宙生成论弥补儒家在宇宙起源问题上的天生的贫乏。

至于施之人事，惠栋多引《易纬》，有的实际上也是叙述道家之义，例如“录图”条，引《艺文类聚》十一《河图挺佐辅》，“黄帝修德立义，天下大治”，召天老问及“河出龙图，洛出龟书”的事，黄帝祓斋七日，至于翠妫之川，大鲈鱼折海而至，乃与天老迎黄帝，“鱼汎自图，兰叶朱文，以授黄帝，名曰录图”。黄帝为道家总代表，“录图”有类于“河图”、“洛书”，“河图本纪图，帝王终始存亡之期”，“录图”则佐黄帝谋治太平，系之道家人事之说，不过更带上了古代神话色彩。“录图书”之说，与纬书之说又是相通的，因而也有不少迷信成分。

惠栋还试图以儒家补充道家以求得确诂。笔记文“答偶人”条是一典例。《老子·道经》(第二十章)曰：“我独泊兮其未兆，如婴儿之未孩(按：小儿笑)。”汉河上公注曰：“如

① 见本书第六章、第七章、第八章的有关章节。

② 《九曜斋笔记》，卷二，“九宫”条。

小儿未能答偶人也。""答偶人"甚费解，惠栋按："答偶人犹言相人偶。"何谓"相人偶"？互相亲切致意问候，恐汉人习语以称儒家常行之礼。《礼记·中庸》"仁者，人也"汉郑玄注："人也，读如相人偶之人，以人意相存问之言。"《仪礼·聘礼》"入每门，每曲揖"郑玄注："每门辄揖者，以相人偶为敬也。"惠栋显然是以儒说道。惠栋《太上感应篇注》，完全以儒家经典注释道家。[①] 惠栋还考求老子之学出于黄帝。《列子·天瑞篇》引黄帝的话："谷神不死，是谓玄牝，玄牝之门，是谓天地之根，绵绵若存，用之不勤（按：杨伯峻集释引许维遹说勤当训尽）。"惠栋说："此老子所述也（按：《老子》第六章全同）。老子之学，盖本黄老，故汉世称黄老。"[②]今本《列子》为伪书，但魏晋人造此伪作时所袭用的材料却是真的，《列子》近于《庄子》，是道家书，但它本身确乎就是儒道互补的产物。惠栋说："《列子》所引黄帝书、《尧典》、《穆天子传》、《周官》皆有据。又言东方介氏之国，其国人数数解六畜之语，与《左传》合，六太古神圣之人，备知万物情态，悉解异类音声，皆与《周官》、《左氏》合……四海四荒四极与《尔雅》合。"[③]从主体评价的角度看，惠栋是带着儒道当必互相吸收的眼光去发现伪《列子》袭用古代文献自成其儒道互补的特色的。可以肯定地说，惠栋是很仔细地读过道家的书的，特别是他很仔细地读过伪《列子》，《松崖笔记》有涉及《列子》的条目十数条可证。惠栋精研经书，

① 《太上感应篇注》上、下卷均有例证，见《粤雅堂丛书》二编第十二集。

② 《松崖笔记》，卷二，"黄老"条。

③ 《松崖笔记》，卷二，"列子"条。

人称“惠九经”，字字据证，句句考实，殊不知他还有另外一面，那就是玄思冥想，总揽宇宙，知其无限，生生不息，这显然是实证方法的逻辑补充，朴素唯物主义世界观的一部分。他写的“无极”条目说：“《列子》、《周官》皆言无极。案《列子·汤问篇》云：物之终始初无极，已始或为终，终或为始，无极之外复无极。”很难说惠栋对此拒绝接受。他写的“山海经”条目说：“荆南之冥灵，上古之大椿，溟海之鲲鹏，世岂知有此物哉！大禹行而见之，伯益知而名之，夷坚闻而志之。”①惠栋书而记之，很难说他对此大尺度的宏观之物不感兴趣。惠栋汉学，崇汉儒而求实，可是在惠栋看来，汉代经学恰恰是兼容道家的，他写的“汉经学”条说：“汉时通《尚书》、五行者，有共御之道（按：道家法术。下同）；明《易》卦气者有消复之术。其法皆不传。”②乃至司马迁、郑玄为求事物对象的本真而读过道家神仙家的书。“地说”条称郑玄注《尚书·禹贡》引《地说》，刘逵注《吴都赋》引禹所受《地说》，太史公引《禹本纪》，《山海经》引《禹大传》，都是《地说》，该书称“昆仑东南方五千里名曰神州，帝王居之”③。传为禹述作，实际上是道家、神仙家的地理著作。即使独尊儒术的董仲舒，惠栋存心揭示其道家、神仙家知识的一面，如果不是惠栋本人重视儒学对道家的吸收，他是无论如何也不会去揭示董仲舒非儒知识的层面的，他别出心裁地定了以下条目：“‘山海经’：子公羊子解《春秋》用双双之鸟，王充

① 《松崖笔记》，卷二，“无极”条、“山海经”条。

② 《松崖笔记》，卷三，“汉经学”条。

③ 《九曜斋笔记》，卷二，“地说”条。

《论衡》曰：董仲舒睹重常之鸟，刘子政（刘向）识贰负之尸（按：见《海内北经》有此说），皆见《山海经》。仲舒传《公羊》学，亦读《山海经》，可知秦汉大儒皆博物。（惠自注：重常鸟今本《山海经》不见，盖已缺矣。）”[①]汉儒博物，汉儒重道，杨树达曾说：“秦汉时儒者类多服习老氏。”[②]可以说，从其起点先秦至其秦汉的发展，儒道都是互相兼采，各派都是互相争鸣，互相吸收的。惠栋曾说：“魏晋以前，道家之学未尝不原本圣人……《玉钤经》言，求仙者必以忠孝友悌仁信为本。”[③]这与那时奴隶制民主制和封建制初创时期若干自由思想相联系，乃至主张独尊儒术的董仲舒都不能免于时代大环境的制约。惠栋上承汉儒，兼容诸家，有容乃能成其学问之大，此其学问必然；儒道兼采，汉儒一贯，此其继承汉学传统之必然；早期启蒙，借古代学术精神以张声势，实行儒道互相吸收，海纳诸说，作为深究儒学经典古义的外在巨大道器伽蓝，或作为深入儒学古义的内在逻辑补充，此其早期启蒙思想家张扬大纲，传播新的时代精神的必然。

现在，再来看看那些有关儒、释、道关系的若干珠玑碎玉。如果说，中国固有的儒、道兼采，那么儒、释就谈不上了，何况惠栋是严厉批判宋儒援佛入儒的做法的，但惠栋写了许多佛学条目，如果说有什么联系，那么主要是佛学与语文学上的联系，除此以外，只能说表明惠栋对宗教的一种态

① 《九曜斋笔记》，卷二，“山海经”条。

② 杨树达：《积微居小学金石论丛》，第258页，中华书局1983年版。

③ ［清］惠栋：《太上感应篇注》，载《粤雅堂丛书》二编第十二集。此处引文为惠栋序文。

度，一种对学术的看法，一种人生态度和世界观范畴内的东西：三者虽然有矛盾，但可以在社会存在形态上相通相和，不仅各有所爱、所取，且对社会的安定，学术的繁荣都是有益处的。惠栋写了"五天书"条目，实际上反映了桑门语文学的客观情形："岑嘉州观楚国寺璋上人写《一切经诗音》，翻四句偈字，译五天书。"①这实际上是明末清初学术风气在儒、释学术领域内同时丕变的记录。② 但禅宗讲究"悟"，不立语文，作为一种思维方式，自有其独到的价值。作为一种美学情趣，或不可多得，故惠栋写下了若干关及禅宗的条目。既经惠栋拈出，书写成文，就很难说惠栋不赞成那些说法，相反倒应该看作赞同那些说法并吸收为自己知识的组成部分。

"云门三种语"条，实际上是三种美学境界。惠栋引李壁说禅宗论云门三种语。其一为随波逐浪句，意谓随物应机，不主故常；其二为截断众流句，意谓超出言外，非情识所料；其三为涵盖乾坤句，意谓泯然皆契，无间可伺其深浅。以上三种皆有"要旨＋释要旨"构成，其一为最浅近，似说善变不泥；其二次高，似说不落流俗；其三为最高，似说涵盖天地。这三种悟道的境界如以另一参照，例如以惠栋学术比况之，三者皆备，但惠栋始终在围绕经学追求第三种境界。在惠栋的眼光中，"云门三种语"很有存在的必要。

以上三境界，如定参照，说以儒学入世，但言无妨，不过最好是以禅说禅，惠栋饶有兴趣地举出云溪六祖大师的人生境界。六祖在韬晦时，十六年"杂行止于编民，混俦侣于

---

① 《九曜斋笔记》，下册，卷三，"五天书"条。

② 参见拙著《汉语语言研究史》，第 146 页，江苏教育出版社 1993 年版。

商农”，蛮人材童，海边顽儿，商人脚夫，灶下妇人，都能追呼之，一旦得道，修成正果，“德加于人，道信于天下”，虽历代天子不得而师友之，大师的境界，其行定乎“圣贤之分”，故“莫知其贵贱之异”。[①] 这里的“圣贤”，无非佛道，正是前面所说的“涵盖乾坤”的境界。至于处世应对，也有一种境界在，惠栋以十分认真的态度举出金华怀老上坐讷于辩对，却自有机锋的“气韵闲淡”的境界。据说有过客拜谒这位长老，多不答话。侍者问之，他说：满朝文武贵人，多知多识，我粥饭僧见之，自然口讷迟钝。有人问他住在山中有何乐趣，他说：“山中住，独掩柴门无别趣，三个柴头品字煨（按：wēi，焚烧。全句是说三根木柴头成‘品’字形被烧），不用援毫文彩露。”[②]这是以不应对为应对，既知满朝文武，又甘己之朴讷，焚烧柴火如焚“品”字，不借笔墨，那火苗火舌，确乎不是文彩，胜似文彩。此深藏之机锋回答了反知主义问题，重知不如反知，反知不如弃知，焚柴之悟，似胜乎一切乐趣，成“品”字而焚烧之，禅宗言其文彩甚胜，故可焚烧之。但无妨作别一理解，焚“品”字柴乃为焚儒家德行知识，且于老和尚的“气韵”之间以禅境取而代之。这种境界，如说是前述三种境界的第二种，也是很合适的，它大体上是“非情识所料”之类。以儒学为准绳，这里无疑是有异端成分的，持此异端而涉足美学境界，无妨把它看作与当时的启蒙之需有关，但从文化史的发展看，反知、弃知又应受到严肃批评。知识与理性同在，贬损知识是违反理性的，不

① 《松崖笔记》，卷一，“六祖”条。

② 《松崖笔记》，卷一，“品字柴”条。

过，我们不能说惠栋引用禅宗就有此反知、弃知思想成分。即使是禅宗本身的反知、弃知，也还要作具体分析。

禅宗的主体思维模式"悟"，产生了上述"悟"的美学境界，而"悟"几乎又是以"不立语文"为其戒规的，但"不立语文"而"悟"，并非不要佛教知识。惠栋叙述佛事称：有云门和尚说法如云，绝不喜人记录其语，见有人记必大骂，说："你有口不用，反记我口中之语，他时必贩卖我去。"称语录会被当作商品出售，无诚心用其实，倒是不作记录，口中念念有词，一心系住实施之为可贵。如果"对机宝中录，皆东林名教，以纸为衣"。以书本为外衣，其结果会使"后世学者渔猎文字语言中"而即被寻章摘句，貌似有理，实际成了打人的拳头，说来"正如吹网欲满，非愚即狂，可叹也！"①立于文字，写成语录，会有如此可悲的结局，那么是否就完全罢黜知识呢？也不是，而是强调引活句，用活知识。这些活句、知识，又大体全是功夫到家而对佛道的一种悟解，它是一种扑朔迷离的真实，实际上只是一些矛盾的形相外色，距唯物主义的求真求实还有十万八千里，但它不乏美的启示，对唯物主义的认识也可能成为一种逻辑补充。惠栋饶有兴致地注意到日本学者福严良雅所编集的《洞山初禅语》，其语言宏妙，"真法窟爪牙"。开口即从逻辑深层说进去，"语中有语名为死句"，似往表层回折道，"语中无语名为活句"。这两句话，即通俗说法中的"话中有话"、"话中无话（直说明白）"吧，给它们各自加上个述语判断成分，竟成了如此玄妙的句子，并称，如果不明此理，"未达其源者落在第八魔界中"。还有四

① 《松崖笔记》，卷一，"云门"条。

句话:“言无展事,语不投机,秉言者丧,滞句者迷。”似乎反对只说不做,照搬照转,照本宣科。洞山初宣称,凡懂得以上种种道理的,方可做位“脱洒衲僧”。这种贫穷苦寒的小和尚人生价值的定位又在何处呢?老道教诲说:“单椽片瓦,粥饭因缘,堪与人天为善,知识于方明,不明终成莽卤。”[①]即甘于贫穷,随遇而安,终身行善,大彻大悟,最终落实在深通禅道佛理知识上。

以上种种别具情趣的提法,是否为惠栋浩瀚的知识海洋所贮留,抑或仅作谈助讪笑而摒弃之,答案只能是前者。惠栋乐为僧人诗作序,就是吸收此类知识的证据。《九僧诗序》称:“《九僧诗》一卷,并宋初人相与赠寄送行之作,又尝与许洞天、种明逸、潘逍遥、田表圣之辈,往还友善,其诗清真瘦刻,新城王尚书谓其有大历之遗,宜为时流许可。”[②]我国自南北朝起开始出现儒释道鼎足的局面,总的说是三者共处于主导地位,虽然也有过冲突,但就其主流而言是三者并存,和平相处的,这种共处的社会生活,“可以避免许多人间悲剧”。文士的心态及其知识结构,多半也是三者兼容并蓄。[③] 惠栋以一介儒士为僧诗作序,评价僧诗有大历才子遗风,乃至惠栋于佛学禅宗知识兼收并蓄而并不排斥,都是与文化史上三教论衡而趋共处的历史大趋势始终一致的。此外,吴文化的重要特征之一是三者共处,吴派经学是一大宗,吴

① 《松崖笔记》,卷一,“活句死句”条。

② 《松崖文钞》,卷二,“九僧诗序”条。

③ 周勋初:《“三教论衡”与文士心态》,第 174 至 182 页,载《中国传统思想文化与廿一世纪国际学术研讨会论文选集》,南京大学出版社 1992 年版。

门佛学则比比皆是。南宋绍定二年(1229)所刻苏州著名碑刻《平江图》上,罗列了报恩寺、能仁寺、定慧寺、万寿寺、开元寺、瑞光寺等五十多个寺观庙宇以及云岩、天平,灵岩、瑞光、半塘、枫桥、东禅等十二座宝塔。[①] 惠栋故乡光福寺俗称铜观音寺,位于光福镇下街龟山西南麓,梁代创建,明代宣德五年(1430)苏州知府况钟率众施财修葺殿宇。吴地佛寺,开门见山,触处皆是。正因为文化史、吴文化与惠栋学术间的若干因果连锁,使惠栋能吸收、喜爱并娴熟地运用佛教文化知识。试列王士禛诗《武功道中》:"千里终南山色好,一枝筇竹万缘轻。""万缘",惠栋训纂引据称:"裴休问黄蘗山僧,僧曰:心体一空,万缘俱寂。"又引《传灯录》:"八万法门,百千三昧,十方世界,万象森罗,皆是外缘。"[②]如此看来,惠栋有很丰富的,理解独深的佛教知识。士大夫参禅,"早在唐代即已成风尚"[③]。惠栋的"参禅",则始终保持他的特色。在学术研究领域内,除了将佛教文化知识时为引用作注外,亦不乏对佛理的深刻理解,但未见到惠栋本人援佛而作心性静修的材料。

---

① 王友三主编:《吴文化史丛》,第536页,江苏人民出版社1993年版。

② 《渔洋山人精华录训纂》,册五,卷六下,页二六。

③ 洪修平:《中国禅学思想史纲》,238页,南京大学出版社1994年版。

第十章　惠栋的史学

一、惠栋著《后汉书补注》的史学成就

雍乾时代的史学传统与惠栋开风气的治史方法，《后汉书补注》为承前启后之作，《补注》方法考论：以经治史、以古代天文历法治史等成就举例，《补注》的失误

惠栋的史学研究，除散见在《松崖笔记》、《九曜斋笔记》、《松崖文钞》中以外，还集中体现在《后汉书补注》（丛书集成初编本）、《续汉志补注》（历代地理志汇编乙编）、《汉事会最人物志（辑本）》（丛书集成初编本）、《渔洋山人自撰年谱注补》（四部备要本）等著述中。乾嘉时代的史学，重在史料考据，文献订误等。这种治史方法，也是前有所承，后有所传。清初史学家有浙东学派黄宗羲、万斯同（1638—1702）、全祖望（1705—1755）。万为黄的学生，不立门户，泛览百家，崇尚实证，万治明

史，“凡实录之难详者，吾以他书证之，他书之诬且滥者，吾以所得于实录者裁之”[①]。至于全祖望，“《经史问答》……足以继古贤，启后学，与顾亭林《日知录》相埒”[②]。全祖望广收碑传，他的经学研究则脱离宋儒而明白提出“尊汉”。诚然，万、全两大家，特别是全祖望，更有高出汉学家、考据家之处。作为知识主义传统的继承一贯，惠栋史料考据是上有所承，是一个时代初露端倪的新学风的发扬光大。说是后有所传，惠栋史学传人王鸣盛、钱大昕都是著名的史学家。王鸣盛《十七史商榷序》说：“大抵史家所记典制，有得有失，读史者不必横生意见，驰骋议论以明法戒也，但当考其典制之实，俾数千百年建置沿革了如指掌，而或宜法或宜戒，待人之自择焉可耳。其事迹则有美有恶，读史者亦不必强立文法擅加与夺以为褒贬也，但由考其事绩之实，年经事纬，部居州次。记载之异同，见闻之离合，一一条析无疑，而若者可褒，若者可贬，听诸天下之公论焉可矣。”这是对乾嘉年间史学家治史方法的一个基本概述，即实事求是地考索史料，还其本真，不必去发什么“驰骋议论”，显然也是对惠栋治史方法的最好的注释，王鸣盛的概括是带有普遍性的。至于钱大昕的学术成就主要在史学，钱著《廿二史考异》，基本方法也是校勘前史文句讹舛，订正所载事实之矛盾错误，补其遗阙，寻觅条理而使有序可读，也不外乎合于王鸣盛概述的方法。这一方法，从雍乾、乾嘉特定学派的治史方法看，惠栋是此方法的开风气的人物。

---

① 方苞：《方望溪文案·万季野先生墓表》。这段话也见于钱大昕《潜研堂文集》卷三八《万先生斯同传》。

② 阮元：《揅经室二集》，卷七，《全谢山先生经史问答序》。

惠栋治史的突出成就是著《后汉书补注》(初名《后汉书训纂》),那是因范晔等著《后汉书》多缺漏讹误,范书行而先于范氏的《东观汉记》,谢承、薛莹、司马彪、华峤、谢沈、张莹、袁山松诸家之《后汉书》皆亡逸。① 惠栋取《初学记》、《艺文类聚》、《北堂书钞》、《太平御览》等书,钩沉有关史料分疏于《后汉书》有关文字之下,使读者便省范书所由,或随补范书不足,或视纠范书刘注之讹,等等。总之能据惠氏功夫而使范书一目了然。至于"驰骋议论",评价得失,则留待读者抒发感慨,纵论其事,似乎汉学家是不必于此,也不便于其事的。但是,应该指出,惠栋《后汉书补注》远不是资料堆砌的饾饤功夫,而是很有史家识见的宏著。范晔撰《后汉书》原定十纪、十志、八十列传,合为百卷,跟《汉书》相应,但十志未成而被杀害,今传《后汉书》中的律历、礼仪、祭祀、天文、五行、郡国、百官、舆服等八志,都是后人从司马彪《续汉书》里取出来补进去的。最先注范书的是梁代刘昭,因范书没有志,他就把司马彪《续汉书》的八篇志(简称《续志》)分为三十卷补入,并且也作了注,但刘注大部分散失,连八《续志》中的《天文志》下卷和《五行志》第四卷的刘注也散失了。刘注重于史实的补充而略于文字训诂,《梁书·刘昭传》说他"集《后汉》同异,以注范书"。刘注八志正是如此。《史通》曾讥为"言尽非要,事皆不急"。唐章怀太子李贤注范书与刘昭不同,李注重于训诂但并非成于一人之手,不免踳驳漏略。惠栋的补注,正是重在克服上述种种不足而奠定其史学地位的,惠注是继刘注、李注以后的重大突破。《后汉书》

① 王先谦说:"《后汉》著述在范前者自《东观汉记》以下无虑数十家。"见《后汉书集解》,页二下,中华书局 1984 年影印本。

注本中最完备的注本王先谦《后汉书集解》极重惠注，王先谦集解的序曾比较诸家而综观惠氏成就。王序说："范蔚宗《后汉书》拔起众家之后，独至今存其褒尚学术，表章节义，既不蹈前人所讥班马之失，至于比类精审，属词丽密，极才人之能事。虽文体不免随时，而学识几于迈古矣。司马《续志》，经刘氏注补，自今观之，其礼仪祭祀，分部不明，光武即位祝文，已载《帝纪》，而文内窜入诛赤眉、青犊后事，《祭祀·宗庙》，误以元、成、哀、平四帝三世，代四亲庙，与范书纪、传不合，乃其巨失。[①] 昔人言：八志因范书幸存，盖微词也。唐章怀注成于众手，皆以为美，犹有憾。惠栋全书补注，刊见粤海堂丛书中，无人为之合并。余服膺此书有年，于遗文奥义，复加推阐惠氏外，广征古说，请益同人，所得倍夥，爰取而刊行之，因念是书章怀注后历千年，而惠氏为补注更二百年而余为集解纂述之事，何其辽哉！"[②]王先谦指出在他的《后汉书集解》之前，因惠栋补注有胜过他人、独树一帜之处，王本人对惠注则"服膺此书有年"。在《后汉书集解述略》中，王先谦赞扬说："近儒致力于《后汉书》，莫勤于惠栋所著《后汉书补注》。"[③]惠栋导夫先路，继后有侯康《后汉书补注续》、沈铭彝《后汉书注又补》，皆羽翼惠氏之作。此外，还有陈景云《两汉书举正》，王鸣盛《十七史商榷》，钱大昕《三史拾遗》、《廿二史考异》，钱大昭《两汉书辨疑》，赵翼《廿二史札记》，洪亮吉《四史发伏》，沈钦韩《两汉书疏证》，周寿昌《两汉书注补正》，都旁征博引，对《后汉书》作了

---

① 可参见《后汉书》，册十一，页三一五七、页三一九三；册一，页二二。

② 《后汉书集解》，上册，页一，中华书局本。

③ 《后汉书集解》，上册，页四下。

精湛的研究。惠栋的史学著述承前启后，与各家共同形成了史学系统中的一支重要主线：《后汉书》研究，由此亦正可见惠著在学术史上的地位，完全可以说，我国早期近代史学由惠氏发端，而使《后汉书》研究蔚成气候的也是惠栋。惠栋《后汉书补注》的成就亦为当代学者所重，中华书局校点本《后汉书》的《校勘记》多采惠氏之说。

惠栋补注的方法是很有特色的。补注以经书证史书，当然也就表现在语言文字上。《章帝记》"《春秋》之义，以贵理贱"各家无注，惠注："《谷梁传》之文也。"卷五七《刘瑜传》"古者天子一娶九女"李贤注："《公羊传》曰：诸侯一聘三女，天子一取九女，夏、殷制也。"惠注："《公羊传》无此文，《逸礼·王度记》有之（按：元吴澄有《仪礼逸经传》二卷），未知章怀何据以为《公羊传》也。"

经书，本来就有经纬天地之义。以经证史的一个重要方面就是以古代天文历法注释史书。史书有经的含义在内，惠栋说："史之为言纪也，天度之法以此起也。"[①]史几乎就是经了。《续汉志》律历志、天文志等篇的惠注，集中体现他在这方面的成就。钱大昕的学生，也可说是惠栋的再传弟子，著名天文数学家李锐（1768—1817）对该书中的天文历法问题几乎逐句详释，蔚为大观。惠栋治经，当然是熟谙古代天文历法的。《律历志》中："（贾）逵论曰：《太初历》冬至在牵牛初者，牵牛中星也。古黄帝、夏、殷、周、鲁冬至日在建星，建星即今斗星也。"惠栋对此冬至日所在宿度不变的说法注云："当时不知岁差，故云耳，至（唐）李淳风犹以冬至日长在建星也。"岁差至晋虞喜才

① 《松崖笔记》，卷二，"史"条。

发现(约三百三十年),得出“五十年退一度”的结论。① 惠栋对古历局限的解释是对的。《律历志》中:“(贾)逵论曰:以《太初历》考汉元尽太初元年日[食]二十三事……治历者方以七十六岁断之,则馀分(稍)[消]长,稍得一日。”惠注:“《四分》以七十六年为一蔀,(贾)逵意似欲以一蔀为差一日,此即岁差之说之权舆也。”惠栋推测汉代贾逵已初识七十六年差一日的岁差,不无道理。② 一日为日循黄道一度,隋代天文学家刘焯(544—610)曾以七十五年差一度为岁差。古代历法的制定、推算,一般总是要以甲子年、甲子月、甲子日为起点,即时间计量的初始历元。这样的日子,以推历的基数或母数除之而得整商数。《律历志》中:“四分法(按:指《四分历》历法)与行事候注天度相应。《尚书考灵曜》:斗二十二度,无余分,冬至在牵牛所起。”这一观察记录说明什么呢?惠栋说:“其岁甲子,朔旦(按:农历初一)日月合于牵牛之初(按:牵牛星宿坐标接近黄道),余分皆尽也。”③惠栋正是从定历之法来说明这一观察记录的意义的,无疑是对的。又汉代易学把《周易》看作历法④,惠栋以汉《易》注汉历,当属必然。《律历志》中:“永平中,诏书令故太史待诏张隆以《四分法》署弦、望、月食加时。隆言能用《易》九、六、七、八(支)[爻]知月行多少。”惠注:“九、六、七、八皆合

---

① 参见《戴震评传》,第196页。

② 贾逵在讨论《四分历》时曾大力宣传民间天文学家傅安从黄道来测定二十八宿的距度和日月运行的做法,并且把冬至点从古四分历的牵牛初度移到斗$21\frac{1}{4}$度,这是虞喜发现岁差的前导。见《中国大百科全书》天文学卷第565页。

③ 《后汉书集解》,页一〇六七下。

④ 参见本书第六章第三节。

于十五(按:9+6=7+8=15),五六三十(按:5×6=30),一月之数,纳甲生焉,故用九六七八爻,知月行多少,此汉法也。"[1]旧本作"九、六、七、八支",惠栋已明"支"字为"爻"字,卢文弨亦说"支"是"爻"之误。说是"汉法",惠栋在讲论虞翻易时有:"七八数十五,九六亦相应,四者合三十(惠自注:七八九六皆合于十五,所谓四象生八卦也)。"[2]关于古代等时性计时系统的漏刻,《律历志》中"漏刻以日长短为数,率日南北二度四分而增减一刻"惠栋注:"依日行黄道去极每差二度四分为增减一刻。"人们最早利用自转运动来计量时间,基本单位为平太阳日,即通常所说的一天。我国古代分昼夜为一百刻,"刻"是小于一个太阳日的时间单位,漏壶箭上刻有这种时间划分,"孔壶为漏,浮箭为刻"。由于冬至和夏至时间相隔一百八十二至一百八十三天,一天内的漏刻昼夜间会因时令不同相差二十刻,东汉以前规定从冬至起,每隔九日昼漏增一刻,从夏至起相应减一刻。事实上每日昼长的变化并不相等,误差可能达到二至三刻。东汉以后由于漏刻的测量逐渐精确,自永元十四年(公元 102 年)起,按太阳去极度,每隔二度四分漏刻增减一刻。这虽然仍是近似值,但较前一种调整要合理得多。漏刻要随时令季节调整,方能准确计时。时令季节在太阳周年视运动中反映出来,太阳在黄道上自西向东每天移动一度,在一年的不同日期内,太阳的赤经、赤纬的变化引起昼夜长度的变化,当然,由于纬度不同,太阳周日视运动的昼夜区分也不同,纬度越高,夏季白天越长,冬季白天越短,除极圈和赤道以外,昼夜均有长短

① 《后汉书集解》,页一〇六九上。

② 《易汉学》,页二八下,上海古籍出版社,四库易学丛刊本。

不同。太阳周年视运动的轨迹为“日躔黄道”，但黄道按其所处天区位置不同，又有北黄极、南黄极这两个几何极的区分，黄道是黄道坐标系中的基圈，北黄极为黄道坐标系的极。太极去极度正是“日躔黄道”作余弦曲线运动时相对于北黄极的位置改变，惠栋对东汉漏刻计时的调整作出的解释完全正确。关于日循黄道、月循白道这一天体视运动原理，惠栋有明确的认识。《律历志》：“（太初历）其后刘歆研机极深，验之《春秋》，参以《易》道，以《河图帝览嬉》、《洛书（甄）[乾]曜度》推广‘九道’，百七十一岁进退六十三分，百四十四岁一超次，与天相应，少有阙谬。”惠栋补注指出，“甄”当作“乾”，为避汉顺帝刘保（126—143 在位）太子承乾的讳。“九道”下惠补注：“九道之说，见《河图帝览嬉》，刘歆用其说，载见《天文志》（按：指《后汉书·天文志》，又《汉书》卷三六有传）。其后元之郭守敬（1231—1316）定历；日行黄道，月行白道，旧法（按：指‘九道’之说）一扫而空之矣。”白道是月球绕地球公转的轨道在天球上的投影，它是天球上的一个大圆，与太阳视运动轨道黄道相交于两点。惠说甚确。后来戴震著《九道八行说》考论之：“古历家有九道八行之说，所以考其差也。”又说：“九道自宋人疑之，至元而遂废。考诸古历，未有明析其必分之故者……古法之废而宜举者此也。”[①]戴说是惠说的发展，亦可反证惠注的正确及惠本人对古代天文学的准确把握。惠在“百四十四岁一超次”后对太岁超辰之说作出解释，惠注云：岁星“右行于天（按：岁星由西向东逆时针右行），一岁移一辰（按：岁星十一点八六二二年绕天一周，并非十二年绕天一周，一岁移一辰是近似说法，一辰就

① 《戴震集》，页一一八、一二〇，上海古籍出版社 1980 年版。

是一星次），又分前辰为一百四十四分而侵一分（按：侵，超过，因岁星周期不足十二年，每年移动的范围比一个星次稍微多一点，渐积至八十六年，便多走一个星次，这叫‘超辰’或‘超次’。西汉末刘韵提出岁星每一百四十四年超一次的计算法），则一百四十四年跳一辰，十二辰匝（按：匝，满，遍及。十二辰匝意即十二辰每个辰都被跳辰一次），则总有一千七百二十八年（按：即依刘歆计算法，144 年×12 辰匝＝1728 年），十二跳辰匝，以此而记之。十二岁一小周，谓一年移一辰故也（按：如前所说不满十二，每年移一辰多一些）；千七百二十八年一大周，十二辰匝故也。太岁左行于地（按：设想的太岁按顺时针左行，由东向西，和十二辰方向一致），一与岁星跳辰年数同，故下云与天相应也。”岁星纪年法是古代天文中的重要课题，惠栋的补注完全正确，唯用刘歆算法一百四十四年超一辰，不用八十六年超一辰，循《后汉书》原文而释之，抑或惠栋尚未识八十六之数。而刘歆提出的计算法。在太岁纪年法中并未采用。东汉改用《四分历》时，废止了岁星纪年法，沿用干支纪年法。

从以上惠栋对有关岁差、历元、以《易》理解历法、漏刻增减、日循黄道和月循白道、岁星纪年和超辰等的注释看，惠栋熟谙古代天文，以古代天文知识注释史书成了他以经解史的一个组成部分，并且是他得心应手的事。

惠栋的补注也有一些失误。校勘上的失误，例如《律历志》："元和二年八月，诏书曰：石不可离。"惠栋注："石当作古。""石"字不误，"石"上文指石氏星经，诏书谓以石氏星经为主，下文又有"其星间距度，皆如石氏故事"，故有人批评说："惠氏改石为古，亦未勘上下文矣。"又如《耿弇列传》:“时张步都剧,使其弟蓝将精兵二万守西安……弇进军画中,居二城之间。”惠注:“《东观记》:弇引军营临淄、西安之间。案临淄即剧也。”王先谦批评说:“临淄非剧,观下文自明,惠注误。”下文有“(耿弇)遂攻临淄,半日拔之,入据其城。张蓝闻[之大]惧,遂将其众亡归剧”。以上二例,惠注的错误是明显的,这真是“智者千虑,必有一失”。有的恐是惠氏所据底本本身失校致误。例《苏竟列传》:“初,延岑护军邓仲况拥兵据南阳阴县为寇,而刘歆兄子龚为其谋主。”惠注:“《东观记》云,刘歆子恭。恭与龚古文通。”可是,聚珍本《东观记》正作“刘歆兄子恭”。有的是过费推寻而成迂见。例《马援列传》:“效季良不得,陷为天下轻薄子,所谓画虎不成反类狗者也。”惠注:“汉律云,捕虎一,购钱三千,其狗半……《说文》:孔子曰:视犬之字,如画狗也。”其实,这只是一句俗谚,用作比喻,无确指。王先谦说:“此引俗谚,极不类者,反以相形,非必指熊虎之子也。”此外,不可避免的,惠注中还有一些迷信成分。《章帝纪》:“甲辰晦,日有食之。”惠注:“明帝既崩,马太后制爵禄,故阳不胜。”至于补注中多处引用《易纬》,那要作具体分析,这牵涉列象数易学问题,这已在详述惠栋著《易汉书》、《周易述》时议及。

二、惠栋的史地学、人物志、方志学、称谓学和姓氏学

《后汉书郡国志补注》以语言文字学、鼎彝文物考史、地理经纬为考史坐标，地名缘由考，史地学的史论和史识，治理黄河和忧患生民的历史观和价值观，"三不朽"评价标准，方志材料的引用，称谓、姓氏研究的启蒙意义

惠栋的史地学著作，《丛书综录》收有《续汉志补注》，在《历代地理志汇编》乙编《后汉书·郡国志》附。《汇编》为清罗汝楠辑校，实际上就是惠栋《后汉书补注》中的《郡国志》补注①，并非另有什么《续汉志补注》。顾栋高(1679—1759)《后汉书补注序》说："(惠栋)注八志援引尤多，其有脱字衍字及差讹者，复据家宁人先生及何义门所评三史(按：指家藏顾炎武书及何焯评前三史的论述，或见今《义门读书记》)，一一校正之，使读者一见易了，无复有鲁鱼亥豕之讹，其用心可谓勤矣。"顾栋高读到惠栋的《后汉书补注》，是乾隆甲戌年(十九年，1754)的事，距惠栋下世已四年，可是，惠栋著《后汉书补

① 《历代地理志汇编》乙编一收《后汉书·郡国志》(第二十册内)，乙编二收惠栋《续汉志补注》即《后汉书补注》中的《郡国志补注》(第二十一册内)，乙编三收王鸣盛《十七史商榷》中的后汉书部分(第二十一册内)，乙编四收钱大昕《廿二史考异》中的后汉书部分(第二十一册内)，乙编五收钱大昭《续汉志辨疑》中的《郡国志》部分(第二十二册内)。《历代地理志汇编》，清光绪戊戌年集古书屋刊本残本。

注》却是盛年之事。顾序说:"先生弱冠即覃精经史,三十以前,撰此书及《左传补注》六卷,三十以后专意经学,所著经说十数种。"①

史地不可分,郡国为地理,然总系人事,成为历史。惠栋《郡国志补注》一承《后汉书补注》全书,从语言文字、水流、山脉、辖属、沿革、异名、异读、旧闻、传说、旧注、辨伪、得名、史实、参见文献等多方面加以补注说明。唐太宗《咏司马彪续汉志》:"讨论穷义府,看核披经笥;大辨良难仰,小学终先匮。"用以说惠栋补注,亦颇合经纬。因其出发点为从实证求之,故不论大小长短详略,都有不同程度的史地科学价值。例《郡国》一"洛阳"条惠注:"东京(按:东汉国都洛阳)有南北宫,相去七里,中央作大屋,复道三道行,天子从中道,从官夹左右……白虎观在北宫,尚书闼在南宫,尚方在北宫……司徒府中有百官朝会殿,正营校尉前后左右将军府皆在城中,旧文残缺,举其大略如此耳。"这是对东汉国都洛阳皇城构图的较为完整的综述,显然有极重要的史料价值。

考论史地,一把万能的钥匙仍然是语言文字,乃至鼎彝文物,碑传石刻文字的引用。重视古文古碑,不仅直接有利于惠栋对文字的考释②,而且使语言文字这一工具利器在考论史地中获得很高的应用价值。《郡国》一"莲勺"条惠注:"案前汉器铭有莲勺宫。宋宇文修有一古鼎,款识云:輂酌宫。又刘原

① 《后汉书补注》,丛书集成初编本 3770 号一册载顾栋高序。

② 见本书第十一章第二节。

父所藏有莲酌宫炉。[①] 五凤三年(前 55 年)五月己丑工渭成徐安守属定昌造。案此则'莲酌'当有'宫',《汉书》不载,《前书音义》曰:莲音辇。故郑众注《周礼》亦读连为辇,孔庙礼器碑云:胡辇,器用。释云:胡辇者,胡琏也。则知古莲、连、琏、辇音相通也。"[②]惠栋的意思是说,地名莲勺与前汉器铭"莲勺宫"、古鼎款识"辇酌宫"、汉炉"莲酌宫炉"有关。至于古音,"莲"等四字上古皆来纽元部。借助于古器古音以明"莲勺"。至于地名是否一定要给加上"宫"字,则可另议。事实上,惠栋写的笔记条目"卫庄"引杜甫诗《赤霄行》:"皇孙犹曾莲勺困,卫庄见贬伤其足。"[③]上句宋郭知达集注指出是讲汉宣帝初为皇孙时为人困辱的事,下句惠栋考论为《左传·哀公十六年》冬十月和十一月的事[④],并说上下句事"皆为小人所辱事,故用之"。惠栋在考论文字的叙述中均未改称"莲芍宫",可见《续汉志补注》不过是借古器物溯其名原。至于考古音以名史地,除补注中随文可见外,惠氏笔记文还特为叙述例引,可见惠氏视之为治史不可少之法。笔记文"息肃同音"条说:"肃慎(按:古代北方民族名),古作息慎,古息肃同音也。"[⑤]并引杜甫诗《天边行》为证:"洪涛滔天风拔木,前飞秃鹙(qiū)后鸿鹄,九度附书向洛阳,十年骨肉无消息。"惠栋说:"犹从古音。"意思是说:息

---

① 参见[宋]薛尚功:《历代钟鼎彝器款识法帖》,页一〇三,中华书局 1986 年版。

② 《后汉书补注》,册一〇,页一一四一,丛书集成本。惠栋还写有"辇酌宫"条目的笔记,见《九曜斋笔记》卷一。

③ 见《九曜斋笔记》,下册,卷三,"卫庄"条。

④ 见《春秋左传注》,第四册,第 1710 页。

⑤ 《九曜斋笔记》,下册,卷三,"息肃同音"条。

读为肃，方能与上文木、鹄押韵，今谓木、肃中古为屋韵入声字，鹄为沃韵入声字，息为职韵入声字。惠栋的这一例证，不仅说明他以古音考治通史的方法，在史学门类之一的语音史上也有极大意义。中唐韵部入声沃、屋、职均独立为韵部，诗人押韵中多屋独用，沃烛同用、职德同用，虽隋陆德明《经典释文》中有屋与沃烛混切的例子，但甚少。[1] 惠栋"息肃同音"条及其所举杜诗例证，说明隋唐音系中有屋沃通押及屋职通韵的情况，这是汉语语音史上的重大发现，当然也是对杜诗用韵的重大发现。以钟鼎彝器与治史相结合，在方法学上，实在开晚近以古文字(例如甲骨文)治史之先河。《郡国》五"西河郡·圜阴"条惠注引唐司马贞云："前志作圜(yuán)，《续汉志》及《太康地志》并作圁(yín)。"惠栋考论云："汉平定钲铭曰[2]：平周金铜钲重十六斤八两，背文云：平定五年受圜阴。薛尚功曰：此钲先藏平周，后归圜阴，复以授平定，故再刻铭耳。所谓五年者，当是景帝以前未有年号时也(按：汉武帝于前140年始立年号建元)。"颜师古和郦道元《水经注》都作"圁"。薛尚功已批评颜、郦之说"亦臆说也"[3]，惠栋进一步引刘宽碑作"圜"，批评司马贞、颜、郦之说，认为作"圜阴"是正确的。地名连着古器古碑，古代器物碑传石刻成为求证史实的极重要的材料。这一治史方法留给后人以无穷尽的启发。

史地之不可分，还别有更深层的原因，那就是对地理位置

---

① 王力：《汉语语音史》，第174、175、176、179、201、219页，中国社会科学出版社1985年版。

② 惠栋考论见《后汉书补注》，册一一，页一二六一，丛书集成本。汉平定钲铭，见《历代钟鼎彝器款识法帖》，页一〇五。

③ 《历代钟鼎彝器款识法帖》，页一〇五。

的辨认，可以纠正若干谬说而正确阐明历史，地理经纬竟是历史考订的坐标。例如惠栋考论《郡国志》卷二“钜鹿郡·昔阳亭”条引刘炫说即此一例。这一地名事关《左传·昭公十二年》所说“晋荀吴伪会齐师者，假道于鲜虞，遂入昔阳”[①]。惠栋引隋代经学家刘炫著名的《春秋》“规过”之论认为，照《左传》的说法，齐在晋东，晋将领荀吴伪会齐师，当自晋而东行，可是，说什么“假道鲜虞，遂入昔阳”，循上述方向当是昔阳在鲜虞之东，可实际上鲜虞在今河北正定，后代注释的昔阳在今山西昔阳，鲜虞在昔阳东北，《左传》之说，“何当假道于东北之鲜虞，而反入西南之昔阳也?”这其中必有原因。又《昭公十二年》说：“秋，八月，壬午，灭肥，以肥子绵皋归。”[②]又杜预注“昔阳”云：“昔阳，肥国都，乐平沾县东有昔阳城(按：杜注指今山西昔阳)。”惠栋引刘炫考指出，《左传》既入昔阳而另言灭肥，则肥与昔阳不得为一，故说昔阳为肥国(按：古小国，春秋时在今太原、阳曲一带)国都不妥。如果说昔阳是肥都城，而杜注又说“巨鹿下曲阳有肥累之城”，这又是自相矛盾的。故肥国名可能取之于“肥累之城”，而国都决不在今山西昔阳。继考《左传·昭公十五年》：“晋荀吴帅师伐鲜虞，围鼓。”杜预注：“鼓，白狄之别。巨鹿下曲阳县有鼓聚。”[③]刘炫说：肥、鼓二族并在巨鹿，同地名昔阳即是鼓国之都，在鲜虞之东南。又考《昭公二十二年》：晋荀吴“使师伪籴者，负甲以息于昔阳之门外，遂袭鼓，

---

① 《十三经注疏》，下册，页二〇六二中栏。

② 《十三经注疏》，下册，页二〇六二下栏。

③ 《十三经注疏》，下册，页二〇七七中。

灭之”[①]，可证同地名昔阳为鼓国都。按刘炫的说法，同地名昔阳在鲜虞之东南。这样，《左传·昭公二十二年》“假道鲜虞，遂入昔阳”的说法也就合乎地理位置和走向了。鉴此史地共证，以地理位置为坐标精研史实的方法，惠栋心领神会而悦服之，说：“刘氏此论，颇为精审。故备录之。”[②]惠栋识刘炫之说，显然不是有关资料的考索，而是以地证史，史地共证，究明史实的方法，何况刘炫“规过”之说于此条主要也是集中在研究历史的方法问题上。

惠栋《郡国志补注》还喜作地名缘由的考索，例如“九江”条、“浙江”条、“朝鲜”条。[③] 事实上，惠栋对许多地名都求其得名之由，与汉刘熙《释名》有某些相像之处，说得名之由是汉代的文化习惯[④]，惠栋是深得汉代神韵的。《郡国二》“豫州”惠注引李巡《尔雅注》曰：“河南其气著密，厥性安舒，故曰豫。豫，舒也。”又引《春秋纬》曰：“豫之言序也。”“冀州”条引李曰：“两河间其气清，厥性相近，故曰冀。冀，近也。”言地名得名之由，追溯到天地之气或四时之序，未必科学。名称、名相和实物、实存之间的关系是非必然性的，是约定俗成的关系，地名也不例外，但同类事物、实存对象名称间的关系是常常互相关联，有其密切相关的必然性的。惠栋考地名之由，可备一说，或其名与同类系统名称间有许多联系，除开这一切以外，地名之由的考索，也往往有一定的文学性。不过，作为历史科学的注释，惠

① 《十三经注疏》，下册，页二一〇〇上。

② 《后汉书补注》，册一〇，页一一六三，丛书集成本。刘炫“规过”的具体说法也见此页。

③ 《后汉书补注》，册一一，页一二二三、一二二五、一二七三。

④ 见拙著《汉语语言研究史》第 54 页。

栋的补注是极其严肃的。《郡国三》“浙江”条惠注:“《说文》曰:江水东至会稽山阴为浙江,从水,折声。”又引晋虞喜《志林》:“今钱唐江口折,山正居江中,潮水投山下折而曲。一曰江有反涛,水势所归,故云浙。”又引唐司马贞《史记·项羽本纪》索隐曰:盖其流曲折,“《庄子》(外物篇)所谓淛河(按:‘淛’同‘浙’)也”。[①] 原来“浙江”的得名与钱塘江水流的曲折有关。

惠栋著《郡国志补注》,绵密逶迤,具体而微,但并没有忘记总体的宏观把握。惠栋甚至对“郡国”的大建制也是注意过的,他写的笔记条目“干吏”即是:“晋令诸郡国不满五千以下置干吏二人,郡国皆有干,干犹主也。”[②]史料、史证并能兼顾到史论、史识,这是惠氏治史的一贯做法。

惠栋的史论、史识,或许从他的笔记文中较能看出一些。惠栋笔记文,可谓子部著作,子部是较从属于经部的小学注疏文字更便于阐论的。可是,彼之世代的史学,都是“不必以议论求法戒”的,认为“学问之道,求于虚不如求于实,议论褒贬,皆虚文耳。作史者之所记录,读史者之所考核,总期于能得其实而已矣”。[③] 这一主张,正是惠栋所传。尽管如此,我们仍能从笔记文中透过惠栋的“考核”文字看出他的某些史识和史见。一个重要的问题,是生活在康熙(1662—1722 在位)、雍正(1723—1735 在位)、乾隆(1736—1795 在位)时期的惠栋(1697—1758)还有没有排满意识。应该说,那时民族矛盾已大

---

① 《后汉书补注》,册一一,页一二二五,《史记》册一,页二九六。今《庄子·外物》作“淛河”,“自淛河以东,苍梧已北,莫不厌若鱼者”。见郭庆藩辑《庄子集释》,第四册,第 925 页,中华书局 1982 年版。

② 《九曜斋笔记》,下册,卷三,“干吏”条。

③ [清]王鸣盛:《十七史商榷·自序》。

大淡化，但正如钱大昕(1728—1804)还以研究元史识当朝那样，惠栋有些史学条目也是耐人寻味的。例如“剃发、金人服”条：“西溟曰：辽金制，士人皆衣冠不剃发，至元始戴笠剃发。金《舆服志》；金人之常服，四带巾，盘领衣，乌皮靴，其束发曰吐鹘。”[①]主旨是“不剃发”、“束发”，惠栋是否腹诽自己头上长长的辫子，那就很难说了。惠栋还写有论天下形势的条目，例“湖广总论”条：“景范《湖广总论》曰：以天下形势言之，则重在襄阳；以东南形势言之，则重在武昌；以一省形势言之，则重在荆州。”景范即顾祖禹(1631—1692)，明末清初的史地学家，值明代覆亡，隐居著作，从顺治十六年(1659)起，花了三十余年时间，直至临终前，撰成《读史方舆纪要》，“湖广总论”见该书《湖广方舆纪要序》。[②] 顾著的目的是“发四千余年之形势，治乱兴亡，于此判焉”，使读者“俯仰古今，亦可以深长思矣”[③]。我们不能妄揣惠栋写此条目的目的。与“湖广总论”条紧相连接的条目是“东南形势”条，则更为明确地讲解军备：“吕祉(按：《宋史》卷三七〇有传，南宋建炎、绍兴年间人，著有《东南防守利便》三卷)曰：吴纪陟之聘魏也[④]，司马昭问吴戍备几何，曰：西陵至江都五千七百里。又问道里甚远，难为固守，对曰：界虽远而险要必争之地，不过数四，犹人有八尺之躯，其护风寒亦数处耳。今所谓险要必争之地者不过江陵、武昌、襄阳、九江。”因吴国主要用水战，吴使者纪陟还分析了水利乘便与军事都会

① 《九曜斋笔记》，上册，卷二，“剃发、金人服”条。

② 《读史方舆纪要》，册四，页三一七一，中华书局 1955 年版。

③ 《读史方舆纪要》，册一，页一七至一八《凡例》。

④ 纪陟聘魏之事，见《晋书》，册一，页四四。

双重防范作用，例如长江水“源于岷山下夔峡”（按：限于当时科学水平，此说有误。今说长江源于唐古拉山脉各拉丹东雪山），而抵荆楚则江陵为之都会。又如沅湘众水合洞庭之波而输之于江则武昌为之都会。整个军事防守的大势是：“守江陵可以开蜀道，守襄阳可以援川峡，守武昌九江可以蔽全吴、蜀汉，吴、楚并而为一，则东南之守亦固矣。”惠栋以“东南形势”为题移录的一段精采的军事地理，仍见于顾祖禹著作。[①] 顾祖禹的史地学思想是多方面的，除排满思想外，还有史地互证、以地鉴史、以史说地、军事史地学等。惠栋的史学笔记条目，或许可以这样说，除未必具有排满思想或并不具有排满思想外，顾祖禹其余的爱国传统的史学思想的方方面面，惠栋都是继承了的。

史地同治，纵论形势，见解通达，切于世务，往往是与惠氏虑及国计民生的忧患意识分不开的。他在丁巳年（乾隆二年，1737）写的《河议》一文，集中体现他于国计民生的深谋远虑之见。就黄河的流向而言，“河自孟津（按：今河南孟津县东北，孟县西南。《书·禹贡》有导河‘东至于孟津’之说）而下，其势平夷，北流则安，东流则败”。传说大禹治水，引黄河北流，七百余年无水患。从周定王五年（前602）黄河改道起，到汉武帝时的四百六十年中，黄河水患不断。文帝十二年（前168）黄河在酸枣（按：今河南延津西南）决口，东溃金堤。汉元光三年（前132），黄河决入瓠子河，东南由巨野泽通于淮、泗、梁、楚一带连年水灾。至元封二年（前109）始发率数万人筑塞，汉武帝亲

① 惠栋“东南形势”条见《九曜斋笔记》卷二该条。可核见于《读史方舆纪要》，册四，页三二〇八。

临,并作《瓠子歌》二首,工成,建宣房宫于堰上。经此修治后,上游自宣房以下为河堤所隔,仅存沟渎,不复有水,下游自梁山以下,以将渠为源,北流至今在平南注入黄河,自汉至唐,近千年内无水患,惠栋说:“北河水北流之效。”可是,到了五代开运初年(944)滑州(按:今河南滑县)河决,黄河自北而东流,宋熙宁十年(1077)澶州河决,黄河又自东而南,元丰(1078—1085)以后又决,黄河改道北流,“北复禹迹”。可是,当时的大臣文彦博(1006—1097)力主回河之议。到金元时代,黄河流向日趋于南而不可挽回,到明代则以黄河治事委入淮河,到惠栋的时代,则又以漕运之事委入黄河,惠栋十分感慨地说:“前代治河,今兼治淮,前代治河以除害,今兼治、漕以利用,黄淮合一,河漕相资,求治之法,计无出于堤防壅塞者,而欲望河渎之安澜,岂可得哉!”[①]惠栋是说,不去专心致志地治河,而去谋漕运便利之事,黄河水患就是不可避免的。惠栋治河之策在于加固堤防和疏通河道,以清除隐患为急务,而不是先考虑“兼治、漕以利用”。这不仅是治黄河的良策,而且反映惠栋的实学精神,汉学并非钻进故纸堆而不问世务。惠栋非常关心农田水利事业,他写的“天下水势”、“治水法详考工”、“水学”条目,讲述天下水脉,探求治水方法,并说,既治田,又治水,“兼而用之,水政举矣”。[②] 作为新学术的一代儒宗,惠栋学术精神是紧系国计民生的,于史地宏议可见。当然,这又是源于他的经国济世的经学,但具体治学时埋头书斋注疏,亦非碎义逃难,而是某门学术的途辙和方法,隐含其中的忧患生民的务实精神,

① 《松崖文钞》,卷一,“河议”条。

② 《九曜斋笔记》,卷二,“天下水势”等三条目。

始终闪耀着理性的光辉。治理黄河之议兼及前代和当世，看不出什么排满情绪，康、雍之际，民族融合已成大势，开创经国济世的新学而心系生民，融民族、民生于一炉，已是时代前进的足音。由《河议》考求夏禹治水，导引北流，而及清乾隆“计无出于堤防壅塞”，最终体现经国济世的精神，似循此理性程式，不难推求以下貌似“纯古”著述的内在原委和最终目的。如《周官田禄考序》叙述长于惠栋九岁的沈彤（果堂）著《周官田禄考》三卷之大要①，沈君考论：“所谓法：官则员备而位定；田则去三之一，而通二夫（按：古田制百亩称夫。井田制一夫受田百亩，故即以一夫所受之田称夫）为一夫；禄则以井田多寡之等，当官爵高下之等也。所谓数：官则近六万人，公田则三十二万夫，禄则二十万夫有余也。”沈彤考论，原是针对欧阳修《周礼》“官多田少，禄且不给”之疑而详究周制，考求官爵数、公田数、禄田数，积算堪称精密。沈氏关于《周礼》的官、田、禄制度考是吴学的代表性成果之一。惠栋序提出问题：“或有疑其法数之列未该者。”进而由沈的研究概括出古代制度研究当遵循的一般规则：“余以为古今之计数有大有小有中，而计数之法有常有变，是书所列，皆法之常，而数之中也，常虽未足该变，而变者可以常推，中虽未足该大小，而大小者可以中测，此其义例，即取法本经而非臆造，知疑者之未及审也，故并著之。”②以常推变，以中知大和小，具有一般思想方法的意义。惠栋津津乐道于沈君对《周礼》田禄制度的考求，评介未及于当世之务有

① 有关沈彤的身世，《汉学师承记》卷二有“沈彤”条。又惠栋《松崖笔记》卷二有《沈君果堂墓志铭》。

② 《松崖文钞》，卷一，《周官田禄考序》。

何裨益，然其除思想方法的一般意义外，于考古之匠心、用心、学术之心可知，此类纯学术史的研究也纯属经国济世之道，不过其表现形态仅仅通过本题的考论而展示的，没有另外明确说出而已。凡属此类的史地学课题还有："文帝除肉刑"条考述文帝除肉刑而司马子长下蚕室；"春秋变周"条考述"春秋变周"而昭代（按：清明时代，此处指周代）之礼衰；"鲁哀公"条考述哀公自责之言不可信；"寇莱公"（寇准，961—1023）条考述其"历富贵四十年，无田园邸舍，入觐则寄僧舍"；"书院、复社"条考述东林书院和复社而不予置议；"汉末用贡举之弊"条考述其时"举秀才不知书，察孝廉父别居"之类；"水旱免税令"条考述《白氏六贴》所载水旱免税令；"户口钱粮"条考述洪武三年（1370）收藏户口钱粮册事；"养相体"条考述金朝将亡时朝臣个个明哲保身；"考察"条考述明代考察官吏之法。[①] 如此等等。

古代"同姓不婚，恶不殖也"，但尚嫌笼统，惠栋提出"姓同源异为婚"。惠栋引《太平御览》引《魏氏春秋》，司空官东莱人王基（按《晋书》卷三三有传）为一代大儒，而娶司空王忱（按：《晋书》卷七五有传）女为妻，以"姓同源异"之故。这当然是同姓在后世的长时期衍生之故。宋代郑樵《通志略·氏族略》提出"氏同姓不同者婚姻可通"。对此，阎若璩《潜邱札记》曾举出孔子之孔出于子姓，孔文子之孔出于姞姓，郑有二孔氏出于姬姓，此三孔氏可通婚。这当然是对的。郑樵《氏族略》又说"姓同氏不同者婚姻不可通"，对此向无异说，因此合乎"同姓不婚"之通则，惠栋以其极渊博的上古史知识举证其谬：黄帝之

① 以上例证选自《九曜斋笔记》上册。

子十二姓有巳姓，传至春秋为莒子、郯子；祝融之后八姓亦有巳姓，传至商末为有苏氏，周初有苏忿生。[①] 惠栋说；“此二巳何妨为婚姻，何者？以各有其所得之姓不同德（按：性质，渊源）故，此亦从来论氏族者所未及也。”惠栋举古史论证同姓可以通婚，不仅于古代文化史有考据学的意义，更重要的是已兆近现代婚姻自由、自由恋爱的端倪。[②]

① 《通志·氏族略三》：“苏氏，巳姓……至周武王，用（苏）忿生为司寇，邑于苏，子孙因以为氏，世居河内。见载《通志略》，页三四上栏，上海古籍出版社 1990 年版。

② 晚近胡适有文明戏剧本《终身大事》，主人公田先生不准女儿田小姐亚梅与陈先生结婚。田先生：“两千五百年前姓陈的和姓田的只是一家，后来年代久了，那写做田字的，便认定姓田，写作陈字的，便认定姓陈，外面看起来，好像是两姓，其实是一家，所以两姓祠堂里都不准通婚。”胡适批判借上古同姓而不准通婚的封建意识。见《中国新文学大系·戏剧集》，上海良友图书印刷公司 1938 年版。今谓田、陈还是后起的氏，还不是姓。

第十一章　惠栋的语言文字学

一、惠栋著《惠氏读说文记》的经学与小学成就

语言文字学成就的双重体现,《读说文记》和笔记条目、经史注释体裁以外的宏观把握,经史与小学的同一性意义,读《说文》大徐本,引《易》漫评,岁差,《说文》引《尚书》的作用种种,纠正、补充许慎和大徐本《说文》例举

惠栋的语言文字学成就,集中体现在他的《惠氏读说文记》中,体现在他写的笔记条目如《松崖文钞》中的"韵补序"条、"刻声调谱序"条,《松崖笔记》中的"尔雅"条等等。但是,惠氏小学成就最广泛地体现在他的经学中,《周易述》、《九经古义》、《后汉书补注》等名著中无一不体现他的

小学成就。旧时代总是以文献学、小学治经学，直到戴震提出“以字通词，以词通道”，将此小学治经的解释学方法理论化。可以说，从两汉至清末的二千一百余年中，经学与小学并存，无小学即无经学。如果说，先秦漫长的时期是普遍创造和编订纂集时期，秦汉以后则是文献解释和在解释中再发现、再创造的时期，惠栋是清代早期解释和在解释中创造的大师。彼之漫长的历史时期内，决不会提出“语言文字学有什么用处”这样的奇怪问题，小学用于解经，经学与小学在旧时代几乎是同一的，存在太多太多的同一性。同一的，并不排斥各自的独立性，小学、语言文字学，在一代经学大师的著述中，必然有其自成系统的独立的成就。惠栋自成系统的小学成就几乎是他经史小学宏博巨业的逻辑发展。

惠栋读《说文》，可先问其读了什么本子的《说文》，顾炎武、戴震那样的大家都没有读到“始一终亥”的大徐本[1]，只是读的宋李焘《许氏说文五音韵谱》，那是个参照宋代韵书《集韵》次第，起于“东”字而终于“甲”字的本子。《惠氏读说文记》“始一终亥”，足见惠栋读的是那时连大学问家顾炎武都没有读到的大徐本，仅此一点，已是惠氏家学的佳话。而对宋代李焘，惠栋当然是熟知的，他写过关于李焘的一则笔记“生死文字间”云：“张栻（1133—1180）曰：李仁甫焘（1115—1184）如霜松雪柏，无嗜好，无姬侍，不殖产，平生生死文字间（惠注：同上，李焘传），五字出昌黎诗。”[2]韩愈《杂诗》：“古史散左右，诗书置后前，岂殊蠹书虫，生死文字

---

① 《戴震评传》，第 88 页。

② 《九曜斋笔记》，卷三。《李焘传》见《宋史》，卷三八八。

间。”[①]这似乎更是惠栋本人的写照，不光是韩愈和李燾的自况或形容。

惠栋的思想方法是无不具体而微而一一作注，但也常常见出宏观把握，以至于经史注文中往往有宏议在内，或者在他写下的许多学术笔记中概括综合，拈出别置，如我们把两者联系起来，是可以形成“笔记＋注疏考证”系统的，惠氏的《说文》研究也是如此。惠栋曾就《说文》引诸说写过笔记文“说文”：“《说文》所引诸说，上自孔子，下及两汉，共二十八人……”[②]非通观全书不能作此笔，甚至也开后世《说文》通论的先河。在学术思想上，惠栋禀承顾炎武，经学济世，务切实用，而作为经学之小学的《说文》，除解经之实用外，似还可证以实务的。他写的“飨礼”的条目说：“《说文》曰：飨，乡人饮酒也。家君（惠士奇）曰：乡人饮酒谓之飨，然则乡饮酒即古之飨礼，先儒谓飨礼已亡，非也。”[③]甚至还循此思路继续发展，在更高一级的抽象知识论、知行统一观方面讲论《说文》的作用，他说：“舍《诗》小序无以言《诗》也，舍《尔雅》、《说文》无以言训诂也。”“章句训诂，知也，洒扫应对，行也，二者废其一非学也。”[④]颇可见惠栋设定的《说文》之学在其学术系统中的位置。与注释体裁相比较，惠栋大量的笔记文是经史小学的微型论文。

经史小学为同一，故惠栋名著如《九经古义》几乎条条

---

① 《全唐诗》，册一〇，页三八一六，中华书局版。
② 《九曜斋笔记》，卷二，“说文”条。
③ 《九曜斋笔记》，卷一，“飨礼”条。
④ 《九曜斋笔记》，卷二，“趋庭录”条。

引《说文》，而今读见惠氏《说文记》，无不处处引九经。《读说文记》今有丛书集成初编本极便阅读，读其文，想其人，精神气韵，几乎无不与《九经古义》、《后汉书补注》等所见所感似曾相识。解经史引《说文》，旨在揭经史奥秘，开经史堂奥，而《读说文记》引经史子集，则溯其文字语词网结的言语之源，罗织某字某词网结的所在网络系统，以致使《说文》对字词的“×，×也”的解释由静变动，由死而活，变得有血有肉而丰满起来，从词典学的角度看，《读说文记》是在为《说文》补书证，处处力求体现以经史子证小学和经史小学互证互解，《读说文记》的工作，就是立足于《说文》字词这一新视角而广泛求解小学与经史的同一性意义，以正确理解《说文》和诠释经史。

大徐本《说文》共分十五卷上下，《读说文记》循大徐本分十五卷，但不分上下，循大徐本标为第一、第二等，此又是惠栋读得大徐本之证。

《说文记》多处引用《周易》，令人注目。因是经学家注《说文》，故惠氏《说文记》经学、哲学色彩甚浓，大量引用《周易》，更增加了《说文记》的小学哲理性，“语言文字哲学”的概括当属于《说文记》重要特质。许书始“一”终“亥”，《说文记》始于“一”。《说文》第一“一，惟初太始，道立于一”惠记：“道立于一，故吾道一以贯之。一，即太极，在《易》为乾之初九（按：乾卦☰之初九爻），即乾元也（按：惠栋《周易述》曾认为‘乾初为道本’，故曰元）。”这不仅广一书证而证许书，而是广一原理，即以易理说许书“始一”及其说解。《说文》第一“斋，戒洁也”惠记：“《易》（系辞上）‘圣人以此斋戒’。虞（翻）氏以巽（卦名）洁斋训之

(按:《周易述》于《系辞上》'圣人'句下云:'巽为斋,乾为神明。'并疏文均未及虞氏,唐李鼎祚《集解》亦未及,惠此处记忆有误[1]),戒洁犹洁斋。'洗心曰斋'本诸《庄子》,韩(康)伯异端,宋人遵之。"此条已明许书"斋"字说解的易理由来,批评了韩康伯和宋儒[2],有关易理惠记作了明确交代,与他的《周易述》所说之易理一致,即以汉儒象数易理证解许书,形成与晋、宋的对立,此条是暗含批判朱熹的。[3]《说文记》第二"物"字下是以象数易理深解许书的一范例。许云:"物,万物牛为大,天地之数起于牵牛,故从牛勿声(按:与今本《说文》小异,此按惠书)。"惠记:"易卦起中孚(按:䷼兑下巽上,此用汉孟喜易卦气说。《易纬稽览图》曰甲子卦气起中孚。见惠栋《易汉学》四库易学丛刊本页五下六日七分图及页六下可明此理)。中孚者,复之始也(按:见六日七分图)。在辰(按:十二辰,黄道附近一周天的十二等分由东向西配以子丑寅卯等十二地支名,十二辰子为十二次名玄枵,丑为星纪,相应的二十八宿女虚危和斗牛女)为子(按:见上一按,也可见六日七分图自明),在星为牵牛,在卦为复(按:即'中孚为复卦之始'义,见六日七分图。中孚为三公,冬至日,复为天子,两卦紧相毗邻),复之初九,

---

[1] 以上可见《周易述》页一八〇下、页一八二上,四库易学丛刊本,上海古籍出版社;见《周易集解》,页二二九下。

[2] 韩说可核见《周易集解》,页二二九下。宋儒之说,可参见[清]李光地《御纂周易折中》,页三九七上栏,四库易学丛刊本引韩康伯说后即引《朱子语录》的说法。

[3] 《说文记》第十四"壬"字下有明确批判王弼和朱熹的文字,可参。丛书集成本,页四〇六。

乾元也(按:复卦䷗震下坤上,乾卦䷀乾上乾下,复卦的初九爻即乾卦的初九爻,均阳爻,即乾之始。元,始也)。乾元者,万物资始也(按:此说见《乾·彖上》,可见《周易述》卷九对这话的阐释)。天地之数,始于牵牛(按:中孚为易卦之始,易为历法,中孚为冬至,又合于夏历十一月月建建子,中孚为复卦之始,合牛宿,又见下戴震说)。故物从牛勿声。"①惠栋完全是以易理阐释许慎释义缘由的,是许书的易理化。许书云:"天地之数起于牵牛。"由前面的解释,可明许书也是用象数易理说解"物"字,惠栋则进一步明确化。他作为精通汉易的大家,是有此本领的。后来,戴震亦曾有识于此理,不过,他不是从易理,而是从古代天文识之。他说:"日发敛一终而成岁,于黄道无差数,冬至起外衡(按:古代天文称黄道和天球赤道交点为中衡,为春分秋分日所在,过春分,日循黄道作余弦曲线运动往北为内衡;过秋分,日往南为外衡)仍复乎外衡。而星则异其所,其为差数也微,是谓岁差。故岁功(按:一年的时序,见《汉书·律历志》)终古不忒(按:差忒),而星(按:指大火心宿二,古人以此定季节)之见伏昏旦中,随时为书以示民,千百年然后一易。周人以斗、牵牛为纪首,命曰星纪(按:十二次名,岁星在丑辰,含斗、牛、女)。自周而上,日月之行不起于斗、牵牛也(按:戴震之意当考虑岁差,周代以前,古人认为一年开始的冬至日:日循黄道的起点不起于斗、牵牛)。然则十二次之名,盖周时始定。唐、虞冬至日在虚(按:虚宿,二十八宿女虚危,岁星在子辰,合于十二次名玄枵),玄枵次也,今冬至日(按:指

① 《惠氏读说文记》,丛书集成初编本 1081 号,页三〇至三一。

清乾隆时)在箕初(按:箕宿,二十八宿尾箕斗,岁星在寅辰,合于十二次名析本),析木之津次也。”[①]戴震的意思是,因岁差的关系[②],尧舜时代的冬至日,太阳运行到玄枵,即在子辰,周代的冬至日,太阳运行到星纪,即在丑辰,清代乾隆的冬至日在析木,即在寅辰。戴震不治《周易》象数学[③],如将他的见解换用许慎、惠栋象数易学的话来说,则当为:“天地之数,尧舜时起(始)于虚宿,周代起(始)于牵牛,清乾隆时代起(始)于箕宿。”很明显,许慎释“物”字云“天地之数起于牵牛”,惠栋《说文记》“物”字云“天地之数始于牵牛”,都仅仅用周代的“天地之数”。许慎的老师贾逵恰恰是将冬至点移离牵牛初度而初识岁差的。[④] 惠栋本人当然也是懂得岁差之理的,他曾写过关于“岁差”的笔记条目:“《冀越集》(惠注:元豫章熊太古撰)云:古人算历,有岁差之法,郭太史守敬言自汉至今,凡七十次差,故作简仪(按:郭守敬造,将唐宋复杂的浑仪革新简化,今南京紫金山天文台有明代正统二年的仿制品),以考中星(按:恒星二十八宿视运动至中天正南方的星,古代考中星以定四时)。作土圭(按:圭表,测正午日影可定二十四节气,并可定时以校正漏壶),十五丈长,以验日影,又以盖天仰而观日之所躔,皆前代所未有,是以《授时历》日测月验,永终无弊。又尝奏:遣使者十四辈(按:量词,个,位),分隶十四处,于夏

① 《戴震集》,页一一一。原书标点因未谙古代天文而有误。

② 《戴震评传》,第 425 页。

③ 《戴震评传》,第 133 页。

④ 见本书第十章第一节。

至日测影，长短往往千里差一寸，而地之高下，水之缓急，皆得而知，上都（按：元代地名，旧址在今内蒙古正蓝旗东闪电河北岸，与大都并称元两都）去大都（按：北京）千里，而近其高四十里，于日影而知之也。”[①]惠栋又在“恒星东转”（按：指恒星的视运动）的条目中写道：“《礼说》（按：惠士奇著）云：或云黄道每岁有差，地中当随而转移，故周在洛邑，汉在颍川阳城（按：今河南登丰东南告成镇），唐在汴州浚仪（按：xùn，今河南开封），此说非也。历之岁差，古法谓黄道西移，新法谓恒星东转。黄道万古不变，每岁有差者，恒星而转使然。”[②]比惠士奇（1671—1741）略早的牛顿（1642—1727）已指出岁差的原因是太阳和月球对地球赤道隆起部分的吸引。这种引力使地球自转轴进动，形成地轴绕黄道面垂直轴（黄道轴）的长期旋转，以致春分点缓慢西行。惠士奇说的“新法”，当然还不是牛顿的说法。惠士奇所说的“恒星东转”，是说二十八宿等恒星座，因春分点西行，从视运动看，正是二十八宿等恒星作由西向东的相对运动，当然也就会引起许慎、惠栋所说的冬至日问题，尤其是戴震所说的冬至日的改变问题。惠士奇称“恒星东转”为引起岁差的“新法”，从而批评“黄道每岁有差，地中当随而转移”的“黄道西移”的古法，一定程度上是受西学的影响。惠栋承惠士奇说写此条目，也正表明在岁差问题上惠栋接受过西学影响，尽管惠氏父子的表述还与牛顿说不同，但受西学影响后改称“恒星东转”，其内在逻辑联系是很显然的。且在事实上，

① 《九曜斋笔记》，卷二。
② 《九曜斋笔记》，卷二。

惠士奇已读过当时的新历书，他曾说："恒星自有行度，详见新法历书。"[1]其实，早在崇祯二年（1629）已有介绍西学的《崇祯历书》，清初康熙帝已聘请比利时传教士南怀仁参与制订《永年历》，编纂《历象考成》等书。

以易理讲论许书，又例：《说文·日部》"早，皁：晨也，从日，在甲上。"为什么会有"从日，在甲上"的会意字？惠栋记云："《易·解卦》云：有攸往夙吉。虞翻曰：夙，早也。离为日，为甲，日出甲上，故早也。"[2]在惠栋看来，虞翻易可补许慎的说解。至于用《易》，特别是用古文《易》纠补《说文》，也在所多有。例今本《说文·夕部》："夤：易曰夕惕若夤。"段注本作"夕惕若厉"，段说："厉，各本作夤，今正。凡汉人引《周易》夕惕若厉，不暇枚举。"惠栋《说文记》第七："夤，易曰：夕惕若夤。"并说："此古文《易》。《说文》两引《乾》九三，一作厉，一作夤。从夤为正。一作厉者，后人乱之也。"又惠栋《周易述》乾卦："九三，君子终日乾乾，夕惕若夤，厉，无咎。"惠注："夤，敬也。厉，危也。乾为敬，故夕惕若夤，三多凶，故厉，因时而惕，故无咎，俗本脱夤，今从古。"《周易述》进一步阐说"夕惕若夤"为古文《易》。《说文记》校释不误，今孙星衍校本不误，段注本误。段氏曾从他本人概括的许书"称《周易》以说字形之意"的条例，认为"夤"字下不可能引出"夕惕若夤"而

---

① 《清经解》，页四二中栏，上海书店影印本第二册惠士奇撰《礼说》"土圭测日影"条。

② 《说文记》，页一八三。虞翻说"解"卦，见《周易集解》页一三二，又见《周易述》页六九上引虞氏说。"离为日，为甲"之语，出《说卦传》。

说字形，故段氏又深责云："惠氏定宇作《周易述》，竟作'夕惕若夤厉无咎'。"今谓惠氏不误，孙星衍亦不误，段氏以许书条例校说《易·乾》，条例是一回事，古文献真本又是一回事，不能削足适履，段氏过信许书，过信许书条例，此亦一证。惠栋偏偏对许书有许多纠正，这一点留待下面再说。

以《易》补许是一方面，以许纠《易》是另一方面。《说文记》有一著名例子，就是对彖传之"彖"字的纠正。第九"希希"（今以 AA 代《说文》本字，下同）字下惠栋说："AA，全也。《周礼》（春官·小胥）'全为肆'（按：原文是：凡县钟磬，半为堵，全为肆），肆即古文 AA 也，《易》之彖字，当从 A。A 者，卦之全体分之成肴。"惠栋进一步分析说："《易》有彖传，当从 AA 省，古文作 AA，全为 AA，析为爻。爻，古文作肴，远取诸物也。彑部云：彖，豕走也。与《易》'彖'字无涉，《易·彖辞》之'彖'当作 A，从 AA 省，古文肆也，全为肆，析为肴。今 AA 省作 A，肴省作爻，后人遂不识爻 A 之谊（义）。"惠栋感慨说："古学之亡，不始魏晋，其来久矣，吾谁与定之？为之三叹！"惠栋是紧扣 AA 和 A 的词义与《易·彖》之"彖"的意义来分析的，径捷义明。"肆"为古代悬编乐器的一个整单位。《左传·襄公十一年》："歌钟二肆。"杜预注："肆，列也。县钟十六为一肆，二肆三十六枚。"《易》爻义有据，爻，交也，六爻相交曰爻。"肴"通爻。解释卦辞的上下彖之"彖"，《说文》释为"豕走"，于义无着，惠氏透过字形，说"彖"字为 AA 之省简 A 字，为"整一全体"义，使与《易》"彖"义接近。晚近胡适曾认为

《易》“彖”字上边为猪头，本意为猪的步行，用作“裁断”义。[①]可备一说，但明显不如惠栋紧扣词义和字形的解释通达。

《说文记》多处引《尚书》，可以说是互利互补的研究，如对照惠著《尚书古义》或《古文尚书考》，《说文记》引《尚书》，是在为考论《尚书》准备材料的。《说文记》第二“𢁉”字下惠栋说：“《古文尚书》平章百姓、平豑东作，皆从此。孔传作平章，𢁉字之误。郑（玄）氏《尚书》作辨章，云：辨，别也。音义与𢁉合而文异，郑氏得之，孔氏伪古文非也。”此条所说与《尚书古义》上第四条“平章百姓”条大体一致。[②]

讲论《说文》，当然引书首先得用于增注广证许氏之说。《木部》：“檟，植或从置。”惠注：“《郑氏尚书》（逸篇《尚书》）置璧秉圭。蔡邕石经《论语》：置其杖而芸。今皆作‘植’，知置与植古字通。郑又云：植，古置字。”甚至完全用来批评许慎。例《说文记》第六“圛”字下。[③]

但《说文记》更多的条目是借《说文》考补《尚书》，甚至借发宏议，再一次显示《说文记》重在经学考论的特色。《说文·口部》：“咳，古文咳从子（按：作‘孩’字）。”惠注：“《尚书·微子》曰：我旧云孩子。‘孩子’谓纣也。孔氏（按：指孔传本《尚书》）作‘刻子’，非是。”此条据许书说解揭孔传本，并证作“孩子”为是，当然真古文《尚书》作

---

① 胡适：《先秦名学史》，第41页，学林出版社1983年版。

② 见《惠氏读说文记》，页二八，丛书集成本；《九经古义·尚书古义》，页二六，丛书集成本。可互相比证而知。

③ 《说文记》，页一七三，《尚书古义》，页四〇，本书第二章第三节已据此例详说惠氏对许慎的批评。惠氏指出，许书于此字下引今文《尚书》引文也有失误。

“孩子”也能反过来证明许氏说解的正确，许书是古文经学派，故有是说。《说文·目部》：“眊：目少精也。《虞书》耄字从此。”惠注：“《虞书》无耄字，‘耄期倦于勤’（《大禹谟》）乃后出古文。《刑法志》引《书》云：眊荒（按：《汉书·刑法志》有‘周道既衰，穆王眊荒’之语）。《汉书》耄字皆作眊。”《汉书》多用古本而多古字，许慎已见到过用“耄”字的《虞书》，至于《大禹谟》用“耄期”的说法，是为伪古文尚书。惠氏心目中的《汉书》是权衡之本，此亦由来已久。这一例，惠氏借许书以攻梅书用“耄”之伪，也可以说这里是借梅书、《汉书》，从正反两方面来说许书说解的正确。以《说文》核补《尚书》，还因此而说明《尚书》学源流。《说文·心部》：“心，人心，土藏，博士说以为火藏。”惠注：“叔重《五经异义》曰：今文《尚书》欧阳说：肝，木也。心，火也。脾，土也。肺，金也。肾，水也。古《尚书》说：脾，木也。肺，火也。心，土也。肝，金也。肾，水也。按《月令》：春祭脾，夏祭肺，季夏祭心，秋祭肺，冬祭肾（按：《礼记·月令》有‘祭先脾’、‘祭先肺’等说）。与古文《尚书》同（按：因春木、夏火等）。按许氏从古《尚书》、《月令》之说，故以人心为土藏（脏）。康成驳之，则从今文《尚书》也，博士说以为火藏，其今文《尚书》说欤！”由许书涉及的五行配五脏，惠注梳理出许慎为古文《尚书》，欧阳《尚书》、郑玄、博士为今文，武帝曾立欧阳（生）今文《尚书》为博士。

引古代文献注补《说文》，所引还有除十三经以外的史书、子书、集部。一个很明显的特点是，惠栋是不像后来的段玉裁，过分信从许慎的，倒是对许慎，对大徐本作了许多纠补，取得了许多成果。最突出的一个例证是“欙(A)”字下引文中A字的增补，今孙星衍本引文无A字，段注本引文有此字，但最早恐怕是惠氏父子校补的。惠栋《说文记》第六：“A:《逸周书》曰:(A)疑沮事。”栋案:“A疑沮事，见《(逸)周书·文酌篇》‘极有七事’之一。今《周书》A误‘聚’，宋刻本亦然。宋人不识字，赖《说文》核正。今宋本《说文》亦缺此字(按:此处明确说惠栋本人读过宋本《说文》)，唯《玉篇》载之，先君(惠士奇)拈入A字，从《玉篇》增也。”①这里讥讽宋儒，无以复加。引文中此字是惠士奇从《玉篇》采入大徐本。《说文·木部》此字下有“《逸周书》曰疑沮事阙”一句。段玉裁《说文注》说:“《逸周书》曰:A疑沮事。各本脱A字，今依《玉篇》补。《(逸)周书》文酌解、七事、三、聚疑沮事。聚，古读如骤，与A音近，A疑沮事，犹云蓄疑败谋也。各本此下有‘阙’字者，浅人不解《周书》语，妄增也。”段说与惠说是一致的，段氏继惠氏之后作了再校补。段氏当然也是精通校勘学的，但或许作《说文注》时见过惠栋《说文记》有惠士奇拈入A字一说，是惠氏父子首先出来校补许书引文于此字的缺漏和宋儒的盲目。今本大徐本“腠”字在新附字，惠栋《说文记》第四“腠”字下据陆德明《经典释文》引《说文》，推断唐写本有之，非至宋而附，“或宋本《说文》不全，徐氏据《释文》补之”。段玉裁据陆德明引《说文》将“腠”字补缀于《肉部》文末。《说文记》第五

① 《说文记》，页一五九，丛书集成本。有关引文可核见《逸周书》页一一，四部备要本下栏。四部备要本“三聚疑沮事”文下有注释文字云:“惠(栋)案:聚字《说文》引作A，云众盛也，所臻切。”

“劉”字下:“《说文》无刘字,案此可知无刘字者或阙文也。”惠氏或认为《说文》无“刘”字是许慎的疏忽(按:今孙星衍本亦无此字),段注于从竹之字下无此识语。《说文记》第七“多”字下:“《诗》(周南·螽斯)‘诜诜兮’,《释文》云:诜,《说文》作㚋(A),音同,众多也。查多、辛两部皆无A字,则《说文》非全书矣。”《说文记》第六:“贮,积也。”惠注:“贮训积,俗义也。《字林》云:贮,尘也。尘训久义甚古。”惠栋还疑许书此条是宋人改易过的。今本《说文》仍此。《说文·艸部》:“蘡:刘向说此味苦。”惠栋注补云:“刘向说当在鲁诗。”《说文·言部》:“訬,读若毚(A)。”惠注:“A当作毚,丑略切。顾宁人据旧本改此。”惠栋据顾炎武认为许说解有误。《说文·艸部》:“草,草斗,栎实也。”徐铉注:今俗以此为艸木之艸,别作皁字,为黑色之皁。栎实可以染帛,为黑色。”惠栋注:“《地官》(周礼·地官·大司徒):(其植物宜)皁物。(郑玄注引郑)司农云:(皁物,柞栗之属,)今世(间)谓柞实为皁斗。愚谓皁当作早,《诗》(小雅·大田):既方既早。”惠栋的意思是说,许慎说解的其实是作“早斗”解的“草”字,别作“早”[①],或作“皁”。《说文·口部》:“嗙:司马相如说,淮南宋蔡舞嗙喻也。”惠记云:“当见《凡将篇》。”惠栋的意思是说,许慎仅知“淮南”一句出司马相如(上林赋),那是不够的,其实出《凡将篇》。《说文·言部》:“謯,謯娽也。”惠记云,此说解未详,且说解中第二字据《类篇》、《广雅》当从言,不当从女,从女之字误,纠正

① 今本《十三经注疏》“既方既早”已校改为“皁”字。见该书页四七六下。

了许慎。[1]《说文·目部》:"眣:目不正也。"惠栋记云:"《公羊传》(文公七年):眣晋大夫使与公盟也。何休曰:以目通指曰眣。此云'目不正',疑瞚误为眣。下'瞚'训'开合目数摇',亦非通指。"按惠栋的说法,应是:"眣:以目通指。瞚:以目通指;目不正。"段玉裁曾疑"眣"为眹(按:shùn,同瞬,以目示意),从"失"是讹体。而"瞚(按:shùn,同瞬,以目示意)"被惠栋说成"目不正"欠妥。惠栋似乎是对错参半,但不论是对是错,惠栋敢于怀疑和否认许慎说解的精神是可贵的。《说文·人部》:"假,非真也,一曰至也。"惠栋注:"古'格'字皆作'假',故训'至'。真假之说,始于王莽。刘歆说《书》,以古文《嘉禾》'假王莅政'[2],为假伪字,莽从其说,遂有假皇帝之名,其后竟即真为天子,歆之颠倒五经,类如此。许氏训假为非真,亦刘氏之说,不可从也,当依古训为至。"又如《说文记》"襄"字下据卫宏《字说》等书有"𧟄"字而《说文》无,指出:"许氏所遗古文多矣。"[3]如此等等,例证很多,可见惠栋对许慎的纠补甚多。惠栋实际上指出了许慎据作《说文》的广阔的文献和活语言的背景,这一背景比许书所见阔大得多。

---

① 《惠氏说文记》,页六八。

② 《说文记》,页二一七,可核见《汉书·王莽传上》,《汉书》册一二,页四〇八〇。

③ 《说文记》,页二二九。

二、《尔雅》考论与《说文记》

《尔雅》作者和成书年代考论，《尔雅》与《尚书古义》、《周易述》等的结合，《尔雅》与《说文》结合成字义解释系统而产生的种种作用，《说文记》注意到同源字和字义义项分析问题，《说文记》的突出成就是引金石文字、石鼓文以证《说文》，恪守小学之意义

作为有清一代的大家，惠栋学术既开考据风气，不免散玉碎珠，但其深层仍是有严整系统的。蔚为巨著，蔚成系统的《周易述》、《九经古义》、《惠氏读说文记》自不待言，即令散见各处的《尔雅》考论等题，也可聚而观其巧妙之处和系联大纲。《尔雅》本书为"×，×也"的字义解释文字，被大量散用于解经，是其主要的方面，但惠栋也有对其本书的历史考察。《松崖笔记》中有"尔雅"长条目，是其笔记体裁的考论文字，该条目完全是讲论古代语言学史的，较之注疏体裁的写法，自然要完整些，系统性强些，可读性也强些。关于《尔雅》作者问题，惠氏首先提出"疑不能明"之由来：惠栋引魏张揖《上广雅表》是一段精彩的文字，著《广雅》的张揖已论及《尔雅》作者及有关问题。张揖说："昔者周公缵述唐虞，宗翼文武，勤相成王，六年制礼，以导天下，著《尔雅》一篇，以释其义，传乎后嗣。历载一百，坟典散落，惟《尔雅》恒存。《礼·三朝记》(按：见《大戴礼记》)：哀公曰：寡人欲学小辩(按：语言文字之小学及包含其中的古代逻辑名辩之学)，以观于政，其可乎？孔子曰：《尔雅》以

观于古，足以辩言矣。《春秋·元命苞》言：子夏问夫子，作《春秋》，不以'初哉首基'为始何，是以知周公所造也。今俗所传三篇《尔雅》，或言仲尼所增，或言子夏所益，或言叔孙通所补，或言沛郡梁文所著，皆解家所说，先师口传，既无正验，圣人所言，是故疑不能明也。"[1]惠栋指出，张揖说过的关于《尔雅》作者的话，后来得到陆德明的赞同。惠栋说："陆氏《经典序录》曰：《释诂》一篇，盖周公所作，《释言》以下，或言仲尼所增，子夏所足，叔孙通所益，梁文所补，张揖论之详矣。"惠栋已引据宋邢昺《尔雅疏》的说法："《尔雅疏》云：《尔雅》之作，经传莫言其人及时世，但相传云：周公作之以教成王。"这是说，《尔雅》是周公为成王写的教科书。宋儒王伯厚（应麟）虽常常成为惠栋批评的对象，但王氏是笃信古学之士，关于《尔雅》作者，王氏《艺文志考证》说："汉国咸谓《尔雅》周公所制，而有张仲孝友（按：见《释训》，原出自《诗·小雅·六月》）等语，疑之以问扬雄。雄曰：记有孔子教鲁哀公学《尔雅》，《尔雅》之出远矣。自古学者皆云周公作，当有所据，其后孔子弟子游、夏之俦，又有所记，以解释六艺，故有张仲孝友等语，刘向谓史佚教其子以《尔雅》。"惠栋考魏张揖说、唐陆德明说、宋邢昺说、宋王应麟说，得到的结论大致是：周公著《尔雅》，但后来又有增补。《尔雅》作者问题，历来是有争议的。欧阳修《诗本义》谓《尔雅》是秦汉之间学《诗》者所编集而成的。叶梦得《石林集》谓《尔雅》是汉人取毛氏《诗》说而

---

① 《松崖笔记》，卷三，"尔雅"条。有关文字的标点及难懂之处，可参见《广雅疏证》页三，江苏古籍出版社 1984 年版。但文字上略有不同。

作。曹粹中《放斋诗说》说此书成于毛公之后，毛公之前其文犹略。吕南公《题尔雅后》认为此书跟毛氏《诗》说很多地方相同，因而可推知出于秦汉间。朱熹《语录》说《尔雅》是取传注所作等等。《四库全书总目提要》说："按《大戴礼》'孔子三朝记'称孔子教鲁哀公学《尔雅》，则《尔雅》之来远矣！然不云《尔雅》为谁作。"又说，《尔雅》其书"大抵小学家缀辑旧文，递相增益，周公、孔子皆依托之词"。1984年，何九盈先生提出了《尔雅》成书于战国末，编纂者是齐鲁儒生的著名论点。[①] 惠栋考论《尔雅》作者，体现了他对《尔雅》一书的宏观思考，客观上是对宋代学者谓《尔雅》成于西汉的批评。惠栋的考论是折向上古的，这一方面是书史求实的考证，一方面也是复归纯古。在这里，宋儒说不足训，汉儒不足畏，唯周公和孔子及孔门弟子为确解。

按照惠栋的逻辑，既然《尔雅》成书久远，把《尔雅》嫁接到那些从来久远的古书上去是合宜的。《尚书》和《周易》是春秋中后期的作品，以《尔雅》追说之是合宜的，匹配的，但由于语言文字本身移时少变的稳定性和语言文字学著作的继承一贯性，以后代字书嫁接到先秦古书也仍然是合用的，以《尔雅》嫁接之，在惠栋的认识上，或以为更能微妙契合吧！惠栋《古文尚书考》"旅獒"文"四夷咸宾"引《尔雅·释诂》云："宾，服也。"《尚书古义》考论《舜典》"命汝典乐，教胄子"为"教育子"，据《说文》"育"字下引《虞书》"教育子"，许慎释"育"字："养子使作善也。"惠栋引《尔雅》

---

① 何九盈著：《中国古代语言学史》，第17至26页，河南人民出版社1985年版。

“育,长也”以证郑玄逸书、马融书传与《说文》所引“教育子”同。惠栋说:“郑本《尚书》与《说文》同,马融书传云,胄,长也。育亦训长,见《尔雅》(按:正是见惠栋考论的所谓周公写的《释诂》篇下),字异义同。郑注《尚书》从马本,知马本当作育。”从而使《尔雅·释诂》、《说文》引《虞书》、郑氏逸书、马融书传毗连而成一线,共证“教胄子”当为“教育子”,而这其中,《尔雅》起到义证和文献据证的证明工具作用。又如惠栋用《尔雅》证《周易》。例《易·乾》:“元亨利贞。”惠注:“元,始。”惠疏:“《尔雅·释诂上》:元,始也。”《易·同人》:“升其高陵,三岁不兴。”惠注:“兴,起也。”惠疏:《尔雅·释诂》(按:惠栋误,当为释言):“兴,起也。”又如《周易古义》对咸卦上六爻象传“滕口说也”的解释:“《释诂》(下)云:滕,虚也。以虚辞相感,义亦得通。”惠栋对这句话的解释原据郑玄,说:“咸道极薄,徒送口言语相感而已,不复有志于其间。”据《尔雅·释诂下》说之亦通,可与郑玄的解释共解《易》理。这一例证告诉我们,惠栋求得的咸卦上六爻象传的《尔雅》语言文字解与郑玄易汉学解是相同的。这一例证从更深层的方面启示人们思考,以《尔雅》语言文字莅易理与易汉学原理莅易理为什么往往会有相通合同之处,语言文字与易汉学的象数学原理是否有某些联结点等等,这些都是很值得思考的问题。以上是些古《尔雅》嫁接古文献的例子,是《尔雅》和非字书的结合。

在《说文记》中,惠栋使《尔雅》和《说文》结合,形成字义系统而解决种种问题。例如,纠正《说文》之误。《说文·艸部》:“苦,大苦苓也。”惠栋记云:“与毛诗唐风传正合(按:《诗·国风·采苓》‘采苓采苓’毛传:‘苓,大苦也。’)。

然《尔雅》(释草)云:蘦(A),大苦。《说文》亦然(按:《说文》有'A,大苦也'),字皆作A。其苓字,《尔雅》、《说文》皆训为'卷耳'(见《释草》、《艸部》),不云大苦。则(说文)'大苦苓'之'苓'与毛诗采苓字(之'苓')皆误,皆当作A。"这里,《尔雅》用字成了辨伪之绳尺,既纠《说文》,又订毛诗。又如,惠栋借《尔雅》和其他典籍共同补证《说文》之义。《说文·言部》:"詻,论讼(按:段注:讼,当作颂。论颂即言容)也。传曰:詻詻,孔子容。"惠栋记云:"《汉书·天文志》云:太岁在酉曰作詻。注(按:原文夹注)云:《尔雅》作'作噩'(按:《释天》云:太岁在酉曰作噩),殽阮君《神祠碑》亦以詻为噩,是詻詻即噩噩,故云论讼也。"段玉裁注未识詻詻即噩噩,段于"孔子容"后注:"未闻,《论语》曰:子温而厉。"惠注甚确,噩噩,浑浑噩噩,皆质直、古朴、淳厚之意。《说文》所言孔子容,有如明何景明《七述》所说:"有应世之大人,秉持仁义,服被礼乐,其德温温与与,其象熙熙噩噩,量出海宇,志栖寥廓。"①又如借助《尔雅》纠正后人对《说文》的一些误释。《说文·衣部》:"禂,重衣貌。《尔雅》曰:禂禂禯禯。徐铉:《尔雅》无此语。"惠记:"《尔雅》(释训)儚儚、洄洄,惛也。陆德明(释文)曰:郭音韦,音义云,本或作禂。案《字林》禂,重衣貌,徐氏以为《尔雅》无此语,未之考也。"意思是说,《说文》引《尔雅》语是对的,当突破字形看《尔雅》,文字记音,《尔雅》、《说文》都是如此,徐铉或囿于字形,或未察文献,失考误甚。又如《尔雅》、《说文》并观而能察见通假

① 《大复集》,见载《文渊阁四库全书》1267—33下。

和声义同源之理。《说文·䖵部》:"𧓅,从䖵鼏声。"惠栋记云:"《尔雅》(释诂上):蠠没,勉也。郭(璞)云:蠠没犹黾勉。愚谓蠠没犹密勿。《韩诗》黾勉同心、黾勉从事,皆作密勿,蠠本古密字,依字作𧓅,故《尔雅》(陆德明)释文云:本或作𧓅。《仪礼·士冠礼》'设扃鼏'郑注云:古文鼏为密。𧓅从䖵,鼏声,与密同音,故古人于覆鼎之鼏借为密,密勿之密借为𧓅,皆以音同故也。"按惠栋的说法,蠠没、黾勉、密勿皆音近义同。鼏通密,密又可通𧓅。通假字、同源字,是语言学研究中的重要课题,是突破字形,因声求义,因音义求其一组词的历史发展及其是否同源的重要问题。后来,阮元著《释门》,求复音词同源词,正是举此例。[①] 惠栋将《尔雅》与《说文》并观而察见字形背后的音义关系,在古代语言学史上是有重要意义的。

此外,《尔雅》还被惠栋用来考释称谓,在惠栋的学术笔记文中,有大量的亲属关系考释,其中引用《尔雅》多处。例如《九曜斋笔记》下册卷三"从母昆弟,从母姊妹"条,"从母"条,"先后、娣姒训"条,"外舅、外姑"条,"从父兄弟"条,"君舅君姑"条,"少姑、兄公"条,"兄伯"条,"婚姻"条,"从祖姑"条,"王姑"条,"离孙、归孙"条,"从舅"条,"姑姊、姑妹"条等。

《说文记》中多处引用《字林》。《字林》早佚,至乾隆中叶方有任大椿《字林考逸》。惠栋引用《字林》的材料肯定是他自己辑佚,然后写入《说文记》的。《说文记》引用《尔雅》、《方言》、《字林》、宋本《玉篇》等,往往在不同条目下

① 见拙著《汉语语言研究史》第281至282页,江苏教育出版社1993年版。

形成由历时的字书组成的共时训释，由于字（词）义的最稳固的继承性，这样的解释仍然是可取的。例如，《说文记》第二“吝”字下引《方言》，第三“囱”字下引《玉篇》、许书木部，“椵”字下引《尔雅》、《方言》，“皮”字下引《方言》、籀文、石鼓文，第四“鸭”字下引《国语》韦注、《玉篇》、《汗简》，“刑”字下引《广韵》、许书、《初学记》，第五“知”字下引《尔雅》、《方言》，第七“叔”字下引《礼部韵略》，“冣”字下引《字林》、《玉篇》，第八“企”字下引《广雅》、隋曹宪《文字指归》，“化”字下引《集韵》、许书、《类篇》，“襄”字下引《字说》、《字指》，“舟”字下引《方言》、毛传、《经典释文》、《说文》，第九“巍”字下引张有《复古编》，等等。如独立观之，完全是由小学字书组成的解释系统，它与引经史文献的解释系统相并行互补，实际解释时又往往结合得十分紧密。小学字书解释系统，是古文治经、治史、治语言文字，一句话，是治学的不可或缺的途辙，这是以基本功，从基本点求学问之真的基本方法之一，它是文史研究的正确性、科学性的基本保证。作为清代朴学的奠基人，惠栋觅得并充分运用了这一基本保证。

《说文记》本身，还有许多纯语文学的研究。前面提到惠栋察见声义同源。惠栋还注意到许书被说解字和读若字之间的声义同源关系。[①] 例《说文·口部》：“喌：呼鸡重言之，从吅，州声，读若祝。”惠栋记云：“古州祝同音。《左传》（隐公四年）卫州吁《谷梁》作‘祝吁’。应劭《风俗通》曰：‘呼鸡鸡朱朱，俗说鸡本朱公化而为之，今呼鸡为朱朱也。

① 有关这一问题的理论说明，见拙著《汉语语言研究史》第37至38页。

(栋)案:《说文解字》喌,二口为唤,州其声也。读若祝,祝者,诱致禽畜和顺之意。喌与朱音相似,而祝音如州,州音如朱,祝亦读为属,亦读为铸,见郑笺及高诱注吕览。"今谓:喌上古章纽幽部,除"呼鸡重言之"以外,还同"呪",旧时称迷信用来驱鬼降妖的书符为"喌物",口诀为"喌法";祝,上古章纽觉部。幽部和觉部本可对转,祝和呪,祝和詶(同呪,从州之字)同源。① 惠栋在"喌"字条下旁征博引,证其与读若字"祝"声义同源,思路是正确的,想得到的二字"声义同源"的结论也是正确的。惠栋是探索同源字的先驱。

惠栋在《说文记》中还注意到字义的义项分析问题。《说文·囗部》:"因,就也。"惠栋记云:"人部:仍,因也。仍训为因,因训为就,因有两义。"很明显,惠栋这里说的是"因"字的两个义项,一个是因袭、承接之义,一个是顺随、顺着之义。在词义的辨析上,惠栋已注意到和文献据证密切配合的"对文"和"散文"辨析法,与段玉裁《说文注》著名的"析言"和"浑言"的词义辨析方法互为表里而相承先后。《说文·寸部》:"将,帅也。"惠栋记云:"《周礼·夏官》(司马)叙云:万二千五百人为军,军将皆命卿;二千五百人为师,师帅皆中大夫,五百人为旅,旅帅皆下大夫。则将、帅对文则异,散文则通。"

《说文记》还有一个显著特点,就是开始较多地引用金石文字以证《说文》。段玉裁未能精研金石文字,更不能见到甲骨文,但他对许书的注释却能暗合古文字。大量引用金石文字证释许书,直到清末金石学家吴大澄(1835—1902)才完

① 可参见王力《同源字典》,第 309 页,商务印书馆 1982 年版。

成,惠栋是这一工作的先驱者。惠氏三代传经,却同时又是个金石学世家,特别是惠栋本人,对钟鼎彝器、碑铭石刻有特别的爱好,他的笔记文中写有多条涉及金石鼎彝的条目。“匹制承盘”条说:“先王父(按:祖父惠周惕)曰:匹制即今之套杯。鸡彝鸟彝皆有舟,今之承盘也。”[①]这里正是讲青铜祭器,《周礼》六彝有鸡彝、鸟彝之名。此条说明惠周惕对彝器是有研究的。惠栋又写有“焦山古鼎”条:“蒋虎臣(超)。蒋说曰:焦山有文王鼎,不知传自何时,今所置云是赝物,真鼎为一县令舁(按:yú,载)归新城,二王俱赋古鼎诗。焦山之鼎,余亲见之,疑非赝者。”[②]惠栋亲见焦山鼎,也很可能是惠士奇官守镇江时。此条说明惠栋识鼎,竟善分辨真假。“左氏鼎书”条云:“《东观汉记》曰:庐江献鼎,诏召郑众问:齐桓公之鼎在柏寝台,见何书?曰:《春秋左氏》有鼎书几?众对状,除为郎中。”共列出“部大鼎”等十二鼎。[③] 如此看来,引金石文字证《说文》,完全是他得心应手的事。《说文·走部》:“趄(yuán):趄(按:换田而耕)田,易居也。”惠栋记云:“趄田,今作爰田。秦和钟铭曰:剌剌趄趄。今有伧父(按:犹言粗俗之人)以为‘爰田’(按:这里的‘爰田’指公田之税改作赏赐之用,见《左传·僖公十五年》)当从此,可谓谬忘。杨慎创为是说,后人信而从之。”清儒瞧不起明儒,惠栋亦然。此条惠栋引秦和钟为据。相形之下,段注于此字下的注释未及彝器。《说文·又部》:“燮,和也,从

---

① 《九曜斋笔记》,卷一。

② 《九曜斋笔记》,卷一。

③ 《九曜斋笔心》,卷二。

言从又、炎，籀文燮，从羊。读若湿。”惠栋针对“籀文”一句记云：“秦和钟铭作燮，从辛。”较为切近地从形体构造上注出了许书“籀文”一句的大意，说明许书确有所据，所云不误。段注针对许书“籀文”一句，仅指出《说文·炎部》亦有此字，并以曹宪《文字指归》说之，未及铭文，殊显疏失。《说文·又部》“友”字下云：“䎽：亦古文友。”惠栋《说文记》第三云：“焦山古鼎铭：王呼史䎽作册。乃史友也。”段注：“未详。”惠栋的说法不仅于此字有鼎铭为据，且“史友”一说有据，“友”为古代职官名，王公之近臣，“史友”当为史官一类。《晋书·职官志》：“王置师、友、文学各一人，景帝讳，故改师为傅。友者因文王、仲尼四友之名号。”[①]《说文·邑部》：“邦，国也。𡵨，古文。”对“邦”字古文，惠栋记：“叙邦鼎邦字从此。”段注未及字形，仅注论邦、封同字。《说文·邑部》：“鄦，甫侯所封，在颍川，读若许。”惠栋记：“周有鄦子钟铭。《史记》(郑世家)：鄦公恶郑于楚。”段注仅指出该字与许字为古今字，引《史记》，并说此字为周字之遗存，但春秋经传不作此字，或后人改动过，“或周时已假借，未可定也”。段注未及彝器，终觉雾里看花隔一层。《说文·卤部》“栗”字下：“𠧗，古文栗。”惠记：“石鼓文栗从此。”段注仅说大篆从“西”之意，并从许书条例当说成“籀文栗”，未及该字大篆形体字的出处。《说文·有部》：“有，不宜有也。从月又声。”惠记：“《古文尚书》以‘有’为

① 《晋书》，册三，页七四三，中华书局本。“景帝讳”指晋世宗司马师。“文王四友”指周文王四个亲信大臣南宫括、散宜生、闳夭、太颠。“孔子四友”指孔子的四名学生颜渊、子贡、子张、子路。

‘又’,以‘或’为‘有’,故许君释‘有’为‘又’声。孔君(安国)训‘或’为‘有’也。石鼓文曰:滿滿又鯊。诅楚文曰:又奉嗣王。皆以‘又’为‘有’。”诅楚文为秦刻石,记述的大致是秦惠文王和楚怀王时的事情。石鼓文亦为秦刻石,书体为大篆。石鼓文为唐初发现,诅楚文为宋代发现,段氏于此条下均未及此。惠注文字还告诉我们,“有”之声注字“又”与本字“有”是通假关系,或可认为声注字与被释字是同源关系。石鼓文、诅楚文也是金石文字,而惠栋多处引用,足见他以古文字证《说文》的指导思想,而段氏既不精研金石,古文字观念也很淡薄,由此也可见段氏注《说文》更精于词汇学、词义学,而于文字学则尚有明显的欠缺。当然,惠栋以先秦古文字说解《说文》,也有搞错的。例如《说文记》第十:“意(A),十万曰 A。”惠说解云:秦诅楚巫咸文曰:张矜 A(按:《说文》:A,满也。一曰十万曰 A。此处 A 字为‘满’义)怒。今 A 字作‘亿’,误(按:此‘误’字并非指诅楚文 A 字被人误写成‘亿’字[①],而是通常将 A 字误作‘亿’字,如郑玄笺毛诗传,注《礼记·王制》都说‘十万为亿’[②]。故惠栋指责 A 字作‘亿’为错误写法,是包含对郑玄的批评的。不过,惠栋批评得并不正确,‘A’与‘亿’为古今异体字,《说文》‘十万为 A’用本字,桂馥《说文义证》:‘是古十万曰亿,今之算术乃万万为亿也。’《玉篇·心部》:‘A,

① “张矜 A 怒”一语,可核见郭沫若著《诅楚文考释》,考古专刊甲种第 11 号,科学出版社 1982 年版,第 297 页郭沫若释文,第 331 页第 1 行第 1 字,A 字字形非“亿”字,字迹了然。

② 参见《十三经注疏》,页一三四七中栏。

今作亿。'故惠栋的说法是错误的)。亿,安也。《春秋传》(左传·昭公三十年)曰:子(按:原文作'我')盍姑亿鬼神。在(说文)人部。应当说,作为数目,上古十万,今万万的后起字"亿"与释为"安"的"亿"是两回事,A和'亿'都可作数目字用,惠栋是有误解的。

《说文记》全书,惠栋的学生江声(1721—1799)多所补正。江氏好《说文》,与人书信也用篆书,可见好古之甚。《说文·辵部》:"返,还也。《商书》曰祖甲返。《春秋传》从彳。"惠栋记云:"今《商书》无《祖甲》之文,《春秋传》亦无彶字。"江声案:"所引《商书》或即《西伯戡黎》'祖伊反曰'与?"江声的意思是说,"祖伊反曰"之"反"不是"返"的古字,而是"彶"字。江声的话不无道理,但近人周秉钧训此"反"为"反对"①,可译成"祖伊反驳(商纣王)说"。又如《说文·金部》:"钟,乐钟也。锺(zhōng),钟或从甬。"惠记:"汉有谷口锺。"江声案:"《啸堂集古录》中有谷口铜甬,字只作甬,不从金,声窃疑为斗甬(按:斗和斛,两种古量器)之甬,夫子以为谷口锺,未知何据?"汉有谷口铜甬②,原件不作"谷口锺",这一点江声是对的。但作为一般的表述,惠栋写作"汉有谷口锺"也不能说错。甬、锺古今字,杨树达《积微居小学述林·文字初义不属初形属后起字考》:"甬实钟字之初文……后加形旁金字作锺,又变为形声作钟。"如此看来,惠栋的说法是后人用后起字叙述之,

① 周秉钧:《尚书易解》,第116页,岳麓书社1984年版。

② 可参见[宋]薛尚功:《历代钟鼎彝器款识法帖》,页九九,中华书局1986年版。

并非强调原件器名的原写法，惠栋似较江声灵活，较江声高出一筹，此惠栋所以为惠栋也。还应特别指出的是，惠栋恪守语言文字以解经，这本身就有不寻常的启蒙意义和革命精神。章炳麟曾说："元和惠氏出，独以汉儒为归，虽迂滞不可通者，犹顺之不改。非惠氏之戆，不如是不足以断倚魁（按：怪异邪僻）之说也。"并认为黄侃（1886—1935）可与惠栋伦类比拟之："自清末迄今几四十岁，学者好为傀异，又过于明清间，故季刚所守视惠氏弥笃焉。犹取注疏，所谓犹愈于野者也。"[①]意即无论惠栋还是黄侃，恪守小学，追求真理，都是为纠正时弊，剿破陋儒俗见之说，有很大的启蒙意义和革命性。

---

① 章炳麟：《中央大学文艺丛刊·黄季刚先生遗著专号序》，载程千帆、唐文编《量守庐学记》第7页，三联书店1985年版。

惠周惕评传

一、红豆斋主人惠周惕

生卒年略考，“周惕”其名和“研溪”其字的由来，红豆斋主人的田园诗人形象，业师汪琬、师友徐枋、人生知己潘耒，北上京师谋生，宦囊羞涩和康熙时期的财政紊乱，北上行程一段路中的历史思考和人生求索

惠周惕（约1646—约1695）是惠栋的祖父。康熙三年（1664）周惕与顾炎武弟子潘耒（1646—1708）交游。康熙十年周惕生长子惠士奇。[①] 康熙辛未年（康熙三十年，1691）考上进士，为第二甲第七名优等，故选庶吉士三年，旋即奉调北京密云县知县。据《敬业堂诗集》卷十九载：康熙三十四年（1695）三月十六日，惠周惕在北京与静海（按：天津西南）宫鸿历（按：康熙四十五年进士）、太仓唐孙华（1634—1723）、浙江姜宸英（1628—1699）、查慎行（1650—1727）等人聚会兴胜寺看杏花。[②] 未发现有文献载惠周惕1695年以后行止。今以周惕大体与引为人生知己的“同怀潘子”潘耒同

① 惠周惕《家书一通》云：“字付二男。闻汝肯读书，又能读《史》、《汉》，略皆上口（周惕自注：此大男信中云云），吾甚喜。”见载《庚辰丛编·砚溪先生遗稿》，赵治琛，王大隆辑，民国二十九年刊本。惠士奇“《史》、《汉》、《三国志》皆能暗诵”，能背诵《史记》、《汉书》，终篇“不遗一字”，见载《汉学师承记》卷二。故推知士奇为长子。

② [清]查慎行：《敬业堂诗集》，卷十九，页一六、一七。清刻十二册本，南京大学图书馆藏本。

年生[①],同为十八岁时两相结为金兰契友,又以奉调密云后约一年,“邑当出关孔道,值王师北征,军需旁午,马瘏仆痡,艰苦万状,卒侘傺忧懑以死”[②]。堪称以身殉职。

惠周惕,字元龙,一字研(yàn,同砚)溪。“周惕”,这么古怪生涩的名字,是谁人所起?民国年间吴县王大隆引嘉庆七年(1802)进士顾莼《思无邪室集》称,惠周惕年幼时,其父惠有声被县令周某所侮辱,刚刚懂事的惠周惕问道:那是什么人?有人告诉他说:“那是位‘以读书而通显者’!”小周惕因自名“周惕”,以欺负父亲的周某为警惕,为戒惧,为父亲争气,发愤读书,后“卒成通儒”,论者评曰:“其立志之坚,孝思之笃如此!”[③]周惕一字研溪,研溪为惠氏始祖惠伦迁居地吴县光福东渚村的一条小溪,研溪似砚,故名。周惕曾画有研溪图,并述其山势水源:“研溪在阳山之西,彭山之阳,龙山之阴。其水二支,一支自邓尉虎山桥南来,一自安山西来,汇为彭山漊,漊分出为溪。”在这自然景观下,有其值得记述和忆念的人文景观:先父惠有声读书斋“在溪之东龙山之下,其地平衍,诸小水环绕之,所谓东渚村者也”[④]。以上周惕均曾“略画形势”呈乡先辈览观。今天的东渚乡,有

① 惠周惕的生日是正月十八日,周惕诗《春日杂兴十首,庚申(1680)》之二:“佳晨遮莫醉腾腾,蛮榼提携荷友明。”周惕自注:“正月十八日为予生辰,陈其年简讨、潘次耕太史及宋声求教谕醵钱置酒。”“同怀潘子”见《春日杂兴》之八。

② 郑方坤:《惠吉士周惕小传》,见[清]钱仪吉纂《碑传集》,册四,页一二九三,中华书局1993年版。

③ 见《砚溪先生遗稿王大隆跋语》,载《庚辰丛编》。

④ 见《砚溪先生遗稿·与文宾日》,载《庚辰丛编》。

一百三十四个自然村。[1] 周惕所说的东渚村，后因其本人以“红豆主人”而远近闻名，改称红豆村，即今东渚镇，苏（苏州）镇（东渚镇）公路穿镇而过，浒光运河贯通南北。惠周惕说：“荒村小水，一入高人之笔，便成佳处。”而他本人正是这样的“高人”。例如《用红豆册子原韵寄尧峰先生》诗之二，似乎是直接写研溪和红豆村的，诗云：“溪湾烟底缚柴门，竹屋松斋野趣存。料得元规尘不到，满街红叶卧深村。”又如诗之三全用吴地山阁织锦而成：“鸭蹋山头石坞东，结邻人外有谁同。皆山隙地如容借，指取纤纤月半弓。（周惕自注：皆山阁名。）”诗之一似乎是对吴中山水的鸟瞰：“也羡清河历下亭，群山如玦抱云屏。宵来梦入尧峰路，倚杖重看万仞青。”

当我们将视线从惠有声读书处所在的东渚村移开时，“研溪先生由东渚村迁居郡城东南香溪之北”[2]的红豆斋立即跃入我们的眼帘。红豆，自从唐代大诗人王维把它写入《相思》诗以后，它历来是含情脉脉的雅称。“红豆生南国，春来发几枝？愿君多采撷，此物最相思。”红豆树生长在广东、广西等地，它的果实红豆又名相思子，扁圆形，红色，可用来镶制首饰，唐以后许多诗骚墨客，纷纷“采撷”入诗，煞是可爱。惠周惕迁来新居后，这相思红豆似觅得知己，故而枯木逢春，重展新姿。郡城东寺有红豆树一株，相传为僧人白鸰（líng）禅师所种，老而枯萎。新主人的来临，似惹得老禅师显圣，“鸰有六翮，飞则冲天”，竟使枯老的红豆树复生新

① 《吴县志》，第113页，上海古籍出版社1994年版。

② 《汉学师承记》，卷二，页二二，上海书店1983年复印本。

枝,“研溪先生移一枝植阶前,生意郁然”[①]。僧人睿目存为周惕绘“红豆新居图”,以示“红豆新得知己,雅主采撷红豆”。周惕“自题五绝句,又赋红豆词十首”。与相思子红豆素有交契的骚人墨客,和周惕红豆诗的二百余人;四方名士,过吴门者必停舟往访红豆斋,总希望一睹红豆风采,周惕雅趣。古来系人情思,逗人怜爱的红豆相思子引得“红豆斋主人”惠周惕诗兴大发。周惕自题云:“余卜居城东,以东邻红豆名斋。目存上人为余作图,且属诗人石年题其上,得五绝句。”周惕诗其一云:“三间湫隘草玄亭,不置句栏不作屏,好是吾庐无一物,教君何处著丹青。”全诗似说,惠居贫庐,空无一物,可怜红豆,无可映衬。其二云:“辋川纵好图难肖,履道虽佳画不存。何似阿侬红豆宅,东涂西抹便成村。”全诗以“红豆新居图”与王维名画“辋(wǎng)川图”作比较,以为此胜于彼,又以红豆宅与王维在陕西蓝田的辋口别墅相比,自夸胜境,自得其乐。其三云:“吾家小小著墙东,指似新图约略同,一事比渠差过分,琅玕多占两三弓。”“吾家小小”无妨看作对惠士奇的昵称,士奇的著述中,不是后来也有《红豆篇》吗?或以为士奇作画,岂可与老僧目存上人“红豆新居图”相比,美玉美石占地过多了。其四云:“东邻红豆无人爱,我待用吟载酒过。多事诗翁添故事,长洲桃李妒如何?”全诗是说,相思红豆遇知己,惹得桃李生嫉妒。其五云:“三见中都陌上春,芒鞵踏破软红尘,披图今日真成笑,何物茆斋独生人。”全诗以恬适自娱。追逐红尘的公子哥儿,何如“茆斋独坐人”? 以上五首绝句,写诗主人身居贫庐,淡泊致远,恬

① 《汉学师承记》,卷二,页二二,上海书店 1983 年复印本。

然自适，雅趣笔端。吴门的红豆不再是用来镶嵌首饰，而是用来点缀陋室；相思子不再是情系男女的爱物，而被点化成雅洁悠远，别具情趣的自然人文寄托。

除五绝句以外，“又赋红豆词十首”，指的是用五绝句诗韵脚字写成的另外十首诗，分成两题。一题为《雨后独坐，喜目存见过，兼示王隐居、齐上人和诗，复次前韵》，一题为《用红豆册子原韵寄尧峰先生》。前题之一：“雨脚穿云晓过亭，蔷薇花重软依屏，今朝办洗看山眼，数遍墙头几点青。”全诗写雨后山景。其二：“驱鸡上树山寨门，一幅蛮笺远见存，高咏故教闻比屋，要传诗句闹荒村。”其三：“半篙新涨宅西东，正比挼（按：suī，同‘荽’，姜类植物）蓝（按：蓼蓝）一色同，我欲短蓑追白鹭，从君问取竹枝弓。”二三两首都是风俗画，但可窥见诗主人不平静的心境。其四：“野外交游尽足多，诗人二远递来过，门前俗客如相问，高卧风漪不孰何（原注：诗人谓石年二远、圣斋目存也）。”诗中写广交宾朋。其五：“夏浅风光已胜春，雨馀村路更无尘，荷巾蕙带清阴下，笑煞天街席帽人。”诗中写初夏雨后的胜景。后题如前所说，已有更广阔的视野。其一、二、三首前已引用。其四：“先生幽事近来多，水市渔庄任意过，此段心情人不会，拟从鸥鹭问云何。”诗中拟问老师汪琬（1624—1691，字苕文、钝庵，号钝翁、尧峰、玉遮山樵）心境。其五：“山水从游几历春，剧怜重戴傍风尘，不知别后鸡豚社，舁（按：yú，载）得篮舆（按：指轿子）更有人？”诗中忆旧游，又问别后情。从十五首红豆绝句看，惠周惕居家未仕时的人性故态，心境情致，大体上可说这位“红豆斋主人”是位田园诗人，他爱好大自然，追寻自然美，但在悠闲平静中，作为一名书香门第的子弟，内心不无强烈的震荡，安贫乐道，返回自然，是美；才为世用，有补苍天，裨益民生，是几千年来儒家教诲之德，中国的知识分子，历来处于出世之美和用世之德的冲荡之中，惠周惕也不例外。歌颂自然，委心红豆，交结宾朋，诗文唱和，但在那内心的底层，才气蕴藉，郁闷集结，青年惠周惕，正在暗中摸索自己的生活道路。他说："余始入家塾，先君子授余先辈小题文一编，是时年幼未能读也，及稍长，通五经章句，间取一读之，辨其对偶，别其体裁，以为时文之法度，如是而止矣。是时心壮气盛，将有志于古文，斥之为不足学。"①求学的态度，是发自内心的呼声，也意味着人生的求索。

拜师交友，是惠周惕人生探索的内容和途径。据初步鉴定，惠周惕在居乡未显时有诗文唱和的师友有：汪琬、徐枋、僧目存、诗人石年、诗人二远、王隐居、圣齐上人、吴榷、潘耒、侯大年、李蜀才、张日容、徐昂发大临、张汉瞻、黄钦、文宾日等。涉足士林后除了继续与故旧相知互通敬问外，新交游的还有：陈其年检讨、宋声求教谕、辅国将军博问亭、周亦惟、计希深、林吉人、周生、萧韩坡侍读、公旦、苏孝廉、吴天章、德州田雯、胡佥宪、汤西厓、宋文森、遵化李氏、吕芝房等。

汪琬，约长惠周惕二十二岁，顺治进士，先后任户部主事、员外郎、刑部郎中、翰林院编修等职，后托故归故里，潜心治经。对《易》、《书》、《诗》、《春秋》、《三礼》均有研究，尤长于丧礼制度的考证，著《古今五服考异》，另有《钝翁前后类稿》及《尧峰文钞》等。汪氏性情狷介，但好结交天下贤

① 《历科文录序》，见《砚溪先生遗稿》卷下。

人文士，而“庸众人往往不悦其所为，而深中者尤忌畏之”，故居官后“前后退而闲居者二十余年”。[①] 惠周惕曾是汪氏及门入室弟子，以年龄差距推论，时当汪氏退职闲居之时。周惕深受汪氏影响，自不待言。那时“四方贤士从游请业者日益众，为设科以诲之，使学者悠然以得，快然以解，如春风时雨”[②]。惠周惕后来著《易传问》三卷、《三礼问》三卷、《春秋问》五卷、《诗说》三卷、《砚溪诗文集》，[③]显然与汪氏的“春风时雨”有关。汪琬治古文，“岿然揽古文魁柄，自立标望，抚前行而排后劲，嘬锋踣坚，腾踔万夫之上”[④]。无独有偶，惠周惕年轻时“每读史汉唐宋之文，爱其文笔驰骋，锐意欲效之，及为制义，辄仿佛其气象，摹拟其字句，自以为古文类，或出示以示人，或持以应试，亦无不以古文许之也，于是先辈制义益庋置不复读久矣”[⑤]。汪琬“由文见道，务为经世有用之学”，且处处以“道德文章为己任”。[⑥] 这当然也会给惠周惕以人生探索的启示。红豆斋主人的田园诗人风貌，反映惠周惕禀性的善良和人性美的一个方面。作为深受业师教诲的儒学之士，他还有知识和良心兼备的真善美的另一个方面，即才为世用，立功立德之言。惠周惕之于汪琬，“惟是十数年门墙洒扫之旧”，深得老师的信任，曾嘱周惕编定文集并

① [清]钱仪吉纂：《碑传集》，册四，页一二六四。

② 《碑传集》，册四，页一二六四。

③ 惠周惕的这些著述，见载《碑传集》册四，页一二九四。但《易传问》、《三礼问》、《春秋问》均不见载于《丛书综录》，疑或散佚。

④ 《碑传集》，册四，页一二六一。

⑤ 《历科文录序》，载《砚溪先生遗稿》卷下。

⑥ 《碑传集》，册四，页一二二六。

为志序。1693年正月周惕在京师瀛洲亭写定的跋语中曾高度评价汪琬的学术成就。他认为汪氏学术的最大特点是以六经为根本而又能经史子熔为一炉，从当时的评价标准出发，还认为汪氏能折衷于朱熹理学，得以使经史子集，经学理学字学皆能“通其变，穷其神，极其理趣，而卓然自成一家，故其立言命意，皆有所本，即一字一句其根底亦有所自来，非余小子所能窥见万一者”①。

惠周惕与徐枋(1622—1694)的交游似早于汪琬。那还是周惕儿时居于东渚村的时候。丁未(1667)秋，徐枋从吴县境内的莲花峰迁至东渚之宜桥。宜桥地僻人少，村民傍桥南北而居。相传里人建此桥，为便利南北行人往来，取名义桥，因土音之讹而称宜桥(今东渚乡仍有义桥头村)，桥南稍有竹林，望之苍然，张处士德仲居于此，徐枋租赁张德仲房屋而居。自桥北行，逶迤而西，未满百步，即人众稠居之所，这里就是东渚村。再稍往西，“其地稍闲旷，有屋数十椽，翠竹千竿，桑柘百木，环其左右”，惠有声家居于此，有声为明末贡生，弃诸生后隐居于此，不妄交接，见徐枋的来到，十分高兴，有声与徐枋为旧相识，过从甚密，不几天，周惕兄弟为徐枋拿拐杖随行。徐枋见周惕年少貌恭，问他是否懂得诗文。周惕出其所作，徐枋“叹息以为佳作”。从此，周惕无日不到徐枋处求教，流连终日而不离去，徐枋常手书以招之，前后得徐枋翰墨不可胜记。徐枋是书画家，“渲染丹青，也称绝妙”。徐枋的外甥吴超士(吴榷)，超士的从甥(按：兄弟的外甥)潘耒从吴江来探望，周惕得以与超士、潘耒定交。儿

---

① 《书尧峰文钞后》，见载《砚溪先生遗稿》卷下。

辈们往往赋诗饮酒为笑乐，而徐枋从旁鼓掌抚几以助其欢，“虽极淋漓颠倒而不厌”。如此令人忆念的欢乐有三年（至1670年），此后徐枋又迁居他乡。“又十余年”，有声死（按：据此可推断惠有声死于1680年左右，今可考定惠有声死于1678年[①]）。张德仲则早在1675年左右去世。徐枋从外地迁来东渚，三年后又迁走，殊不可解。实际上徐枋、张德仲都是有民族气节的人。徐枋受其父徐汧（明末复社著名领袖）的影响，注重名节，尤有民族气节。他是著名的抗清英雄，入清不仕，隐居深山，行踪鲜为人知，其实他一直在与少数密友谋划抗清之事，亡国之痛，形诸笔端，四十年间笔耕不辍，尤以史事为鉴，借古喻今，著《通鉴纪事类聚》、《廿一史文汇》等。其诗词长于叙事述史，一唱三叹，隐痛凝重。就是对于这样一些内容的诗文手札，惠周惕曾认真收集拜读，并与儿时美好的回忆相结合。他说：“予之来京师也，搜集先生手书，装之以俱，往往秋风独夜，篝灯披览，若历历见先生于宜桥竹树之旁与先君子对坐谈笑，且见次耕（潘耒）、超士执简操笔以进，而予兄弟亦若揖让进退于其左右之间，不觉衋（按：xì 伤痛）然涕泗之横集也。”对于徐枋深沉的民族情感，亡国之痛，惠周惕只能曲折其词并淡化地表述之：“读其书，想见其人，予于是册不独溯先生之风流，且于人世盛衰聚散之外，戚戚焉有桑梓霜露之悲也已，于是嘘唏掩泪而书大略于其卷之后。”“桑梓霜露之悲”，就是亡国破家之痛，最后一句，某种程度上表明惠周惕与徐枋是“心有灵犀一点

① 惠周惕《春日杂兴十首，庚申（1680）》之七：“此中得失付旁观”自注：“戊午（1678）予名曾玷启事，以父忧不赴召。”

通”的。乃至周惕叙述潘耒，说：“少立高节，从先生游，慨然有避世之志，因改姓氏曰吴开奇，故先生书谓之开奇。”①我们不必深究生活在康熙年间的惠周惕是否在雍乾文字狱到来之前会有反清复明之志，周惕和徐枋虽在师友之间，但他们是属于两个时代的人，一代人有一代人的责任，我们不必，也不应该以徐枋绳之以惠周惕，也不必以周惕合同于徐枋。惠周惕已生活在民族融合的新时代，但他对于徐枋名节的表彰，对其爱国情感的理解，对于中华民族脊梁骨精神的弘扬，则是任何时候都是正确的和需要的。师友徐枋对惠周惕探索人生道路的影响，则以其特殊的入世和避世态度提出了一张人生答卷，徐枋于惠周惕，是个特殊的问号，消解这一问号，当然是不可能在世外桃源的东渚或红豆斋所能完成的。加之为生活所迫，如周惕自述其情：“予兄弟自先君之亡，含艰履，与吾母相守，而予又不肖，蹙蹙焉不能给朝夕，于是北走京师以糊其口。”②

惠周惕与潘耒，青少年时代在徐枋家作布衣之交。庶几同龄，故能以“同怀”视当世，互称得知己。潘耒初学天文历算，与著名天文学家王锡阐(1628—1682)为吴江同里，且王氏与潘耒兄潘柽友善，坐馆其家，“讲论常穷日夜，劝其学历，粗有端倪，以事散去”。③ 潘耒一生的最高学术成就在汉语语音史，“耒于声韵反切有神悟，审五方之音而能得其会通，

① 《书徐昭法先生手札后》，见载《砚溪先生遗稿》卷下。

② 《书徐昭法先生手札后》，见载《砚溪先生遗稿》卷下。

③ 《碑传集》，册一一，页三九五八。

著《类音》八卷”[1]。年轻时居家，“暇则游历名山大川，尚志廓情，不慕荣禄”。后纂修明史，博采精考，词严论平。潘耒深受其老师顾炎武的影响，力主经国济世，“平生慕古人之崇德尚功，勋陈谟猷，以济时匡俗，而非己之位所得为。则遇其得为者，莫不劝厉，有不得遂，辄忧虞不乐。至出处进退，又必辨之明，持之严，虽达可有为，不肯或苟。其性行如此，故所为诗若文，多扶树风节，裨于治道，卓然有立”[2]。这些用说潘耒伟岸人格的话，如移用官密云知县后的惠周惕，可说是无不契合。上述禀性，对指引知己惠周惕走上跨出吴门闯天下的道路，起到潜移默化的作用。惠周惕曾有诗作记其与潘耒的布衣之交：“关门雪尽日初和，幽事看看渐觉多，草绿细从微雨出，柳长轻被软风搓，同怀潘子朝堪往（惠周惕自注：谓次耕），好事侯生夜亦过（自注：谓大年），懒因春光醉何处？旗亭卢畔碧山坡。”[3]数年后，惠周惕又在北京与潘耒重逢，周惕记述此事称：“独次耕以博学弘儒荐献赋阙下，官检讨，则几于壮矣。然与予遇京师中，犹以禄不足养为叹。”[4]游宦以后，依然贫穷，这是惠周惕、潘耒辈又一共同的命运，又一“同怀”视当世。

惠周惕的血管中，流着业师和师友、知己的热血，惠周惕的性格中，蕴蓄着业师和师友、知己的脾性，为生活所迫，为才性郁结所促，为师友们入世用时的深层动机所诱，惠周

① 《碑传集》，册四，页一二六〇。
② 《碑传集》，册四，页一二五九。
③ 《春日杂兴十首》庚申年作，诗之八，见载《砚溪先生遗稿》卷下。
④ 《书徐昭法先生手札后》，见载《砚溪先生遗稿》卷下。

惕以其生活的必然性和儒学逻辑的必然性开始谋求新的生活道路。他走出红豆斋，北上京师……

惠周惕离家出走北上京师，大约是1681年的事，到康熙三十年(1691)考上进士，有十年时间往来于京城和元和故居。京城逗留，惠周惕尝尽了人间的艰辛，看够了人间的白眼，他失意，他彷徨，他又在不断挣扎和奋斗。他在《出门放言》诗中写道："男儿在贫贱，一身非己有。乾坤何茫茫，失路东西走。五载厌京华，收身委林薮。如何更一错，牵率堕人手。朝饥待觥饭，醉倒一杯酒。此意谁与言，临歧独搔首。"他虽穷，挚友潘耒也宦囊羞涩。这是康熙朝的第三个十年，何以如此窘迫？这与清代前期的财政经济状况有关。康熙初年，财政很是窘迫，三藩之协饷，起初每年五六百万两，后增至一千余万两，几占天下财政收入之半。于是有种种筹款之说，结果官吏亏空库银，恒累巨万。俸禄与养廉，仅自取于耗羡，即在正税以外加收银两作为官吏经收费以充俸禄，政府竟停止发放官薪数年。财政紊乱，可见一斑。而犹屡次蠲免全国粮赋，缺口和矛盾越发突出。① 在财政紊乱中，贪官自肥，君子行道而日损。惠周惕、潘耒，乃至早些时候汪琬的京城困顿，是康熙财政紊乱的一个缩影。

大约是在北上京师的途中，惠周惕游历名山大川，并赋诗抒发自己的人生情怀，感叹"漫漫修远之路"的人生"求索"之苦。例如《丹阳》诗："客路云阳驿，高城曲岸隈。吴山看未断，江水听初来。地接金陵远，关迎铁瓮开。经过寻古墓，寂寞想雄才。"诗意说：大好河山令人倾心，社稷脊梁

---

① 参见萧一山著：《清代通史》，中卷第232页、第354页，中华书局版。

引人折腰，诗主人决心要以古代雄才自况，为江山社稷增光添彩。《多景楼》："孤城山水路，高阁面江干。海气侵阶湿，潮声落座寒。归帆夕照外，驿路暮云端。可惜登临地，愁人不忍看。"为何登临地令人不忍看，莫非是记忆犹新的天崩地解时期的古战场。《金山》："翠壁横江断，江流抱壁回。乾坤横一望，南北竟中开。日落波光动，天空海气来。茫茫今古意，愁绝妙高台。"这里是吴主旧地，三国是非评说是古来史家之事，今日登临，似古今同时，睹古思今。《渡江》："日落寒江远，孤帆渡自迟。天晴云去后，潮罢月来时。沙草微茫见，鱼龙出没疑。前途严鼓角，向晚欲何之？"似说诗主人渡江北上，前程未卜费踌躇。《瓜州》："帆落登瓜渚，江村晚独行。天依沙岸白，云压暮潮平。客路从今远，乡愁到夜生。悲笳楼上发，那禁泪纵横。"似说离家北上成游子，到晚不堪思乡情。以上五首诗，从丹阳到镇江，游金山，渡江后到瓜洲，恰好是北上行程一段路，诗主人的自然情怀，历史思索，人生求索，无不蕴藉含蓄，引人抉发。

二、从宦游京师到以身殉职

京师交游中的情感起伏，《春日十首》不矫情，结识辅国将军博尔都，与大官僚田雯的交谊非泛，查慎行为题《峥嵘集》之逸诗想严子陵，思"北堂亲"，与大官僚汤右曾联句唱和鸣鹓雏之志，从自许鹓雏到以身殉职，评国相杜立德功绩中的惠氏观照

今天，我们已无法具体指出惠周惕宦游京师、赴京出京

的行止，但从他京师交游的诗篇看，可粗略言其线索，言其人生追求的新历程中的情感跌宕和变化。我们可大致假定惠周惕是1680年稍后到京的，进京、出京，又进京、出京，出京后到德州、到元和等地。首次进京，就意味着红豆斋主人时代的结束，在情感上开始了以京师为圆心画大小圆周的新的追求的时代。红豆斋主人、京师交游、密云殉职，是惠周惕人生的三个阶段，本节将后两个阶段合而叙之。

寻找其京师交游的大线索，我们可从诗人惠周惕着眼，从其诗作中觅得情感的跌宕起伏，实际上这比行踪的考索更有思想理论意义。庚申（康熙十九年，1680）写作的《春日杂兴十首》，虽有记述红豆斋诸事，但似可定为京师之作。因文中有"陈其年简讨、潘次耕太史及宋声求教谕"等说法，似处京城而后习用官爵称呼，与布衣时代称潘耒为次耕、吴开奇等不可等同视之。如上说成立，我们可立足于周惕处京师来分析《春日杂兴》诗。《十首》之一为初到京城时因失却机遇，追求落空而发出的呼喊，他说："冉冉流光岁复新，客中萧散一闲人。头无白发非为老，家剩青山未是贫。敢谓得途须及热（原注：《南史》：事须及热），遂因失足漫依人。栖丘饮谷原吾事，且向天涯作好春。"友朋散尽，不免思乡，有所追求，本想趁热打铁，不料事与愿违，继而思遂本性，栖丘饮谷。《十首》之四是写延请大司马广平公的："今日吐餐延国士，祇须长揖重将军。忽然抗论公无怒，每接虚怀坐旋分。"周惕原是鲠直之士，如他的忘年交徐枋那样，京师交游，竟敢与大司马"抗论"，颇可见其直陈政事，胸有筹谋的才干。游宦京师，处处自砺，时尚"晚上围着裙子转"之类的"轻松"事，他或耳闻目睹，但人生苦难，此时犹如芒刺在背，何来此闲情逸致。《十首》之五云："曳裾游息竟何依？跨躡华堂分息机！身上三年慈母线，梦中千里故山薇。居贫寡欲人差合，在贱多营我亦违。遁节衹今思自勉，可能不被尚公讥。"尚公，指东汉高士尚长（字子平），《后汉书·逸民列传》作"向长"。在政事世务与诗文之间，诗人不忘后者，且努力苦练基本功，诗人写道："壮夫不是薄雕虫，但守遗编触事穷。名自我为何用学，诗无人爱底须工。"他批判诗文的空疏，认为言之无物于世无补，他说："空疏一任嗤灵运（谢灵运），慷慨从教笑敬通（东汉冯衍）。"世务不可浮躁，诗文不可空疏，处处落在一个"实"字上，其用心求工如此。他远在异乡，思念妻儿，京师不如吴中好，他常往来其间，注之于诗，《十首》之末云："清晖何敢爱他乡，萍梗飘摇自不常。云恋山青留亦好，鸟惊花落去无妨。即看朔雪消燕市（北京），想见春风到草堂（按：周惕称他故居红豆斋是'三间湫隘草玄亭'）。乘兴入东吾有约（自注：《晋书》朝士多遣妻子入东），一帆轻浪送归航。"诗中以"清晖"自说高洁，以"萍梗"自比游子，借《晋书》犹言"今晚'吾有约'"，状目前形诸"一帆轻浪"，是何等细腻、淡雅、坦然的情性，较之彼时京师比比皆是的矫情的理学之士，周惕的为人不是令人可敬可爱吗？

在京城，惠周惕结识了辅国将军博尔都，博尔都是满州人，字问亭，又字大文，号东皋渔父，工诗及画，著有《问亭诗稿》、《白燕楼诗集》等，曾袭封辅国将军。周惕曾写有《辅国将军博问亭见示春日送别诗慨然有怀次韵奉和六首》，春日送别，感慨有怀，不免思乡，忆念江南，其二说："此日江南尽著花，碧桃新熟任人赊（按：不交钱而购，犹言采摘）。山腰路转垂杨去，一道清阴酒旆（按：pèi，旗）斜。"其四说:"三月山家便不贫,青梅竹笋逐时新。中厨脍鲤迎蚕母,田所分羹赛社神。"两首诗中的意境,隐约可见吴中风俗画面,京城与山村,在诗人的脑中,不同空间点处在同一时间序列上,诗人更折向后者。而此时的处世态度,诗之五写道:"底事遭逢有屈申,石渠东观(按:均为汉宫藏书处)不须论。即看野老皆言学(原著:《汉书·艺文志》野老十七篇),岂必儒林是丈人。"屈申不计,随遇而安,乐在学问,何必仕途,完全道出了诗人与博尔都共鸣和共勉的志趣。此诗作于周惕未显之时甚明。

惠周惕和山东德州田雯(1635—1704)有过长期交往。田雯约比惠周惕大十一岁,年二十七中进士,官至通奉大夫户部左侍郎。田雯曾任江南督学。"公至则磨砺铲削,导之以腾踔变化,俾士之有才志者,遗弃凡近,一以古人为准的。间试以诗赋,为之区别源流,决择高下。"[①]田雯倡导的学风,对惠周惕的成长有很大影响。田雯督学江南,约在田三十岁时,其时周惕正居家读书。后来惠周惕叙述儿时读书的选择:"是时心壮气盛,将有志于古文",而尤爱唐宋古文,"意欲效之",至于诗赋,一直喜爱。周惕结识田雯,从1683年田雯为惠著《诗说》作序,并提及1678年惠父有声死一事看,极可能在周惕居家读书时。[②] 但更多的交游当在惠周惕北上京师游宦之时。从惠诗看,周惕曾是田雯家的座上客。田雯"引掖后

---

① 周彝:《通奉大夫户部左侍郎田公雯神道碑铭》。载《碑传集》,册二,页六二二。

② [清]田雯:《〈诗说〉序》,载见惠周惕著《诗说》,丛书集成初编本1740号,序文页一。

进，唯恐不及。平生孝于亲，友于弟，信于朋友，以及主知礼遇之隆，立身不阿之节”[①]。周惕有《同萧韩坡侍读饮田公宅，公出小伶行酒，酒后索诗戏赋》诗。萧是田雯家的侍读。诗之一云：“银灯赌酒正分曹，忽听如雷捍拨高。拥出一丛花帽子，大家偷眼掷樱桃。”宴乐之盛，似乎不分贵贱高下，很容易交流情感的。诗之二云：“翦水瞳人射舞筵，盈盈十五斗婵娟。不须妆点官家样，缟袂青裙自可怜。”自然是写歌妓。第一句用典，唐李贺《杜家唐儿歌》有“骨重神寒天庙器，一双瞳人剪秋水”之句。诗之三：“南部清商转眼空，诗人破字付玲珑。山姜句子槐堂曲，尽入歌喉一串中。（自注：山姜谓田公，槐堂萧侍读也。）”第一句可能是说规定的韵字。一派歌舞升平景象，倘论背景，大致尚在康熙早期或中期。全诗写上流社会的消闲生活，这对惯于田园诗人生活的惠周惕来说，是一情感上和心理上不太困难的超越。诗之四有云：“从来文史夸能事，不及诙谐郭舍人。”郭舍人是汉武帝的滑稽伶人，见载《史记·滑稽列传》。这两句诗人不免自我解嘲。诗之五《寄萧韩坡侍读》诗：“仕宦真贫不道贫，时时把酒醉交亲。园蔬饼饵寻常物，一入官厨便可人。”首句也可从正面理解成像田雯这样的大官僚家中因康熙财政的紊乱而并不富裕。涉足上流社会，对久居山村的年轻的惠周惕来说，是一种情性的陶冶和再造。常情之中，或说他的诗会变得更加典雅崇高，以适应上流社会的需要。然而，细味他这一时期的诗作，仍然是质朴淡雅，甚至仍会流露出田园诗式的牧歌情调。例如他的《三和田公“留”字韵·答宋文森潘次耕》诗：“牛衣卧稳

① 《碑传集》，册二，页六二四。

聊伸足，蟹舍居安信打头。但乞秋来一犂雨，便驱黄犊赋归休。”蟹舍，指渔村水乡。黄犊，小黄牛，周惕自比。唐杜甫曾有《百忧集行》诗：“忆年十五心尚孩，健如黄犊走复来。”周惕似在请求“不如归去”，不无忧虑之心，并不得志，那时科举功名尚未到手。由此也可推断，惠周惕诗文风格的形成，在红豆斋时代已经完成，北上京师，纯为找出路，对其诗文风格并没有明显的影响。风格，犹如性格，一经铸就，是近乎“本性难移”的。田雯其人，待人是注重“礼遇之隆”的。惠周惕《至德州饮山姜书屋》诗题自注：“是日雨甚，田公遣人马相迎。”惠诗叙述当时的情景是：“华阳亭边雨三日，刘智社前泥十尺。长鞭挝马马不行，矫首平原空叹息。田公知我将远来，青丝迎我城之隈。暖汤先与洗靴袜，更衣入座排尊罍。”这次来德州，是惠氏归途之中，也是来给田雯赴武昌出任湖北粮道送行的：“公今持节去武昌，我欲把钩归渔庄。”由诗中可知，周惕两年前曾到过这里：“前年别此梅始放，重来又见桃花开。”两情甚笃，依依不舍。周惕写道：“人生聚散亦有命，世路得失何须哀。”颇能从自然之理审视人生。分别时难见亦难，周惕以动中有静静中有动的意境形容这次见面：“冘（按：yín，行进）中一闲那易得，青山少伫浮云忙。”进而表示生死不相负：“青泉白石不相负，幅巾他日还登堂。”“幅巾”为周惕自称，古代男子以绢一幅束发，以为儒雅。由诗中可见这两位忘年交之间难分难舍的感情。可贵的是，田雯对这位无比敬重他的痴情后生，从未有徇情之举，周惕对这位十分器重爱护他的有职有权的长者，从未有过非分之想，君子交友淡如水，这对忘年交，京师内外的交游，实行着“以文会友，以友辅仁”的古训。田雯也是位诗人，著有《山姜分体诗选》十五卷，惠周惕写有《山姜诗选序》以评介张扬之。

康熙二十三年（1684）惠周惕客京师，与乔崇烈（宝应人，康熙二十六年举人，翰林院侍读乔莱之子）、常熟钱良择（诗人，为诗豪放，喜游历）、浙江查慎行（1650—1727，康熙四十二年进士）相会，慎行为周惕题所著《峥嵘集》。今存《砚溪先生遗稿》卷上有两首《峥嵘集》逸篇诗，一是《柬黄钦绪，时余将南游》诗，一首是《江上煮鱼》诗。前诗云："世事已可料，问君归不归？莫将燕市酒，轻换故山薇。春色几时至，梅花昨夜飞。一竿吾计决，先去拂鱼矶。"原注："《峥嵘集》逸篇改本云：莫倾燕市酒，空老故山薇。"诗中说，北京城里的美酒，比不上故乡的春色，"鱼矶"，犹言东汉高士严子陵的钓矶，即今浙江富春山严陵濑。诗主人主意已决，暂离京师归隐，问一问同去宦游京城的黄某"归不归"，"世事已可料"，所遇颇失望。《江上煮鱼》诗题下自注："已（以）下《峥嵘集》逸篇。"诗中讲了江上煮鱼，鱼味鲜美，那背景是"倚棹清江滨，煮鱼秋蓬底"，或是游宦途中，正当肥美登盘，香气扑鼻时，"忽思北堂亲，白发厌糠秕。空庖突不黔，谁为致双鲤。对此伤客心，投箸三叹起"。第三句写灶不生火，烟囱不黑，穷得揭不开锅，有甑尘常满之意，以上两首诗，写世事可料，不如归去，江上煮鱼，忽思老母。"北堂亲"为母亲代称。《仪礼·士昏礼》："妇洗在北堂。"诗背景为父惠有声已死，仅有老母在堂，为周惕北上京师之时。这两首诗，当是宦游京师以后的认识，世事可料，北堂断炊，国事家事，无不揪心。凡此种种，无不引起惠周惕的人生旅途的深思。

仁和汤右曾西厓，康熙二十七年(1688)进士，授编修，官至礼部侍郎。惠周惕与汤有《阻风联句》(原注：同汤西厓，诗载《古欢堂》集)。“阻风”，被风所阻，唐韩偓有《阻风》诗：“肥鳜香秔小艖艓(按：lóu dié 小船)，断肠滋味阻风时。”《联句》诗云：“朔风酝寒天，觱栗吹半夜，雪压云意浓”(惠)，“冰澌浪头驾，篙师如缩蝟，胶艇等缚舍”(汤)。惠写了风雪，汤联了浪头和船只。从全诗共六轮的联句看，惠汤风格相近，但细味之，汤诗更有气势，更加豪放。其中第二轮联，惠接着讲船：“旗翻乌转堕，弓拔帆倒卸。”而汤联句：“凄入怨女吟，气激猛士咤。”吟风花，弄雪月，往往是文人联句唱和的主题，但《阻风联句》却颇有大风大浪。从惠周惕的诗句看，有的是嘲笑势利小人的：“入窦巧寻罅，懵腾蚁在穴，蹩躠(按：bié xiè，缓行)虱行胯。”以蚂蚁、虱子比朝中小人，暗用《庄子·徐无鬼》典故：“濡需者，豕虱是也，择疏鬣自以为广宫大囿，奎蹄曲隈，乳间股脚，自以为安室利处。”这类吸血的小爬虫，结果是很不妙的，“不知屠者之一旦鼓臂布草操烟火，而己与豕俱焦也”①。第五轮联句，惠周惕诗说：“羞为苍蝇鸣，宁受腐鼠吓。”也是用《庄子·秋水》典故，表示身为鹓雏岂能受猫头鹰吃腐鼠的那种恐吓。京师宦游，惠周惕看到了那里的蚂蚁、虱子、烂老鼠、猫头鹰，而他自己的志趣，则要做“非梧桐不止，非练实不食，非醴泉不饮”的凤凰一类的鹓雏鸟。这是京城宦游以后在对上层社会有一定了解的基础上作出的人生定位，而这，又是红豆斋主人时期雅洁、坦然的禀性的进一步升华。

① 陈鼓应：《庄子今注今译》，第 656 页，中华书局 1985 年版。

康熙三十年(1691)，惠周惕考上进士，又经考选入翰林院深造，为翰林院庶吉士。这一年，他大约已四十五岁了。他的仕途经济很不一般。个人的出路是一回事，礼仪的束缚又是一回事。康熙十八年(1679)，他与江都汪懋麟(?—1688，康熙十五年进士)、溧阳彭桂(1631—?)、福建黄虞稷(后被召入翰林院修《明史》)、山东张贞(1637—1712)等均以亲丧未满未参加清博学鸿儒的考试。按清代的科举制度，翰林院庶吉士三年后再举行考试，成绩优良者分别授予翰林院编修、检讨等官，其余分发各部任用主事等职，或以知县优先委用，称为"散馆"。庶吉士的出路仅次于一甲的三名：状元、榜眼、探花。庶吉士是二甲三甲进士中又经考选出来的佼佼者。惠周惕入翰林院深造至1694年，再经考试，因"不习国书"(按：不熟习满文，元以蒙文，清以满文为国字，也叫国书)，没有得到编修、检讨等好位置，外调密云县知县。当时密云隶属京师，等于说在京畿任知县，应该说还是受重用的。前有所述惠周惕坦然耿介，自许凤凰鸟之类的人品，就必有惠周惕的尽忠尽力的工事役力。1694年他在翰林院深造期满经考试后到职，约1695年不见其行止消息，故可大致推断其到职一年即以身殉职。

从自许鹓雏到殉职，今存一文《太子太师保和殿大学士杜文端公墓志铭》为惠周惕著论①，正可照见周惕以身殉职的立功立德的形象。文端为谥号，杜氏名立德，字纯一，祖籍清镇江府金坛人，后为河北宝坻人。明崇祯十六年(1643)进士，不仕，顺治二年(1645)被荐仕为中书舍人。

---

① [清]钱仪吉纂：《碑传集》，册一，页一五五。

惠周惕表彰杜立德哪些功德呢？一是表彰杜以经术治天下。清初兵革未息，法制未立，官吏往往趁机为奸。时杜任给事中，条陈治疏，称"自古帝王之治，必由经术"，认为"宜及时举行经筵日讲，择廷臣之经明行修者为讲官，减繁文，从简要"，这样可使天下人"知所向学"。二是表彰杜整治财税的主张。清初财税制度混乱，地税和人丁税是政府收入最重要的部分，但征收时"荒地以踏勘为凭，亡丁以审编为据"，结果"审勘动逾数月"，辗转濡迟，办事拖拉，贪官污吏乘机中饱，上有蠲免赋税之实，而民无蠲免之惠。针对这一大弊端，杜氏提出"分疏款项，预行颁示，使天下穷乡小民，咸喻上指(旨)"，这样使"吏胥不敢为奸"。至于军需供给，粮草价格不定，临时取办，又不及时付款，账目混乱。那时战事未息，供应军需成为特大负担，"民之卖妻鬻子，以赴公上之急而饱吏胥之橐者，诚可怜悯"。杜氏也没有很过硬的办法，但他提出应由职能部门负责，核定价格，且能"使民先事为备"。其实，这是很难解决的，惠周惕到任一年，就是因"军需旁午(按：旁迕，纷繁)"而累死的。[①] 惠周惕表彰杜立德的第三点是主张君臣沟通。当时礼部示朝期每月三次，杜氏提出以朔(月初)望(月半)行"大朝之礼"，而每月五日、二十五日行"常朝之礼"，使"群臣得以陛见，陈所欲言"，"若进见稀阔，则上下不通"。康熙亲政后，杜氏因熟知钱谷出入和吏胥侵吞之状，于是"奏请各部、寺，钱粮归户部考成，一切皆自訾(按：通赀，计量)，省吏(按：巡察官员)但坐曹，行文书，不得为奸"。杜氏在相位十四年，被称

① 见本传第一节。

为“太平宰相”。原因是，杜氏“未尝有所兴革，而百官遵职，海内乂（按：yì，安定）安”，这期间虽吴三桂、耿精忠、尚可喜谋反，但转足之间即被削灭。杜氏为人“恬退寡言，及论是非利害，毅然不可夺”。居谏院，因事陈奏，往往有未被人注意的常事，故不在密封奏章中，恰恰是前者，裨益尤多。及为宰相，“天子有所问，辄从容条对，退而默不自言。其所弹劾，虽天子近幸之臣不少避”。杜氏乐于推荐人才，布衣下位，无所交谊，皆乐为之荐。主浙江乡试，又主礼部会试，都为国家选了好人才。对兄弟尽古道友爱之谊，康熙亲政，恩荫其子，杜氏却移荫其弟杜立本。平素居家，“惟课子弟读书，然不为科名计与寒素争进取，皆为人情所难者”①。反映客体，往往在反映中移入主体，评介他人，往往观照自身，从惠周惕对杜立德的评述中，或多或少，时隐时显，甚至活灵活现地出现惠氏自身的形象，杜氏的一些主张会被惠氏所学而履践之。以经术治天下，军需宜为先备，不应移害于民，简直就是惠周惕上任后的施政方针，退而默不言，临是非利害与争不让，留心常事而预为陈奏，课子读书而不为科名计较得失，实在又是惠周惕自己的品格。惠写的铭文说：“余忝同僚，作铭幽宅。俾公令闻，与国无极！”岂止同僚，密云宝坻，相邻予治，同僚同心同品，往往异曲同工，见杜也可间接见惠，杜惠令闻，竟可同时镌刻丰碑，这倒是惠氏始料未及的。今一语评惠：他是康熙三十四年许的一位以身殉职者，其主张和政绩，可间接由惠撰杜立德墓志铭观照之。

惠周惕的晚境，确实是很令人同情的。周惕生负才气，又

① 《碑传集》，册一，页一五八。

能刻苦努力，诗文写得很好，但直到四十五岁左右才考上进士，到职一年许即下世。郑方坤（雍正元年即1723年进士）为之写的小传说："昔刘须溪（宋刘辰翁，1232—1297）谓士方少时，志科举，辛勤过古人，不知心血之耗。及其得也，或陆沉州县，或流落边塞，坐念场屋，何心至此。今观砚溪之才与其末路之所以蹭蹬者，追诵前言，可为雪涕。"①

三、人论、文论、诗论

儒家道德仁论即儒家的人论居文论、诗论之首，惠周惕价值观的启蒙意义，从人伦理性到知识诗文的转换中介，诗文论要：文体的有定和无定，文章胜处简、奇、韵，文章的纲目和脉络，立论、命意和主观取舍功夫，诗文写作手法、表达方式、文章作法的有特色的探讨

论文论诗必先论人，这是儒家道德文章之一贯，作为思想家的惠周惕，其文论、诗论必以儒家之人论为纲要。这不仅是在具体内容上"谈其文必先论其人"，而且在其学理上，在其内在的逻辑关系上，必以人品为首品，惠周惕基于十七世纪初的吴文化的特点，与僧徒过从甚多，诗文唱和，也必以僧徒为对象。儒家的道德仁论亦即儒家论人的"人论"，经过明末清初的天崩地解的大变动以后，在士大夫的心目中是否改观了？略早于惠周惕的顾炎武（1613—1682）倡

① 《碑传集》，册四，页一二九三。

导开风气之学，针对宋明理学的思想统治而断言“理学，经学也”。意思是说，真正的理学应当是经学的一部分，决不能离开经学言理。他甚至认为，“刘石乱华，本于清谈之祸”，而明代的灭亡，根源在于“不习六艺之文，不考百王之典，不综当代之务，举夫子论学论政之大端一切不问，而曰一贯，曰无言。以明心见性之空言，代修己治人之实学”，结果闹得“神州荡复，宗社丘墟！”[①]早期启蒙时期一批历史的觉醒者，如王夫之（1619—1692）、黄宗羲（1610—1695）、顾炎武、傅山（1607—1684）、朱之瑜（1600—1682）、李颙（1627—1705）、颜元（1635—1704）等，他们按自己特有的方式“表现出对资本主义世界的绝对要求。他们的这种要求都是装璜在理论形式的还原（如人性论、泛神论、进化观点、劳动观点与财产观点等等）上面”[②]，一言以蔽之为“实学”。惠氏父子，特别是惠栋的汉学决非与实学对立，或从中梗阻而削弱之。惠氏首创的汉学，乃至戴震及其后学发扬光大的考据学、实证学，与顾炎武首创的“实学”的关系，汉学是实学的学术根底，是实学的逻辑背景和底层，是实学的理性渊源，是实务之学隐藏着的、最终的历史文化聚合。或以为顾炎武等人的学问也很大，无需惠、戴的汉学、考据学作逻辑补充，这显然不识学术史之绚丽多姿的特点，不识百花齐放的哲理。舆论的变革之后，随着社会的大一统的到来，深邃无比的学术研究往往是历史文化赖以发展的柱石。以此观之，我们是应当重新估价，充分肯定惠戴之学的历史贡献的。惠周惕的学

① 《日知录》，卷七，“夫子之言性与天道”条。

② 侯外庐：《中国早期启蒙思想史》，第 30 页，人民出版社 1956 年版。

术,尚是汉学的早期,若干论述更贴近实用、实务这一层面。汉儒解经的训诂学,顾炎武等人的实务学、实学,惠氏父子的汉学,在其理论总体上没有改变其儒学的道统,当然也不会改变儒家人论居文论、诗论之首的价值观念。

惠周惕表彰不因贫贱移志,不为富贵利诱而"折节读书,潜心入道"的精神,惠撰《宋文森先生暨陆太夫人六十双寿序》表彰宋文森的这种矢志于学的精神。[①] 宋文森是吏部尚书、文华殿大学士宋德宜的从弟。周惕自述:"余初馆先生(按:指宋文森)左塾(按:古时门内西侧的屋叫左塾)者三年,既又客文恪公(按:宋德宜谥号)门下十余年,知其家庭昆弟间事为详。"德宜未贵时,招四方名士结文社,文森与诸名士论学,德宜贵后,便不通交游,恐人行贿请托。还表彰文森淡于名利:与名士论学时才气横溢,功名可操胜券,后文恪公升大学士,诸名士争欲出其门,而文森"竟弃制举业弗事";文恪公招之前往京师,但不屑往来,在家"每日垂帘拭几清坐,萧然自得",几三十年。周惕总评之云:"先生不陨获(按:丧志)于贫贱,不充诎(按:得意忘形)于富贵,其天性自立固然,而又能折节读书,潜心入道,其蔑视天下之富贵利达,有以也。"这一批评标准,出于《礼记·儒行》:"儒有不陨获于贫贱,不充诎于富贵。"惠氏说其"蔑视天下之富贵利达",则又远不止《礼记》标准,确有启蒙曙光了。又如康熙二十一年(1682)撰写的《遵化李氏族谱序》,表彰明万历年间的李泰云先生的才华,"善持论,慷慨为文章,操纸笔立就,即一二语已惊其座人,故虽为孝廉,而名望几与

① 见载《砚溪先生遗稿》卷下,庚辰丛编。

公卿等”。更重要的是，表彰其善恶分明，不受魏忠贤(1568—1627)利诱。天启五年(1625)魏兴大狱，捕杀清议朝政的东林党人杨涟(1572—1625)等。杨涟曾上疏弹劾魏忠贤二十四大罪，次年被魏害死。而于李泰云先生，“时奄人魏忠贤用事，闻公名，欲罗致之，以好词重币，属有司召公，公佯为中风状以免。已而忠贤败，公名由此闻天下。”惠周惕在时隔六十多年后序及李泰云不受魏拉拢，定会有感于东林旧事。周惕慷慨议论说：“先朝熹庙(按：东林党事件在朝政腐败的明熹宗时)之际，士大夫之附奄人(按：魏阉)而贵显者，一时声势气焰所及，若沸汤烈火，触之者腐，蹈之者死矣，乃不移时，而肩披股栗(按：liè，裂开)，流离僵仆，祸且及于子孙，即有事而免者，天下相与迹事推骂，因文讪笑，不少假(按：宽)，虽其子孙亦羞道其故事，何其甚欤!”周惕的评价标准爱憎分明。时当李泰云进一步可平步青云，退一步则潦倒终身的关键时刻作何取向，惠氏又如何评价之？“孝廉此时独抱咫尺之义于荒村，憔悴忧思，回郁之中，至于死而后已。”如此大难临头，“此岂有所冀而然哉?”难道是还心存所念，有所个人的期待吗？恰恰相反，在惠氏看来，李泰云早已将生死名利置之度外。有此人伦，诗文写得又如何呢？惠氏说：“孝廉公于人伦名节之际，堂堂如是，则其文章可知矣。”几乎是说道德即文章。“先生以诗书文字述祖德而戒子孙，则其于君臣、父子、兄弟、夫妇、朋友之际，又可知矣。”几乎是说，文章即人伦理性。由以上可知，惠周惕由人论及于文论时，对儒家道德仁论并不泥古，而是善于守其原则而用其精神，鞭挞魏阉，褒扬支持和同情东林党的李泰云即其例，以道德与文章，人伦理性与知识庶几共同，于此确乎可窥其启蒙思想的光辉。

但道德与文章，毕竟二事，可贵的是，惠周惕竟然初探了人伦理性到知识诗文，人论而及于文论诗论的中介要素，从而使道德与文章，人论与文论、诗论不是简单地等同，而是求其由此及彼的转化关系，这较之通常所说的“道德文章”不乏等同之嫌的说法又高出一筹。这中介要素就是运思、情致、意向、韵味，简言之，即由道德人论至于情操，由情操思致而至于诗文。这种看法是比较合理的。惠周惕撰《山姜诗选序》，讲到通奉大夫户部左侍郎田雯的诗屋、嗜好、自号、诗集、书屋图等无不与山姜有关。山姜何物？惠周惕考之邢昺《尔雅疏》、陶弘景《本草注》、《太上导仙铭》、庾信《答陶隐居煎术启》等书，皆与导引成仙有关。山姜其物，“无奇葩艳蕊，佳果美实可以供玩赏而资饾饤，故诗人之比物托兴，怀人寄远者不与焉”。什么人喜欢此物呢？“惟其遁世长往，导吐纳以求神仙者，乃得采而饵之，以为好耳！”可田雯又不是这样的人，作为朝廷命官，入世治世，方兴未艾，怎能与赤松子（按：古代神话中的仙人）为伍同游？可田雯又偏偏喜欢这不那么美感的山姜，惠氏以古代学理儒道互补而研探之云：“吾闻古之君子，必有高世远举，脱屣埃壒（按：ài，尘埃）之致，而后无所往而不可。”行儒入世，但无妨“高世远举”。进士田雯的人伦品格，入世用世，却更有“闲旷绝俗，所以淡然于功名富贵得失之途”的美德。依此美德，寄情于物，既有淡泊于功名富贵，“特于山姜寓之，盖君子之取于物者如此”。因美德而别生情致，因情致、韵味而于形象思维的运思中别生诗文美感，文章知识，道德移情，移情生知赋美。周惕解剖一颗“山姜”，而获启蒙家所云“知识理性”的转换关系，其思想方法，仍得益于先秦哲人“直观一物而深悟其理”的思想方法。对田雯将淡泊名利之美德移情于并不美感的山姜，转而生成结集美丽诗篇的《田山姜诗选》，惠氏很有感慨，由美德而移情何物，对运思而成何种诗文极有关系。看来，惠氏揭示人们，对诗人来说，有其美德最可贵，移情何物应选择。山姜实用之物，“从古诗人未有举以为歌咏者”，而田公好之，“遂以见异于世”，物待人显，诗依物美，“彼夫奇葩艳蕊，佳果美实之消藏委翳于山谷间者”，说也说不完。诗人的移情之物，别生情致意趣韵味，适于运思而成美文的托物玩好，必须合乎诗人的个性！

对于诗文本身的规则格局，惠周惕作了许多有益的探讨。《砚溪先生遗稿》卷下有《论文十则》，惠栋《九曜斋笔记》卷二有《砚溪先生论文遗语》。此外，还有若干短札中也专论诗文。

关于文体的有定和无定。惠周惕认为文体无定，但有法。他说：“文体有定乎？曰：无定。方寸之面，位置耳目口鼻，千万人无一人同者，何定之有？无定遂无法乎？曰：有法。眉不置目下，口不居鼻之上也。”这当然是极为通俗易懂的说法。文体，钟嵘已言之。《诗品》卷中：“（陶潜诗）文体省静，殆无长语。”但这是说风格。惠氏所说的“文体”，大体上也是指风格、写法、体貌、体式等宏观问题。《文心雕龙·定势》说：“夫情致异区，文变殊术，莫不因情立体，即体成势也。”这里所说的体有风格和体裁两方面的意义，势据风格和体裁而定，刘勰分体为典雅、远奥等八体，主要还是从整体风貌和风格入手分的。惠氏还使用“文章体格”一语，与“文体”义近，大体指写法和风格。惠说：“文章体格递相摹拟，古人亦有之,然非摹拟其字句也。昔人谓朱文公《大学或问》等文是学南丰(曾巩,1019—1083)体,曾有一字类南丰否?"惠氏在《与文宾日》短札中,也讲到品类和体格,惠氏称赞文氏的诗品"在香山、放翁之间,而体格完密,句法老成,不似今世之学香山、放翁者,把玩涉旬,不忍释手……"惠氏把玩的正是诗品、类别等第、写法、风格、体制、诗美等。惠氏的文体论和体格论,是对变动不居的诗文作法、风格等的动观中求静观的定性把握,它对撰著诗文是有指导意义的。后来,龚自珍写过《文体箴》,过分强调文体的变动不居,凭才气而任驰纵,甚至说:"文心古,无文体,寄于古。"[①]不免使人无从把握对象。

论文章胜处简、奇、韵。惠氏说:"文以简胜,非寥寥短幅之谓简也;文以奇胜,非纵横驰骋之谓奇也;文以韵胜,非雕绘藻采之谓韵也。法,必谨布置而拘挛自困者,非法也;才,不受羁绁而偭背规矩者,非才也;气,必贵浩瀚而一往易竭者,非气也。"这就是说,是精简,不是篇幅短;是瑰奇,不是天马行空;是神韵,不是雕琢。至于法、才、气均有一定度,过"度"就会走向反面。惠氏以简、奇、韵为文章胜处三绝,很有创见。惠氏还曾举例说明"简"胜非篇幅短:陈后山(陈师道,1053—1102)代曾巩作文,仅数百字,曾巩犹以为冗字过多,抹去数处,每抹处连一两行,后山读之,尤觉首尾完善,因叹服,以为法则。惠氏告诫说:"学者慎勿以文字短长论工拙也。"以何论工拙呢?以胜处之"简",即"简明"。至于"奇",也不是怪奇,而应是胜处之奇,或谓瑰

① 《龚自珍全集》,第七辑,页四一八,上海人民出版社 1975 年 2 月新版。

奇即是。惠氏认为，如以怪奇为取舍，这本身就是标准不当，最不应该的是不识瑰奇而误为怪奇。惠举例并借以自我解嘲：“乙卯年（康熙十四年，1675）举场（按：乡试，考举人），余与葛柬之筠同为主考官所摈。柬之幸而复收。别驾（按：官名）孟先生语余曰：孙公当日以柬之卷为小怪，子卷为大怪，故同考（官）力荐，终不能得。今余落魄颓废，不复能怪矣，未知柬之小怪亦少差否也。”惠氏认为，他的文章是于胜处瑰奇，不是“怪”，是主考官不识文章佳胜处而误判害人。惠周惕是不满科举制度的腐朽做法的。

关于文章的纲目和脉络。这两者是有联系的，但前者是从文章结构讲的，后者是从文章写法和行文讲的。纲目、脉络，这些有关作文法的常见说法，人人知道，但个个不问，真要说它个一二道道，也颇不易。关于文章需提挈总纲，周惕说：“头绪繁处全在提挈得力，若网在纲。发之受栉，虽多不乱，《左传》、《史》、《汉》篇篇如此。”凡不能提挈总纲，以致纲举目张者，“便是一盘散钱，朱紫阳曰：读六朝人诗，使人四肢不收。此之谓也”。讲到文章脉络，周惕谓先辈论文既讲“法”，又讲“脉”。有脉方能有生气。人有脉方能荣颜体健，地有脉方能山水衍流，故人体“会于太渊（按：经穴名称），循行十二经络中，而浮沉迟数（按：快慢）有定数焉，反是则病脉也”，而大地则“发于昆仑，纵横于五岳四渎间，而起伏断续有变化焉，反是则绝地也”。有关提挈总纲，讲究脉络对作文的意义，刘勰《文心雕龙·通变》曾有论述：“是以规略文统，宜宏大体，先博览以精阅，总纲纪而摄契，然后拓衢路，置关键，长辔远驭，从容按节，……”从而写出

“万里之逸步”的气象阔大的文章。[①] 惠氏的说法是对刘勰的继承。惠氏认为文章纲领、脉络至关重要，他曾以《史记》为例说明之：“《史记》长篇之妙，千百言如一句，由其线索在手，举重若轻也，识得此法，便目无全牛。”[②]由此可知，在惠周惕看来，作文善于提纲挈领，伏脉千里，便可渐入佳境，做到游刃有余，由必然而进入自由的境界。纲目清楚，脉络分明，在多头叙事中尤为重要，且提挈总纲需渗透到每一局部中去，周惕说：“凡为文，题绪太棼者，必于一字一句挈其要领，乃可驱繁驭冗，就我绳尺。”[③]应该说，惠氏对纲领脉络的重要性和把握途径的说明，还是比较具体的，味之十分有益。

关于立论、命意和主观取舍功夫。惠氏说：“古人立论虽一事不妨异同。”这显然是从文章命意来使用“立论”说法的含意的，这里的“立论”之“论”不是指论题、论点和论据，那是更需要客观标准、取客观态度的。惠氏认为，立论、命意当需“摄要”，“亦各抒所见，不以此而废彼也”。这就是说，既要取客观态度，又需要主观取舍。“今人遇一题，见一佳文必为如此则合，如彼则不合，此竖儒之见，未足与论文也。”诗文是艺术，遇同一描写对象不止有一种写法，可各付手笔，各施才华，从不同视角立意，写出姿态各异的文章来。惠氏关于诗文立论的开明主张，很大程度上已脱离经学藩篱，而取艺术创造的视点。这无疑也透露出启蒙时代文艺思想的信

---

① 《文心雕龙》范文澜注本，第521页，人民文学出版社1960年版。

② 《九曜斋笔记》，卷二，“砚溪先生论文遗语”条。

③ 《九曜斋笔记》，卷二，“砚溪先生论文遗语”条。

息。关于立论命意，刘勰有过多处说明，但大都强调经书圣人之意对立论的指导作用。《文心雕龙·征圣》："正言所以立辩，体要所以成辞，辞成无好异之尤，辩立有断辞之义。"《情采》篇则说："是以联辞结采，将欲明经。"惠氏关于立论命意的开明说法，无疑是一大进步。关于命意，惠氏在《与目存上人》的简札中因诗文往来谈到："大凡作诗，一首先立一意，一意之中有开合、顿挫，自无重沓不属之病，其句法要变，字法要新，所最忌者陈俗现成耳。"这里是将作诗命意与属句用字、讲究开合顿挫共加讨论的，但具体作文之法的先行预设则是命意问题。首先是命意本身，其次是命意以后情感表达形式的多样可变、追求新颖等特性。章学诚（1738—1801）曾说："论诗论文而知溯流别，则可以探源经籍，而进窥天地之纯，古人之大体矣。此意非后世诗话家所能喻也。"[①]惠周惕立论命意之说不言"探源经籍"之类，正是后世诗话家的新见。周惕在与友人往来之中，许多都是命作新意诗文或画的恳求。例如《与目存上人》信："扇头画，望辍忙一作，敝寓虽荒陋，左右景物颇佳，东禅树色浓绿新染，幸竭吾师笔力，为之具题新句其上。"又如批评僧齐圣："其诗似太现成，不知当从何人受学，稍染一种习气，必须捐去故技，乃造新清，不如尊兄本无一物，易为提撕也。"又如请目上人为田雯画一山姜书屋图，"其地旁城外，河流屈曲绕之，四面无山，远处惟水一带，余则斋地，南北车马之所经历也。山姜花在堂前，即田公读书之所，可想象之景为之。"红豆斋主人、田园诗人，熟谙禅诗等，都要求诗文立论命意不拘旧格，

① ［清］章学诚：《文史通义》内篇《诗话》。

来一次超越经籍的尝试。至于如何熔铸新意，惠氏《铁庵赞》说："取舍在世，炉鞲在我，一刚一柔，无所不可，此良工之门所以无钝铁，君子之学所以贵达节也。"戴震也讲过类似的话："做文章极难……吾如大炉然，金银铜锡入吾炉一铸，而皆精良矣。"[①]《文心雕龙·熔裁》："檃括情理，矫揉文采也。"又说："规范本体谓之熔，剪截浮词谓之裁。"惠、戴的大炉熔铸，重在"檃括情理"，立论命意，但这不等于说轻视炼句。周惕说："炼意为上，炼格次之，炼句又次之。然古人句法皆有师承，亦似草草不得。"与立论炼意密切联系的是议论，"用议论毋伤于远，远则不与题意相附丽；作波澜勿失之疏，疏则不与题位相比切"。这既是对发议论的内容的要求，也是对其内容表达方式的标界。关于炼意，当然是炼得越精到越好，但不应意尽味穷，那是把意炼歪了。周惕说："古人作诗作文，俱不欲过尽，过尽则意味无余。"[②]

惠氏还对诗文的写作手法、表达方式、文章作法作了若干有益的探讨，而手法、方法又往往是形成佳境的途径。例如关于作文的转、抽之法，他说："韩文佳处在转，欧文佳处在抽，抽即转之变也。学者解此二字，则于篇法股法浅深次第之旨了然矣。"这是在寻找手法和佳境的关系。这说明，传统的文艺美学的一些说法与常用的一些分析性的写作方法之间，是有联系可寻的。关于表达方式，有旁支衍申，借客形主之法，这与作文说废话是有区别的。惠说："古人文章只是无闲话，然有旁见侧出，借客形主，绝非闲话者。《史记》如

① 《戴震集》，页四八六，上海古籍出版社 1980 年版。

② 《九曜斋笔记》，卷二，"砚溪先生论文遗语"条。

此最多，韩（李）延寿《南北史》于细琐事极详，亦此法之变。作长题尤宜了此也。”[1]长篇大论的文章，一泻千里固然很好，但为内容要求，旁见并提亦无不可。还有倒叙旁挈，亦属此类。惠说：“或语余古文不用倒挈。因随举太史公《大宛传》起句便云大宛之迹见自张骞（传），何尝不倒挈也？”[2]表达方式、文章作法等，往往体现于内容的形式特征，亦为至关重要，例如，古代散文有韵，亦有对偶（特别是骈文），散行长短句就不是古文云。惠说：“文字用对偶自《左传》、《国语》已然，然唐宋大家昌黎最为变化，然其间用对法，但长短疏密不同耳，曾子（巩）固惯用此体，至近来唐荆川（唐顺之，1507—1560）古文则又篇篇用对偶矣，以此观之，则今之散行为古文者非也。”[3]惠氏还认为，写作手法中最蹩脚的是那种“用古文现成语及摹拟体”。这显然是近乎抄袭，或食古不化的意义上讲的。惠说：“有人喜用古文现成语及摹拟体制成文，余谓之曰：譬如人食鱼肉便下鱼肉，医家必谓大病，读古文便抄古文，可不谓之病耶？此虽戏言，亦有至理。”[4]写作手法中还有一种打边鼓法，它对构思形象、描写事物、升华意境等均有作用。惠说：“诗人赋物有正面，有反面，反面易写，正面难工，如人深情逸态，都在若远若近，隔花临水，所谓‘画工欲画无穷处，背立东风初破睡’者也。领得此意，方知诗人写物之工。山姜先生常言今人不晓‘打边鼓’法，所

① 《论文十则》，见载《砚溪先生遗稿》卷下。

② 《九曜斋笔记》，卷二，“砚溪先生论文遗语”条。

③ 《论文十则》。

④ 《九曜斋笔记》，卷二，“砚溪先生论文遗语”条。

以作诗不佳，信然。”[1]我们注意到，周惕不仅提出了诸如转、抽法，旁支衍申法，倒叙法，对偶法，打边鼓法等手法、方法而独立探讨之，而且作为手法，照应到它们与文体、文章胜处、纲目脉络、命意取舍等宏议间的联系。更有意思的是，这些手法、方法本身也被看作有最佳胜处可寻的艺术。艺术手法、艺术方法本身也是艺术。我们可由此窥见惠周惕细致的匠心与颇富中国传统美学意义的科学思索的结合。惠氏在普遍地寻求写作的手法、方法，也在寻求那些手法、方法应用时的最佳胜处。

四、《诗说》在《诗经》研究史中透视种种

该书的写作，《诗经》研究史长河中的《诗说》，《诗》大雅、小雅以音乐为别说和对《大序》的批评，《诗经》各个时代的诗中都有正、变说和对郑樵的批评，对“二南”的独见和对毛传、郑笺、孔颖达、朱熹的批评，对朱熹“《鲁颂》有僭”说的批评，《诗说》本论成就举例：批评朱熹将《郑风》全归结为淫诗的批评，《小雅·十月之交》天文历法考论

惠周惕著《诗说》，定稿于康熙二十二年（癸亥，1683）以前，田雯为《诗说》写的序称：“余爱其书，为录一通，序而藏之以俟焉，癸亥秋七月，济南德水田雯书。”序还说：

① 《九曜斋笔记》，卷二，“砚溪先生论文遗语”条。

“惠子通经绩学，以诗、古文鸣于时，当事尝以其名闻征诣公车，以父忧不赴，人咸为之侘傺太息焉。”[①]“父忧”指惠有声1678年逝世。[②]因父丧三年，惠周惕当于1681年北上赴京师，大致可推《诗说》的写作在赴京前后。《诗说》篇幅不大，分上中下三卷，约四万字。

惠著《诗说》的意义，当放在《诗经》研究史的长河中考察。诗经学的课题很多，但大的课题有二，一是诗经学的流派有汉宋两派，汉学又分今文和古文两派，各各具体研究之。二是诗序的作者及其争辩。《诗经》研究的流派，今文学分鲁、齐、韩三家，西汉时都曾立于学官，古文学仅毛氏一家，毛公诗学自谓传自子夏，著有《毛诗故训传》三十卷，但西汉时毛诗未立于学官，东汉郑玄以大毛公毛亨作《故训传》并为之笺，郑笺宗古文而吸收今文，形成盛极一时的通学，唐孔颖达《毛诗正义》遵守疏不破注的原则，引申毛郑。宋欧阳修《毛诗本义》始辨诘毛郑，断以己意，苏辙著《诗序传》攻击毛《序》，南宋郑樵作《诗传辨妄》，直斥《诗序》为村野妄人所作。朱熹受郑樵的影响，著《诗集传》及《诗序辨说》。朱熹弃《序》不用，杂采毛、郑，间录三家《诗》，以己意为取舍，又举出《诗》三百零五篇中有淫佚诗二十四，一反“诗无邪”的传统经说，但没有走向用文学艺术分析《诗经》。清代陈启源《毛诗稽古编》、戴震《毛郑诗考证》、马瑞辰《毛诗传笺通释》均以疏通毛郑为宗旨，直到陈奂作《毛

① 《诗说序》，田雯撰，见丛书集成初编本1740号《诗说》，[清]惠周惕著，该书还有四库全书本、清经解本等。

② 见本书第一节、第二节。

诗传疏》，去郑用毛，从根本上恢复《诗》古文学的面目，陈氏又著《郑氏笺考证》，考求郑笺来源，毛诗古文学逐渐大行于清代中叶。① 至于《诗序》作者问题，立说种种。周予同曾概括出十二种②，现稍加补充并列表如下：

序号	朝代	姓　名	所在著作	大　序	小　序
1	东汉	郑玄	诗谱	子夏作	子夏、毛公合作
2	魏	王肃	家语注	子夏作	子夏作
3	刘宋	范晔	后汉书·儒林传	卫宏受学谢曼卿而作	卫宏受学谢曼卿而作
4	唐	颜师古等	隋书·经籍志	子夏创，毛公及卫宏润益	同左
5	唐	韩愈		非子夏作，后人借子夏名显其传	同左
6	唐	成伯玙	毛诗断章	子夏作《诗序》首句，以下出毛公	同左
7	宋	王安石	三经新义	诗人自制	同左
8	宋	程颢	经说	孔子作	国史旧文
9	宋	苏辙	诗经传	卫宏所作，仅首句存孔子旧文	同左
10	宋	王得臣	麈史，卷二经义	首句为孔子所题	同左
11	宋	曹粹中	诗说(佚)	毛传初行无《诗序》，后门人各记师说而成	同左
12	宋	郑樵	诗传辨妄	村野妄人作	同左

① 参见朱维铮编《周予同经学史论著选集》，第 237 至 240 页，上海人民出版社 1983 年版。

② 《周予同经学史论著选集》第 236 页。

郑樵的影响很大，此后，王质（1135—1189）著《诗总闻》二十卷、朱熹《诗序辨》一卷、吕祖谦（1137—1181）著《吕氏家塾读诗记》三十二卷、陈傅良（1137—1203）著《诗解诂》、叶适（1150—1223）著《习学记言》、顾炎武著《日知录》卷三“诗序”条、崔述（1740—1816）著《读经宗论》二卷，都对《诗序》作者问题作了探讨。

以上二题，即诗经学流派和《诗序》探源，无疑是评价惠周惕《诗说》的学史坐标。诗经学的发展，唐以前一般都认为子夏作《诗序》，唐韩愈疑《诗序》非子夏所作，宋欧阳修、苏辙与汉儒立异，但不废《小序》，朱熹删去《小序》而另为一编，但不废注疏。郑樵、王质各自立说，并传注去之，此后凿空臆说增多。清初汉学开始批判空疏之学，惠周惕《诗说》是这支队伍中的一个方面军。惠氏的做法，诗旨概述本于小序，立论采自六经，旁搜博取，疏通证据，一字一句均讲究其来历，显然直启惠栋求《毛诗》古义。田雯序评之为“有汉儒之博而非附会，有宋儒之醇而非胶执，庶几得诗人之意，而为孔子所深许者欤！”这就是说，《诗说》千方百计返回和张扬汉儒，光大毛郑，但也吸收宋儒。周惕的老师汪琬《诗说序》评介之称：“好为淹博之学，其于诸经也，潜思远引，左右采获，久之而恍若有悟，间出己意，为之疏通证明，无不悉有依据。”可见说《诗》者广求证据，并有个人见解心得，但“非如专门之家，守其师说而不变者也”，这就是说，以求实为主，并没有很深的门户之见。汪琬本人对《诗经》也有很深的研究，后来也有著述，这时已见到学生惠周惕的著作，故云“其所著《诗说》先成”，“辄抚卷叹息，以为当让斯人出一头地也，故乐得而序之”。《诗说》“间出己意”，不乏新说，“虽未知于孔子删诗之意，果合与否”，但就全书的学术成就和风格而言，汪氏认为该书“博而不芜，质而不俚，善辨而不诡于正”，故认为周惕是“毛郑之功臣，夹漈（郑樵）紫阳（朱熹）之诤子矣”。[①]

《诗说》的主要成就和见解有：《诗》大雅和小雅以音乐为别，不以政事为别；正雅、变雅，美、刺错陈，不必分《小雅·六月》以上为正雅，《六月》以下为变雅。也不必分《大雅·文王》至《卷阿》为正雅，《民劳》至《召旻》为变雅。周惕称《毛诗大序》为《自序》，这个“自”字，或指子夏，或指毛公。惠氏说：“《自序》之言曰：雅者，王政所由废兴，政有小大，故《诗》有小雅，有大雅。”《大序》是以政事区分大小雅的。但《大雅·常武》、《小雅·六月》同为美周宣王北伐，《大雅·卷阿》、《小雅·鹿鸣》同为求用贤士，而有大、小雅之分，是何原因？有人解释道：《常武》是周宣王亲征，《六月》不过是命将领前往，军容不同；《卷阿》为周成王求贤，《鹿鸣》为周文王求贤，天子诸侯，尊卑有别，故有大、小雅的区别。惠周惕驳诘之曰：“然则《江汉》宜在小雅（按：写周宣王命召公领兵往征淮夷获胜），《成宣》宜在大雅（按：或指《小雅·采芑》，写周宣王南征事），今何以或反之，或错陈之也？”可见大小雅并不以政事分类。后来朱熹又说《小雅》是帝王宴群臣和国宾时的音乐，《大雅》是使诸侯、群臣、外国使者朝见国君时的音乐，是一些“受釐（按：lài，接受赐予）陈戒之辞”，有的“欢欣和悦，以尽群下之情，有的恭敬齐庄，以发先王之德”，“词气不同，音节亦

① ［清］汪琬：《诗说序》，见载《诗说》，丛书集成初编本1740号。

异，多周公制作时所定”。[①] 又有严华谷（待考）认为“雅”是明白正大，直言其事，雅体之纯为大雅，间杂风体的为小雅。章俊卿（待考）则说：“风体语皆重复浅近，妇人女子能道之，雅体则士君子为之也。”认为小雅虽与风体不同，但有重复，未至浑厚大醇，大雅则浑厚大醇。惠周惕认为朱、严、章三说以朱说为长，惠氏认为，朱熹虽然《诗集传》已弃《诗序》不用，但研《诗》之法“犹未离《序》之所谓政也。《序》既以政之为言，则大小必有所指，此辩难之所以纷纷也”。把朱熹的糊涂认识也归于《诗序》，与前面提及的《诗序》因政事而分大小雅为谬说同，可见惠氏对《诗序》的批评态度；再者，关于朱熹对《诗序》的态度，惠说也较通常以朱弃《诗序》不用的看法深刻。周惕在对诸家开展批评的基础上，提出了大小雅以乐分的证据。他说：“（《礼记》）《乐记》师乙曰：广大而静，疏达而信者，宜歌《大雅》；恭俭而好礼者，宜歌《小雅》。（《左传·襄公二十九年》）季札观乐，为之歌《小雅》，曰：美哉，思而不贰，怨而不言！为之歌《大雅》，曰：广哉熙熙乎，曲而有直体！”大小二雅前均冠之以“歌”字，周惕的结论是：“据此，则大小二雅，当以音乐别之，不以政之大小论也。如律有大小吕，诗有大小明（按：分辨、区分），义不存乎大小也。”[②]如衡之以《诗经》研究史的坐标，周惕的大小雅音乐区分说也有根底渊源。孔颖达说过：

① 惠说见《诗说》卷上，引朱熹的说法可核见《诗集传》卷九，页九九：“小雅”注释，中华书局 1960 年版。

② 惠周惕的话见《诗说》卷上，引《礼记》、《左传》的说法可核见《十三经注疏》，下册，页一五四五中栏，页二〇〇七中栏、下栏。

"诗体既异,音乐亦殊。"宋程大昌《诗论》:"音既同,又自别为大小,则声度必有丰杀(shài)廉肉,亦如十二律然,既有大吕,又有小吕也。"句中"丰杀廉肉"指声音的大、小,窄细、洪美。据今人的研究,上古原来就有一种名叫"雅"的乐器,为正乐所用,雅乐由此得名。"雅乐"原来只有一种,无大小,后来有新的雅乐产生,旧的便称作"大雅",新的称作"小雅"。① 如此看来,以音乐说大小雅之分,是比较合乎事实的,惠周惕对《诗》大小雅的区分的研究是有意义的。

关于正变之说,出于《大序》②,而《文中子》取以说《豳风》,③其后诸儒皆从之。郑樵始倡风、雅不分正、变之说,这当然与郑氏视《诗序》为村夫妄作是一致的。惠氏认为,正和变是应区分开来的。正、变犹美、刺,《诗》有美不能无刺,故有正不能无变。关于美刺,周惕举出美卫武(按:例淇奥)、美郑武(例缁衣)、美周公(例狼跋)、美宣王(例吉日),刺卫宣(例匏有苦叶)、刺郑庄(例大叔于田)、刺时(例氓)、刺乱(例溱洧)、刺宣王(例黄鸟)、刺幽王(例节南山)、刺厉王(例民劳),等等。以上都是些美刺十分明显的。还有一些是隐言美刺的,惠氏举出庄姜伤己(按:见日月、终风)、闵无臣(见扬之水)、思周道(见匪风)、大夫闵时(见苕之华)、卫女思归(见泉水)、思君子(见丘中有麻)、南征(见采芑)、复古(见车攻)。美刺,不论是明显的,还是隐言的,既可从《小序》看出,也可从诗篇的内容看出,

① 夏传才:《诗经研究史概要》,第24页,中州书画社1982年版。

② 《毛诗大序》的正变之说,《十三经注疏》,上册,页二七一下栏。

③ 见《文中子·周公篇》,《二十二子》,页一三一六中栏。

如以美刺为一准绳，几乎所有的诗篇都可依此裁定而集结之的，以美刺为正变之反映，则不能无正变，惠氏是力反郑樵无正变之说的。惠氏认为，美者可以为劝，刺者可以为惩，"故正变俱录之编诗先后，因乎时代，故正变错陈之"[①]。正变以美刺为参照，美刺处处有，正变也就在各个时代的诗中都有，不能说某时代的诗只有正，某时代的诗只有变，当然也就不能说某篇至某篇为正，某篇至某篇为变，因按时代先后编定的某一时段的诗篇中有美有刺，当然也就有正有变。

《诗说》对周南、召南亦有独见。惠氏认为，二南二十六篇皆拟为房中之乐，不必泥其所指何人。批评郑玄笺将周召之分误以为文王。惠氏指出，学界往往以二南均写太姒（文王妻，武王母）一人，但言后妃如何如何者甚多，例《葛覃》言"后妃之本"，《卷耳》言"后妃之志"等。若二南皆写太姒，当然也就皆及文王，可《二南》写了若干王、诸侯。例如《麟之趾》写了"衰世之公子"，《甘棠》则美召伯。或认为周文王在商代时是诸侯，后来追谥为文王方为王，太姒亦然，时间有先后，不论称呼如何，都应是专写文王和太姒的。惠氏认为，如按这个说法，诸侯在先，追谥文王在后，则相应地《召南》应在先，《周南》应在后，但恰恰《周南》在先，可见上说不能成立，二南不是专写文王和太姒的。欧阳修也曾怀疑毛郑和孔颖达正义"二南之风，实文王之化，而美后妃之德"的说法，[②]这当然与前面提到的欧阳氏"始作俑"辩诘毛郑是一致的。但欧阳修对他的疑团不得其解，于是取"鲁

① 《诗说》，卷上，页二，丛书集成初编本。

② 《十三经注疏》，上册，页二六九下栏。

诗衰周"之说[1]，以为近之。朱熹不满于欧阳修的解释，认为"子孙无故播其先祖之失，于理未安"。朱熹说《诗》虽往往阐释己义，但对二南"美后妃之德"则仍旧说而无发明。惠周惕认为，按《小序》，《关雎》写后妃之德，《葛覃》写后妃之本，《卷耳》写后妃之志等等，已透露出后妃非太姒一人的信息，"未尝指后妃夫人为何如人，后之训诂家，推迹其自始，以为太姒耳"[2]。这里所说的"后之训诂家"包括毛、郑、孔颖达，也包括朱熹。周惕对他们在二南非专述文王、太姒这一重大问题上均持批评态度。周惕又考《仪礼·乡饮酒礼》、《乡射礼》皆"合乐周南：关雎、葛覃、卷耳，召南：鹊巢、采蘩、采苹"，《燕礼》则弦歌周南、召南之诗[3]，于是推断周公作《仪礼》时已有周南、召南，或者由召公（召康公奭）作之而被之管弦，或是周公采之而付之乐官太师。这里，惠周惕显然采取古文经学的立场。《仪礼》作者的说法有二，一是古文经学说，以《仪礼》与《周礼》并为周公作，以唐贾公彦《仪礼疏》为代表，一是今文经学说，以《仪礼》为孔子所定，以皮锡瑞《三礼通论》为代表。惠周惕将二南均系之周公，也可能有召公之作，是颇重要的见解。二南的来历，历来有三种看法。一种是《诗序》："《关雎》、《麟趾》之化，王者之风，故系之周公；南，言王化自北而南也。《鹊巢》、《驺虞》之德，诸侯之风也，先王之所以教，故系之召公。"二是

---

① 参见欧阳修：《诗本义》，页二八七至二九〇、页二八九上、页二九二下至二九三下、页二九八下至二九九上，文渊阁四库全书本，册七〇。

② 《诗说》，卷上，页四。

③ 可核见《十三经注疏》，页九六八中、页九九六上、页一〇二一中。

朱熹、郑樵以周、召为周公、召公采邑，二南为二公采邑之诗。三是王质、崔述、梁启超认为“南”是诗歌体裁，与风为二，因起于南方，北人仿效之，乃以“南”命名，大约采集于周公召公秉政时，故命之以二南。其产生年代，有西周说，有东周说，也有西周、东周兼有说。与上面三种说法有所不同，清初惠周惕说自有其特点，最大特点为考出周公，或周、召二公作于《仪礼》之前，或周公采之于著《仪礼》之前。除了从文献考索以说二南非专写文王、太姒外，还从二南文辞看。惠说：“今读其词有劝勉教诫讽喻之意，盖欲为后妃夫人者如诗言云尔。不必言后妃夫人何人也。”这好比《小雅·鹿鸣》宴群臣，《四牡》劳使臣，《常棣》宴兄弟，《伐木》宴朋友，均无确指何人。这么说二南与文王太姒就无关了吗？惠周惕的回答是既有关又无关。作诗之意或本于文王太姒，但周公把它看作房中乐，用以告后之后妃夫人。这有点暗合于文学创作的原型和典型之不同。“周自姜嫄兆祥，至太王有姜女（按：古公亶父即太王之妃太姜生少子季历），王季（季历）有太任，文王有太姒，累世妇德，至太姒而始大，而文王又有‘刑于寡妻’之诗，故说者据是为文王耳，其实不可考矣。”①清初惠周惕一反毛、郑、孔颖达、朱熹的看法，创为新见，他走出了“二南专写文王太姒——二南普遍为后妃之德，非专一人——二南纯为文学作品，爱情诗”这一漫长历程的第二步，其意义自不待言。与这一问题有关系的是，惠氏批评郑玄误以文王分岐周之地为周公、召公之采邑，因而文王有二南之诗作。周惕考二公之封在武王克殷之后，不

① 《诗说》，卷上，页五。

在文王。《史记·鲁周公世家》、《燕召公世家》载封国始末不言文王。《大雅·江汉》有“文王(按:今《十三经注疏》本作‘武’字)受命,召公维翰”,郑或据此以为文王,惠氏认为这不足为训。《召伯·甘棠》有三咏召伯之文字,此时文王何在?文王此时已为西伯,如再封召公,是一国二伯,况且不知是商纣王封召伯?还是文王封召伯?故可知郑玄之说为讹。可是二南仿佛为文王所作的文字很多,这又是何故?惠氏的答复是:“此追咏其事而归美焉,兼取当时国人之所作而系之。”犹如《豳风·七月》旧谓歌颂后稷之事,但未谓《七月》为后稷所作,同理,二南亦非文王诗作。在惠氏的眼中,二南既非文王所依,所考为周公,或周公、召公并作就是较为首肯之事。

批评朱熹的一个著名说法“鲁颂有僭”,认为恰恰是鲁颂无僭。《诗经》无鲁风,何故?郑玄的解释是:周尊鲁,故巡狩述职,不陈其诗。① 故没有鲁风,事情果真如此吗?非!幽王厉王以后,王者不巡狩久矣!可是有十三国风,即邶、鄘、卫、王、郑、齐、魏、唐、秦、陈、桧、曹、豳风。都是谁采谁录之?天子赏罚,视其诗之贞淫。如果确实为天子尊鲁,何妨采其诗之贞者,以示异于天下,不采鲁风,是弃其美者而一并掩蔽之,这怎么能说是尊鲁呢?天子不采鲁也罢,为何鲁人不自采而废?为何季札观乐,遍及诸国,但就是没有鲁诗,这又怎样解释,可见无鲁风不是周天子尊鲁造成的,而是因鲁有颂的关系。关于《诗经》有《鲁颂》,郑玄褒之:孔

① 这一说法可核见《十三经注疏》,上册,页六〇八下栏。

子录之，同于王者之后。朱熹贬之：著之于篇，所以见其僭。[①] 惠氏认为，这都是以诸侯仅有风诗，天子方有雅颂为标准而说之，郑、朱皆误。周惕引其师汪琬《类稿诗问》：十五国风中的二南是天子诗，可见国风中不仅仅是诸侯诗，雅颂中小雅有《宾之初筵》，大雅有《抑》，颂有《鲁颂》，皆诸侯之诗，可见雅颂中不仅仅是天子诗。惠氏自豪地说，其师说"足以破众说之纷纷矣"[②]。在惠氏看来，风雅颂不当以天子诸侯撰著成为畛域，均有夹杂其间，这一说法为后人更好地从《诗》三百篇体制研究风、雅、颂铺平了道路，也是从艺术角度探讨六义的一个初阶。后来章太炎《六诗说》曾认为赋比兴风雅颂就是六种诗体。

如果说，《诗说》卷上是通论，卷中卷下是具体论述诗意的本论，包括对各诗之前的《小序》研究述评。例如郑风《小序》惠周惕的述评严厉批评朱熹。认为朱熹释诗，多据郑樵。"凡于郑风《小序》刺时、刺忽、闵乱之作，力诋其谬，改为淫奔之诗，其言亦辨而正。"例如《郑风·将仲子》序云："刺庄公也，不胜其母以害其弟。"朱熹"将仲子兮……亦可畏也"集传："此淫奔者之辞。"《郑风·山有扶苏》序："刺忽也，所美非美然。"朱熹"山有扶苏……乃见狂且"集传："淫女戏其私者曰……"《郑风·出其东门》序云："闵乱也，公子五争，兵革不息，男女相弃，民人思保其室家焉。"朱熹"出其东门，聊乐我员"集传："人见淫奔之女而作此诗。"等

① 郑说见《十三经注疏》，页六〇八下栏右。朱熹说法见《诗集传》，页二三七，"鲁颂"集注，中华书局版。

② 《诗说》，卷上，页六。

等。可是，朱熹并不知道，“郑国之乱在君臣，风俗之淫，犹其小者也”。三十年中，弑君夺位数见，既立昭公，又立厉公，已而厉公见逐，昭公入，既弑昭公而立子亹（wěi，美），子亹被杀于齐而子仪立，十四年后子仪被杀而接纳厉公，易君窜国，视同儿戏。惠氏批评朱熹说：“岂区区淫乱之奔，足以蔽其辜哉！朱子欲绝郑而实宽其大恶，亦弗思矣。”[①]前面谈到，朱熹废《小序》而另立一编。以郑风观之，既废《小序》，又另立他说归郑风于淫乱。在《诗经》学史上，朱说在他的时代自有其意义，学史发展到清代，惠周惕对朱说郑风淫乱的批判，是一次新的截断中流，如批判郑国最高统治者为准绳，衡量社会现象，分清主次，认清最高统治者是主凶，又将矛头指向理学，这无疑是清初启蒙思潮中的一支力量。惠周惕重《诗经》古义研究，后继者又有惠栋以同样的方式加入了彼时的启蒙大军。

卷下所涉及的历法问题也是值得我们注意的。它反映了周惕本人的知识结构，和惠士奇、惠栋继承家学而于治经中谙知天文的渊源。《小雅·十月之交》讲周幽王六年十月朔发生日食，郑玄笺认为十月是周历十月，夏历八月。苏辙则认为是夏历十月，无关周历，惠氏同苏说。今谓苏辙、惠氏误。《十月之交》说：“十月之交，朔日辛卯，日有食之……”现代学者推算这是周幽王六年十月朔，即公元前776年9月6日（夏历为八月份）的日食。但周惕驳论中的若干意见值得重视。苏辙、惠周惕以为夏历十月，理由是《左传》二至二分（按：一般说，春分在夏历二月，夏至在夏历五月，秋分

① 《诗说》，卷中，页一五至一六。

在夏历八月，冬至在夏历十一月）有日食不为降灾。《春秋》记载日食有三十七次，除少数几次待考证以外，已证明绝大多数是正确可靠的。《小雅·十月之交》既是降了大灾，那就不在夏历八月，只能在夏历十月了。日食与灾异无必然联系，据此作历法推算当然也容易致误了。苏、惠之说证据是很不充分的，结论也是错误的。而郑玄则据《春秋经·昭公七年》："四月，甲辰，朔，日有食之。"结果是，同年秋天，"八月，戊辰，卫侯恶卒"。同年冬天十一月，"癸未，季孙宿卒"。可见分至所在的夏历八月、十一月有大灾，从而旁证《诗·小雅·十月之交》日食降灾可在夏历八月。可是汉代历法并无周幽王八月朔日食之事，而唐历有之，惠认为这是后人附会。对郑玄不无参考旁证价值的说法，惠周惕驳论提出的"汉历古历有差"之说，很有价值，历法差异源于天象运动中的岁差。以冬至点论，周代冬至点与汉代冬至点坐标并不相同。[①] 戴震后来对此亦有详说。[②] 惠周惕是以岁差说古今历法不同的先驱。惠的驳论还说："古历无推日蚀者。"上说亦颇可取。中国古代有丰富的日食记录[③]，但日食的推算则较晚，至汉代才发现日食有一百三十五个朔望月周期。一百三十五个朔望月等于三千九百八十六点六天，十一点五交点年等于三千九百八十六点一天，一百三十五个朔望月约合十一年少三十一天。按此周期可推算日食，例如 1981 年 7 月 31 日发生日

---

① 见本书第十章第一节。

② 《戴震集》，页一一〇至一一一。又见《戴震评传》第 202 页。

③ 最早的一次是《尚书·胤征》，记载的"乃季秋月朔，辰弗集于房……"古今中外的学者们对这次日食的具体年份推断不一致，有的推算在公元前 2165 年，有的推算在公元前 1948 年，但一般都认为，这是世界上最早的日食记录。

全食，一百三十五个朔望月以后当在 1992 年 6 月 30 日也会发生日全食。[①] 宋代王应麟也曾指出，黄帝历、颛顼历、夏历、殷历、周历、鲁历六历，皆无推日食法。秦始皇八年，岁在壬戌（前 239），而《吕氏春秋·序意》云："维秦八年，岁在涒滩。"涒（tūn）滩为太岁年名，在申年，以十二地支推算，申年与壬戌年相差两三年，明明同在秦始皇八年，但纪历的年份并不相同。可见汉代以前不同纪年法、不同历法间难有推算互换之术，更不必说推定日食了。惠说和惠引用的王应麟说，对研究古历法史，把握古代历法的若干本质，是极有价值的。此外，《小雅·大东》五六七章"或以其酒，不以其浆……维北有斗，西柄之揭"的述评文字也详述了古代天文知识在诗作中的作用。[②] 又该篇《大东》第三章有"舟人之子"的说法，毛传以为是舟楫之舟，郑玄以为"舟"当作"周"，朱熹集传用毛传。周惕据以《集古录·庚父敦铭》、《史伯硕父鼎铭》，"舟"字当作"周"。以钟鼎彝器为据研究经史文字，惠士奇、惠栋承之。

---

① 《中国大百科全书·天文学》第 274 页，中国大百科全书出版社 1980 年版。

② 《诗说》，卷下，页二七。

惠士奇评传

一、惠士奇，康雍年间的哲人和诗人

出生时的神奇传说，中进士而任编修，受康熙、雍正的恩遇，视学广州六年，建设经学文化的学术导向，内心世界的儒道互补和独立人格，政绩源于其学识和人品，居高官而善于调动士子学人的积极性，粤中交游及其交游中的诗篇，对吴中诸子的思念，奉旨修镇江城及其留下的诗篇，士奇的著述

惠士奇(1671—1741)，清经学家、史学家、诗人，字天牧，一字仲孺，晚年自号半农人，人称“红豆先生”。传说士奇出生时，父惠周惕曾梦贵人来谒，视其名刺，乃东里杨文贞[1]，即以“文贞”之名名之。十二岁就能写诗，有“柳未成阴夕照多”之句，大为乡先辈所激赏，二十一岁时为诸生，不参加每三年在省城或京城举行一次的乡试，有人问他为什么不去，他说：“胸中无书，焉用试为？”于是发愤攻读，早晚执卷不辍，“遂博通六艺九经诸子及《史》、《汉》、《三国志》。皆能暗诵”。曾经与名流宴集，座中有诘难他的人说道：“听说你熟读《史记》、《汉书》，请背诵一下《封禅书》。”士奇背诵终篇，

---

① 明代杨寓，字士奇，以字行，一字东里，谥文贞，《明史》卷一四八有传。

不错漏一字，众皆为之叹服。康熙四十七年（1708，戊子年），士奇参加乡试而得第一名，考上了举人，第二年春天在礼部会试，结果以第十六殿试二甲十六考中了进士。又以二甲进士经考选（又称馆选）而入翰林院深造，而成翰林院庶吉士，三年后（1712）举行考试而“散馆”，因成绩优异，被授予翰林院编修，比其父周惕当年还略高一筹。康熙五十二年（1713）和五十四年（1715）两次京城会试，都担任协助主考官的同考官。康熙帝曾问廷臣谁最善于写诗作赋，大学士蒋廷锡（1669—1732）以华亭（今松江县）王顼龄（1642—1725）、仁和（今杭州市）汤右曾（1656—1722）和惠士奇三人荐对。后来汤右曾执掌翰林事，词臣拟撰文字，均送士奇改定，后然进呈帝王。康熙五十八年（1719，己亥），太皇太后升祔（按：升入祖庙，附祭于先祖）礼成，被特命去祭告炎帝陵、舜陵。按旧例，祭告的使臣，学士以上才有资格，士奇以编修与其事，洵为恩荣有加。康熙五十九年秋，主湖广乡试。冬，奉命督学广东。雍正元年（1723，癸卯），受命留任三年。丙午（1726）任满还都，第二年五月，奉旨修镇江城，辛亥（1731）以产尽停工罢官。直至乾隆元年（1736）才奉旨调取来京，由吏部带领引见，以讲读用，所欠修城银两得以宽免。乾隆二年（1737，丁巳）六月，补翰林院侍读，乾隆三年以病告归，乾隆六年（1741，辛酉）死，终年七十一岁。

士奇元配朱夫人，是高士朱宗昌长女，事婆母徐太夫人“以孝闻”，“佐公持门户四十余年，妇道母仪，宗党以为法式”，[①]先士奇卒。士奇子七人：绳祐、惠栋、绳祖，为朱夫人生，堂弟惠士权子绳杰亦为朱夫人收养；绳臣，周夫人生；绳楠、绳梁，范夫人生。女二人，长女朱夫人生，小女范夫人生。又养女二人，为堂兄女和外甥。孙十一人。[②]

士奇青少年时代的诗句“柳未成阴夕照多”，质朴自然，奇逸雅洁，且少与多对待，思致辩证，颇能反映诗主人的情趣心志、认知特色和美学追求。高雅恬淡，淡泊名利，是士奇的天性。今存《采蕈集》诗三十一首[③]，大都写吴中山水和故乡交游，颇可看作“柳未成阴夕照多”的衍绎而从中窥见士奇的心志雅趣。例《寻周山人公赘不遇》诗：“何限山居客，如君静者稀。翛然濠上乐，久息汉阴机。家住青溪曲，门前白鹭飞。令宵明月好，谁上钓鱼矶？”诗人深深理解高士周公赘的心曲衷肠，“濠上乐”典出《庄子·秋水》，后世以“濠上”为逍遥闲游、寄情玄言的乐园；“汉阴机”指汉阴丈人所斥笑的“机心”，语本《庄子·天地》；钓鱼矶或指东汉高士严光在富春江的钓鱼处严陵濑。诗中写高士，但也包含诗人之移情。又如《三月三日同顾(琳)韩(景曾省会)昆季载酒游北园》：“祓禊临青流，凭栏送春目。还从西涧滨，遥望东皋绿。杂树带烟郊，青山出茅屋。披襟澹忘言，幽鸟鸣深竹。揽兹松石间，吾意在丘壑。况逢素心人，载酒青山郭。微雨

---

① [清]杨超曾：《翰林院侍读学士惠公墓志铭》，见载《碑传集》，册四，页一三一〇。

② [清]杨超曾：《翰林院侍读学士惠公墓志铭》，见载《碑传集》，册四，页一三一一。

③ 据[清]惠士奇：《半农先生集》三卷，清惠氏红豆斋刊本，北京图书馆善本部藏。

洗芳原，春风满华薄。坐来日平西，花影尊前落。”三月初三上巳日文人相聚修禊事，祓除不祥，为千古美事。临溪赋诗，抒发情怀，士奇之志，除欣赏大自然的良辰美景外，抒发了“披襟澹忘言”、“吾意在丘壑”的襟抱。至于《毛公坛》诗：“我本餐霞子，狂游第九天。青山骑白鹿，来访绿毛仙。落叶访丹灶，苍苔漱玉泉。遥知鸾鹤侣，长啸彩云边。”完全是忽发逃归自然、得道成仙的奇想，不能不说是士奇心灵的反映。以上种种老庄遗风，道家意趣，乃至登仙奇想，对终身力行仁义，久居高官的惠士奇来说，无疑是人生态度的另一个方面，处世哲学的重要补充，唯其如此，才能淡泊名利，保持宁静，在万花筒般的封建制度的上流社会中始终维系正常的人生定位。儒道互补，对一名大智者来说，不只是扣人心扉的平衡杠杆，还是他透视社会变幻和保持独立人格的武器。士奇的学生杨超曾（康熙五十四年即1715年进士）说：“公少倜傥，风概非常，许与气类，遇辄倾倒。见爵位而无实者，夷然不屑。及官禁近，侍辇毂，特立独行，绝去依附。病告里居，不见长吏，不以书记干当事。子弟应试，虽故旧门生为主司同考者，不以一言属也。”[①]杨氏所论，与士奇心灵深处的儒道互补，道家意趣是分不开的。士奇在《送友人南归》诗中直抒胸臆说：“秦望草荒樵径出，吴江枫落钓船凉。”友人为阁学杨瑄，松江人，与士奇为同龄好友。[②]杨君与之“心有灵犀一点通”，常宝爱之，书于桃符，以为事樵嗜钓可以避邪，实在发人深省。

① 《碑传集》，册四，页一三〇八。

② 《九曜斋笔记》，卷一，“家君诗”条。

1720年冬至1726年冬，惠士奇视学广东。初到广东，即被南国风光所吸引。士奇《始至广州》诗："昔在长安市，逢人问越乡。曾闻凤子大，果见虾须长。我欲求丹诀，相期跨玉羊。罗浮渺何处，空有梅花香。"此外，《南中集》直接以"广州"为诗题的还有《登广州五层楼》两首、《广州春日》两首、《广州旅舍杂咏》四首、《广州十二月书怀》两首。视学广东，士奇的内心世界就像南国风光那样明媚清朗。下车伊始，就焚香设誓，昭示天下，不取分文，不徇私情，唯以明经取士，并颁行条令，鼓励通经书，士子如能背诵五经，背写《三礼》、《左传》者，诸生由公家供给膳食津贴（旧称廪饩），童子供给学生服。士奇还以汉代蜀地为比照，说，汉时蜀郡僻陋，有蛮夷风，文翁（《汉书》卷八九有传）为蜀守，挑选子弟入学，并派俊杰之士张宽等东受七经，四处讲授传经，果不其然，出现了像司马相如、王褒、严遵、扬雄那样的杰出人才，认为汉之蜀犹彼清代之粤，便大倡经学，至1723年，粤地文风已为之一变，雍正帝即位，又命留任三年。士子为之雀跃欢呼，"争弃兔园册，专事经籍，而通经者愈多，其为文章，郁郁莘莘，比于江浙矣。"[①]士奇的做法，实际上是清代前期文化建设工程的一部分，弃明代空疏而无气象，转向治经而呈阔大，更有实际意义的是，士奇是在建设南国经学文化中提出一系列政策导向，士子拥护，帝王认可，收效显著，学风大变，这在文化建设史上是有大功劳的。留任以后，他进而推举当地的经学领袖，这在治事三年以后，不是不可能的。士奇以汉代文化建设为借鉴，惠栋曾说："先君言

① 《碑传集》，册四，页一三〇五。

宋儒可与谈心性,未可与穷经,栋尝三复斯言,以为不朽。”①士奇还提出自己的理论依据,认为“今之校官,古博士也,博士明于古今,通达国体。今校官无博士之才,弟子何所效法?”几乎是把学术领袖和督学官员并同观之,以为管理文化建设事业的官员须得有“博士之才”,他们同时应当是学坛巨擘。这一识见,即使在今天看来,也是十分深刻而恰当的。士奇很是懂得实事求是的具体做法,不外乎要走“群众路线”,“访诸舆论,得海阳(今广东潮安)进士翁廷资者,即具疏题补韶州府教授,将以诱进多士”。士奇的思路,是要在南粤之地建设永久性的经学文化,并要在当地遴选忠于这一文化建设的指导思想的接班人,这样的用心,当然是很好的,贯彻这一思路的做法也是很务实的。可是又偏偏与封建体制龃龉不合,严重的是惠士奇本人作为学官还没有资格推荐官员,可他偏偏举荐,更可见其忠心和胆识了。呈荐翁氏,“吏部以学臣向无题补官员之例,格不行”②,雍正帝以惠士奇的人格恩准破例,御批称:“惠士奇居官声名好,所举之人谅非徇私,著照所请补授,后不为例。”这是继康熙帝以士奇为编修特命祭告之后,又一次破例于士奇。才学与人格出众,品德与学业兼优,方能所向开通,事业成功,以士奇观之,古今同理。雍正年间,士奇任职时曾升迁右春坊右中允(太子官属,比门下、中书两省官,掌管侍从礼仪,审核太子奏章文书等),并破格提拔为侍讲学士,转侍读学士。③ 乾隆帝时“仍列清班,

① 《九曜斋笔记》,卷二,“趋庭录”条。

② 《碑传集》,册四,页一三〇五。

③ 《碑传集》,册四,页一三〇五。

兼领著作”[1]。可谓尽享三朝恩遇。上遇如此，下遇又如何呢？1726 年冬，士奇广东任满还都，“送行者如堵墙。既去，粤人设木主配食先贤，广州于三贤祠，惠州于东坡祠，潮州于昌黎祠。元旦及生日，诸生肃衣冠入拜，其得士心如此”[2]。群众的爱戴是最高的荣誉和奖赏，已离广东，当地民众配食先贤拟比苏东坡、韩昌黎，以慰牵缕不绝的思念之情，年节生日，士子入拜，对活人的发自内心的敬仰构成自然神论的宗教崇拜，其威望，其德政，其恩泽，该是何等深入民心啊！可是，士奇治事，并非一味“仁义”下去，“在粤东时，又尝惩枪手顶替之习，一日发十五人奸，粤人咸诧为神明”[3]。

经得起历史检验的政绩，而不是一时哗众取宠的花哨，无不导源于从政者的学识和人品。杨超曾评惠士奇说：“迹公之行，其大端有四：曰持品端严，曰律身孝友，曰取士公明，曰居官廉勤。”“平日汲引士类，经品题者，并显名于世。公之公明，洵不可及矣。公素励志节。取与不苟，通籍后闭门扫轨，非德不交。屡持文衡，却苞苴（按：礼品），杜请寄（按：请托），始终皭然如白圭振鹭，纤尘不污。”[4]士奇高行，最令人可观之处在于他居高官而对待知识分子的态度。建设当时急务的经国济世之学而尤重调动士子学人的积极性，此正是不朽之处，也是最值得后人借鉴之处。

士奇视学广东先后六年，这六年，可谓生得逢辰，春风

---

① 《碑传集》，册四，页一三〇九。
② 《碑传集》，册四，页一二九五。
③ 《碑传集》，册四，页一三〇九。
④ 《碑传集》，册四，页一三〇九。

扶摇，悉心公务，商榷国是，内心是十分充实的。但从另一方面看，南方边荒，生活凄苦，其内心的苦闷和空虚时有流露，仿佛命运是不该安排他高官厚禄的。《广州十二月书怀》诗写道："风物娱游子，孤怀强自宽。鹧鸪知岁暮，鹦鹉诉冬寒。山上飞鸣好，樊中饮啄安。可怜珠树鸟，无地避金丸。"作者自比游子，触景生情，惆怅伤感，并自注云："《新唐书》林邑献鹦鹉，数诉寒，诏还之。"南国和暖，何来天寒，非天寒而士奇心寒，竟自称"珠树鸟"，处于"无地避金丸"的地步，随时都有丧生之险。士奇建设南国的经学文化，尊汉儒而绌宋儒，无疑是一场改革，不可能是一帆风顺的。又写道："暂作南中客，淹留岁月徂。鲛人元有泪，野女无本夫。山径逢樵父，烟波狎钓徒。持竿将入海，真欲拂珊瑚。"自注曰："《博物志》云：日南有野女，群行不见夫。"诗人作为"南中客"，虽所写是南域实录，但也流露出世俗常情的文人心态。

粤中交游，除有"惠门四子"高才生苏珥、罗天尺、何梦瑶、陈海六以外，余亦多布衣之交，例如同郑、王、朱三氏的交游，士奇有《送莆田郑孝廉、钱塘王秀才、同里朱叟渡海之琼州》诗四首，其二云："秋风满桂林，落日浮云阴。何处夜吹笛，武溪深复深。珠崖开汉郡，铜鼓奏蛮音。若听南征曲，知君泪满襟。"诗中固然是写送别友人至琼州，但回溯历史，涉及开发南郡。南夷汉化时的感情割舍，当然先于开发教化的，无非是铁蹄马队，北方的马文化挺进南方时，有许多使人"泪满襟"的事。临别感念，不禁伤怀。郑氏三人，或是历史的知情者，诗人有与之共鸣之处。又如与臧大受的交游，士奇有《珠江夜泊呈寿张臧公，时公将莅琼州》诗：

“月明江上罢吹螺，伊轧中流起疍歌。珠浦秋风鸿雁少，琼人芳草麈麖多。遥看洲岛连云起，啸引征帆截海过。此去扶摇三万里，使君何必叹鲸波。”“伊轧（yà）”为象声词，船桨、轮轴发出的声响。疍（dàn），旧指南方水上居民。麈（zhǔ）麖（jīng），鹿类动物。臧大受去琼州，诗人以风物美景和前程壮美激励之。又如与冯士坦的交游，士奇有《送冯士坦归山阴》诗：“一怀送尔归山阴，触忤东风故国心。木客冢边芳草细，美人舍畔落花深。半年魂断梅锠（juān）岭，万里囊空陆贾金。我亦扁舟五湖去，灵威石室待同寻。”诗人与冯氏心心相印，并预言其有同样的遭遇。陆贾为汉初楚人，从高祖定天下，曾两次出使南越，招谕尉佗。又如与陆镐的交游，士奇有《月夜忆广州寄陆镐》诗：“夜静月流出，清光照粤东。水生蒲涧绿，花满杏园红。对舞仙山羽，双飞鹤草虫。知君犹未返，留醉越王宫。”诗人居粤东，静夜思友，聊作排遣，心情并不比留醉越地的游子更好些。陆镐是与士奇“与尔对扶犁”的同乡友。又如与僧人的交游，士奇有《送僧往南华》诗：“谁持半偈问支郎，赖有何颙好不忘。古殿缁经朝礼佛，西窗剪烛夜联床。十年空看传灯录，何日来寻补钵庄。独向南华参六祖，满帘花雨宿山房。”士奇与僧人有“西窗剪烛夜联床”的深厚情感，可见其确有心灵相通之处，士奇的处世哲学，和后来的惠栋一样，不仅儒道互补，而且是释道儒共融贯的。由人文交游铺织而成的诗篇，无不可窥见诗主人的心迹鳞痕，平民百姓，小官士子，僧人往还，一言蔽之为布衣之交，大可看出士奇视学广东时忠诚尽责，处心政绩而外，其平易质朴，人情自如，依旧可亲可爱。身居异地，却时刻恋念着故乡旧友，士奇有《寄吴中诸子》诗：“姑胥台下别经年，最忆吴中四子贤。携酒共看莺脰月，斗茶同试虎丘泉。铜坑腊后花千树，金鼎秋来水一天。更有闲情难忘却，顾家斑竹陆家连。”吴中名茶，虎丘泉，今光福景区西崦湖景点铜坑山梅苑，五湖之一的金鼎湖秋水，无一不像张季鹰思食鲈鱼脍似的令人忆念眷恋。

1727 年 5 月，惠士奇奉命修镇江城，“即束装赴工所，弃产兴役”①。但所修不到二十分之一，因资金不足而被迫停工，士奇本人也被罢官。以收集视学广东时的诗稿为主的《南中集》，今见《京口寄家兄》诗，可视为离任广州后不久，奉旨修镇江城时所作，诗云：“忆昔南徐月，同登北固楼。孤蓬今夜雨，独卧海陵秋。地入三山阔，江连九派流。应怜季行役，白发倚闾愁。”士奇自注云：“《南齐书》：海陵与京口对岸，江之壮阔处也，南兖州刺史每以秋月出海陵观涛。”海陵本为泰州，此处当泛指为扬州。“季行役”即暮年兴役或自说“小弟于役”之类，这时士奇已是白发满头的老人了（57岁）。抚今追昔，帐触无端，为修城墙，南北奔走，面对那浩大的工程，只有发愁而已。

士奇著述，诗歌有《咏史诗》一卷（待考），《南中集》一卷，《采蓴集》一卷，二书今存红豆斋刊本，《归耕集》一卷（待考），《人海集》四卷（待考），史论著述《红豆斋时术录》一卷，今存红豆斋刊本。天文乐律著作有《交食举隅》一卷（待考）、《琴笛理数考》四卷（待考），经说成于晚年，有《易说》六卷，《礼说》十四卷，《春秋说》十五卷，均收入《清经解》。

① 《碑传集》，册四，页一三〇五。

二、经史政论中的历史观、政治观、经济观

强调法治的重要性，仁政的关键在于执政者的自身修养，要求全面地、正确地理解《孟子》，赞扬拂君抗旨，评论宋代历史人物，用说明清间的更迭，详论"荒政"四弊，主张活民、富民的经济政策，力主搞活商品流通，对平民百姓的同情，详说宋代海防，宏议天下军事地理和用兵之法，国内治安和祈求生民安居的愿望

今存《红豆斋时术录》卷一收有十二篇文章：《乐》、《讹言》、《为人后》、《孟子》、《寇准》、《王安石》、《司马光》、《高宗》、《高宗》下、《孝宗》、《防海》、《荒政》。除第一篇言乐律(也是经学内容)以外，其余十一篇都是经史政论，直接体现惠士奇的历史观、政治观、经济观。十一篇中重要的观点有：

一是针对妖言惑众、讹言乱国，强调法治的重要性。从历史上看，《周礼》八刑(按：见《周礼·地官·大司徒》："以乡八刑纠万民……七曰造言之刑，八曰乱民之刑")，造谣惑众当受刑，周衰，造谣说假话不受惩罚。士奇认为，谣言四起之时，有识之士当"镇以静，绳以法"。"镇以静"，"每临大事有静气"之意。绳以法，士奇共举四例，其中一例说，宋太宗时，益州讹传有白头翁午后食人儿女，一郡嚣然，至

暮路无行人，知州张咏捕得造谣者严惩之，才恢复正常秩序。又如郓州有盗贼作恶，白日在草场纵火，百姓惊恐，知州捕杀之，民方安居。如此等等。可贵的是，士奇认为绳以法需视具体情况而定，并非一概“格杀勿论”才是“绳以法”，士奇说：“或戮之，或配之，所以轻重其典，或置之（按：指暂时搁置，使问题进一步明朗化），或驱之，所以抚定其民，此之谓绳以法。”[①]置之、驱之，尤其是针对民变举事之类，这是十分审慎可取的态度，一位封建时代的政治家有此看法，已属不易。至于“镇以静”和“绳以法”的关系，士奇认为：“不静则昏，昏则其法紊，静则明，明则其法平，未有不镇以静而能绳以法者。”[②]这就是说，临大事不乱者才能真正“绳以法”，那么又如何处理法治与仁政间的关系？这当然是很不容易解决的理论问题，马克思主义以阶级论分析之，从而施仁政于人民，施专政于敌人。士奇的见解，认为当仁政先于法治，仁政的关键又在于执政者自身的修养，士奇之说，不失为研探法治与仁政关系的一种识见，他说：“抑又闻之：妖则有形，讹则有声，妖讹相仍，奸宄其兴……又谁得禁之，是以君子不恃法而修德，存之诚，行之信，诚信立，妖讹息，彼造言者，何恃而为乱哉？”[③]法治是重要的，显然不能光靠法治，在政权建设中，修德而行诚信有至关重要的作用，士奇之论，何可而如其深透之！

---

① 《红豆斋时术录》，卷一，《讹言》篇，载《半农先生集》，红豆斋刊本，北京图书馆善本部藏。

② 《红豆斋时术录》，卷一，《讹言》。

③ 《红豆斋时术录》，卷一，《讹言》。

二是主张尽信书不如无书，要求全面地、正确地理解《孟子》，着重抉发《孟子》中包含的奴隶制时代的民主思想。针对《孟子·梁惠王下》“诸大夫皆曰贤，未可也”；“诸大夫皆曰不可，勿听”等说法，士奇认为《孟子》是针对某事而言的，没有普遍性意义。故认为这几句话“不可为典要”。理由是，大夫不贤，可黜退之，大夫贤，进贤退不肖是其职责，为何说“不可”？士奇认为，国君当与大夫共治天下，不能舍诸大夫而独断独行，“且诸大夫既不可信，则国之清议，何由上闻，而左右小人必有挟持浮说荧惑主听者！”士奇认为，《孟子》之言，是针对齐宣王“喜文学游说之士”的批评。淳于髡、田骈、接子、慎到、环渊等七十六人皆被列为上大夫，“不治而议论”，“其智皆足以变乱黑白，颠倒是非”，故孟轲有大夫“不可信”、“不可听”的议论。士奇提出“古之王者”作榜样，宏议治国之策当选好一班人，用好一班人，此正可体现上古制度中的初级的民主和科学精神，士奇说：“是以古之王者必先择卿大夫，卿大夫皆贤，然后可委以进贤退不肖之职，而已不劳焉。不然，得一不肖者而任之，则君子退而小人牵连以进，得一贤者而疑之，则彼亦不能一日安其位也。”我们注意到，士奇常以金人入侵而亡的宋王朝为例而充实其史论，显然是说明朝而指陈其所以灭亡的原因的。例如说司马光(1019—1086)为天下之正人，国人皆曰贤而诸大夫皆曰不可，终遭罢黜。章惇(1035—1105)正相反而遇陟升，士奇认为此最终导致靖康之祸。故对《孟子》作全面理解而用其上古民主科学精神，一言可以兴邦，如机械搬用而盲从无识，一言可以丧邦。士奇还认为用人须上层各尽其责而把关，起到对君主的箝制作用，这一早期启蒙时期的民主思想也是很可宝贵的。他说："用一人而诸大夫皆曰贤，则中书书之，宰执押之，舍人行之，给事宣之，翰林草之，而犹曰未可乎？"要是任用一人而众大夫都说不行，又如何抗旨？当"中书执奏，舍人缴，给事驳，翰林不草诏，谏官交章论列"，而犹曰"（国君）勿听乎？"士奇指责宋代灭亡，就是缺乏此等抗旨精神，结果"徽宗之御笔，宁宗（赵扩）之内批，杂然并出，而国乱矣"①。解释《孟子》，总结历史，借说宋代，指陈明朝，宣传民主启蒙。重视统治者内部各尽其责而对君主负责，不失为平实有用之见，是启蒙思想中的务实态度。解释《孟子》而陈识见，至乾隆年间又有旋起戴震《孟子字义疏证》的回响。赞扬拂君抗旨，批评帝王昏庸，也是士奇诗作的内容。《姑胥台怀古》之二："遥忆台成日，山中木客吟。只今明月夜，空有梧桐阴。慷慨专诸剑，凄凉扈子琴。千秋一凭吊，霸业已销沈。"惠自注："吴王昼寐姑胥台，梦前园横生梧桐，召公孙圣占之，圣曰：梧桐心空不为用，器但为甬僮，与死人俱葬也。"诗之三："好上三台望，还从九曲行。可怜文种水，犹抱伍胥城。风雨松陵暗，烟波笠泽清。公孙今在否，寂寞久无声。"惠自注："公孙圣曰：我死，当使后世有声，响及吴亡，三呼三应。"又如《张文献公庙》诗之三："海燕辞巢日，何曾恋旧痕！南州一麾去，北阙几人存？蕃将频蒙宠，胡雏竟负恩。凄凉谪仙怨，空向曲中论。"士奇自注："《剧谈录》：玄宗幸蜀，次骆谷，下马望长安，呜咽流涕，谓高力士曰：吾用九龄之言，不至此，因上马索长笛吹之，有司旋录成谱名《谪仙怨》。"士奇诗言志，与

① 《红豆斋时术录》，卷一，《孟子》篇。

政史之论相呼应。

三是通过评论宋代历史人物，总结宋王朝在金人入侵后灭亡的历史教训，实际上是说明清间的更迭。我国十七世纪中叶，正是明清之际的“天崩地解”的时代，社会的激荡产生了别开生面的启蒙思想，王夫之(1619—1692)、黄宗羲、顾炎武、朱之瑜、傅山、李颙、唐甄(1630—1704)、颜元是其代表人物。特别是在明代灭亡以后，先哲们从不同的视角，用各种方法，多半是借古喻今，暗度陈仓，总结明亡的教训。例如黄宗羲的《明夷待访录》，全祖望说它“多嫌讳弗尽出”，乾隆年间还被列为禁书。惠士奇当是启蒙群体先驱中的后辈。大体为士奇早年之作的《时术录》中的考史作品，演说两宋和金人入宋而宋亡，字里行间实为明亡痛史。例如《寇准》篇，士奇认为宋的衰败，国君负有重大责任，自古大有为之君，当大敌，临大难，未有不亲自带兵作战。景德元年(1004)，辽(契丹)大举南侵，寇准时任宰相，劝宋真宗速下亲征诏，力主抵抗。宋真宗被迫督战，退辽兵而订立澶渊和议。可是，后来宋真宗听信谗言，寇准被一再贬谪，最后死于南方。靖康之耻，金灭宋，掳徽宗、钦宗而去，高宗即位，又听信谗言而害死岳飞(1103—1142)，国家遂不可收拾。庸主秉国，小人横议，国家没有不灭亡的。以寇准、岳飞的遭遇观之，士奇说：“小人谋身不谋国，故国危而身不与其忧，君子谋国不谋身，故国安而身不免于祸。”[①]这几乎是一定则。如用以说明朝，士奇几乎是说，庸主和小人当政，是明朝灭亡的原因。批判锋芒直指君主，这是很不容易的。又如在评论司马光(1019—

① 《红豆斋时术录》，卷一，《寇准》。

1086)和王安石(1021—1086)时,认为从宋立国到治平年间,即960年至1066年,国事之弊“在于因循旧习”而不图革新,司马光为1038年进士,仁宗末年知谏院,士奇很为司马光在位时的那段宋史惋惜。而对神宗熙宁年间(1068—1077)王安石推行新法,士奇认为熙宁之法是“良药”,“皆可行之法”,但认为王安石本人非“良医”,“非行法之人”,故“法卒不可行”。士奇认为,如在元祐年间(1086—1099)继续推行某些如保甲法等的革新措施,则为大利。治平以前不革新,故“养兵百万,天下犹患兵之寡”,壮族首领侬智高1052年起兵反宋,“东南十二州皆溃”,熙宁行保甲法,但习武“教之不时”,置将以领兵而“统之不一”,所以熙宁以后“苦兵之多”,积弊也不少。士奇认为,正确的做法,“当隶保甲于郡县,置籍以课殿最(按:古代考核政绩军功,下等为殿,上等为最),而统兵于将,春夏在田,秋冬教阅,尽罢提举司及部队监押等官,则盗贼不作而天下皆训练之师”,这样能做到“广营田,严烽燧,毋丧前功,毋开后祸,边衅不生,而天下无风尘之惊矣”。[①] 士奇还赞扬汉武帝“尽更高祖约束”的改革措施,以致昭帝、宣帝能守业于后。士奇还认为,宋代神宗年间的希望本应在司马光身上,他设想,“使温公(司马光追封温国公)当日无赫赫以立天下名,无汲汲以赴天下望,静而镇之,使自定之,因而修之,使自由之,一推本于神宗之德,而己不与焉,则章惇(1035—1105)、蔡京(1047—1126)之徒焉能假绍述之说(指哲宗绍圣年间继续推行新法)以乱天下哉!”他为司马光感到可惜,“惜乎!疾恶刚而

① 《红豆斋时术录》,卷一,《司马光》。

图治锐，又不克久于其任，故天下利害未及周知，而其心亦足以白于后世，至病且革，犹谆谆独语，所言皆天下大计，呜呼，其尤可哀也夫！”[①]而对王安石，士奇责之刚愎自用，但承认“熙宁皆可行之法”，士奇也较为客观地说：“然则为安石者，尽反其刚果而易以柔和婉顺，巽从取悦于家，若是则法可行乎？曰：不可。一良医发药，而与数庸医参之，则终日相持，而莫能已病，然则若何而可？曰：刚以自强，和以接物。”[②]当然，这恐怕只是理想中的要求。以上种种，如用说明代，犹言明亡在于未能革新图治，未能任用贤人。从内部找原因，是客观的态度。又如评论高宗。宋徽宗、宗钦宗被金人掳走之后，南宋高宗即位，照士奇的看法，宋高宗当亲率三军，檄召天下，发誓二帝不还，义不独生，与金人决一死战，“一不胜再，再不胜三，三不胜则空国而出，以示金人必死”。士奇痛斥历史上有过的为高宗求和苟安辩护的谬论。一说求和是为保全徽宗、钦宗的生命，“不失为孝”。士奇驳斥说：“此何事而可屈膝请也，稽首于虎之前而请父，请虽哀，其如虎何？”一是宋与金斗，宋必亡。士奇认为，此说太荒唐，“天下岂有无父之人欤”？待到南北形成，又谈什么复仇，有几百个韩世忠、岳飞也不顶事；建炎初不讲复仇，十数年后再讲“复仇”之类，犹父死于虎而“啾啾然从而哭之，不已晚乎”！不能乘当初之势复仇，是“高宗濡忍销软，无致死之心”，是“无能”之辈，士奇甚至怀疑高宗“惟恐二帝还而夺其位也”。士奇严正评之：“春秋君弑贼不讨，不书即位，

① 《红豆斋时术录》，卷一，《司马光》。

② 《红豆斋时术录》，卷一，《王安石》。

说者谓臣子之心不忍言即位；非也，犹曰国无君云尔，建炎之初，尚可谓宋有君哉！”[①]士奇义正词严，用一千五百字左右的文章谴责宋高宗向金人求和苟安，如用说明朝，犹谴责南明小朝廷的昏庸无能。

四是总结历代经济生活中的教训，指出荒政（不正常的经济措施）之弊有四，一是劝分（劝富分贫，使富民成贫民），二是抑价，三是遏籴，四是行粥（街头布施稀饭）。士奇认为，吴民争旦夕之利，无藏谷之家，积粮者仅数万家中有一家，使一家供数万无米之家，其弊可知。“劝分”不若“开渠”，如宋汪纲知兰溪县，遇大旱，便劝富民浚堰筑塘，大兴水利，饿者得食其力，全活甚众，此为“开渠”之法。士奇认为，物价不能抑而平，人为抑之，是教民争夺，桀黠之徒必挟持宪令而强籴。抑价不如搞活经济，广开“通商”之法。浙东饥，朱熹移书他郡募米商，免其征税，以至客舟之米辐辏，民以不饥。士奇认为，菽粟之流于天下，犹血脉之流乎一身，流则通，遏则壅，不应当遏籴而应当“广籴”。江南有饥，辛弃疾张榜于街市，“闭粜者配，强籴者斩”，召官吏、儒生、商贾，各举有干实事的人，贷以官钱，免其息，使至他郡购粮，一个月后至城下发售粮食者“连樯而至”，米价自平，此“广籴”之法。在街头施舍粥，“众之所聚，必有奸偷”，不如“赈荒在得人”，使“甲赈乙粜丙为自给，丁籴而戊济”，士奇称之为“厘户”之法。士奇进而指出，江南素称泽国，但水利失修到处都是，“当劝富民计亩出钱，以给下户，俾废者修，浅者浚而益深焉，则贫富两以为便，捄（按：jiù，救，纠

① 《红豆斋时术录》，卷一，《高宗》。

正)一时之患而成数百年莫大之功”。“通商”之法，可使“物聚价轻”，而不用抑价。“广籴”之法，当贷官钱给商人，使出籴荆湖，购十而卖二有二分息，卖三有三分息，以本还官，约取其半息，仿宋真德秀(1178—1235)设灾民仓，仿辛弃疾(1140—1207)设备安库。“厘户”之法，主要还是救灾之法，最好由公家出粮食，通过地方“甲户之以赀为官者”均分给本乡贫民。士奇还认为，只要以为民之“实心”行救荒之“实政”，则必有成效。① 士奇的经济思想是活民、富民的思想，他将济贫和修水利、发展生产相结合，并力主采取种种措施，搞活商品流通，由公家救灾或请地方富户救灾，均需讲实效。如此等类，先哲之忧国忧民，忧患苍生，随可呼之欲出。这在士奇诗歌中也有反映，如《簇蚕词》：“麦风细，蚕眠地，桑叶残，蚕上山。蚕房渐觉侵微暑，乍暄还冷愁煞汝，朝热熏笼夜点灯，窃脂驱雀猫捕鼠。一日茸茸粉絮结，两日堆堆白于雪，三日团团论斗盛，小妇量来大妇称，缫出新丝付机杼，织成十样花纹绫，君不见茧税年年充国课，浴蚕娘子常衣布。”②诗人熟悉农家，充满同情心，最后两句，几乎是为民请命的控诉。

士奇活民富民的思想，则完全由他的学生杨超曾继承而实践之。“超曾亲炙公二十余年，聆公绪言余论，见公行己立身，乃知公之学，非一世之学，公之行，实有高世之行也。”③

① 《红豆斋时术录》，卷一，《荒政》。

② 《采蕚集》，惠氏红豆斋刊本，北京图书馆善本部藏。又《清诗铎》，上册，页一八三也收有此诗，中华书局1960年版，文字稍异。

③ 《碑传集》，册四，页一〇三八。

可见杨氏最熟谙士奇之学。杨超曾，字孟班，武陵（今湖南常德）人，康熙五十四年（1715）二甲第十四名进士，乾隆年间官至两江总督，授吏部尚书，负经世之才，为政尽力民事，在辽东奏罢庄头（按：地主田庄管理人，二地主，对田庄内的佃农和奴仆竭尽压榨奴役，以取得更多的为己所有的剥削收入）之议，在粤西豁免加于虚田的赋税凡数百亩，在两江豁免松江、太湖地区的废田额租，能使生民、活民、富民者无不尽力，死后谥文敏。超曾可谓得士奇真传的人。

五是详说宋代海防，宏议天下军事地理和海防用兵之法。士奇认为："防海之法，莫详于宋有海军，有海船，有海道。"海军有镇江沿海水军、江阴水军等七处水军，海船有刀鱼、多桨、凌波、海鳅等名十数条，海道则有泰州、通州、崇明等十数地。宋代的荆湖路（含湖南、湖北荆山、大洪山以南、广西越城岭以东），盗寇多负垌（dòng）为固，而江浙一带，盗多凭海为居。峒（dòng，山洞）有溪谷之深，林箐崖壁，且习险善走，捷如猿猴，而海有风涛之险，但其人熟习水性，使船如使马，勾结蕃舶、海盗来犯，什伍为群，一呼而集。宋代治峒寇，以贼攻贼，防海盗，以盗防盗。士奇说，沈作宾（按：《宋史》卷三九〇有传）知平江府，兼节制许浦水军时，就是用此方法。"使招其党，既至，慰勉之，赐衣粮器甲，得强势千人，统以将，多曰义士，复募恶少千人，号曰壮士，轻捷善斗，信官军，由是海道不警，此以盗防盗之法也。"这样做，士奇认为"如此有不发之发，则未尝不知有不警，警则未尝不备，而又何海盗之足忧"，用不到"淫刑以逞"。[①] 当然，

① 《红豆斋时术录》，卷一，《防海》。

士奇讲的主要还是国内治安问题，详说宋代防海，亦可连类而及。国内治安，系于民生，且阻绝外患，有很强的爱国精神和民族自卫意义。士奇宦游，到过这类海防地，每有诗作，祈求生民安居，移情于景，无不表达作者美好的愿望。例《中宿峡》诗："洭（kuāng）浦汉时关，孤蓬海上还。暮云三水峰，落日二禺山。漠漠沙茸缘，萧萧竹子斑。卷帘风淅淅，双鸟下渔湾。"洭浦，今广东西北部的湟江、连江两水，源出粤、湘交界山地。远眺峒石，也无不感赋，《曲江登楼》诗云："独倚天边玉女窗，寒烟漠漠雁飞双。岭蟠韶石连东峤，水散泠溪下北泷。风静暮云闲出岫，两余秋影淡涵江。此行准备登山屐，兼买横塘白板舡（按：shuāng，小船）。"[①] 诗人的美学理想，与哲人的社会愿望，也常常是互相交通的。

三、对上古钟律和古代天文的研究

论律管长短和律生于数，对律管管长计算法的正确认识，关于上生律和下生律及惠士奇的"倍法"，士奇著《琴笛理数考》中的疑误，考琴笛而究上古律学所得到的一些有重要参考价值的结论，以《周礼·考工记·磬氏》说管长计算法的由来和数与音的关系，士奇之说可与程瑶田诸说相发明，士奇说古代调律器均和准，说五音之数合乎上古钟律计算法，受西学影响后研究古代天文，食限和日食、月食产生的原理，接

① 《南中集》，惠氏红豆斋刊本。

受第谷学说

《红豆斋时术录》卷一除史论、政论外，还有名《乐》的单篇，是关于古代乐律的研究。乐律问题，最早见于《吕氏春秋·古乐》篇、《音律》篇等，以后历代史书中的《律历志》也都有记载，在士奇以前，宋代阮逸、胡瑗《皇祐新乐图说》、蔡元定《律吕新书》，明倪复《律吕通考》、朱载堉《律吕正论》、黄佐《乐典》等，乃至清初李光地《古乐经传》、胡彦升《乐律表微》都研究过这个复杂问题。我们也不可能祈求惠士奇能解决这一问题，但我们可从士奇的研究中看出他作出了哪些努力，看出他有哪些可取之处。

士奇提出了律管长短问题，这首先就把问题搞对头了。士奇说："律生数乎？曰：然。声之高下，数之长短生焉，律从数乎？曰：然。数之长短，声之高下焉。"[1]这就是说钟律的管长决定声音的高低，从而把研究的重点放在律管的长短之数上。律管的长短，首先是黄钟管长，《吕氏春秋·古乐》说黄钟之宫为三寸九分，其余如大吕、太簇、夹钟管长均未及。但《吕氏春秋·音律》提出一计算管长的方法："黄钟生林钟，林钟生太簇……三分所生，益之一分以上生；三分所生，去其一分以下生。黄钟、大吕、太簇、夹钟、姑洗、仲吕、蕤宾为上，林钟、夷则、南吕、无射、应钟为下。"[2]这就是说，以三除上一律之值再加上一律之和得上生之管长值，把一律之值减去上律之值的三分之一得下生之管长值，如以 x_1 表上

① 《红豆斋时术录》，卷一，《乐》。

② 陈奇猷：《吕氏春秋校释》，第一册，第324页，学林出版社1984年版。

生管长，x_2 表下生管长，α 表上一律管长值，则得：

上生管长：$x_1=\alpha+\frac{\alpha}{3}=\frac{4}{3}\alpha$ ………………………… ①式

下生管长：$x_2=\alpha-\frac{\alpha}{3}=\frac{2}{3}\alpha$ ………………………… ②式

此二式陈奇猷先生（1917— ）列出，并依二式计算出十二律管管长，计算时，以他考得的黄种管长九寸为基数。[①] 计算的结果曾列出下表，今移录于下：

表一

律名	管长（寸）	约数（寸）	合厘米数	律名	管长（寸）	约数（寸）	合厘米数
黄钟	9	9	20.78	林钟	6	6	13.85
太簇	8	8	18.87	南吕	$5\frac{1}{3}$	5.33	12.31
姑洗	$7\frac{1}{9}$	7.11	16.42	应钟	$4\frac{20}{27}$	4.74	10.94
蕤宾	$6\frac{26}{81}$	6.32	14.59	大吕	$8\frac{104}{243}$	8.43	19.46
夷则	$5\frac{451}{729}$	5.62	12.98	夹钟	$7\frac{1075}{2187}$	7.49	17.29
无射	$4\frac{6524}{6561}$	4.99	11.52	仲吕	$6\frac{12974}{19683}$	6.66	15.38

陈奇猷先生说："表中所列之值与郑玄注《月令》所说的数值完全相同，可见上面所有的论证都不误，而且也可证明前文

① 陈奇猷：《黄钟管长考》，载《中华文史论丛》，第一辑，第 183 至 188 页，中华书局 1962 年版。

《黄钟管长考》确定黄钟管长九寸也不误。”①

以陈奇猷先生据古代文献证以现代科学的研究成果来看惠士奇的一些说法，不难看出他的用意，判断其是否正确，蠡测其科学水准。例如，他说：“律，母也；数，子也。子从母。”是说乐律和管长数的关系，诚然，是律管长短决定乐律。又说：“太极之数函三为一，故十二律上下相生，皆损、益以三。三者，三为率也。余分不尽者，皆三倍破寸，至于百，至于千，且万可也。”士奇把十二律上下相生归结为“太极之数”，当然是错误的，音乐是表现时空运动节奏变化的一种形式，不能归结为数。“太极之数”，见于《易·系辞上》“大衍之数”的说明，“一”为元，为太极，太极生两仪，两仪演化为天地人三才，道家亦以“一生二，二生三，三生万物”，惠栋则视乾坤十二爻为十二律之由来。② 但惠士奇把十二律上下律之间的转换和生成(相生)看作与三和一之比有关，则很对，见前①式②式甚明。其生成与增、损三分之一有关，以三为比率，均很对。“余分不尽，皆三倍破寸……”对照表一，$\frac{1}{3}\times3=1$(寸)，$\frac{1}{9}\times3<1$(寸)，$\frac{20}{27}\times3>1$(寸)，$\frac{26}{81}\times3<1$(寸)，$\frac{104}{243}\times3>1$(寸)……$\frac{12974}{19683}\times3>1$(寸)，士奇之说也基本正确。“至于百，至于千，且万可也”，正是指这些不等式中的分数式。以上面那些精确的计算权衡士奇之论，笔者深为佩服士奇的的确之论。

① 陈奇猷：《十二律管之长考》，载《中华文史论丛》，第二辑，第 242 页，中华书局 1962 年版。郑玄注《礼记·月令》的数值见《十三经注疏》，页一三五四。

② ［清］惠栋：《周易述》，页五上栏，上海古籍出版社易学丛刊本。

关于上生和下生，士奇也有明确说法。现先看《吕氏春秋·音律》的说法："黄钟生林钟，林钟生太簇，太簇生南吕，南吕生姑洗，姑洗生应钟，应钟生蕤宾，蕤宾生大吕，大吕生夷则，夷则生夹钟，夹钟生无射，无射生仲吕。"《吕氏春秋》还说明黄钟、大吕、太簇、夹钟、姑洗、仲吕（又称小吕）、蕤宾为上生律，林钟、夷则、南吕、无射、应钟为下生律。《吕氏春秋》还把十二律分配于十二个月。后来《淮南子·天文训》也取这种说法，可归纳列表如下：

表二

律名	夏历月律	上生或下生	阴阳	律名	夏历月律	上生或下生	阴阳
黄钟	十一月	起律(上)	阳	林钟	六月	下	阴
太簇	正月	上	阳	南吕	八月	下	阴
姑洗	三月	上	阳	应钟	十月	下	阴
蕤宾	五月	上	阳	大吕	十二月	上	阳
夷则	七月	下	阴	夹钟	二月	上	阳
无射	九月	下	阴	仲吕	四月	上	阳

陈奇猷先生曾归纳上表，并说："钟律是隔八相生，如黄钟生林钟，即自十一月之黄钟起顺数至第八个月而生六月律之林钟，其余类推。"[①]这是很对的。陈奇猷先生还据《吕览》说明黄钟是阳律，六月林钟是阴历，五月蕤宾是阳律。十二月

① 见《中华文史论丛》，第二辑，236页，中华书局1962年版。

大吕是阳律的理由，从而得出一个理由："凡是阳律都是上生，阴律都是下生。"又因为律起十一月为黄钟，终十月应钟，起律黄钟最长末律应钟最短。[①] 由表二看《吕览》的相生，则：①黄钟生林钟（上—下，阳—阴）、②林钟生太簇（下—上，阴—阳）、③太簇生南吕（上—下，阳—阴）、④南吕生姑洗（下—上，阴—阳）、⑤姑洗生应钟（上—下，阳—阴）、⑥应钟生蕤宾（下—上，阴—阳）、⑦蕤宾生大吕（上—上，阳—阳）、⑧大吕生夷则（上—下，阳—阴）、⑨夷则生夹钟（下—上，阴—阳），⑩夹钟生无射（上—下，阳—阴）、⑪无射生仲吕（下—上，阴—阳）。共十一相生。惠士奇说："曷为或言上生？或言下生？曰：一下一上者，正法也，或言上，或言下者，倍法也。正法至大吕而穷。"[②]这就是说，士奇把②④⑥⑨⑪都叫正法，"正法至大吕而穷"是说⑦的生成情形，显然士奇把①③⑤⑦⑧⑩都叫倍法。惠士奇又说："凡律数少者清，数多者浊。"就一般意义而言，管长的音浑厚而浊，管短的音清脆而清，士奇所说也是对的。士奇又说："蕤宾清而数反多，大吕浊而数反少，故穷，穷者用倍法，大吕正法四寸余，倍之为八寸余也。他律皆然。"[③]这是针对"⑦蕤宾生大吕"讲的，蕤宾律管数多，由表一可知，正法至大吕本应成"上—下"，即大吕为下生而用前②式"$x_2=\frac{2}{3}\alpha$"计算得四寸余，但正法至大吕而穷而成"上—上"，即大吕为下生而用

① 见《中华文史论丛》，第二辑，第237页，中华书局1962年版。

② 《红豆斋时术录》，卷一，《乐》。

③ 《红豆斋时术录》，卷一，《乐》。

前①式“$x_1 = \frac{4}{3}a$”计算得八寸余，由表一可知为 8.34 寸，使合乎大吕（浊音管）“数多者浊”的一般规则。而大吕之 $x_1 \div x_2 = \frac{3}{4}a \div \frac{2}{3}a = 2$，故称大吕穷而用“倍法”（加倍之法）。可见士奇之说仍然是很对的。

与《红豆斋时术录》卷一《乐》有关的内容，有江藩《汉学师承记》和钱大昕《惠士奇传》转述的士奇《琴笛理数考》四卷（原书待考）①，现将其主要内容列出以下比较表：

由表三与表二的比较可见，士奇考古法阴阳基本正确，除蕤宾表三与表二阴阳不同以外，其余十一律皆同。而蕤宾如前所说，有其“⑦蕤宾生大吕（上—上，阳—阳）”的特殊情况，表三改蕤宾为阴，使“蕤宾生大吕”可望改成“阴—阳”之正法，可见士奇《琴笛理数考》与《时术录》卷一《乐》对“蕤宾生大吕”的处理情况不同，但《理数考》又将蕤宾和仲吕（小吕）扯在一起比较，说“蕤宾长、小吕短、黄

---

① 《汉学师承记》卷二（钱大昕《惠士奇传》同）：“（士奇）又撰《琴笛理数考》四卷。其略云：十二律，黄钟至小吕（按：即仲吕）为阳，蕤宾至应钟为阴，阳用正而阴用倍，蕤宾长，小吕短，黄钟中，自古相传之旧法也。晋永嘉之乱，有司失传，梁武帝始改旧法，黄钟长，应钟短，小吕中，由是阳正阴倍之法绝。汉魏律笛小吕一均（韵）之下徵调，黄钟为宫，有小吕，无蕤宾，故假用小吕为变徵，黄钟笛之黄钟宫为正宫，小吕笛之黄钟宫为下宫，徵最小而以为宫，故为下宫。隋郑译遂以黄钟正宫当之，擅去小吕，用蕤宾，以附会先儒宫浊羽清之说。夫宫浊羽清者，指下徵调而言。译改为正宫，是以历代之乐，皆患声高，隋唐以来，惟奏黄钟一均，而旋宫之法废矣，古法尽亡，独存于琴笛，笛孔疏密，取则琴晖，琴之十二律，起于中晖，笛之七音，生于宫孔黄钟，笛从宫孔黄钟始，一上一下，终于蕤宾，琴自中晖黄钟始，一左一右，终于十晖。书成，惟嘉定王进士恪见而奏之，余莫能解也。”

表三

摘要 / 十二律	夏历月律	吕览上生和下生	郑玄爻辰	士奇考古法阴阳	士奇考古法正倍	士奇考古法长短	士奇考晋后新法
黄钟	十一月	起律(上)	阳乾	阳	正	中	长
大吕	十二月	上	阴坤	阳	正		
太簇	正月	上	阳乾	阳	正		
夹钟	二月	上	阴坤	阳	正		
姑洗	三月	上	阳乾	阳	正		
仲吕	四月	上	阴坤	阳	正	短	中
蕤宾	五月	上	阳乾	阴	倍	长	
林钟	六月	下	阴坤	阴	倍		
夷则	七月	下	阳乾	阴	倍		
南吕	八月	下	阴坤	阴	倍		
无射	九月	下	阳乾	阴	倍		
应钟	十月	下	阴坤	阴	倍		短
备　注	吕览月令皆此月律序	同表二	惠栋考得,见本书第六章第五节	基本正确	术语与《时术录·乐》不一	疑有误	正合古法

钟中”，疑有误。古法当黄钟最长，小吕长于蕤宾（见表一）。表三中的“倍”，亦当是“倍法”之意，《理数考》之“倍法”与《时术录·乐》之“倍法（大吕用倍法）”不同，士奇钟律说概念前后不一而混。且表三“正法”的含义与《时术录·乐》之“下—上，阴—阳”为“正法”也不同，这也是

术语前后不一。表三士奇考晋后新法，认为与古法不同。因黄钟长，应钟短，仲吕适中，此正合古法。今考《晋书·律历志》引《吕氏春秋》今本同，且言"黄钟之长九寸"①，可见晋律完全合古法，士奇有误甚明。

士奇认为黄钟十二律之古法尽亡，"独存琴笛"，故士奇通过研究尚存的琴笛研究十二律古法，这也是很富有见地的做法。士奇通过考笛之七音而得"上下"，与十二律之"上生下生"一致，与表二大体合。"琴晖"即琴徽，琴徽就是琴的律调，《文献通考》说："琴有十三晖。"可证。士奇说："琴自中晖黄钟始，一左一右，终于十晖。"既以黄钟为中晖，因笛竖琴横，言左右与言上下同，士奇考琴之十晖言"左右"，与古法"上生下生"同样大体符合。考琴笛，特别是考汉魏笛而研究上古钟笛，得到了一些有重要参考价值的结论。

士奇曾在《时术录·乐》篇中进一步探讨管长数计算法的由来和数与音的关系。他说；"其法可乎？曰：古筭(算)也。《考工》掌之磬氏，为磬：'三分其股博(按：宽)，去一以为鼓博；三分其鼓博，以其一为之厚。'盖言数也。"②股和鼓，汉郑司农说，股是古乐器磬之"上大者"，鼓是磬之"下小者"，"所当击者也"。清程瑶田(1725—1814)说："A、三分其股博，去一以为鼓博，鼓博得股博之太半(按：三分之二)也。"又说："B、三分其鼓三，以其一为股博一。C、三分其股二，

① 《晋书》，册二，页四七四、四七六、四七七。

② 《红豆斋时术录》，卷一，《乐》。这段话可核见《周礼·冬官·磬氏》，见《周礼正义》，册一四，页三三五二。原文说："其博为一，股为二，鼓为三。三分其股博，去一以为鼓博；三分其鼓博，以其一为之厚。"

关于考琴笛而言古法，现将士奇考论列表：

表四

摘要 十二律	夏历月律	士奇考汉魏黄钟笛	士奇考汉魏小吕笛	士奇考隋郑译	士奇考笛之七音	士奇考琴之十晖
黄钟	十一月	正宫	下宫	下宫	起律(上)	中晖(左)
林钟	六月				下	右
太簇	正月				上	左
南吕	八月				下	右
姑洗	三月				上	左
应钟	十月				下	右
蕤宾	五月	×		宫	上	左
大吕	十二月					右
夷则	七月					左
夹钟	二月					右
无射	九月					
仲吕	四月	变徵	宫(徵)	×		
备　注					与表二大体符合	实际也与表二大体合

以其一为鼓博六六六不尽，是股博鼓博之数两相函于鼓股中也。D、三其股博之一，即鼓之三；E、三其鼓博之六六六不尽，即股之二，是鼓股之数两相函于股博鼓博中也。F、股鼓和而三分之一，即股博鼓博之和；G、股博鼓博和而三倍之，

即股鼓之和，是股鼓之和数与股博鼓博之和数，又互相函于两数之中也。”[①]《考工记·磬氏》文和程瑶田的话都很难懂。试图例解释之：

《磬氏》：“其博为一，股为二，鼓为三。”即

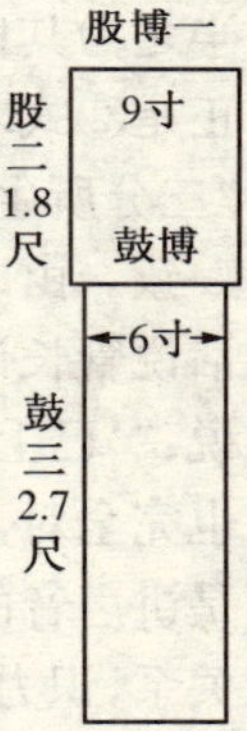

股博（股之宽度）：股长：鼓长＝0.9：1.8：2.7＝1：2：3 ……………………… ③式

程氏 A：0.9（股博）－$0.9\times\frac{1}{3}$＝0.6（鼓博）；即

0.6（鼓博）＝$0.9\times\frac{2}{3}$ ……………………… ④式

程氏 B：2.7（鼓三）$\times\frac{1}{3}$＝0.9（股博一） … ⑤式

程氏 C：1.8（股二）$\times\frac{1}{3}$＝0.6（鼓博）；0.6（鼓博）$\times\frac{2}{3}$ $\left(\text{六六六不尽，因}\frac{2}{3}=0.666\cdots\cdots\right)$＝0.4，但因 0.6≈0.4，故程氏此说为“相函” ……………………… ⑥式

程氏 D：3×0.9（股博一）＝2.7（鼓三） ……………… ⑦式

程氏 E：$3\times0.6\times\frac{2}{3}$＝1.2，但因 1.2≈1.8（股二），故程氏此说为“相函” ……………………………… ⑦式

程氏 F：$(1.8+2.7)\times\frac{1}{3}$＝0.9＋0.6＝1.5 ………… ⑧式

程氏 G：（0.9＋0.6）×3＝4.5＝1.8＋2.7 ………… ⑨式

《磬氏》：“三分其鼓博，以其一为之厚”即 $0.6\times\frac{1}{3}$＝0.2＝鼓

---

① ［清］孙诒让：《周礼正义》，页三三五三。

厚 …………………………………………………………… ⑩式

由③式可知,《磬氏》以股博为九寸,正是黄钟管长数。故孙诒让《周礼正义》注"其博为一"一语引五代末聂崇义云:"谓股博一律也。黄钟之磬博九寸。"引程瑶田云:"截其股之长,半之为其博,命之为一,以为出度之本。"[①]由④式可知,此式正是②式求下生之式,⑤式至⑩式都与《吕氏春秋·音律篇》"三分所生,益之一分以上生;三分所生,去其一分以下生"相一致。由以上可进一步推证,惠士奇引用《考工记·磬氏》的话说管长计算法是可取的,正确的。至于声音,士奇引《磬氏》说:"'已上则摩其旁,已下则摩其端。'盖言声也。"士奇的理解也完全对,"已上"两句,孙诒让正义引郑司农和清江藩之说都是讲声音的。[②] 由此可见,惠士奇引《磬氏》说管长数与音质关系,识力甚深,理解正确,方法对头,虽不能证述士奇与瑶田之说一致,但大体思路和对钟磬的理解则并不背逆,或可以士奇与瑶田相发明。

《时术录·乐篇》又讲到古代的调律器均和汉京房制的调律器准。士奇说:"古有均,汉有准,其说可得闻乎?曰:均木长七尺,有弦,系之,所以均清浊也,宫最浊,弦最大,用八十一丝,羽最清,弦最小,用四十八丝,商七十二,角六十四,徵五十四。外传:所以立均出度者也。京房准法昉诸此类。"《春秋》外传《国语·周语下》:"王将铸无射,问律于伶州鸠。对曰:律所以立均出度也。"韦昭注:"均者,均

① [清]孙诒让:《周礼正义》,页三三五二。
② 《周礼正义》,册一四,页三三五五、页三三五六。

钟，木长七尺，有弦系之，以均钟者，度钟大小清浊也。”[1]而京房造的准，亦始于均。《晋书·律历志上》：“京房又曰：竹声不可以度调，故作准以定数。准之状如瑟，而长丈，十三弦，隐间九尺，以应黄钟之律九寸。中央一弦，下有画分寸，以为六十律清浊之节。”[2]可见，士奇关于古代调律器均和准的说法是有古代文献依据的。士奇所说的宫羽商角徵的数量，也是正确的。《管子·地员篇》有“凡将起五音，凡首，先主一而三之，四开以合九九”($1\times3^4=9\times9=81$)这一著名公式。[3] 它的程序与计算方法如下：

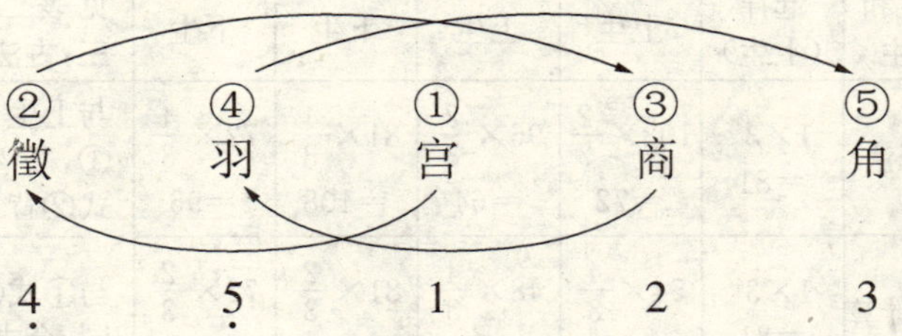

图示为：宫生徵，徵生商，商生羽，羽生角。计算：$81\times\frac{4}{3}=108$，$72\times\frac{4}{3}=96$，$1\times3^4=81$，$108\times\frac{2}{3}=72$，$96\times\frac{2}{3}=64$，律学史称此方法为“管子法”。[4] 但惠士奇认为黄钟宫调上古

---

① 《国语》，页四五，国学基本丛书，商务印书馆版。

② 《晋书》，册二，页四七九。

③ 《二十二子》，页一六四。

④ 《二十二子》，页一六四，载房玄龄注。

为正调，最高，其余四调均应低于宫调，故他的计算法实际上是：宫：$1\times3^4=9\times9=81$，徵：$81\times\frac{2}{3}=54$，商：$54\times\frac{4}{3}=72$，羽：$72\times\frac{2}{3}=48$，角：$48\times\frac{4}{3}=64$，现综合列表如下：

表五：黄钟宫五音

五音	宫 1	商 2	角 3	徵 5	羽 6	备注
十二律	黄钟	太簇	姑洗	林钟	南吕	黄钟宫与五音对应
五音生成法	起音	徵生商	羽生角	宫生徵	商生羽	
上生和下生	起律（上生）	上生	上生	下生	下生	见表二、表三，古法
管子法	$1\times3^4=81$	$108\times\frac{2}{3}=72$	$96\times\frac{2}{3}=64$	$81\times\frac{4}{3}=108$	$72\times\frac{4}{3}=96$	与上生公式①，下生公式②背
士奇计算	$1\times3^4=81$	$54\times\frac{4}{3}=72$	$48\times\frac{4}{3}=64$	$81\times\frac{2}{3}=54$	$72\times\frac{2}{3}=48$	与①式②式同，合古法

我们认为，惠士奇考五音古法数是正确的，《管子》为战国时人假托，不可尽依，而房注尤浅陋。[①] 士奇为高明！

有关古声律，士奇所论最难读懂处已考论如上。《乐篇》还提出正律以《诗经》等说法："然则何从正？曰：正以《诗》。凡人有志，斯有诗；有诗，斯有声；有声，斯有律；有律，斯有数。《书》曰：诗言志，歌永言，声依永，律和声，

① 蒋伯潜：《诸子通考》，第 435 页、第 437 页，浙江古籍出版社 1985 年版。

此之谓也。”[1]正常的次序当是志、诗、声、律、数，而士奇的研究则以数为逻辑起点，循数、律、声、诗、志。在士奇的观念中，人文和自然相通，宇宙是和谐的整体，对客体的研究可以是和客体本身的顺序相反的。

惠士奇年幼时读二十一史，遇《天文》、《乐律》二志，不能完全读懂，后来官至翰林，特别是这期间受西学的影响，用新法深究中国传统的天文历算之法：推步之法的来龙去脉，著《交食举隅》二卷，阐述日月食的形成和推算方法。“交食”即指日月食。众所周知，日月食的形成，是太阳、月球同在视运动轨道黄道和白道两交点附近某一范围内发生的，这一范围就叫食限，日食限的角度是十五点四度至十八点五度之间。惠士奇说：“言测日食者先求食限，食限必在两交，去交近则食，远则否。”说的正是月球走到太阳与地球中间，月球的影子落在地球表面，位于影子里的观测者看到太阳被月球遮住，发生日食。日食只能在朔日发生，因为只有这一天月球才走到太阳与地球之间，几乎和太阳同起同落。但朔日这一天又不一定发生日食，那是因为月球轨道白道与地球轨道黄道不在同一平面。如果在同一平面，那就逢朔都要有日食，但白道与黄道间有一倾角约五度九秒，逢朔时月球有时在太阳上方通过，有时在太阳下方通过，遮不住太阳而不发生日食。为此，发生日食需满足两个条件，一是月球在朔日，二是太阳与黄白道交点的距离在食限以内。士奇说：“未有不入食限而食者也。”这是很对的，他又说：“有入食限而不食者。”实际上应当指“逢朔未必有日食”这种情况，而不应当是逢朔还能“有入食

① 《红豆斋时术录》，卷一，《乐》。

限而不食者”。但是,关于定朔这个问题,在东汉以前的历法中,都把月行的速度当作不变的常数,以朔望月的周期来算朔,算出来的朔后来称作“平朔”。东汉前后发现了月亮运动的不均匀性,此后人们设法对平朔进行修正,以求出真正的朔,称为“定朔”,首次提出定朔算法的是东汉刘洪《乾象历》,到了隋代刘焯《皇极历》,才把地球绕日运行的迟疾不均匀也考虑到“定朔”的计算中去。既有“定朔”,更有“食限”,才能推算日食。士奇说:“古法不能定朔,故日食或在晦,说者谓日之食晦朔之间,月之食惟在望(按:农历十六日前后),此知二五而不知十也。”月食是地球走到太阳与月球中间时发生的现象,这时,月光被地球遮住,月而变暗,由于有黄白交角,并非逢望必有月食,须月球运动到黄白交点附近时才能发生月食。士奇说:“古术……皆知求平朔,莫知求实朔,故不能定朔者以此。”尽管按我国传统天文学求定朔,知食限(刘洪《乾象历》提出了日月食限的概念),也能懂得日食、月食的推算,但清代开始采用第谷体系和开普勒椭圆面积定律,定朔的计算也改用欧洲几何学方法,惠士奇“因新法究推步之原”,言测日月食,正是在此西学的影响下进行的。士奇已明确表示他接受了第谷(1546—1601)体系。他说:“七政有高卑,故有恒星天,有五星天,有日天,有月天,古人以恒星最高,遂指恒星为天体,新法于恒星天之外,又有宗动天,合于九重之数,宗动者,七政之所同宗也。”[①]这里的“七政”指日月五星,这里的“天”是轨道之义,宗动天即本轮。这里的除地球居中不动外,日、月、五星都有自

① 《汉学师承记》,页二一。

己的轨道。本轮是托勒玫（约 90—168）、第谷体系中行星自转轨道，而本轮又都围绕均轮（清代《历象考成》也译作“本天”的）旋转。士奇接受第谷学说，是很及时的。①

四、《易说》论《易》理逻辑及其投影之本体宇宙探秘

写作宗旨论乾道“大明终始”，论万物之“质”与“六位时成”是运动本质的逻辑投影，《易》理事理微观“微、质、几、义、始、终”论与精神“单子”、“逻辑原子事实”的比较，乾道“大明终始”不待圣人，引《诗》作譬说《易》理，蛊卦上九爻表“高尚其事”，恒卦“楮恒”考的认知和理校，论个性、人性的实现和才质的作用

《易说》共六卷，有四库全书本、清经解本、璜川吴氏经学丛书本。《四库全书总目》概述该书的特点：“是书杂释卦爻，专宗汉学，以象为主。然有意矫王弼以来空言说经之弊，故征引极博，而不免稍失之杂。”②关于本书的写作宗旨，惠士奇在具体阐释各卦爻之前，有一总的概述，大体如序言，序及本书言天地宇宙之“大明”，也就是说，是在易理象数逻辑系统内讲论宇宙自然的生成、结构、发展、变化等，综观全书，当然是易学语言居多，但也不乏较为通俗的一般动静变

① 《戴震评传》，第 21 页。

② 《四库全书总目》，上册，页四一下，中华书局 1965 年版。

化的说法。《易·乾彖》有"大明终始,六位时成"的说法,《晋彖》有"明出地上,顺而丽乎大明"的说法。无妨认为,惠士奇把这些说法看作宇宙创始的逻辑说法。他讲述这些说法,因为"离为明,坤为顺,乾为大明(按:这些话见《说卦传》、《乾彖》)",又因为"坤丽乎乾成离(按:离卦☲的生成,按虞翻的说法是'坤二五之乾',即坤卦二爻五爻进入乾卦二爻五爻取代之而成,见《周易集解》,后来惠栋《周易述》'离卦'也取此说,与士奇一致)",故曰"顺而丽乎大明,大谓乾,非谓离也"。这就是说,宇宙创始的逻辑模式,首先是乾卦和坤卦相丽,这是父母卦,而不是其他子卦。值得注意的是,"坤丽乎乾","顺而丽乎大明"这些卦的转换生成之法,还产生精神的东西"文明"。士奇说:"乾九二曰:见龙在田,天下文明!"这是什么原因?士奇说:"坤为文(按:见《说卦传》),柔来文刚,故曰文明。乾中伏坤(按:仍是上述离卦的生成过程),坤为地,地上称田,见龙在田,天下文明之象也。"[①]士奇是企图借易卦的生成来说物自体的构成,也企图来说精神的某些方面,《易》卦万能,既生万物,也生精神,士奇企图把《易》理看成临驾于万物和精神之上的神圣之物。他似乎较之前人更重视《周易》在精神领域内的作用,至于生就精神,生成文明的提法,不失为研《易》新见。惠士奇还把"质"看成《易》的最本质的东西,这是从万物的生成及其逻辑反映《易》理两个方面去看的。从《易》理看,"大明终始,六位时成","时成"之义,说的是"卒成之终,初犹隐而未见,行而未成,自始至终,方成六位"。这就是说,

① 《易说》,页一上栏,载《清经解》,册二,上海书店影印版。

卦象六爻，初爻为发端，拟发展，但位卑力微，上爻才算完成，从初爻到上爻兼举始终而包六位（卦象六爻），六爻相杂，这才叫“时成”，士奇把爻位及其相杂而“时成”看作《易》理的本质，实际上是把《乾彖》和《晋彖》的说法看成《易》理的本质。现代科学的提法是，事物的存在和运动才是本质，惠士奇看到了这一科学本质的《易》象逻辑的投影，是唯物的，但有唯心的成分，它是高度抽象化了的宇宙本体论。至于从万物的生成去看“质”，士奇引《文言》称：“知至至之，可与几也；知终终之，可与存义也。（按：这几句话一般理解成：知道进取的目标，努力实现它，这种人可跟他商讨事物发展的征兆；知道终止的时刻，及时终止，这种人可跟他共同保全事物发展的适宜状态。[①]）”士奇把这几句话理解成终始，他说：“‘知至至之’，言乎始，故曰‘可与几’。几者，事之微。‘知终终之’，言乎终，故曰‘可存义’。义者，事之质。始于微，终乎质，故曰：《易》之为书，原始要终以为质也。”[②]几、义是从《易》之逻辑之理讲的，微、质是从事物本身讲的，它们都贯穿终始，而这又是与“大明终始”之“终始”相一致的。从士奇的宏观议论看，他认为事物逻辑与易理逻辑一致，微、质＝几、义＝（大明）始、终。士奇从《易》理、事理说的这些微观的东西，有类于与惠士奇（1671—1741）同时代的德国哲学家莱布尼兹（1646—1716）的精神单子和后来的逻辑原子主义。莱氏把具有各种知觉（微知

① 黄寿祺、张善文撰：《周易译注》，第 13 页，上海古籍出版社 1990 年版。

② 《清经解》，册二，页一上栏，上海书店影印本。

觉、模糊知觉、统觉、反省的知觉)的独立的精神实体,即“单子”,作为构成一切存在,包括现实世界的基础,“单子”是宇宙的“表相”。惠士奇说,《易》理象数逻辑“大明终始”是外部世界的质。对莱布尼兹的这种物质观念,列宁曾评述说:“我的自由的转述:单子=特种的灵魂。莱布尼兹=唯心主义者。而物质是灵魂的异在或是一种用世俗的、肉体的联系把单子粘在一起的浆糊。”“这里是特种的辩证法,而且是非常深刻的辩证法,尽管有唯心主义和僧侣主义。”①至于后来的逻辑原子主义则认为世界是由原子状态的经验和原子事实构成的。原子事实被罗素(1872—1970)说成颜色、声音、气味、滋味等事物的性质及大小、长短之类事物的关系;被维特根斯坦(1889—1951)说成事物的名词的结合方式,是指名词和事物结合起来的基本逻辑结构。总之,都不是把世界看成物质本身。当然,不是惠士奇受到了当时的莱氏哲学的影响才以《易》象数学解释世界本体的,而是在新的历史条件下《易》学史本身发展的必然。所不同的,乃至于较西方更为高明的是,《易》汉学的象数原理往往是现实世界及其运动状况的反映,较“单子”、“原子状态的经验”、“原子事实”为合理,因而其辩证意义更大些。从表面上看,惠栋《周易述》与士奇的这一《易》象数本体论很不相同,实际上是完全一致的,士奇的宏观指导思想化作了惠栋对各卦各爻的阐释。

《乾彖》“大明终始”可解释成万物之“质”,已如上说。终始、事物之“质”与六爻的关系,士奇作了深入的阐述。惠

① 列宁著:《哲学笔记》,第430、431页,人民出版社1963年版。

氏认为，言“六位”（六爻）不言“四德”（按：性质，表征，非事物本身），正是视“六位”为“三才”天地人（按：这当然是客观世界）。正因为天有阴阳，地有刚柔，人有仁义法，才产生了六位。天地之气，必有终始，六位之设，皆有上下，可见六位是代表天地之气的，表现在《易》理上，《易》始于一，分于二，通于三，革于四，盛于五，终于上。“所谓大明终始者，指六位明矣。”六位有虚实（阴爻和阳爻），虚暗实明，六位皆实为大明。这显然是以卦象六爻说外部世界的变化。在此基础上，士奇批评了那种圣人主宰世界说。“说者又谓圣人大明乎乾道之始终，乾道大明（按：如前所说，是外部世界明，其原因是六爻的变化，即外部世界的矛盾运动），岂待圣人而后明哉?”这无疑是一种民主思想。乾道大明不待圣人，可是，为什么以天地“大明”属之乾，而不属之离、坎等卦，士奇说：“日月得天而能久照，日得天而能大明于昼，月得天而能大明于夜，日月之明皆天明也。故《易》以大明属之乾。《参同契》谓月三日生明于震，震一阳生也（按：震卦☳震下震上），十六日微阏（按：è，遮挡）巽，巽一阴生也（按：巽卦☴巽下巽上），八日上弦于兑，兑二阳生也（按：兑卦☱兑下兑上），二十三日下弦于艮，艮二阴生也（按：艮卦☶艮下艮上），三十日消灭于坤，全体皆暗，十五日盛满于乾，全体皆明，是谓大明。”[①]这显然是说，《易》卦反映月相的变化，《易》卦是大自然，是日月运动的表征。天下大明属之乾，以乾卦（按：☰乾下乾上）全为阳爻之故。反过来说，乾卦表天下大明。惠士奇是把《易》卦看作自然界运动的逻辑

① 《易说》，见《清经解》，册二，页一上栏。

表述。

序文中强调“六位”，故《易说》全书均以爻位为单位阐释，即讲论某爻的意义、比证、作用等，与通常以卦为单位讲论的体例很不相同。如卷一“初六，不永所事，小有言，终吉”条，那是讲论讼卦初六爻的（按：讼卦䷅坎下乾上，初六爻为始阴爻），讲题本身和上文均未涉及讼卦，可见作者心目中的“初六，不永所事”云云属何卦十分熟悉，毋需赘言“讼卦”之类的字眼了。落实在爻位上罗举爻辞一一研核之，有利于发掘卦象隐微。就以此讼卦初六爻说之，士奇认为其象见于《诗·召南·行露》：“《行露》者，讼之辞也，强暴之男，侵凌贞女，贞女不从，故讼。”这显然是据毛诗《小序》的说法：“《行露》，召伯听讼也……”士奇解释《诗》意：其首章“厌浥行露”，说的是“露虽湛湛，见阳则消，曾不崇朝”，士奇认为这正合“不永所事”之象。其次章曰：“谁谓雀无角，何从穿我屋？”其卒章曰：“谁谓鼠无牙，何以穿我墉？”士奇认为这几句话说的是，视墙之穿，知鼠有牙，视屋之穿，疑雀有角。老鼠确有牙，而推类言之，雀虽无角而似有角。士奇认为，这正合讼卦初六“小有言”之象。士奇的结论是：“其事不永，其辩卒明，初（按：初爻为阴爻）如贞女，其象（按：上面分析的‘不永所事’和‘小有言’之象）亦如之。”《小序》以功利主义说《诗》，朱熹集传以责淫俗说《诗》，士奇以《易》理说《诗》，并以《诗》证《易》，《诗》、《易》互证，这是特定时代特有的文化心理和学术观点而产生的一种特有的文化联想。惠氏的说法，以《诗》作譬来说《易》象，使《易》具体化、形象化，以利于发掘《易》理蕴含，但这仅仅限于引用作譬，不能说成全称判断之“等于”。士奇的说法，还是很牵强的。这莫非真的是由“《易》无达诂”引起的？学术研究对真理的追求只能是世代系列劳动的积累，惠士奇的这一引用作譬，也是这一系列中的一个阶梯。当然，《小序》、朱熹、今天说成爱情诗，都是于对象认识的长河中的一段水流。

《易说》卷二“上九，不事王侯，高尚其事”条，是讲蛊卦（按：䷑巽下艮上）的。士奇认为，蛊者六爻皆言事，独上九爻为“高尚（按：超越于……外）其事”，言“非无事”，也不是说在事外，而是事在“干古”（按：幹蛊，此言大才），不屑于一国一家之事，所谓“贵而无位，高而无民”。这就是说上九爻代表大贤才。内证是，大有（按：䷍乾下离上）、大畜（按：䷙乾下艮上）的上九爻皆曰“尚贤”（按：大有、大畜两卦的上九爻有“尚贤”义，见《周易集解》该二卦引虞翻说、蜀才说，惠栋《周易述》也曾于此两卦下进一步发挥“尚贤”说），“丰上无人（按：丰卦䷶离下震上，丰卦上六爻爻辞说‘阒其无人’）”，是说无贤人（按：可参《周易集解》引虞翻说，而《周易述》说此已佚）。士奇指出：“《易》尚贤人，尤重高人，故位于王侯之上，而加以高尚之名。”由大有卦、大畜卦、丰卦的上爻的比较中，士奇说：“上九一爻，诚非贤人，不足以当之。”从而得出蛊卦上九阳爻象征大贤才为不谬。士奇举出《太玄》中的“高人”，《诗·卫风·考槃》中的“硕人”，战国时的狂矞（jué），周初的伯夷、叔齐，汉武的商山四人（按：即商山四皓，四位白发老人东园公、绮里季、夏黄公、角里先生）等等。惠士奇据《易》卦有上九爻表“幹蛊”之贤人大才之说，批评司马光说：“汉有商山四人者，其高尚犹周之二老，司马温公修《通鉴》削而去之，岂非通人之一大惑乎？”[①]在惠士奇看来，隐逸之民是天下大才，他们的存在有其天然的、《易》理逻辑的合理性和必然性。由此条可看出，士奇《易说》探幽索微之法，既重《易》理的阐释，又重历史故事的补缀，他力图还《易》于自然，还《易》于历史，还《易》于其他经史子典籍之中。

卷三“上六，振恒，凶”条，是指恒卦（按：䷟巽下震上）上六爻，今一般理解成：上六，振动不安于恒久之道，有凶险。士奇考“振恒”《说文·木部》“榰”字下引《易》“榰恒，凶”。榰，柱砥，古用木，后世用石。从恒卦的构成看，震、巽皆木，震，阳木，巽，阴木（按：《说卦传》震一索而得男，震为苍筤竹，为萑苇；巽一索而得女，巽为木）。士奇认为，恒卦取象于柱砥，毫无疑问，柱砥应在柱下，今反在柱上，故恒卦上六爻的小象辞说：“振恒在上，大无功也。”士奇对此作的解释完全合乎生活事实，它告诉我们，卦象及若干象辞，乃至彖辞、卦辞，都是来自于对生活本身的直接观察，这是合乎古代朴素唯物主义的直观认识、认知的一般方法的。惠氏的解释揭示了古代哲人观照认知的规律。至于“榰恒”一语，惠氏认为是说下本上末，本大末小，乃物之恒，相反，本末倒置，本小末大，非物之恒。如果不从《说文》按“振恒”理解，看成“振动不安于恒久之道，凶”，也是可以的，但于震卦不合，士奇释卦爻之辞，是考虑到《易》卦系统内各卦的相互照应的。惠氏考震卦说：“震卦三曰苏苏（按：震六三爻辞：震苏苏：雷动时惶惶不安），上曰索索（按：震上六爻辞：震索索：雷动时恐慌得双足畏缩难行），则初震

① 《清经解》，册二，页六下栏。

（按：震初九爻辞：震来虩虩，后笑言哑哑：雷动时恐惧，后转笑语）不及三（按：指按恐惧程度看雷震动的程度大小，相对而言），四震（按：震九四爻辞：震遂泥：雷震时恐惧被惊呆了）不及上，故曰'震不于其躬，于其邻'（按：此震卦上六爻辞，大意是说：震不及于自身，而及于近邻，士奇以下三爻之初，上三爻之四为自身，而以三爻、上爻为近邻，自身不及近邻震得厉害）。"[①]以震卦的情形来比较恒卦的最上爻（按：恒卦上六爻辞上六，"振恒"朱熹《周易本义》说成"上六居恒之极，处震之终"），士奇认为"恒（卦）之上六（爻）似无振（震）象"，故"振"字"仍当作'榰'为充（按：符合）"。士奇又继续考论恒卦本身，认为恒卦有鼎象（按：恒卦䷟巽下震上，鼎卦䷱巽下离上，两相比较，仅上爻一为阴，一为阳爻，其余五爻均同），而鼎卦上九爻辞："上九，鼎玉铉，大吉，无不利。"恒卦上六爻辞："上六，振恒，凶。"铉（按：鼎扛，鼎玉铉犹言鼎器配玉制的鼎扛，鼎扛在上）宜在上，鼎卦言其在上，合乎实际，故吉，榰（柱砥）宜在下，今反在上，违反生活常识，故凶。士奇说："两卦象辞皆曰在上，合而玩之，一吉一凶，其象昭然矣。"意思是说，只能如《说文》引《易》为"榰"字，榰在上为凶，不可能是"振"字，且"振恒者，动之象也，动则变，变则大吉，何凶之有？"[②]故只能是"榰恒"，不及于"振"字。此又从恒、鼎二卦的比证言恒卦上六爻爻辞、小象辞之意。上文从震、恒二卦上爻之比，恒卦上爻不及于震（振），此与上文合同观之，

① 《清经解》，册二，页一一下栏。

② 《清经解》，册二，页一一下栏左。

可见士奇从《易》卦系统觅内证作比较,作为研《易》卦的重要方法,其说甚精,不可改易。从校勘学看,校恒卦上六爻"振"字为"榰"字不仅从《说文》为引文校勘,且是典型的用《易》理系统比证而得出结论的推理校勘。

《易说》卷六"一阴一阳之谓道,继之者善也,成之者性也"条,该条原出《易·系辞上》。这一条的特色是以《易》理说人性论,以人性论补证《易》理。士奇首先区分了性、存、德、才、才子、不才子等几个用来说人性的概念。惠说:"成性,存存,道义之门;道义者,性之德也;存存者,性之才也。"善性、道义、德,寄存之所在才子那里,从而把智看作性善、仁义、道德的寄存之所。惠氏说:"于文,才子为存,盖才子则能继,故善继谓之孝,能继则能成,能成则能存,继之者善,成之者性,唯能存之,故能继之、成之。《孟子》所谓'庶民去之,君子存之'者以此。"不才之子则不能继,不能成,不能存。不才子与才子之差犹《孟子》所谓"或相倍蓰(按:一倍,五倍)"而无法计算。惠士奇把才看得比什么都重要,它是善性、仁义、道德寄存处和赖以实现的条件,这就把才、才智、知识推到了极端重要,乃至高于善性、道德的地位。这个问题,后来戴震在《孟子字义疏证·才》有更详细的探讨,戴氏认为:"才者,人与百物各如其性以为形质,而知能遂区以别焉。""才质者,性之所呈也;舍才质安睹所谓性哉!""以人物譬之器,才则其器之质也。"①同样强调了才的寄存作用。可视戴说是惠士奇说的重大发展。惠士奇还大胆地认为,《系辞》所说的"成性"就是"成己性","己

① 《戴震集》,页三〇七。

性”就是个性、人性，“成己性”就是形成、发展、实现个性、人性。这是地地道道的呼唤个性和人性的启蒙思想。士奇说：“成己性谓之仁，成物性谓之知，皆性之德，故曰成性。”但个性、人性的实现与才有很大的关系，“非继之存之则不能成己性，又何以成物性，焉可谓之成性乎？”如前所述，继之、存之者唯才智者为能。士奇还认为，实现个性和人性决非胡来，“成性非本成之性，天命之必待人成之。”这就是说，所成的个性、人性，还有某种必然性的制约因素，“天命”一词，可理解成某种自然的必然性的制约，这应该说是合理的，不能说这里还有宿命论。士奇还认为，《中庸》的诚是实现个性和人性的最好途径，他说：“《中庸》言尽诚，能尽则能成。唯天下至诚为能尽其性，尽其性是为成己性，能尽其性则能尽人之性，能尽人之性则能尽物之性，是为成物性，苟非继之者善，则人、物之性安得成哉！”①惠士奇建构的人性论，是以《中庸》诚意为圆心，以才智为半径，以个性、人性、物性为圆周的圆面。惠的说法全面而稳妥，其启蒙意义和科学意义都很强。至于这一人性论圆面与《易》理关系，可说此圆是画在乾坤之门、道义之门这张背景纸上的。惠士奇说：“乾坤之门，一阴一阳而已，一阴一阳之谓道，故曰道义之门。”人替天行道，赞天地之化育，就是实现人性之大端。士奇批评那种行天地之道与人、与人性无关的错误说法，认为实现人性恰恰就是要行乾坤大理、天下大道。他说：“旧说（按：实际上指宋儒的说法）谓继之、成之皆在天，非在人之事，其说益多，其理益晦。《中庸》言尽己性，尽人性，尽物性，所

① 《清经解》，册二，页二三中栏。

以赞天地之化育。即《易》所谓继之者成之者也。”①以人的才智参与天地之化育，这怎么能说继善、成性在天不在人呢？惠士奇认为，《中庸》、《孟子》都是注释、讲论《易》理的好材料。惠士奇如此完整地阐说他的与《易》理结合的人性说，后来在戴震《孟子字义疏证》中有更详细的说明，惠说是戴震《疏证》的前奏，戴说是惠说的发展。

五、古代文化史专题论著《礼说》

义理阐释和史料补证相结合的思路，一种有代表性的国家哲学观，贤人政治和富民，“祝药”即注药、傅药，“质人”、“人民”和奴隶买卖，《周礼·春官》“保章氏”掌管天文、历法，“保章氏”和岁星纪年、太岁纪年、太阳年，卷一条目的文化史专题意义

惠士奇著《礼说》，今存四库全书本、清经解本、璜川昆山吴氏经学丛书本。清经解本为十四卷本，《礼说》实际上是《周礼说》，以天、地、春、夏、秋、冬六“官”分卷(2＋3＋4＋2＋2＋1＝14卷)，“冬官”为《考工记》，一卷。该书前有分卷及其章节子目，或称条目，可见梗概。《礼说》为何专说《周礼》？若论圣王经世之道的礼，必应熟悉名物而后求其制度，得其制度而后可语其精微，犹如治《春秋》当核当日之事实，然后可明褒贬之由。名物制度，《周礼》为最，故以

① 《清经解》，册二，页二三中栏。

说《周礼》为探究礼学之本，且《三礼》郑玄注，犹《春秋》左氏传，治《春秋》必先左氏，治礼学必缘郑氏，郑氏去周已远，往往以汉制说《周礼》。郑氏所谓“犹今某物某事某官”，往往费解难明，“而当日经师训诂，辗转流传，亦往往形声并异，不可以今音今字推求”。面对辉煌的先秦文化和汉儒巨大的解释工程，士奇的选题和治学思路是：论治世之道必先《三礼》，论《三礼》必先从集名物制度的《周礼》，治《周礼》必由《周礼》郑注，由郑注必经汉制而溯周制。从其成果的总体评价看，《四库全书总目》提要评述为：“在近时说礼之家，持论最有根柢。”[①]这里说的“说礼之家”，还包括晚明至清初研核《仪礼》、《礼记》诸家，清初研究《周礼》最显者，《清经解》第二册收录江永《周礼疑义举要》、沈彤《周官禄田考》。至于段玉裁著《周礼汉读考》、孙诒让著《周礼正义》，尚是后话。江永和沈彤的著述尚只是局部的研究，清初全面研究《周礼》的著述，仅数惠士奇《礼说》了，可见该书在《周礼》研究史上的地位及成书之难。

《礼说》的条目（标题）都是据《周礼》文意概括而得的，如将各标题下的内容与原著对档，是比较困难的。《易说》尚引彖辞、象辞为条目的首句，《礼说》则多惠氏本人对原书的概述，《礼说》全书完全是独立于《周礼》之外的研究《周礼》的著作。如《礼说》卷一《天官一》“建国立极，邦之六典”条，是对《周礼注疏》卷二“太宰之职，掌建邦之六典……以生万民”这一段内容概括，而该条引经据典，阐发“立极”和“六典”的意义，完全反映士奇对千百余年来国体

① 《四库全书总目》，上册，页一五七上栏，中华书局影印本。

的认识，是清儒的一种国家哲学观。士奇认为《诗经·商颂·殷武》“商邑翼翼，四方之极”，言商之建国翼翼然，就说明建国当立于“四方之中正”，“极”就是“中正”。惠说甚确，“极”本是房屋的中栋、正梁，清吴善述《说文广义校订》也说：“栋在屋之正中，故栋与极并有中义，因之凡在中者名极……天之中枢曰北极、南极、赤极、黄极。又因之有正义。正犹中也。”士奇认为，古来帝王建极以立国，设六官（指天官、地官、春、夏、秋、冬四官）分六职（官府的治、教、礼、政、刑、事），以为“民极”，“民极”就是民之“中正”，民之“权度”。极、中正、权度的含义是一致的。权度是十分必要的，天生民而必予之权度，有尺、寸、寻等等，“圣人因之而制其数，权轻重，量大小以立度，明本末，建终始，以立中，是为极，亦为典”。士奇认为，天道地道人道为三极，天地加四时为六典，是三极生六典，典的常则，为法规。这其中的哲学道理，乃是天下万物处于永恒不停的运动之中，而运动又必须以静止，以居中不动来加以量度的。在惠士奇看来，立国之极，建邦之中正，治天下之权度、法典，均服从以下哲学道理：“天有常性，人有常顺，好恶生变，变习生常，民乃有古，政维今，法维古，六典皆古也。治典立而万民服，教典立而万民淑，礼典立而万民睦，政典立而万民畜，刑典立而万民肃，事典立而万民足。室家以盈，妇子以宁，礼俗以成，风化以淳，天下和平，是谓民极，非中不立。”[①]这些讲论“动中有静”、“变中有常”的道理，是制定国家典礼的基本依据。天道、立极、中正、权度都是制礼的准绳，或其本

① 《清经解》，册二，页二七中栏。

身就是“礼”的一部分。可见“礼”在究天人之际中的中心地位和权衡万有的作用。而《周礼·太宰》之“六典”，为文王之典，必须“用之常，行之笃，秉之虔（诚）”，要是“弗式弗惇弗敬”，那就“六典息矣！”惠士奇“建国立极，邦之六典”条，核心内容是由天地自然之运动须归于“中正”，考论立极、六典之必然，这是朴素唯物主义的国家哲学。将天地自然运动看作制定典礼法则的依据，不免荒诞，因为它们是不同质的，没有同一性。但古人认识人伦社会常以晨夕观测到的天地自然运动为参照系统，寻求或预设其内在联系，作为认识人伦社会的一个坐标，在古代生产力低下，认识水平有限的年代里，这是不可避免的。以上结合《礼说》的立目条例讲了该书首条的内容大要和全书纲目作用。以下举述《礼说》的主要成就。为叙述的方便以《周礼》原书为叙述体例，然后证之以《礼说》。

《周礼·天官·太宰》：“以九两（按：通常按郑玄注理解成诸侯连缀万民不使离散的九项措施）系邦国之民，一曰牧，以地得民；二曰长，以贵得民……九曰薮，以富得民。”这是讲统一天下、治理天下的良策。《礼说》卷一“九两系民”条认为《太宰》中的那个“系”字是“属”的意思，即“使归属”。士奇举“文王以七属官人（按：从《大戴礼记·文王官人篇》‘九用有征，乃任七属’看，七属为七个下属，此处意为文王任命七个下属官使天下人服从管理）”，以证周公“以九两系民”之“系”为“使归属”之“属”，较“连缀使不散”义更切上下文，后来孙诒让《周礼正义》赞同惠士奇说。[①] 士奇考《大戴礼·文王官人》七属曰：“一曰国则任贵，二曰乡则任贞，三曰官则任长，四曰学则任师，五曰族则任宗，六曰家则任主，七曰先则任贤。”[②]对照周公“九两”，《大戴礼》讲文王因职守和治域之需任命何等品格的人为官，《周礼·太宰》讲周公任用某种品格的人为官以后，以其品格得到百姓拥护，在逻辑上小有差异，前者为“是什么”，后者为“怎么样”。可予互补。惠士奇立足于《周礼》，将“九两”与“七属”结合，得出文王、周公，乃至先秦实行贤人政治的结论。士奇说：“盖牧以地得民（周礼说），故国则任贵（大戴文王说），牧者一州之贵也；长以贵得民（周礼说），故官则任长（文王说），长者六官之长也。”至于不讲地盘大小，不讲职位高低，“若夫无地而为君，无官而为长，则有师儒在朝，则美政在下，则美俗近者乐之，远者趋之，四海之内若一家，通达之属莫不从服，此非得民之神者欤！”这完全是上古三代的贤人政治，惠士奇极为向往之，已被说成近乎乌托邦的理想社会，它已超越于文王之治、周公之治之上。概而言之，文王之治重在“任”，任用贤人以得民心，周公之治重在“得”，任用贤人、能人、有权威之人以得民心，既“得民心”，又使民有所“得”而“富”，最终落实在“九曰薮，以富得民”。周公比文王前进了，士奇说：“（周公）九两包于（文王）七属。”

---

① [清]孙诒让：《周礼正义》，册一，页一〇九至页一一〇，中华书局 1987 年版。

② 惠说引文见《清经解》，册二，页二八下，可核见[清]王聘珍：《大戴礼记解诂》，页一九七，中华书局 1983 年版。惠引文与原文略有不同。

可是，“降及秦汉，‘任’变为侠，‘富’成于奸，故匹夫有百里之誉，千里之交，横行于天下，而上无禁利，下有贪民”①。《礼说》由《周礼·太宰》一段文字而证之以《大戴礼记》说文王之治，有其治世的务实意义。“九两系民”条云：“先王立政，必先得民，得民之道，不出七属，有天下国家者宜留意焉。”惠士奇从《周礼·天官·太宰》文字抽象出的条目名“九两系民”一语，以包括任用贤人、能人、权威之人治天下，并最终以富民为本的“九两”国策使民归属、顺从、拥护，乃是惠氏奉献的治天下的金科玉律。作《礼说》以心忧天下，岂不昭然？此外，此条《周礼》贾疏释“二曰长”之“长”为诸侯，江永《周礼疑义举要》也说：“《诗》曰‘克长克君’，诸侯固有长称。”惠士奇引《大戴礼》“三曰官则任长”，又说“长以贵民”，足证“长”非指诸侯，而指官长。惠说得到孙诒让的首肯。②

《周礼·天官·疡医》：“掌肿疡、溃疡、金疡、折疡之祝药劀（按：guā，刮）杀之齐。”郑玄注：“肿疡，痈而上生创。溃疡，痈而含脓血。金疡，刀创。折疡，踠跌者。祝当为注，读如‘注病’之‘注’，声之误也。注谓附著药。劀，刮去脓血。杀，谓以药食其恶肉。”应该说，意思是较清楚的。惠士奇《礼说》卷一有“祝药犹行药，刮杀犹砭（按：biān，用石针刺）割”条，进一步讨论“祝药”和“注病”。惠引《释名·释疾病》“注病：一人死，一人复得，气相灌注也”，以证郑注“注病”之说有据。不仅“祝”通“注”，因“古文假借多取

① 《清经解》，册二，页二八下栏。

② 《周礼正义》，册一，页一一一。

音同","属"和"注"也互通。惠氏举《周礼·冬官·函人》:"犀甲七属,兕甲六属,合甲五属。"《冬官·匠人》:"水属不理孙(顺),谓之不行。"郑注说这些"属"字读"注"。《左传·成公十六年》:"方事之殷也,有韎(mèi)韦(按:赤黄色熟皮,古用以制戎服)之跗(fū)注,君子也。"贾逵、服虔都说"注,属也",杜预注:"韎,赤色。跗注,戎服,若袴而属于跗(按:袴,kù,套裤;跗,足。全句所说犹今连脚裤),与袴连。"以上三例都是惠士奇用来说通假字的,惠还说:"《左传》之'注'即《函人》之'属'。"其实是不确切的。《函人》之"属"读本字,作量词用,特指成套的铠甲。《左传》"跗注"已是一专门名词,只有《冬官·匠人》才是真正的通假字,"属"通"注(zhù)"。破通假字,是读古书的本领,针对对郑玄的责难,士奇说:"学者不明六书,乃谓康成好破字,不亦异乎!"[①]至于为什么"祝药"和"气相灌注"相联系,惠氏举出《墨子·非攻中》:"今有医于此和合,其祝药之于天下之有病者而药之,万人食此,若医四五人得利焉,犹谓之非行药也,故孝子不以食其亲,忠臣不以食其君。"[②]"祝药"就是"行药",也就是用药、傅药。行、用、傅、使附著等义,与"灌注"义近同,故说"祝"通"注"。惠士奇在郑注的基础上讲论"祝"通"注",后来王念孙、王引之破《荀子·劝学》"强自取柱,柔自取束"句中的"柱"字通"祝",祝,断。王念孙说:"祝之通作柱,犹注之通作祝。"并

① 《清经解》,册二,页三三下栏。

② 惠栋引文见《清经解》,册二,页三三下栏。可核见《二十二子》,页二三九中栏。

引用《周礼·天官·疡医》“祝药”和郑玄注。[①] 此外，惠士奇于此条下还引扬雄《太玄·达》以解“劀杀”为“砭割”，引《太玄·从》以解“杀”字为“注药以食其肉，恶去而善生”，都很精当，后来为孙诒让所称道。[②]

《周礼·地官·质人》：“掌成市之货贿、人民、牛马、兵器、珍异。”质人，是古代管理市场的经纪人，掌管评估市场物价，制发买卖的券契。《礼说》有“买卖人民”条，讲论了古代奴隶制度。人民，指奴隶。惠士奇说，古代无“奴隶”的说法，乃至惠士奇时代也仅有“奴婢”的说法，称奴隶为“臣妾”，或称“人民”。[③] 士奇引《尚书·费誓》：“马牛其风（按：走失），臣妾逋逃（按：古代男仆叫臣，女仆叫妾。逋，bū，逃跑），勿敢越逐（按：离开队伍去追赶），祗复之（按：还给原主），我商（按：赏）赉（按：lài，赐）汝。”《费誓》是周公的儿子鲁公伯禽率师征伐淮夷、徐戎，在鲁国费（bì）地发布的诰命，要求将奴隶归还原主。如何归还法？惠士奇考论说：“在军则复于长，在国则复于朝，故曰委于朝，告于士，朝者，断狱弊（按：断决之意）讼之外朝（按：《秋官·朝士》有外朝之说，对内朝而言，治事之所），朝士受而听之。”是说在那次作战中，将奴隶归还的办法。以上是指战俘奴隶，没入官家的奴隶，但古代罪人没为官家奴者又可转鬻私家，惠士奇说：“儥（按：yù，卖，即鬻字）人民者掌之质人，获

① [清]王念孙：《读书杂志》，中册，《荀子第一》，页三七，北京中国书店1985年版。

② 《周礼正义》，册二，页三三五。

③ 参见鲁国尧著：《鲁国尧自选集》，第32页至35页，河南教育出版社1994年版。

(按:俘获)人民者,告之朝士。"[①]这就是奴隶买卖制度。惠氏考论此买卖的办法:"卖鬻人民用长券,谓之质。王褒《僮约》石崇奴券,古之质欤?"但卖出后仍可赎回,士奇说,鲁人有赎臣妾于诸侯;奴隶被转卖后又逃跑,则购买奴隶的主人仍可认领,这实际上是说富人、诸侯对奴隶的绝对占有权。"逋逃之臣妾,皆得归其主焉,有主来识认,验其质而归之。"士奇关于古代奴隶买卖、赎取和奴隶主对奴隶的绝对占有权的考论,对认识古代奴隶制度,平民与"人民"的区别,奴隶的来源、类别、去向等,都很有价值,受到孙诒让的重视。[②]

《周礼·春官·冯相氏》中的"冯相氏"是掌管天文的官,但惠士奇《礼说》未置条目,而《保章氏》中的"保章氏"是掌管天象、记录星辰、推测灾异的官,《礼说》置"以十有二岁之相,观天下之妖祥,以十有二风,察天地之和,命乖别之妖祥"条[③],惠氏或以为两氏相近而置后者。士奇认为,《周礼》保章氏"以十有二岁之相,观天下之妖祥",郑玄注"岁"为太岁。士奇进一步指出,太岁有两说,一曰咸池,一曰岁阴。"斗杓(按:sháo,柄)为小岁,左行十二辰。咸池为大岁,右行四仲,终而复始。"士奇所说,实际上是古代的太岁纪年法(太岁左行,由东向西)和岁星纪年法(岁星,木星右行,由西向东),如对照科学的古天文,仍可读懂,且多唯物的解释。[④]

① 《清经解》,册二,页五一上栏。

② 《周礼正义》,册四,页一〇七七。

③ 《清经解》,册二,页七七至页七八。

④ 惠士奇说:"咸池为大岁,右行四仲(按:见下文),终而复始。大岁迎者辱,背者强,左者衰,右者昌(按:依图示可理解成岁星和太岁各自运行关系的对比情况,不排斥有占星术的迷信);小岁亦如之。东南则生,西(转下页)

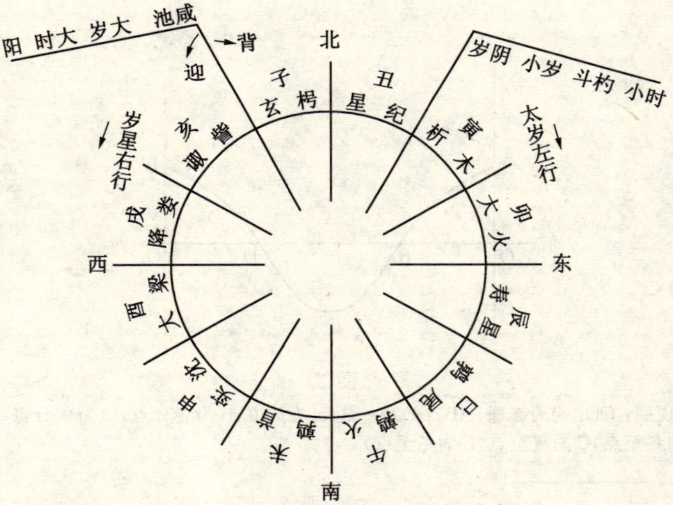

图一

(接上页)北则杀。大时者咸池，小时者月建(按：前人把月建称斗建，意思是说斗柄所指，祖冲之、梅文鼎都说月建与斗柄所指方向无关，惠士奇此从旧说)。天元(按：岁时运行之理，见《史记·天官书》，又夏历正月建寅，为一年之始，也称天元)建寅(按：可见惠说用夏历之理)，始起右徙一岁(按：可理解成夏历太岁自寅起左行)，而移十二岁(按：太岁运行周期为十二年，真岁星即木星同)，而大周天岁星为阳，右行(按：合古天文岁星右行说)大岁(按：疑误，当为太岁)为阴，左行，岁阴所居(按：合古天文太岁左行说)，不可背，而可乡(按：向前)，前三后五(惠自注：岁阴前后。按：可理解成夏历建寅正月至建酉八月份，从旧说月建为斗柄所指)，百事可举，蛰虫首穴而处，鹊巢(转下页)

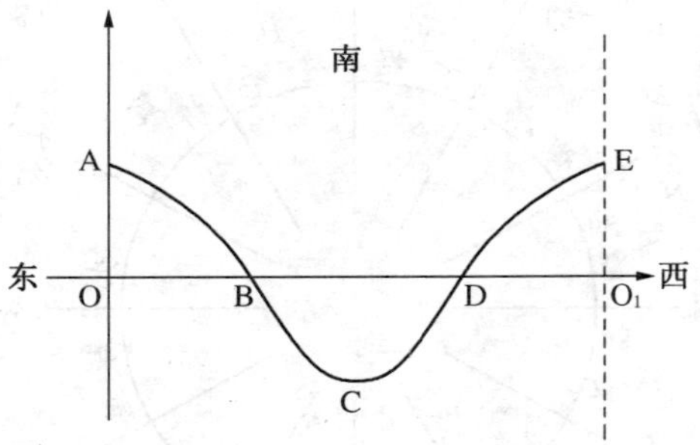

图二

(说明：OO_1 为天赤通，$\overset{\frown}{ABCDE}$为一周天，为黄道，B 为春分点，D 为秋分点，A 为冬至点，C 为夏至点，E 为冬至点)

(接上页)向而(按：疑为'西'字)为户(按：这两句讲夏农正月至八月的情况)。岁阴在四仲，则岁星行三宿，岁阴在四钩，则岁星行二宿(惠自注：四仲谓卯酉子午四面之中，四钩为丑钩辰，申钩巳，寅钩亥，未钩戌，在四角。按：四仲本为仲春二月，夏历月建建卯，仲夏五月建午，仲秋八月建酉，仲冬十一月建子，惠说与此合。四面，四方，太岁左行是空间坐标，月建是时间坐标，惠说从旧说以斗柄(斗杓)所指为月建，以空间说时间，故以'卯酉子午四面'说四仲。按《汉书·天文志》所载战国的天象记录，某年岁星在星纪，太岁在析木，岁星在玄枵，太岁便在大火。据此，太岁在卯酉子午四仲，岁星应在子午卯酉四仲，此处讲'岁阴在四仲，则岁星行三宿'，似难合古天文太岁纪年说，但'岁阴'至'二宿'四句，可表明惠士奇对岁星实际运动和假想的太岁的预设运动之间的对比关系)，二八十六，三四十二，遍于二十八宿十二岁(按：即 2 宿×4 钩×2＝16，3 宿×4 仲＝12，可理解成岁星和太岁的运动都经历了星纪、析木等十二次周期，内对应二十八宿星际坐标，一周期又正好是十二年，今已证明岁星运动的实际周期为 11.8622 年)。而小周天咸池主五谷，平秩西成，故曰大岁。(按：咸池，神话传说中日浴处，此处指日，'平秩西成'见《尚书·尧典》，(转下页)

从惠士奇所缕述的复杂的古天文和历法知识看，他显然是一位天文学家，士奇治礼学、治经学是以天文学、语言文字学，乃至古代医学等为其根柢的。

《礼说》全书，可以说是古代文化要目总汇，因其各条的系统、深刻、全面，实在是今人研究古代文化专题的最好工具书之一，今以卷一为例概括成条目缕述之。[①] 如完全书，更可用以研究古代文化专题时查考，还可用来观《礼说》文化学全貌，裨补上述仅考论士奇论任用贤人、小学根底、古代奴

(接上页)意为辨别测定太阳西落的时刻，可见'小周天咸池'云云是讲日躔黄道的视运动。但惠士奇说：'太岁有两说，一曰咸池，一曰岁阴'，故在图一观察咸池的运动，当然最好是在图二观察咸池的周天运动，一周天运动周期为一个太阳年，即一个回归年，为三百六十五日五时四十八分四十六秒，古人近似为三百六十五点二五日。)或云：咸池即阳阳家所以忌乘航者，误矣（按：对阴阳家的批评，对咸池日运动作出唯物解释）。咸池，日也，日出旸谷，浴于咸池（按：这些话见于《淮南子·天文训》），日右牛左（按：在图一观察甚明）。扬子《太玄》曰：'巡乘六甲（按：用天干地支相配计算时日，其中有甲子、甲戌、甲申、甲午、甲辰、甲寅），与斗相逢（按：按图一，岁星行六甲：子、戌、申、午、辰、寅，与斗星相逢），历以纪岁（按：岁星纪年，或以日纪年得太阳年），百谷时雍，是为太岁（按：用太岁纪年）。天道十二岁而一终。右行四仲者（按：可按图二，日右行一周天，历冬至、春分、夏至、秋分，回到冬至点，两分两至一般说在夏历二月、五月、八月、十一月，与前说四仲同），《尧典》命羲和独举四仲，各统一时，故曰大时。仲读为中。《书》传曰：春，张昏中，种谷（按：春分，张星，鹑火次的柳、星、张之张星，张星黄昏时分正天中，为春分，开始种谷。这句话相当于《尧典》四仲中星'日中星鸟以殷仲春'，张宿和星宿近，四仲中星的理解见拙著《戴震评传》第 227 页）；夏，火昏中，种黍（按：夏至，合'日永星火以正仲夏'）；秋，虚昏中，种麦（按：秋分，合'宵中星虚，以殷仲秋'）；冬，昴昏中，收敛（按：冬至，合'日短星昴以正仲冬'）。天子南面而视四方，星之中知人缓急（按：据黄昏时分正南天的中星，即当头星为何星就知道百姓该急于何事），以授民时，则岁功（按：一年的农事收获，见《汉书·礼乐志》）成矣。"载《清经(转下页)

隶制、古天文等漏万之说的不足。更重要的是,惠氏的文化视野和思想即可迭现。

(接上页)解》,册二,页七七。

① 为叙述方便,以 H 表《礼说》原条目名,L 表今概述其主要内容立目名。

卷一:天官一 H 建国立极,邦之六典 L 古代立国之本、[太宰]H 礼俗以驭其民 L 古代礼俗及其统系人心的作用、H 九职任民 L 古代九种社会分工或职务、H 九两系民 L 以九条政治措施使民归属和拥护、H 象魏 L 古代宫廷外阙门的结构和作用、H 挟日 L 古代十天干记日十日称挟(jiā)日、H 纳亨(pēng)L 古代祭祀中的纳牲之礼、[小宰]H 掌王宫之纠禁 L 王宫的保卫和管理、H 以叙听其情 L 凡群臣咨请办讼,则按官法秩次平治情实、H 傅别质剂要会 L 古代如何处理经济纠纷案、[宰夫]H 要凡目数 L 古代官府职责大要、H 胥掌官叙以治叙 L 掌管官吏任用的官应使各尽其才各得其所、H 徒掌以征令 L 古代传令官、[宫正]H 庐舍 L 朝廷之士居庐服丧之制、[宫伯]H 士庶子均秩均叙 L 古公卿大夫子弟轮番宿卫、[膳夫]H 王卒食以乐彻于造,王日一举,齐日三举,大丧不举 L 天子食终奏乐撤席,王饮食顺四时举乐,朝食一举,斋戒日三举,大丧不举乐。H 肉脩之颁赐皆掌之 L 帝王颁赐干肉和后世巡行以王命施惠。[庖人]H 膳膏 L 古代食物文化与十二辰、十二地支之禽兽。[甸师]H 萧茅 L 祭祀以菁茅渗酒、[鳖人]H 掌取互物,以时簎(cè,叉取)鱼鳖龟蜃,凡狸物(刀鱼之类)L 古代水生物捕捞、[疾医]H 痟疾 L 祖国医药论麻疯病病因和治疗、[疡医]H 以五气养之 L 呼吸大自然精气以养生、H 祝药犹行药,刮杀犹砭割 L 傅药针灸和外科手术。共 23 条。余从略。卷二有 29 条、卷三 18 条、卷四 17 条、卷五 19 条、卷六 18 条、卷七 18 条、卷八 21 条、卷九 21 条、卷十 20 条、卷十一 23 条、卷十二 22 条、卷十三 21 条、卷十四 4 条。全书共 274 条。

六、以礼为纲领，以“正名”考实为宗旨，以启蒙为意蕴的《春秋说》

《春秋说》是以礼为纲领的文化史专题，考论《春秋》为正名之书及其复杂表达中的拨乱反正思想，隐公、桓公材料多残缺，当以《谷梁》为正说，一代大儒、通儒的风格，论城濮之战与《易》理，论先贬公子翚为《春秋》义例，启蒙时代的呼啸

《清经解》卷二二八至二四二收有惠士奇著《春秋说》①，共十五卷，书前无各卷的要目和子目，各卷前一般也没有标题，但从内容看，各卷自有其若干侧重点，大体上可以礼纲领之，各卷内以十二公为序排比内容，各类侧重点后有作者的小结。《四库全书总目》概述该书书例和内容特色称：“是书以礼为纲，而纬以春秋之事，比类相从，约取三传附于下，亦间以《史记》诸书佐之。大抵事实多据左氏，而论断多采《公谷》，每条之下，多附辨诸儒之说，每类之后，又名以己意为总论。大致出于宋张大亨《春秋五礼例宗》、沈棐《春秋比事》，而不立门目，不设凡例，其引据证佐，则尤较二家为典核。”②惠士奇作为清初的汉学家，宏观大体，每下己意，不专主考证，《易》、《礼》、《春秋》三说有此特点，可窥得士奇覃思于汉，

① 惠士奇著论的《春秋》有三种本子，《半农春秋说》有四库全书本，又名《惠氏春秋说》。《春秋说》有《清经解》本，《半农先生春秋说》有璜川吴氏经学丛书本。三种版本的内容同。

② 《四库全书总目》，上册，页二四〇。

但也吸收宋学之长,《四库全书总目》谓《春秋说》出宋人之例,非无灼见。为综观全书,现编一大要①,然后择要探微。

① 《清经解》卷二二八,原书卷一 1.1 禘说考论(页一〇六中栏,此为《清经解》册二页码,下同)1.2 丧毕行吉禘(页一〇七中)1.3 祭莫大于禘祭(页一〇八中)1.4 例论《春秋》正名之书(页一〇九上)1.5 正家之道在于内外皆正(页一一〇上)1.6《春秋》之例自我而往(页一一一中)1.7 列国弑君告于同盟谓告乱(页一一一中)1.8《周礼·太宰》以九贡致邦国之用(页一一二上)1.9 春秋笔法直书弑例(页一一三中)共九条。《清经解》卷二二九,原书卷二 2.1 春秋之初四方乱狱(页一一六下)2.2 春秋终始十三王(页一二一下)共二条。《清经解》卷二三〇,原书卷三 3.1 春秋笔法书爵书氏例(页一二三中)3.2 天子之丧礼(页一二四上)3.3 春秋讨贼(页一二五上)3.4 妇人之"归"和"来归"(页一二五中)3.5 例说春秋笔法之严(页一二七下)3.6《春秋》事同辞异和事异辞同例(页一二八下)共六条。《清经解》卷二三一,原书卷四 4.1 杀大夫不称名例(页一三一中)4.2 春秋无义战,无义执(页一三四中)共二条。《清经解》卷二三二,原书卷五 5.1 诸侯会盟之礼(页一三五上)5.2 会盟于某封地,《春秋》不叙及该封地(页一三六下)5.3 会盟不叙诸侯、大夫示讥示贬(页一三七中)5.4 帝王巡守及其扈从(页一三七下)5.5 国灭人执例(页一三九上)5.6《春秋》书战之例(页一三九中)5.7 秦晋构兵始于殽之战(页一三九下)共七条。《清经解》卷二三三,原书卷六 6.1 春秋东诸侯之党以齐卫为魁(页一四〇下)6.2 晋失其霸和春秋之终(页一四一中)6.3 春秋宋郑不和(页一四二中)6.4 诸侯相见之礼(页一四三下)6.5《春秋》达例一则(页一四四下)6.6 秦东诸侯皆畏楚不畏秦(页一四六下)共六条。《清经解》卷二三四,原书卷七 7.1 抚邦国而亲诸侯(页一四八中)7.2 鲁纳齐僖公子谓之纳仇子(页一四九下)7.3《周礼》"九伐"验之《春秋》(页一五一下)7.4《周礼》以"九伐"之法正邦国(页一五三下)共四条。《清经解》卷二三五,原书(转下页)

也可将此纲目并入《礼说》纲目，作为惠士奇考论文化史专题总纲目的一部分。

《春秋说》1.1至1.3都是讲上古禘祭大礼的。继士奇的研究，惠栋有《周易述》系列著作《禘说》。①1.4考论《春秋》为正名之书。正名，按《论语·子路》的说法，从政治世之途，最为急迫者"必也正名乎！"士奇考论《春秋》恰恰就是正名之书。《春秋·隐公元年》"秋七月"记载周平王派宰官咺前来馈赠鲁惠公的母亲，亦即鲁孝公妾仲子丧礼

(接上页)卷八 8.1国曰灭，邑曰取(页一五五下)8.2诸侯对天子五年一朝礼(页一五七中)8.3春秋朝聘之礼(页一六一下)共三条。《清经解》卷二三六，原书卷九 9.1春秋王室大乱(页一六三下)9.2庄公即位文姜三会齐侯(页一六四下)9.3女子之"归"三(页一六五中)9.4《周礼》谓之杜，《春秋》谓之迁(页一六五下)9.5《周礼》兽人鳖人兽医之官(页一六六下)9.6媵(yìng)不称归(页一六七下)9.7春秋诸侯失国表述法(页一六八中)共七条。《清经解》卷二三七，原书卷一〇 10.1城濮之战用兵之《易》理(页一六九中)10.2春秋亡国说法之特例(页一七四下)共二条。《清经解》卷二三八，原书卷一一 11.1《春秋》之例微者称人(页一七五下)11.2《春秋》诸侯与大夫同书逃者(页一七六下)11.3古大夫聘向必以遭丧之礼行聘(页一七九上)11.4《周礼》言日月食《春秋》证例(页一八〇下)共四条。《清经解》卷二三九，原书卷一二 12.1平成者成其乱(页一八二上)12.2行赂言取言归(页一八三中)12.3不能以妾系夫谥(页一八五下)12.4年成好坏与祭祀(页一八六下)共四条。《清经解》卷二四〇，原书卷一三 13.1冬至阳气始萌(页一八八下)13.2春分之后马在野，秋分之后马在厩(页一八九下)13.3春秋筑微筑囿筑台(页一九二上)共三条。《清经解》卷二四一，原书卷一四 14.1王者之师伐有罪而救无辜(页一九四上)14.2子不语怪和《春秋》灾异(页一九七中)共二条。《清经解》卷二四二，原书卷一五 15.1《春秋》书大有年二例(页二〇〇上)15.2古有功之诸侯受命于王所(页二〇一上)15.3孝悌仁之本(页二〇二中)15.4古有国君世子降生之礼(页二〇四上)15.5王、诸侯死世子称子某而不名(页二〇五上)15.6《周礼》四仲田猎和《春秋》记述(页二〇六上)共六条。全书共67条。(前言《礼说》有274条，两书共有文化史专题条目341条。)

① 见《惠栋评传》第八章第五节。

"赗"(按:fèng,车马等丧葬礼品)。[①]《春秋·文公九年》冬,"秦人来归(按:通馈)'僖公成风'之禭(按:suì,吊丧之礼品衣衾等物)。"士奇说:"成风者,庄公之妾,僖公之母,母以子贵。而妾不得体君,故于宰咺及秦人之来赗禭也,而书之曰'惠公仲子'、'僖公成风'。"这一四字格称名方式,起因何自?士奇据古代礼俗和有关文化思想而考论之:"《易》象阴系于阳,《春秋》母系于子,故母以子氏其名,正矣。《鼎》之爻辞曰:得妾以其子,无咎,此之谓也。"[②]当然这里不免男尊女卑之嫌。但士奇说其文化渊源和《春秋》因此正名之由。后来,惠栋著《左传补注》完全用士奇说,并批评了杜预注。[③]但《春秋》正名,在文字表达上仍是很复杂的。仲子薨葬之事失考,但《隐公五年》有"九月,考仲子之宫",古时宗庙宫室落成需举行祭礼或称"考",此处为衅仲子崇庙之礼,但不称"夫人",而成风之薨,《经文公四年》称"夫人风氏薨"葬称"小君",《经文公五年》三月称"葬我小君成风"。为何同是偏室小妾,一不称夫人,一称夫人呢?士奇考论称:"成风假之以正嫡之名而不为僭者,盖曰:我先君之母也,国人皆曰夫人,我敢曰非夫人乎?国人皆曰小君,我

① 这句话原文是:"秋七月,天王使宰咺来归惠公仲子之赗。"这句话的标点是有争论的,见杨伯峻《左传注》册一第8页。此处从惠士奇、惠栋说标点之,以"惠公仲子"为一人。

② 《清经解》册二,页一〇九上栏。

③ 《左传补注·文公九年》:"九年《传》:秦人来归僖公成风之禭。注:近赠僖公并及成风。注非也,成风者,僖公之母,庄公之妾,母以子贵,故上经书夫人风氏,母以子氏,故此经书'僖公成风'。"载见《清经解》,册二,页七二〇上栏。杨伯峻认为惠说有误,见《春秋左传注》册二,页五七一至五七二。

敢曰非小君乎？故一仍鲁史之旧而不敢少易焉！”可是，为什么偏偏《经文公九年》又正名呢？士奇说：“乃于秦人之襚始正其名，故仲子、成风皆系以先君之谥，其辞顺，其义精，此仲尼之特笔也。”孔子和《春秋》的关系，司马迁认为孔子据鲁史记著《春秋》，《太史公自序》说：“昔孔子何为而作《春秋》哉？”“是非二百四十二年之中，以为天下仪表，贬天子，退诸侯，讨大夫，以达王事而已矣。”“拨乱世，反之正，莫近于《春秋》。”[①]士奇是坚信孔子著《春秋》的，故有此说。今一般以为孔子整理过六经，且以六经为教。[②]“仲尼之特笔”于正名，当不为大错，于是惠士奇进而发现了一个在他看来是普遍规律的定则：“《春秋》正名，必先正内，鲁之乱也，恒由内。”他举例说，成风私事季友，以其子僖公申（庄公少子）托付季友，遂开夺嫡之萌，篡弑之祸。[③]此后敬嬴（文公二妻）仿效之，私事襄仲，以子宣公倭托付之，杀嫡立庶。惠士奇说：“嫡妾不分，尊卑无别，国家之乱，恒必由之，我故曰：《春秋》正名必先正内。”《春秋》正名之严，也是理解《春秋》本书的钥匙，循此，士奇批评《公羊》和《左传》误解：《公羊》以仲子为惠公妾（按：见《公羊·隐元》），故微之，成风为僖公之母，故尊之。可是《春秋》“惠公仲子”与“僖公成风”表达方式同，士奇说：“微者与尊者同辞，其名乱矣。”《公羊》的说法有误。《左传》以仲子为夫人（按：

---

① 《史记》，册十，页三二九七。

② 参见《周予同经学史论著选集》，第802页。

③ 3.4条下惠士奇又重责此事，并说：“我故表而出之，以戒后世人臣怀二心以事其君者。”义正词严地斥责此类篡弑之事。见《清经解》，册二，页一二五下栏。

《隐·元》"秋七月……且子氏未薨")子氏(按:即以仲子为鲁孝公夫人,以子惠公为氏),子氏薨于二年十二月,而宰咺之来赗,在元年秋七月,未薨而先赗,"有是理哉!"[①]士奇说:"赗仲子,禭成风,而系之子以正其名,非兼赗禭其子,左氏、公羊二传皆失之。"为什么有失呢?惠氏提出了一个《左传》研究中值得注意的问题,他说:"隐、桓之间,国史多残缺,左氏亦得之传闻,其言未可尽信也。至僖公而纪事益详,始确然可信矣。"再说,按礼仪,"赗人之母则可(按:故应表达成'来归惠公仲子之赗')赗人之妾则不可(按:故不应该是'来归惠公、仲子——鲁孝公妾——之赗')。君子以其可辞受之。"这是《谷梁·隐元》评论有关表述法的话,士奇在深通三传、独具心得的基础上说:"《谷梁》正论,虽圣人复起,不能易也。《春秋》事莫详于左氏,论莫正于《谷梁》。"这无疑是至理名言,清钟文烝《谷梁补注序》云:"迨后惠士奇父子倡古学于东南,亦云'论莫正于《谷梁》'。"[②]《春秋》正名,直接体现为春秋笔法,或者可视二者为同一物。而《春秋说》六十七条宏议中,大部分都与春秋笔法有关,本条(1.4)的考论是很有代表性的。

惠士奇为一代大儒、通儒,《清经解》收列其《易说》、《礼说》、《春秋说》三部著作,不可不谓大。视野广阔,融贯群经,立论阐发,批评谬说,无不纵横捭阖,游刃有余,不

① 惠士奇责备《左传》的话,见《清经解》,册二,页一〇九中栏。之所以责备,是因为《左传·隐元》:"秋七月,天王使宰咺来归惠公、仲子之赗。缓(按:惠公已死,死期不知,但死已逾年),且子氏(仲子)未薨,故名。"说法有误,不当是给惠公和仲子送丧礼。

② 《清经解续编》,册五,页八三一中栏。

可不谓通。其论公元前632年晋楚城濮之战援引《易》理即其一例。10.1条考论谓：《易·师》"六四，师左次，无咎"。可见用兵之法要左背高丘而驻，即师在左。城濮之战，"楚军背酅（按：xī，《左传·僖二十八》杜注：丘陵险阻者，楚军凭险而军也），晋侯患之"。士奇大约认为《易·师》六四爻的爻辞与城濮之战是有关系的，或以为前者，乃至整个师卦是后者的反映（按：今查惠栋《周易述·师卦》未及城濮之战事），故说："背酅者，右背山陵，而师在其左，故曰'左次'，'次'犹舍也。"①"左次"正是《易·师》中的话，士奇的笔下，它们是因果关系。"次"是"驻扎"之意，但开宋代疑经之风的唐经学家赵匡认为《春秋》书"次"皆"罪兴师"，训"次"为"兴"。士奇认为赵纯系无稽之谈。由此而见士奇力主群经互比，义理推阐，文字训释当是三位一体，这样才能左右逢源而又立于不败之地。又如《易·坤·文言》："臣弑其君，子弑其父，非一朝一夕之故，其所由来者渐矣，由辨之不早辨也。"衡之以《春秋》，则在有弑之心而未弑之前就以例贬斥之，例如公子翚在《经隐公四年》称"秋，翚帅师会宋公……"《经隐公十年》又说"夏，翚帅师会齐人、郑人伐宋"，凡两见。均不称"公子翚"。这是什么原因？士奇认为这是《春秋》贬翚，"疾其专，以其先有无君之心，而后动于恶也"。可是到了《经桓公三年》又称"公子翚如齐逆女"。这又是何故？士奇说："独称公子以讥桓，则弑君之罪归焉矣！恶乎归？归诸桓（按：公子翚在隐公十一年弑隐公而立隐公弟子允为桓公。见《史记·鲁世家》）！"可是对这一

① 《清经解》，册二，页一六九中栏。

合乎《易》理的《春秋》义例，唐经学家啖助（724—770）认为隐公四年（前719）公子翚尚未弑君而《春秋》先贬之为太早，从而驳斥《公羊传·隐公四年》长篇申论翚罪和贬翚有理的说法。士奇认为啖助之说"此不达《春秋》之义者也"，当然也不合乎《易》理。稽之《易·坤·文言》"由辨之不早辨"之说，士奇深刻地发明《春秋》义例说："《春秋》辨之早，故先贬于未弑之初。""翚之弑君也，其事隐，故惟桓（公）知之，余人莫得闻，《春秋》独于其事之隐者而先辨之，此'履霜之戒也'（按：此合《易·坤·文言》'易曰：履霜坚冰至。盖言顺也'之理），孰谓贬之太早哉？"[①]士奇的认论，言必有据，通达深邃，确乎大家学术境界。同一件事，毛奇龄的看法似肤浅得多。《经·隐公四年》"秋，翚帅师会宋公、陈侯、蔡人、卫人伐郑"。毛奇龄《春秋传》称："其不称公子者，史原有徒名之例，此与前（隐公）二年'无骇帅师入极'，庄（公）三年'溺会齐师伐卫'例同。"[②]仅说成一般文例，亦未及思想意蕴，而士奇及于《易》理和《春秋》大义，驳诘前人，阐发己说，就必然更富思想性和哲理性了。《春秋》有无褒贬，是可以继续研究的。宋人常谓《春秋》无褒贬，郑樵称："以《春秋》为褒贬者，乱《春秋》者也。"朱熹说："圣人作《春秋》，不过直书其事，善恶自见。"刘克庄（1187—1269）说："《春秋》，史克之旧文也。"[③]惠士奇发明

① 《清经解》，册二，页一七九中栏。

② 《春秋毛氏传》，见文渊阁四库全书176—41下栏。

③ 参见[清]朱彝尊：《经义考》。文渊阁四库全书本，679—299上、下，679—300上。

《春秋》义例，褒贬善恶，判分是非，洞察议论，批评前古，纵横捭阖，恢弘驰骋，岂止一反宋儒，实为呼唤彼之启蒙时代的风雨，企望与时代同步，呼啸前进。

索　引

重要词语索引

六　画

七　画

八 画

九 画

十 画

十一画

十二画以上

人名索引

三　画

四　画

五 画

六 画

七　画

八 画

十一画

十二画

十三画以上

附　录

主要参考文献

《**清经解**》[清]阮元编，上海书店 1988 年影印本，卷一九〇至一九三，卷二〇八至二一三，卷二一四至二二七，卷二二八至二四二，卷三三〇至三五〇，卷三五一至三五二，卷三五三至三五八，卷三五九至三七四。

《**清经解续编**》[清]王先谦编，上海书店 1988 年影印本，卷一三七至一五六。

《**松崖笔记**》惠栋著，聚学轩丛书第三集，贵池刘世珩校刊本。

《**松崖文钞**》惠栋著，聚学轩丛书第二集，贵池刘世珩校刊本。

《**九曜斋笔记**》惠栋著，聚学轩丛书第三集，贵池刘世珩校刊本。

《**周易述**》、《**易汉学**》、《**易例**》，惠栋撰，四库易学丛刊本，上海古籍出版社 1990 年版。

《**九经古义**》，惠栋著，丛书集成初编本。

《**易大谊**》，惠栋著，丛书集成初编本。

《**后汉书补注**》，惠栋著，丛书集成初编本。

《**惠氏读说文记**》，惠栋著，丛书集成初编本。

《续汉志补注》，惠栋著，历代地理志汇编乙编，《后汉书·郡国志》附。
《渔洋山人精华录训纂》、**《渔洋山人自撰年谱注补》**，惠栋撰，四部备要，中华书局聚珍版。
《太上感应篇注》二卷，惠栋撰，粤雅堂丛书二编第十二集。
《砚溪先生遗稿》二卷，惠周惕撰，惠栋编，庚辰丛编，南京图书馆藏本。
《半农先生集》，惠士奇撰，清惠氏红豆斋刊本，北京图书馆藏本。
《十三经注疏》，[清]阮元校刻，中华书局影印本1980年版。
《四库全书总目》，中华书局影印本1965年版。
《经义考》，[清]朱彝尊著，文渊阁四库全书本，台湾商务印书馆影印版。
《周易集解》，[唐]李鼎祚撰，四库易学丛刊本，上海古籍出版社1989年版。
《周易尚氏学》，尚秉和著，中华书局1980年版。
《周易译注》，黄寿祺、张善文撰，上海古籍出版社1989年版。
《周易集解》，[清]孙星衍撰，上海书店影印本1988年版。
《周易杂论》，高亨著，山东人民出版社1962年版。
《周易导读》，黎子耀著，中华文化要籍导读丛书，巴蜀书社1990年版。
《易学哲学史》，朱伯昆著，北京大学出版社1988年版。
《尚书通论》，陈梦家著，中华书局增订本，1985年10月新一版。
《今文尚书考证》，[清]皮锡瑞著，十三经清人注疏本，中华书局1989年版。
《尚书今古文注疏》，[清]孙星衍撰，国学基本丛书简编本。
《尚书正读》，曾运乾著，中华书局1964年版。
《尚书易解》，周秉钧著，岳麓书社1984年版。
《诗毛氏传疏》，[宋]陈奂撰，北京中国书店1984年影印本。
《诗集传》，[宋]朱熹撰，上海古籍出版社1980年版。
《诗经导读》，陈子展、杜月村著，巴蜀书社1990年版。
《诗经研究史概要》，夏传才著，中州书画社1982年版。
《周礼正义》，[清]孙诒让著，王文锦、陈玉霞点校，十三经清人注疏本，中华书局 1987 年版。
《**仪礼正义**》,[清]胡培翚著,段熙仲点校,江苏古籍出版社 1993 年版。
《**礼记集解**》,[清]孙希旦撰,咸丰庚申瑞安孙氏盘谷草堂刻本。
《**礼记目录后案**》,任铭善著,齐鲁书社 1982 年版。
《**大戴礼记解诂**》,[清]王聘珍撰,十三经清人注疏本,中华书局 1983 年版。
《**春秋左氏传注**》,杨伯峻编著,中华书局 1981 年版。
《**春秋左传学史稿**》,沈玉成、刘宁著,江苏古籍出版社 1992 年版。
《**春秋公羊传要义**》,李新廉著,台北文津出版社 1989 年版。
《**春秋三传研究论文集**》,戴君仁著,台湾黎明文化事业股份有限公司 1982 年。
《**论语正义**》,[清]刘宝楠撰,十三经清人注疏本,中华书局 1990 年版。
《**后汉书集解**》,[清]王先谦撰,中华书局影印本 1984 年版。
《**说文解字**》,[汉]许慎撰,中华书局影印本 1963 年版。
《**说文解字注**》,[清]段玉裁著,上海古籍出版社 1981 年版。
《**说文通训定声**》,[清]朱骏声著,武汉市古籍书店影印本 1983 年版。
《**乾隆吴县志**》,乾隆十年修刊本
《**苏州府志**》,乾隆十三年刊本,惠栋参修本。
《**吴县志**》,吴县地方志委员会编,詹一先主编,上海古籍出版社 1994 年版。
《**周予同经学史论著选集**》,朱维铮编,上海人民出版社 1983 年版。
《**经学历史**》,[清]皮锡瑞著,周予同注释,中华书局 1959 年版。
《**近代经学与政治**》,汤志钧著,中华书局 1989 年版。
《**古代文史研究新探**》,裘锡圭著,江苏古籍出版社 1992 年版。
《**经学词典**》,黄开国主编,四川人民出版社 1993 年版。
《**十三经概论**》,蒋伯潜著,上海古籍出版社 1983 年版。
《**中国近三百年学术史**》,梁启超著,北京中国书店 1985 年版影印本。
《**中国近三百年学术史**》,钱穆著,中华书局 1986 年版影印本。

《经学概说》,何耿镛著,湖北人民出版社1984年版。
《中国早期启蒙思想史》,侯外庐著,人民出版社1956年版。
《中国学术思想史随笔》,曹聚仁著,三联书店1986年版。
《中国思想传统的现代诠释》,余英时著,江苏人民出版社1989年版。
《戴震评传》,李开著,南京大学出版社1992年版。
《简明清史》,戴逸主编,第一册,人民出版社1980年版。
《清史》,上编,郑天挺主编,天津人民出版社1989年版。
《碑传集》,[清]钱仪吉纂,中华书局1994年版。
《中国大百科全书》语言文字卷,中国大百科全书出版社1988年版。
《中国大百科全书》天文学卷,中国大百科全书出版社1980年版。
《天文学简史》,陈久金编著,科学出版社1985年版。
《中国天文学史》,陈遵妫著,上海人民出版社1980、1982年版。
《现代西方哲学》,刘放桐等编著,人民出版社1981年版。
《自然辩证法》,恩格斯著,人民出版社1963年版。
《哲学笔记》,列宁著,人民出版社1963年版。

后　记

1993 年 12 月 6 日上午，拙著《戴震评传》见书后不到一个月，当时任南京大学中国思想家研究中心主任的吴新雷教授找到我，问道："你有没有见过有关惠栋的论文、著作？"以我之孤陋寡闻，一下子被问住了。我的印象，只见过一篇论惠栋《周易述》的语言文字的论文，仅此而已。如实告知后，新雷老师说，他曾在北京、上海、苏州设法物色《惠栋评传》的作者，没有成功，希望我能承担此项写作任务，并鼓励我说："你能写出皖派的戴震，也能写出吴派的惠栋。"最后，要我十二月三十日之前给他一个答复。以新雷师待人接物的那种亲切和蔼的劲儿，是任何一名学生都不会害怕他的，何况是我这位"老学生"，于是我反驳了他的"能写……也能写"之类的类比推理，这种推理是错误的、危险的，要令人失望的，对我来说是痛苦的、负疚的……至于要一个月以后给答复，我说起码要两个月以后……老师对学生高度信任的一场谈话，几乎成了学生向老师讨价还价，不肯交课外作业的较量。其实，新雷老师谈话的第二天（星期二）一大早，我就从南湖赶到学校，开始调查有关文献资料的收藏情况，一边查阅，一边做笔记，一边捉摸分析，随时记下自己的认识，准备尽早给新雷师一个“愿意承担”或“不愿意承担”的答复，万不可耽误匡老和他的助手们正在从事的一番轰轰烈烈的伟大事业，到94年1月20日，我在写了一试笔章以后，向新雷老师表态，我愿意承担撰写《惠栋评传》的光荣任务。为稳妥起见(害怕出不来)，还请求新雷老师此事为我长期保密，我深知，为惠栋父子写评传，对我来说太困难了。

但是，正如唯物辩证法的真谛永远昭示的那样，挑战和机遇并存。我有机会为清代两位朴学大师，一皖派首领戴震，一吴派首领惠栋各写一部评传，实在是很幸运的事。个人的命运总是与时代条件、人文环境密切结合在一起，只有在海禁大开，国门洪畅时期，借助总结“从孔夫子到孙中山”这一雄壮宏伟的舞台，才有条件反映“本意”，参酌“他意”，演说“我意”，施展才干，将中华传统文化中的存在客体和反映当代意识的自我主体表现一番。两部评传的写作机遇是很可宝贵的，最值得珍惜的，我谨慎从事，争分夺秒，除日常工作外全力以赴，不敢稍有懈怠。

生活在康、雍、乾三朝的惠栋和稍晚于惠栋的戴震，论学问都是耸入云雾的高峰，谈人生堪比命运悲惨的平民百姓。每每捧读其雄文，不免思索其多舛之原委，从直观的方面讲，他们都没有能经科举而进入仕途，从深层的方面讲，原因很多，最重要的，在于他们对真理的执着追求，对学问之道的忠贞恪守，因而堕入“君子固穷”的困境，遭遇启蒙谋逆的险境。一代学术宗师，无不是追求真理，保卫理性，崇尚自由的志士仁人，其人生道路或是高歌猛进的勇士兼学人，或是潜心书斋的醇儒和志士，惠栋和戴震都是以无比深奥的学术来表达自己的社会关怀的醇儒。“醇儒”之“醇”，除了说他们笃信学术，追求知识理性以外，具体到惠栋、戴震，还有另一番别具个性之“醇”，那就是在学术领域内重在苦心经营国学之精髓、治经之途辙、民族文化之本真的汉语汉字之学即小学。其人为儒之“醇”，其学为经子史学之“髓”。精髓不免微细，故小学为微观识小之学；识小不免个别和零散，故小学其自身学术形态往往表现为分散难贯。戴震还有《孟子字义疏证》那样的思想理论著作，惠栋纯为经史小学之作，小学甚难，不可能径直引用便读懂而评述一番，且其形态分散，这给撰写“评传结合，以评为主”的系统结构型的大型评传造成了很大困难。对传主个人来说，小学学术形态的分散割据，研撰时绝对排除美文形象的手法，不为人喜，易惹生厌，或许是惠、戴专治小学，渐入魔境，文笔古奥生涩，不如时文美言合宜，终使乾嘉学派的两位魁首屡试不第，找不到“富贵”的人生定位。

笔者除对清贫之士惠栋、戴震深表同情外，重要的是在不断探索为朴学家、小学家撰写广义的“思想家”意义上的“思想家评传”之路。我的体会是：

一是要看到深藏于朴学家、小学家灵魂深处的社会关怀之心和社会责任感。像惠栋这样的大学者，是过着半隐居生活的名士，专治经学和经学之载体语言文字，但经学及其载体语言文字的研究在国学中的崇高地位和本体职能，都决定了惠栋以其特有学术个性，特殊的知识结构表达其人生追求和社会理想，不是没有思想，而是吴侬软语，软组织结构形态式的思想，需要我们认真探索，努力发掘，将论人与论学努力结合起来，以论人带动论学。

二是要注重其朴学的内在逻辑，注重其语言文字学的思想，这里实际上是门类科学思想，它们是世界观、人生观、方法论的基础。朴学思想、小学思想，历来不为所重，甚至认为其无思想理论可言，这当然是些外行话。自许慎《说文叙》以《易传》"法象论"言造字之本，识"六书"造字之法，历代小学家都以自己的认识深化扩充而具体言之，无疑有丰富的语言文字学说可言。以语言文字解经，无疑是解释学途辙，其中有许多解释学思想、注释学方法可言。这些都是朴学家门类科学思想的一个主层面。更无论其注释经书都是以经书的认同、知行为前提的，经书的思想，在特定的历史条件下转化为朴学家、小学家自己的认识。朴学逻辑、语言文字学思想、经学思想，常常在惠氏父子那里得以合同旨趣，共观其窍。除语言文字学思想以外，被解释客体对象所属领域内的门类科学思想颇值得注意，如史地学思想、诗文评思想、方志学说、古天文学说，更不必说惠氏父子的《尚书》学、《诗经》学、《三礼》学、《春秋》学思想了。当然，因小学和考据的过分发达，上述种种门类科学的思想或不明显，但往往可以在文献学、解释学的层面上把握它们。与理学家、重义理的经学家的纵向比较又往往可使文献考据获得相应的理性形态的叙述。

三是要仔细审察传主的每一个说法，包括纯属语言文字学的说法，以理论工作者特有的敏感捕捉其中的观念形态，旧时曾称之为索隐派而嘲笑之，其实这是误解。寝馈其中，含咀英华，紬绎义理或概念以莅分散事体，只要是实事求是的，那就是科学的研究方法。笔者每每从具体表达中抽象出概念，形成概念小圆圈的集合，逐步形成概念大圆圈，加工出思想理论系统。

四是针对经学家、朴学家、小学家的特点，除行文中尽量注重形成纬线小系统外，因经线多小学家特色，且因难以读懂，不能不说够，又往往以多例证的板块悬于经线而申明其义，有损系统性，为补其罅隙，全篇纬以细目大纲统领之，作为各章节内的大系统，与行文中的纬线小系统共成网络以张罗各篇。行文板块内的难懂引例，笔者多随文作注而企求点睛之效。

拙著蒙郭维森教授、卢央教授审稿，是正数十处。郭教授竟然考证出惠周惕诗“遁节祗今思自勉，可能不被尚公讥”中的“尚公”，为《后汉书·逸民列传》中的“向长”，即尚长，字子平。愧而叹服。又蒙郭教授赐序，括小学残碎于宏议，可补我不足，赖以生光，铭感何极。蒋广学教授再次担任拙著分管副主编，杨金荣同志担任责任编辑，正是他们的“为人作嫁衣”的高贵品格和高尚劳动，使拙著得以“出嫁”问世，其心智情性，大约是属于《易·乾文言》“君子体仁足以长人”一类的。

还须说明的是，1994 年 6 月我到惠栋家乡苏州市吴县市搜集材料时，得到吴县市地方志编纂办公室诸同志的热情接待，特别是得到市文史办公室邹志一先生的热情接待，邹先生赠给我许多极有价值的乡土文化资料。1995 年 11 月去北京图书馆查阅文献资料时，得到善本部诸同志，特别是王扬同志的热情接待，帮助我排忧解难，事后还给我寄来珍贵资料。

值此拙著出版之际，我深切怀念引导我热爱理论语言学事业的黄景欣老师(1935 年 10 月 5 日—1965 年 9 月 29 日)，先师遗著《黄景欣语言研究论文集》已由先生的高足姜明宝教授与我共同编就并出版，稍可宽慰。我深切怀念我的研究生导师周钟灵教授(1918 年 12 月 20 日—1993 年 12 月 20 日)，现在，先生和师母彭战璐

(1924—1969年12月9日)已在牛首山普觉寺详一区后十二排一号墓地奉安。谨以此书献给景欣师和钟灵师在天之灵。

1995年7月下旬,正当拙著紧张写作之际,传来姑母李含英先生(1913年11月2日—1995年7月21日)逝世的噩耗,悲痛万分。我1955年至1961年在张家港市沙洲中学求学期间,因家庭经济困难,曾附宿于姑母家,姑母待我如亲生骨肉,当年情景,如在目前,把笔泫然,谨以此书献给姑母的在天之灵。

李　开
1996年3月15日
于南秀村7—7—502寓庐

图书在版编目(CIP)数据

惠栋评传 / 李开著. —南京：南京大学出版社，1997(2010.5 重印)

(中国思想家评传丛书/匡亚明主编)

ISBN 978-7-305-03063-5

Ⅰ.惠… Ⅱ.李… Ⅲ.惠栋(1697～1758)—评传 Ⅳ.B249.95

中国版本图书馆 CIP 数据核字(2005)第 146717 号

中国思想家评传丛书

惠 栋 评 传

李 开 著

南京大学出版社出版发行

社址：南京市汉口路 22 号 邮编：210093

电话：025-83596923 025-83592317 传真：025-83328362

网址：http://www.NjupCo.com

电子邮箱：Press@NjupCo.com

Sales@NjupCo.com(市场部)

南京爱德印刷有限公司

开本 850×1168 1/32 印张 19.5 字数 438 千

1997 年 7 月第 1 版 2010 年 5 月第 3 次印刷

印 数 4001—5000

ISBN 978-7-305-03063-5

定价：59.00 元